Günter
Heinemann

Heidelberg

Prestel-Verlag
München

© Prestel-Verlag München 1983
Passavia Druckerei GmbH Passau
ISBN 3-7913-0622-7

Inhalt

WANDERUNG IM ALTEN HEIDELBERG

IM UNIVERSITÄTSGEBIET VON HEIDELBERG

Blick auf Heidelberg

Neuenheim und die Frühgeschichte

»Heidelberg, göttlich in Umgebung und schön im Innern«, so schrieb im Jahre 1817 der Dichter Jean Paul in einem Brief an seine Frau. Der gefühlvolle Romantiker Clemens von Brentano hatte einige Jahre zuvor Achim von Arnim wissen lassen: »Es ist schön hier, unbegreiflich schön!«

Dem Zauber dieser Stadt, den die Natur hauptsächlich mitbestimmt, vermag sich auch heutzutage kaum jemand zu entziehen. Doch es ist nicht nur das Panorama mit seinen Kompositionselementen Berg und Tal und Fluß, mit Wäldern, Gärten und stillen Wegen und mit einem meist südländisch-seidig gespannten, manchmal aber auch von atlantischen Wolken durchwühlten Himmel, das die Fotoapparate und die Filmkameras hervorlockt, – mindestens genauso stark beeindruckt der bebaute Platz im Tal des Neckars mit seinem Dächergewirr rings um die Ausrufezeichen der Kirchtürme und mit der roten Ruine des Schlosses, die behäbig und zäh auf einer Schwelle des Berghangs sitzt.

Da fragt sich mancher, wie dies alles in guten und bösen Zeiten gewachsen sei, wie es sich in der Gunst der Natur oder unter künstlichen Zwängen geformt habe und wie es von alters her immer wieder dem Wandel unterworfen wurde. Dies zu bedenken, braucht man manche Stunde der Besinnung. Nur im Vorübergehen ist das Wesen Heidelbergs nicht zu begreifen.

Um einen Ausgangspunkt zu gewinnen, begeben wir uns auf die Theodor-Heuss-Brücke. Wir befinden uns damit an einem jener Zwangspässe, an denen die Stadt so reich ist. Der moderne Verkehr hat auf der wichtigen Nord-Süd-Achse, die sich unmittelbar an den Fuß der Berge anlehnt, diese Brücke nötig werden lassen. Sie ist nur wenig mehr als hundert Jahre alt und in der heutigen Form ein Wiederaufbauwerk nach 1945. Fried-

richsbrücke hieß sie einst, genannt nach dem badischen Großherzog Friedrich I., der dazumal das Land, zu dem auch Heidelberg seit 1802/03 gehörte, regierte. Seine Mutter war Sophie,
die Tochter des Exkönigs Gustav Wasa von Schweden. An sie,
die wohlgelittene Großherzogin, erinnert jene Straße, die von
der Friedrichsbrücke schnurstracks nach Süden führt und dabei
die Grenze der Altstadt zum Bismarckplatz hin markiert. Selbst
unter den gestrengen Augen des Fürsten Bismarck, dessen gewaltige Büste immer von Tauben umflattert wird, schreiben die
Heidelberger die Sofienstraße beharrlich mit ›f‹. Sie haben offenbar ein ganz unverbildetes Verhältnis zum 19. Jahrhundert.
Kein Wunder, jene großbürgerliche Ära war eine der glücklichsten und harmonischsten Perioden in der Stadtgeschichte.

Auf eine solche charakteristische Ausprägung des vergangenen Jahrhunderts blicken wir, wenn wir uns dem nördlichen
Neckarufer zuwenden. Neuenheim hieß die Siedlung, ›Neiene‹,
wie die Alteingesessenen auf ›Pälzisch‹ sagen. Neuenheim heißt
auch weiterhin dieser Stadtteil jenseits des Neckars, der als erster aus der Eingemeindung eines Nachbardorfes nach 1891
entstand. Wenn man den Rest des alten Kirchleins beim Marktplatz betrachtet, wird einem auch ohne längeres Studium historischer Dokumente klar, daß die Neuenheimer früher in bescheidenen Verhältnissen lebten. Das schließt jedoch nicht aus,
daß sie sich dabei durchaus wohlgefühlt haben können.

Unbehaglich mag es ihnen allerdings geworden sein, als sich
neue, mehrstöckige Häuser in die Gärten und Felder vorscho-
ben, als sich ein ganz neues Straßennetz entwickelte, als die
über den Neckar geschlagene Brücke ganz andere Zuordnungen erzwang und als schließlich die großen Häuser nicht nur
den uralten Mönchhof umklammerten, sondern sogar den
Berghang hinaufzuklettern begannen. Mietshäuser und Villen
erhoben sich gleichermaßen über die alten Verhältnisse des
Dorfes, so daß schon nach einer Generation, etwa kurz nach der
Jahrhundertwende, nicht mehr ohne weiteres wahrzunehmen
war, was diesen kleinen Platz Neuenheim früher so bedeutsam
gemacht hatte. Lediglich der deutlich hervortretende Heiligenberg markiert bis heute unverändert mit seinem geschwungenen Rücken den Odenwald, aus dem hier der Neckar zur
Rheinebene hinausströmt.

Dieser Berg, von dem der Barockdichter Martin Opitz sagte, daß er »mit zweyen Spitzen Parnasso gleicht«, bestimmt entscheidend die Landschaftsharmonie des geographisch eigentümlichen Platzes. Auch der jagende und unstet streifende Mensch der Frühzeit muß die Besonderheit der Lage empfunden haben. Wer an die Menschen und Kulturen jener Frühzeit denkt, dem muß – gerade an diesem Platz – der *Homo Heidelbergensis* einfallen. Kenner wissen, daß dieser Urmensch nur durch den Unterkiefer nachgewiesen wird. Der Gelehrte Otto Schoetensack deutete das Schädelfragment, das 1907 in einer Sandgrube bei Mauer, nahe Heidelberg, von dem Arbeiter Daniel Hartmann gefunden worden war. Das Fundstück, scherzhaft »der alte Adam« genannt, gab ihm die Möglichkeit, einen Menschen der Zwischeneiszeit darzustellen und damit der Wissenschaft das früheste Zeugnis menschlichen Lebens in Europa zu präsentieren. Die Universität Heidelberg verwahrt das kostbare Fundstück sehr sorgfältig in der Schausammlung des Geologisch-Paläontologischen Instituts im Neuenheimer Feld. Eine Nachbildung davon befindet sich im Kurpfälzischen Museum.

Kehren wir mit unseren Gedanken von diesen kaum vorstellbaren 500000 Jahren in die bescheiden anmutende Spanne der Jahre 3500 bis 1800 vor Chr. zurück, in der die ersten Landbebauer auftreten. Weil sie so gern am Rand der Berge siedelten, trifft man sie auch am Fuß des Heiligenbergs.

Zusehends belebt sich das Gebiet am Neckar in der *Bronzezeit*. Dieser günstige Platz am Austritt des Flusses aus dem Gebirge wurde von der auf Austausch angewiesenen Metallkultur schon früh erreicht. Man kann von da an den Handelsverbindungen längs des Gebirges und durch die Rheinebene nachspüren. Mit der darauf folgenden *Urnenfelderzeit* (1250 bis 850 vor Chr.) drangen Menschen aus dem Donauraum bis hierher vor. Wieder ist es der Heiligenberg, der zahlreiche Funde jener Kulturstufe freigab. Die größte Bedeutung gewann der Berg jedoch in den viereinhalb Jahrhunderten vor Christi Geburt. Diese vorrömische *Eisenzeit* verrät uns einen neuerlichen Wandel: Die Kelten erschienen am Neckar.

Hier unterbrechen wir für einen Augenblick unsere geschichtliche Betrachtung, um ein kleines Stück weiterzuwandern. Wir verlassen die Brücke am nördlichen Ufer seitwärts über eine breite Treppe und gelangen so auf das Neckarvorland. Es beginnt genau dort, wo der Fluß aus dem Bergland heraustritt. Ein beträchtlicher Grünstreifen breitet sich nun vor mächtigen Kastanienbäumen aus, welche die Häuser der Uferstraße abschirmen. Diese herrliche Wiese blieb – wohl aus Gründen des Hochwasserschutzes – als Freifläche stets erhalten; sie bietet bis heute der Stadtbevölkerung die Möglichkeit zum Auslauf und zum Naturvergnügen.

Den Heiligenberg nehmen wir jetzt nur noch mit seinem Gipfel über den Dächern der Häuser wahr. Dennoch wollen wir ihn in Gedanken weiterhin umkreisen, denn dort oben hinterließ das noch immer rätselhafte Volk der *Kelten* ein großartiges Zeugnis, das weit und breit seinesgleichen sucht. Um den Gipfel des Berges legten die Kelten zwischen 450 und 250 vor Chr. einen doppelten Ringwall, der innere an die zweitausend, der äußere fast dreitausend Meter lang. Das Ringwallsystem wird von einem ebenfalls doppelten Querwall noch einmal in sich gegliedert, doch hat sich der untere Querwall als eine Erdbefestigung, vermutlich römischen Ursprungs, erwiesen. Zu den Ringwällen, die an den Westseiten je zwei Tore besaßen, gehören auch das geheimnisvolle ›Heidenloch‹, eine Zisterne von beträchtlicher Tiefe, und der ›Bittersbrunnen‹, eine mindestens 2500 Jahre alte Quelle, deren Fassung nach Jahren des Verfalls endlich instandgesetzt wurde, so daß dieser Brunnen nun wieder als ein Beispiel der Wasserversorgung am Berg von jedem Besucher und Betrachter begriffen werden kann.

Obwohl es jetzt besonders reizvoll wäre, sofort zum Berg hinaufzuwandern, um diese frühgeschichtlichen Zeugnisse anzusehen, versagen wir uns dies doch vorerst. Der Besuch des Berges lohnt sich erst, wenn man mehr von ihm weiß. Er wird uns noch durch manche Geschichtsperiode bis in die jüngste Vergangenheit zu beschäftigen haben. Denn gerade, als sei er nicht schon geschichtsbeladen genug, bestückte man ihn 1934/35 mitten im inneren Ringwall der Kelten mit einer ›Thingstätte‹, in der – nach der zwanghaften Vorstellung der damals an die Macht gekommenen politischen Bewegung – »die deutsche Seele zu sich selbst reden« sollte. Bevor noch das gewaltige muschelförmige Bauwerk nach den Plänen des Karlsruher Architekten Hermann Alker ganz vollendet war, bemühte man sich krampfhaft darum, germanische Traditionen auf dem ›Heiligen Berg‹ nachzuweisen. Das meiste davon wurde damals erfunden, weil man es nicht beweisen konnte.

Um das Jahr 100 vor Chr. zogen die Kelten nach Süden ab. Vermutlich sind sie von einbrechenden Germanenstämmen beunruhigt worden. Kimbern, Teutonen und Ambronen nahmen auf ihren Zügen nach Süden vorübergehend am Neckar Aufenthalt. Es ist möglich, daß ein Teil hier seßhaft wurde.

Von der Römerbrücke zum Kastell

Die *Römer* sind seit dem Jahre 50 nach Chr. rechts des Oberrheins nachgewiesen. Römische Grabinschriften aus dieser Zeit nennen die einheimische Bevölkerung Suebi Nicretes, also Neckarsueben. Zweihundert Jahre später verschwanden sie mit den abziehenden Römern spurlos aus dem Heidelberger Raum.

Schlendern wir auf dem Neckarvorland ein Stück nach Westen! Mitten auf einem Parkstreifen unter den Bäumen an der Uferstraße findet sich ein ungefüger Felsklotz, der rot und rußig zwischen den Autos aufragt. Auf seine Nordseite wurde in altertümlicher Schrift das Wort ›Römerbrücke‹ eingeschlagen.

Am anderen Ufer findet man einen ähnlichen Stein mit der gleichen Inschrift noch einmal. Der Rückblick über den Fluß vom höheren Ufer auf der Südseite führt rasch zu der Feststellung, daß es sich bei dieser Brücke um ein bedeutendes Bauwerk gehandelt haben muß. Es ist in den letzten Jahren genau erforscht worden. Die Ergebnisse der Wissenschaft schlugen sich in einem akribischen Modell nieder, das im Kurpfälzischen Museum der Stadt Heidelberg bewundert werden kann.

Flußübergänge stellten in der römischen Reichsorganisation immer Punkte von besonderem Interesse dar. Insofern konnte dieser Übergang über den Neckar nicht ungeschützt im freien Felde liegen. Das schürfende Interesse der Altertumswissenschaftler wurde längst in seiner Vermutung bestätigt. Die Römerbrücke von Heidelberg ruhte auf sieben Steinpfeilern und war 270 Meter lang. Von einem Merkurstein, der auf dem mittleren Steinpfeiler stand, kennt man sogar den Namen des Architekten. Nur weiß bis heute niemand zu sagen, wie die

Römer den Vicus bei der Brücke nannten: Heidelbergs römischer Name ist ein Geheimnis geblieben.

Dabei kann man sich das Militärlager und die Siedlung genau vorstellen. Man weiß sogar, welche Truppen hier lagen und wie manche Einwohner hießen.

Ohne sich in Spekulationen zu verlieren, darf man die Namen zweier Straßen, die vom Neckarvorland nach Neuenheim hineinführen, durchaus akzeptieren. Die eine Straße heißt ›Am Römerbad‹, die andere ›Kastellweg‹. Ihre Bezeichnungen beruhen auf gesicherten Erkenntnissen, denn sowohl das Römerbad als auch der Kastellkomplex lagen mindestens teilweise zutage, als Baugruben für Häuser ausgehoben wurden.

Hier muß von der Notlage der heimischen Bodendenkmalpflege in den zurückliegenden Jahren gesprochen werden. Heidelbergs römische Vergangenheit, die schon seit dem vorigen Jahrhundert in großen Zügen bekannt war, konnte mit den Methoden verbesserter Grabungstechniken vor allem nach dem Zweiten Weltkrieg intensiv erforscht werden. In dieser Periode des starken Wachstums dehnte sich Heidelberg rasch nach Westen aus. Das bebaute Gebiet Neuenheims wuchs in wenigen Jahren um das Doppelte an. Hinzu kam noch, daß sich die Universität im Neuenheimer Feld ein neues Domizil für die medizinischen Institute, Kliniken und Forschungseinrichtungen sowie für die Naturwissenschaften suchte. Die örtliche Bodendenkmalpflege mußte mit kärglichsten Mitteln und mit opfervollem persönlichen Einsatz unter der Mithilfe von Studenten versuchen, dem Wachstumsprozeß der Stadt archäologisch auf den Fersen zu bleiben. Es ist erstaunlich, was aus Straßenplanierungen, Baugruben und Bohrlöchern alles zutage gefördert werden konnte.

Das römische Heidelberg ist inzwischen völlig überbaut worden. Dies hat eine einzige Generation unwiderruflich so entschieden. Trotzdem wurde das Wissen um die römische Vergangenheit dieses Platzes erheblich bereichert. Dieses Wissen ist aber noch lange nicht so vollständig publiziert, wie man sich das wünschen möchte. Vor allem konnte die Bedeutung der geborgenen Funde noch nicht sichtbar gemacht werden. Die archäologische Abteilung des Städtischen Museums steckt in dem Dilemma, mehr Zeit für die Konservierung und Auswertung der Funde zu benötigen, als für die Bergung erforderlich war.

Mit Tausenden von Funden belegt, kann man das römische Heidelberg nach Umfang und Bedeutung etwa folgendermaßen skizzieren: In der Zeit zwischen 60 und 260 nach Chr. gab

es auf Neuenheimer Gebiet insgesamt neun Kastelle. Aus dem
Jahre 60 nach Chr. ist ein ›Castrum novum‹ bekannt. Das mag
schon deshalb interessant sein, weil man daraus ablesen kann,
daß sich der Ortsname bis heute fast nicht geändert hat.

Eine Plangrabung am Kastellweg im Jahre 1975 führte zu der
Feststellung, daß dort drei Militärstützpunkte übereinander lagen. Die zwei untersten bestanden aus Holz und Erde. Das
jüngere Holzkastell ist im Jahre 89 nach Chr. verbrannt. Im
Brandschutt fand man Münzen aus der Zeit des Kaisers Do-
mitian. Der Archäologe Berndmark Heukemes, der sich um die
Bergung der Römerfunde außerordentlich verdient gemacht
hat und dem wir das meiste Wissen um die römische Zeit verdanken, vermutet, daß das Heidelberger Kastell zugrunde ging,
als die Revolte, die Saturninus mit den rheinischen Legionen
gegen den Kaiser angezettelt hatte, gewaltsam niedergeschlagen wurde. Ein Jahr nach diesem gewaltsamen Eingriff entstand dann ein Steinkastell von 185 Metern im Quadrat, eines
der ersten dieser Art auf deutschem Boden. Auf dieses Kastell
stieß man immer wieder, wenn in den Nachkriegsjahren im
Westen von Neuenheim Wohnhaus um Wohnhaus gebaut
wurde. Dieses Kastell besaß 28 steinerne Türme und vier Tore.
Im Zentrum des Kastells gab es Forum und Tempel und eine
Versammlungshalle, die 500 Soldaten Platz bot.

Zwanzig Jahre vor der Grabung am Kastellweg war man
schon nahe des Neckars auf das Bad der Legionäre gestoßen.
Deshalb heißt die Straße, die heute dort vorbeiführt, ›Am Römerbad‹. Es handelte sich übrigens um ein Bad, das in seiner
Größe den Vergleich mit Hallenbädern, wie sie noch zu Beginn
dieses Jahrhunderts gebaut wurden, nicht zu scheuen brauchte.

Die römische Garnison zu Neuenheim bestand zu drei Vier-
teln aus Legionären zu Fuß und zu einem Viertel aus Reitern. Es
lag dort zum Beispiel die zweite augustäische berittene Kohorte
›Cyrenaica‹, die sich in Nordafrika ausgezeichnet hatte. Auch
die 24. freiwillige römische Bürgerkohorte ist für das Neuenheimer Kastell nachgewiesen.

Aus allen diesen Einzelbeobachtungen kann man schließen,
daß der Neckarübergang mit dem schützenden Kastell für die
Römer zunächst ein Vorposten war, als sie im Jahre 74 unter
Kaiser Vespasian aufbrachen, um das Land östlich des Rheins in

ihren Besitz zu bringen. Jahre zuvor schon kontrollierten sie den Verkehr entlang der Bergstraße an jener Stelle, wo er eine Neckarfurt benutzen mußte. Die von den Römern gebaute Brücke lag in unmittelbarer Nähe dieser Furt; ihre Verlängerung bildete die Nord-Süd-Achse des Kastells. Nachdem die Römer den Odenwald-Limes gebaut hatten, wandelte sich der Neuenheimer Platz zu einem Etappenstützpunkt. Eine große Straße führte von Straßburg über Speyer herüber. Sie strebte genau auf den Heiligenberg zu, auf dem eine Signalanlage stand. Eine andere Straße führte nördlich des Neckars vom Kastell aus nach Ladenburg am Neckar, der römischen Provinzhauptstadt Lopodunum.

Um das Neuenheimer Kastell herum entstand mit der Zeit eine ansehnliche stadtartige Siedlung, die sich über anderthalb Kilometer erstreckte. Ihr Charakter ließ sich genauer erforschen, als jenseits der heutigen Berliner Straße die Universitätsgebäude errichtet wurden. Da fand man denn auch die zur Siedlung gehörenden Begräbnisplätze beiderseits der Ausfallsstraße nach Ladenburg. So kennen wir mittlerweile sogar manchen Namen der damaligen Bewohner, weil er sich auf solchen Grabsteinen erhalten hat. Den beachtlichen Wohlstand der Bevölkerung beweisen sowohl die aufwendigen Turmdenkmäler für die Bestatteten als auch die reichen Grabbeigaben.

Diese Menschen lebten nicht nur vom Handel mit Gütern, die der Versorgung des Heeres dienten, sie übten auch mancherlei Gewerbe aus. Am deutlichsten trat auf Neuenheimer Gebiet das Töpferhandwerk hervor. Immer wieder stießen die Ausgräber auf gut erhaltene Brennöfen. Die hier hergestellten Waren gingen weit ins Land. An den Signaturen kann man ihren Weg verfolgen. Die abzuschätzende Quantität der Produktion aus diesem Töpferzentrum legt den Schluß nahe, daß die Keramikherstellung bereits unternehmerisch betrieben wurde. Zeitweise waren über hundert Brennöfen in Betrieb. Einen dieser frühen ›Industriellen‹ und ›Exporteure‹ kennen wir ebenfalls: Er hieß P. Attius Rufinus. Ein kleiner Platz inmitten der neuen Häuser in Neuenheim bewahrt seinen Namen.

Schon im Jahre 1838 fand man am Fuß des Heiligenbergs, dort, wo die Bergstraße auf das Neckarufer trifft, ein Mithrasheiligtum der römischen Soldaten. Ein anderes befand sich nördlich des Steinkastells an der heutigen Schröderstraße. Auf dem Heiligenberg verehrten die Römer den Merkur, dessen Gestalt wohl an die Stelle Wodans trat, des germanischen Himmelsgottes. Dies zu merken, ist wohl wichtig. Bedeutungsvoll scheint aber auch zu sein, daß die Römer ihrem Gott Merkur hier einen germanischen Beinamen zulegten; sie nannten ihn Mercurius Cimbrius oder Mercurius Visucius. Die Kultgedanken begannen sich zu durchdringen.

Verweilen wir noch ein wenig im Gebiet des Neckarvorlands. Indem wir es uns auf einer der vielen Bänke bequem machen, blicken wir auf den Fluß hinaus, wo die Ruderboote vorbeigleiten, die Segler sich quer vor den Talwind legen und wo von Zeit zu Zeit ein schweres Lastschiff zu Berg tuckert. Hier denken wir in Muße ein wenig weiter über Heidelbergs Frühzeit nach.

Spuren der Hunnen und Nibelungen

Zu Beginn des dritten Jahrhunderts, zur Zeit des römischen Kaisers Alexander Severus, überrannte der germanische Volksstamm der *Alemannen* den Limes. Die Alemannen beunruhigten auch das Gebiet um Heidelberg. Sie nahmen sich das Land dort, wo es ihnen günstig zu sein schien: vor allem in den Flußebenen und außerhalb der Waldgebiete. Vor diesem Druck der Alemannen wichen die Römer bis zum Jahre 260 auf die Rheinlinie zurück.

Nachdem der Limes als Grenzbefestigung aufgegeben worden war, fielen in seinem Hinterland auch die bedeutenden Neckarplätze, nämlich das Kastell ›Heidelberg-Neuenheim‹ und Ladenburg (Lopodunum). Nur mit Mühe konnten die Römer die Rheinlinie festigen, um von dort aus gelegentlich selbst wieder in das Alemannengebiet kriegerisch vorzustoßen.

Wir wissen nicht genau, ob es den Römern nach dem Jahre 350 aufs neue gelang, das Vorfeld ihrer Rheinstützpunkte und damit auch das Ladenburger und Heidelberger Gebiet zu kontrollieren. Wir wissen auch nicht sicher, ob in dem Gebiet zwischen Limes und Rhein römische Bevölkerung zurückgeblieben war, die nun mit den Alemannen einen Ausgleich suchte. Nur Bodenfunde könnten uns darüber etwas erzählen, aber

gerade für diese Zeit lassen sie uns im Stich. Für das Jahr 369
gibt es allerdings ein literarisches Dokument. Es handelt sich
um eine von dem römischen Schriftsteller Ammianus Marcellinus in seiner Geschichte des römischen Staates beschriebene
Schlacht »in monte Piri«. Zur Zeit des Kaisers Valentinian war
der römische Feldherr Hermogenes ins rechtsrheinische Vorland vorgestoßen, um eine Befestigungsanlage zu errichten.
Dabei kam es zu einer Auseinandersetzung mit den Alemannen. Dieses Geschehen soll sich – so nehmen die meisten Forscher an – auf der vorderen Kuppe des Heiligenberges abgespielt haben.

Es brachen plötzlich aus dem Wald gut gerüstete Alemannen
hervor, stürzten sich auf die Legionäre, »hieben unsere halb-
nackten, erdetragenden Soldaten nieder. Selbst die beiden An-
führer wurden erschlagen. Nicht einer blieb übrig, um Kunde
davon zu überbringen ...« So berichtet Ammianus Marcellinus
im zweiten Kapitel des 28. Buches seines Werks, dessen erhaltene Bücher 14 bis 31 die Zeit von 352 bis 378 nach Chr. behandeln.

Auf alemannische Siedlungen sind die Archäologen bis jetzt
nicht gestoßen. Zwar wissen wir von dem römischen Schriftsteller Decius Magnus Ausonius, daß Ladenburg um das Jahr
350 noch existierte. Ausonius sagt uns aber leider nicht, *wie* es
existierte: ob es ein Platz mit Handel und Wandel war oder nur
mehr eine Stätte römischer Ruinen.

Zweihundert Jahre nach der Räumung des Limes mußten die
Römer auch die Rheinlinie aufgeben. Zu jener Zeit, im beginnenden 5. Jahrhundert, wird in der Nachbarschaft des unteren
Neckarlandes ein weiterer Germanenstamm faßbar. Es sind die
Burgunder, die Worms zu ihrer Hauptstadt machten. Mitten in
die nun sehr wechselvolle Völkerbewegung stießen plötzlich
auch Heere der Hunnen vom Balkan her tief nach Westeuropa
vor. Das Nibelungenlied, das allerdings erst 750 Jahre später,
um 1200, aufgezeichnet wurde, hat sowohl die Erinnerung an
die Burgunder als auch an die Hunnen bewahrt. Als ›Sieg-
friedsbrunnen‹ wurde in der Reihe zahlreicher Odenwaldquel-
len eine Zeitlang auch der Wolfsbrunnen hinter Heidelberg angesehen, zumal dieser in früheren Zeiten von riesigen Linden
umstanden war.

Um 454 besetzte der Stamm der *Franken* das römische Köln. Frankenführer Chlodwig (Chlodowech) eroberte nicht nur das römische Mittelgallien, sondern auch das Reich der Westgoten, das sich südlich der Loire erstreckte. Schließlich wandte er sich gegen die am Oberrhein siedelnden Alemannen und besiegte sie. Neue Herren richteten nun im Neckargebiet ihre Macht auf. Es waren die *Merowinger,* die einem Königsgeschlecht salischer Franken entstammten.

Mit der merowingischen Periode beginnt die dauerhafte Besiedlung. Die römischen Kulturräume erfuhren nun eine Belebung. Merowingische Siedlungen – es können Höfe, Weiler oder Anfänge von Dörfern sein – lassen sich nur durch die Friedhöfe belegen, denn die eigentlichen Siedlungsreste liegen unter den heute noch bestehenden Gemeinden oder Stadtteilen verborgen. Die merowingischen Friedhöfe bestehen aus Reihengräbern. In diesen Anlagen von strenger Ordnung ruhen die ältesten Einwohner unserer Dörfer. Wenn man dies so sagt, dann heißt das aber auch, daß die Dörfer mit merowingischer Tradition durchweg dreihundert Jahre älter sind als ihre erste urkundliche Erwähnung im Lorscher Codex. Diese Dörfer, die im 6. Jahrhundert entstanden, haben Namen, die meist auf -heim oder -ingen enden. Hervorstechendes Beispiel ist die frühere Gemeinde Kirchheim, heute südwestlicher Stadtteil Heidelbergs. Dort hat man in der Gewann Heuau einen merowingischen Friedhof mit 150 Reihengräbern gefunden. Merowingische Gräber fanden sich aber auch in Neuenheim, Handschuhsheim und Dossenheim, in Dörfern, die nebeneinander an der Bergstraße liegen.

Unter dem Zeichen des Kreuzes

Im Merowingerfriedhof am Hainsbachweg, unmittelbar an Neuenheim angrenzend, waren auch Tote bestattet, die das Zeichen des Kreuzes als Anhänger oder auf der Kleidung trugen. Damit wird der Wandel des Glaubens deutlich, denn schon im 7. Jahrhundert sind fränkische Bischöfe in Worms und Speyer tätig gewesen.

Für unser Gebiet gingen die Anstöße zur Verbreitung des christlichen Glaubens zunächst von Worms aus. Man kann dies

auf den Anfang des 8. Jahrhunderts datieren, denn zu jener Zeit
bricht der merowingische Bestattungsbrauch in Reihengräbern
gänzlich ab. Die Christen begraben ihre Toten nun bei den
Kirchen.

An die Stelle des stumm gewordenen Bodens tritt aber bald
ein sehr viel reichhaltigerer Ersatz: Es setzt die geschriebene
Überlieferung ein. Sie steht durchweg im Zusammenhang mit
den ersten Klöstern und mit den dort von den Mönchen betrie-
benen Schreibstuben. Bedeutsam in jeglicher Hinsicht wird für
unser Gebiet das Kloster Lorsch im Ried.

Damit treten wir in die Geschichtsperiode der *Karolinger* ein.
Noch bevor Karl der Große darangehen konnte, ein fränkisches
Großreich zu bilden und Europa zu einem christlichen Welt-
reich zu vereinigen, wird das Kloster Lorsch erstmals urkundlich erwähnt. Es tritt als Schenkung des fränkischen Gaugrafen
Cancor und dessen Mutter Williswinda, später noch als ergän-
zende Stiftung des Cancor-Bruders Gundeland, 764 in das Licht
der Geschichte.

*Die Mönche, die das Kloster Lorsch besiedelten, kamen von Gorze bei
Metz. Sie brauchten sieben Jahre, um das Kloster aufzubauen und so
einzurichten, daß sie nach der Mönchsregel des Heiligen Benedikt Gott
dienen konnten. 774 fand die Kirchenweihe durch den Mainzer Erzbischof
Lullus statt. Außer diesem war auch Karl der Große mit seinem Hofstaat
gekommen, um das Kloster als königliches Eigentum unter seinen Schutz
zu nehmen. Fortan war Lorsch eine Reichsabtei. Als königliches Eigengut
übernahm das Kloster auch die Rolle einer karolingischen Königspfalz.*

*Von solchen Pfalzgebäuden ist in Lorsch nichts mehr vorhanden; ihre
Reste vermutet man unter der großen Zehntscheuer des Klosterbereiches.
Auch die Klosterreste aus der frühen Zeit sind sehr spärlich, abgesehen von
der hochbedeutsamen ›Königshalle‹, die der Klosterkirche als festlicher
Auftakt vorgesetzt worden war und die gottlob als eines der wenigen
Zeugnisse jener Zeit unversehrt erhalten geblieben ist.*

Vom Kloster Lorsch ist im Zusammenhang mit Heidelberg
deshalb zu sprechen, weil beide Wirkungspunkte mehrmals in
der Geschichte miteinander in Berührung kamen. Der erste
Zusammenhang bestand zwischen Lorsch und dem Heiligenberg, wenn man davon absieht, daß fast alle Orte der Heidelberger Nachbarschaft im Güterverzeichnis des Klosters, dem
berühmten ›Lorscher Codex‹, erstmals erwähnt sind.

Die Karolinger stärkten Macht und Bedeutung ihres bevorzugten Klosters vor allem für die wichtigste Aufgabe: die Ausbreitung des christlichen Glaubens und der christlichen Kultur. Die weltlichen und die geistlichen Herren richteten zu jener Zeit ihre Blicke intensiv auf die geschlossenen Waldregionen, die bislang außerhalb des politischen Geschehens geblieben waren. Sie nahmen sich vor, in dieses Gebiet bis hin zum ehemaligen Römerlimes und darüber hinaus den Glauben und die darauf ruhende Kultur zu tragen. Als Ausgangspunkt dafür schenkte Karl dem Kloster Lorsch seinen Königshof in Heppenheim an der Bergstraße und die dazugehörende 900 Quadratkilometer (!) große Waldmark. In dem Bewußtsein, ein kulturelles Gefälle vom Rhein nach Osten hin ausgleichen zu müssen, drangen das Kloster Lorsch und das Hochstift Worms an jenen Stellen in das Waldland vor, an denen sich ein Zugang bot. Der günstigste war zweifellos das Neckartal.

Hier, wo der Neckar das Gebirge verläßt, wo schon die Menschen der Frühzeit Siedlungsgunst und Lebensraum erspürt, wo sich die Kelten hinter wehrhaften Wällen verschanzt und die Römer einen wichtigen Kontrollposten ihrer Reichsverbindungen unterhalten hatten, kam es nun zu einem scharfen Wettbewerb zwischen Kloster und Hochstift. Die Verhältnisse waren insofern zugespitzt, als das Königskloster der Karolinger gewissermaßen vor der Wormser Haustüre lag und Worms wiederum sich den ehemals römischen Flecken Ladenburg als Ausgangsposition gesichert hatte. Doch was Klöster und Kirchen schließlich besaßen, das ließ sich nur mit weltlicher Hilfe verwalten und regieren. So kamen die Vögte als Sachwalter und Gerichtsherren sehr schnell zu Macht.

Kloster Lorsch konnte seinen Besitzanspruch nicht deutlicher als durch neue Klostergründungen markieren. Die erste und wichtigste Neugründung war ein zunächst kleines Kloster, noch fast ganz aus Holz gebaut, auf dem Heiligenberg, den man dazumal Abirinsberg nannte, was dem Sinne nach ›sonnenbeschienener Berg‹ hieß.

Schon kurz nach 900 wird das Kloster Sankt Michael auf dem Heiligenberg in Urkunden faßbar. Es kann sich dabei aber nur um den bescheidenen Anfang einer klösterlichen Niederlassung gehandelt haben, bei der höchstens die kleine Kirche aus Stein erbaut war. Immerhin erweist sich auch an dieser Stelle, daß dort, wo vorher der Wodanskult geblüht hatte und wo dann der römische Gott Merkur verehrt worden war, eine Kirche des Erzengels Michael entstanden ist. Erst im Jahre 1023 wurde Sankt Michael auf dem Heiligenberg in der Größe und in jener Lage errichtet, wie es heute noch aus den Fundamentresten hervorgeht. Weil zu diesem Zeitpunkt die Mönchsgemeinschaft auf dem Berg schon über wirtschaftlich gesicherte Grundlagen verfügte, konnte Abt Regin(b)ald, der später Bischof von Speyer wurde, darangehen, das Kloster auf der Bergeshöhe unter Verwendung karolingischer Bauteile ganz neu bauen zu lassen.

Worms verfügte um das Jahr 1000 in Burchard über einen bedeutenden Bischof, der nicht nur den frühen Dom errichten ließ, sondern auch allgemein das Hochstift zu festigen verstand. Er sah das Neckertal nun seinerseits als geschlossene Einflußzone des bischöflichen Wirkungsbereichs an. Wimpfen und Eberbach bildete er darin zu bedeutenden Stützpunkten aus. Der machtpolitische Einfluß des Hochstifts, beruhend auf Grundbesitzrechten, verstärkte sich in der Folgezeit noch, während das Kloster Lorsch bald in innere Schwierigkeiten geriet, weil es die Fülle des Reichtums, der ihm aus vielen Schenkungen zugewachsen war, nicht im Sinne der Mönchsideale zu bewältigen verstand.

Worms mochte glauben, als mächtiger Lehensgeber für die Grafen und das Königtum eine überlegene Position zu besitzen. Es erwies sich am Beispiel Heidelbergs jedoch eine geschichtliche Wendung. Einmal fühlten sich jene, die Land vom Wormser Bischof als Lehen genommen hatten, durchaus nicht als Abhängige, zumal sie dem Bischof ja auch ihre Vogtsdienste zur Verfügung stellten, zum anderen sahen sie kühl ihre Chancen aus der Rivalität der geistlichen Herren erwachsen. Daraus gewannen die Pfalzgrafen ein bedeutendes Anfangskapital ihrer Macht.

Wendet man sich vom Neuenheimer Neckarufer zwischen Theodor-Heuss-Brücke und Restaurantschiff dem Berg zu, hat man jene Stelle vor Augen, wo die gerühmte Bergstraße, die immer den Fuß des Odenwalds gegen die Rheinebene hin begleitet, auf den Neckar stößt. In Heidelberg stellt die Bergstraße in den Stadtteilen nördlich des Neckars eine schöne Wohnstraße dar. Insofern hat sich in ihr etwas vom alten Ruf und Ansehen erhalten.

Man verfügt über zwei Möglichkeiten, um zum halben Hang des Heiligenbergs hinauf zu gelangen. Entweder geht man kaum hundert Meter die Bergstraße in Richtung Norden, dann steht man unmittelbar am Beginn des Philosophenwegs. Die Schilder, die auf diese Heidelberger Hauptsehenswürdigkeit und Fremdenattraktion hinweisen, sind nicht zu übersehen.

Dieser Philosophenweg zeigt schon an seinem Beginn, was von Wanderern an Ausdauer verlangt wird, auch wenn sie sich nur die Höhe des Weißen Steins in Heidelbergs Nachbarschaft als Ziel vorgenommen haben sollten. Steil geht es zwischen Gartenmauern und Zäunen bergauf. Efeu und wilder Wein samt Büschen und Bäumen lassen diesen Bergweg zu einer grünen Schlucht werden. Im Frühjahr duftet es betörend, im Sommer bietet der Weg aber auch immer eine willkommene Schattenseite.

Wir wählen indessen eine andere Route, die uns zum gleichen Ziel führt, aber andere Ein- und Ausblicke gewährt. Wir gehen die Albert-Überle-Straße hinauf, unter deren Straßenschild sich ebenfalls der Zusatz findet: ›Zum Philosophenweg‹.

Diese Straße – genannt nach dem letzten Bürgermeister der Gemeinde Neuenheim, der die Eingemeindung in die Stadt Heidelberg im Jahre 1891 vollzog – kann dem aufmerksamen Betrachter zu einem Lehrpfad durch die Architekturbestrebungen des Fin de Siècle werden. Es haben sich auch einige modernere Häuser und Anbauten hineingeschoben, doch im wesentlichen zeigt dieser Süd- und Südwesthang des Heiligenbergs fast alle Möglichkeiten der offenen Landhausbebauung, mit der die Jahrhundertwende ihre Auffassung von einer naturnahen Architektur zu dokumentieren suchte.

Wir erkennen heute in dieser einmalig hervorgehobenen städtebaulichen Situation natürlich nicht mehr das Neubaugebiet der Jahrhundertwende und der Jahre danach. Uns beeindruckt beim langsamen Hinaufsteigen zum Philosophenweg die Tatsache, daß in solcher Hanglage die aus Sandsteinquadern und Rauhmauerwerk gebildeten Stützmauern naturgemäß stark hervortreten. Aber Efeu grünt die Sandsteinbossen ein, Moos patiniert die statischen Notwendigkeiten. Manche Hecke, mancher Busch hat sich über Mauerkanten mildernd hinweggebeugt. Erstaunlich bleibt indessen trotzdem, in welch eleganter und fast spielerischer Weise die starken Baumassen der Gebäude in dieser empfindlichen Situation bewältigt wurden. Ganz gewiß darf man dieses spielerisch Leichte in der Verwendung historischer Bauformen aus dem ländlichen Bereich suchen. Der Jugendstil, damals auf der Mathildenhöhe in Darmstadt zu reiner Ausprägung gebracht, klingt in mehr als nur einem Gebäude kräftig nach. In mancher dieser großbürgerlichen Villen herrscht inzwischen allerdings ein ganz anderes Leben als jenes, dem sie einst zugedacht war. An der Villa des bedeutenden Geologen Wilhelm Salomon-Calvi weist ein Schild das ›Institut für Hochenergiephysik der Universität Heidelberg‹ aus. Gegenüber in einem in architektonischer Weise nicht sehr glücklich zusammengezogenen Doppelgebäude, in dem sich vormals das ›Institut für Weltpost- und Nachrichtenwesen der Reichspostdirektion‹ befand, hat jetzt das ›Institut für angewandte Physik‹ seine Bleibe. Gleich nebenan führt ein repräsentativer Treppenaufgang, flankiert von mächtigen Kastanien, steil hinauf zu jenem Gebäudekomplex, der 1909-1913 eigens für die Physik errichtet wurde und in dem sich heute das ›I. und das II. Physikalische Institut‹ befinden. Der Winkelbau, viergeschossig, mit historisierender Baugliederung versehen, wurde damals von dem Karlsruher Architekten Professor Friedrich Ostendorf nicht ohne Einfühlungsvermögen und Geschick in den steil geneigten Hang hineingesetzt. Noch heute hat man Mühe, sich das Bauvolumen deutlich zu machen. Die aus zarter Schrift gebildete Institutsbezeichnung in den Steinkartuschen über den Portalen wurde inzwischen durch primitive gelbe Blechschilder ergänzt, auf denen das ominöse Wort ›Radioaktiv‹ steht. Damit will man aber nur zum Bewußtsein bringen, daß in manchen Räumen des Instituts bei Brand nicht mit Wasser gelöscht werden darf.

An der Albert-Überle-Straße und am Philosophenweg wird man noch manches andere Haus finden, das seine Zugehörigkeit zur Fakultät für Physik und Astronomie ausweist. Man mag sich wundern über eine solche Zweckentfremdung, doch ungewöhnlich ist dies in einer Universitätsstadt nicht.

Die Heidelberger Physik war zu allen Zeiten recht angesehen, seit sie sich 1752 erstmals als selbständiges Fach auswies. In unserem Jahrhundert brachte sie drei Nobelpreisträger hervor: Philipp Lenard (1905), Walther Bothe (1954) und Hans Jensen (1963). Von Bothe, Jensen und dem nicht minder bedeutenden Gelehrten Hans Kopfermann initiiert, nahm die Physik in Heidelberg vor allem nach dem Zweiten Weltkrieg einen starken Aufschwung. Aber sie wuchs auch über die ihr angestammten Räume hinaus.

Das von Friedrich Ostendorf erbaute Physikalische Institut Lenards am Philosophenweg 12 war 1910-1913 zwar weiträumig angelegt worden, doch wegen großer Raumnot mußten Mitte der fünfziger Jahre etliche Villen in der Nachbarschaft gekauft oder gemietet werden.

Die physikalischen Praktika und das Institut für Umweltphysik wurden inzwischen ins Theoretikum der neugebauten Universität im Neuenheimer Feld verlegt. Dadurch hat sich die Zersplitterung der Fakultät noch vergrößert. Es sind deshalb Bestrebungen im Gange, der Heidelberger Physik gänzlich neue Institute im naturwissenschaftlichen Bereich an der Berliner Straße zu bauen, um sie dort wieder konzentrieren zu können. Das ehemals Lenardsche Institut am Philosophenweg soll allerdings aus Traditionsgründen der Physik erhalten bleiben.

Der Gang bergauf macht dem Besucher Schritt um Schritt die Steilheit des Heiligenberghangs deutlich. Die Albert-Überle-Straße muß sich eine serpentinenartige Kehre zulegen, um die Höhe einigermaßen erträglich erklimmen zu können. Wer jedoch gut zu Fuß ist, kann diese Straßenkehre über eine Treppe, die in einer Stützmauer aufwärts führt, abkürzen. Er wird dafür sogar noch belohnt, denn dort, wo die Steintreppe im rechten Winkel in den Hang hinein abbiegt, bietet sich ihm ein reizvolles Bild. Vom Treppenpodest aus schwingt der Blick zwischen Büschen, Bäumen und zwei Villen hindurch frei hinaus ins Neckartal. Drunten lagert sich die Stadthalle breit ans Flußufer, dahinter breitet sich Dächergewirr aus, und über der begrenzten Szenerie erhebt sich die Waldkulisse des Gaisbergs, des jenseitigen Pendants zum Heiligenberg. Mit dem Ende der Treppe wird auch die Straße wieder erreicht, aber nun wirkt die Umgebung freier; der Himmel ist weiter, die Natur offener geworden. Gleich zur Linken, hinter einer brusthohen Mauer, lugt aus dem Grün eines Gartens die schiefergedeckte Haube eines lustigen Gartenpavillons hervor. Der Garten, in dem sich der runde Pavillon befindet und der zum Anwesen Philosophenweg 16 gehört, gibt ein anschauliches Beispiel dafür, wie man sich die gärtnerische Gestaltung der Steilhänge in den zwanziger und dreißiger Jahren vorzustellen hat. Der hohe Aufwand für Gartengestaltung und Gartenpflege schloß die Wartung schöner Sitzmöglichkeiten und belebender Wasserspiele nicht aus. Man kann ruhig ein paar Schritte in den Garten dieses Anwesens, in dem das ›Institut für Theoretische Physik‹ samt einer Bibliothek untergebracht ist, hineingehen und dabei auch die gesetzte Massigkeit des Gebäudes und dessen gute Architektur (die sich im Innern fortsetzt) studieren. Hans Oswalt von der Frankfurter Firma Philipp Holzmann erbaute es 1911 für den Privatdozenten und späteren Professor der Zoologie Dr. Hugo Merton als Wohnhaus. Der damals hoffnungsvollste Nachwuchsarchitekt der Baufirma, der 1914 in Frankreich fiel, schuf einen Villentyp, der – abgesehen von der angestückten ›Veranda‹ – die Wohnkultur der Jahre vor dem Ersten Weltkrieg anschaulich macht.

Diese Stelle, wo die Albert-Überle-Straße auf den Philosophenweg trifft, wird auf der anderen Seite, oberhalb, vom ehemaligen Höhenrestaurant ›Philosophenhöhe‹ beherrscht. Das Restaurantgebäude wurde, recht anspruchslos, um 1885 errichtet, im Jahre 1922 aber durch eine Aussichtsterrasse beträchtlich erweitert. Früher pflegte man sich dort zu erholen und zu erfrischen, wenn man nach schweißtreibendem Fußmarsch von der Stadt heraufgestiegen war. Aber schon etliche Jahre lang ist der Restaurant- und Cafébetrieb geschlossen; das Haus konnte das Mindestmaß einer tragfähigen Ökonomie nicht mehr erwirtschaften, denn die Gewohnheiten der Spaziergänger hatten sich geändert. Noch etwa fünfzehn Jahre lang war die Aufschrift ›Bauernstube‹ über einer Tür zu lesen, doch in den ehemaligen Gasträumen hatte man die Computeraggregate und Klimage-

räte des Universitätsinstituts für Hochenergiephysik untergebracht. Weil das ehemalige Restaurantgebäude von den amtli-
chen Kunstwaltern nicht als Kulturdenkmal angesehen wurde,
konnte es die Brauerei, die Eigentümerin des Anwesens war,
durch Verkauf wieder einer privaten Nutzung zuführen. Damit
ist ein Anfang in der Rückverwandlung der Wohnhäuser am
Heiligenberghang gemacht worden.

Wir brauchen jetzt nur noch zweihundert Meter leicht bergauf zu wandern, dann erreichen wir jenen Punkt, dessen signifi-
kanter Wirkung sich noch niemand hat entziehen können. Die
hier zu gewinnende Aussicht gleicht einem Fanfarenstoß zum
vollen Klang des Namens Heidelberg.

Ausblick vom Naturbalkon

Aus der Beengung des Weges, die uns bis zuletzt begleitete,
sind wir herausgetreten ins Freie, unter einen unverstellten
Himmel und wie auf einen Naturbalkon. Wir verharren zwischen dem *Philosophengärtchen* vor uns am Hang und der
Eichendorff-Anlage hinter uns unter den Bäumen des weiter
ansteigenden Heiligenbergs.

An diesem ›Point de vue‹ hat schon mancher, heftig atmend,
seiner tiefen Erregung Herr werden müssen. Hier haben sich
Menschen, die das Schicksal aus Heidelberg wegführte oder gar
gewaltsam vertrieb, nach vielen Jahren beim Wiedersehen ihrer
Tränen nicht geschämt. Hier geht auch den alteingesessenen
Heidelbergern immer wieder das Herz auf, weil ihnen an dieser
Stelle wahrscheinlich am stärksten bewußt wird, wie märchenhaft schön ihre Heimatstadt gelegen ist. Alles, was das Wesen
Heidelbergs ausmacht, hat man nun zu Füßen oder unmittelbar
gegenüber. Drunten im tiefen Taleinschnitt der Neckar. An ihn
auf breiter Front hingeschoben, das so oft und so emphatisch
besungene ›Alt-Heidelberg‹. Schräg gegenüber, auf den Meter
genau in gleicher Höhe (175 m), die mächtig gebreitete Ruine
des Schlosses. So weit der Blick zu wandern vermag, die be-
waldete Bergsilhouette, die aufsteigt zum Königstuhl mit seinen Masten und Türmen (567 m) und weitergleitet über einen
Sattel zum Gaisberg (367 m). Wenn man ein paar Schritte wei-
tergeht oder sich in den vorderen Teil des Philosophengärt-

chens begibt, wo ein steinernes Rondell ausgebildet ist, dann kann man auch in die Rheinebene hinausblicken bis zu den Fernen des Pfälzer Walds und des nördlichen Schwarzwalds. Davor entdeckt man bei guter Sicht die Konturen des Speyerer Doms ebenso wie jene hochgeschwungenen der beiden Kühltürme des Kernkraftwerks von Philippsburg.

Wer immer wieder einmal am Philosophengärtchen vorübergeht, dem kommt es wie ein kleines Theater vor. Nicht nur weil es gleich der Cavea eines antiken Freilichttheaters in die Hanglage eingefügt wurde, sondern weil sich dort die Menschen inmitten der Überfülle von Blumen und Blüten genau wie im Theater verhalten: Sie drängen auf die Bänke vorn im Parkett. Niemand weiß, warum das so ist. Nur die Kenner und die Spezialisten suchen die geschützten Sitze an der Stützmauer des Weges auf. Andere wiederum zieht es zu den oberen Rängen jenseits des Philosophenwegs, hinter denen es an Stehplätzen wahrlich nicht fehlt. Nur die Liebhaber (und die Liebespaare) wissen, daß es am Vorderhang, von Büschen verborgen, noch eine Proszeniumsloge gibt, von der aus man das Bühnengeschehen Alt-Heidelbergs am unmittelbarsten vor sich hat. Bei der Blüte im Frühjahr kommt dies in der freundlichsten Weise zum Ausdruck. Und kaum jemand, der hier zum ersten oder zum wiederholten Male weilt, kann sich angesichts der Eidechsen auf den Terrassenmauern, der Holunderbüsche und der Akazien, der Früchte von Maulbeerbäumen oder der Eßkastanien des Gefühls erwehren, hier beginne tatsächlich der Süden des deutschen Landes.

Ein Hauptcharakteristikum Heidelbergs stellt seit eh und je aber auch die Beengung dar. Die Siedlung ist auf den geringen Raum angewiesen, den ihr die Natur im Taltrichter des Flusses zubilligte. Sie mag sich in früheren Zeiten mit dieser Beengung besser abgefunden, ja sie vielleicht sogar als Überschaubarkeit und Schutz empfunden haben, denn sie entwickelte merkwürdigerweise erst im vergangenen Jahrhundert den Drang, sich in die unbeschränkt vor den Bergen ausgebreitete Ebene vorzuschieben. Anfänglich war sie viel stärker darauf fixiert, sich an einem Zwangsdurchlasse zu entwickeln.

Der Blick auf die Stadt macht deutlich, daß sich Heidelberg von einem engen Talpunkt aus flußabwärts erweitert und da-

Blick auf Heidelberg vom Philosophenweg

mit eine zunächst trichterartig-dreieckige Grundform einnimmt. Der Talboden, auf dem sich die Siedlung ausbreitete,
war vordem bewaldet, versumpft und vom Hochwasser be-
droht. Er muß alles andere als verlockend gewesen sein. Wahrscheinlich hat er in der Frühzeit nicht einmal einem Fahrweg
Raum geboten.

Der erste Weiler in dieser Tallage am Nordhang des Königstuhls befand sich dort, wo ein stark strömender Bach aus einer
Bergschlucht heraustrat. Dieser Klingenteichbach, aus der noch
heute gut erkennbaren Falte des Königstuhlhanges wie ein
Wasserfall herausstürzend, hatte im Laufe vieler Jahre so viel
Geröll und Schutt gebildet, daß sich daraus eine kleine Erhöhung im Talboden ergab. Auf dieser Schwelle drängten sich
um ein kleines Kirchlein ein paar Häuser und Hütten, die Fischern und Fuhrleuten gehört haben mögen.

Es war demnach ein Fixpunkt vorhanden, an dem sich Neues
zu orientieren hatte. Tatsächlich reichte die erste Stadt mit ihrer
Mauer genau bis an jene Stelle der frühesten Talbesiedlung. Die
Peterskirche markiert diesen Platz heute noch, und die Graben-
gasse von dort zum Neckar hin zeigt den weiteren Verlauf des
Klingenteichbaches an.

Die später folgende Erweiterung des Stadtgebiets nach Westen nahm sich den Rest des Talbodens vor, genau bis zu den
Fußpunkten des Gaisbergs beziehungsweise des Heiligenbergs

auf der anderen Neckarseite. Diese so um das Zweieinhalbfache
des ursprünglichen Umfangs erweiterte Stadt hatte der Kosmograph Sebastian Münster vor Augen, als er zu dem schönen
und aufschlußreichen Holzschnitt der Gesamtansicht von Heidelberg in seiner ›Cosmographia‹ um das Jahr 1550 – sicher
irrtümlich – schrieb: »*Dann diese Hofstatt ist gar ein lustig ort / da
d' Neckar auß den hohen Bergen auff der ebne herauß laufft / unnd
darumb zu glauben ist / daß sie nicht ohn Menschliche wohnung
gewesen seye / dieweil Teutschlandt von den Menschen bewohnet ist.*«

Ob es damals besonders lustig in Heidelberg zugegangen ist,
können wir nicht wissen. Indessen wissen wir aber, daß es sich
bei der Stadt Heidelberg um eine Stadtgründung handelt, die
von Anbeginn nach Plan vollzogen wurde. Da liegt dann das
Rezept offen zutage: Parallel zum Fluß, etwa in der Mitte des
Taltrichters, verläuft die Hauptstraße. Sie wird sowohl zum
Berg als auch zum Fluß hin von je einer Parallelstraße begleitet.
Diese gehen von einem Punkt (beim Obertor) aus und laufen
auch wieder bei einem Punkt (über den Heumarkt zum Mitteltor) zusammen. Leiterartig sind sie mit Quergassen verbunden,
so daß sich ein ziemlich klarer, wenn auch nicht ganz regel-
mäßiger Grundraster ergibt.

Die nötigen Freiflächen für die Märkte und die Brunnen
wurden im wesentlichen an den Schnittpunkten der Verkehrs-
linien ausgespart. Die wichtigste Zufahrt zur Stadt führte über
die Neckarbrücke. Genau in der Verlängerung dieses vom
Flußübergang hereinkommenden Straßenzugs erhebt sich die
Hauptkirche der Siedlung. Der Kirche gegenüber stand und
steht das Rathaus. Um die geistliche und weltliche Obrigkeit
herum suchte sich das städtische Leben zu entfalten: Fischmarkt, Speisemarkt, Kornmarkt.

Die offenliegende Stadtstruktur

Machten wir uns auf diese Weise einige Grundzüge des Wesens
der Stadt anschaulich, so berührten wir damit zugleich auch
eine Unausweichlichkeit, in die sich Heidelberg jeden Tag gestellt sieht und aus der es weder im historischen noch im gegenwärtigen Sinne ein Entrinnen gibt. Alles, was in Heidelberg
geschieht, offenbart sich jedermann. Der Blick von oben, etwa

vom Philosophenweg oder vom Schloßaltan, von der Molkenkur oder von der Riesensteinkanzel, läßt keine Kaschierung,
keine Halbheit, ja nicht einmal Untätigkeit zu. Was immer in
und an der Stadt geschieht, es muß sich an den Strukturen, die
von einer langen Geschichte gebildet wurden, rational bewähren und sich angesichts der naturhaften Harmonie des Platzes
auch an ästhetischen Kategorien messen lassen.

*Diese Empfindlichkeit des Stadtbilds stellt stets ein gewichtiges Element
der Kommunalpolitik dar. Der ›Blick von oben‹ auf die Dachlandschaft ist
den historischen Städten am Rhein zum Beispiel fremd. Den hat man dort
und anderswo fast nur aus der Turmperspektive. Hier aber, in Heidelberg,
sieht jedermann, nicht zuletzt der Gast und Besucher, was sich zu seinen
Füßen abspielt.*

*Zu einem Menetekel wurde in der Mitte der sechziger Jahre das Kolle-
giengebäude im Marstallhof. Es nimmt die Südseite des aus vier Flügeln
zwischen geduckten Rundtürmen bestehenden ursprünglichen kurpfälzischen Zeughauses ein und sprengt alle Maßverhältnisse. Nicht nur, daß es
auf die historische Architektur dieses einst unmittelbar an den Fluß gebauten Lager- und Vorratshauses keinerlei Rücksicht nimmt, indem es mehrgeschossige Glasfronten und ein Flachdach (wenngleich nach innen einge-
knickt) präsentiert, es majorisiert auch die gesamte Umgebung und bringt
eine dem Altstadtgefüge widerstrebende Massigkeit ins Spiel.*

*Eine beim Entstehen dieses Gebäudes ins Leben gerufene ›Marstallbau-
kommission‹ hat sich in den sechziger Jahren auf dem Philosophenweg
verzweifelt gegen dieses Vorhaben gewehrt. Dieser Bau wuchs in staatlicher Regie während zweier Etappen zu seinen Dimensionen heran. Man
erträgt ihn inzwischen mit Murren, doch diese ›Sünde wider den Geist‹
brachte zwei damals nicht geahnte Folgerungen zuwege:*

*Zum ersten wurde klar, daß dem Altstadtgefüge nicht jedes Raumver-
langen der Universität zugemutet werden konnte. Die Universität beschied
sich in der Folgezeit auf drei Schwerpunkte in der Altstadt. Sie vermied so
in kluger Weise den naheliegenden Extrembeschluß, die Altstadt überhaupt
zu verlassen. Aber damit hätte sie ihrer Tradition selbst den schwersten
Schlag versetzt.*

*Zum anderen ergab sich aus dem ideellen und teilweise natürlich auch
materiellen Streit um das Kollegiengebäude eine »Sensibilisierung des öffentlichen Bewußtseins« im Hinblick darauf, was in Heidelberg – vor
allem beim Blick von oben – möglich und was nicht möglich sei. Das
Parkhaus am Kornmarkt zeigt mit seiner nervösen Dachfältelung die un-
eingestandene Furcht, vor diesem Blick von oben nicht bestehen zu kön-*

nen. Kein Wunder, ein allzu ausgeprägter Kaufhausrationalismus hatte inzwischen deutlich werden lassen, wie schrecklich es ins Gefüge der Stadt einschlägt, wenn plötzlich auf der Höhe der Dachzone in der Vorstadt ein großflächiger Autoparkplatz erscheint.

Beim Blick vom Philosophenweg stellt sich die Unterschiedlichkeit des Stadtbilds und des Stadtcharakters im Altstadtbereich recht anschaulich dar. Im ursprünglichen Gründungsgebiet der Stadt, zwischen dem Beginn der Talerweiterung und der Grabengasse, bestimmt Kleinteiligkeit die Siedlungsstruktur – und dies, obwohl die damals gebräuchlichen Hausformen längst verschwunden sind.

Jenseits der Grabengasse scheint die Siedlungsstruktur bedeutend lockerer zu sein. Das ist in der Tat so. Das eingesprengte Grün der Gärten beweist es, obwohl gerade dort, wo von der Entwicklung her Raum gewesen wäre, die Plätze fehlen. Die in ihrem Charakter von anderen Bedürfnissen bestimmte ›Vorstadt‹ wurde erst im vergangenen Jahrhundert wirklich ›ausgefüllt‹. Fünfhundert Jahre lang ließ sich Heidelberg Zeit, um in diesen weitgeschnittenen Mantel hineinzuwachsen.

Auch dort, in dieser von unterschiedlichen Zweckbestimmungen geprägten Stadterweiterung, wird der Blick vom Philosophenweg immer wieder zur Nagelprobe der Entwicklungstendenzen. Freilich muß dazu angemerkt werden, daß inzwischen die unbekümmerten Eingriffe des 19. Jahrhunderts geschichtlich verstanden werden, so daß man diese kaum noch einer neugestaltenden Korrektur unterwerfen, sie aber sehr wohl – wie das Beispiel der Stadthalle und ihrer Umgebung erweist – konservierenden Bemühungen unterwerfen kann. Was die Rechtfertigung vor der Geschichte betrifft, so sind vor allem in den siebziger Jahren unseres Jahrhunderts in der Kernaltstadt und in der Vorstadt schon so viele Beispiele baulicher Rücksichtnahme und Anpassung geschaffen worden, daß man sich fast um das Selbstverständnis der Architektur unserer Tage zu sorgen beginnt.

Verlassen wir das Philosophengärtchen, wie genüßlich wir dort auch immer die Ästhetik des Zusammenklangs von Landschaft und Menschenwerk ausgekostet haben mögen. Wir müssen nur ein kleines Stück den Weg entlangschlendern, um zu dem Punkt zu kommen, wo der Bismarcksäulenweg bergwärts vom Philosophenweg abzweigt. Die Stelle kann man nicht verfehlen, denn ein kleines Häuschen, das im Sommer einem Erfrischungsstand als Unterkunft dient, bezeichnet sie. Hier trifft man auf eine Heidelberger Besonderheit.

Das gesamte Wegenetz des Stadtwalds, das übrigens eine vorbildliche Qualität besitzt, wurde um die Jahrhundertwende mit steinernen Hinweisen, sozusagen ›für die Ewigkeit‹ ausgezeichnet. In der Regel handelt es sich um Sandsteinblöcke von etwa einem halben Kubikmeter. Auf diese Blöcke ist manchmal oben der Name jener Stelle, an der man sich befindet, eingeschlagen. Immer aber tragen die Wegesteine an den Seiten, die den jeweiligen Waldwegen zugekehrt sind, den Namen des Weges sowie Hinweispfeile und Bezeichnungen jener Ziele, zu denen die Wege führen.

Hier beim Philosophengärtchen stehen zwei solcher Steine. Der eine, mit der Jahreszahl der Errichtung 1904/05 versehen, nennt den Bismarcksäulenweg und trägt die zusätzlichen Orientierungshinweise: Bismarcksäule – Heiligenberg – Siebenmühlental – Weißer Stein. Auf dem anderen Felsblock, der dem Philosophenweg zugekehrt ist, liest man: Zollstock – Heiligenberg – Hirschgasse – Mausbach – Ziegelhausen. Alle diese bildhaften Bezeichnungen, ob es sich nun um die Wegenamen oder die Zielpunkte handeln mag, prägen dem Wanderer die unmittelbare Stadtumgebung wie eine leicht zu merkende Melodie ein. Und weil sich manche Namen von Stein zu Stein gar oft wiederholen, entsteht binnen kurzer Zeit eine starke Vertrautheit mit jenem naturgegebenen Rahmen, ohne den das Wesen dieser Stadt nur unvollkommen erfaßt wäre.

Neben dem Bismarcksäulenweg führt hier, wo der Wald noch nicht die alleinige Herrschaft übernommen hat, ein mit Treppenstufen versehener Anlagenweg aufwärts. Folgen wir ihm, so bringt er uns nach wenigen Minuten zu einer Schwelle im Hang, von der aus man wie in eine Arena hineinblickt. Sofort spürt man, daß hier Menschen in die Natur eingegriffen haben. Ein großes, natürlich belassenes Spiel- und Sportfeld, auf dem sich jeder nach Belieben tummeln kann, breitet sich aus, umrahmt von dem dahinter weiter aufsteigenden Hochwaldbestand.

Steigt man am vorderen Rand des Spielfelds nach links gemüt-
lich leicht aufwärts, hat man Muße, um sich mit einem terrassenartigen Gelände vertraut zu machen, dessen Baumbestand
wie ein Park wirkt, das aber die Narben vielfacher menschli-
cher Eingriffe nur schwer verbergen kann. Die Trockenmauern
erinnern noch an die frühere Weinbergsnutzung. Offiziell heißt
das Gebiet Eichendorff-Anlage. Nach kurzer Wanderung unter
Fliederbüschen und Akazien trifft man an einer freieren Stelle
auf einen mächtigen roten Stein. Er ist dem Gedächtnis Eichendorffs gewidmet und verzeichnet die letzten Verse aus ›Robert
und Guiskard‹:

> *In dieses Märchens Bann verzaubert stehen*
> *Die Wandrer still. – Zieh weiter, wer da kann!*
> *So hatten sie's in Träumen wohl gesehen,*
> *Und jeden blickt's wie seine Heimat an,*
> *Und keinem hat der Zauber noch gelogen,*
> *Denn Heidelberg war's, wo sie eingezogen.*

Darunter steht der Zusatz:

> *Joseph Freiherr von Eichendorff 1788-1857*
> *studierte 1807/08 in Heidelberg.*

Lassen wir hier, am Eichendorff-Gedenkstein, den Blick ein
wenig in die Runde gehen! Das Reizvolle dieser Zone des
Übergangs liegt sicher darin, daß die Gartenflur mit den Wald-
bäumen streitet, daß der Kirschbaum neben der Kiefer steht
und der Rhododendron neben der Weißdornhecke. Auch die
Eßkastanien sind recht dazu angetan, die Mischform der Flora
zu unterstreichen.

Auch wenn wir bergauf blicken, gewahren wir Merkwürdiges. Wir stoßen auf das obligate Zeugnis jener Bismarck-Ver-
ehrung, die um die Jahrhundertwende landauf, landab üblich
war und die in Heidelberg nicht nur mit dem Bismarckplatz
und der dort errichteten, von den Stadttauben immerzu umflat-
terten Büste des ›Eisernen Kanzlers‹ Ausdruck fand, sondern
auch mit dem zyklopisch anmutenden Turm am Heiligenberghang, der seltsamerweise immer ›Säule‹ genannt wird. Mit ei-

ner Säule hat ein solches Monument freilich nichts zu tun. Es ist
als Bauwerk nicht einmal besonders originell, denn es wurde
im Jahre 1902 nach dem mehrfach verwendeten Entwurf des
Architekten Wilhelm Kreis (1873-1955) von dem Heidelberger
Baumeister und Stadtrat Georg Busch errichtet und am 19. Januar 1903 eingeweiht. Respektlos nannten die Heidelberger
während der ›heroischen Zeit‹ der dreißiger Jahre dieses Bauwerk ›die Studentepann‹ (Studentenpfanne), weil in der auf
dem Turm angebrachten Pechschale des öfteren ›Mahnfeuer‹
entzündet wurden.

Da wir nun schon wieder jene Jahre streifen, die dem Berg
auf ihre Weise eine ›heilige Bedeutung‹ zu geben wünschten,
müssen wir hier eine Episode einschalten, die kaum glaubhaft
zu sein scheint. Wäre man einigen durchaus ernst zu nehmen-
den Projektüberlegungen gefolgt, dann befände sich hier inzwischen längst ein Schwimmbad für »gehobene Ansprüche«, ein
Luxusbad über den Dächern von Heidelberg, das dem über
Wiesbaden gelegenen Opelbad mit Leichtigkeit den Rang abge-
laufen hätte. Doch der gute Geist, der über dieser Stadt immer
wieder trotz aller Höhenflüge waltet, besteht auch manchmal
aus Zwängen, die zuerst wie Versäumnisse wirken, hernach
aber als glückliche Fügung beurteilt werden.

*Im April des Jahres 1932 bemühte sich der Verband der Turn- und
Sportvereine Heidelberg bei der Stadtverwaltung um die Errichtung eines
›Sommerbads‹. Man wünschte die Ausweisung eines geeigneten Platzes,
möglichst am Ufer des Neckars, um sowohl ein Flußbad als auch ein
Beckenbad zu haben. Es wurde zugleich erwogen, mit dem Bau und
Betrieb eines solchen Bades einen Badeverein zu betrauen. Nach 1933
nahm die Entwicklung jedoch einen anderen Verlauf. Zwar gab es eine
Ortsgruppe Heidelberg des Reichsbunds für Leibesübungen und eine Bä-
derbauberatungsstelle des Fachamts Schwimmen in Berlin, aber der Oberbürgermeister Dr. Karl Neinhaus konnte weitgehend eigene Beschlüsse
fassen.*

*Die Ratsherren überraschte er in nichtöffentlicher Sitzung im Dezember
1935 mit dem Vorschlag, ein Schwimmbad auf der Philosophenhöhe westlich der Bismarcksäule zu errichten: »Die Lage des Sport- und Schwimm-
bades an der Bismarcksäule hat nur Vorzüge. Landschaftlich ist die Lage
ungewöhnlich schön; auch für die Sonnenbestrahlung ist sie sehr günstig.
Nach Norden ist der Platz vollkommen abgeschlossen ...«*

Der Oberbürgermeister gedachte, den namhaften Stuttgarter Architekten Paul Bonatz mit der Planung zu betrauen. Auch dieser konnte sich an der Idee, ein solches Schwimmbad zu bauen, begeistern. Letztlich scheiterte das Projekt im Jahre 1937 an den ungelösten Problemen der Verkehrserschließung, aber auch an der Wasserversorgung.

Weil Heidelberg ein Freibad jedoch dringend nötig hatte, schwenkte der Oberbürgermeister erneut um und trat nun für ein solches Bad in der Ebene, im Anschluß an das Gebäude des Radium-Solbads ein. Das »anspruchsvolle Bad am Heiligen Berge« sollte erst in einigen Jahren errichtet werden. So kam es zu dem heute noch bestehenden, inzwischen völlig erneuerten Thermalbad an der Vangerowstraße und zum Verzicht auf das Vorhaben an der Philosophenhöhe.

Erinnern wir uns des geschichtlichen Hintergrunds für diesen Landstrich und für diesen Flecken im Tal! Um das Jahr 1000 hatte das Hochstift Worms den Odenwald südlich der Heppenheimer Mark im Besitz. Sein Einflußbereich deckte sich zunächst mit dem unmittelbar vor Worms liegenden Lobdengau im Winkel von Rhein und Neckar. Auch das Gebiet südlich des Neckars, der Königstuhl und der kleine Odenwald, gehörte Worms. Aber im Vergleich zu Lorsch besaß das Hochstift Worms die für die bäuerliche Nutzung nach Lage und Struktur schlechteren Gebiete. Deshalb blieb auch die Besiedlung der Wälder des vorderen Neckartals spärlich.

Die Menschen, die in solcher Abgeschiedenheit in kärglicher Weise ihr Dasein fristeten, haben von den machtpolitischen Vorgängen, die man heute aus den unterschiedlichsten Quellen zu rekonstruieren vermag, kaum etwas gemerkt oder gar begriffen. Was wußten sie davon, daß sie im Einflußbereich des Hochstifts Worms lebten und daß dieser Bereich bei Eberbach vom Bistum Würzburg begrenzt wurde! Wie hätten sie etwas von dem begreifen können, was den Staufern im Sinne lag! Die strebten nämlich ständig danach, ihre zentralen Besitztümer am mittleren Neckar mit jenen links des Rheins im Gebiet der heutigen Rheinpfalz zu vereinigen. Doch gerade am unteren Neckar legten sich ihnen andere Interessenten quer. In jüngster Zeit hat Meinrad Schaab mit akribischer Detailforschung immer wieder versucht, die vielfach ineinander verflochtenen Zusammenhänge der machtpolitischen Interessen zu entwirren und verständlich zu machen.

Demzufolge wurde der Staufer Konrad (1134/36-1195), ein Halbbruder des Kaisers Friedrich Barbarossa, zur Schlüsselfigur im Gebiet an Rhein und Neckar, denn er konnte dreifache Konkurrenz in seiner Person miteinander verklammern. Nämlich erstens: Seine Mutter Agnes stammte aus dem Hause der Grafen von Saarbrücken. Diese waren Vögte des Hochstifts Worms. Zweitens: Verheiratet war Konrad mit Irmingard von Henneberg. Dieses gräfliche Haus aus dem Odenwald versah die Vogtsdienste für das Kloster Lorsch. Auch fielen Konrad im Laufe der Zeit noch andere Besitztitel und Ansprüche zu. Schließlich drittens hatte ihm der kaiserliche Bruder auch noch Reichsgut im Gebiet der Neckarmündung übergeben. Gestützt auf diese drei Machtkomponenten, konnte Konrad daran gehen, eine eigene Territorialmacht zu bilden, denn schließlich war er von seinem Bruder Friedrich im Jahre 1156 mit der Pfalzgrafenwürde belehnt worden.

Ähnlich wie die karolingischen Hausmeier, gingen auch die Pfalzgrafen aus einem der alten Reichsämter hervor. Das Pfalzgrafenamt war wohl ursprünglich mit der Kaiserpfalz in Aachen verbunden. Deshalb hatten die Pfalzgrafen zuerst Besitz am Niederrhein. Unter Hermann von Stahleck verfügten sie dann über Besitztümer am Mittelrhein (Bacharach). Erst mit dem Staufer Konrad verlagerte sich der Schwerpunkt pfalzgräflicher Besitzungen noch weiter nach Süden: Staufischer Besitz im Speyer- und Wormsgau kam hinzu. Ob in der Pfalzgrafschaft auch alter Salierbesitz aufging, ist nicht sicher.

Die an Rhein und Neckar erstarkende Pfalzgrafschaft war als Stütze des staufischen Hauses gedacht, denn damit konnte dem staufischen Territorium insgesamt ein räumlicher Zusammenhang gegeben werden.

Doch so wie die Pfalzgrafschaft entstand, so gestaltete sich auch ihr Schicksal: Sie blieb zwischen stark ausgeprägten Interessen immer eingeengt und hatte es stets schwer, ihr Raumverlangen zu Zeiten, die ihr günstig waren, wenigstens teilweise voranzubringen.

Daß die Geschichte mitunter auch von Geschehnissen bestimmt wird, die vorher nicht in Erwägung gezogen wurden, weil sie außerhalb der Vorstellungskraft lagen, zeigte sich sogleich beim Entstehen der Pfalzgrafschaft. Des Pfalzgrafen Konrad Tochter Agnes von Hohenstaufen heiratete im Jahre 1193 auf der Burg Stahleck am Rhein heimlich den Sohn Heinrichs des Löwen, den Welfen Heinrich (den Älteren) von

Braunschweig. Damit störte sie das so klug eingefädelte staufische Konzept sofort wieder, denn nun wurde durch diese Heirat ein Welfe Pfalzgraf. Statt die staufischen Besitzungen miteinander zu verbinden, trennte sie nun erst richtig das neue Territorialgebilde. Zwar versuchte Kaiser Heinrich VI. über die Lorscher Vogteirechte für das Königshaus zu retten, was noch zu retten war, aber er gelangte dabei nur zu einem Teilerfolg.

Da fügt sich nun noch eine andere Schicksalslinie ein. Der Bayernherzog Ludwig der Kelheimer (1183-1231) verlobte seinen Sohn Otto, noch jung an Jahren, 1212 mit Agnes, der Tochter des welfischen Pfalzgrafen am Rhein, der Nichte des Kaisers. Noch bevor sich der vom Papst nach Deutschland gesandte Staufer Friedrich II. völlig durchgesetzt hatte und 1215 in Aachen gekrönt worden war, ging 1214 beim Tod des Bruders der Agnes, des Welfen Heinrich (des Jüngeren), die Rheinische Pfalzgrafschaft an den Bayernherzog Ludwig und dessen Erben Otto über.

Zur Zeit des Entstehens der Pfalzgrafschaft an Rhein und Neckar, also um die Mitte des 12. Jahrhunderts, begann Kloster Lorsch durch Auswüchse des Lehenswesens und durch Mißwirtschaft gefährlich abwärts zu treiben. Unter dem bedeutenden Abt Heinrich, der aus Schwaben stammte und die Staufer zu seinen Verwandten zählte, wurde sich das Kloster nicht nur seines unmittelbaren Königsdienstes, sondern auch seiner dem Königtum verpflichteten Stellung während der benediktinischen Klosterreformen noch einmal bewußt.

Die von Cluny in Burgund entwickelten Gedanken zur religiös-asketischen Erneuerung des benediktinischen Mönchswesens, die sich vor allem in bestimmten ›Cluniazensergebräuchen‹ äußerten, hatten bei strenger Disziplin im 12. Jahrhundert rund 1500 europäische Klöster erfaßt. Ein von Cluny unabhängiger Reformwille ging vom Kloster Gorze bei Metz aus. Von Gorze war Lorsch einst bei seiner Gründung mit Mönchen besiedelt worden. Die Gorzer Reformwelle erreichte über Trier (Sankt Maximin) etwa 160 Klöster im deutschen Reichsgebiet. Sie wurde von Bischöfen und weltlichen Herren gleichermaßen gefördert.

Im Schwarzwaldkloster Hirsau paßte man die Reformziele von Cluny den deutschen Verhältnissen an. Rund hundert Klöster griffen diese ›Hirsauer Gewohnheiten‹ auf. Das Lorscher Chronikon bekannte sich einesteils zur Reform von Cluny bzw. Gorze und schmähte heftig die Hirsauer Bestrebungen, doch drangen die liturgisch bedingten Baugewohnheiten der Hirsauer auch in Lorsch ein. Die differenzierten mönchischen Erneuerungsideale fanden im alten Reichskloster, das bis zum Jahre 1232 468 Jahre lang bestand und in dieser Zeit von fünfzig Fürstäbten regiert wurde, nur insoweit Aufnahme und Nachfolge, als sie geeignet zu sein schienen, Hilfestellungen im Zerfallsprozeß zu bieten.

Abt Heinrich (1151-1167), der von der Klosterchronik wahrscheinlich deswegen hoch gelobt wird, weil er gegen die Hirsauer Bestrebungen war, verhalf Lorsch noch einmal zu Ansehen, indem er das Mutterkloster und alle Filiationen – nämlich die abhängigen Propsteien –, zu denen neben Sankt Michael und Sankt Stephan auf dem Heiligenberg auch das 1130 gegründete Kloster Neuburg am Neckar gehörten, strenger Zucht und Wirtschaftlichkeit unterwarf. Neuburg mußte er gar neu besiedeln. Doch schon unter dem Nachfolger, dem Abt Sighard, wurde Neuburg ein Frauenkloster. Sighard ist übrigens jener Abt von Lorsch, in dem man einen Verfasser des Nibelungenliedes glaubt sehen zu können. Nach dessen Tod fand sich niemand mehr, der den Niedergang des ehrwürdigen ›Urklosters‹ hätte aufhalten können.

Viel Lorscher Besitz ging bei solchen Verhältnissen an den pfalzgräflichen Vogt als neuen Nachbarn verloren. Aus dem Lorscher Niedergang erwuchs indessen dem Pfalzgrafen unversehens ein anderer unmittelbarer Nachbar: der Erzbischof von Mainz. Denn 1232 wurde das heruntergewirtschaftete Kloster mit den Resten seines Besitzes vom Reich dem damals regierenden Mainzer Erzbischof Siegfried III. übertragen. Als dieser die aufsässigen Benediktiner mit Waffengewalt aus dem Kloster vertreiben mußte, wurde er auch Herr jener ehemals Lorscher Ländereien, die an der Bergstraße entlang bis zum Heiligenberg reichten. An diesem Faktor hatten sich die Pfalzgrafen bei ihrer sich entfaltenden Politik zwangsläufig zu orientieren.

Nun haben wir uns in Gedanken recht intensiv mit der Geschichte dieses Raumes befaßt. Und dennoch konnten wir von diesem frühen Prozeß der Ausbildung staatlicher Macht nur ein holzschnittartiges Bild gewinnen. Aber wir besitzen bereits eine ausreichend gefestigte Grundlage, um alles weitere in seiner geschichtsnotwendigen Folge begreifen zu können.

Verlassen wir unseren Aussichtspunkt; steigen wir wieder aus der Eichendorff-Anlage hinab, diesmal direkt über den Vorderhang auf ganz verwunschenen Wegen.

Vielleicht verlangt es den Freund und Besucher dieser Stadt nun erst richtig danach, die Umstände zu erfahren, die in dem geschilderten Geschichtsverlauf zur Gründung Heidelbergs führten. Man kann sich nämlich fast nicht vorstellen, daß an diesem Platz von schönster Landschaftsharmonie ursprünglich nur ein kleiner Weiler bestanden haben soll. Doch es ist wirklich und wahrhaftig so gewesen. Die Stadt Heidelberg entstand aus einem herrschaftlichen Gründungsimpuls heraus. Dieser folgte weniger der frohen Losung: »Hier laßt uns Hütten bauen!«, als vielmehr im Zwange der Selbstbehauptung der biblischen Weisheit: »Wenn die Gewaltigen klug sind, so gedeiht die Stadt.« Offensichtlich sind der Gründer und seine Nachfolger kluge Leute gewesen.

Dennoch: Dieses Heidelberg verfügt nicht über einen ordentlichen Geburtsschein. Es ist zwar stattlich in die Welt getreten, wie man sieht und wie man lange weiß, aber niemand kann sagen, wann es genau geschah.

Es gibt aber doch genügend Einzelbeobachtungen und Detailkenntnisse, die Rückschlüsse auf die Entstehung Heidelbergs zulassen. Selbst die hier verzeichneten knappen Geschichtslinien erlauben es, den Staufer Konrad (1134/36-1195) als den Gründer Heidelbergs anzusehen. Die Geschichtswissenschaft folgt inzwischen weitgehend dieser Annahme, denn außer der größten Wahrscheinlichkeit sprechen auch örtliche Indizien dafür.

Als im Jahre 1897 der Oberbaurat Karl Schäfer bei Untersuchungen des Schloßbestands eine Scheidemauer zwischen dem Gläsernen-Saal-Bau und dem Friedrichsbau entdeckte, in der sich noch ein Fenster befand, das erste Anklänge der Gotik aufwies, war die geschichtliche Annahme nicht mehr zu halten, die älteste Burg über Heidelberg sei die ›Molkenkur‹ gewesen. Auf dem Platz der im vergangenen Jahrhundert als Molkenkuranstalt genutzten Gaststätte findet sich ebenfalls ein knuffiger Mauerrest staufischen Ursprungs. Er stellt das letzte Zeugnis einer einstmals dort vorhandenen Burg dar, auch wenn diese uns nicht einmal durch die Fundamente ihr genaues Bild zu vermitteln vermag. Aber die Tatsache bleibt bestehen, daß sich

ein gewiß nicht unerhebliches Stück der Heidelberger Geburts-
urkunde auch auf der Höhe der Molkenkur befindet.

Im Hochmittelalter gab es zwei Burgen über Heidelberg. In
dem für das Haus Wittelsbach so bedeutungsvollen Vertrag
von Pavia (1329) heißt es: »Heidelberch, die obern und nidern
burch und die stat.«

Während der Stauferzeit kommt es öfter vor, daß einer Burg
eine Stadt zugeordnet wird, oder daß neben einem bereits vorhandenen Weiler eine neu gegründete Stadt die Chance der
Entwicklung erhält. Auf Heidelberg trifft beides zu: Sowohl
zur Burg als auch zum Weiler am Klingenteichbach trat die Neugründung, die von der Engstelle am Fluß bis zur Grabengasse
660 m lang und am Graben des Klingenteichbaches 420 m breit
war, in ein Konkurrenz- und Spannungsverhältnis.

Was die Beziehungen zur Burg betrifft, so begann in der
Stauferzeit die Urbanisation Deutschlands. Unter den vielen
der damals neugegründeten Städte findet man auch Heidelberg. Damit leitete sich eine neue Ära ein, denn die kulturtra-
gende Bedeutung der Städte für das Hochmittelalter und darüber hinaus wurde evident.

Der kleine Weiler am Klingenteichbach hatte gegenüber dieser Entwicklung keine Chance. Die Häuser waren in der roma-
nisch bestimmten Periode durchweg Holzbauten, manchmal
Hütten ähnlicher als Gebäuden. Erst am Ende der romanischen
Epoche, als sich die Gotik mit ihrem veränderten Formbe-
wußtsein schon andeutete, gewann das Siedlungsbewußtsein
stärkere Konturen. Der einheitlichen Grundkonzeption der
Neugründung entsprach auch die architektonische Geschlossenheit des Baugefüges. Dabei dominierte zwar immer noch
das Holz als Baustoff, doch das Bauen von Häusern in der Stadt
bedeutete jetzt die Einfügung in das Konzept eines »ganzheit-
lichen Bauunternehmens«. In Heidelberg war das nicht anders.
Insofern erwies die Stadt auch dadurch ihre »staufische Geburt«.

Von jener Burg, die sich in der Folgezeit zum Schloß erweiterte, sagt man, daß sie auf dem Jettenbühel gelegen sei, eine
Bezeichnung, die kein Pfälzer erfunden haben kann. In Oechel-
häusers Schloßbuch liest man in einer Fußnote, daß dieser Bühel 1365 ›Geltenpogel‹ (Jungviehhügel), 1436 ›Gettenpuhel‹ genannt worden sei. Erst im 16. Jahrhundert habe man ihn mit

Jetta, der Seherin, in Verbindung gebracht und seitdem Jettenbühel genannt.

Die Jetta-Sage führt in die Zeit der Gründung Heidelbergs
zurück. Fritz Frey, der frühere Stadtschulrat, erzählt:

> *»Auf dem Jettenbühel, einem Hügel aus Granit, auf dem das Heidelber-*
> *ger Schloß steht, soll vor vielen Jahren eine Seherin mit Namen Jetta*
> *gewohnt haben. Manchmal kamen Menschen zu ihr und ließen sich weis-*
> *sagen. Einst verkündete sie: ›Königliche Männer werden auf diesem Hügel*
> *wohnen, und das Tal zu seinen Füßen wird die Wohnstätte vielen Volkes*
> *sein.‹ Einmal verließ Jetta ihr Heim auf dem Jettenbühel, um einem kran-*
> *ken Fischer im Neckartal heilende Kräuter zu bringen. Auf ihrem Gang*
> *durch den Wald kam sie auch zu einer Quelle in einer finsteren Schlucht an*
> *der Nordseite des Königstuhls. Kaum aber bückte sie sich nieder, um zu*
> *trinken, da stürzte eine Wölfin aus dem Dickicht und zerriß die Seherin.*
> *Seitdem führt die Quelle den Namen Wolfsbrunnen.«*

Bevorzugt von der Gunst der Natur

Wer aus der ›Bel etage‹ der Natur auf Heidelberg hinunterblickt, kann sich nicht vorstellen, daß das Entstehen des Philosophenwegs von viel Streit begleitet war. Der Ärger der Neuenheimer Bürger fand über fünfzig Jahre hinweg immer wieder
neue Nahrung. Denn für den Philosophenweg nahm das Großherzoglich Badische Oberamt Heidelberg den Neuenheimer
Winzern 1817 Teile ihrer Weinberge weg und verdonnerte sie
auch noch dazu, neue Stützmauern zu errichten. Der alte ›Lin-
senbühler Weg‹, der ursprünglich zum Neuenheimer Steinbruch (heute Sportplatz bei der Bismarcksäule) führte und der
den Winzern als Zufahrt zu den Weinbergen am Südhang des
Heiligenbergs diente, wurde von den schweren Fuhrwerken
immer stark in Mitleidenschaft gezogen. Auch schwemmte der
Regen den steilen Weg aus, so daß ständig mit hohen Kosten
daran gearbeitet werden mußte. Diesen Zustand gedachte das
Oberamt zum Besseren zu wenden. Die kleine Gemeinde Neuenheim hatte zwischen 1837 und 1841 insgesamt 3000 Gulden
für den Ausbau des Philosophenwegs aufzunehmen, denn die
freiwilligen Spenden, die für den Wegebau aus Heidelberg und
Neuenheim kamen, konnten die Kosten nicht decken. Deshalb
stöhnte der damalige Bürgermeister Johann Jakob Weber ge-

genüber dem Oberamt, ihm wäre es am liebsten, wenn der Philosophenweg überhaupt nie angefangen worden wäre.

Doch es war gut angelegtes Geld, das aus dem schmalen und steinigen Rumpelweg der Winzer und Steinbruchfuhrleute eine solch schöne Promenade werden ließ. Von hier aus haben seit den Tagen der Romantik (denn 1805 spricht man bei einem Grundstücksverkauf erstmals vom ›Philosophenweg‹) ungezählte Menschen den ›Heidelberger Dreiklang‹ erlebt: den Blick auf Fluß, Stadt und Berge.

Das steile Gelände unterhalb des Weges, das einst Weinberge trug, hat sich schon lange in Berggärten jener Häuser und Villen verwandelt, die an der Neuenheimer Landstraße in unmittelbarer Nachbarschaft zum Neckar stehen. Viele Büsche und Bäume müssen mit ihren Wurzeln zu halten versuchen, was vorher von den Trockenmauern der Weinbergsterrassen gestützt wurde. Der Steilhang ist nämlich noch immer in Bewegung; mitunter gibt er Anlaß zu ernster Sorge.

Die für das Heidelberger Gebiet typischen drei Landschaftseinheiten – die Rheinebene, der Bergstraßen-Hang und das Gebirge des Odenwalds – werden hier vom Neckar geteilt. Der Fluß sägt sich durch das Gebirge. Dieses war zuvor durch einen tektonischen Vorgang entstanden, der das aus Granit bestehende Grundgebirge hochgehoben hat. Diesen Granit findet man beiderseits des Neckars bis auf etwa 220 m Meereshöhe. Auch das Schloß steht auf Granit. Dieses harte Gestein findet sich ferner im Bett des Neckars. Es war in früheren Zeiten, vor der Kanalisierung des Flusses, von den Schiffern gefürchtet. ›Hackteufel‹ nannten sie eine Gruppe solcher Granitklippen bei der Alten Brücke vor der Altstadt.

Aus dem tektonischen Vorgang sind mehrere Verwerfungen zurückgeblieben. Am deutlichsten stellt sich die sogenannte Hirschgassen-Verwerfung dar, denn westlich von ihr findet man den Buntsandstein als Charakteristikum der Heidelberger Landschaft, östlich jedoch den Granit in teilweise sehr bizarren Formen, wie sich am Russenstein zeigt, wo das Neckartal bei Heidelberg sein Nadelöhr hat.

Eine andere Verwerfungslinie geht von der Molkenkur aus, führt schräg durch die Altstadt und den Fluß und klettert am Heiligenberg so merkwürdig hoch, daß sie von diesem Berg eine kleine ›Scholle‹, auf der der Bismarckturm steht, abtrennt. Diese Randscholle gleitet gewissermaßen auf dem Südwesthang des Heiligenbergs und führt dann gelegentlich zu jenen Rissen, die vor allem in den Häusern, die dieser ›Scholle‹ anliegen, mit Kummer wahrgenommen werden.

Den Landschaftseinheiten entsprechend, stellt sich auch das Wetter in Heidelberg nie ganz einheitlich dar. In der Rheinebene herrscht warme und trockene Witterung vor. Der Westhang des Odenwalds wird von der Temperatur sehr begünstigt und erhält reichlich Hangregen. Deshalb sagen die Menschen: »An der Bergstraße bleiben die Wolken hängen!« Auch der hohe Odenwald ist in den Hochlagen regenreich, aber kühl. Vom Neckartal aus kann man beim Blick zum Königstuhl oftmals eine im Vergleich zur Ebene ganz andere Witterung erkennen. Zwischen der Rheinebene bei Mannheim und dem Königstuhl über Heidelberg schwankt die Temperatur bei 473 m Höhenunterschied mitunter bis zu 3,5 Grad Celsius. Niederschlag gibt es in der Rheinebene an durchschnittlich 160 Tagen; an der Bergstraße regnet es durchschnittlich 170 Tage und im Hohen Odenwald bis zu 185 Tagen. Das Maximum an Regen bringen in Heidelberg die Monate November und Januar, das Minimum die Monate Februar, Mai und Juni.

Auch die Heiligenberg-Südhanglage mit dem Philosophenweg gehört zu den Gebieten, die die günstigsten Vegetationsbedingungen aufweisen. Wenn es hier schon blüht, regt sich im Odenwald noch nichts. Die Vegetationsverzögerung beträgt bis zu zwanzig Tagen. Umgekehrt stellt sich der Herbst dort um zehn bis vierzehn Tage früher ein als etwa an der Bergstraße.

Schon zur Zeit der Römer dürften am Südhang des Heiligenbergs außer Reben und Kastanien Mandelbäume gewachsen sein. Alle wärmebedürftigen Pflanzen finden hier Schutz vor rauhen Winden und jahrüber genügend gleichbleibende Wärme. Echte Zypressen, Zitronen, Granatäpfel, Quitten und Feigen pflegen die Gartenbesitzer mit ebenso viel Liebe wie Stolz. Wer in die Gärten lugt, entdeckt immergrüne Eichen, Bambus, Rhododendron, Ginkgo biloba und unter den Liliazeen die bekannte Yucca, die auch Mondblume oder Adamsnadel genannt wird. Immergrüne Pflanzen wie Lorbeer oder Rosmarin vervollständigen das ungewohnte Vegetationsbild.

Ganz ungetrübt bleibt das südliche Glück Heidelbergs allerdings nicht. In den Bergrinnen des Königstuhl-Nordhangs und
im Neckartal bildet sich oft Nebel, der bis in die Vormittags-
stunden anzuhalten pflegt. Und außerdem kennt man als typisch für Heidelberg den Talwind. Es handelt sich um den
Kaltluftabfluß der Nacht aus den Bergen. Die Passanten, die am
Morgen über die Neckarbrücken hasten, packt er oft unvermittelt. Schon mancher Hut ist dann im Neckar gelandet. Deshalb
werden alle Heidelberger Brücken im Herbst und Winter mit
hölzernen Schutzgittern versehen. Dieser Wind, der heiße
Sommertage erträglich machen kann, wenn das Heidelberger
Klima dem eines Gewächshauses nahekommt, schadet im Winter natürlich den empfindlichen Pflanzen. Die Vegetationsgunst
des Heiligenberg-Südhangs läßt sich deshalb keinesfalls belie-
big in anderen Gartengebieten der Stadt voraussetzen.

Ist man kaum hundert Meter auf dem nun völlig ebenen
Philosophenweg gegangen, hat man schon den ersten Merk-
punkt erreicht. Der Weg buchtet sich zum Tal hin kanzelartig
aus, so daß ein kleiner Platz entsteht. Inmitten dieser Bergnase
wurde ein Gedenkstein errichtet, der inzwischen von einem
Spitzahorn beschirmt wird. Gegen das Tal hin halten zwei
prächtige Exemplare von Robinien, die hier meist Akazien genannt werden, Wache. Der Platz heißt Liselotteplatz. Und der
Gedenkstein, den der Gemeinnützige Verein Heidelberg im
Jahre 1908 errichtete, soll die Erinnerung an Liselotte von der
Pfalz, die Schwägerin des französischen Königs Ludwig XIV.,
wachhalten. Auf der Tafel ist zu lesen:

Zur Erinnerung an Elisabeth Charlotte,
die Pfälzer Liselotte,
Pfalzgräfin bei Rhein, Herzogin von Orléans
geboren in Heidelberg 27. Mai 1652
gestorben in St. Cloud 8. Dezember 1722.

Die Pfälzer Liselotte, die alle Heidelberger ins Herz geschlossen haben, gehört zu den bekanntesten und vor allem zu den
volkstümlichsten pfalzgräflichen Gestalten, die im Laufe von
sechs Jahrhunderten aus dem Heidelberger Schloß hervorgega-
nen sind. Ohne daß an dieser Stelle schon erörtert werden
könnte, welche Bewandtnis es im einzelnen mit Liselottes

Schicksal hinsichtlich der pfälzischen Politik hatte, wollen wir
uns doch einprägen, daß sie von ihrem Vater, dem Kurfürsten
Karl Ludwig, aus wohlberechneten politischen Erwägungen
dem Bruder des französischen Sonnenkönigs, Philipp I., Herzog
von Orléans, 1671 zur Frau gegeben wurde.

Vom Liselottestein aus sieht man heute ein anderes Heidelberg als jenes, das die neunzehnjährige Elisabeth Charlotte unter Tränen verließ, als sie über Straßburg nach Paris fuhr. Dieses heutige Alt-Heidelberg stellt das nach der Niederbrennung
durch die Franzosen wiederaufgebaute Heidelberg dar. Verschwunden sind die Fachwerkhäuser, die spitzen Giebel und
Türme, die mittelalterlichen Gehäuse. An deren Stelle breiten
sich barocke Formen aus, doch gehen sie im einzelnen kaum
über den mittelalterlichen Zuschnitt hinaus.

Die Pfälzer Liselotte ist den Nachkommen – und nicht nur
den Heidelbergern – deshalb im Gedächtnis geblieben, weil sie
in einer Fülle von Briefen ihr tapferes Herz und ihre unver-
fälschten Gefühle in echter pfälzischer Unmittelbarkeit sprechen ließ. Die meisten dieser Briefe, die heute als kulturge-
schichtliche Zeugnisse gewertet werden, sind an Liselottes
Tante Sophie, die Herzogin von Hannover, gerichtet.

Versailles, 11. Mai 1685

»Der König hat seinen Beichtvater zu dem meinen geschickt und hat mir
heute Morgen einen schrecklichen Filz geben lassen über drei Punkte. Der
erste ist, daß ich zu frei im Reden wäre und Monsieur le Dauphin gesagt
hätte, daß, wenn ich ihn ganz nacket von den Fußsohlen bis auf den
Scheitel sehen sollte, daß weder er noch niemand mich reizen könnte. Zum
andern, daß ich zugebe, daß meine Jungfern Galans hätten. Zum dritten,
daß ich mit der Prinzeß de Conti [eine sehr schöne außereheliche Tochter
des Königs] wegen ihres Galans gelacht hätte; welche drei Stücke dem
König so mißfielen, daß, wenn er nicht betracht, daß ich seine Schwägerin wäre, hätte er mich vom Hofe fortgeschickt. Worauf ich geantwortet,
daß was Monsieur le Dauphin anbelangt, so gestehe ich, daß ich solches zu
ihm gesagt hätte, indem ich nie gedacht, daß es eine Schande seie, keine
Gelüste zu haben. Was ich sonsten von Kacken und Pissen frei zu ihm
gesprochen, dieses seie mehr des Königs Schuld als die meine, indem ich ihn
hätte hundertmal sagen hören, daß man in der Familie von allem reden
könne, und daß er mich hätte sollen warnen lassen, wenn er es nicht mehr
gut fand, indem es die leichteste Sach von der Welt zu korrigieren seie, was

den zweiten Punkt anbelangt und daß meine Jungfern Galans hätten, so
mischte ich mich in nichts von meinem Hause, würde also nicht bei dem
anfangen, so am schwersten in Ordnung zu bringen seie, aber daß doch
solches nicht ohne Exempel seie und daß jederzeit solches an Höfen bräuch-
lich gewesen und daß, wenn sie nur nichts täten, was gegen ihre Ehr wäre,
ich nicht glauben könnte, solches weder ihnen noch mir Tort tun könnte.
Was den dritten Punkt und seine Tochter anbelangt, so wäre ich ihre
Hofmeisterin nicht, ihr zu wehren, wenn sie Galans haben wollte, könnte
auch nicht darüber weinen, wenn sie mir ihre Aventüren verzählte. Und
weil ich den König selber davon mit ihr sprechen hören und mit ihr lachen
sehen, hätte ich gemeint, daß es mir auch erlaubt wäre. Aber Madame la
Duchesse [Conti] könnte mein Zeuge sein, daß ich mich nie in nichts
gemischt hätte, wäre mir also gar schmerzlich mich unschuldigerweis so
übel vom König traktieret zu sehen und als wenn ich etwas Erschreckliches
verbrochen hätte, und solche Wörter zu hören, welche mir gar nicht zu-
kämen und welche zu hören ich nicht wäre erzogen worden. . . . «

Prüfender Vergleich beim Merianblick

Vom Oberen Philosophenweg hat man nur stellenweise einen
Ausblick ins Tal und auf die Stadt. Dafür handelt es sich um
einen richtigen Waldweg, der in einem hübschen Gegensatz zur
Promenade des unteren Philosophenwegs steht. Zwar nimmt
auch dieser manchmal Waldcharakter an, wenn die Bäume in
den Gärten sehr dicht stehen und auf den Weg heraushängen.
Man kann dann wie durch einen grünen Tunnel hindurch-
schreiten. Doch jedesmal gewinnt man sogleich wieder einen
freien Ausblick unter dem dann als besonders hell empfunde-
nen Himmel.

In solch freier Lage wurde der *Merianblick* eingerichtet. Sieben Ruhebänke, von denen man einen ungestörten Ausblick
auf Alt-Heidelberg hat, umstehen den Platz. Am Geländer des
Weges befindet sich, bequem wie ein Pult dargeboten, eine
Schautafel. Sie zeigt den stark vergrößerten Kupferstich der
Ansicht Heidelbergs, den Matthäus Merian 1620, in den Anfangsjahren des Dreißigjährigen Krieges, schuf. Mancher Betrachter ist beim Vergleich der Schautafel mit der Wirklichkeit
der Meinung, der Standpunkt am Philosophenweg könne mit
jenem Merians nicht völlig identisch sein. Wie ein findiger
Geometer nehmen sie nach der Perspektive des Bildes an, die

I

HEIDELBERG, STADTANSICHT VOM
NEUENHEIMER UFER AUS

Aquarell von Heinz Michel

um 1965

Die Ästhetik des Zusammenklangs von Landschaft und Menschenwerk zeichnet das in aller Welt bekannte, ja berühmte Flußpanorama Alt-Heidelbergs aus. Was einst zum Inbegriff der Romantik wurde, erweist sich als eine glückhaft gefügte Komposition, deren Elemente in dieser Ansicht recht deutlich werden. Die ›Schokoladenseite‹ der Stadt hat man des öfteren genannt, was eine solche Perspektive erfaßt: den Uferstreifen des Neckars zwischen Stadthalle (rechts) und Alter Brücke (links) mit den davor auf dem Wasser schaukelnden Schiffen der Weißen Flotte; ferner die aus der niedrigen Dächerzone herausragenden Türme, die wie Ausrufezeichen über der Stadt stehen, vor allem der Turm von Heiliggeist (Bildmitte). Darüber dann, kühn auf die Bergterrasse des Jettenbühels gesetzt, das rötlich-violette Kunstgemäuer der Schloßruine mit der weithin sichtbaren Stützmauer der Scheffelterrasse. Dies alles wird mit großem Schwung zusammengefaßt vom Waldrücken des Königstuhls. Muß dies nicht den von weither angereisten Betrachter begeistern? Dem Heidelberger erwächst daraus aber auch Verständnis für die Verpflichtung, die Harmonie des Stadtbilds höherstellen zu müssen als die Neuerungswünsche der Gegenwart.

Ansicht müsse mindestens vom Oberen Philosophenweg aus gezeichnet worden sein. Dort ist jüngst auch ein überzeugenderer Merianblick mit einer Holztafel markiert worden.

Bei einem Vergleich mit dem heutigen Stadtbild erkennen wir nicht nur die Veränderung Heidelbergs durch den barocken Wiederaufbau, sondern wir nehmen auch viele andere interessante Details wahr, etwa wie das Schloß mit Türmen und Dächern aussah und daß es die Jesuitenkirche mit ihren Nebengebäuden damals noch gar nicht gab. Gleitet der Blick am Ufer des ›Neccar Fluvius‹ entlang, dann entdeckt er bei Merian drei große Mühlen, die ebenfalls nicht mehr existieren; er sieht die Alte Brücke in ihrer ursprünglichen Form und bemerkt mit einigem Staunen auch die Tatsache, daß am Fluß auf der Stadtseite keine Straße vorhanden war, sondern daß man dort Schiffslände und Pferdeschwemme, Zimmerplatz und einen Kran beim Zeughaus fand.

Wer sich die Zeit nimmt, alle 34 auf der Schautafel rot markierten Punkte mit der Wirklichkeit zu vergleichen, gewinnt eine Fülle von Erkenntnissen. Sie beginnt beim Zustand des Flusses und endet bei der Waldstruktur auf den Höhen über der Stadt; sie erfaßt die Stadtmauer mit ihren Türmen, den Galgen im Feld und die Menschen bei der Arbeit im Weinberg. Kaum deutlicher als auf diesem großartigen Kupferstich kann hervortreten, was aus den beiden Burgen über der Stadt wurde: Die obere läßt sich mit Mühe gerade noch als Ruine entdecken, die untere aber hat sich von der Verteidigungsanlage zum repräsentativen Schloß mit herrlichen Terrassengärten entwickelt. Zu ihren Füßen, fast gleichmäßig um die Heiliggeistkirche verteilt, die sogenannte Kernaltstadt, bei deren Gründung unsere geschichtliche Betrachtung zuletzt haltgemacht hatte.

Doch bis heute sind mehr als 750 Jahre vergangen, seit Bischof Heinrich von Worms den Wittelsbacher Pfalzgrafen Ludwig, dessen Schwiegertochter Agnes und deren männliche Nachkommen mit Burg und Ort Heidelberg (»castrum in Heidelberg cum burgo ipsius castri«) belehnte. Er tat das im Jahre 1225 nicht nur im Bewußtsein, von alters her Grundherr dieser Gegend zu sein, sondern auch zur endgültigen Bestätigung eines Zustands, der sich machtpolitisch bereits manifestiert hatte.

Jenen Pfalzgrafen Ludwig, der den Besitz Heidelbergs seit 1225 ur-
kundlich belegen konnte, nennt man den ›Kelheimer‹, weil er auf der
Kelheimer Donaubrücke 1231 einem Mordanschlag zum Opfer fiel. So-
wohl er wie auch sein Sohn Otto der Erlauchte, waren schon im Jahre 1214
mit der Rheinischen Pfalzgrafschaft belehnt worden. So läßt sich annehmen,
men, daß Pfalzgraf Ludwig der Kelheimer seit 1214 de facto die Herrschaft
über Heidelberg besaß wie vor ihm bereits die beiden Welfen Heinrich I.
und Heinrich II. (gestorben 1214). Die Belehnungsurkunde des Wormser
Bischofs für Heidelberg, die ausdrücklich Ludwigs Schwiegertochter, die
Welfin Agnes, und deren männliche Nachkommen erwähnt, macht deut-
lich, daß sich die Pfalzgrafenwürde mit dem Besitz von Heidelberg
verband.

An die Belehnungsurkunde des Wormser Bischofs von 1225
knüpften sich in Heidelberg von jeher viele Spekulationen und
Deutungsversuche. Immerhin ist es der erste eindeutige Beleg
für die Existenz dieser Siedlung. Von da an läßt sich das geschichtliche Geschehen am Ort datieren. Freilich ist anzunehmen, daß schon der Pfalzgraf Konrad aus dem staufischen
Hause, der 1195 starb, als Wormser Vogt Heidelberg zum Lehen erhalten hatte. Der Staufer Konrad dokumentierte sich
nämlich auch in der Umgebung Heidelbergs, vor allem im
Kloster Schönau im Steinachtal. Dort wurde er auch beigesetzt.
Knapp zwanzig Jahre nach ihm fand ebenfalls in Schönau der in
jugendlichem Alter gestorbene welfische Pfalzgraf Heinrich II.
seine letzte Ruhe.

Kloster Schönau versorgt die Stadt

Das Kloster Schönau, 1142/45 vom Hochstift Worms im kon-
kurrierenden Gegenzug zur Lorscher Ausbreitung gegründet,
sollte den Einflußbereich des Wormser Bischofs im unteren
Neckargebiet deutlich machen. Man muß es als weiterer
Wormser Stützpunkt zwischen Ladenburg und Eberbach sehen. Der Bischof bediente sich für seine Klostergründung im
Steinachtal jener Reformbewegung, die aus dem Orden Sankt
Benedikts hervorgegangen und mit der Gründung von Cîteaux
manifest geworden war: der Zisterzienser. Diese auf strenge
Askese ausgerichtete monastische Reformbewegung hat na-
mentlich unter dem bedeutenden Abt Bernhard von Clairvaux

das 12.Jahrhundert in Europa so stark bestimmt, daß man es auch das Jahrhundert von Cîteaux genannt hat. Der Orden der Weißen Mönche, der nach 150 Jahren mit über 700 Männerklöstern und ebenso vielen Frauenklöstern über ganz Europa verbreitet war, besaß das Filiationsprinzip. So sind aus der Mutterabtei Cîteaux vier Primarabteien in Frankreich hervorgegangen, darunter auch das 1115 gegründete Clairvaux. Dieses wiederum gründete unter anderem das Kloster Eberbach im Rheingau 1135. Und von Eberbach kamen 1142/45 die ersten Mönche für das neu zu gründende Kloster Schönau im Steinachtal. Schönau selbst, das vor allem im 13.Jahrhundert zu großem Ansehen gelangte, hat selbst kein neues Kloster gegründet, wohl aber 1190 das Kloster Bebenhausen bei Tübingen besiedelt, das von Prämonstratensern gegründet worden war. Die in der Ökonomie außerordentlich bewanderten Zisterziensermönche waren in ihrer Zeit von einem heute kaum noch abzuschätzenden wirtschaftlichen Einfluß. Weinbau, Fischzucht (diese vor allem!), Imkerei (Lebkuchen) und Geflügelzucht, allgemeine Landwirtschaft, Herdenwirtschaft und vielerlei Handwerkskünste, vor allem das Bauwesen und die Nutzung der Wasserkraft, wurden von diesen meist in unsäglicher Kargheit lebenden Mönchen nicht nur überliefert, sondern auch verfeinert und fortentwickelt.

Zu ihren wirtschaftlichen Voraussetzungen gehörten die ringsum errichteten Meierhöfe, die die Zisterzienser Grangien nannten. Diese Höfe, die den Laienbrüdern anvertraut waren, lieferten den rasch anwachsenden Zisterzienserklöstern die Existenzgrundlage. Zugleich entwickelten sie sich nach dem ihnen innewohnenden Prinzip der Ökonomie zu solcher Wohlhabenheit und Wirtschaftskraft, daß das ursprünglich gegen die Benediktiner entwickelte Askeseverlangen der Mönche in den ungefärbten Wollkutten inmitten der zu besorgenden weltlichen Geschäfte sehr ins Gedränge geriet.

Für den neu gegründeten Platz Heidelberg müssen die Zisterzienser aus Schönau eine große Bedeutung gehabt haben. Es hat ihnen offenbar keine Schwierigkeiten bereitet, die neue Siedlung mit Gütern für das tägliche Leben zu versorgen. Durch Schenkungen und Erbschaften wuchs dem Kloster, das in der besonderen Huld der Pfalzgrafen stand, so viel Besitz zu, daß es fünfzig Jahre nach seiner Gründung bereits über achtzehn Meierhöfe verfügte; darunter befanden sich der Mönchhof zu Neuenheim sowie der Grenzhof und der Pleikartsförster Hof in der heutigen Gemarkung von Heidelberg.

Die Pfalzgrafen und später die Kurfürsten von der Pfalz sahen das Wald- und Talkloster als einen wichtigen Eckpfeiler ihres unmittelbaren Herrschaftsbereichs im Odenwald an. Das umsichtige Walten der rührigen Mönche kam ihnen nicht ungelegen. Der Sorge und Sorgfalt der Schönauer Mönche blieben die Übersetzrechte über den Neckar bei Heidelberg seit 1218 anvertraut. 1239 erhielten sie durch Schenkung eine der Mühlen des Heidelberger Stadtgebiets; diese hieß von diesem Zeitpunkt an die Mönchmühle. Und 1235 befahl Pfalzgraf Otto dem Schultheiß von Heidelberg und allen seinen Beamten, die Steuerfreiheit der Schönauer Niederlassung in der Stadt zu achten.

Für die Pfalzgrafen bildete das Kloster in der Nachbarschaft Heidelbergs einen ruhenden Pol in einer noch nicht genau abzusehenden Entwicklung. Sie schätzten die Mönche als stille Garanten der Beständigkeit dieser städtischen Entfaltung. Denn noch war die untere Burg, die in unmittelbarer Verbindung mit der Stadt stand, nicht der ständige Wohnsitz der Pfalzgrafen. Ludwig der Kelheimer und Otto der Erlauchte weilten zumeist in ihren bayerischen Stammlanden. Das gilt auch für Ludwig II., den Strengen, der zwar in Heidelberg 1229 geboren wurde und hier 1294 starb, der aber in Vormundschaftshilfe für seinen Neffen, den Staufer Konradin, bis nach Italien unterwegs war, der ferner seinem Bruder Heinrich in Niederbayern kämpferisch beistehen mußte, dann aber mit diesem selbst in Händel geriet – und der schließlich durch die Konradinische Erbschaft und andere geschickte Schachzüge seinen Besitz beträchtlich mehren konnte. Außer der Rheinischen Pfalzgrafschaft gehörte dem strengen Wittelsbacher das westliche Oberbayern und die später so genannte Oberpfalz. Die Entwicklung kam trotz einer sehr differenzierten Reichspolitik gut in Fluß. Klugheit und günstige Umstände halfen jenen Wittelsbachern weiter, denen die Pfalzgrafschaft anvertraut war. Ludwigs des Strengen jüngstes Kind aus dritter Ehe wurde als Ludwig IV., der Bayer, deutscher König (1314-1347).

*Ludwig II., der Strenge, so genannt, weil er seine erste Frau auf das
Gerücht der Untreue hin kurzerhand enthaupten ließ, herrschte anfänglich
mit seinem Bruder Heinrich gemeinsam. Dann aber nahmen die Brüder die
Landesteilung von 1255 vor. Fortan war die Pfalz kein Nebenland mehr,
sondern wesentlicher Bestandteil der hauptsächlich im Westen und Norden
gelegenen wittelsbachischen Lande, die Ludwig erhielt, während Heinrichs
Besitz den östlichen, vorwiegend an der Donau gelegenen Teil Bayerns
ausmachte.*

Wenn wir das hoch- und spätmittelalterliche Heidelberg ins
Auge fassen, so müssen wir erkennen, daß es hier kein bedeutendes wirtschaftliches Leben gab. Zwar verlieh Ruprecht I. im
Jahr 1357 der Stadt einen vierzehntägigen Jahrmarkt in der
zweiten Hälfte des Monats April, aber daraus haben sich keine
Konsequenzen für Handel und Wandel ergeben. Diese Siedlung, die ganz vom Schicksal jener Herren abhing, die auf der
Burg walteten, brauchte offenbar keine Unternehmer, die weitreichenden Handel trieben. Hier waren nur die örtlichen Be-
dürfnisse zu befriedigen. Ein städtisches Kaufhaus entstand
zwar an der Haspelgasse, wo auswärtige Produzenten und
Händler ihre Waren feilhalten konnten, doch müssen die Um-
sätze nicht sonderlich beeindruckend gewesen sein.

Das Handwerk, das ebenfalls rasch vom Hof bestimmt
wurde, überwog bei weitem. Huf-, Wagen- und Waffen-
schmiede fanden hier ein Auskommen. Auch Fischer und Müller, Flößer und Zimmerleute nutzten die günstige Situation, die
ihnen der Fluß bot. Selbst viele Generationen später, zur Zeit
Merians, ist dies noch deutlich zu erkennen. Gut entwickelte
sich auch das Gastwirtsgewerbe. Doch das Zunftwesen war nur
bescheiden ausgebildet. Es war schon beizeiten dafür gesorgt,
daß die Entwicklung bürgerschaftlicher Regsamkeit jene Bahnen nicht verließ, die von der Obrigkeit vorgezeichnet wurden.

In der Anfangszeit der Pfalzgrafen haben Geistliche die Kanz-
leidienste versehen. Bald jedoch, etwa ab der Mitte des 13. Jahrhunderts, entwickelte sich eine zentrale Verwaltung. Ihr standen Viztume als Vertreter der Pfalzgrafen vor. So wie sich die
Burg zum Schloß erweiterte, so vergrößerte sich die Verwaltung zur Regierung. Vom 14. Jahrhundert ab walteten Hofmei-
ster, später Großhofmeister ihres Amtes; es gab einen Rat und
am Burgweg auch eine Kanzlei. Ab 1450 ist der Kanzler dann

der Leiter der Regierung. Die Erfordernisse der Verwaltung und Regierung werden ergänzt vom Hofgericht und der Rechenkammer. Ruprecht I. nahm einen Münzmeister in Dienst. Die Pfälzische Münzstätte wurde in unmittelbarer Nachbarschaft der Kanzlei etabliert. Doch wir dürfen uns nicht täuschen: Es war ein recht kleinbürgerliches Leben, welches das frühe Heidelberg erfüllte.

Die Gassen und Plätze waren gewiß noch nicht alle gepflastert; vielleicht war die Steingasse, die von der Brücke zur Kirche führt, befestigt; vielleicht hatten die Märkte und die Hauptstraße einen festen Belag. Die Stadtmauer, die mit der unteren Burg bzw. dem Schloß verbunden war, besaß, zum Neckar hin, torartige Durchlässe, durch die man das Vieh zur Tränke am Fluß treiben konnte. Demnach gehörten zu den zwei- bis dreigeschossigen spitzgiebeligen Fachwerkhäusern in den Höfen auch noch Ställe und Remisen. Dort grunzten die Schweine, gackerten die Hühner, schnatterten die Gänse und Enten, wenn sie zum Vorland am Neckar watschelten. An Pferden und Eseln wird es ebenfalls nicht gefehlt haben. Esel schleppten die Mehlsäcke von der Herrenmühle zum Schloß hinauf; der Eselsweg ist noch heute vorhanden.

Merians Bild zeigt uns auch, daß die östliche Vorstadt am linken Rand des Kupferstichs nicht in den Mauerbering einbezogen war. Deshalb hat man die Herrenmühle, die dort am Fluß stand und die der Versorgung des Hofes diente, befestigt. In dieser Vorstadt um das Kirchlein Sankt Jakob produzierte eine Ziegelei Baumaterial. Heimatforscher Ludwig Merz vermutet, in dieser Vorstadt habe man vor allem den Pilgern Unterkunft gewährt, denn Sankt Jakob sei deren Schutzpatron. In die enge Stadt habe man die Fremdlinge aus Angst vor Krankheiten nicht aufnehmen wollen.

Läßt man sowohl die Schiffahrt als auch den Fuhrverkehr dieses mittelalterliche Bild mit Leben erfüllen, dann herrschte in dem kleinen Flecken emsiges Treiben. Diese Welt im kleinen wurde nicht nur optisch von der Burg beherrscht. Dort oben, hinter den zyklopischen Mauern, versuchte man dem Schicksal zu steuern, dessen Wolken sich vor den Mauern und Toren in unbekannter Ferne zusammenbrauten. Die Siedlung, die sich hier nach menschlichen Willen und mit Gottes Hilfe zu entwik-

keln begann, war durchaus geeignet, an den Plagen der Zeit
teilzuhaben. Was Schicksal der Pfalz hieß, hieß fortan auch
Schicksal Heidelbergs. Von diesem Gründungskonzept konnte
sich die Stadt jahrhundertelang nicht mehr suspendieren.

Heidelberg zur Residenz erhoben

Um das Jahr 1250 begann sich das Kurkollegium auszubilden,
denn mit großen Befürchtungen sah man der »kaiserlosen, der
schrecklichen Zeit« beim Niedergang der Staufer entgegen.
Unter den auf das Interregnum folgenden deutschen Kaisern
aus verschiedenen Häusern befand sich von 1314 bis 1347 auch
ein Wittelsbacher, nämlich Ludwig der Bayer, jüngster Sohn
Ludwigs des Strengen, der 1294 gestorben war. Dem Strengen
Ludwig folgte in der Pfalzgrafschaft der älteste Sohn Rudolf I.
nach, der den Beinamen der Stammler oder Lispler erhielt.
Dessen Wirken wurde ganz überschattet von der Politik des
königlichen Bruders, der sich bei bürgerkriegsähnlichen Zuständen nicht nur gegenüber einem Gegenkönig der päpstli-
chen Partei durchzusetzen hatte, sondern der auch dem Versuch
des Papstes wehren mußte, die deutsche Kaiserkrone Frankreich zu verschaffen. Als der im Kirchenbann lebende Ludwig
der Bayer über die Alpen nach Italien zog, um vierzehn Jahre
nach der Königskrönung auch die Krönung als Kaiser unter
dem schismatisch gespaltenen Papsttum zu erlangen, geschah
dies unter den merkwürdigsten Umständen. Der Papst
schmähte den Wittelsbacher, den er weder König noch Kaiser
zu nennen gewillt war und den er nur als ›Bavarus‹ bezeichnete,
Ludwig hingegen verpflichtete die Päpste, fortan wieder in
Rom und nicht in Avignon zu residieren. Gegen den Papst
Johannes XXII. in Avignon setzte er den Franziskaner Nikolaus V. in Rom als Papst ein. Sie kronten sich gegenseitig, der
Papst und der Kaiser, mußten bald darauf aber beide aus Rom
weichen. Kaiser Ludwig der Bayer zog heimwärts. Bis Pavia
kamen ihm die Angehörigen seines Hauses entgegen. In dieser
lombardischen Stadt schloß Ludwig am 4. August 1329 mit den
beiden Söhnen seines ältesten Bruders Rudolf (des Stammlers),
der schon 1319 gestorben war, den Hausvertrag von Pavia.
»Freuntlich und lieplich« teilte der Römische Kaiser mit seinen

beiden Vettern Rudolf II., dem Blinden, und Ruprecht I., dem Roten, sowie mit deren erst vierjährigem Vetter Ruprecht II. das oberbayrisch-pfälzische Herzogtum.

Die Nachkommen des Stammlers, die sogenannte Rudolfinische Linie des Hauses Wittelsbach, erhielt außer der Pfalzgrafschaft bei Rhein den größten Teil der später so genannten Oberpfalz um die Orte Amberg und Weiden. Ludwig der Bayer nahm für sich und seine Erben das gesamte Oberbayern und einige Gebiete nördlich von Regensburg in Anspruch. Abgesehen davon, daß sie einige Ländereien außerhalb der alten angestammten Gebiete gemeinsam verwalten und regieren wollten, bestimmten sie auch, daß beim Erlöschen der einen Linie die Rechte und Besitztümer dann der anderen Linie zufallen sollten. Die Kurwürde aber sollte abwechselnd in Besitz genommen und ausgeübt werden, zunächst von den Pfälzern, die nun Kurfürsten waren und Heidelberg zu ihrer Residenz erhoben.

Rudolf II., der Blinde, war demnach der erste Kurfürst von der Pfalz. Sein politisches Walten stellt sich heute als eine Wegbereitung späterer wichtiger Entscheidungen und Ereignisse dar. Seine Tochter Anna verheiratete er mit Kaiser Karl IV. aus dem Hause Luxemburg. Dieser gründete 1348 in Prag die erste deutsche Universität. Des blinden Rudolfs Bruder und Nachfolger Ruprecht I., der Rote, konnte sich hernach nicht nur von Kaiser Karl IV. die Kurwürde für die Pfalz beständig sichern, sondern gründete 38 Jahre nach der Installierung der Hohen Schule zu Prag selbst eine Universität: das Heidelberger Generalstudium von 1386.

Kehren wir von dieser notwendigen Exkursion in die Geschichte nun zurück in unsere Gegenwart auf dem Philosophenweg. Wir können uns jetzt entscheiden, ob wir uns unmittelbar der Stadt zuwenden wollen, indem wir über den gepflasterten Serpentinenweg, in den 185 Stufen eingelassen sind, in vielen Kehren zwischen den Gärten hindurch abwärts steigen, um das Neckarufer und die Alte Brücke direkt zu erreichen, oder ob wir uns noch einen kleinen Schlenker bis zum Ende des Philosophenwegs gestatten, um von dort dann über die Hirschgasse ins Tal zu gelangen.

Wir sollten letzteres tun, um ein stilles Fleckchen nicht zu übersehen. Es ist jenem Dichter gewidmet, dem Heidelberg wohl das schönste und künstlerisch feinsinnigste Preislied verdankt: Friedrich Hölderlin (1770-1843). Die allzeit schattige *Hölderlin-Anlage* bildet einen intimen Hain. Am Rande des Philosophenwegs steht unter zwei dicht ineinander verzweigten Buchen ein großer Gedenkstein, dessen Schriftseite der Anlage zugekehrt ist. Dort kann man den Anfangsvers des Hölderlin-Gedichts auf Heidelberg lesen:

> *Lange lieb' ich dich schon, möchte dich, mir zur Lust,*
> *Mutter nennen und dir schenken ein kunstlos Lied,*
> *Du, der Vaterlandsstädte*
> *Ländlichschönste, so viel ich sah.*

Friedrich Hölderlin weilte dreimal in Heidelberg, doch jedesmal nur kurz. Dennoch zeigt seine Ode, die 1801 zum ersten Mal in einem Poetischen Taschenbuch erschien, auf ergreifende Weise, wie innig er sich dieser Stadt verbunden fühlte.

Parkartige Berggärten bilden bei der Hölderlin-Anlage den Übergang zum Wald. An der Odenwälder Hütte, wo der Obere Philosophenweg hinzukommt, führt der sogenannte ›Verlängerte Philosophenweg‹ nun als ein richtiger Bergpfad durch den Waldbezirk Kühruhe am Talrand entlang nach Stift Neuburg und nach Ziegelhausen.

Dicht an der Hölderlin-Anlage zieht ein alter Hohlweg vorbei, der von der Hirschgasse heraufkommt. Den werden wir nun abwärts gehen. An diesem Hohlweg errichteten 1849 badische Freischaren eine Schanze zur Verteidigung gegen die preußischen Truppen, die über den Bergsattel des Zollstocks heranrückten. Noch heute heißt das ehemalige Schanzengebiet die ›Freischarenschanze‹ oder ›Preußenschanze‹.

Der alte Hohlweg ist heute geteert und in gutem Zustand. So kann man die steile Rampe einigermaßen gefahrlos, wenn auch mit stark belasteten Knien abwärts gehen. Auch hier beeindrucken den Spaziergänger wiederum riesige, über dreißig Meter hohe Exemplare von Edelkastanien. Efeu hat ihre Stämme völlig eingehüllt.

Bald sieht man links durch die Bäume die roten Dächer der Häuser an der oberen Hirschgasse hindurchschimmern. Auch der ehemalige Hohlweg, auf dem wir uns befinden, geht unvermittelt in die Bebauung der *Hirschgasse* über. Es stehen da ältere Häuser ländlichen Typs mit teilweise ganz verschindelten Fronten. In der Nachbarschaft entstanden in den letzten Jahren aber auch einige moderne Villen von architektonischer Eigenwilligkeit. Von den Grundstücken am Bogen der Hirschgasse aus meint man das Schloß zum Greifen nahe zu haben, weil man den tiefen Taleinschnitt des Neckars nicht wahrnimmt. Ist man aber durch den scharfen Bogen des Weges hindurchgegangen, blickt man plötzlich wieder bergwärts, dorthin, woher einst die preußischen Truppen kamen. Die den meisten Heidelbergern bekannte Engelswiese zieht sich freundlich über den Hang hin. Es ist nicht leicht gewesen, diese milde Naturharmonie gegen Bebauungswünsche zu verteidigen. Inzwischen aber wurde die Landschaftsschutzgrenze, die an den Neckar- und Bergstraßen-Hängen keine Kompromisse mehr gestattet, zu einer unübersteigbaren Schranke jedweden Bauverlangens.

Der Tanzboden in der Hirschgasse

Bevor wir den Fluß erreichen, kommen wir am Komplex des *Hotels Hirschgasse* vorbei. Es wird heute als historisches Mensurhaus angezeigt, weil sich dort der alte Paukboden der Studenten befand. Früher hieß es ›Zum oberen Hirschgarten‹. Ungezählte Mensuren wurden dort ausgetragen, und in den nahen Wäldern gab es manches Duell auf Tod und Leben. Quer ist das Gebäude in die Hirschgassenschlucht hineingestellt. Gegen das Neckartal hin legt es sich eine halbrunde Freitreppe vor. Die ländliche Behäbigkeit des Anwesens wird sowohl von den Butzenscheiben als auch von den grünen Fensterläden betont. Vier gestutzte Platanen markieren noch einen Musik- und Tanzplatz im Hof. Hier traten nicht nur die Studenten der schlagenden Verbindungen gegeneinander an, – hier begegneten sich auch junge Akademiker und Bürgerstöchter beim Tanz.

Theodor von Kobbe schildert die Hirschgasse in seinen ›Humoristischen Erinnerungen an das academische Leben in Heidelberg und Kiel in den Jahren 1817-1819‹ so:

»Außer den städtischen Cassinos, auf welchen es im Durchschnitt ziemlich langweilig zuging, wurde am Sonntag gewöhnlich vor allen Thoren

getanzt, auf der Hirschgasse drehte sich aber der Burschenschaftler, in Neuenheim der Corpsbursche in dem damals beliebten Cotillon, zu welchem bei uns Babette Ditteney den zaghaften schwindeligen Fuchs einzutanzen pflegte. Kam ein Student von einer anderen Parthei in das Tanzrevier des Andern, so hatte das gewöhnlich eine Herausforderung zur Folge, es wurde, wie man zu sagen pflegte, contrahirt. Der Bruch zwischen den Burschen aber wirkte begreiflicher Weise auch auf die Priesterinnen der Terpsichore. Wenn die Heidelberger Mädel Sonntags über die Neckarbrücke zogen, da ertönte es am Ende vor der sogenannten Clarina: ›Kattel, kumm mit, wie magst du mit de wüste Kurländer tanze?‹ ... Heidelbergs Töchter gingen, jede nach ihrer Überzeugung, bald links, bald rechts. Nur die blonde dicke Lisette war neutraler, speculativer Natur, sie vereinigte Realität mit Begriff. Sie ging bald zur Hirschgasse, bald nach Neuenheim, nur nicht dorthin, wo nicht getanzt wurde. – ›Ich tanze mit alle Herre Juriste, wo brav sein‹, war ihr neutraler Ausspruch.«

Nicht immer ging es friedlich zu im großen Saal der Hirschgasse bei weiland Georg Adam Ditteney, der seit 1790 die Schildgerechtigkeit für dieses Anwesen besaß und dessen Familie von 1817 bis 1828 das Lokal als ›Burschenhaus‹ betrieb. Der große Saal brannte am 3. Januar 1954 ab, wurde aber wieder so aufgebaut und hergerichtet, daß man sich darin noch immer ein Bild vom längst verklungenen ursprünglichen Studentenleben machen kann. Daß die Studenten oder – wie sie damals hießen – ›die Akademiker‹ mit den Einheimischen mitunter aneinander gerieten, zeigt eine Begebenheit vom 15. Juli 1801, die F. A. Pietzsch in den Pfälzischen Heimatblättern als ›Sturm auf die Hirschgasse‹ erzählte:

»Zwischen vier und fünf Uhr kamen dann auch Akademiker dahin [zum Gasthaus Hirschgasse], um, wie gewöhnlich, daselbst zu tanzen. Es wurde gleichzeitig sowohl von den Bürger-Söhnen wie auch von den Akademihern getanzt. Aber gleich beim zweiten Tanz gab es eine Auseinandersetzung zwischen dem Akademiker Lombardino und dem älteren Kochenburger, da letzterer mit seiner Tänzerin mehrmals aus der Kolonne ausscherte, um einige Paare zu überholen, wobei er andere Tanzende anstieß und auf die Füße trat. Als er aber den Akademiker anrempelte und ihm dabei auf die Füße trat, so forderte Lombardino den Kochenburger auf, entweder ordentlich zu tanzen oder das Tanzen ganz zu unterlassen. Kochenburger rief hierauf in den Saal: ›Die Juristen wollen uns hier nicht tanzen lassen!‹ Die Bürger-Söhne aber gaben von nun an keine Ruhe,

sondern störten die Tanzerei auffallend weiter. Die Akademiker schienen nunmehr im Geheimen beschlossen zu haben, die Bürger-Söhne nicht mehr tanzen zu lassen. Der Sohn des Schuhmachers Steidel wurde von einem Studenten an der Brust gepackt mit dem Hinweis, daß hier kein Bürger-Sohn mehr tanzen dürfe; ebenso erging es dem Sohn des Schäffer. Der Bürger-Sohn Rummel hielt sich über diese beiden Fälle auf und erklärte mit lauter Stimme, es habe hier ihnen, den Bürger-Söhnen, niemand etwas zu befehlen.

Er fand sofort den Beifall des jungen Lauff und des Steidels, wobei der junge Lauff mit dem Stock im Saale herumlief, denselben über seinem Kopf kreisen ließ und brüllte: ›Ich will einmal sehen, wer uns hinauswirft!‹ Diese Auftritte hatten einen heftigen Wortwechsel zwischen dem Rummel und dem Akademiker Striepecke zur Folge, so daß es wiederum zu einem Auflauf, diesesmal auf der anderen Seite des Saales, kam, bei welchem der Akademiker Walter einen Schlag mit einem Stock auf seinen Hut bekam und ihm der Zopf herausgerissen wurde.«

Aus einer Nichtigkeit heraus suchte man Händel. Die Bürgersöhne, die durchweg der damals bestehenden Bürgerwehr angehörten, sammelten sich nach dem hier geschilderten Tumult an verschiedenen Stellen der Stadt, zogen bewaffnet zur Hirschgasse, um die Studenten Mores zu lehren. Es wurde eine wüste Saalschlacht. Die Chronik verzeichnet, daß nur ein Bürgerlicher, aber fast alle Akademiker verwundet wurden, darunter fünf schwer. Weil damals Heidelberg unter die badische Oberhoheit kam, schleppte sich das Gerichtsverfahren lange hin. Erst nach fünf Jahren setzte es Gefängnisstrafen, die allerdings durch Zahlung von Rheintalern abgegolten werden konnten. Wer mehr von diesen und anderen Ereignissen in den Räumen der ›Hirschgasse‹ wissen möchte, lese deren Chronik, die 1910 erschien und von Theodor Lorentzen verfaßt wurde.

Gleich unterhalb der ›Hirschgasse‹, spätestens bei der Villa Elisabeth oder beim Verwaltungsbau einer bedeutenden Heidelberger Baufirma, hört man den Neckar über das Stauwehr rauschen. Es sind dann nur noch einige Dutzend Schritte, bis die Talstraße, die hier Ziegelhäuser Landstraße heißt, erreicht ist. Der Verkehrslärm überfällt den Wanderer so unvermittelt, daß er kaum weiß, wohin er sich wenden soll. Denn hinter ihm versinkt der unbedrängte Bereich des Philosophenwegs wie eine liebliche Erinnerung.

Die Ziegelhäuser Landstraße zwischen dem Neckarstauwehr und der Alten Brücke vermag in jeder Stunde des Tages zu demonstrieren, zu welcher Plage sich der Straßenverkehr unserer Tage auf einer schmalen Uferstraße auswachsen kann. Die Plage wird sowohl von denen beklagt, die hier in Frieden wohnen oder sich ergehen möchten, als auch von jenen, die in den Autos sitzen und auf ihren täglichen Fahrten zu und von den Arbeitsstätten in Mannheim und Ludwigshafen den städtischen Stau zu ertragen haben.

Wer demnach nicht auf dem Bürgersteig der Ziegelhäuser Landstraße an der Flußseite gehen muß, dem sei trotz der Platanen, die sich baldachinartig über den Fußweg breiten, dringend geraten, am Stauwehr über ein paar Stufen zum Neckarufer hinabzusteigen und den Leinpfad unmittelbar am Wasser zu benutzen. Den Verkehrslärm hört man dort unten am Wasser nur noch wie ein Rauschen im Hintergrund. Doch von den Häusern, die sich an der Straße reihen, sieht man leider nichts mehr.

Denn hier zeigt sich – ähnlich wie beim Aufgang zum Philosophenweg – sehr deutlich, daß das Bild Heidelbergs in vielen Partien von der baulichen Ausgestaltung durch das 19. Jahrhundert bestimmt wird. Dessen schillernder und verspielter Historismus hat einen architektonischen Kontext zur bereits vorhandenen Bausubstanz zu finden gesucht. In mehr als einem Fall kamen Ergebnisse zustande, die zu gleichen Teilen guten Willen und Ratlosigkeit offenbarten.

Unter den Villen, die sich an diesem von Stauwehr und Brücke begrenzten Straßenstück auf der Bergseite reihen, fällt ein besonders repräsentatives Gebäude auf. Seine helle Sandsteintönung und die beiden Halbrelieffiguren an der Frontseite zeichnen es aus. Es wird von einem Dreiecksgiebel in der Dachzone betont und von einem in flachem Oval in der Frontmitte vortretenden Balkon geziert. Eierstäbe schmücken die profilierten Kanten der architektonischen Gliederung. Diese Villa hat im Jahre 1909 der berühmte Heidelberger Chirurg und Kämpfer gegen den Krebs, Professor Vinzenz Czerny, erbauen lassen. Nach Plänen des Frankfurter Architekten Claus Mehs errichtete das Gebäude der Heidelberger Baumeister Kasper Sauter. Im Sockel des Hauses, gegen die Straße hin (die früher wirklich einmal eine staubig-schöne Landstraße war), findet man einen inzwischen stillgelegten Wandbrunnen, über dem sich die Inschrift »Vormals zum Weinberg ob der Bruck« befindet. Damit wird ein Heidelberger Themenkompendium angeschlagen.

›Zum Weinberg ob der Bruck‹ hieß nämlich einst ein Wirtshaus. Es übernahm die Tradition eines noch älteren, das sich an der Ziegelhäuser Landstraße Nr. 63 befand, ursprünglich ›Zum roten Läppel‹ hieß und 1810 in ›Zum Weinberg‹ umbenannt wurde. Erst als die Wirtschaft an dieser neuen Stelle, Haus-Nr. 23/25, weitergeführt wurde, erhielt sie die Zusatzbezeichnung ›ob(erhalb) der Bruck‹.

Nun ist an Wirtschaften in Heidelberg kein Mangel und ist nie ein Mangel gewesen, wenngleich sie auf dem nördlichen Neckarufer selten sind. Es bestünde demnach kein Anlaß, sich einem Wirtshaus besonders zuzuwenden. Doch hier wurde die Erinnerung an ein Wirtshaus durch die Inschrift am Brunnen erhalten, hingegen die vordringlichere Erinnerung an das einst unmittelbar daneben stehende zweite Wirtshaus nicht sichtbar gemacht. Als nämlich im Haus Nr. 23/25 noch der Wirt ›Zum Weinberg ob der Bruck‹ existierte, befand sich in der angrenzenden Nachbarschaft Nr. 21 ein Gasthaus, das sich ›Zum Waldhorn ob der Bruck‹ nannte. Dessen Schildgerechtigkeit war von der Neuenheimer Landstraße dorthin übertragen und dann ebenfalls mit dem Zusatz ›ob der Bruck‹ versehen worden. Dieses Wirtshaus, das eine spezielle Geschichte aufzuweisen hatte, ist im Jahre 1965 abgerissen worden.

Auf alten Bildern kann man noch sehen, daß das Haus sowohl als Hotel und Pension, als auch als Café und Restaurant ›Scheffelhaus‹ geführt worden ist. Es trug an seinem Turm, nach Westen hin, die Zusatzbezeichnung ›Waldhorn ob der Bruck‹. Eine auf diesen Namen bezogene Scheffelsche Liedstrophe war im Innern des Hauses, im sogenannten Scheffelzimmer, inmitten eines Parforcehorns zu lesen:

> *Und wieder saß beim Weine*
> *im Waldhorn ob der Bruck*
> *der Herr vom Rodensteine*
> *mit schwerem Schluck und Gluck.*

Wer Joseph Viktor von Scheffel, dem Schöpfer der Studentenpoesie, auch heute noch nicht wohlgesonnen ist, bezeichnet ihn gerne als eine Art Bacchus oder als einen Heiligen des Kommerses. Die Lexika der Jahrhundertwende sprechen jedoch von einem namhaften oder bedeutenden Dichter. Fritz Martini hat Scheffels ›Trompeter von Säckingen‹ eine gefühlvolle, minnigliche Geschichte von Liebe und Trompetenblasen genannt, die in ihrer Harmlosigkeit heute ziemlich verstimmt klinge. Immerhin: Das Buch hat 322 Auflagen erlebt! Und die ›Gaudeamus‹-Lieder Scheffels erlangten selbst außerhalb der studentischen Zirkel Unsterblichkeit: ›Im schwarzen Walfisch zu Askalon‹, ›Als die Römer frech geworden, simserimsimsim‹, das schon zitierte Rodensteiner Lied und – vergessen wir es nicht! – ›Alt Heidelberg‹.

Alt Heidelberg, du feine,
du Stadt an Ehren reich,
am Neckar und am Rheine
kein' andre kommt dir gleich.

Stadt fröhlicher Gesellen,
an Weisheit schwer und Wein,
klar ziehn des Stromes Wellen,
Blauäuglein blitzen drein.

Und kommt aus lindem Süden
der Frühling übers Land,
so webt er dir aus Blüten
ein schimmernd Brautgewand.

Auch mir stehst du geschrieben
ins Herz gleich einer Braut,
es klingt wie junges Lieben
dein Name mir so traut.

Und stechen mich die Dornen
und wird mir's drauß zu kahl,
geb ich dem Roß die Spornen
und reit ins Neckartal.

Dieser Text will wohl in erster Linie kein Gedicht sein, kein Poem. Was er sein wollte, ist daraus geworden, ein Lied. Und gesungen wird es, wenn die Menschen in Stimmung kommen:

bei der Fastnachtssitzung wie beim Betriebsausflug mit dem Neckarschiff, beim Treffen der Alten Herren wie in den Gasthäusern, in denen die Touristik kulminiert. Vom Glockenspiel des Rathauses tönt es und von allen Heidelberg-Schallplatten; es ist die Melodie der Sehnsucht ebenso wie die des Heimatstolzes.

Joseph Viktor von Scheffel ist am 16. Februar 1826 in Karlsruhe geboren und dort am 9. April 1886 gestorben. Nach zwei Münchner Semestern studierte er in Heidelberg Jurisprudenz. Seine Lehrer waren u. a. die bedeutenden Juristen Mittermaier und von Vangerow sowie der Volkswirt Rauh, bei dem Scheffel auch eine Zeitlang wohnte (Friedrichstraße 8). Auch die Historiker Gervinus und Häusser bestimmten Scheffels Studium.

Der Student Scheffel wurde Burschenschafter, erst Alemanne, dann Teutone und Frankone. Er machte im August 1848 das Staatsexamen und promovierte am 11. Januar 1849 ›summa cum laude‹ zum Dr. jur. – Zwischen den beiden Examen war er einige Monate lang Rechtspraktikant im Kriminalbüro des Heidelberger Oberamts. Damals trat er in den Kreis des ›Engeren‹ ein. Das war, der Überlieferung nach, eine geistsprühende Tafelrunde, die sich mittwochs im ›Weinberg ob der Bruck‹ und auch anderwärts versammelte. Ihr Präsident, Professor Ludwig Häusser, war »bowlenkundig wie kein zweiter in Europa«. Mitglieder waren auch Pfarrer Schmezer und andere frohe Gesellen. Bald wurde Scheffel zum Funken in diesem Kreis.

Scheffels feuchtfröhliche Studentenlyrik wurzelt größtenteils in diesem Freundeskreis. Dieser nahm die Lieder begeistert auf; Pfarrer Schmezer vertonte die meisten Texte. Auch hat Schmezer mit seinen naturwissenschaftlichen Vorträgen Scheffels »naturwissenschaftlichen Gedichte« wie ›Granit‹, ›Ichthyosaurus‹ usw. angeregt.

Immer wieder ist Viktor von Scheffel nach Heidelberg zurückgekehrt. Auch in der Fremde blieb er dem Freundeskreis verbunden. Das Lied ›Alt Heidelberg‹ entstand übrigens 1852 im Weinheimer Bürgerpark. Durch S. A. Zimmermanns Vertonung wurde es zum Allgemeingut. Im Saal der Heidelberger Museumsgesellschaft wurde es 1861 erstmals gesungen.

Manchmal dachte Scheffel daran, sich in Heidelberg zu habilitieren. Im Winter 1853/54 beschäftigte er sich hier mit Vorarbeiten für seine Habilitationsschrift. Beim Studium der Chroniken stieg ihm die historische Gestalt des Ekkehard auf. Dieser Roman Scheffels, der ihn nach dem ›Trompeter‹ dauerhaft berühmt machte, ist teilweise in Heidelberg entstanden.

Nach Häussers Tod (1867) kam Scheffel nicht mehr so häufig nach Heidelberg. Das Jahr, in dem er seinen 60. Geburtstag feiern konnte, war auch das Jahr des großen Universitätsjubiläums. Zu diesem 500. Jubiläum schrieb Scheffel sein letztes Lied. Doch die für Heidelberg großen Tage erlebte der Ehrenbürger nicht mehr mit.

Als am 11. Juli 1891 auf der Terrasse des Schloßgartens, genau gegenüber der Wirkungsstätte ›Weinberg ob der Bruck‹ das bronzene Scheffeldenkmal, das Professor Adolf Heer (Karlsruhe) geschaffen hatte, eingeweiht wurde, sprach Kirchenrat Prof. Dr. Adolf Hausrath vom alemannischen Volksgeist und von der deutschen Volksseele, die sich in Scheffels Werken verkörperten. Er meinte aber auch: »Scheffels Dichterruhm wird länger dauern als sein Bild von Erz. Er wird dauern, solange es ein deutsches Wesen gibt.«

1942 hat man den bronzenen Scheffel vom Sockel gehoben, fortgeschafft und eingeschmolzen. Nach dem Krieg erinnerte nur noch eine Gedenktafel am Hause Augustinergasse 11 an Scheffels Aufenthalt in Heidelberg. Doch am 26. Juni 1976 konnte ein neuer Scheffelgedenkstein auf der Scheffelterrasse – dort, wo einst das Bronzedenkmal stand – enthüllt werden. Dieser Stein ist wesentlich bescheidener als das frühere Denkmal. Architekt Dieter Quast entwarf ihn, Bildhauer Helmut Waldherr gab ihm Gestalt. Das Medaillon mit dem Bildnis Scheffels wurde als Abguß vom Scheffelgrab in Karlsruhe genommen.

Als sich Scheffels ›Trompeter‹ erstmals vernehmen ließ, kamen die frühen Lieder und Klavierstücke von Johannes Brahms heraus. Als der ›Ekkehard‹ erschien, mühte sich Gottfried Keller mit dem ›Grünen Heinrich‹ um literarische Anerkennung und heizte mit der Restauflage dieses Werks seinen Ofen in Berlin. Fritz Reuter versuchte sich damals mit ersten Verserzählungen als poetisches Naturtalent. Keller und Reuter haben – wie Scheffel – zeitweise in Heidelberg gelebt, doch ist deren Aufenthalt anders begründet gewesen. Literarische Lieblinge des Publikums wurden beide erst zum Ende des Jahrhunderts. Scheffel war indessen von Anfang an als Versepiker, Erzähler und Lyriker, vor allem als Sänger der beliebten Studentenlieder geschätzt.

Heidelberg hat auch heute noch genügend Gelegenheiten, sich des Dichters Scheffel zu erinnern. Die ›Nationalhymne‹ ›Alt Heidelberg‹, der Gedenkstein auf der nach Scheffel benannten Terrasse des Schloßgartens, die seinen Namen tragende Straße, der Scheffelpreis für die jährlich besten Abiturienten, – all das bleibt gegenwärtig. Nur das ›Scheffelhaus‹ an der Ziegelhäuser

Landstraße ist nicht mehr da. Der Erwerber hat es – mit Genehmigung – abreißen lassen und das Gelände seinem benachbarten Besitztum eingegliedert.

Beim alten ›Scheffelhaus‹ handelt es sich um einen Winkelbau in den historisierenden Formen des 19. Jahrhunderts, dessen
einer Trakt sich entlang der Ziegelhäuser Landstraße, der andere rechtwinklig dazu bergwärts erstreckte. Im Winkel war
ein die Traufe um ein Geschoß übersteigender ›Turm‹ ausgebildet. Er akzentuierte das Gebäude. Bis zur Scheffelstraße reichte
unter gestutzten Platanen ein Wirtsgarten. Dessen Mauer war
zur Straße hin gekalkt und mit fast mannshohen Buchstaben
versehen: Café Restaurant Scheffelhaus. Ursprünglich stand
dort in Versalien: GARTENRESTAURANT SCHAUPLATZ VON ›ALT-
HEIDELBERG‹. Man konnte die Schrift vom anderen Neckarufer
aus lesen.

Mit diesem Haus ist nicht nur eine Erinnerungsstätte an den
Dichter Scheffel, sondern auch an das Schauspiel ›Alt-Heidelberg‹ verschwunden, das Wilhelm Meyer-Förster zu Weltruhm
brachte. Noch heute lebt dieses Werk als Musical ›Student
Prince‹ kräftig in Amerika und wird, dem internationalen Tourismus zuliebe, in Heidelberg während der Hauptsaison im
Schloßhof in englischer Sprache aufgeführt. Das ›Scheffelhaus‹
galt immer als Schauplatz dieses Theaterstücks und des Musi-
cals. Die Filme, die danach gedreht wurden, haben diesen
Handlungsrahmen stets gern akzeptiert.

Wilhelm Meyer-Förster (1862-1934), der in späteren Lebensjahren
durch einen Unfall sein Augenlicht verlor, schrieb das Schauspiel in fünf
Akten ›Alt-Heidelberg‹ (ursprünglicher Romantitel: ›Karl Heinrich‹
1900) als eine romantische Liebesepisode zwischen Karl Heinrich, Erb-
prinz von Sachsen-Karlsburg, und Käthie, der Wirtstochter im ›Scheffel-
haus‹. Das Stück wurde am 22. November 1901 in Berlin uraufgeführt.
Mehr als hunderttausend Aufführungen an allen deutschen Bühnen folg-
ten. Auch wurde diese Liebesromanze in 28 Fremdsprachen lebendig. Man
sprach vom größten Bühnenerfolg dieses Jahrhunderts. Die deutsche Buch-
ausgabe des Theaterstücks erreichte bis zum Jahre 1925 die Auflagenhöhe
von 150 000.

Meyer-Försters Erben gaben dem amerikanischen Komponisten Sig-
mund Romberg das Recht, aus dem Schauspiel ein Musical zu formen. Es
hat sich als ›Student Prince‹ in Übersee genausogut gehalten wie zuvor das

Theaterstück im alten Europa. Auch die erste Verfilmung des Stoffes fand in Amerika statt. 1928 gestaltete sie Ernst Lubitsch in Hollywood, doch wurden einige Originalszenen auch im Scheffelhaus zu Heidelberg gedreht. Weitere Verfilmungen, unter anderem durch die Ufa, schlossen sich an.

Im Haus an der Ziegelhäuser Landstraße wirkte nach dem Tod ihres Mannes Goswin Ernst, der im Jahre 1900 das ›Scheffelhaus‹ übernommen hatte, als Wirtin ›Mutter Ernst‹. Dieser Name genügte damals als Telegramm-Adresse. Gäste aus aller Welt, vor allem Stars von Bühne und Film, kehrten im romantischen Haus bei der gemütvollen Wirtin ein. Pauline Ernst starb im Alter von 84 Jahren 1943.

In Heidelberg erzählt fast jedes Haus eine interessante, manchmal sogar aufregende Geschichte – und dies nicht nur hinsichtlich des besonders bewegten 19. Jahrhunderts. Richten wir unsere Blicke noch einmal auf das Czerny-Haus, so kommen wir nicht umhin, auch das architektonisch weniger bedeutende Nachbarhaus Nr. 27 zu betrachten. Hier hat zu Beginn dieses Jahrhunderts der berühmte Nationalökonom Max Weber gewohnt. Allerdings verbinden sich mit dem Max-Weber-Kreis und mit dem Kreis um seine Frau Marianne Erinnerungen, die sich auf das Haus Ziegelhäuser Landstraße Nr. 17 richten. Max Webers Mutter, Helene Weber, war eine geborene Fallenstein. Der geheime Finanzrat Georg Friedrich Fallenstein erbaute 1847 das stattliche Haus am Neckarufer, das so manche politisch bedeutsame Begegnung erlebte und das auch mit vielen kulturellen Hoffnungen und Träumen verknüpft ist. Marianne Weber bewohnte es im zweiten Stock bis an ihr Lebensende.

Wir können uns nun von der verkehrsreichen, lauten Ziegelhäuser Landstraße abwenden, denn in der Ufermauer befindet sich eine Treppe, die zu einer Terrasse am Neckar hinunterführt. Mit einem Male ist wieder Beschaulichkeit um uns. Wir sind verblüfft, wie unmittelbar wir nun der Altstadt gegenübertreten. Wiederum gewinnen wir einen ›Point de vue‹ auf der Wanderung durch die vielen Heidelberger Impressionen, denn auf der kiesbestreuten Terrasse, die mit vielen Rosen bepflanzt ist, stehen Ruhebänke. Von jeder dieser Bänke genießt man einen herrlichen Altstadtblick.

Wäre uns gegenüber auf der anderen Neckarseite noch die mittelalterliche Stadt des 14. Jahrhunderts vorhanden, dann erblickten wir das östliche Ende der Stadt, wo die Mauer mit einem doppelten Verlauf in Zwingerform vom Leyertor am Neckar in großem Bogen zur Jakobspforte im Zug der Hauptstraße umschlug. Links davon, außerhalb der Mauer im Bereich der Jakober Vorstadt, befände sich die stattliche Herrenmühle, aber zwischen Leyertor und Alter Brücke stünde, über die Stadtmauer bis zum Fluß hinweggebaut, die Mönchmühle. Zwischen den beiden Mühlen könnte man das Anlanden von Neckarkähnen und die Arbeit der Schiffszimmerleute beobachten. Zwischen der Mönchmühle und der Alten Brücke erstreckte sich die sogenannte Froschau, ein schmaler Uferstreifen zwischen Stadtmauer und Fluß, wo vor allem Holz gestapelt und Pferde getränkt wurden.

Heute sieht die Neckarseite der Altstadt ganz anders aus; das 19. und das 20. Jahrhundert brachten die einschneidenden Veränderungen. Abgesehen davon, daß die Stadtmauer verschwunden ist, hat die Straße, die sich am Neckar entlangzieht, eine völlig neue Situation geschaffen. Statt der Stadtmauer gibt es jetzt eine Ufermauer, welche die Straße zum Fluß hin abstützt. Aber dieses Verkehrsband, das anfänglich noch teilweise als Promenade ausgebildet war, hat inzwischen die Stadt vom Fluß getrennt.

Den Standort der Mönchmühle (seit 1239 nachgewiesen) können wir noch an einer in den Neckar vorgeschobenen Bastion erkennen, auf der sechs Kastanienbäume stehen. Es handelt sich um eine Art Ruhe- und Aussichtsplatz zwischen Bundesstraße und Fluß. Damit entspricht die Bastion noch der urtümlichen Mühlensituation. Nicht weit von der Mühle entfernt, die Mönchmühlgasse aufwärts, stand der Schönauer Klosterhof. Das ganze Stadtviertel und sogar die Jakober Vorstadt waren im 14. Jahrhundert von der wirtschaftlichen Betriebsamkeit der weißen Mönche aus dem Kloster Schönau bestimmt.

Blicken wir zur Herrenmühle hinüber, so entdecken wir ein sehr wesentliches Stück des Traditionswillens der neueren Zeit. Das vergangene Jahrhundert, dem man gern städtebauliches

Einfühlungsvermögen und sublime Gestaltungskraft attestiert, ließ es zu, daß sich aus den Traditionsbeständen der Herrenmühle eine nach damaligen Verhältnissen moderne Industriemühle entwickelte, die nicht nur über die Wasserkraft des Neckars, sondern auch über Gleisanschlüsse und künstliche Energiequellen verfügte. Ein Mühlenschornstein ragte gegen das Schloß empor. Schließlich wurde der Mühlenbetrieb sogar zur ›Aktiengesellschaft Herrenmühle vormals C. Genz‹. Das Unternehmen hatte zu Beginn dieses Jahrhunderts für Heidelberg eine nicht zu übersehende wirtschaftliche Bedeutung.

Doch auch die Herrenmühle wurde vom Mühlensterben in der Mitte unseres Jahrhunderts erfaßt und 1962 nach rund sechshundertjähriger Geschichte stillgelegt. Da sah es am Ost-Ende der Altstadt bald sehr traurig aus. Das Herrenmühlgelände, das schon 1963 größtenteils in den Besitz des Landes Baden-Württemberg übergegangen war, sollte einer universitären Nutzung zugeführt werden. Es fehlte nicht an planenden Gedanken. Dem Finanzausschuß des Landtags wurde schließlich vorgeschlagen, ein Drittel des Geländes für studentisches Familienwohnen, ein weiteres Drittel für allgemeine Studentenwohnungen und das restliche Drittel für Institutsnutzung vorzusehen: Das Collegium Academicum sollte hierher ziehen, um den angestammten Bau an der Seminarstraße für die Volkswirtschaftliche Fakultät freizumachen. Diese Planung lehnte die Universität jedoch ab. Im November 1970 zog der Finanzausschuß daraus die Konsequenz: Er strich die mögliche Bebauung des Herrenmühlgeländes aus dem Etat des Landes zugunsten der Universitätsentwicklung in Mannheim.

Am 18. März 1972, an einem Samstag, brannte die Herrenmühle ab. Den Rest des Jahres war man damit beschäftigt, die festungsartigen Trümmer der Mühle abzureißen und wegzuschaffen. Inzwischen verkaufte das Land Baden-Württemberg das Gelände an einen privaten Bauträger, um diesem die Möglichkeit zu geben, hier frei finanzierten Wohnungsbau zu betreiben. Diese Absicht vereitelte jedoch die Hochzinspolitik der Deutschen Bundesbank. Auch bahnten sich erhebliche Strukturveränderungen in der Wirtschaft, vor allem im Wohnungsbau, an, so daß der private Bauträger gezwungen war, das Gelände an das Land Baden-Württemberg zurückzugeben.

›Uno acto‹ – also in einem einzigen Vertrag – kam im Oktober 1974 die Regelung zustande, daß das vom Bauträger zurückgegebene Gelände der Stadt Heidelberg für nicht ganz zwei Millionen Mark kapitalisierten Erbbauzinses weitergereicht wurde. Auf den so erworbenen rund 7500 Quadratmetern Baufläche sollte die Stadt Sozialwohnungen schaffen.

Stauwehr mit alter Herrenmühle

Die Stadt Heidelberg, die bewußt die Verantwortung für dieses wichtige Altstadtgebiet übernahm, griff das Ergebnis eines schon vorher entschiedenen Wettbewerbs auf und spornte die Architekten zu einer zeitgemäßen Lösung an, die sich in einfühlsamer Weise dem Altstadtbild zu Füßen des Schlosses anzupassen hatte. Mit diesem Ziel mußte auch der Bauträger einverstanden sein, der nun von der Stadt zu suchen und zu finden war.

Was auf dem Gelände der ehemaligen Herrenmühle nach 1975 entstand, hat in der Fachwelt der Städteplaner, Denkmalschützer und Architekten Aufsehen erregt. Die Heidelberger Architektengemeinschaft Schröder und Geyer/Kränzke errichtete für den von der Stadt gewonnenen privaten Bauträger Leo Schmitz (Nettetal) einen Wohnkomplex, der inzwischen als Meilenstein auf dem Wege der Stadtsanierung anerkannt ist. Kleinteilige Fassaden und differenzierte Gliederung der geschickt zueinander in Beziehung gesetzten Baukörper, auslaufend in eine bewegte, wenngleich gezackte Dachformation, führten zu einem Ensemble-Charakter, der als moderne Entsprechung zum Formenkanon der Altstadt gelten darf.

108 Sozialwohnungen, 24 Eigentumswohnungen sowie 55 Studenten-
appartements enthält der Herrenmühle-Komplex auf einem Areal von
7500 Quadratmetern. Die Wohnungen sind zwei bis vier Zimmer groß.
187 Tiefgaragenplätze können von den Bewohnern genutzt werden. Wei-
tere 150 Plätze stehen anderen Altstadtbürgern zur Verfügung. Zusätz-
licher Schallschutz durch gedämmte Fenster und Lüftungsschächte zeigt die
angenehmen Seiten moderner Architektur.

Es ist kein Ghetto entstanden, kein ›Akademisches Viertel‹, sondern
eine Bevölkerungs-Integration, wie sie von den Soziologen unserer Zeit
gefordert wird. Allerdings wurde vom Anspruch des hohen Wohnwerts
nicht abgewichen. Die begrünten Innenhöfe, der Wasserspielplatz mit dem
Mühlenmotiv, die Loggien und Balkone, nicht zuletzt die mit hohen
Kosten bewältigte Restaurierung der unmittelbar benachbarten alten Fi-
scherhäuser an der Jakobsgasse, in denen auch ein Restaurant Platz fand,
zeigen das Prinzip der Heidelberger Altstadtsanierung: Regenerieren von
innen heraus zu einem zeitgemäßen Angebot mit Zukunftswert.

Die beiden Mühlen, die wir betrachtet haben, waren schon
vorhanden, als die Wittelsbacher den Vertrag von Pavia 1329
schlossen, mit dem sie ihre Lande – grob gesprochen – in die
Pfalz und in Bayern teilten. Damals ließ die Mönchmühle ihre
Räder bereits vom Neckar drehen und die Herrenmühle befand
sich im Bau.

Ruprecht I. gründet die Universität

Wir haben vernommen, daß der Vertrag von Pavia von Kaiser
Ludwig dem Bayern mit den Söhnen seines Bruders Rudolf I.
(des Stammlers), also mit Rudolf II., Ruprecht I. und – weil der
Sohn Adolf schon gestorben war – mit dessen vierjährigem
Sohn Ruprecht II., geschlossen wurde. Diese beiden Ruprechte
und der dann nachfolgende dritte Ruprecht, der deutscher Kö-
nig wurde, stehen am Beginn der kräftigen Stadtentwicklung
Heidelbergs im 14. und 15. Jahrhundert. Jeder von ihnen war in
seiner Art bedeutend und jeder ist mit seinem Namen der
Nachwelt im Gedächtnis geblieben.

Ruprecht I. mit dem Beinamen ›der Rote‹, der 81 Jahre alt
wurde und 37 Jahre lang regierte (1353-1390), nahm die Geschicke der Pfalz in seine sichere Hand. Er beerbte seinen Bruder Rudolf II. im Jahr 1353 im Hinblick auf das, was nach dem

Vertrag von Pavia an jenen gekommen war. Im wesentlichen ist das der Hauptteil der linksrheinischen Pfalz gewesen. Während seiner Regierung wurde die Grafschaft Zweibrücken für die Pfalz erworben. Auch Sinsheim und Mosbach, Kaiserslautern und Oppenheim kamen unter den Pfälzischen Kurfürstenhut.

Im ›Thesaurus pictorarum‹, den der Kirchenrat Marcus zum Lamm (1544-1606) in 39 Bänden zusammenstellte, ist ein Bild enthalten, das den Kurfürsten Ruprecht I. im Hermelin-Schmuck mit Kurhut, Schwert und Reichsapfel neben seinen beiden Frauen Elisabeth von Namur (gestorben 1382) und Beatrix von Berg (gestorben 1395) zeigt. Den dargestellten Personen sind jeweils die Wappen zugeordnet, und darunter befindet sich der Spruch:

> *Ruprecht / den man den rothen nannt /*
> *Die Pfaltz bracht er in guten Standt /*
> *Zwo Fürstin warn jhm außerkorn /*
> *Von Naumur / und von Berg geborn.*

Ruprecht der Rote, nach der Farbe seines Haupthaars so genannt, hat in der Tat für die innere Stabilisierung des noch reichlich ungeformten und verstreuten pfälzischen Besitzes gesorgt. Er erließ 1368 das sogenannte ›Kurpräzeptum‹. Damit wurde sichergestellt, daß der jeweils älteste Nachfolger in seinem Anspruch auf bestimmte pfälzische Gebiete nicht beschnitten werden konnte. Der ihm nachfolgende Neffe Ruprecht II., der nur acht Jahre (1390-1398) regierte, erließ – ergänzend zum ›Kurpräzeptum‹ seines Vorgängers und dieses fortführend – die sogenannte ›Rupertinische Konstitution‹. Sie regelte wie ein Primogeniturgesetz das Vorrecht des Erstgeborenen im Pfälzischen Hause auf bestimmte Landgebiete. Zwei Jahre nach dem Regierungsantritt Ruprechts I. in der Pfalz wurde in Rom Kaiser Karl IV. aus dem Hause Luxemburg gekrönt. Dazu darf Adalbert Prinz von Bayern mit seinem Buch ›Die Wittelsbacher‹ zitiert werden:

> *»Diese festliche Zeremonie [nämlich die Kaiserkrönung] fand im Frühjahr 1355 statt, und etwa ein Jahr später, am 10. Januar 1356, schaltete der Kaiser in der ›Goldenen Bulle‹ den in Bayern regierenden Zweig unserer Familie von der Kur aus, die nach dem Hausvertrag von Pavia abwech-*

selnd von den Pfälzern und den Bayern ausgeübt werden sollte. So hatten
nun die Verwandten im Westen neben dem Recht, an der Kaiserwahl
teilzunehmen, auch das Privileg, vom Tode eines Römischen Königs bis
zur Wahl seines Nachfolgers als Stellvertreter des Königs alle seine Rechte
– ausgenommen die Vergebung von Fahnenlehen und Verkauf von Reichs-
gut – in Schwaben, Franken und am Rhein wahrzunehmen, während in
den Ländern sächsischen Rechts der Kurfürst von Sachsen dieses Amt
ausübte.«

Der dauerhafte Besitz der Kurwürde trug zur Reputation
jenes Territoriums erheblich bei, dem der Kurfürst vorstand.
Das war wohl auch nötig, denn die Zeiten gerieten nicht danach, daß sich nun die kurpfälzische Staatsfestigung gewissermaßen von selbst ergeben hätte.

Mitte des Jahrhunderts verheerte die Pest die Lande. 1356
flackerte die Epidemie auf und wütete fast drei Jahrhunderte
lang mit Unterbrechungen im Rheinland. Gegen diese Not, die
man von Fremden, vor allem von Juden, eingeschleppt glaubte,
praktizierte man bereits Abhilfen, die man heute Quarantäne
und Desinfektion nennen würde. Da man aber die Ursachen
nicht kannte, blieben die Erfolge bescheiden.

In der unteren Burg zu Heidelberg hat Ruprecht I. sehr genau
die Geschichte verfolgt, die sich um ihn her abspielte. Man
kann das aus der Folgerichtigkeit seiner Schlüsse und Handlun-
gen ablesen. Mit Aufmerksamkeit muß er zur Kenntnis genommen haben, daß Papst Gregor XI. aus der ›babylonischen
Gefangenschaft der Kirche‹ nach Rom zurückkehrte und daß
nun im Vatikan die päpstliche Residenz errichtet wurde. Genauso aufmerksam wird er sich der Beobachtung der geistigen
Landschaft in Europa gewidmet haben. Schon zwei Jahre nach
der Rückkehr des Papstes nach Rom, als Urban VI. zum Nachfolger gewählt wurde, brach das große abendländische Schisma
aus. Diese Kirchenspaltung von 1378 beeinflußte auch die
abendländische Politik. Die französische nahm einen anderen
Weg als die deutsche. Dies äußerte sich nicht zuletzt in der
Spaltung der Pariser Hochschule in nationale Gruppen. Die
deutschen Lehrer und Schüler, die dort zahlreich vertreten waren, wanderten ab. Ruprecht hatte aus seinen engen politischen
und persönlichen Kontakten zu Kaiser Karl IV., dem Gründer
der Universität Prag, die Erkenntnis der Bedeutung eines soge-

nannten Generalstudiums gewonnen. Auch sah er wohl, daß hohe Schulen von alters her nur in den lateinischen Ländern bestanden und daß sich erst durch Karl IV. Universitäten im benachbarten Osten etablierten. Im eigentlichen Reichsgebiet, Böhmen ausgenommen, gab es keine Hochschule, die ein Glanzpunkt im kirchlich bestimmten Bildungswesen jener Zeit hätte sein können.

Klug und geschickt hatte Ruprecht seine Gesandten, Ratgeber und rechtswahrenden Beamten schon aus jenen Kreisen gewonnen, die eine Affinität zu Hochschulen besaßen und selbst Anspruch auf die Lehre erheben konnten. Es fehlte ihm demnach nicht an Möglichkeiten, sich zusammen mit der Wormser Geistlichkeit nach gelehrten Männern umzusehen, die im Gehorsam gegenüber dem Papst Urban VI. in Rom standen. Ruprecht bezog im Schisma demnach eindeutig Position. Es lag nahe, daß man den Initiator und Organisator für ein Generalstudium am Sitz der pfälzischen Residenz unter den Abwandernden aus Paris fand. Es war der Niederländer Marsilius von Inghen, wohl einer der bedeutendsten Gelehrten, der Paris verlassen mußte, obwohl er dort zweimal Rektor gewesen war.

Nun reisten Boten nach Rom. Dort wurde beraten und schließlich am 23. Oktober 1385 die Bulle zur Stiftung eines Generalstudiums erlassen. Erst als sie in Heidelberg eingetroffen war, konnte Ruprecht mit seinen Beratern die Konsequenzen bedenken. Am 26. Juni 1386 kam man zu dem Beschluß, mit päpstlicher Genehmigung das Generalstudium in Heidelberg zu errichten. Dies ist der Beginn der nach Prag (1348), Wien (1365) und Fünfkirchen (1367) ältesten deutschen Universität. Die kurfürstlichen Stiftungsbriefe tragen das Datum vom 1. Oktober. Am 18. Oktober 1386 fand die Eröffnung des Generalstudiums mit einer Messe in der Kapelle ›Zum Heiligen Geist‹ in Anwesenheit einiger Lehrer und Schüler statt.

Außer dem gelehrten Marsilius von Inghen hatte sich der Magister Heilmann von Wunnenberg aus Prag zur Verfügung gestellt. Als dritter Lehrer wirkte der belgische Zisterzienserpater Reginaldus von Alna (Abbaye d'Aulne), der schon Lehrer in Paris gewesen war.

Es war der Lukastag, an dem die Universität Heidelberg ihre Tätigkeit begann. Reginaldus las die Heilige Messe und bat um den Segen des

Himmels für die Schule, die »zur Ehre Gottes und zur Erleuchtung der Kirche« wirken sollte. Am folgenden Tag las um sechs Uhr früh Marsilius über Logik. Um acht Uhr schloß sich Reginaldus mit einer Erklärung des Paulusbriefes an Titus an. Heilmann lehrte dann um ein Uhr die Physik des Aristoteles.

Nach ihrem Gründer nennt sich die Universität Heidelberg ›Ruperto‹, nach ihrem Erneuerer aus dem Badischen Hause zu Beginn des 19. Jahrhunderts ›Carola‹. Man könnte sie nach ihrer Gründung und Existenz als ein Wunder ansehen, so unwahrscheinlich klingt alles, was zu ihrer Entstehung führte.

Wie hätte man Heidelberg zur Zeit der Gründung seiner Hochschule mit Bologna, Cambridge, Krakau, Lissabon, Montpellier, Padua, Pisa, Salamanca, Toulouse oder Valladolid – um nur einige der bereits existierenden Universitätsstädte zu nennen – vergleichen können! Schon der Gründungsbericht, der auf eine Kapelle zum Heiligen Geist hinweist, zeigt die Tatsache, daß Heidelberg damals nicht einmal über eine ansehnliche Stadtkirche verfügte. Und mit der Schule kann es auch noch nicht weit her gewesen sein.

Es läßt sich aus Quellen über die Frühzeit Heidelbergs indirekt darauf schließen, daß relativ bald nach der Gründung der Stadt eine Schule von Bürgermeister und Rat gestiftet worden sein muß. Sie tritt als ›Neckarschule‹ ins Licht der Geschichte, als eine Schule, an der Latein, Rechnen und Kirchengesang gelehrt wurde und die bald auch ein Alumnat besaß, in dem begabte Kinder armer Eltern eine zeitgemäße Bildung erhielten. Diese Schule befand sich unmittelbar beim Brückentor.

Daß diese Schultradition zu schwach war, um darauf die Fundamente einer Hochschule zu setzen, muß Ruprecht I. klar erkannt haben. Ohne in die innere Entwicklung seiner Universität einzugreifen, gewährte er ihr jegliche nur denkbare materielle Hilfe. Die Besoldung der Lehrer wurde aus der Kasse der kurfürstlichen Kammer bestritten. Weil es sich überwiegend um Geistliche handelte, die das Heidelberger Generalstudium den Scholaren vermittelten, bewirkte Ruprecht bei Papst Urban VI. eine Bulle, die die Geistlichen auf fünf Jahre von der Verpflichtung entband, sich am Ort ihrer Pfründen aufzuhalten. Schließlich errichtete der Kurfürst aus eigenen Mitteln außerhalb der Stadt im Osten ein Haus und eine Kapelle, die dem

Heiligen Jakob geweiht wurde. Hier sollten die Zisterzienser, die sich schon an der Gründung der Universität rege beteiligt hatten, ihren Aufenthalt nehmen, denn der Kurfürst hoffte, der Orden der weißen Mönche werde nun auch nach Heidelberg bildungseifrige Angehörige schicken. Der auf Urban VI. folgende Papst Bonifaz IX. bestätigte diesen kurfürstlichen Wunsch und gab die Genehmigung zur Fortbildung der Zisterzienser in Heidelberg. Zugleich wurde der Abt von Schönau angewiesen, diese Bildungsstätte seines Ordens zu überwachen. Damit hat Ruprecht I. auch die erste zur Universität gehörende Burse gegründet.

Wohl sprach nach Zeit und Raum vieles, am Ort jedoch kaum etwas für die Gunst der Entwicklung dieser Universität. Doch sie gedieh prächtig. Schon nach einem Jahr verfügte sie über 16 Lehrer und 165 Scholaren. Aus Prag, wo sich die Hochschule an slawistischen Bestrebungen spaltete, kamen allein 24 Magister nach Heidelberg, darunter der bekannte Theologe Konrad von Soltau.

Marsilius, die prägende Gründergestalt, blieb über Jahre hinweg für die Hochschule bestimmend. Noch achtmal war er Rektor, aber das Rektorat dauerte damals immer nur wenige Monate. Weil er eine streng occamistische Auffassung vertrat, also einen ethischen Positivismus, nach dem Wirklichkeit und Sittengesetz freiem göttlichen Willen entspringen, sprach man in Heidelberg von einer ›via marsiliana‹. Erst später konnte sich auch die thomistische Auffassung in Heidelberg Bahn brechen, so daß dann die Lehre des Thomas von Aquin zum Zuge kam, welche das Wissen des Aristoteles mit dem Weltbild der christlichen Kirche zu verschmelzen suchte.

Von der Universität und vom Streben nach dem rechten Glauben wird – wie könnte das bei einer Heidelberg-Betrachtung anders sein! – noch öfter gesprochen werden müssen. Dies zu unterstreichen, ist auch der Heilige Johannes Nepomuk gut, der als steinernes Bildwerk in Heidelberg nicht (mehr) auf der Brücke, sondern seitlich neben der Brücke am nördlichen Brückenkopf steht. Am Ende der Rosenterrasse des nördlichen Neckarufers treffen wir auf ihn. Seiner Stattlichkeit wegen ist er nicht zu übersehen.

Tritt man ein wenig hinter den Fluß- und Brückenheiligen zurück, erfaßt man die erstaunliche Situation, die der aus Böhmen stammende Maler Rudo Schwarz einmal in einem Ge-

mälde festhielt. Die Plastik auf ihrem hohen Schaft ragt weit
über die Bogenschwünge der Brücke hinaus. Sie blickt zwischen den Brückentürmen hindurch zur Jesuitenkirche hinüber.
Während das Universitätstürmchen rechts von ihr ganz klein
verschwindet, setzt nur der Turm von Heiliggeist der Plastik
seinen Stadtakzent entgegen.

Auf einer zweistufigen Grundplatte erhebt sich zunächst eine
vierfach nach oben abgetreppte Sockelzone mit barockem Profil. Auf ihr steht der im Querschnitt quadratische Schaft, der
eine Höhe von fast drei Metern erreicht. Ihn schließt ein mehrfach verkröpftes Gesims ab, in das auf allen vier Seiten Kartuschen eingelassen sind. Die Kartusche der Südseite zum Fluß
hin zeigt den Heidelberger Wappenlöwen auf dem Dreiberg,
geschützt vom Kurhut. In den anderen drei Kartuschen kann
man lateinische Texte lesen. Auch die südliche Schaftseite trägt
eine lateinische Inschrift, die mit den Worten beginnt: SISTE
VIATOR! Verweile, Wanderer!

Über all dem beginnt erst das eigentliche figürliche Werk.
Aus einem Wolkengebirge mit Engelsköpfchen erheben sich
zwei barock gelockte Engelsgestalten. Diese stützen und tragen
die Weltkugel, die wiederum mit Puttenköpfen geziert ist. Auf
dieser Kugel steht schließlich die lebensgroße Gestalt des Heiligen Johannes Nepomuk, der ein vergoldetes Kreuz in der linken Hand trägt und dessen Haupt von einem Sternenkranz
umgeben ist. Nach der Regel müßten es fünf Sterne nach der
Zahl jener sein, die nach der Legende den Leichnam des Heiligen bei der Auffindung umstrahlt haben sollen. In Heidelberg
hat man noch zwei Sterne dazugegeben; die Diaspora kann das
wohl vertragen.

Das Nepomuk-Standbild, dessen Schöpfer nicht bekannt ist,
wurde im Jahre 1738 auf dem vorletzten steinernen Brückenpfeiler der alten Holzbrücke über dem Neckar errichtet. Als
diese Brücke 1784 durch Eisgang zerstört und danach als Stein-
brücke wieder aufgebaut wurde, mußte der Brückenheilige der
Figur der Pallas Athene weichen. Statt auf dem angestammten
Platz auf der Brücke stand der Heilige Nepomuk 140 Jahre lang
an der Bergseite der hier vorbeiführenden Neuenheimer bzw.
Ziegelhäuser Landstraße und war bald ganz von Rosen um-
rankt. Erst zu Beginn der dreißiger Jahre dieses Jahrhunderts

wurde das hübsche Nepomukplätzchen geschaffen, das nun gegen Parkwünsche der Autofahrer verteidigt werden muß. Die Figur des Heiligen ist übrigens wie die nach dem barocken Formenkanon ihr sehr verwandte Madonna vom Kornmarkt eine Kopie. Beide Originale befinden sich heute im Kurpfälzischen Museum. Die Kopie des Johannes Nepomuk schuf 1950 der Bildhauer Hans Fries.

Künstlerlob für die Alte Brücke

Gehen wir mit ein paar Schritten auf die Alte Brücke zu! Im Schatten einer weit ausladenden Robinie sollten wir uns aber doch noch einmal zu dem Heiligen umdrehen und ihn in seinem geistlichen Gewand hoch oben auf der schwankenden Weltkugel betrachten. Da fällt uns auf: In Heidelberg hängt fast alles mit allem zusammen. Dieser Johannes Nepomuk, spät ernannter Brückenheiliger, war während seines priesterlichen Wirkens in Prag ein unmittelbarer Zeitgenosse jenes Kurfürsten Ruprecht, der die Universität Heidelberg gegründet hat.

Ist es ein feierlicher Augenblick, wenn man sich zum ersten Mal vom Schwung der Alten Brücke auf den Scheitelpunkt hinauf und dann durchs Brückentor hinunter in die alte Stadt hineintragen läßt? Wer geht schon in Feierstimmung über eine Brücke: über die zu Würzburg, auf der die Heiligen stehen, – über die Regensburger, deren Pfeiler in die römische Frühzeit hinabragen, – über die in Bamberg, wo mitten auf der Brücke das alte Rathaus ein barockes Flötensolo bläst! Und doch hat die Alte Brücke zu Heidelberg gar manchen in eine gehobene Stimmung versetzt. Wahrscheinlich gibt davon Gottfried Keller das eindrucksvollste Zeugnis:

> Schöne Brücke, hast mich oft getragen,
> wenn mein Herz erwartungsvoll geschlagen
> und mit dir den Strom ich überschritt.
> Und mich dünkte, deine stolzen Bogen
> sind in kühnerm Schwunge mitgezogen,
> und sie fühlten meine Freude mit.
>
> Weh der Täuschung, da ich jetzo sehe,
> wenn ich schweren Leids hinübergehe,
> daß der Last kein Joch sich fühlend biegt!

Soll ich einsam in die Berge gehen
und nach einem schwachen Stege spähen,
der sich meinem Kummer zitternd fügt?

Aber sie mit anderm Weh und Leiden
und im Herzen andre Seligkeiten
trage leicht die blühende Gestalt!
Schöne Brücke, magst du ewig stehen:
Ewig aber wird es nie geschehen,
daß ein bessres Weib hinüberwallt!

Gottfried Keller studierte als fast schon Dreißigjähriger von
1848 bis 1850 in Heidelberg. Leidenschaftlich liebte er Johanna
Kapp, die Tochter jenes Hofrats Kapp, der ein politischer Heiß-
sporn war. Die von Keller inbrünstig verehrte Frau, eine rassige
Schönheit mit dunklen Haaren, nahm die ihr angetragene Liebe
jedoch nicht an, weil sie bereits in eine unselige Leidenschaft zu
dem Philosophen Ludwig Feuerbach verstrickt war. Aber auch
diese Liebe konnte keine Erfüllung finden; sie trieb letztlich
Johanna Kapp in den Wahnsinn. Der Dichter wohnte nicht weit
von der Alten Brücke, Johanna Kapp fast genau gegenüber auf
der anderen Neckarseite. Den Heidelbergern hat Keller, was die
Wohn- und Lebensverhältnisse in der Altstadt betraf, einige
kritische Anmerkungen ins Stammbuch geschrieben.

In Hölderlins berühmter Heidelberg-Ode wendet sich schon
die zweite Strophe der Neckarbrücke zu:

Wie der Vogel des Walds über die Gipfel fliegt,
Schwingt sich über den Strom, wo er vorbei dir glänzt,
Leicht und kräftig die Brücke,
Die von Wagen und Menschen tönt.

Wie von Göttern gesandt, fesselt' ein Zauber einst
Auf der Brücke mich an, da ich vorüber ging
Und herein in die Berge
Mir die reizende Ferne schien.

Es hat sich kein aufmerksamer Betrachter dem Eindruck dieses Bauwerks je entziehen können. Wahrscheinlich weil es sich
weit über die Nutzhaftigkeit der technischen Konstruktion hinaus erhebt. Bildende Künstler empfanden und empfinden vor
allem den graphischen Reiz, der sich mit dem aufsteigenden
und abfallenden Brückenkontur quer ins Neckartal legt.

Goethe besah sich die Brücke von oberhalb, vom Karlstor her, und er kam zu dem Schluß: »Die Brücke zeigt sich von hier aus in einer Schönheit, wie vielleicht keine Brücke der Welt.« Dabei gilt es als ausgemacht, daß der ideale Standpunkt zur Brückenschau auf der anderen Neckarseite liegt. Wer würde schon die alte Brücke von Córdoba in Andalusien von der Flußkrümmung oberhalb der Stadt betrachten! Auch in Heidelberg halten die Busse der City-Tour am nördlichen Brückenkopf, um den Gästen die Möglichkeit zu bieten, *das* Heidelberg-Motiv auf ihre Filme zu bannen: die Alte Brücke mit dem Anlauf ihrer Bogen, überragt vom Standbild der Pallas Athene. Dahinter dann das Stadtpanorama mit dem Schloß, dem Königstuhl und der breit ausladenden Waldkulisse. Das ganze in der Abendsonne, warm bestrahlt, – es ist schon zauberhaft schön, was die Sinne da wahrnehmen. Und doch wird der Augenblick immer zu flüchtig sein, um sich dem Gemüt so einzuprägen, wie dies Hölderlin zuteil wurde:

> *Aber schwer in das Tal hing die gigantische,*
> *Schicksalskundige Burg, nieder bis auf den Grund*
> *Von den Wettern zerrissen;*
> *Doch die ewige Sonne goß*
>
> *Ihr verjüngendes Licht über das alternde*
> *Riesenbild, und umher grünte lebendiger*
> *Efeu; freundliche Wälder*
> *Rauschten über die Burg herab.*

Enger und intensiver als sich von Fremden denken läßt, haben die Heidelberger aller Generationen mit ihrer Brücke und deren Schicksal gelebt. Sie stellte nie eine Idylle dar, sondern tönte von Wagen und Menschen, wie Hölderlin uns überlieferte. Dieses rege Leben, dieses Hinüber und Herüber, dieses direkte Bezogensein auf den Mittelpunkt der ursprünglichen Stadtgründung läßt ahnen, daß in der Existenz der Brücke ein wichtiger Lebensnerv Heidelbergs von Anfang an lag.

Dabei darf man die heutige Brücke, die so viele begeisterte Empfindungen und angeregte Beschreibungen hervorgelockt hat, als ein relativ junges Bauwerk bezeichnen. Die steinerne Ausführung der neun Bogen entstammt erst dem Ende der Barockzeit. Davor gab es nur Holzkonstruktionen, die auf stei-

Die Alte Brücke

nernen Flußpfeilern ruhten. Diese enthielten zwar schon alle
Hauptcharakteristiken der Brücke, die uns auch heute noch entzücken, so eine Vielzahl von Wasserdurchlässen und vor allem
an der Stadtseite das Brückentor, doch die ästhetische Vollendung eines technischen Anspruchs, die hinreißend genannt
werden darf, brachte erst der Baumeister Matthias Maier zu des
Kurfürsten Karl Theodor Zeiten ins Bild der Stadt. Der nüchterne, strenge Friedrich Hebbel schrieb deshalb an seinen
Freund, den Kirchspielschreiber Voß in Wesselburen: »Eine
Brücke, schlank wie der Bogen, den eine Schwalbe im Fliegen
beschreibt, führt über den Neckar und endigt sich in einem
wirklich imposanten Tor.«

Mehr als ein halbes Dutzend Vorgänger-Brücken hatten den
waagrechten Stegcharakter. Sie waren allerdings auch größtenteils gedeckte Brücken. Und sie besaßen auf dem zweitletzten
Pfeiler vor dem Nordufer noch einen Brückenturm. Der offene
Brückenteil vor dem Brückentor an der Stadtseite bestand aus
einer Zugbrücke.

Hat man die Chronologie der Alten Brücke im Gedächtnis,
findet man leicht heraus, daß in den Holzschnitt-Darstellungen
Sebastian Münsters die sechste Brücke, in den Kupferstichen
Merians jedoch die siebente Brücke zu sehen ist. Das Standbild
des Johannes Nepomuk befand sich auf der achten Brücke. Die

Chronologie zeigt aber auch, daß zwischen der siebenten (Merian-)Brücke und der achten (Nepomuk-)Brücke zwei Jahrzehnte lagen, in denen es überhaupt keine Brücke gab. Man behalf sich in dieser Zeit mit Fähren und einer Schiffsbrücke in der Höhe des Marstalls. Auch brach diese achte Brücke mit einer Überlieferung: Alle vorhergehenden Brücken hielten an dem Turm auf dem vorletzten Pfeiler vor dem Neuenheimer Ufer fest. Nun, da der von den Franzosen gesprengte Turm nicht wieder aufgebaut worden war, dafür das Nepomuk-Standbild auf den letzten Turmpfeiler gesetzt wurde, ging eine Heidelberger Besonderheit verloren, die ungezählte Reisende in der Vergangenheit als Kuriosität vermerkt hatten. In Merians Beschreibung von Heidelberg liest sich diese so:

»Es gehet über den Neckar eine künstliche Brücke / deren auch P. Bertius in Beschreibung dieser Stadt gedencket. Das Wahrzeichen ist gewesen / und vielleicht noch / ein alter Aff / von welchem diese Reimen gemacht worden:

> *Was thustu mich hie angaffen?*
> *Hastu nicht gesehen den alten Affen*
> *Zu Heydelberg / sieh dich hin und her /*
> *Da findestu wol meines gleichen mehr.«*

Dieser Brückenaffe – »de Briggeaff«, wie die Heidelberger zu sagen pflegen – befand sich in der Front des nördlichen Brückenturms und wurde von allen jenen gesehen, die die Brücke gerade betreten hatten, um in die Stadt zu gelangen. Dort hockte er in herausfordernder Pose und vermittelte den Ankömmlingen eine ganz besondere Art des Versuchs, über den Dingen der Welt zu stehen. 250 Jahre lang kündete von diesem Affen nur eine Inschrift, die man am Brückentor angebracht hatte. Doch seit jüngster Zeit ist der Brückenaffe wieder vorhanden. Unsere Zeit schuf ihn neu und setzte ihn westlich neben das Brückentor auf die Brüstungsmauer. Dort hält er, nicht minder herausfordernd wie einst sein Ahn im jenseitigen Turm, den Vorübergehenden den Spiegel vors Gesicht. Der alte Spruch ist auf einer Schriftrolle, die in Bronze nachgebildet wurde, zu lesen. Dort erfährt man auch, daß sich der Verein Alt-Heidelberg der Wiedererweckung des Affen annahm. Zur Urkunde ist allerdings auch noch eine Maus hinzugekommen, die sich der besonderen Liebe der Kinder erfreuen darf. Der Bildhauer Gernot

Rumpf (Neustadt an der Weinstraße) ging mit seinem Entwurf
aus dem Wettbewerb um die Neugestaltung des Affen als Sieger hervor. Die beiden anderen Entwürfe, jeder in seiner Art
nicht minder interessant, stammten von Jürgen Goertz (Karlsruhe) und Peter Lehmann (Oldenburg). Seit dem 19. Mai 1979
hat Heidelberg also wieder »ein wunder seltzams Affenspil«
(wie es in einem politischen Flugblatt von 1620/21 hieß, das den
Kurfürsten Friedrich v. und die Zustände im Reich nach der
Schlacht am Weißen Berge aufs Korn nahm). Das ›Affenspiel‹
von heute ist freilich viel harmloser; jedermann kann sich daran
beteiligen. Es besteht darin, daß man von unten her in den die
Brüstungsmauer überragenden Kopf des Affen mit dem eigenen Kopf hineinschlüpft, denn der Affenkopf ist hohl ausgebildet und nur Nase, Mund und Kinn hängen maskenartig zusammen.

Wer über die gepflasterte und in den Gehwegstreifen mit
Sandsteinplatten belegte Brücke wandert, spürt beim Darüber-
schreiten den Rhythmus der Pfeilerstellung. Denn über jedem
steinernen Flußpfeiler kragt die Brücke beiderseits zu Balkonen
aus, die Balusterbrüstungen tragen. Auf der Ostseite sind es
sechs solcher Balkone, auf der Westseite jedoch nur vier, denn
zwei solcher mächtig ausgebildeten Brückenvorsprünge werden von Denkmälern beansprucht.

Selbst die historischen Vorformen der Brücke können beim
Überqueren des Neckars heute noch teilweise nachempfunden
werden. Die Auf- und Abstiege der Brücke, also jene Stellen,
die zuvor mit Falltoren geöffnet oder geschlossen werden
konnten, besitzen eine stärkere Neigung. Sie werden seitlich
von eisernen Geländern begleitet. Auf den mittleren Teil der
Brücke, über fünf Bogen hinweg, wurden kräftige Steinbrü-
stungen gesetzt, deren Abdeckungen dauerhaft miteinander
verklammert sind. Aus dieser Beschreibung kann man den eigentümlichen Rhythmus der alten Neckarbrücke ableiten,
wenn man es nicht vorzieht, ihn mit den Augen abzulesen und
ihn direkt dem ästhetischen Empfinden zu vermitteln. Von
welcher Seite man die Brücke auch betrachtet und ob man von
links nach rechts die Augen wandern läßt oder umgekehrt:
Immer beginnt die Brücke mit zwei beherzt aufsteigenden Jochen; dann akzentuiert sich der weitere Brückenverlauf durch

ein Standbild; darauf folgt ein weiteres ebenfalls steigendes
Joch; dann sind die drei mittleren Joche erreicht, die den Brük-
kenverlauf in die Waagrechte bringen. Dann beginnt der Abstieg in der gleichen, wenn auch umgekehrten Reihenfolge: ein
abfallendes Joch, ein Standbild, schließlich noch zwei abstei-
gende Joche. Auf solche Weise ergibt sich, was Hebbel den von
einer Schwalbe im Flug beschriebenen Bogen nannte. Aus dieser Linie mathematischer Eleganz ragen als zwei Interpunk-
tionszeichen lediglich die beiden Denkmäler hervor.

Johann Wolfgang Goethe war hinsichtlich des Standorts der
beiden Brückendenkmäler ganz anderer Ansicht, denn er notierte in das Tagebuch der dritten Schweizer Reise am 26. August 1797:

»*Die Statue des Kurfürsten [Karl Theodor], die hier mit doppeltem
Recht steht, sowie die Statue der Minerva von der andern Seite, wünscht
man um einen Bogen weiter nach der Mitte zu, wo sie am Anfang der
horizontalen Brücke, um so viel höher, sich viel besser und viel freier in der
Luft zeigen würden. Allein bei näherer Betrachtung der Konstruktion
möchte sich finden, daß die starken Pfeiler, auf welchen die Statuen stehen,
hier zur Festigkeit der Brücke nötig sind; da denn die Schönheit, wie billig,
der Notwendigkeit weichen mußte.*«

Beginnen wir beim nördlichen Bildwerk auf dem zweitletzten Pfeiler! Es handelt sich um die Darstellung der griechischen
Göttergestalt Pallas Athene. Sie ist, wie üblich, mit einem Helm
auf dem Haupte dargestellt und stützt sich auf einen Schild,
führt aber seit langem keinen Speer. Mag die Ausformung der
Sandsteinplastik nach Konzeption und Detail einen höheren
Kunstwert auch vermissen lassen, so kann das Gesamtbild in
seiner Bedeutung für die Alte Brücke keinesfalls unterschätzt
werden. Der Rückenkontur der Gestalt, der in die sichelartige
Krümmung des Helms und der Helmzier übergeht, verbindet
Schlankheit mit Bewegung. Zusammen mit den lagernden allegorischen Figuren und dem kräftig ausgebildeten Sockel ergibt
sich ein sehr schlankes Dreieck, das die Brücke vor der sie
überragenden Landschaft klar zu akzentuieren vermag.

Der Stein, auf den Pallas Athene den Schild aufgesetzt hat,
trägt die Signatur des Künstlers: C. Linck fecit. Es ist der Bildhauer Franz Konrad Linck gewesen, der beide Heidelberger
Brückenplastiken schuf. Er war seit 1766 kurpfälzischer Hof-

bildhauer in Mannheim und ist weniger durch die beiden Heidelberger Denkmäler als vielmehr durch seine Mitwirkung bei der figürlichen Ausgestaltung des Schwetzinger Schloßgartens und erst recht als Modellmeister der Frankenthaler Porzellanmanufaktur bekanntgeworden.

Franz Konrad Linck, geboren 1732, einer Speyerer Bildhauerfamilie entstammend, darf als ein typischer Exponent der Hofkunst des 18. Jahrhunderts angesehen werden. In der Werkstatt des Vaters, aber auch in Wien und Berlin ließ er sich ausbilden, kehrte dann aber in die Pfalz zurück und betätigte sich von 1762 bis in die Mitte der siebziger Jahre mit erstaunlichem Talent als Modellmeister der Frankenthaler Porzellanmanufaktur. Er wurde zum letzten und größten ›L‹ der für Frankenthal schaffenden Künstler: Johann Wilhelm Lanz, Johann Friedrich Lück, Karl Gottlieb Lück und Konrad Linck. Kenner der Porzellankunst sind der Auffassung, daß Linck für Frankenthal die gleiche Bedeutung zukommt wie Kändler für Meißen oder Bustelli für Nymphenburg. Sein Wirken war eng mit der Kunsterwartung des Kurfürsten Karl Theodor verbunden. Insofern kann man in solch offiziellen Werken wie den Heidelberger Brückendenkmälern von 1788 und 1790 sowohl die Ergebenheit der Untertanen als auch den Darstellungswunsch des Hofes erkennen.

Wie damals üblich, trägt das Standbild der Pallas Athene auch eine Widmungsinschrift. Sie rühmt den Kurfürsten Karl Theodor als Schirmherrn der Frömmigkeit und Gerechtigkeit, als Förderer der Landwirtschaft und des Handels sowie als Freund der Musen. Die um den Sockel des Standbilds sich lagernden allegorischen Frauengestalten verkörpern Gerechtigkeit, Frömmigkeit, Landbau und Handel. In den Schaft des Sockels wurden vier Puttenreliefs eingelassen. Sie zeigen Darstellungen der Astronomie, Architektur, Skulptur und Malerei. Diese willkürlich anmutende Auswahl der Motive und Allegorien entspricht genau jenen Tätigkeitsfeldern, denen sich der Kurfürst Karl Theodor in langer Regierungszeit widmete. Daß ausgerechnet das Standbild der Pallas Athene, das in Heidelberg vor allem auf die Universität hinweist und dort auch noch einmal vorhanden ist, auf diesen Kurfürsten Bezug nimmt, muß als kurios empfunden werden, denn gerade unter Karl Theodor, der in Mannheim und später in München residierte, war die Heidelberger Universität auf ein Minimum ihrer einstigen Bedeutung und ihrer Existenzfähigkeit herabgesunken.

Zu jener Zeit konnte dies aber niemand dem Landesherrn vorhalten. So zeigten sich denn auch die Heidelberger trotz ihres stillen Grimms als ergebene Diener ihres Herrn, als sie das Standbild auf dem vorletzten Pfeiler vor dem Brückentor, mit dem Linck den Kurfürsten im Mantel und in herrscherlicher Pose – elf Rheinische Schuhe hoch – darstellte, mit folgender Widmung versahen: »Palatinorum Patri Carolo Theodoro hoc pietatis monumentum posuit. Senatus Populusque Heidelbergensis Anno MDCCLXXXVIII«. Rat und Bürgerschaft von Heidelberg setzten es demnach in Ergebenheit dem Vater der Pfalz. Und damit sagten sie nicht einmal etwas Falsches. Allerdings ließen sie sich mit zusätzlichen Inschriften tiefer am Sockel, die noch teilweise erhalten sind, in schwülstigeren barocken Rederanken vernehmen. Am Tage der »sanftmütigen fünfzigjährigen Regierung« Karl Theodors, am 29. Dezember 1792, stellten sie sich als »seine treuen Kinder, Untertanen und Bürger der alten Haupt- und Residenzstadt Heidelberg« vor. Die einstige Bedeutung der nun vom Hof verlassenen Stadt wollten sie dem Herrscher doch noch einmal verdeutlichen. Aber dann ließen sie einen Dutzendpoeten im Puderstaub seiner Perücke drei geschraubte Jubiläumstexte dichten.

Heraldiker wird das schöne Marmorwappen Karl Theodors an der Vorderseite des Sockels erfreuen. Die anderen Seiten zeigen, wie beim Standbild der Athene, Marmorreliefs, die sich mit den Hauptereignissen der Regierung Karl Theodors beschäftigen: der Vereinigung von Pfalz und Bayern (1777), dem vierhundertjährigen Universitätsjubiläum (1786) und dem fünfzigsten Regierungsjubiläum des Kurfürsten (1792). Auch dieses Standbild umlagern allegorische Gestalten. Diesmal sind es die vier Flußgottheiten aus der Pfalz und Bayern: Rhein, Donau, Neckar und Mosel.

Zu Füßen des Barockfürsten, an dessen weitem Kurmantel die Verwitterung zu nagen beginnt, hat man in jüngster Zeit ein nüchternes Schild angebracht, das den Brückengängern und Heidelberg-Besuchern nützliche Informationen über die früheren Hochwassergefahren vermittelt.

Am zweiten Brückenpfeiler befinden sich Hochwassermarken, die man von der Brücke aus sehr gut sehen und ablesen kann. Freilich wirkt dann die Wasserhöhe nicht so eindrucks-

voll, als wenn man das eigentliche Stadtniveau zum Betrach-
tungspunkt wählt. Immerhin: Ein badischer Fuß wird mit 30
Zentimetern angegeben. Der Wasserstand bei 32,5 Fuß ergäbe
eine Pegelhöhe von 113,78 m. Der normale Wasserstand des
Neckars liegt bei 105,20 m über dem Meer. Jener schreckliche
Wasserstand nach Eisgang und Eisstau vom 27. Februar 1784
betrug fast 32 Fuß. Kein Wunder, daß das Wasser damals weite
Teile der Altstadt überflutete. Auch heute noch liegt der tiefste
Punkt des Ufers unmittelbar bei der Alten Brücke. Wenn der
Neckar ›überläuft‹, dann tut er es hier zuerst. Meist bleibt es bei
Fahrbahnüberschwemmungen, die Umleitungen des Fahrzeug-
verkehrs erzwingen. Doch auch in unserem Jahrhundert ist das
Wasser schon mehrmals so tief in die Gassen der Stadt eingedrungen, daß Alt-Heidelberg fast schon Venedig glich. Auch
die Neubauten, wie etwa der Herrenmühlenkomplex mit seinen Tiefgaragengeschossen, müssen auf das Hochwasser Rücksicht nehmen und besondere Vorkehrungen treffen. Der Nek-
kar ist ein heimtückischer Geselle und stets für eine Überra-
schung gut. Die Neckarkanalisierung der zwanziger Jahre unseres Jahrhunderts hat zwar die ungestüme Wucht der Wasser-
massen durch die Schleusenriegel weitgehend brechen können,
so daß ein Bild wie das von Ferdinand Kobell (im Kurpfälzischen Museum), das nur noch die Stümpfe der Brückenpfeiler
im Jahre 1784 zeigt, endgültig der Vergangenheit angehören
dürfte, doch lebt die Bevölkerung der tiefer gelegenen Altstadt-
bezirke immer in einer gewissen Sorge, wenn es längere Zeit
regnet oder wenn es eine rasche Schneeschmelze im Odenwald
gibt. In wenigen Stunden schwillt dann der Fluß an. Kann er
nicht ungehindert in den Rhein abfließen, wirkt sich der Rück-
stau des Wassers sofort im Stadtgebiet von Heidelberg aus.
Dann ist es furchterregend, von der Alten Brücke in die gelb-
braunen Wogen zu blicken, die sich heranwälzen, gegen Pfeiler
und Ufer klatschen, die Anleger der Schiffe heben und schließlich Altstadt und Neckarvorland überfluten. Früher gab es einen eigenen Wächter, der den Neckar stets im Auge behielt. Er
saß in einem kleinen Häuschen, das wie ein Schwalbennest dem
Brückentor angeklebt war, und schlug bei Gefahr Alarm.

    An das schreckliche Geschehen des 27. Hornung 1784 erin-
nert auch noch die vergoldete Inschrift unmittelbar über dem

Bogen des Brückentors. Danach wurde die jetzige steinerne
Brücke »in zwen Sommern unter der Staatsverwaltung des
Freiherrn von Oberndorf und Führung Lamb–Babo wirkl.-geh.
Rath durch den Bauinspektor Math. Maier glücklich erbauet
im Jahre 1788, als C. Sartorius Stadt-Direktor, J. Sieben, L.
Metzger Bürgermeister waren«. Eine schwarze Marmortafel,
links vom Brückendurchgang nicht sehr glücklich angebracht,
ruft die Sprengung der Brückenbogen am Ende des letzten
Krieges in die Gedanken zurück. Die Inschrift schließt mit dem
Wunsch: »Möge die Brücke ein gütiges Geschick vor weiteren
Zerstörungen bewahren!«

»Im Bewußtsein der Bedeutung der Brücke für das Bild und
die Geschichte Heidelbergs« machen wir uns den in Marmor
eingegrabenen Wunsch ganz zu eigen und betreten durch das
Brückentor die alte Stadt.

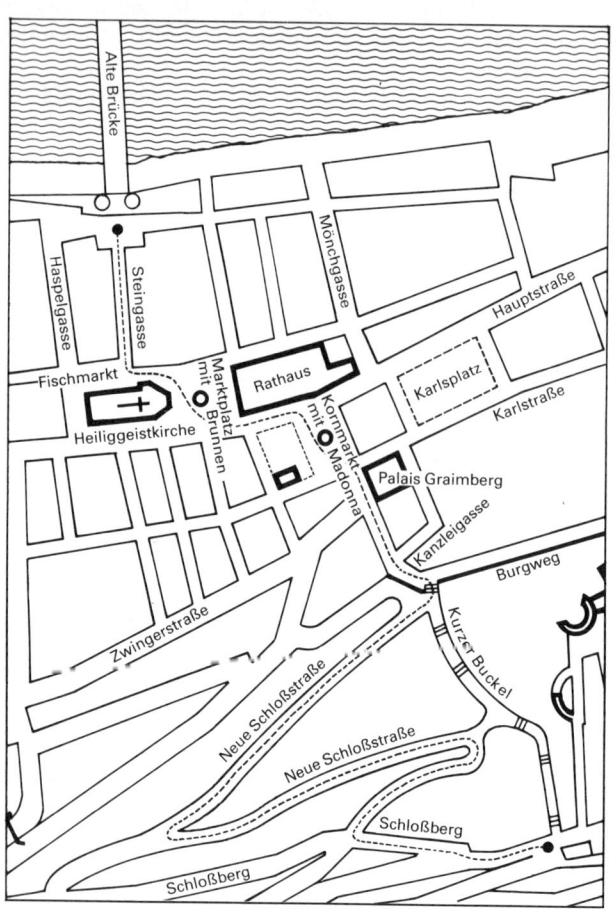

Gang durch Heidelberg

Ankunft am Brückenbuckel

Das Foyer der Stadt von alters her stellt jener aus mehreren Straßen sich bildende Raum dar, den die Heidelberger in ihrer schmucklosen Art ›de Briggebuggel‹ nennen. Er hat sich in ihrem Bewußtsein nie als Platz ausgebildet, sondern ist in bescheidener Weise immer nur eine Art Entree geblieben: jene nach drei Seiten geneigte Fläche, die sich vor der Südseite des Brückentors wölbt. Die Stadtplaner unserer Tage bezeichnen dies als eine »unverwechselbare Situation«, denn das städtebauliche Phänomen entsteht dadurch, daß sich der Anlauf der Brücke zur Stadt mit der Tallage der Siedlung auseinanderzusetzen hat. Die Brücke kommt nämlich hoch an, gewissermaßen in Traufenhöhe der ursprünglich hier erbauten Häuser. Hinter dem Brückentor, auf der Südseite, muß sich die Fahrbahn in die auf gleicher Flucht fortführende Steingasse hinunter- und wieder zu Markt und Kirche hinaufschwingen.

Die Stadtarchitektur zeigt an, daß die Eckhäuser der Steingasse aus der Flucht der quer vorbeiführenden Straße zurückgenommen wurden und daß sich die unmittelbare Nachbarschaft, die stets aus Gasthäusern bestand, dieser Notwendigkeit vermutlich gern anpaßte. Denn zur Brücke hin ließ sich nicht ausweichen. Östlich davon stand und steht die alte Neckarschule als ein stattliches, freilich erst im Laufe der Zeit so hoch ausgebautes Haus. Unmittelbar westlich schloß sich ans Brückentor das kurfürstliche Kornhaus an, das ebenso auf der Mauer stand wie die Neckarschule. Das Kornhaus, das man auf dem Merianstich betrachten kann, war zehn Achsen breit und damit so ausladend, daß es das Maß des dahinterliegenden Altstadtquartiers zwischen Steingasse und Haspelgasse fast erreichte.

Es muß also doch reichlich eng zugegangen sein zwischen der unmittelbaren Brückenbebauung und den Frontlinien der

nächsten Altstadtquartiere. Freuen wir uns, daß sich jetzt solch
ein lichter, fast bühnenartiger Prospekt vor uns auftut, wenn
wir links oder rechts um die Brückentürme herumgehen, um
im Anblick der Stadt zu verweilen.

Wer dieses Bild vor Generationen auf sich wirken lassen
konnte, war am Ziel seiner strapaziösen Reise mit der Kutsche
oder er kam müde mit dem Pferd hereingetrabt. Deshalb ist
auch heute noch der platzartige Raum fast ausschließlich von
Gaststätten umstellt. Das fängt im Westen mit dem in barocker
Farbigkeit herausgeputzten Hotel ›Vier Jahreszeiten‹ an, das
eine schöne Hausmadonna trägt, setzt sich dann mit dem breit
ausladenden ›Holländer Hof‹ fort, der in der Tradition eines
christlichen Hospizes steht. Die Eckposition zur Steingasse hin
nimmt der ›Goldene Hecht‹ ein, in dem Goethe auf seiner dritten Schweizer Reise am 25. August 1797 gern zu Gast gewesen
wäre, hätte es dort noch ein Bett für ihn gegeben: »In Heidelberg Abends 9¹/₂, eingekehrt in den 3 Königen; der Goldene
Hecht, der vorgezogen wird, war besetzt.« Der ›Hecht‹ führt
die Jahreszahl »seit 1717« bei seinem Namen und präsentiert
zum Brückentor hin in seiner Giebelfront nicht nur einen großen Hecht auf Wellenkronen, sondern über dem Eingang von
der Steingasse aus auch eine kräftig ausgebildete Türbekrö-
nung, einen von zwei Füllhörnern flankierten Lorbeerkranz, in
dessen Rundung ein Engel den Wappenschild hält. Östlich der
Steingasse setzt sich der Reigen der Gaststätten mit der ›Alten
Mühle‹, der ›Alten Brücke‹ (mit Fischerstübchen) und mit dem
neu geschaffenen Restaurant ›Zum Brückenaffen‹ in der Oberen Neckarstraße fort.

Erst im Jahre 1981 ist dieser Heidelberger ›Briggebuggel‹ so
gepflastert und damit verkehrslenkend gestaltet worden, daß
die Zu- und Abfahrt bei der Brücke selbstverständlich gewähr-
leistet bleibt, daß aber für parkende Fahrzeuge kein Raum mehr
ist. Der Gemeinderat der Stadt Heidelberg entschied sich für
die Möglichkeit, die Menschen in diesem Foyer der Altstadt
verweilen zu lassen, ohne daß sie vom Brückenverkehr bedrängt werden.

Da steht es vor uns, das elegante *Brückentor* mit seinen beiden
Rundtürmen und der etwas schmalbrüstigen Durchfahrt.
Kaum zu glauben, daß die Höhe vom Sockel beim Brücken-

affen bis hinauf zur Spitze der Wetterfahne dreißig Meter beträgt, die Durchfahrtshöhe des Tors (ohne das imitierte Fallgatter) immerhin sieben Meter. Wenn wir dieses architektonische Kleinod mit neugierigen Blicken umfassen, fällt uns auf, daß die beiden Seiten des Tors nicht gleich gebildet sind. Die nach Norden, nach der Brücke hin, ist wesentlich karger gestaltet. Dort flankieren über dem rundbogigen Tor zwei Löwen einen Dreiecksgiebel, doch sind die Löwen nur als Bossen zur späteren Feinarbeit vorhanden, wie übrigens auch das über dem Toraufsatz vorgesehene Wappen mit der Bekrönung.

Die Innenseite des Brückentors wurde sehr viel reichhaltiger konzipiert. Über der Durchfahrt erkennt man einen interessant detaillierten Fries, der auf Konsolen ruht. Den mittleren Aufbau begleiten feingliedrig gefügte Baluster. Im Aufbau selbst sitzen zwei schön gerahmte Fenster, während unter dem Fries nur zwei Luken erkennbar sind. Auch hier wurde der bekrönende Abschluß, ein Medaillon mit Girlanden, nur in der Rohform aufgesetzt.

Die originelle Konzeption dieses Tors war eigentlich von Anfang an vorgegeben. Schon bei den alten Holzbrücken sah man die beiden Rundtürme, nur waren ihnen damals spitze Kegeldächer zu eigen. Doch auf der Stadtansicht des Peter Friedrich von Walpergen (1763) besitzen die beiden Türme bereits die damals modernen ›Welschen Hauben‹. Die jetzige Erscheinung des Brückentors wurde beim Bau der Brücke 1786 bis 1788 geprägt.

Im Blickfeld der Stadt gürten sich die Tortürme mit Schichtstreifen aus Sandstein, ihrer zehn an der Zahl. Das macht sie nicht nur wuchtig, sondern auch elegant. In die Rundtürme sind keine Fenster eingeschnitten, sondern nur Schießscharten. Und es gibt in diesem Brückentor sogar eine Wohnung. Dort lebte einige Jahre lang jener feinsinnige Mann, dem man den Wiederaufbau der Brücke nach dem letzten Krieg verdankt: Professor Rudolf Steinbach (1903-1966). Er war Demokrat, kam aus der inneren Emigration und gelangte erst nach dem Kriegsende zur vollen Wirksamkeit, als er akademischer Lehrer an der Technischen Hochschule in Aachen werden konnte. Weil er viel von alten Bautechniken verstand, war er der richtige Architekt für die Instandsetzung dieser Brücke.

Der Zugang zur städtischen Wohnung im Brückentor führt über eine Wendelstiege im östlichen Turm. Im westlichen Turm findet man anstelle der Wendeltreppe drei niedrige Gelasse, die als Arrestlokale dienten. Wie immer das Tor auch bestürmt und mißbraucht worden sein mag, heute versöhnt uns seine zierliche Eleganz mit der Geschichte. Dies wird vornehmlich von den wundervoll geformten Glockenhelmen mit ihren vergoldeten Kugelknäufen bewirkt, die Schutz und Zier harmonisch in sich vereinen.

Auch im Gesamtzusammenhang mit der Umgebung offenbart das Tor der Alten Brücke seine zwei Seiten. Mit seiner südlichen Schmuckseite steht es frei vor der Weite des Tals, als könne man – wie die Gassenbuben auf zwei Fingern – durch die Türme einen fröhlichen Pfiff hinauslassen in die Welt vor den Mauern. Die Harmonie der Gegenseite wird aber wohl noch stärker empfunden. Nicht nur, weil man das Schloß über den Dächern der Stadt zum Greifen nahe hat, sondern weil sich mit dem Brückentor im Mittelpunkt eine Stadtansicht ergibt, die zahlreiche bestimmende Komponenten in einem Bild zusammenzufassen vermag. Die abfallende Brückenfahrbahn im Vordergrund, das Brückentor als Akzent des Bildmittelfeldes und dahinter der breite Fächer von Gassen, Hauswinkeln, Dachschrägen und Kaminen, dies alles überragt von Schiff und Turmhaube der Heiliggeistkirche, – ein verdichteter Stadtausdruck, den man nicht erst optisch zu raffen braucht.

Mit dem Wissen, daß auch um dieses Brückentor und um alle jene Häuser, die es rahmen, stets der Heidelberger Alltag gewesen ist, machen wir uns auf den Weg in die Stadt.

Die Steingasse und das Schöneck-Quartier

Schon hat uns die Steingasse aufgenommen. Unter dem schmiedeeisernen Ausleger des ›Goldenen Hecht‹ sind wir hindurchgegangen und befinden uns nun mitten in der mäßig breiten Gasse, die schon zum Fußgängerbereich der Altstadt gehört. Wir wollen uns beim Gang durch die malerische Gasse keine Entscheidung darüber anmaßen, wie sie zu ihrem Namen gekommen sein mag. Sicherlich gehört sie als Verbindung zwischen Brücke und Markt zu den ersten, die für Fahrzeuge

dauerhaft befestigt wurden. Es kann ebensogut sein, daß sie
einmal auf einen markanten Stein zuführte.

Hat man das Restaurant ›Zum Hackteufel‹ erreicht, sollte
man sich umdrehen und zum Brückentor blicken. Man sieht es
von hier noch ganz unverstellt als wundervollen Abschluß des
Gassenrahmens. Dabei kann man daran denken, daß das Wort
›Hackteufel‹ von den Flößern gebraucht wurde, die für holländische Käufer Holzstämme aus dem Odenwald in die Niederlande brachten. Gar oft zerschellten ihre Floße an den Klippen
des Neckars unmittelbar oberhalb der Alten Brücke. Diese Felsen, die die Hölzer im Fluß auseinanderrissen, nannten die ergrimmten Flößer ›Hackteufel‹.

Gleich neben dem Restaurant zieht sich die nun ansteigende
Steingasse an einem stattlichen Anwesen hinauf. Es handelt sich
um das ehemalige Bomeisselsche Handelshaus im Herzen der
Altstadt. Es wird heute mit Recht zum *Quartier Schöneck* gezählt. Der Zugang liegt im Tordurchgang von Nr. 9.

Dies dürfen wir uns nicht entgehen lassen: nun einmal ausführlich hinter die Kulissen eines der ältesten Bereiche der Heidelberger Altstadt zu schauen. Vor ein paar Jahren wäre das
noch ein trostloses Unterfangen gewesen. Man hätte angesichts
des Baugerümpels, der verwahrlosten Remisen und schiefen
Dächer an der Zukunft eines solchen Altstadtbestands verzwei-
feln können. Doch eine finanziell stützende Aktion des Bundes-
landes Baden-Württemberg gestattete Stadtplanern und Architekten den Zugriff, nachdem die Stadt Heidelberg in diesem
Quartier genügend Eigentum erworben hatte.

*Im September 1978 wurde in der Oberen Neckarstraße eine Lücke in die
alte Bausubstanz gebrochen. Durch diese Lücke drangen die Räumbagger
ins Innere des Quartiers vor. Der freigelegte Innenhof konnte mit einer
Tiefgarage für 24 Stellplätze der Bewohner versehen werden. Die Zufahrt
zur Tiefgarage legte man in die künstlich gebrochene Baulücke an der
Oberen Neckarstraße und schloß darüber die Hausfront wieder. Im Hofge-
viert selbst entstand in barocken Formen ein Neubau für Geschäftsräume
im Erdgeschoß und mehrere darüber angeordnete Wohnungen. Der Quar-
tierkern aber wurde zum begrünten Lebensraum. Es ist kaum noch zu
ahnen, daß der Kinderspielplatz über einer Tiefgarage liegt. Eine solche
Quartiersanierung erfaßte, einschließlich der Tiefgarage, in einem Zug
3500 Quadratmeter Wohn- und Nutzfläche.*

Wenn auch das Schöneck kein öffentliches Besichtigungsobjekt ist, so kann man doch versuchen, durch das Tor Steingasse 9
einen Zugang zu finden. Man gelangt zuerst in einen Zwi-
schenhof von besonders intimem Reiz. Eine Fachwerkpartie
zur Linken bringt eine ländliche Note ins Spiel; eine gotische
Konsole mit Rippenansatz weist auf die Ur-Tradition des Gebiets hin; eine Haustreppe, die sich aus dem Hofwinkel frei ins
Haus hineinschwingt, betont den Wohncharakter der Altstadt.
Inmitten des Höfchens wurde ein Baum gepflanzt; er wird bald
ein grünes Dach über die Zu- und Durchgänge breiten. Gerade-
aus muß man noch einmal unter einem Bogen hindurchgehen,
bis man den eigentlichen Innenhof des Quartiers erreicht. Dort
aber wird man mit Überraschungen verwöhnt. In der Südwestecke ragen Gebäude mit unverputzten Sandsteinmauern auf;
darüber schwebt die Turmspitze von Heiliggeist. Quer ins Bild
schiebt sich ein erneuertes Gebäude mit Torbogen und dar-
überliegendem Balkon. Da ahnt man, daß hier Alt-Heidelberg
im wahrsten Sinne angepackt wurde. Das Obere und das Untere, auch Kleine Schöneck, waren nämlich einst kurpfälzische
Erblehen an einer der wichtigsten Stellen der Stadt zwischen
Markt und Brücke. Kein Wunder, daß sich fast jedes Jahrhundert mit seinen Intentionen daran versuchte. Auch das unsere
hat dies getan, sicher zum Nutzen des Gevierts und beispielge-
bend für den Vorsatz, das Wohnen im Traditionsbereich der
Stadt wieder menschenwürdig und begehrenswert zu machen.

Nun, da wir im Kern der urtümlichen Siedlung stehen, drängen sich uns die historischen Bezüge wieder auf. Wir denken an
Ruprecht den Roten und sein kühnes Werk der Universitäts-
gründung.

Ruprecht II. erweitert die Stadt

Während Alt-Worms, die auf römischer Gründung fußende
Bischofsstadt, damals eine Fläche von etwa 85 Hektar bedeckte,
maß das ursprüngliche Heidelberg von der Jakober Vorstadt
bis zum Graben nur knapp zwanzig Hektar. Es ist verständlich,
daß sich nach der Eröffnung des Generalstudiums die Siedlung
sehr bald als zu klein erwies. Außerdem starb der impulsge-
bende Kurfürst, der die Pfalz so gut instand gesetzt hatte, schon
fünf Jahre nach seiner Gründungstat. Ihm folgte im Jahre 1390

Steingasse und Brückentor

der Neffe Ruprecht II. Als er das kurfürstliche Erbe seines Onkels in Heidelberg antreten konnte, blickte er auf eine Lebenserfahrung von 65 Jahren zurück. Man hätte meinen können, daß dieser gereifte Mann die Entwicklung in ruhigen Bahnen halten würde, doch das Gegenteil war der Fall. Die acht Jahre seiner Regierungszeit hatten einen nachhaltigen Einfluß auf Heidelberg, einen Einfluß, der bis heute wirksam geblieben ist.

Ruprecht II. vergrößerte das Stadtgebiet um mehr als das Doppelte. Auch zwang er kurzerhand die Bauern des westlich vor Heidelberg liegenden Weilers Bergheim, in die erweiterte Stadt und hinter deren Mauern zu ziehen. Die Bauern mußten ihre Häuser aufgeben und sich im Stadtbereich neu niederlas-

sen. Sie wählten und schufen einen Straßenzug, der dann
›Pleck‹ oder ›Plöck‹ hieß. Aus dieser Parallelstraße zur vorderen
Hauptstraße ist der letzte Bauer erst Mitte des 20. Jahrhunderts
wieder hinaus in die Gemarkung gezogen.

Man muß sich vorstellen, daß die Siedlung Heidelberg bei ihrer Grün-
dung kein Umland und kein Hinterland besaß, in dem sie begütert gewesen
wäre. Das fruchtbare Ackerland in der Ebene und die dort befindlichen
Weingärten gehörten den Bauern des Nachbardorfes Bergheim. Es muß ein
Dauerstreit aus der Tatsache entstanden sein, daß den Städtern außerhalb
der Mauern nur eine sehr beschränkte Besitzentfaltung möglich war.

Der Kurfürst begründete die Stadterweiterung auf Kosten der Berghei-
mer Bauern damit, daß »unser burger zu Heidelberg mit flißiger bede uns
darumbe gebeten«. Und um den Lebensraum der Stadt nach Westen hin für
die Zukunft sicherzustellen, verfügte Ruprecht, daß die Bergheimer Ge-
markung »mit welden, felden, wingarten, eckern, wisen, weiden und mit
allem andern begriff« für immer zur Heidelberger Mark gehören solle.

Die Umsiedlung der Bauern in die neu angelegte Vorstadt wurde sofort
in Angriff genommen und binnen weniger Jahre beendet. Jedenfalls han-
delte es sich um eine radikale Aktion, von der auch die Kirche nicht
verschont blieb. Lediglich die Bergheimer Mühle blieb der Wasserkraft
wegen an ihren angestammten Platz gebunden. Bald lag sie ganz einsam
draußen in den Feldern. Wäre diese Öffnung nach Westen hin, zunächst
durch die Stadterweiterung, nicht zustande gekommen, hätte der Sied-
lungsimpuls der Stauferzeit nicht weiter fortgeführt werden können. Ver-
mutlich wäre das zarte Pflänzchen der gerade gegründeten Universität
wegen ungenügender Entfaltungsmöglichkeit bald wieder eingegangen.

Das Lob, das die Nachwelt Ruprecht dem Roten zollte, weil
er hinsichtlich der Entwicklung der Pfalz große Umsicht und
Tatkraft gezeigt habe, hatte mehrere Ursachen. Eine davon war
sicherlich darin zu suchen, daß er Handel und Wandel in
Schwung brachte. Er bediente sich dazu einer Bevölkerungs-
gruppe, die sich im nahen Worms durch solche spezielle Tüch-
tigkeit ausgewiesen hatte. Ruprecht I. holte Juden nach Heidelberg und gestattete ihnen hier geschäftliche Betätigung. Man
kann sich die Rührigkeit vorstellen, mit der die handelskundi-
gen Fremden ans Werk gingen. Man kann sich aber ebenso
vorstellen, daß sie sich damit sehr rasch den Neid der eingeses-
senen Stadtbürger zuzogen, auch wenn sich der allgemeine
Wohlstand zu heben begann.

Schon im Pestjahr 1349, das überall schwere Judenverfolgungen gebracht hatte, zeigte sich Kurfürst Ruprecht in seiner Klugheit als Beschützer der Gejagten. Er nahm die in Speyer und Worms vertriebenen Juden auf und gewährte ihnen manche Vorteile. Sie konnten Besitz erwerben. Dafür zahlten sie Schutzgelder und Steuern. Das kam der kurfürstlichen Kasse zugute. Auch gewährten sie dem Landesherrn Darlehen.

In Heidelberg brauchten die Juden nicht in einem Ghetto zu wohnen, auch wenn sie aus Gewohnheit beieinander zu bleiben wünschten. So bildete sich die Judengasse in der Altstadt, die heute nach einem Gasthaus, das früher dort an der Hauptstraße stand, Dreikönigstraße heißt. Sie betrieben auch eine Judenschule. Ein Jude, das ist überliefert, betreute den Kurfürsten als Arzt, ein anderer erhob die Steuern. Auch ein jüdisches Gemeindeleben begann sich zu entwickeln.

Es muß die Juden wie ein Schlag getroffen haben, als Ruprecht II. sogleich nach seinem Regierungsantritt über sie herfiel und sie kurzerhand aus Stadt und Land vertrieb. Er ließ ihr gesamtes Eigentum konfiszieren und vermachte es der jungen Universität zu Eigentum. So hatte sich sein Onkel und Vorgänger die Förderung der Universität gewiß nicht vorgestellt. Es ist völlig unerfindlich, was den Landesherrn zu dieser Gewaltaktion bewog. Die Synagoge ließ er in eine Marienkapelle verwandeln; alle Erinnerungen an die Juden sollten ausgelöscht sein. Sein Sohn ließ die Nachfolger schwören, keine Juden in der Pfalz und im Herzogtum Bayern zu dulden. Dieser Schwur ist mehrmals in der Geschichte erneuert worden. Heidelberg war den Juden für Generationen verschlossen.

Nach dem Verlassen des Schöneck-Quartiers befinden wir uns bald in unmittelbarer Nachbarschaft der Heiliggeistkirche. Ihr rotes Sandsteinmauerwerk, das an dieser Nordseite vom Wetter gegerbt wird, ragt dunkel vor uns auf. Da sollten wir uns noch einmal umdrehen und zum hellen Brückentor hinabschauen. Es ist eine der malerischsten Situationen, die sich dem Heidelberg-Wanderer bieten. Fortan werden wir ganz von der Bebauung umfangen. Eng geht es zu zwischen der düsteren zweigeschossigen Sakristei der Kirche und dem satt gegliederten barocken Eckhaus an der Steingasse.

Die Fläche, die sich zwischen der Nordseite der Heiliggeistkirche und der benachbarten Bebauung ergibt, heißt *Fischmarkt*. Neben den Winzern stellten die Neckarfischer einst wohl die stärkste Berufsgruppe in der Stadt dar. Vom Fluß aus wurden die Fische in nächster Nähe sofort an die Bevölkerung verkauft. Deshalb verfügte dieser Fischmarkt auch immer über einen Brunnen.

Mit einer Kontrastdarbietung macht uns der Fischmarkt ein Hauptcharakteristikum Alt-Heidelbergs deutlich. Blickt man nämlich auf dem kleinen Platz umher oder in die Steingasse zurück, so sieht man überall traufseitig an die Straße oder an den Platz gestellte Häuser der Barockzeit. Nur in der Mitte der nördlichen Fischmarktfront, zwischen Steingasse und Haspelgasse, steht ein Giebelhaus – und dieses reckt sogar noch den schmiedeeisernen Ausleger einer Metzgerei auf den Platz hinaus. Giebelhäuser dieser Art, das lehrt uns unter anderem der Merianstich, beherrschten das Stadtbild Heidelbergs bis zu seiner Zerstörung 1689 und 1693. Dann folgte der Wiederaufbau nach einer Baugesinnung, die wesentlich gerade von jenem Land geprägt worden war, aus dem die Zerstörer kamen. Daß dadurch ganz unbewußt ein neuer malerischer Reiz der Stadt geschaffen wurde, liegt wohl an mancher Unzulänglichkeit: an den kleinen Grundstücksparzellen, an den unterschiedlichen Traufhöhen, an den mit Gaupen durchsetzten Mansardendächern und an der unbekümmerten Farbgebung der nun verputzten Hausfronten, von denen uns der Fischmarkt einige als schöne Beispiele präsentiert.

Es lohnt sich, dem Fischmarkt ein wenig Aufmerksamkeit zu schenken, denn hier entdecken wir zum Beispiel zwischen zwei Strebepfeilern eines kleinen Treppenturms der Kirche einen still vor sich hin tröpfelnden Wandbrunnen, der in erneuerter Weise dem Fischmarkt seit 1957 sein Wasser zurückgibt.

Wer das Brünnlein findet, darf sich etwas darauf zugute halten, denn die Umgebung ist aufdringlicher, lauter und aufgeregter, als es die Bescheidenheit dieser kleinen historischen Erinnerung vertragen könnte. Hier gibt es schon die ersten Andenkengeschäfte, die sich an den Kirchensockel anklammern. Wir treffen aber auch auf zwei Kirchenportale mit Sandsteintreppen. An der Sakristei hat man die Baukanten zur besseren Durchfahrt der Planwagen so eingeschnitten, daß sphärische Dreiecke entstanden sind. Nach Nordosten hin kann man auf einer solchen dunklen dreieckigen Fläche das Bild der Muttergottes als Himmelskönigin sehen. Auf der anderen Fläche dürfte einmal eine Beweinung Christi aufgemalt gewesen sein.

Nun aber sind wir bereits auf dem *Marktplatz,* dem Dreh- und Angelpunkt der Kernaltstadt, angelangt. In der Mitte des Platzes finden wir den Herkules-Brunnen in barocken Formen. Die Nord- und die Südseite des Marktplatzes werden jeweils von Bürgerhäusern gebildet. Über die gesamte Ostseite erstreckt sich das Rathaus, aber aus der westlichen Platzpartie, die im engeren Sinne keine ›Front‹ ist, ragt der gotische Chor der Heiliggeistkirche auf. Angesichts dieses Glanzstücks spätmittelalterlicher Architektur muß uns die Persönlichkeit des Kurfürsten Ruprecht III., der als Ruprecht I. deutscher König wurde, in die Erinnerung treten.

Ruprecht war das jüngste von sechs Kindern des energischen Stadterweiterers und rabiaten Judenverfolgers. 1352 in Amberg in der Oberpfalz geboren, kam er mit 46 Jahren zur Regierung. Er hat als erster einer Reihe von Kurfürsten den Schloßausbau in Heidelberg betrieben und mit dem nach ihm benannten Ruprechtsbau einen richtungweisenden Akzent gesetzt. Für die Aufgaben im Schloß fand er in Madern Gerthener einen fähigen Baumeister, für die Aufführung des Chors der Heiliggeistkirche einen nicht minder begabten, ja genialen, in Arnold Rype. Mit beiden Meistern tat Ruprecht einen guten Griff.

Mit seiner Reichspolitik als König war er allerdings weniger erfolgreich. Die in Rhense versammelten Kurfürsten erklärten am 20. August 1400, König Wenzel in Böhmen sei des Titels nicht würdig. Die Kurfürsten von Mainz, Köln, Sachsen und der Pfalz wählten daraufhin am anderen Tag Ruprecht III. von der Pfalz als Ruprecht I. zum Nachfolger Wenzels, obwohl dieser noch lebte und letztlich Ruprecht sogar überlebte. Am 6. Januar 1401 wurde der Pfälzer in Köln zum Deutschen König gekrönt. Noch im selben Jahr brach er von Augsburg aus zur Kaiserkrönung nach Rom auf.

Die Kaiserkrönung scheiterte am Geldmangel, aber auch an den nahezu unerfüllbaren Bedingungen des Papstes Bonifaz IX., der kurz zuvor, am 1. Juli 1400, die Heiliggeistkirche in Heidelberg aus der Parochie der älteren Peterskirche gelöst hatte.

Im Reich hatte es der König aus dem pfälzischen Hause schwer. In den zehn Jahren seiner Amtszeit kämpfte er nicht nur gegen Mailand, sondern er bemühte sich auch um die Beseitigung des Schismas und um die Wiederherstellung der Reichsherrlichkeit. Auch als er sich für den Landfrieden einsetzte, stieß er überall auf Widerstand. Die Fürsten, die ihn gewählt hatten, schlossen sich sogar gegen ihn zusammen. So stand er eigentlich immer mit leeren Händen da. Aber in Heidelberg und in der Pfalz ist er unvergessen. Sein bescheidenes Königshaus stellt das älteste Wohngebäude des Schlosses dar. An die alte Zwingermauer angelehnt, erhebt es sich ganz schmucklos. Der einzige plastische Schmuck sind zwei Steintafeln, die eine mit dem Reichsadler, die andere mit einem Spruch, den erst Kurfürst Friedrich II. 1545 anbringen ließ:

Tausent vierhundert Jar man zelt
als pfaltzgraf Ruprecht wart erwelt
Zu Romschen kong und hat regirt.
Uff zehen Jar darjn volnfirt
Dis hauß welches pfaltzgraf Ludwig
erneuert hat wiess sted lustig.
Im vier und viertzigsten jar
funffzehen hundert auch furwar
Uss disser welt verschieden ist.
Ihr baider seln pfleg Jhesus Christ.
Amen.

So wie sich mit König Ruprecht die Errichtung des Chors der Heiliggeistkirche verbindet, so erinnern sich seiner die geschichtskundigen Heidelberger mit Liebe und Respekt, wenn sie am Ruprechtsbau im Schloß vorübergehen und über dem Portal das wunderschöne Engelsrelief wahrnehmen: Zwei reizende Engelsgeschöpfe tragen einen von Blumen durchsetzten Kranz, der einen Zirkel als Zeichen des Baumeisters umschlingt. Auch diese kleine Kostbarkeit gehört zu den öffentlichen Insignien der Stadt, die man kennen muß, wenn man die Liebe der Einwohner zu ihrer Stadt verstehen will.

Die Heiliggeistkirche: Wer die mächtige Heiliggeistkirche vom Marktplatz aus betrachtet, dem muß auffallen, daß unter dem zeltartig gespannten Schieferdach ein einheitlich geformter Baukörper steckt, der keine nennenswerte äußere Gliederung besitzt, wenn man von Stütz- oder Strebepfeilern, Fenstern oder Türen einmal absieht. Chor, Schiff und Seitenschiffe lassen sich am Kirchengehäuse äußerlich nicht ablesen.

Seiner klaren harmonischen Disposition wegen ist der *Chor* der Kirche besonders gerühmt worden. Allerdings entbehrt die Kirche selbst in der Partie des meist hervorgehobenen Presbyteriums jeglichen besonderen Schmucks, es sei denn, man nähme die phantasievollen Gliederungen des Maßwerks der dreiteiligen schlanken Fenster dafür, die bei knapp zwei Meter Breite eine Höhe von zwölfeinhalb Metern aufweisen.

Einer ausgeprägten Sockelpartie kann diese Kirche entraten, denn sie vollzieht den Übergang zur Mitwelt des Marktplatzes und der Bürgerhäuser auf die einfachste und malerischste Weise: Krämern und Schreibern hat sie von Anfang an gestattet, sich zwischen den Stützpfeilern von Chor und Langhaus niederzulassen. Dort haben sie wie die Schwalben Nester an die Kirche gebaut, schieferbedeckte kleine Gelasse, die für einen bescheidenen Handel, für das Besohlen von Schuhen, für das Schreiben eines Briefes an die Obrigkeit genügten. Diese Tradition ist ungebrochen an die Buchantiquariate, Andenkenläden und Eisstände übergegangen. Oberhalb von dieser Ladenwelt markieren auf der Südseite fünf groteske Wasserspeier die sechs Joche des Langhauses; sie helfen auf ihre dämonische Weise bei der Bauorientierung.

Stellt sich die Sockelzone der Kirche als bunt belebt dar, so erhebt sich das Bauwerk aus dem Gewimmel der Menschen mit um so schönerer Ruhe und Harmonie. Es strömt Gelassenheit und Frieden aus, dieses Werk, das von einem riesigen Mansarddach zusammengefaßt wird.

Aber diese Kirche verfügt auch über einen starken *Turm.* Als ein gegenläufiger Akzent zum lichtvollen Chor wächst er trutzig und schmucklos aus der Stirnwand der Kirche hervor. Wie eine quadratische Bastion hebt sich der Turmbau über das Schiff. Das frühere spitze Satteldach, das uns Münster und Merian zeigen, ragte höher an ihm empor. Insofern hat den Turm

die breitere barocke Dachkonturierung freier gestellt und
mächtiger gemacht. Eine steinerne Balustrade und ein lustiger
barocker Helm über einem Treppenturm im Nordosten schließen diese urtümliche Wucht ab. Der nun folgende obere Turmteil wirkt zwar etwas hart daraufgesetzt, denn dieser achtek-
kige, von zierlichen Streben gestützte Turmschaft trug von der
Erbauungszeit her einen gotischen Spitzhelm, der damals schon
die Höhe des heutigen Turmabschlusses erreicht haben dürfte.
Denn jetzt sieht man anstelle der gotischen Spitze eine sogenannte welsche Haube. Um diesen Haubenabschluß legt sich
nochmals ein eiserner Umgang. Der Turm aber endet in einer
durchbrochenen Laterne mit einer elegant gestreckten Zwiebel
mit kugeligem Turmknauf, doppeltem Kreuz und Wetterhahn.
Unter dem Haubenrand wird in fünfzig Meter Höhe nach jeder
Haupthimmelsrichtung die Turmuhr mit dem vergoldeten
Kranz ihrer ornamental erfaßten römischen Ziffern sichtbar.
Die Turmmaße sind: Höhe bis zum ersten Umgang 38 m;
Höhe bis zum zweiten Umgang 61 m; Höhe bis zur Turm-
spitze einschließlich Wetterhahn 82 m.

Die Bauzeit für den Chor betrug nur zwölf Jahre (1398-
1410); für das Langhaus benötigte man 31 Jahre (1410-1441),
für den Turm jedoch über hundert Jahre. Man begann ihn 1441.
Durch kriegerische Zeitläufe wurde der Turmbau bis 1508 unterbrochen. Dann ging man wieder ans Werk und brachte es
1544 zu Ende. Vom Wiederbeginn des Turmbaues kündet sogar eine Inschrift. Sie befindet sich am südlichen Strebepfeiler
des Turms nach Westen hin, unterhalb des dritten Wasser-
schlags: MCCCCCVIII UFF DIENSTAG NACH ST IVDICA IST DIS
WERCK WIDER ANGEFAN. Das heißt: am 11.April 1508. (Mit der
Abkürzung ST ist in diesem Falle das Wort Sonntag gemeint.)

Betritt man die Kirche durch das Portal an der Südseite im
Westen des Langhauses und wendet man sich im *Innern* dann
dem Chor zu, ist man überrascht und verwundert zugleich. Das
Langhaus wirkt trotz der hohen gotischen Fenster fast dämmrig, doch es öffnet sich in einen von Licht erfüllten Chorraum.
Das mag im theologischen Sinne durchaus erwünscht sein (erwünscht wäre in diesem Sinne sicher auch, daß die Kirche
abends von sich aus in die Stadtumgebung hinausstrahlte, statt
daß sie mit viel Aufwand von außen angeleuchtet wird), aber

dieser Gegensatz zwischen Chor und Langhaus erklärt sich aus einem ganz merkwürdigen architektonischen Prinzip.

Den Chor, diese herrliche Schöpfung von klarer Konzeption und harmonischer Wirkung, hat König Ruprecht, der Stifter dieser Kirche, noch erlebt. Sehr viel altertümlicher, rückwärtsgewandter wirkt dagegen die Konzeption des Langhauses. Es behält die Breite des Chores bei, teilt aber – im Unterschied zum Chor – die ganze Breite von zwanzig Metern in drei gleich breite Schiffe auf. Die Säulen- bzw. Rundpfeilerstellung wird in der Breite an jener Stelle radikal verengt, an der der Chor ins Langhaus übergeht.

Im Prinzip hat man so zwar die gotische Hallenkirche erhalten, doch man hat auch diesen Eindruck wieder dadurch gestört, daß man in die beiden Seitenschiffe sehr hoch liegende *Emporen* »für die liberey« einzog. Weil es sich um die Kollegiatstiftskirche handelte, die in engster Verbindung zur Universität stand, sah man die Emporen für die Aufbewahrung der nötigen Bücher vor. Ein Teil dieser Bücher war sogar dort angekettet. Es ist, was die Baumeister nicht ahnen konnten, eine der berühmtesten Bibliotheken der Welt daraus geworden: die Palatina.

Weil die Emporen zu einer nur geringen Belichtung des oberen Teils des Mittelschiffes führten, entschloß man sich zu weiter Bogenstellung und zu großen Fenstern. Heute, da die Palatina längst verschwunden ist, gedenkt man ihrer und ihres unnennbaren Wertes, wenn man die störenden Einbauten im Kircheninneren sieht. Und man nimmt, eingedenk der Inschrifttafel neben dem Haupteingang, die Emporen als Menetekel für eine schlimme kulturelle Barbarei.

Diesem lichtvollen, zum Himmel strebenden, sich in netzartigem Rippenwerk verzweigenden Empfinden, das die schlankschäftigen, fast dreizehn Meter hohen Säulen mühelos auszubreiten vermögen, so daß der Chor trotz der seitlich eingepaßten massigmodernen Orgel wie ein traumhaft leichtes Gebilde fröhlichster Gottesgewißheit erscheint, – dieser Schöpfung des Baumeisters Arnold Rype vermag die akademische Strenge und Nüchternheit des Langhauses nicht zu entsprechen. Rypes Werk haben die Steinmetzen Hans Marx und Meister Jorg nur der bautechnischen Aufgabenstellung, nicht aber dem Geiste und der Qualität nach fortsetzen und vollenden können. Diese Feststellung läßt sich allein am Maßwerk der Fenster ablesen. Allerdings waren die Nachfolger konsequent: Sie wahrten die Einheitlichkeit. Arnold Rype war der Baumeister des Kurfürsten Ludwig III. Seine Existenz ist durch eine Urkunde belegt, sein Wirken bis 1423 überliefert. Ihm folgte der in einer Urkunde vom 21. Juni 1423 genannte Hans Marx bis 1426. Dann ist Jorg bis 1439 tätig gewesen.

Mit dieser 60 m langen Kirche, die einheitlich 20 m breit, im Chor über 17 m, im Mittelschiff knapp 15 m hoch ist, hat man einen von der Geschichte hart geprüften Sakralraum vor sich. Erkennen lassen sich diese Prüfungen des Gotteshauses allerdings nicht mehr, weil die Spuren davon längst getilgt sind. Doch denken wir daran, was sich einst unter dem heute erkennbaren Kirchenniveau befunden hat.

Zwischen der jeweils ersten und dritten Säule des Chors beiderseits wurden die Fundamente des ebenfalls mit $^5/_8$-Schluß versehenen gotischen Vorgängerkirchleins ausgegraben. Es war mit seinem zehn Meter breiten Chor gerade so breit, wie sich der Innen- oder Mittelteil des heutigen Chores darstellt. In diesem kleinen Chor der Vorgängerkirche wurde am 18. Oktober 1386 die Universität mit einem Gottesdienst eröffnet. Dort fand neun Jahre später auch die Seelenmesse für den ersten Rektor, Marsilius von Inghen, am 20. August 1395 statt. Doch in jenem Chor, den wir heute vor uns haben, kamen die pfälzischen Kurfürsten zur ewigen Ruhe. Ihre Vorgänger hatte man im Kloster Schönau begraben. Als erster wurde in der Heiliggeistkirche jener Kurfürst und König Ruprecht bestattet, auf dessen Geheiß diese Kollegiatstiftskirche neu aufgebaut worden war. Nur die *Grabplatte* des Königs Ruprecht und seiner Gemahlin Elisabeth von Hohenzollern ist noch zwischen nördlichem Seitenschiff und Chorumgang vorhanden. Dort, vor diesem erlesenen Werk einfühlsamer Bildhauerkunst, kann man auf einem bescheidenen Täfelchen lesen:

» Anfang des 15. Jahrhunderts wurde dieses Grabmal errichtet für Kurfürst Ruprecht III. von der Pfalz (1398-1410) und seine Gemahlin Elisabeth, geborene von Hohenzollern-Nürnberg. Ruprecht folgte als deutscher Kaiser [Anmerkung: Es müßte König heißen, denn Ruprecht ist – aus welchen Umständen auch immer – niemals zum Kaiser gekrönt worden]

Ruprecht I. 1400-1410 auf König Wenzel. Das Denkmal zeigt ihn mit den Insignien der Kaiserwürde, mit Krone, Szepter und Reichsapfel. 1398 gründete Ruprecht ein Kollegiatstift für die Universität und legte den Grundstein zum Hallenchor der Stiftskirche Heiliggeist, vollendet 1410. Am 18. Mai 1410 starb Ruprecht in Oppenheim auf seiner Burg. Umgeben von vielen Getreuen, wurde er nach Heidelberg überführt und in Heiliggeist beigesetzt. Es wird immer ein Geheimnis bleiben, warum gerade dieses Grabmal, welches für den errichtet wurde, der die Kirche gestiftet und den Bau derselben begonnen hat, von 54 anderen kurfürstlichen Grabdenkmälern bei der Zerstörung Heidelbergs 1693 erhalten blieb.«

Müssen wir auf die teilweise kostbaren Grabmale und Tumben, die sich solche markanten Herrscher wie Pfalzgraf Johann Casimir oder Kurfürst Ottheinrich setzen ließen, heute verzichten, weil die Geschichte sie uns genommen hat, so dürfen wir dankbar dafür sein, daß die Geschichte erst in jüngerer Zeit ein Denkmal der Glaubensmißgunst und des Religionsstreits entfernte: die berüchtigte Scheidemauer der Heiliggeistkirche zwischen Chor und Langhaus.

Nach der Religionsdeklaration vom 21. November 1705 wurde das kurz zuvor vom katholischen Kurfürsten Johann Wilhelm (Jan Wellem) eingeführte Simultanstatut für die Kirche dahin abgeändert, daß der Chor den Katholiken, das Schiff den Reformierten zugewiesen wurde. Die Errichtung der Quermauer bedingte besondere Eingänge. Wir sehen sie jetzt noch an der Nord- und Südseite, je ein Portal links und rechts von der am Chorbeginn zu denkenden Trennmauer. Der Turm fiel bei dieser Regelung zwar den Reformierten zu, aber das Geläute sollte doch gemeinschaftlich genutzt werden. Die Scheidemauer existierte seit dem Jahre 1706. Bald darauf mußten die protestantischen Fürsten des Reichs auf den Kurfürsten Karl Philipp mäßigend einwirken und dafür sorgen, daß den Protestanten das inzwischen von den Katholiken ebenfalls besetzte Kirchenschiff wieder herausgegeben wurde. Nur im Jubeljahr der Universität 1886 wurde die Mauer vorübergehend entfernt. Als sie wieder aufgerichtet war, überließ man den Chor den Altkatholiken zum Gottesdienst. Erst im Jahre 1936 fiel die Trennmauer endgültig.

Unter Ludwig III., dem Sohn des Königs Ruprecht, ist im wesentlichen das Langhaus der Kirche entstanden. Er war auch der Vollender des Stifts, das sich mit der Kirche verband. Von den zwölf Pfründen zu Heiliggeist wurden zehn an Universitätslehrer unterschiedlicher Fakultäten vergeben. Unter seinem Sohn, dem Königsenkel Ludwig IV., wurde der Kirchenbau 1441 abgeschlossen. Wiederum zwei Generationen später hat Ludwig V., den man auch den Schloßbauer nennt, der Kirche zu ihrem Turm verholfen.

In der Heiliggeistkirche und um die Heiliggeistkirche herum hat sich manches zugetragen, was wir heute unter dem Begriff Bekenntnisstreitigkeiten zusammenfassen. Für die damalige Zeit stellten sie jedoch zumeist erregende Prozesse dar, die von Leidenschaften durchglüht und von Beschränktheiten gefesselt waren. So ist aus Gründen der Auslegung des sich wandelnden Glaubensbildes einen Tag vor Heiligabend 1572 der Ladenburger Prediger Johannes Sylvanus auf dem Heidelberger Marktplatz hingerichtet worden. Mit erbarmungsloser Willkür und Rechtsbeugung wurde an einem kleinen Mann, der seinen Glaubensirrtum längst widerrufen hatte, ein fürchterliches Exempel statuiert. Auch Hexenverbrennungen und andere hochnotpeinliche Exekutionen haben in der Stadtmitte stattgefunden, obwohl die eigentliche Richtstätte beim Rabenstein vor den Mauern lag.

Zwischen Marktplatz und Kornmarkt

Jetzt aber überqueren wir den Markt und kommen sofort auf den sich unmittelbar anschließenden *Kornmarkt*, der im 18. Jahrhundert auch der kleine oder neue Markt hieß. Hier ist augenblicklich eine nachhaltige Stadtveränderung im Gange. Ein kleines Stadtquartier, das sich, dem Rathause gegenüber, an der Südseite der Hauptstraße zwischen Markt und Kornmarkt befand und damit nicht nur zur optischen Trennung, sondern auch zu einer gewissen Rhythmik der Platzfolge beider Märkte führte, mußte im Sommer 1978 abgebrochen werden. Es bestand nur noch aus einem einzigen Anwesen: dem ehemaligen Hotel ›Prinz Carl‹. Das recht ungefüge, über vier Stockwerke aufragende Gebäude war insgesamt das Ergebnis einer Fehlentwicklung seit dem Anfang dieses Jahrhunderts. Da der ›Prinz Carl‹ zuletzt als ›Technisches Rathaus‹ diente, entschloß man sich zur Objektsanierung. Man wollte den Komplex bei Wahrung seiner äußeren Erscheinung innerlich so festigen, daß er modernen Ansprüchen und den statischen Belastungen wieder genügen konnten. Als man aber sein ›Innenleben‹ entfernte, stellte sich heraus, daß die Außenmauern nicht mehr tragfähig genug waren. So wurde die Schale des Gebäudes mit Zustimmung der Denkmalschutzbehörde auch noch niedergelegt.

Während die Diskussion über die Neubebauung andauert und die Ungewißheit, woher die Millionen dafür zu beschaffen seien, immer größer wird, nehmen die Heidelberg-Besucher mit dem größten Behagen auf jenen Bänken Platz, die nun auf der Kiesfläche stehen, die den einstigen ›Prinz Carl‹ bezeichnet. Dort genießen sie die Heidelberg-Atmosphäre par excellence. Nach der Alten Brücke ist dies wohl mittlerweile jener Punkt, von dem aus am meisten fotografiert wird. Selbst die schöne *Kornmarkt-Madonna* paßt ausgezeichnet ins Bild, obwohl ihr Standort, der sich zuvor auf den Kornmarkt bezog, nun ganz aus der städtebaulichen Proportion geraten ist.

Diese Immakulata, eines der schönsten Bildwerke Heidelbergs, ist ein hochbarockes Werk. Es wurde 1718 im kurfürstlichen Auftrag von Peter van den Branden geschaffen und ähnelt in seinem Aufbau dem Denkmal des Heiligen Johannes Nepomuk auf der anderen Neckarseite. Pausbäckige barocke Putti, auf Wolken, aus denen goldene Sonnenstrahlen hervorbrechen, tragen die Erdkugel mit der Muttergottes. Daß das mächtige Bildwerk auf einem Sockel ruht, welcher dem Nepomukstandbild nachgeschaffen zu sein scheint, hängt damit zusammen, daß die Kornmarkt-Madonna im Jahre 1830 in einen Brunnen umgewandelt wurde, der im Vergleich zur barocken Ausdrucksfülle der Plastik unbeholfen und kümmerlich anmutet. Ursprünglich stand die Madonna nämlich auf einer Säule. Deshalb lautet der Spruch an der Nordseite des Sockels auch:

Noch Stein, noch Bild, noch Säulen hier,
das Kind und Mutter ehren wir.

Diese Erklärung wurde im Zeichen der Rekatholisierung der Pfalz offensichtlich für notwendig erachtet, um der in Heidelberg überwiegenden protestantischen Bevölkerung katholisches Glaubensverhalten deutlich zu machen.

Auf unserem weiteren Weg begleiten uns zunächst die bescheidenen, aber angenehm wirkenden Fassaden der Ostseite des Kornmarkts. Die Skala ihrer fröhlichen Farbigkeit reicht von Sepia über Grün und Gelb bis zum kräftigen Rot, und davor entfaltet sich das zarte Netz des Blattwerks einiger Robinien.

Das Eckhaus Karlstraße – Burgweg präsentiert uns einen aus Steinwerk gebildeten Balkon und darunter kirchenartige Fenster aus der Zeit der Romantik. In die Fensterleibung ist eine einstmals vergoldete Inschrift eingehauen, die eine ›Galérie des Gravures du Château de Heidelberg‹ avisiert. Eine der aufdringlich popfarbigen Tafeln, die besonders bemerkenswerte Gebäude der Altstadt bezeichnen, verrät uns hier: »Haus Graimberg, seit 1839 Galerie von Graf Charles de Graimberg, Schloßkonservator und Begründer der städtischen Sammlungen.«

Graf Charles de Graimberg hat sein konservatorisches Bemühen durch kunstpublizistische Regsamkeit verstärkt. Er weckte mit Kupferstichen vom Heidelberger Schloß, die heute sehr begehrt und hoch geschätzt sind, unter seinen kunstsinnigen und verständigen Zeitgenossen die Überzeugung, daß dem weiteren Verfall dieser Ruine Einhalt geboten werden müsse und daß man sie nicht fortwährend als Steinbruch mißbrauchen dürfe. Insofern hat man in ihm den Retter der Schloßruine zu sehen. Seine Enkelin, die sich in christlicher Sozialarbeit engagierte und im *Graimberg-Palais,* vor dem wir gerade stehen, eine Frauenschule betrieb, war Ehrenbürgerin der Stadt Heidelberg. Sie starb im Jahre 1965. Nun ist die Stadt im Besitz dieses Hauses und nutzt es – hoffentlich nicht auf Dauer – für ihre behördlichen Zwecke, denn sie hat darin das Baudezernat untergebracht, das einst das bereits erwähnte Gebäude des Hotels ›Prinz Carl‹ belegte.

Wenn es die Zeit erlaubt und wenn nicht gerade Samstag oder Sonntag ist, sollte man ›auf einen Sprung‹ in das Palais Graimberg hineingehen, um aus dem Erdgeschoßflur in den Innenhof mit Pergola und plätscherndem Brunnen zu schauen. Hier hat man das ganz schmucklose, manchmal aus Verlegenheiten komponierte, aber doch immer wohnliche Alt-Heidelberg zu Füßen des Schlosses unmittelbar vor sich. Und man weiß, was manche Familie, die sich einen Landsitz hätte leisten

können, in vergangenen Generationen an solchem Platze festhielt. Bevor nämlich das Palais Graimberg in dieser Form des
vierseitigen Winkelbaues, der einen nahezu quadratischen Innenhof umschließt, errichtet wurde, stand hier wahrscheinlich
der mittelalterliche Hof derer von Venningen.

*An Höfen des Adels fehlte es in Heidelberg nicht. Es gab das Haus des
Deutschen Ritterordens, den Hof der Grafen von Barby, den Gemmingen-
Hof, die Höfe der Göler von Ravensburg und der Herren von Handschuhs-
heim, die Landschaden-Höfe der Edlen von Neckarsteinach und die Höfe
der Grafen von Leiningen, den Hirschhorner und Sickinger Hof, den
Gräflich Solmsschen Hof, das Hohenlohesche Haus und die Sitze der
Herren von Bozheim, von Bettendorff und von Seckendorf.*

Der Stadtbereich unmittelbar unter dem Schloß ist in besonderer Weise traditionsbelastet, weil sich in ihm die direkte Zuordnung zur einstigen Obrigkeit noch immer ausdrückt. Um-
geht man nämlich das Palais Graimberg an der Ostseite, gerät
man in die *Kanzleigasse*. Diese idyllische Gassenflucht gewährt
nicht nur Einblicke in zauberhafte Gärten am steilen Schloßhang, sondern vermittelt auch eine Vorstellung davon, daß
dort, wo die Gasse am Gittertor eines städtischen Kindergar-
tens endet, einst die Regierung der Kurpfalz ihren Sitz hatte.
Die Kanzlei ist verschwunden – bis auf ein paar Mauerreste an
der steilen Wand. Kein Hufschlag mehr, keine rauhen Männerstimmen, kein Wagenrattern. Stattdessen hört man in dem grünen Frieden zwischen Hausgärten und Schloßsteig Kinderlieder
vom Ringelreihen und den gurrenden Ruf der Tauben aus den
hohen Bäumen.

Das Bergviertel mit neuen Akzenten

Wenden wir uns von der Erläuterungstafel des Hauses Graimberg direkt dem Berg zu, müssen wir uns auf der Flucht des
Burgwegs sofort wieder mit einem Reizobjekt der Stadt auseinandersetzen. Denn schräg gegenüber dem Palais Graimberg,
in einer spitzwinklig aufsteigenden Hanglage, an drei Seiten
von Straßen oder Gassen begrenzt, erhebt sich über mehrere
Etagen das *Parkhaus Kornmarkt*. Es stellt einen der ersten nachhaltigen Eingriffe der Nachkriegszeit in den unversehrten Ge-

bäudebestand der Altstadt an äußerst prekärer Stelle dar. Zugleich machte dieses Parkhaus auch den ersten Versuch, der anschwellenden Verkehrsflut der sechziger Jahre inmitten des Traditionsgefüges von Alt-Heidelberg Herr zu werden.

Die von Architekt Gerhard Hauss (Heidelberg) im Frühjahr 1968 vorgelegten Pläne konzipierten ein Gebäude mit mehrfacher Nutzung. Es sollte die Talstation der Bergbahn Schloß–Molkenkur–Königstuhl aufnehmen; es sollte mit einem Restaurant und Läden im Erdgeschoß versehen sein. In gestaffelter Weise würden sich darüber fünf Etagen für 284 Parkplätze anordnen. Und schließlich sollte die dem Schloß zunächst liegende Dachzone einem Hotel garni vorbehalten bleiben.

So wie geplant, ist das Gebäude im wesentlichen auch entstanden. Die Heidelberger Straßen- und Bergbahn-AG hat es bauen lassen. Wenn man es im Vorübergehen betrachtet, wirkt es gewiß nicht schön. An seiner Zweckmäßigkeit läßt sich jedoch nicht zweifeln, denn diese wurde von der Wirklichkeit längst erhärtet. Letztlich aber hat der Architekt sein Versprechen eingelöst: Bei der Sicht vom Schloß bricht dieser Zweckbau nicht aus der Altstadtstruktur aus. Er präsentiert eine Lösung, die sich um Einfügung bemüht, ohne in einen unangebrachten Historismus zu verfallen. Das Parkhaus Kornmarkt – so heißt es, obwohl es gar nicht unmittelbar am Kornmarkt liegt – wurde nicht zum Unglück für Heidelberg, doch es führte zu der stadtpolitischen Überzeugung, alle künftigen Parknotwendigkeiten in der Altstadt nur noch unter der Erde verwirklichen zu sollen.

Eine Seite kehrt das Parkhaus Kornmarkt ganz dem Burgweg zu. Blickt man von der nun steil ansteigenden Gasse zurück, hat man eine zauberhafte Stadtperspektive auf Kornmarkt und Rathaus vor sich. Dabei sollte man bedenken, daß dieses so problematische Parkhaus erst den Impuls auslöste, den Kornmarkt von parkenden Autos zu befreien.

Bevor wir uns entscheiden, welchen Weg wir zum Schloß einschlagen wollen, sehen wir uns noch etwas näher um. Man spürt undeutlich, daß hier historische Formen mit den Wünschen des 19. Jahrhunderts und unserer Zeit nicht in Übereinstimmung zu bringen waren. Der Schloßberg ist nämlich geschichtlicher Boden, mindestens seit es die Burg, bzw. das

II

Vor allem der Zauber herbstlicher Färbung läßt erkennen, wie unmittelbar und wie intensiv Heidelberg mit seiner landschaftlichen Rahmung verbunden ist. Unter den überhängenden Bäumen und
Sträuchern an diesem Treppenweg der Neuenheimer Seite empfindet der Betrachter deutlich, was
Friedrich Hölderlin vor fast zweihundert Jahren
meinte, als er in einer Ode den ländlich schönen
Charakter Heidelbergs mit seinen Gärten pries. Die
Dichter der Romantik wandten sich diesem Wesenszug der Stadt mit offenen Herzen zu; kaum einer,
der nicht davon beeindruckt, ja überwältigt gewesen
wäre. Bis heute konnte der grüne Kragen, der sich
um die Siedlung im Tal und an den Hängen legt,
bewahrt werden. Und der Wald, der alle Höhenzüge
einhüllt, ist niemals zuvor von solcher Geschlossenheit und Harmonie gewesen wie seit dem 19. Jahrhundert, das mit der planmäßigen Aufforstung begann. Innerhalb des Lebensraums der Straßen und
Gassen sind es jedoch einzelne, sorgsam gehütete
Bäume und üppig sprießende Gärten, die altertüm-
liches Mauerwerk durchgrünen. Gerade in diesem
Sinne gilt, was ein unbekannter Poet der Barockzeit
rühmte: »Heydelberg, im teutschen Lande schön
und wohl erbaute Stadt ...«

Schloß auf dem Jettenbühel gibt. Mustern wir die Runde, so entdecken wir Stützmauern aus geschichtetem Sandstein, alte Kellerzugänge und Brunnenschächte. In der Tat war dieser Schloßbergfuß immer ein sehr wasserreiches Gebiet mit zahlreichen Brunnenstuben, aus denen die Leitungen in die Stadt hinunter und dort auch die Badestuben gespeist wurden.

Es ist noch nicht lange her, seit im Sprachgebrauch die Bezeichnung Bergviertel oder Schloßberggemeinde lebendig war. Allerdings sah diese Besiedlung ganz anders aus. Am *Burgweg,* wo eine Häuserzeile den Bogen zum Nordhang des Schlosses beschreibt, befand sich einst das Rathaus dieser Berggemeinde, ein hübscher Fachwerkbau, der erst 1889 zugunsten der nun hier sichtbaren Häuser niedergelegt wurde. Diesen alten Zustand des Burgwegs erlebte ein berühmter Heidelberger, dem man links vom Beginn des Weges zum Schloß eine Gedenktafel errichtet hat: Carl Philipp Fohr. Der geniale Maler der Heidelberger Romantik – er wurde nur 23 Jahre alt – verlebte seine Jugendjahre im Hause Burgweg 12.

Betrachtet man den Holzschnitt von Heidelberg bei Sebastian Münster (um 1550), dann sieht man, daß beim Schloßtor einst nur wenige Häuser standen. Es gab auch noch einige Häuser zum Keltertor hin, aber allesamt waren sie offensichtlich recht unscheinbar. Bei Merian, siebzig Jahre später (um 1620), läßt sich bereits eine zusammenhängende Bebauung erkennen, die sich beiderseits des Burgwegs den steilen Schloßhang hinaufzieht. Auch bei anderen, jüngeren Stadtdarstellungen ist das so. Das vergangene Jahrhundert mit seiner ungehinderten Geschichtsbegeisterung hat das Bild des Schloßbergs allerdings völlig verändert. Es überzog den steilen Hang mit Villen, die sich durchweg in den Stilformen des Historismus gefallen und sich wie kleine Burgen oder schloßähnliche Herrensitze ausnehmen. Dazu grub sich auch noch die Bergbahn in die Steillage hinein, so daß vom Ursprünglichen kaum noch etwas übrig ist. Lediglich die Straße ›Schloßberg‹, eng, grob gepflastert und unverbrämt steil, die den historischen Schloßzugang darstellt, vermag mit einigen interessanten Details noch ein wenig Atmosphäre der Vergangenheit zu vermitteln.

Der bequemste, interessanteste und gänzlich unhistorische Weg ist jener der *Neuen Schloßstraße.* Mit ihr winden wir uns

einigermaßen gemächlich den Berg hinan, wenngleich uns der
Dunst der Autos und Touristenbusse einhüllt. In die Steil-
strecke der Bergbahn kann man gleich nach der großen Kurve
hinter dem Parkhaus von der Neuen Schloßstraße aus hineinblicken. Technisch Interessierte werden das Prinzip der Seilzugbahn studieren. Sie gleitet nahezu geräuschlos durch das
geheimnisvoll zerklüftete Reich der Berggeister hindurch, aus
dem kühl-feuchte Luft herausdringt. Grottenartig sind auch die
Zugänge zu den bergseits an der Neuen Schloßstraße stehenden
Häusern gestaltet, so daß man auch dort durch kühle Schluch-
ten zu den Villen aufsteigen muß. Nach der Stadt hin wird man
jedoch von schönen Ausblicken belohnt und erwärmt. Trüge
man nicht die Erwartung in sich, vom Schloß noch sehr viel
schönere Aussichten zu genießen, könnte man sich von dieser
altstadtnahen Türmersicht nur schwer losreißen.

   Doch die Neue Schloßstraße umschlägt einen efeuüberwu-
cherten Pavillon und steigt weiter bergan. Hier lassen sich Häuser und Villen in den abenteuerlichsten Formen des Historismus bestaunen. Die Gründerzeit wird hier noch um eine Nuance bereichert, denn etliche dieser burgartigen Villen am
Schloßhang sind als studentische Verbindungshäuser gebaut
worden und werden als solche auch noch heute benutzt.

   *Die Entwicklung des studentischen Verbindungswesens kann nicht ein-
gehend erörtert werden, wiewohl auch diese Besonderheit von einer spezifi-
schen Bedeutung für Heidelberg ist. Am Bremeneck, unmittelbar unterhalb
des Parkhauses, steht das stattliche Gebäude der Landsmannschaft Teuto-
nia Heidelberg-Rostock. Gegenüber befindet sich – mit Fachwerk geziert
und mit einem Turm versehen – das ›Vandalenhaus‹ des Corps Vandalo-
Guestphalia (auch Heidelberger Westfalen genannt). Dann folgt, mit der
Straße aufsteigend, das Haus der Burschenschaft Frankonia und schließlich
an der Berührungsstelle von Kurzem Buckel und Neuer Schloßstraße das
Anwesen der Burschenschaft Normannia. In der Schloßberg-Straße steht,
ebenfalls im Stil des Historismus von 1895 gestaltet, das Haus der Verbindung Rupertia, einer nicht schlagenden, nicht farbentragenden studentischen Korporation. Zuoberst beim Schloßeingang präsentiert sich das Verbindungshaus der Alten Leipziger Landsmannschaft Afrania. Augenblicklich bestehen in Heidelberg sechs Corps, fünf Burschenschaften, vier
Landsmannschaften, drei Turnerschaften und vierzehn weitere Korpora-
tionen wie Wingolfbund, Sängerschaften, Unitas, KV- und CV-Verbindun-*

gen. Stiftungsfeste, Jubiläen und andere Ereignisse in den Verbindungen pflegen sich jahrüber in Heidelberg auch dadurch auszudrücken, daß die Fahnen in den Korporationsfarben in der Stadt überall dort zu sehen sind, wo ein Verbindungsangehöriger wohnt oder wo ein Alter Herr für die Dauer seines Heidelberg-Aufenthalts Quartier bezogen hat.

Beim Aufstieg zum Schloß gibt es immer wieder einen Grund zu kurzem Verweilen. Dabei entdeckt man Einzelheiten, die selbst den gebürtigen Heidelbergern kaum bekannt sind. So etwa die Erinnerung an den Bau dieser Neuen Schloßstraße. In der unteren Stützmauer des Anwesens Neue Schloßstraße 38 hat sich »die dankbare Bürgerschaft« mit einer Gedenktafel dokumentiert. Auf ihr steht zu lesen:

»Dem Andenken des Freundes und Wohltäters der Stadt Heidelberg, Dr. med. Hermann Kleinschmidt, geb. in Heidelberg 1816, gest. daselbst 1869, welcher durch letzten Willen sein ganzes Vermögen zur Verbesserung und Verschönerung seiner Vaterstadt schenkte, worauf dasselbe in den Jahren 1873 bis 1875 nach Beschluß des Stadtrats zur Herstellung dieses Schloßweges verwendet wurde.«

Oberhalb dieses Hauses wenden wir uns von der verkehrsreichen Neuen Schloßstraße ab und steigen links über Katzenkopfpflaster den Schloßberg noch ein wenig weiter aufwärts. Zwischen Sandsteinmauern, die von Hecken überragt werden, zwischen Gartenzäunen und einigen letzten Häusern hindurch, schließlich bei einem ausgetrockneten Brünnchen auch noch über einen tiefliegenden Bergbahnschacht hinweg erreichen wir das Schloßgartentor. Unmittelbar vor diesem Tor kommt beim Haus der Afrania der Treppenlauf des Kurzen Buckels über 309 Stufen herauf.

Nun aber, zwischen Bergbahnstation, Busparkplatz und Schloßgarten-Eingang, müssen wir uns durch die Mühle des Tourismus drehen lassen, wir haben keine andere Wahl. Man vernimmt Fetzen aller Weltsprachen, man sieht exotische Gestalten. Man erlebt die Jugend aus aller Herren Länder mit ihren ›Memories of Heidelberg‹ und man spürt, daß alles, was sich hier regt, ohne Schwierigkeit in der liberalen Atmosphäre dieser weltoffenen Stadt aufgehen kann.

Im Schloßbereich –
über den Dächern von Heidelberg

An der Brüstungsmauer des Stückgartens

Wenn in der Hochsaison die Schloßruine unter Tausenden und
Abertausenden von Besuchern zu stöhnen scheint, machen die
Heidelberger, die das berühmt gewordene Gemäuer auf stille
Weise ins Herz geschlossen haben, um den Jettenbühel einen
weiten Bogen. Sie erinnern sich dann gern regnerischer Herbst-
tage. Es zieht der Nebel um die Schloßtürme, und der Regen
tropft laut aus den vergoldeten Kronen der Parkbäume. Oder
sie rufen sich einen Wintertag ins Gedächtnis: Da war der
Schnee frisch gefallen und die Ruine hatte sich überall mit glit-
zernden Silberkonturen geschmückt. Die Berghänge schauten
still in den Schloßgarten hinein. Man konnte tatsächlich den
Stundenschlag im Schloß vernehmen. Seltene Tage, seltenes
Glück, meist nur denen geschenkt, die in vertrauter Nachbarschaft mit dem historischen Gemäuer leben.

Wir aber gehen nun den Weg der Touristen. Er führt uns an
einem zierlichen steinernen Schildwachhäuschen aus der Karl-
Theodor-Zeit von 1751 vorbei, das auf dekorative Weise mit
dem Kurfürstenhut geschmückt ist. Meist wird es übersehen,
weil die Sinne der Schloßbesucher erwartungsfroh sogleich den
Schloßzugang hinter der Brücke erfassen. Dort beginnt der
einstmals herrschaftliche Bereich; der *Stückgarten* breitet sich
linker Hand aus. Diese Bastion, die erst von Ludwig v. angelegt
und aufgerichtet wurde, sollte die aufrührerischen Bauern im
Lande das Fürchten lehren. ›Stücke‹, also Geschütze, wurden
hier aufgestellt. Sie drohten auf die Stadt und in die Ebene
hinunter. Man sollte sich vorsehen, wenn man mit dem Kurfürsten Händel zu suchen gewillt war.

Unsere Sicht wird nach Norden von der gewaltigen Rundung des Dicken Turms und von der fensterreichen Südfassade
des Englischen Baues begrenzt. Dem finsteren Festungstrotz

des Dicken Turms hatte man zuerst ein überkragendes Fachwerkgeschoß mit einem Zeltdach aufgesetzt. Auf alten Ansichten des Schlosses kann man es noch sehen. Dann aber kamen andere Generationen, die Hof zu halten wünschten. Sie fügten nicht nur wider jede Logik der Verteidigung den Englischen Bau ein, sondern verwandelten auch das Obergeschoß des Dicken Turms in einen herrlichen Tanzsaal mit großen Fenstern. Ein Teil dieses eleganten Sechzehnecks ist noch vorhanden und läßt die höfische Leichtigkeit ahnen, die sich plötzlich aus den tief gegründeten Mauern des Mittelalters erhob.

Doch wir sind der Betrachtung der Umgebung schon ein wenig vorausgeeilt. Halten wir uns zunächst an die westliche Brüstung des Stückgartens! Das tut jeder, der hier geht, denn zu herrlich, zu beschwingt ist die Aussicht, die man bei jedem Wetter und bei jeder Tageszeit von hier aus genießt.

Bevor man sich jedoch dem Ausblick hingeben kann, wird die Aufmerksamkeit von einem in der Brüstungsmauer aufragenden Stück Mauerwerk in Anspruch genommen. Man gewahrt dort eine graue Sandsteintafel, auf der drei jener fünf Verse verzeichnet stehen, die Marianne von Willemer in Erinnerung an ihre letzte Begegnung mit Goethe im Herbst des Jahres 1815 schrieb:

> *Auf der Terrasse hochgewölbtem Bogen*
> *War eine Zeit sein Kommen und sein Gehn;*
> *Die Chiffre, von der lieben Hand gezogen,*
> *Ich fand sie nicht, sie ist nicht mehr zu sehn!*
>
> *O schließt euch nun, ihr müden Augenlider!*
> *Im Dämmerlicht der fernen, schönen Zeit*
> *Umtönen mich des Freundes hohe Lieder;*
> *Zur Gegenwart wird die Vergangenheit.*
>
> *Schließt euch um mich, ihr unsichtbaren Schranken;*
> *Im Zauberkreis, der magisch mich umgibt,*
> *Versenkt euch willig, Sinne und Gedanken;*
> *Hier war ich glücklich, liebend und geliebt.*

Dieser Verse werden wir uns zu erinnern haben, wenn wir der Begegnung Goethes mit Marianne von Willemer beim Gang durch den Schloßgarten (Seite 207, 210) oder Goethes Aufenthalten in Heidelberg (Seite 379 ff.) gedenken.

Je weiter man die Brüstungsmauer entlanggeht, um so freier wird der Blick. Man tritt unter den hochgewachsenen Linden und Ahornbäumen hervor, die sommers ein wundervolles grünes Dach über dem Stückgarten bilden, und hat nun zum ersten Mal bei der Stadtwanderung das dem Blick vom Philosophenweg entgegengesetzte Stadtpanorama vor sich. Links wird es vom Hang des Gaisbergs begrenzt. Dessen Kontur leitet zur Stadt hinab. Der Blick schweift über das Gewirr der Dächer und Giebel hinweg, streift flüchtig nur den Neckar und schwingt sich dann zum Doppelgipfel des Heiligenbergs hinauf. Aber dieses Bild hat auch Tiefe, denn die Ebene dehnt sich weithin. Schließlich markiert sich in der Ferne die Stadt Mannheim mit Schloten und Türmen, bis endlich die bucklige Silhouette des Pfälzer Walds quer durch unser Stadtpanorama vom Gaisberg bis zum Heiligenberg gezogen wird.

Der nächste Punkt, an dem wir im Stückgarten verharren müssen, ist das sogenannte *Rondell,* ein fünfgeschossiger Batterieturm, der einst halbrund aus der Stückgartenmauer vorsprang, der aber ebenfalls dem Schicksal der Zerstörung nicht entging, so daß er sich gleich dem Dicken Turm wie eine klaffende Wunde zur Stadt hin öffnet. Einen Teil dieser Rundung kann man noch ausgehen. Auf der vordersten Spitze steht man, gut gesichert, wie auf einer Kanzel in der Kirche.

Zu dem, was wir von hier aus sehen, tritt das Schloß weder in stilistischer noch in entwicklungsgeschichtlicher Hinsicht in Beziehung. Vielleicht liegt mit ein Reiz des Gesamtbildes von Heidelberg gerade darin, daß die Schloßruine nicht in Korrespondenz zu der sie umgebenden gebauten Stadtwirklichkeit steht. Auch im Stückgarten bildet sie die Kontrastseite zum erhebenden Ausblick: Sie rückt uns ganz nahe und macht uns nicht die organisch gewachsene Harmonie, sondern eher die Dissonanz des Schicksalhaften deutlich.

Treten wir nun an die andere Steinbalustrade des durchschnittlich 35 Meter breiten Stückgartens! Zum Greifen nahe haben wir die zerfurchten und zerrissenen Mauern der Ruine vor uns, freilich im Zustand der Reinlichkeit und der dauerhaften Konservierung. Unwillkürlich denkt man, wer sich mit so viel Hingabe der Pflege eines gewaltigen Gemäuers widme, der könne es eigentlich auch wieder aufbauen. Vom Aufwand her

macht das nicht viel Unterschied. Aber was hätte er dann ange-
richtet! Er gäbe zwar seiner historischen Phantasie die Sporen,
soweit dies die überlieferten Bilder vom heilen Zustand des
Schlosses zuließen. Doch er nähme Heidelberg das einmalige
Phänomen, daß das Schloß in seinem ruinösen Zustand einen
beträchtlichen Gewinn an ästhetischen Werten zu verzeichnen
hat. Ein wiederaufgebautes Schloß käme einer Entzauberung
gleich, wäre Zeugnis eines unangemessenen Verdrängungspro-
zesses der Geschichte gegenüber und gewährte der mitwirken-
den Natur keinen Spielraum mehr. Was der Verstand an Er-
kenntnisklarheit gewönne, ginge dem Gemüt an Hinwen-
dungstiefe verloren.

Vom Stückgarten blicken wir auf die Rückseite der Westbauten des Schlosses und in sie hinein.

Blick in die offenen Ruinen

Es ist nicht ganz leicht, die vor uns stehenden Ruinenteile einzelnen Bauten zuzuordnen. Wer sich diese Mühe nicht macht,
wird sie als ein ziemlich großes, auch gewaltiges und im ganzen
beeindruckendes Durcheinander ansehen und damit wohl auch
zufrieden sein. Dennoch erzählen diese Ruinen mehr, als man
beim ersten Hinschauen wahrnimmt.

Aus dem achtzehn Meter tiefen, von einer Wasserrinne
durchzogenen westlichen Schloßgraben, der den Stückgarten
von der eigentlichen Schloßruine trennt, ragt zunächst eine
Mauer auf, die links an den Englischen Bau anstößt und rechts
bei der Ruine des Turmes ›Seltenleer‹ im rechten Winkel um-
knickt, um direkt auf den mächtigen Torturm zuzulaufen. Genau in der Mitte sitzt dieser Mauer der *Bibliotheksbau* auf. In
seine Räume kann man tief hineinblicken. Man sieht Reste von
Rippen gotischer Gewölbeansätze, im Obergeschoß auch die
Innenseite eines kapellenartig geformten Erkers. Man erkennt
Pfeiler- und Säulenstümpfe sowie Mauerdurchbrüche. Es ist
ein hochinteressantes, aber auch ein hochkompliziertes ruinöses
Bild. Manchmal, wenn ein Schloßführer mit einer Touristen-
schar hindurchwandert, belebt sich die starre Szenerie. Dann
kann man sich auch einen Begriff von den Maßverhältnissen
bilden.

Links vom Bibliotheksbau, allerdings zurückgesetzt, stand einst der Frauenzimmerbau. Seine Stelle bezeichnet das Schieferdach des Königssaals, über dem – vom Stückgarten gesehen – die Zwerchgiebel des Friedrichsbaues aufragen. Die heilen Dächer geben die Wiederaufbau- und Restaurierungsbemühungen des 19. Jahrhunderts an. Sie halten sich, gottlob, in Grenzen, machen aber das Schloß wenigstens teilweise wieder benutzbar, – ein Effekt übrigens, der nicht gering zu veranschlagen ist. Rechts an den Bibliotheksbau, ebenfalls auf die Flucht des Frauenzimmerbaues zurückgesetzt, schließt sich der *Ruprechtsbau* an. Er wird in der Mitte seiner Westfront von einem Treppentürmchen geziert und ist daran leicht zu erkennen.

Ruprechts- und Bibliotheksbau offenbaren uns eine Grunddisposition der Schloßanlage, die bei flüchtigem Besuchsgang meist nicht wahrgenommen wird. Das Schloß verfügte von Anfang an über eine doppelte Schutzmauer; dazwischen lag der Zwinger. Die innere Mauer ist identisch mit der Westseite, also der uns zugekehrten Front des Frauenzimmer- bzw. Ruprechtsbaues. Beide Bauten lehnten sich an die innere Mauer an. Die äußere Mauer verläuft in durchschnittlich fünfzehn Meter Abstand dazu etwa so wie jene, die wir jetzt noch zwischen Englischem Bau und dem Turm ›Seltenleer‹ sehen. Daraus folgt, daß der Bibliotheksbau zwischen diese beiden ursprünglichen Mauerzüge gespannt ist und daß er sich den Raum des Zwingers zunutze macht. In der Tat, er teilt diesen in eine nördliche und eine südliche Hälfte. Ihn so zu errichten und an dieser Stelle in solcher Funktion bestehen zu lassen, war erst möglich, nachdem die Aufgabe der Verteidigung des Schlosses nach Westen auf den Stückgarten übertragen worden war.

Prüft man die Überreste des Bibliotheksbaues in stilistischer Hinsicht, so stellt man fest, daß dieser Bau der letzte des Schlosses im gotischen Stil war, daß seine Architektur vorzüglich genannt werden muß und daß man die Wirkung des Bibliothekssaals im Hauptgeschoß heute noch abzuschätzen vermag, wenn man sich jene vierteiligen Fenster ringsum vorstellt, von denen eines noch nach Norden blickt.

So wie der Bibliotheksbau durch das Überbrücken des Zwingers die Abwehrsorgen des Mittelalters hinter sich ließ, so hob der *Englische Bau* dadurch, daß er sowohl Zwinger als auch

Graben überspannte, die Abwehrbereitschaft des Schlosses zugunsten festlicher Repräsentation auf. Daß man den Dicken Turm obendrein noch in dieses Repräsentationsbegehren mit einbezog, läßt erkennen, wie zwangsläufig und folgerichtig sich die Entwicklung vom Wehrbau zum Wohnbau vollzog.

Die ›Gründerjahre‹ des Schlosses erstrecken sich demnach auf zwei Jahrhunderte. Sie beginnen mit jenem Ruprecht, der deutscher König wurde, um das Jahr 1400 und enden mit Friedrich V. um 1619 am Beginn des Dreißigjährigen Krieges. Die geschichtlichen Prozesse dieser beiden Jahrhunderte waren aufs engste mit diesem Schloß und den darin residierenden Kurfürsten von der Pfalz verbunden, ja, sie wurden auf weite Strecken von ihnen sogar maßgeblich mitbestimmt.

Des Sängers Lied: »Ich ruem dich ...«

Ludwig III., der von 1410 bis 1436 der Kurlinie vorstand und die pfälzischen Kernlande von Heidelberg aus regierte, sah sich von der Reichspolitik in Anspruch genommen. Weil er der Sohn des Königs Ruprecht I. war, konnte er von der Frage, wer Nachfolger seines Vaters werden sollte, nicht unberührt bleiben. Eindeutig unterstützte er die Kandidatur Sigismunds aus dem Hause Luxemburg, des zweiten Sohns Karls IV. Aber Ludwig III. von der Pfalz war nicht nur Parteigänger des Königs und späteren Kaisers Sigismund, sondern er war kraft seiner Stellung im Kurfürstenkollegium auch dessen Stellvertreter und oberster Richter des Reiches.

Dies hat ihn mit Aufgaben von erheblicher Tragweite konfrontiert, nachdem Sigismund durch den Papst Johannes XXIII. ein Konzil nach Basel hatte einberufen lassen. Im Vollzug dieser Politik wurde auch Kurfürst Ludwig III. in die schismatischen Auseinandersetzungen hineingezogen. Das führte schließlich sogar dazu, daß er den merkwürdigen Papst Johannes XXIII. als Gefangenen nach Heidelberg brachte. Es ist nicht sicher, wo der Papst in Heidelberg gefangen saß. Manche Darlegungen nennen das Schloß. Dann wäre der Turm ›Seltenleer‹ des Papstes Gefängnis gewesen. In einem 1620 ins Deutsche übersetzten Brief eines Italieners an Papst Paul V. wird jedoch davon gesprochen, daß er »daselbsten ins Gefängnis, so man den alten Affen nennet, gestoßen, auch darinnen und zu Mannheim etliche Jahr erhalten« worden sei. Demnach käme auch der heute nicht mehr vorhandene Brückenturm, an dem sich einst der Brückenaffe befand, als Kerker in Betracht. Erst 1418 wurde dieser Papst gegen 30 000 Goldgulden Lösegeld freigelassen.

Kaiser Sigismund unterstützte den Reformkurs der Konzilsmehrheit und befleißigte sich der Ausrottung der Ketzerei. Dies brachte Ludwig III. in unmittelbare Berührung mit der Verfolgung des böhmischen Reformators Johann Hus. Mag der gegen diesen geführte Prozeß auch ausschließlich eine Sache der Kirche gewesen sein, der Kaiser zog aus politischen Rücksichten den Schlußstrich, obwohl er damit sein Wort dem Prager Professor Hus gegenüber brach. Er übergab ihn dem Kurfürsten und Reichsrichter Ludwig III. zur Hinrichtung. Er mußte den Reformator am 6. Juli 1415 vor die Tore von Konstanz begleiten; er mußte seiner Widerrede wehren, dafür aber den Widerruf von ihm fordern. Als dieser unterblieb, gab der Kurfürst das Zeichen zum Anzünden des Scheiterhaufens.

In der kurfürstlichen Familie ist dieser Amtsvollzug ein Trauma geblieben. Kurfürst Ottheinrich, mit dem diese ältere Kurlinie ausstarb, war nach 150 Jahren noch der Meinung, nun räche sich der Frevel, welchen man an dem glaubensstarken Mann aus Böhmen begangen habe.

Mit dem Konzil zu Konstanz steht in ganz anderer Weise eine Männerfreundschaft in Beziehung, deren sich Kurfürst Ludwig III. viele Jahre vergnüglich erfreuen durfte. Einem der eigenwilligsten Künstler des ausgehenden Mittelalters war er von Jugend an aufs engste verbunden: dem reisigen Sänger Oswald von Wolkenstein. Dieser Südtiroler hatte schon König Ruprechts Zug nach Italien begleitet. Seitdem blieb er, meist wirtschaftlicher oder politischer Not folgend, in kaiserlicher Nähe. Der gleichen Generation wie Ludwig III. angehörend, traf er den Pfälzer auf dem Konzil zu Konstanz wieder. Er kam bei seinen unsteten Reisen und seinem oftmals abenteuerlichen Umherschweifen auch des öfteren nach Heidelberg. Ihm, dem ruhelosen, in Armut lebenden, durch die halbe Welt gereisten Poeten verdankt Heidelberg das hohe spätmittelalterliche Lob, dessen Anfangsvers noch wie ein Motto gebraucht wird: »Ich rühm dich, Heidelberg!«

> *Ich ruem dich haidlberg,*
> *lob*
> *oben*
> *auff den perg,*
> *das schoene*
> *froene*
> *muendlin rot*
> *da zeren mues und prot.*

Mit zuechten, wolgemuet,
ir er
ist ser
behuet,
durch Metzlin,
Ketzlin,
Kaedrichin,
Agnes und Engichin.
Der jugent
tugent
wolgeziert
mit bandl
handl
ungeviert.
Des lob ich got den milden
was ich kan,
das er also kan pilden
schoen kindichen wolgetan.

Mit den Kindern des Kurfürsten, die hier genannt sind, hat Oswald von Wolkenstein sich fröhlich abgegeben, wenn er auf dem Schloß in Heidelberg einen sorgenfreien Aufenthalt genießen konnte.

Hatte schon Ludwig III. die Universität kräftig gefördert und ihr stabilisierende Zuwendungen gemacht, so schrieb sich sein Sohn und Nachfolger Ludwig IV. in die Annalen dadurch ein, daß er der Universität die ›Palatina‹ vermachte, sie in die Heiliggeistkirche bringen und dort auf den Emporen aufstellen ließ. Es war wohl eine bücherfreundliche Zeit; die Pfalz hatte Frieden und einen jungen Fürsten, der die Sanftmut selbst darstellte.

Der Bibliotheksbau des Schlosses wäre Ludwig V., dem nüchternen Schloßbauer, sicher als unnötig erschienen, hätte der Hof nicht über eine eigene kostbare Büchersammlung verfügt. Eine solche Sammlung wird mitunter auch Archiv genannt. Im Bibliotheksgebäude des Schlosses dürfte alles Schriftliche verwahrt worden sein: Bücher und Urkunden, Akten und Briefe.

Des jungen, sanftmütigen, jedoch kränklichen Ludwigs IV. zwölf Regierungsjahre von 1437 bis 1449 sehen im Rückblick wie ein Vorspiel der Ruhe zu jenen Ereignissen aus, denen sich dann Ludwigs jüngerer Bruder Friedrich I. als Vormund für Ludwigs Sohn Philipp zu stellen hatte. Philipp war beim Tode des Vaters erst 13 Monate alt; der Vormund Friedrich blickte auf gerade 24 Lebensjahre zurück. Der dünne Faden des Schicksals, an dem die kurpfälzischen Verhältnisse hingen, war sichtbar für jedermann.

Die Vormundschaft Friedrichs für Philipp, die von der pfälzischen Verwandtschaft gutgeheißen und von den übrigen Fürsten akzeptiert wurde, rief den Widerspruch des Kaisers Friedrich III. hervor, denn sie entsprach nicht den Bestimmungen der Goldenen Bulle.

Vom kaiserlichen Widerspruch hat sich Friedrich I. nicht irritieren lassen. So erweist sich sogleich die ausgeprägte Standfestigkeit des zum Handeln berufenen Pfalzgrafen. Weder kaiserliche Acht noch päpstlicher Bann konnten an seiner Absicht etwas ändern, überall auf klare Verhältnisse zu drängen. Kaiser Friedrich III., der 53 Jahre lang regierte (1440-1493) und der seinen Pfälzer Opponenten bei weitem überlebte, konnte die ihm zustehende Macht nicht zur Geltung bringen. Das durch Fehden mannigfaltiger Art zerrissene Reich sank auf den tiefsten Punkt; alle Ordnung im Reiche löste sich auf.

Zu deutlich muß Friedrich I. den Zerfall der traditionellen Wertordnungen erkannt haben. Das war auf den Machtebenen von Kaiser und Papst der Fall; das setzte sich fort bis ins Reich und in die Ritterschaft hinein. »Dieser Welt Irregang«, wie es in einer zeitgenössischen Lehrdichtung hieß, wollte Friedrich I. nicht mitgehen. Dem Macht- und Kulturpessimismus, der sich aus dem Verlust des Gemeinschaftsbewußtseins herleitete, stellte Friedrich I. Taten entgegen, die auf seine Zeitgenossen und auf seine Umgebung befreiend und beispielhaft wirkten.

Kein Wunder, daß sich bald Legenden um seine Persönlichkeit rankten und daß er heroisiert wurde. In schwerer Rüstung, auf einem geharnischten Pferde, die pfälzische Standarte in der Rechten, so sieht man ihn als gebieterischen und erfolgreichen

Westflanke der Schloßruine

Kriegsherrn nach der Geschichtsauffassung des vergangenen Jahrhunderts in einem Fenster des Heidelberger Rathaussaals dargestellt. Als der vom Volk gefeierte Held wurde er auf die Saalwand des ›Zieglerbräus‹ gemalt. Der ›Pfälzer Fritz‹ ist sozusagen noch immer gegenwärtig, denn Kriege, die mit Siegen enden, werden gern als Glanzzeiten gewertet. Dabei hat sich Friedrich I. nur seiner Haut gewehrt, als die Neider an den Grenzen der Pfalz dem Geächteten und Gebannten auf den Pelz zu rücken versuchten. Er wehrte sich wagemutig und erfolgreich, aber auch klug und umsichtig, energisch und impulsiv.

Von dem Schloß, wie es in seiner mächtigen Erscheinung vor uns steht, hat Friedrich I. kaum etwas gesehen. Den Ruprechtsbau ausgenommen, den sich Ruprecht III. als Königshaus bauen ließ, weist vom heutigen Baubestand kaum etwas in die Zeit Friedrichs I. zurück.

Doch ein anderes Festungsbauwerk außerhalb des Schloßbereichs ließ Friedrich I. errichten, als ihm die Auswirkungen der kaiserlichen Acht zu bedrohlich zu werden schienen. 1462, im Jahr der Schlacht bei Seckenheim, wurde ein stark befestigter Wachtturm auf sternförmigem Grundriß am westlichen Abhang des Gaisbergs gebaut. Dieses Bollwerk, das man ›Trutzkaiser‹ nannte, sollte Angriffe auf Stadt und Schloß gleichermaßen abwehren. In den 160 Jahren seines Bestehens ist diese Funktion nicht erprobt worden. Es fiel erst, nachdem die Stadt im Dreißigjährigen Krieg überrumpelt worden war.

Zwei Schlachten verbinden sich bis heute mit dem Namen Friedrichs des Siegreichen. Ihr jeweiliger machtpolitischer Hintergrund zeigt die verworrenen Verhältnisse im Reich und das wechselvolle Spiel der Bündnispolitik. Die erste Schlacht, die am 4. Juli 1460 bei Pfeddersheim (nahe Worms) stattfand, gewann Friedrich gegen den mit Albrecht Achilles von Brandenburg verbündeten Mainzer Erzbischof Diether von Isenburg, dem sich Friedrichs Vetter Ludwig der Schwarze von Zweibrücken-Veldenz und das Haus Leiningen angeschlossen hatten. Diese Allianz aus vordergründig eigensüchtigen Motiven stellte sich hintergründig als die Speerspitze des Kaisers und des Papstes dar, mit der man dem Pfälzer einen tödlichen Stoß zu versetzen gedachte. Aber Friedrich, den man später nicht nur den ›Siegreichen‹, sondern auch den ›Streitbaren‹ und sogar den ›Bösen‹ nannte, nahm die Herausforderung an. Er soll sich mit dem Ruf: »Heute Kurfürst oder nie!« in das Kampfgetümmel gestürzt und es rasch zu seinen Gunsten entschieden haben.

Den Speer, der gegen ihn gerichtet war, zerbrach der Pfälzer nicht, sondern kehrte ihn auf kluge Weise um. Er zwang den Mainzer Erzbischof, nun an die Spitze der Opposition gegen Kaiser und Papst zu treten. Papst Pius II. blieb keine Wahl: Er mußte den unbotmäßigen Mainzer Erzbischof absetzen. Zum Nachfolger ernannte er Adolf von Nassau. In dem verheerenden Krieg zwischen den beiden Mainzer Rivalen und ihren Verbündeten unterlag letztlich Diether von Isenburg. Nicht so Friedrich von der Pfalz, der sich seiner Haut tapfer zu wehren wußte. Im Juni 1462 bewährte er sich erneut als exzellenter Truppenführer mit geistiger Wendigkeit. In einer Situation, in der die Gegner glaubten, sie könnten Heidelberg stürmen und das Nest des kriegerischen Pfälzers ausräuchern, überfiel sie Friedrich, bevor ihnen die Lage bewußt geworden war. Sie mußten die Schlacht bei Seckenheim auf dem Felde, wo heute die Siedlung Friedrichsfeld steht, annehmen. Sie ging vernichtend für die Gegner aus. Ihrer drei wurden sogar gefangen, nämlich Graf Ulrich V. von Württemberg, Markgraf Karl I. von Baden und der Bischof Georg von Metz. Friedrich ließ sie in Haft nach Heidelberg bringen und hielt sie dort solange fest, bis sie sich losgekauft oder aber ansehnliche Gebiete an die Pfalz verpfändet hatten. Ein Jahr ging darüber ins Land.

An die Begebenheit knüpft sich die Erzählung vom ›Mahl zu Heidelberg‹, welcher Gustav Schwab 1823 poetische Form gab. Danach soll
Friedrich seine hochstehenden Gefangenen im Schloß bewirtet haben. Auf
der Tafel habe allerdings das Brot gefehlt. Als die Herrschaften danach
fragten, habe sie Friedrich zu den Fenstern geführt und ihnen die brennenden Bauerndörfer in der Rheinebene gezeigt.

Es ist eine recht symbolhafte Geschichte, die so überliefert wird. Ob sie
sich je ereignet hat, ist ganz ungewiß, denn Friedrichs Biograph Matthias
von Kemnat berichtet nichts davon. Dennoch hat das Ereignis schon eine
lange variantenreiche Überlieferung. Eine bekannte Stimme, nämlich die
des Schuhmacher-Poeten Hans Sachs aus Nürnberg, soll indessen nicht
unterdrückt werden. Unter dem 4. April 1560 erzählt er in seiner bekannten Reimweise die ›Warhaffte Geschicht Pfaltzgraff Friderichs‹:

> ... mit tausent wolgerüsten Pferden,
> und grossem Fußvolck mit geferden,
> fiengen umb Heydelberg an zu brennen,
> die Frücht auff den äckern und Tennen
> abzufretzen und zu verwüsten.
> Da tat sich Pfaltzgraf Fridrich rüsten ...
>
> Die Schlacht geschah fürwar ich sag
> den vierten nach S. Ulrichs tag ...
> (was ein Irrtum Hans Sachsens ist)
> So bracht der Pfaltzgraf mit verlangen
> seine drey Widersacher gfangen
> gen Heydelberg, sampt jrem Adel
> setzt man zu tisch, da war kein zadel
> von speiß und tranck, wildpret und Visch,
> allein setzt man kein Brodt zu Tisch.
> Die Herren theten einander ansehen,
> meintn es wer auß vergessen gschehen
> der Truchsessen, und forderten Brodt.
> Der Pfaltzgraf stund auff, sprach: ach Got
> Jr lieben Herrn, dem meinen Armen
> Volck habt jr gar on als erbarmen
> sein Gtreid zertrettn und abgefretzt,
> auff dem Land verwüst, und zuletzt
> ist kein Brodt vorhanden euch zu geben.

Wo Friedrich nach kriegerischen Verwicklungen Ruhe gestiftet und sich durchgesetzt hatte, da war dies zum Vorteil der
Pfalz geschehen. Die Heidelberg benachbarten Dörfer Hand-

schuhsheim und Dossenheim, die in der Nachfolge von Kloster Lorsch seither Kurmainzer Besitz gewesen waren, wurden nun den kurpfälzischen Kernlanden einverleibt. Hand in Hand damit ging eine Art Verwaltungsreform, um den Überblick über die neu geschaffenen Verhältnisse zu behalten.

Dem Kurfürsten Friedrich I., der 1425 geboren wurde, 1449 die Vormundschaft für Philipp übernahm und bis 1476 regierte, muß – was die nachhaltige geistige Wirksamkeit betrifft – die sofort nach dem Regierungsantritt angeordnete Universitätsreform aufs höchste angerechnet werden. Diese obrigkeitliche Anordnung stellte eine wohlüberlegte Handlung dar. Sie zeigte einesteils, daß der Herrscher in den geistigen Strömungen seiner Gegenwart wohlunterrichtet war, – sie läßt anderenteils auch erkennen, daß der Entwicklung des deutschen Frühhumanismus von der Universität Heidelberg zeitgerecht und zeitgleich entsprochen werden sollte. Das war wenigstens der Wunsch des Landesherrn. Die retardierenden Kräfte der scholastisch geprägten Universität nahmen sich indessen ganz anders aus. »Hier sind keine solchen Bestien wie in Heidelberg«, schrieb der Humanist Peter Luder, als er nach fünf Jahren seiner Heidelberger Tätigkeit 1461 in Erfurt angekommen war.

Dem Realismus wollte Friedrich I. an der Universität Heidelberg Raum verschaffen, als er im Jahre 1452 den Auftrag gab, die Statuten der Universität umzuarbeiten. Neben dem occamistischen Prinzip, das man die ›Via moderna‹ und, spezifisch für Heidelberg, die ›Via marsiliana‹ genannt hatte, sollte im Sinne der Lehrfreiheit auch die thomistische Lehre, die man als ›Via antiqua‹ bezeichnete, gestattet sein. Friedrich wollte die Universität aus der Erstarrung des Lehrbetriebs herausführen. Aber damit drang der Landesherr nicht durch; die beharrenden Kräfte waren zunächst noch stärker.

Des Kurfürsten Kaplan und Biograph Matthias von Kemnat, ein Freund des Peter Luder, war mit etlichen Humanisten bekannt, so auch später mit Jacob Wimpheling (geboren 1455). Diese geistige Aufgeschlossenheit setzte Matthias von Kemnat in den Stand, eine kulturhistorisch außerordentlich interessante Universalchronik zu verfassen, die nicht ohne Wirkung blieb. Die humanistischen Einflüsse davon gingen auf einen Dritten über, der sich ebenfalls eine Zeitlang am Heidelberger Hof auf-

hielt: Michel Beheim, der umgetriebene Poet, der vermutlich
1467 in die Dienste Friedrichs I. trat. In zwei Bänden verfaßte er
eine Reimchronik zum Lobe des Pfalzgrafen und Kurfürsten im
Jahre 1469:

> Der furst mich helt in knechtes miet,
> ich ass sin brot und sang sin liet;
> ob ich zu einem andern kom,
> ich ticht im auch, tut er mir drum.

Um im Spielfeld der pfälzischen Unbekümmertheit zu bleiben, sei darauf hingewiesen, daß dieser Landesherr auch ›lebende Werke‹ schuf und hinterließ. Klara Dett (auch Tott geschrieben), »meine Sängerin«, wie Friedrich sagte, ein bayerisches Hoffräulein aus Augsburg, ging mit Friedrich I. eine mor-
ganatische Ehe ein. Zwar vollzog Friedrich diese Ehe erst im
46. Lebensjahr am Dienstag vor Sankt Gallus 1471, als ihm
Klara bereits zwei Söhne geboren hatte, doch diese Kinder waren in der Pfalz nicht erbberechtigt. Ihnen und Klara vermachte
er zunächst einen Garten in Heidelberg, ›Bremeneck‹ genannt.
Auch setzte er zum Unterhalt Geldbeträge aus, die später für
den überlebenden Sohn Ludwig (der erstgeborene Sohn Philipp
starb schon mit fünfzehn Jahren) durch einige linksrheinische
Lehen und die Herrschaft Scharfeneck ergänzt wurden. Erst
Friedrichs Nachfolger Philipp bedachte Ludwig mit dem Besitztum Löwenstein bei Heilbronn im Jahre 1488. So wurde
dieser Sohn Ludwig, von Kaiser Maximilian in den erblichen
Grafenstand erhoben, zum Stammvater des heute noch blühen-
den Geschlechts der Fürsten von Löwenstein-Wertheim.

Sein Grab fand Friedrich der Siegreiche, als er im Alter von
51 Jahren gestorben war, bei den Franziskanern oder Barfüßern
unterhalb des Schlosses an der Stelle des heutigen Karlsplatzes.
Auf diplomatischem Wege hatte er sich vom Kirchenbann lösen können; in einer Mönchskutte ließ er sich beisetzen. Doch
Kloster und Gruft fielen der Zerstörung Heidelbergs im Jahr
1693 zum Opfer. Schließlich wurden die Gebeine in die kleine
Kirche der Kapuziner (nahe der heutigen Theaterstraße) überführt. Auch dort fanden sie keine Ruhe, da die Kirche auf Abbruch verkauft und zwischen 1807 und 1850 nach und nach
niedergelegt wurde. So fand man im Jahre 1810 als Ort der
Bleibe letztlich nur die Krypta der Jesuitenkirche. Dort trifft

man heute auch auf eine Gedenkplatte an Friedrich den Siegreichen und den Hinweis auf seine Ruhestätte in dieser Kirche. Untersuchungen der Krypta in den Jahren 1909, 1935 und 1981 ergaben, daß als Grabinhalt kein vollständiges Skelett, sondern willkürlich gesammelte Knochenreste dreier Individuen (eines Mannes und zweier Frauen) vorhanden sind. Im Gefolge der Auswertung des jüngsten anthropologischen Befunds kam Dr. Wolfgang von Moers-Messmer zu der Auffassung, daß im Kollektiv der Gruftgebeine nur engste Familienangehörige Friedrichs zu suchen seien. Außer den Gebeinen Friedrichs, so legte von Moers-Messmer dar, glaubt er auch sterbliche Überreste der Klara Dett sowie einer der beiden Töchter Friedrichs und der Klara, die der Forschung bis jetzt unbekannt geblieben waren, nachweisen zu können.

Von Ludwig V. zu Friedrich V.

Abgesehen von Friedrichs Neffen Philipp, dem eine geistesgeschichtliche Bedeutung zukommt, haben sich alle Nachfolger des ›Pfälzer Fritz‹ bis hin zum ›Winterkönig‹ Friedrich V. am Ausbau des Schlosses beteiligt. Jeder von ihnen fügte dem Werk eine neue Nuance hinzu. Von außen sieht man das schon, wenn man sich im Stückgarten etwa dort aufhält, wo die Ostbalustrade zu Ende geht. Mit dem Blick nach Nordosten gewahrt man als rechte Begrenzung den mächtigen Torturm, 52 Meter hoch. Daran schließt sich nach links und hinten das aufgerissene Gemäuer der Westbauten des Schlosses an. Der wieder instand gesetzte Friedrichsbau mit seinem steilen Satteldach und den mächtig ausgebildeten Zwerchgiebeln überragt die gesamte Szenerie und faßt sie zugleich zusammen. Weiter nach links folgt riegelartig der Englische Bau, dessen Grundmauern den Schloßgraben abschließen bzw. als ein sauber gefügtes Sandsteinmauerwerk aus dem Graben aufragen. Der Englische Bau geht im Innern unmittelbar in den *Dicken Turm* über. Für den Betrachter der Außenseite tritt die Rundung des Turms gegen den Stückgarten hin gewaltig hervor.

In den Nischen dieser Rundung, die von Muscheln geschlossen werden, stehen die lebensgroßen Plastiken der Kurfürsten Ludwig V. (links) und Friedrich V. (rechts). Ludwig V., den man

den Friedfertigen hieß, ist als ein älterer Mann mit großem Bart
dargestellt. Er trägt eine Mütze auf dem Haupt und den Mantel
des Herrschers über der Rüstung. Friedrich v., ihm gegenüber,
hat man als jugendliche Gestalt erfaßt, bartlos, mit lockigem
Haupthaar. Der holländische Kragen, aus der spanischen Mode
stammend, weist ihn als Persönlichkeit des 17.Jahrhunderts
aus. Jede der beiden Herrschergestalten ist mit Szepter und
Reichsapfel ausgestattet. Zwischen ihnen befindet sich eine von
einem Segmentbogen überspannte Inschrifttafel mit ausführ-
lichem lateinischen Text:

»*Ludwig, Pfalzgraf bei Rhein, Kurfürst und Herzog zu Bayern, hat
diesen gewaltigen Bau aufgeführt im Jahre des Herrn 1533. Friedrich v.,
Pfalzgraf bei Rhein, Kurfürst, Vikar des Heiligen Römischen Reiches,
Herzog zu Bayern, hat ihn bis zum [jetzigen] Hauptgesims abgebrochen,
neu errichtet, mit gewölbten Decken geschmückt, die Höhe des Speisesaals um
33 Fuß vergrößert, die in der Mitte die Last des ganzen Daches tragende
Säule, ohne das Dach abzunehmen und zu verderben, entfernt und diese
Denkmale [Tafel und Statuen] angebracht im Jahre des Heils 1619.*«

Die Inschrift tut außerordentlich wichtig. Sie hat, auf die Zeit
ihrer Entstehung bezogen, auch Grund dazu, denn es war technisch sicher nicht leicht, das Dach eines Turms nur auf geringen
Stützen so lange fast schwebend zu erhalten, bis das Obergeschoß des Turmes abgetragen und durch neue polygone, mit
vielen Fenstern durchsetzte Geschoßwände ersetzt war. Die
Decke des solchermaßen neu geschaffenen Raumes im obersten
Geschoß des Turmes muß dann an den alten Dachstuhl angehängt worden sein. Dem Verfasser der Inschrift dürfte insofern
ein Fehler unterlaufen sein, als der so geschaffene Speisesaal in
der Höhe nicht um 33 Fuß vergrößert worden sein kann. Wahrscheinlich hat er insgesamt das Höhenmaß von 33 Fuß erhalten.
Der Baumeister, der diese brillante Leistung vollbrachte, ist
von Joachim Sandrart in der ›Teutschen Akademie‹ überliefert
worden. Er hieß Peter Karl und stammte aus Nürnberg.

Daß es sich bei dem Dicken Turm nur noch um ein Rudi-
ment seiner einstigen Mächtigkeit handelt, haben wir bereits
erwähnt. Fast vierzig Meter steigt er an der nordwestlichen
Schloßflanke auf. Sieben Meter dick waren und sind seine Mauern. Der Innenraum nutzt das Doppelte der Mauerstärke, so

daß sich ein Gesamtdurchmesser des noch halb vorhandenen
›Dicken‹ von 28 Metern ergibt. Daß die starken Mauern der
Sprengung nicht widerstehen konnten, zeigt die Wucht der De-
tonation. Die Bruchlinien verlaufen in der Regel dort, wo das
Mauerwerk durch eine Treppe oder durch Schießscharten ge-
schwächt war. Im übrigen erwies sich der Buntsandstein als
nicht besonders widerstandsfähig. Der Mörtel, der die Sand-
steinquader verband, war härter als diese.

Die Menschen, die von der Stadt aus zum Dicken Turm
hinaufblickten, empfanden die runde ungegliederte Festungs-
masse wie die kriegerische Faust des Landesherrn. Just diesen
Eindruck sollte sie auch erwecken, denn der fünfte Ludwig,
jener Friedfertige, der den Dicken Turm und den Stückgarten
zugleich erbauen ließ, war der begründeten Ansicht, daß nur
die Furcht den Frieden erhalten könne. Ludwig gab der Schloßanlage das endgültige Konzept. Auf seinen Fundamenten und
in dem von ihm gespannten Rahmen bewegten sich die sechs
Nachfolger. Dem letzten verdanken wir auch noch ein kurioses
Werk im Stückgarten, durch das wir hindurchgehen, wenn wir
nun den Weg zum Innenhof des Schlosses einschlagen: das im
Garten stehende *Elisabethentor,* Zeugnis der großen Liebe eines
Herrschers zu seiner königlichen Frau.

Es wird erzählt, Kurfürst Friedrich v. habe dieses Tor in einer
Nacht als Geburtstagsüberraschung für seine Gattin, die Tochter König Jakobs ı. von England, im Jahre 1615 errichten lassen.
Elisabeth Stuart, die Enkelin der Maria Stuart, war Friedrich v.,
dem Haupt der Protestantischen Union, im Februar 1613 ange-
traut worden. Von den Londoner Hochzeitsfeierlichkeiten
sprach man noch lange, ebenso von der Reise nach Heidelberg
und dem Einzug des Paares in die kurpfälzische Residenz. Das
Elisabethentor wäre das Geschenk zum zwanzigsten Geburtstag der Kurfürstin gewesen, wenn wahr ist, was die Überlieferung berichtet. Doch es gibt keinen urkundlichen Beleg dafür.
Wann würde ein Liebender auch je seine Zuneigung aktenkun-
dig machen! Immerhin trägt das Elisabethentor die in Stein
geschlagene lateinische Widmung: ›Seiner innigstgeliebten Gattin Elisabeth‹. Das sollte uns genügen.

Salomon de Caus, ein französischer Gartenarchitekt, der aus
den Diensten des Prinzen von Wales übernommen werden

konnte, hat den Entwurf für dieses Parktor geliefert. Man spürt die spielerisch-ornamentale Auffassung des Gartenkünstlers noch sehr deutlich, wenn man diesen ›Triumphbogen‹ betrachtet. Der rundbogige Durchgang wird beiderseits von je zwei Dreiviertelsäulen flankiert, die auf Postamenten stehen und die eine Art dorisches Gebälk tragen. Diesem wiederum liegen links und rechts zwei schneckenartige Voluten auf, die auf die Widmungstafel ausgerichtet sind, welche frei in der Mitte über dem Bogen steht. Die den Charakter des Tores bestimmenden vier Säulen sind im Geschmack der Zeit als Baumstämme dargestellt, um die sich Efeu herumrankt. In diesem steinernen Laubwerk entdeckt derjenige, der genau hinsieht, auch allerlei Getier: Frosch, Käfer, Schnecke, Eidechse oder Eichhörnchen. In das Wandfeld über dem Durchgang wurden zwei Genien gesetzt, die Füllhörner und Blumensträuße tragen. Abgesehen von der etwas teigigen Plastizität dieser Relieffiguren bieten sie sich in sonderbarer anatomischer Verrenkung dar: Man weiß nicht, wollen sich die beiden Frauengestalten einander zuwenden oder kehren sie sich voneinander ab. Im Fries darüber sieht man zwei lustige Miniaturlöwen, die einen im Vergleich zu ihrer Größe mächtigen Reichsapfel mit den vorderen Pranken festhalten. Die unterschiedliche Farbigkeit des Sandsteins, der für dieses Portal benutzt wurde, verleiht dem Werk noch obendrein einen malerischen Reiz. Dieser vor allem ist es, der einen entzücken darf, auch wenn man insgesamt einige kunstkritische Vorbehalte dem Gesamtwerk gegenüber haben mag. Man wird sich das Elisabethentor stärker in die Gartenkunst eingebunden vorstellen müssen. Wahrscheinlich stießen einmal seitwärts Hecken an, die gestutzt gewesen sein dürften. Auch sollte das Tor von der Rückseite her bewachsen sein, denn es verfügt nur über die Schauseite nach Süden hin, während die andere Seite roh gelassen wurde. Mit ein wenig Phantasie kann man sich die heute fehlende Gartendekoration hinzudenken, was den Monumentcharakter wesentlich mildert, der nun, da das Tor gänzlich frei unter den hohen Bäumen steht, in unangemessener Weise hervortritt, denn die Qualität der bildnerischen Ausführung vermag einem solchen Anspruch nur schwerlich zu genügen.

Dennoch erkennt man im Elisabethentor leicht die Tendenz seiner Entstehungszeit. Es konnte hier nur errichtet werden,

nachdem die Geschützbastion des Stückgartens, die Ludwig V.
mit viel Mühe hatte aufschütten lassen, eine Metamorphose
zum Lustgarten durchgemacht hatte. Die Kurfürstin Elisabeth,
die aus dem Englischen Bau über eine Treppe herunterkam,
konnte hier mit den Damen ihres Gefolges lustwandeln. Die
großen steinernen Blenden, hinter denen zuvor die Geschütze
geborgen gewesen waren, hatte man zugunsten eines liebliche-
ren Garteneffekts beseitigt. Den Touristen von heute ist kaum
noch bewußt, daß das Lustwandeln durch den gärtnerisch belebten Stückgarten einstmals ein hochherrschaftliches Vergnügen bedeutete, zu dem es von draußen her nur den besonders
effektvollen Zugang durch das Elisabethentor gab.

Rundgang durch die Schloßruine

Wer durch den kräftig sich wölbenden Rundbogen des bescheidenen Torhauses blickt, dessen Augen wandern durch den ganzen Schloßhof hindurch bis zur Fassade des Friedrichsbaues,
ziemlich genau – von Süden nach Norden – 135 Meter weit.

Der sofort hinter dem Torhaus und der Schloßbrücke aufragende *Torturm* aus roten Sandsteinquadern ist, von der Sohle
des Grabens gemessen, 52 Meter hoch. Auf einer Grundfläche
von 12,50 Metern im Quadrat erhebt er sich recht massiv und
präsentiert im dreifach bewehrten Durchgang drei wuchtige
Kreuzgewölbe, in deren Scheitel man bei zweien die pfälzischen
Wappen sehen kann. Ein dickes Eichentor mit ›Nadelöhr‹, einem Pförtchen zum Hindurchschlupfen, und die Spitzen des
obligaten Fallgatters lassen diese Schloßöffnung abweisend erscheinen.

Noch vor dem Torhaus stehend, gewahrt man über dessen
Dach die obere Partie des Torturms mit dem Zifferblatt der
mächtigen Turmuhr und mit einer geschweiften Dachformation, die zuoberst ein laternenartiges Türmchen trägt. Diese
verschieferte Turmhaube, die aussieht, als sei eine Kuppel in ein
Zeltdach hineingesetzt worden, paßt sich den wuchtigen Proportionen dieses Turmes durchaus an. Sie wurde dem Turm
aber erst in der Barockzeit, um 1716, aufgesetzt, um diesen
wichtigen Eingangsbereich zum bereits zerstörten Schloß vor
dem Verfall zu retten.

Die Schloßbrücke zwischen Torhaus und Torturm, die seit
1810 auf drei aus Stein gewölbten Bogen ruht, deren Pfeiler aus
dem fast zwanzig Meter tiefen Graben aufragen, war in früheren Zeiten – ähnlich wie die Brücke über den Neckar – aus Holz
konstruiert. Am Torturm sieht man noch die Löcher für die
Ketten, an denen die Zugbrücke hing.

Blicken wir von der Brücke nach Westen, so zeigt sich uns
nun ganz nah der aufgerissene Turm ›Seltenleer‹ als Eckbastion
der einst äußeren Schloßmauer. Er dokumentiert die Gewalt
der Zerstörung, die dieses Schloß traf. Auf der Brüstungsmauer
der Schloßbrücke findet man sofort hinter dem Torhaus eine
Gedenkinschrift: »An dieser Stelle zeichnete im Jahre 1779 Goethe den gesprengten Turm.« In der Tat ist dieser gesprengte
Turm, der eigentlich Krautturm heißt, mehr als etwa der ›Seltenleer‹ das Symbol der Schloßzerstörung geworden.

Es ist keineswegs verwunderlich, daß die Besucher des
Schlosses von der Brücke beim Torturm aus nur wenig wahrnehmen, weil sie weitergedrängt werden oder dem entgegen-
kommenden Publikum im Wege stehen. So bleiben ihnen al-
lenfalls die beiden ›Riesen‹ im Gedächtnis, die sie an der Südwand des Torturms gesehen haben, mächtige Rittergestalten,
1534 und 1536 datiert, auf runden, aus der Wand hervortretenden Konsolen stehend und von putzigen Baldachinen geschützt, die wie Schalldeckel von Kanzeln wirken. Diese weit
überlebensgroßen Ritterfiguren flankieren eine Sandsteintafel,
die von einem kräftig ausgebildeten Gesims in ein größeres
unteres und kleineres oberes Feld geteilt wird.

Im unteren Teil erheben sich zwei ebenfalls flankierende Löwen auf die
Hinterhand, um etwas festzuhalten, was nicht mehr vorhanden ist. Mit
großer Wahrscheinlichkeit war es das Wappen der Kurfürsten, das wohl in
Silber ausgeprägt gewesen ist. Ohne die glänzende Wappentafel wirken
die beiden Löwen ein bißchen kurios. Der linke dieser beiden ursprünglich
wappentragenden Löwen hält in der rechten Vorderpranke den Reichsapfel
wie einen Blumentopf. Sein Gegenüber schultert ein kurzes Schwert in
ebenso ungezwungener Weise. Im Verein mit den beiden Rittersleuten oder
Schildknappen, die mit ihren Schnurrbärten grimmig aus den Helmen
herausgucken und mit Schwertern und Lanzen martialisch herabdräuen,
wird dem Entree des Schlosses eine kräftige Bedeutung verliehen: Das
herrscherliche Element tritt in Erscheinung und will sich würdig darstellen.

Das zeigt sich an dem ornamentgefüllten Bogen, der sich im oberen Feld der Sandsteintafel befindet. Er ist mit strahlenförmig von der Mitte (über dem nicht mehr vorhandenen Wappen) ausgehenden Maßwerk geziert, das ganz in der spätgotischen Tradition steht, aber keine gotische Formgebung mehr aufweist. Hier durchdringen sich Gotik und Renaissance auf eine ganz eigenartige und merkwürdige Weise.

Zuerst geht es noch recht mittelalterlich und burgenartig zu. Im Scheitel der mittleren Wölbung des Tordurchgangs befindet sich, von den Kreuzrippen ausgespart und in gleicher Weise kräftig gerahmt, ein Aufzugsloch. Solche Öffnungen finden sich auch in den drei darüberliegenden Geschossen des Turms. Sie waren nötig, um den Turmwächter, der seine Wohnung im obersten Stockwerk hatte, aufs bequemste versorgen zu können. Der Torturm nimmt jedoch nicht die höchste Stelle des Schloßareals ein. Der höchste Punkt des Plateaus liegt vielmehr beim Gesprengten Turm oder Krautturm, zu dem wir schon einmal von der Schloßbrücke hinübergesehen haben. Dort, so vermutet man, habe sich einmal der Bergfried erhoben, als die Staufer noch die Herren waren. Dort ist auch heute noch der doppelte Mauerzug am deutlichsten zu erkennen.

Vor dem Ruprechtsbau: Nun haben wir das *Königshaus* unmittelbar vor uns. Beim Blick in den geräumigen Schloßhof läuft unser Blick an der teilweise von Efeu begrünten Fassade des Ruprechtsbaues entlang. Die auf die frühe Burgdisposition der Wehrhaftigkeit zurückgehenden Gebäude wurden den späteren Veränderungen am stärksten unterworfen. Ludwig V. ließ von dem, was er vorfand, fast nichts unverändert. Auch dem Ruprechtsbau wandte er sich zu und versah ihn mit dem Treppenturm an der Westseite, den wir bereits kennen. Außerdem erneuerte er das ursprünglich in Fachwerk ausgebildete Obergeschoß in massiver Bauweise. Daß die Zwingermauer bis zu diesem Obergeschoß reichte, läßt sich heute noch leicht erkennen. Aber sonst gibt der Bau viele Rätsel auf. Das Portal teilt den 33 auf 15 Meter messenden Ruprechtsbau in zwei annähernd gleich große Hälften, die im Erdgeschoß aus jeweils zwei quadratischen Sälen bestehen. Den linken, in dem sich der schöne Kamin aus der Zeit Friedrichs II. befindet (obwohl er mit diesem Raum ursprünglich gar nichts zu tun hatte) nennt

man den Rittersaal. Den rechten lernt jeder Besucher des
Schlosses kennen, der sich einer Führung durch die Innenräume
anvertraut. Dort beginnen die Schloßführer mit der Erläute-
rung großer Modelle des Schlosses und einer an der Wand
angebrachten Genealogie des pfälzischen Herrscherhauses.

Der Ruprechtsbau ist eines der schmucklosesten Gebäude des
Schlosses; er hat es schwer, gegenüber seiner um vieles prächti-
geren Nachbarschaft Aufmerksamkeit zu erregen. Die Verwendung von Bruchsteinmauerwerk zeigt an, daß der Ruprechtsbau immer verputzt und vielleicht auch bemalt sein
sollte. Wenn außer dem Portal, das fast genau in der Mitte der
Längsfront sitzt, an diesem Gebäude kaum etwas ebenmäßig
wirken will, so akzentuieren zwei Wappentafeln aus Sandstein
doch den Willen zur Symmetrie.

*Die erste Tafel, eine hochgestellte Sandsteinplatte aus gotischer Zeit,
präsentiert den Reichsadler als Zeichen der königlichen Würde Ruprechts.
Man muß sich auch diese plastische Zier ursprünglich reich bemalt denken.
Das Pendant zur Adlertafel stellt an der nördlichen Haushälfte eine Re-
naissancetafel dar, welche die drei Schilde des pfälzischen Wappens enthält. Sie ist mit der Zahl 1545 versehen. Demnach stammt diese Wappen-
darstellung aus der Zeit des Kurfürsten Friedrich II., Bruder des Schloß-
bauers Ludwig V. und Vorgänger von Ottheinrich. Zu dieser Wappendar-
stellung gehört der Spruch, den wir auf Seite 102 bereits zitiert haben. Von
den drei Wappenschilden sind nur zwei gefüllt: links der pfälzische Löwe,
rechts die bayerischen Rauten oder – heraldisch genauer – Wecken. Der
untere dritte Wappenschild weist jedoch nur ornamentales Rankenwerk
auf. In ihm müßte eigentlich der Reichsapfel erscheinen. Diese Merkwürdigkeit hat zu allerlei Spekulationen Anlaß gegeben.*

Das Hauptschmuckstück des Ruprechtsbaues bildet jedoch
das Engelsrelief über der gotischen Eingangstür. Alle Heidelberger lieben es als Schloßsymbol aufs innigste. Dieses Meister-
stück gotischer Bildhauerkunst stammt wie die Sandsteintafel
mit dem Reichsadler vom Architekten des Ruprechtsbaues,
von dem Frankfurter Madern Gerthener. Zwei Kinder sind als
Engel in weiten Gewändern dargestellt. Sie tragen vor sich
einen Kranz, in den fünf Blüten (es sollen Rosen sein) einge-
steckt sind. Im Rund des Kranzes befindet sich ein Zirkel, dessen Schenkel sich nach unten halb öffnen. Dieses kostbare Bildwerk, das zu den wertvollsten des Schlosses gehört, befand sich

fast 450 Jahre lang im Scheitel des Portals am Ruprechtsbau. Zuletzt war es so verwittert, daß man sich entschließen mußte, auch dieses Original zu bergen und es durch eine angemessene Kopie zu ersetzen.

Die Skala der Deutung dieser Plastik ist breit gespannt. Es gibt eine nicht unbegründete Meinung, es handle sich um ein Bauhüttensymbol, denn Madern Gerthener habe der (Straßburger) Bauhütte angehört. Auch die fünf Rosen deuteten auf gewisse Bauhütten-Geheimnisse hin. Eine andere Deutung lautet, der Zirkel bedeute den Bau, der Kranz mit den Blüten die Gebete des Bauherrn, die Engel aber trügen beides zur Jungfrau Maria, um ihren gnädigen Schutz für das Vorhaben zu erflehen. Kritiker weisen indessen darauf hin, daß der Zirkel nicht für den Bau stehen könne, sondern höchstens für das rechte Maß. Deshalb sei das Bildwerk, das von den Engeln als Gottesboten getragen werde, ein Schutzzeichen für das Haus, das böse Geister abwehre. Auch an poetischer Ergründung fehlt es nicht. Sie sagt, die beiden Engel seien die Kinder des Baumeisters gewesen, die vom Gerüst in den Tod stürzten. Auf das Grab der Kinder im Peterskirchhof habe der schwermütige Vater jeden Tag einen selbstgewundenen Kranz gelegt, darüber aber seine Arbeit im Schloß fast vergessen.

Soldatenbau und Brunnenhalle: Die Gestaltung der Südostecke des Schlosses, deren Winkel der Soldatenbau mit der Brunnenhalle und alle anderen Wirtschaftsgebäude bilden, geht in der jetzt sichtbaren Form auf Ludwig V. zurück. Bevor wir den engeren Bereich des Krautturms noch etwas näher betrachten, müssen wir uns mit der *Brunnenhalle* beschäftigen, die sich direkt an den Soldatenbau anschließt und die dem Ruprechtsbau genau gegenüberliegt.

Die Brunnenhalle wird von vier monolithischen Säulen und zwei Halbsäulen an den Wänden bestimmt. Die Säulen der Brunnenhalle wirken als Fremdkörper – und sie sind es auch. Sie bestehen nämlich aus Granit, während sonst im Schloßbereich nur Buntstandstein verwendet ist. Dank dieser Säulen geriet die Brunnenhalle zu einem recht grazilen Gebilde. Das Brunnenhaus hat einen quadratischen Grundriß. Die Südseite und die halbe Ostseite sind Wände des Soldaten-, bzw. Wirtschaftsbaues. Über diese Begrenzung tritt die Halle mit den Säulen nach Norden hervor. Dorthin und nach Westen öffnet sie sich mit je zwei spitzbogigen Arkaden. Der Innenraum wird

von einem Kreuzrippengewölbe überspannt, dessen Schlußstein unbearbeitet geblieben ist. Ebenfalls nur zu einfachen Formen wurden die Basen der Granitsäulen und die Kapitelle geschlagen, während die Spitzbögen darüber tief gekehlt sind.
Der Brunnen in der Mitte, ein Ziehbrunnen der üblichen Art,
besteht aus einem einfachen Rund. Er ist nicht besonders tief,
denn der Brunnenschacht trifft schon nach wenig mehr als zehn
Metern auf Granit. Dennoch existieren weitere Brunnen im
Schloß: Ein größerer befand sich im ausgesparten Hofraum
zwischen Ruprechtsbau und Frauenzimmerbau. Dort, an der
Ecke des Ruprechtsbaues, steht bei einer Trauerweide ein kleinerer Brunnen mit Trog und Brunnenstock aus dem Jahre
1873. Und schließlich sprudelt im Schloßhof auch noch der
große Schloßbrunnen in der Ecke der Rampenmauer, eine
zweischalige römische Fontäne, die zu Beginn des 17. Jahrhunderts errichtet worden ist.

Die grauen Säulen der Brunnenhalle sind römischen Ursprungs. Mit ihnen hat sich Kurfürst Philipp dokumentiert, der
sonst im Schloßbau nicht hervortritt. Schließlich gelang Ludwig V. mit Hilfe dieser Säulen die anmutigste Ergänzung des
Schloßausbaues. Der Kosmograph Sebastian Münster, der dem
Franziskanerkonvent in Heidelberg angehörte, gibt an, diese
grauen Säulen der Brunnenhalle noch selbst in seiner Vaterstadt
Ingelheim in der dortigen Kaiserpfalz Karls des Großen gesehen zu haben. Kurfürst Philipp habe sie nach Heidelberg bringen lassen. Und dessen Sohn wiederum, Ludwig V., hätte sie
dann für den Bau der Brunnenhalle benutzt. Hier jedenfalls
schlagen sie in Verbindung mit der gotischen Bogenstellung
und dem darauf leicht ruhenden einstöckigen Oberbau einen
ganz eigenen, feinen, wohllautenden Akkord an, den man inmitten des sinfonischen Architekturklangs im Schloßhof mit
genießerischer Heiterkeit vernimmt.

Von Küchen und Kellern: Den ersten Stock des Ökonomiege-
bäudes und auch den Oberstock der Brunnenhalle wie des Sol-
datenbaues nimmt die *Schloßweinstube* mit ihrem renommierten
Restaurant ein. Um zu ihr zu gelangen, muß man wie in alten
Zeiten den steinernen Treppenlauf erklimmen, dessen Eingang
etwa in der Mitte des Gebäudes liegt. Unterhalb davon trifft

man auf Vorratsräume mit kellerartigen Zugängen. Dahinter
befanden sich einst die Handwerksräume der Bäcker und Metzger. Die eigentliche Küche für die Versorgung des Personals
und der Wachmannschaften lag genau im Südostwinkel des
Schlosses und stieß an den Krautturm an. In die *Herrenküche*
kann man heute noch hineinblicken. Man sieht, daß nur die
mächtigen Rippen des Erdgeschoßgewölbes, die sich diagonal
über den Küchenraum spannten, der Zerstörung standgehalten
haben. Zwischen ihnen hindurch schaut der Himmel auf die
einstige Herdstelle nieder. Was ursprünglich ein von Rauch und
Kochdüften erfülltes Küchengehäuse war, findet als stiller Hofwinkel des Schlosses schon lange kein Interesse mehr.

Diese schmucklosen Schloßgebäude, zu denen im einstigen
Bereich des Ostzwingers nach und nach noch ein Konglomerat
von kleinen Nebengebäuden hinzukam (was heute einen recht
malerischen Ruineneindruck ergibt), hatten eine für die gesamte Schloßfunktion nicht zu unterschätzende Bedeutung.
Auch Stallungen und Remisen, die beim zunehmenden Ausbau
des Schlosses vor den Zugang gelegt werden mußten, gehörten
zu dieser unausweichlichen Funktion. Man braucht nur einmal
in die Aufzeichnungen des 16. Jahrhunderts zu blicken, etwa in
die Tagebücher des Amtsverwesers Johann Casimir, um zu
erkennen, daß die Mahlzeiten den Tagesverlauf der Schloßbe-
wohner entscheidend bestimmten und daß sich auch die Kurfürsten mit ihren Gästen nicht zu gut dafür waren, zur Beschik-
kung der Schloßküche mit Wild und Fischen aktiv beizutragen.

Der reduzierte Ludwigsbau: Jener dreigeschossige Schloßbau, der
unmittelbar mit dem Namen Ludwigs V. verbunden ist,
schließt sich an der Ostseite direkt an die Wirtschaftsgebäude
an, doch gerade das persönlich auf den großen Schloßbauer
bezogene Haus ist nur in verstümmelter und veränderter Form
auf uns gekommen. Der daneben stehende Ottheinrichsbau hat
es erheblich amputiert. Nach der Zerstörung des Schlosses
wurde zur Zeit des Kurfürsten Karl Ludwig an diesen Bau ein
zweistöckiges Gebäude angefügt. Zuvor endete der Ludwigsbau nach Süden hin mit einer Giebelwand, aus der Fenster in
einen Hof hinabsahen, der den Zwischenraum zu den Wirt-
schaftsgebäuden einnahm. Als Karl Ludwig diesen Hof über-

baute, mußte er dem bereits bestehenden Ludwigsbau zu besserer Belichtung verhelfen. Wahrscheinlich hat er deshalb die oberen Fenster des Ludwigsbaues verändern lassen. Der Entstehungszeit gehören nur die zweiteiligen gotischen Fenster im Keller und im Erdgeschoß an.

Den Hauptakzent des Ludwigsbaues bildet der achteckige Treppenturm mit einem spitzbogigen Zugang, über dem sich ein rechteckiges Wappenfeld befindet, das man – stellvertretend für alle anderen Wappen im Schloßbereich – hier in Ruhe und ganz nahe betrachten kann.

Man muß sich dieses pfälzische Wappen, das wiederum in den beiden oberen Schilden den pfälzischen Löwen und die bayerischen Rauten aufweist, während der dritte untere Schild nur ornamental gefüllt ist, farbig gefaßt vorstellen. Wie die Tür des mit fünf Seiten freistehenden Treppenturms, so ist auch das Wappenfeld mit einem naturalistisch aufgefaßten Rundstab gerahmt. Es wird damit eine hölzerne Stabfassung suggeriert. Über der Helmzier und noch oberhalb des dort sich erhebenden Löwen steht die Jahreszahl 1524, doch unter dem Wappen findet sich ein Kuriosum, das leider nur selten beachtet wird, obwohl es den Heidelbergern wegen der Analogie zu einem verwandten Motiv viel besser bekannt sein müßte.

Zwei Affen sieht man, die ein Spiel betreiben. Ein Strang Schnur ist ihnen so um die Köpfe herumgeführt, daß er jeweils über das Genick verläuft. Indem sie die Köpfe aufrichten, versuchen sie mit der starken Nackenmuskulatur, sich gegenseitig zu sich herüberzuziehen. Ein mittelalterliches Spiel zum körperlichen Training, das unter dem Namen ›Strangkatzenziehen‹ bekannt war, wie Oechelhäuser angemerkt hat. Es wird vermutet, daß der Bildhauer mit dieser lustigen Darstellung auf die Wettkämpfe und Kraftproben der Prinzen und Edelknaben anspielen wollte, denn im obersten Geschoß des Ludwigsbaues sollen während des bedeutungsvollen 16. Jahrhunderts die jungen Adligen gewohnt haben.

Der achtseitige Treppenturm am Ludwigsbau war ursprünglich sicher nicht als Begrenzung gedacht, so wie er heute gegenüber dem Ottheinrichsbau wirkt, sondern akzentuierte dessen Mitte. Stellt man sich den Bau nach Norden hin verdoppelt vor und vergißt man seine heutige prachtvolle Nachbarschaft, dann fügt sich dieser Ludwigsbau ganz typisch in die Summe dessen ein, was Ludwig V. hinsichtlich der gesamten Schloßgestaltung bewirken konnte. Daß auch er auf bereits Bestehendem aufbauen und sich einer vorgegebenen Begrenzung anpassen mußte, zeigt sich beim Ludwigsbau unter anderem dadurch, daß man durch den Kellerraum in der Achse des Treppenturms in das Untergeschoß des dahinterliegenden Apothekerturms gelangt.

Blick zum Bibliotheksbau: Weil der Ludwigsbau zu den höher gelegenen Partien des Schloßkomplexes gehört, können wir von dort aus den *Innenhof* gut übersehen. Vom Treppenturm am Ludwigsbau, den wir soeben betrachteten, bis hinüber zum Bibliotheksbau mit dem zierlichen Erker haben wir die größte Ost-West-Erstreckung des unregelmäßigen Hofs von 65 Metern vor uns. Die Distanz vom Torturm bis zum Friedrichsbau in Süd-Nord-Richtung beträgt 85 Meter. Aus den Abstandsverhältnissen läßt sich eine freie Hoffläche von rund 3000 Quadratmetern errechnen.

Wir begeben uns nun durch den Schloßhof auf die andere Seite, um dort den Bibliotheks- und den Frauenzimmerbau anzusehen. Schon wenn wir auf den *Bibliotheksbau* zugehen, erfreut uns dieser etwas eingeengt wirkende Bau mit seinem hübschen Erker. In ihn haben wir vom Stückgarten aus schon hineinsehen können. Nun ragt er über uns aus der Wand hervor. In zierlichen spätgotischen Formen wurde er aus dem Achteck so konstruiert, daß drei Flächen frei vor der Wand stehen und zwei weitere nur halb aus der Wand hervortreten. Demzufolge haben die Hauptfelder zweigeteilte Fenster, die anderen aber nur eine halbe Fensteröffnung.

Der Bibliotheksbau, den man früher irrtümlich auch Rudolfsbau genannt hat, stellte den Tresor des Schlosses und der Hofhaltung dar. Mit seinen im Erdgeschoß drei Meter dicken Mauern war er gut geeignet, das Wertvollste des kurfürstlichen Besitztums zu bewahren. Die wuchtigen Erdgeschoßräume, von denen einige schön bemalt waren, sehen tatsächlich wie Schatz- und Dokumentenkammern aus. Darüber weitete sich jedoch mit kontrastierender Eleganz der Bibliothekssaal, der eine lichte Höhe von 6,60 Metern gehabt haben muß. Heute wölbt sich der freie Himmel über jenem Rundpfeilerstumpf, von dem die Rippen zu den insgesamt vier Sterngewölben ausgegangen sind.

Der Königssaal des Frauenzimmerbaus: Auch der Frauenzimmerbau lehnt sich mit zwei Seiten nach Westen und Norden an die
ursprüngliche innere Ringmauer an. Um ihn errichten zu können, mußte Ludwig V. ältere Vorgängerbauten beseitigen. Das
Gebäude war spätestens im Jahre 1534 fertiggestellt.

Den Frauenzimmerbau hat man auch den ›gemalten Bau‹
oder das ›Bandhaus‹ genannt. Heute spricht fast niemand mehr
vom Frauenzimmerbau. Jeder kennt das Gebäude unter dem
Namen *Königssaal,* vielfach ohne zu wissen, daß dieser Königssaal nur das übriggebliebene Untergeschoß des Frauenzimmerbaues darstellt. Eine Wappentafel an der Ostseite und schöne
dreiteilige gotische Fenster, die auch in einem nach Süden vortretenden Erkerbau zu finden sind, lohnen zwar das Betrachten,
geben aber kaum eine Vorstellung von der einstigen Erscheinung des Frauenzimmerbaues.

Man muß sich das Dach wegdenken, um sich ein weiteres
Massivgeschoß und ein zweites Fachwerkobergeschoß mit
Zwerchgiebeln vorstellen zu können. In den Räumen der bei-
den oberen Stockwerke wohnten die Damen des Hofes. Allerdings werden sie damit nicht sehr zufrieden gewesen sein, denn
dieses Gebäude zeigte Mängel hinsichtlich der Stabilität. Schon
bald nach seiner Errichtung wurde über Baufälligkeit geklagt.
Die mangelnde Standfestigkeit mag hauptsächlich darin ihre
Ursache gehabt haben, daß das Erdgeschoß aus dem großen
Königssaal bestand, der die gesamte Grundfläche von 34,5 auf
16,5 Meter einnahm. Vier Steinpfeiler in der Mittelachse der
Längsrichtung des Saals trugen eine durchlaufende Balkenkon-
struktion, auf welcher die eigentlichen Deckenbalken auflagen.
Daraus erkennt man, daß die Wände der Obergeschosse ebenfalls von dieser weitgespannten Decke des Königssaals getragen
werden mußten. In den dreißiger Jahren hat man die alte Holz-
konstruktion durch eine holzverkleidete Stahlkonstruktion ersetzt. Nun wird auch das Dach mit handgestrichenen Ziegeln
erneuert. Sie kommen aus dem Elsaß, wo sie ein Portugiese
nach alter Weise fertigt.

Als im rechten Winkel zu diesem Frauenzimmerbau bereits
der prächtige Friedrichsbau errichtet war, nahm sich das Gebäude aus der Zeit Ludwigs V. wohl sehr bescheiden aus. Um es
der Nachbarschaft ein wenig anzugleichen, ließ man es im Jahre

Schloßhof mit Brunnenhalle und Torturm

1659, zur Zeit des Kurfürsten Karl Ludwig, von dem Italiener Monchy mit einer Scheinarchitektur bemalen. Ob das ein angemessener und insgesamt glücklicher Versuch war, entzieht sich unserer Beurteilung. Da beim Bau des Frauenzimmerbaus aus konstruktiven Gründen sehr viel Holz verwendet werden mußte, sind die Auswirkungen des Schloßbrandes bei der Zerstörung im Pfälzischen Erbfolgekrieg hier besonders verheerend gewesen. Es blieb tatsächlich nicht viel mehr als das Erdgeschoß erhalten.

Der Königssaal war von 1534 ab der Hauptfestsaal des Schlosses. In ihm ist manches Ereignis mit großem Gepränge gefeiert worden. Aber schon bald erwuchs diesem Saal durch die wesentlich festlicheren Räume im Ottheinrichs- und im Friedrichsbau Konkurrenz. Man übte sich nun in dem großen Raum bei schlechtem Wetter oder zur Winterszeit in ritterlichen Spielen. Von dem erhöhten Teil des Saals, der vordem der Tafel des Kurfürsten gedient hatte, konnte man der Fechtschule oder dem Lanzenstechen zusehen. Gleich nach 1600, als der Friedrichsbau ausgestattet wurde, konnte der Bildhauer Götz seine Werkstatt im Saale aufschlagen und seine Helfer ›vor Ort‹ beschäftigen.

Vierhundert Jahre nach der Entstehung des Frauenzimmerbaues wurde der Königssaal wieder zu einer Stätte festlicher
Begegnungen hergerichtet. Dies stand damals im Zusammenhang mit den Reichsfestspielen der zwanziger und dreißiger
Jahre, für die das Heidelberger Schloß die Kulisse abgab. Seitdem verfügt der Ruinenkomplex über einen Saal, der vielen
Zwecken dienen kann. Er ist bis auf die Nordseite, die drei
große spitzbogige Öffnungen und verputztes Bruchsteinmauerwerk aufweist, gänzlich holzgetäfelt. Sowohl der Zugang
vom Hof her als auch der Abgang zum Faßkeller, die sich an
den Längsseiten gegenüberliegen, wurden mit gotisierenden
Jochen in Sandstein dekorativ verblendet. Über dem Treppenhaus zum Faßkeller entstand so eine Empore mit offenen Arkaden zum Saal hin. Dort ist inzwischen ein Kuriosum untergebracht worden, um das man Heidelberg zu beneiden beginnt:
die erhalten gebliebene und völlig überholte Kinoorgel aus den
ehemaligen Capitol-Lichtspielen, die dort während der zwanziger Jahre vor der Einführung des Tonfilms in Gebrauch war.
Diese ›Eukalyptus-Orgel‹, wie die Heidelberger zu sagen pflegen, weil sie die Firmen- und Herkunftsbezeichnung des In-
struments nie richtig verstanden, kann akustisch sowohl den
Kuckuck rufen als auch eine Dampflok fahren lassen. Als sie
vor wenigen Jahren im Königssaal neu installiert wurde, begleitete sie Stummfilme aus dem Anfang der dreißiger Jahre musi-
kalisch in originaler und origineller Weise. Es war ein großarti-
ger Erfolg und für die Jüngeren ein geradezu märchenhaftes
Erlebnis.

Manchmal geht es märchenhaft im Königssaal zu. Ein wirk-
liches Märchen hat sich dort am 22. März 1979 zugetragen, als
ein Mädchen, das in Heidelberg geboren wurde und dessen
Eltern in der Stadt leben, als Königin von Schweden zurückkehrte und hier mit einem Staatsempfang geehrt wurde. Inmitten des mit Blumen dekorierten und mit Bildern der Wittelsbacher gezierten Saals sahen sich König Carl Gustav und Königin
Silvia von vielen ehrerbietigen Grußadressen gewürdigt. Für
einige Nachmittagsstunden kehrte der Glanz einer Monarchie
in die historischen Mauern zurück. Den Schloßführern dient
dieses Ereignis allerdings noch lange als Orientierungshilfe,
wenn sie bei ihren Rundgängen im Königssaal eine Pause einle-

gen, um ihren Gästen die fortdauernde Bedeutung des gewaltigen Komplexes nahezubringen. Wo abends noch ein Festkom-
mers der Studenten dröhnte, wirken am anderen Morgen wieder die Handwerker, proben nachmittags Theaterleute für eine
Aufführung. Der Königssaal ist nämlich immer die Rettung in
letzter Minute, wenn ein Regenguß niedergeht, der dann den
Veranstaltern eine Innenhofbeleuchtung, ein Serenadenkonzert
oder eine Theateraufführung unter freiem Himmel verdirbt.
Immer an den Abenden gewinnt der Königssaal wundersames
Leben. Wenn man dann während einer Pause aus dem Saal auf
den Hof hinaustritt, sieht man, daß alles, was an Gebäuden
wirklich wichtig ist, zur Nachtzeit in getöntem Licht erstrahlt:
der Ottheinrichsbau, der Gläserne-Saal-Bau, der Friedrichsbau,
die Brunnenhalle und der Torturm sowie das Erkerchen des
Bibliotheksbaues. Erneut kann man dann zur Bezeichnung
›märchenhaft‹ seine Zuflucht nehmen.

Vor dem Ottheinrichsbau: Bis jetzt haben wir uns die Zweckbauten des Schlosses angesehen, jene durchweg mit nüchternem
Sinn konzipierten Gebäude, die in der Traditionsfolge des
Wehrbaues standen. Wenn Ludwigs Bescheidenheit und Ziel-
strebigkeit auch keinen größeren Aufwand bei den herrschaftlichen Gebäuden gestatteten, ja selbst wenn die Fülle dessen, was
an Bauaufgaben zu bewältigen war, manche Ungereimtheiten
in der Architektur und manche Flüchtigkeit in der Ausführung
erklären mag, so ist doch eine gewisse Unruhe in stilistischer
Hinsicht unverkennbar. Am Torturm war deutlich zu sehen,
daß sich die gotische Überlieferung mit neu herandrängendem
Geist zu arrangieren suchte. Doch es bestand kein Zweifel
daran, daß eine Zeit, die wir das Mittelalter zu nennen pflegen,
zu Ende ging und daß sich etwas Neues anbahnte.

Diesem Neuen, das als eine geistige Bewegung immer mehr
an Boden gewann, konnten sich erst die auf Ludwig folgenden
Generationen ganz zuwenden. Am deutlichsten tat dies jener
Kurfürst, der als erster aus dem Hause Wittelsbach zum protestantischen Glauben übertrat: Ottheinrich von Pfalz-Neuburg.
Er führte die Renaissance in den Heidelberger Schloßhof ein
und ließ sehen, was man unter der Wiedergeburt der Antike zu
verstehen gewillt war. Statt der nüchternen Zweckbestimmt-

heit richteten sich nun die Absichten eindeutig auf das Künstlerische. Zum ersten Mal kehrte ein Schloßgebäude dem Hof eine
Schauseite zu, die ein Kunstprogramm enthielt. Richten wir
vom Königssaal aus unsere Blicke auf diese prächtige Hoffassade, so wird uns ein optischer Gesamteindruck zuteil, den wir
kaum zu bewältigen verstehen.

Es empfiehlt sich, bei der Betrachtung methodisch vorzuge-
hen, denn hier wird eine überreichliche Augenweide präsentiert. Beginnen wir beim Sockel des 31,5 Meter langen Baues,
der mit seiner Fassade zwischen zwei Treppentürme elegant
eingespannt ist. Da sehen wir: Der Sockel rechts vom Portal
besteht aus unverputztem Bruchsteinmauerwerk, links davon
jedoch aus behauenen Sandsteinquadern. Damit wird uns erneut deutlich, daß Kurfürst Ottheinrich sein Bauwerk auf Kosten des Ludwigsbaues aufführen ließ, denn der grobe Sockel
zeigt noch an, wie weit einstmals der Ludwigsbau gereicht haben dürfte. Auch hatte der Ottheinrichsbau keine Not mit
einem Treppenhaus. Seine beiden Obergeschosse wurden sowohl durch den Treppenturm des Ludwigsbaues rechts, als
auch durch den des Gläsernen-Saal-Baues links erschlossen. So
konnte man sich ganz aufs künstlerische Konzept konzentrieren. Was sonst noch zu Bedenken hätte Anlaß geben können,
wurde offenbar nicht wichtig genommen. Man machte es sich
leicht, benutzte den Sockel des Ludwigsbaues und führte diesen
nach Norden fort, so daß er schließlich eine Höhe von vier
Metern gewann, was im Hinblick auf die Proportionen der
Fassade als nicht sehr glücklich empfunden wird.

Der Ottheinrichsbau besteht aus drei unterschiedlich hohen
Geschossen. Das unterste, das die Festräume enthielt, ist das
stattlichste. Es legt sich eine Freitreppe vor und schmückt sich
mit einem aufwendigen Portal. Durch eine von Gesimsbändern
betonte Horizontalgliederung werden die einzelnen Geschosse
ausgewiesen. Nur das schmückende Portal greift auf die Gliederung des darüberliegenden Stockwerks über. Sonst aber
weist jede dieser drei Horizontalen ihre Besonderheit auf. Geordnet wird der Bau jedoch durch die Vertikalen, denn die
Pilaster bzw. Halbsäulen, die je zwei der zehn Fenster eines
Geschosses zusammenfassen, stehen übereinander. So ergibt
sich ein relativ einfaches Aufrißschema, das man sich leicht

einprägen kann. Über die ganze Breite des Baues sind je Geschoß zehn Fenster gleichmäßig verteilt (im Erdgeschoß werden die beiden mittleren Fenster durch das Portal ersetzt). Läßt
man die Augen der Fensterreihung folgen, so erkennt man, daß
die Fenster jeweils von einer Plastik oder einer Wandvorlage
getrennt werden. Weil das Prinzip in jedem Geschoß gleich ist,
stehen die Figuren und auch die Wandvorlagen genau übereinander. Nur dienen die Wandvorlagen der architektonischen
Gliederung, die Plastiken jedoch als Teile des künstlerischen
Programms dem Schmuck der Fassade.

*Aber sofort fangen die Besonderheiten an. Die einzelnen Geschosse sind
zwar unterschiedlich hoch, doch die Figuren haben immer die gleiche
Größe. Das führt zu merkwürdigen Konsequenzen hinsichtlich ihrer
Postierung. Die Fenster versuchen sich der Geschoßhöhe anzupassen. Die
Erdgeschoßfenster tragen ein starkes Gebälk, über dem die zurückgenom-
menen Dreiecksgiebel der Wand dekorativ aufgelegt sind. Die Stärke der
Gebälke über den Fenstern nimmt aber nach oben hin ab, und auch die
dekorativen Bekrönungen sind ganz unterschiedlich ausgebildet. Es gibt
also durchaus Disharmonien in den Proportionen. Die Nischen für die
Figuren zwischen den Fenstern ruhen im Erdgeschoß auf deutlich ausgebildeten Sockeln, wachsen aber im Vergleich zur Fensterhöhe von Stockwerk
zu Stockwerk an, so daß immer weniger Wandfläche übrigbleibt. Auch
sind diese Nischen mit Muscheln geschlossen, die sich im Erdgeschoß und
im obersten Geschoß nach oben öffnen, im mittleren Geschoß jedoch genau
umgekehrt, nach unten. Durchgehalten im Prinzip ist die Teilung der
Fenster durch den Mittelpfosten mit Hermen. Diese Hermen werden ebenfalls durch unterschiedlich hohe Postamente den Fensterhöhen angepaßt.
Die Erdgeschoßfenster sind wegen ihrer Höhe außerdem noch durch waagrechte Stürze geteilt, so daß sich fast schon wieder gotische Kreuzstockfen-
ster ergeben.*

*Zuoberst auf dem Gesims heben sich zwei Gestalten gegen den Himmel
ab. Links ist es der Sonnengott Sol als Herrschergestalt im Strahlenkranz;
rechts sieht man Jupiter, der in der erhobenen Rechten den Blitz halten
müßte, denn der Adler sitzt darunter an seinem Fuß. Im obersten Geschoß
folgen von links nach rechts: Saturn (ein Kind fressend), Mars (als Krie-
ger), Venus (mit Amor), Merkur (mit Flügelhelm und Flügelstab) sowie
Diana oder Luna (mit Mondsichel). Im ersten Obergeschoß sind fünf
christliche Herrschertugenden dargestellt: Stärke (mit zerbrochener Säule),
Glaube (mit Bibel), Liebe (mit zwei Kindern), Hoffnung (auf den Anker
gestützt) und Gerechtigkeit (mit Schwert und Waage). Denn nach der*

Interpretation des Heidelberger Wissenschaftlers Karl Bernhard Stark in Sybels ›Historischer Zeitschrift‹ (1861) findet das kraftvolle Wirken einer fürstlichen Persönlichkeit seinen Mittelpunkt im Üben der drei christlichen Tugenden (Glaube, Hoffnung, Liebe), vereint mit Stärke und Gerechtigkeit.

Das Erdgeschoß verfügt wegen des Portals nur über vier Plastiken; diese sind jedoch mit Inschriften auf den Konsolen versehen. Links vom Portal handelt es sich um Josua (mit Helm) und Simson (mit Eselskinnbacken). Rechts vom Portal sehen wir Herkules (mit Keule) und schließlich David (mit Schwert, Schleuder und Goliaths Haupt).

Es ist nicht anzunehmen, daß der gebildete Ottheinrich die schlecht gereimten Inschriften zu den Figuren noch hat lesen müssen. Weil er nur drei Jahre regierte und vor der Vollendung seines Baues starb, ist ihm manche Flüchtigkeit und Unvollkommenheit in der Durchführung seiner Intention nicht anzulasten.

Aber noch sind wir mit dem Studium des plastischen Schmucks nicht zu Ende. Es fehlt noch das Portal, und es müssen noch die Medaillons in den acht Dreiecksgiebeln der Erdgeschoßfenster untersucht werden. Nehmen wir letztere voraus! Sie bilden nämlich ein geschlossenes Thema. Es handelt sich um Bildnisse berühmter Römer. Ihnen wurden merkwürdigerweise musizierende Putti zugeordnet. Vielleicht sollte dadurch sowohl die musische Neigung des Erbauers als auch dessen historisches Interesse ausgedrückt werden.

Hier seien nun nach den Unterschriften die römischen Persönlichkeiten der Medaillonporträts (von links nach rechts) genannt: Vitellius Imperator, Antonius Pius Con., Tiberius Claudius Nero, Nero Caesar, C. Marius, M. Antonius, Rom. N. Pamphilius und M. Brutus. Niemand kann sagen, wie diese sonderbare Auswahl zustande kam. Wahrscheinlich ist sie auf unmittelbare Einflußnahme des Bauherrn Ottheinrich zurückzuführen.

Lassen wir nun noch das mächtige Eingangsportal über der doppelläufigen Treppe mit seinen Einzelheiten auf uns wirken. Es ist zwar fester Bestandteil der plastischen Fassade, tritt dennoch optisch leicht hervor. Für sich betrachtet ist es eine recht originelle Leistung, weil mit tradierten Formen und mit gebräuchlichem Dekor durch freie Gestaltung eine überraschende Wirkung zustande gebracht wurde.

Der Eingang besteht aus einem einfachen Rundbogendurchgang, dieser aber ist sehr dekorativ gerahmt. An die Stelle der kleineren seitlichen Durchgänge im klassischen Sinne treten schmale Fenster, die mit einem Oberlicht jeweils auch die Attika über dem Rundbogen aufhellen. Über der Attikazone des eigentlichen Portals befindet sich eine prächtige Wappentafel. Die darüber erneut folgende Attika paßt sich exakt dem Fassadengesims zwischen Erdgeschoß und erstem Stock an. Darüber wiederum ist in der plastischen Bekrönung ein Medaillon mit einem sehr guten Bildnis des Kurfürsten Ottheinrich zu sehen. Die weibliche Figur, die man optisch noch zum Portalbau zählen möchte, hat ikonographisch nichts damit zu tun, sondern gehört zum Programm der Fassadendarstellung. Es ist die Gestalt der Liebe, einer Frau mit zwei kleinen Kindern auf den Armen.

Doch dem Portal fehlt es nicht an figürlichem Schmuck. Vier herrliche Gestalten auf kräftig ausgebildeten Podesten flankieren das Portal und die beiden seitlichen Fenster. Sie sind außerordentlich qualitätvoll und lassen die anderen Fassadenplastiken weit hinter sich. Man braucht sich nur die bildnerische Behandlung der Gewänder anzusehen, um zu erkennen, wie stark sich das Portal auch in dieser Hinsicht vom übrigen Bau abhebt. Auch beiderseits der pfälzischen Wappentafel über dem Mittelteil der Attika findet man, wenn auch in kleinerer Form, noch einmal zwei Atlanten. Die sehr ausdrucksvoll behandelte, aber spielerisch-unruhig wirkende Wappentafel, die nebeneinander den Löwen, den Reichsapfel und die Rauten in jeweils einem besonderen Schild mit entsprechender Helmzier aufweist, wird außerhalb der Atlanten von zwei annähernd dreieckigen Stützfeldern begleitet, in denen wiederum sehr gut gestaltete halbplastische Szenen zu sehen sind.

Auf manches wäre noch aufmerksam zu machen: auf die musizierenden Putti zu beiden Seiten des Ottheinrich-Medaillons in der Bekrönung, auf ornamentale Relieffüllungen, die auch an Portalen in den Innenräumen wiederkehren, auf die Wappenreliefs, die außerhalb der eigentlichen Wappentafel am Portal zu finden sind und anderes mehr.

Kaum einer von den Betrachtern fragt danach, wer wohl der Schöpfer dieses architektonisch und plastisch so hochstehenden Bauwerks der Frührenaissance in Deutschland gewesen sei. Eine Urkunde nennt lediglich die Werkmeister des Baues, nicht aber einen Schöpfer im Sinne des gestalterischen Gesamtentwurfs. Die Werkmeister heißen Jacob Heider und Kaspar Fischer, die Bildhauer Anthoni (aus Ypern?) und Alexander Colin (aus Mecheln). Ein Vertrag mit Colin ist noch vorhanden; aus diesem geht hervor, daß dem Bildhauer neben anderen

Figuren hauptsächlich die Portalplastiken anvertraut waren. Später wurde sein Auftrag auf das gesamte Fassadenprogramm erweitert. Der Bau ist nach dem frühen Tod Ottheinrichs mit Eile zu Ende gebracht worden, denn der Nachfolger Friedrich III. hatte anderes im Sinn als solche künstlerischen Extravaganzen. Immerhin ließ er den Bau getreulich vollenden, so daß nun er und alle weiteren Kurfürsten über einen festlichen Raum verfügten, den man in Erinnerung an den Aufenthalt Maximilians II. im Jahre 1570 sogar ›Kaisersaal‹ nannte. Es gab außerdem ein Vestibül und ein Wachzimmer, einen Audienzraum und Wohngemächer, eine Schreibstube und Dienerzimmer. Wie die Obergeschosse beschaffen waren, weiß niemand mehr. Im ersten Stock befand sich über dem Kaisersaal der Speiseraum für die kurfürstliche Familie. Bei den anderen Zimmern wird es sich nach pfälzisch-behaglichem Gusto um ›Stuben‹ gehandelt haben. Nichts mehr davon ist vorhanden, der gesamte Bau brannte bei der Zerstörung des Schlosses aus. Nur vier steinerne Türgewände, die den gleichen Formenkanon wie die Fassade zeigen, blieben erhalten.

Wo die beiden Figuren auf dem obersten Gesims frei gegen den Himmel stehen, weisen Bareste auf zwei Zwerchgiebel hin. Diese sind jedoch jüngeren Datums, denn sie wurden sicherlich erst nach dem Dreißigjährigen Krieg aufgesetzt. Vorher muß dort ein Doppelgiebel mit plastischem Schmuck bestanden haben, dessen Firste in Ost-West-Richtung verliefen. Unter Karl Ludwig wird es dann zu einem vierseitigen Walmdach gekommen sein, vor dem die beiden zweistöckigen Zwerchhäuser standen, deren Reste man noch im Ansatz sieht. Nach den Zerstörungen des Orléansschen Krieges hat man den Ottheinrichsbau mit einem Satteldach abgedeckt.

Der heutige Zustand der Fassade macht uns deutlich, daß alle Aufbauten über dem obersten Horizontalgesims das Erscheinungsbild nur beeinträchtigt haben können. Die ruinöse Unvollkommenheit macht das Sandsteinwerk leicht, läßt es bei Durchblicken durch die Fensterrahmungen aufgelockert erscheinen und gibt ihm etwas Schwebendes, vor allem dann, wenn der Himmel wandernde Wolken darüber hinwegschickt.

Bevor wir uns den Schloßgebäuden der Nordseite zuwenden, dürfen wir nicht übersehen, daß auch der Ottheinrichsbau eine ihm nachhaltig zugute kommende Zweckbestimmung übernommen hat. Nicht nur, daß er überregional bedeutsamen Ausstellungen einen würdigen Rahmen verleiht, er ist auch zum wohlgefestigten Domizil eines der schönsten deutschen Sondermuseen geworden. Im Sockel- oder Kellergeschoß, jedenfalls in den urtümlichen Gewölben dieses Baues, sowie in zwei Erdgeschoßräumen des angelehnten Ludwigsbaues, von denen einer wiederum, wie bereits erwähnt, in den Unterbau des schon vorher so genannten Apothekerturms führt, hat das *Deutsche Apothekenmuseum* seit 1957 seine Bleibe gefunden. Es wird jährlich von über 100 000 Interessenten besucht.

Gläserner-Saal-Bau und Glockenturm: Im rechten Winkel zum Ottheinrichsbau steht als Komplex der Nordseite des Schlosses der Gläserne-Saal-Bau. Er wurde von Friedrich II. 1549 errichtet, also nur wenige Jahre vor dem Regierungsantritt Ottheinrichs. Obwohl Friedrich II. im Vergleich zu Ottheinrich ein weitgereister Mann war, der vor allem die romanischen Länder kannte, ist sein Bau viel weniger weltläufig und keineswegs ›welsch‹. Allerdings spürt man an Friedrichs Gläsernem-Saal-Bau den Übergang zum ›Antikischen‹ noch sehr deutlich. Wenngleich man Lauben und Bogenstellungen auch in Deutschland schon seit langem kannte, so war doch die geschoßweise Reihung solcher Arkaden, vor allem zur Hofgestaltung, neu. Ottheinrich kannte sie ebenfalls, nur wandte er sie nicht in Heidelberg, sondern zuvor in Neuburg an der Donau an.

Muß man bei stilkritischer Betrachtung feststellen, daß die Arkadenreihen des Gläsernen-Saal-Baues kaum etwas mit einem italienischen oder spanischen Palazzo zu tun haben, weil beispielsweise die schwerblütigen kannelierten Säulen nicht auf den Boden, sondern auf die Mauerbrüstungen gestellt sind, so gehören doch die vier noch sichtbaren Achsen des Gläsernen-Saal-Baues zum Malerischsten und Stimmungsvollsten des gesamten Schloßbereichs. Wer immer einen Blick oder ein Gespür für architektonische Ausdrucksmöglichkeiten besitzt, fühlt sich von diesem Nordostwinkel des Innenhofs angezogen. Hier wird er nicht von der Fülle des Dekors verwirrt, hier sprechen zu ihm vielmehr die klaren klassischen Formen in einer überschaubaren Dimension und in begreifbaren Bezügen.

Genausoviel wie vom Gläsernen-Saal-Bau zu sehen ist, soviel
versteckt sich hinter dem Ottheinrichsbau. Der Treppenturm
im Winkel zum Ottheinrichsbau gehört seinem Ursprung nach
zum Gläsernen-Saal-Bau und stand in dessen Mitte. Man muß
sich den Bau um ebensoviele Arkaden nach Osten verlängert
vorstellen. Dann stößt er, die Tiefe des Ottheinrichsbaues
durchmessend, auf die östliche Zwingermauer und lehnt sich
zugleich an das Scharnier des Glockenturms an. Ein Pultdach
schließt den Arkadenvorbau ab, doch darüber ragt noch Mauerwerk des eigentlichen Baues auf. Die Arkaden begrenzten
lediglich die Gänge, die vor den Wohnräumen entlangliefen.

Der Gläserne-Saal-Bau birgt trotz seines völlig ausgebrann-
ten Inneren mancherlei Geheimnisse. Nicht nur, daß er teilweise bereits vorhandenes staufisches Mauerwerk mitbenutzte,
an seiner westlichen Giebelwand kam auch jenes frühgotische
bzw. spätromanische dreiteilige Fenster zutage, das für die Da-
tierung der ›unteren Burg‹ erhebliche Bedeutung erlangte, denn
auf dem Jettenbühel muß sich danach zu Beginn des 13.Jahr-
hunderts eine nicht unwesentliche Burganlage befunden haben.

Am Seitenbau, den im oberen Teil eine Sonnenuhr ziert, fällt
das Ringen gotischer Baugliederungen mit Formen der Renaissance auf. Die Rahmung der dreiteiligen Fenster in der Giebelfront ist noch spätgotisch. Auch der Treppengiebel weist mehr
als deutlich auf die deutsche Bautradition hin. Aber auf diesen
›Treppen‹ tummeln sich merkwürdige Geschöpfe. Es sind
Putti, die auf Delphinen reiten, und geflügelte Sirenen, die sich
wagemutig wie Drachenflieger gebärden. Man muß sich den
Seitenbau bemalt vorstellen, um seine vermittelnde Funktion in
der architektonisch stark hervorgehobenen Nachbarschaft verstehen zu können.

Von der Baugeschichte dieses Schloßtrakts braucht uns lediglich zu interessieren, daß sich im obersten Geschoß ein Festsaal befand, der auch den Dachraum nutzte. Er stellte wohl den
eigentlichen Vermittler der Renaissancegedanken dar, denn in
ihm befanden sich zur Nordseite hin Wandspiegel, die in die
Pfeiler zwischen den Fenstern eingelassen waren. Außerdem
gab es darin Renaissance-Stuckierungen. Venezianisches Spie-
gelglas wurde dazumal als ungeheurer Luxus gewertet. Deshalb sprach man im 16.Jahrhundert bald vom ›Gespiegelten

Saal‹, danach auch vom ›Neuen Saal‹ und insgesamt erhielt von diesem Saal der Bau seinen Namen.

Später, wenn wir auf den Altan treten, werden wir sehen, daß der Gläserne-Saal-Bau nach Norden, zum abfallenden Gelände hin, mit einer mächtigen Stützmauer (vermutlich zu Beginn des 18.Jahrhunderts) abgesichert worden ist. Zuvor sollte jedoch noch erwähnt sein, daß sich das Obergeschoß des Gläsernen-Saal-Baues nach Osten hin mit einem hübschen Erker öffnet, den man vor allem vom Garten aus sehen kann. Er ist zwar nicht so elegant geschnitten und ausgebaut wie jener am Bibliotheksbau, dafür sitzt er wie ein Schwalbennest hoch in der ungegliederten Ostfront, aus der sonst nur die wuchtigen drei Türme als Rundungen hervortreten.

An plastischer Zier verfügt der Gläserne-Saal-Bau über drei Wappendarstellungen, die sich in den Zwickeln über den Erdgeschoßarkaden befinden und von denen zwei nur halb in Erscheinung treten können. Diese Wappen sind von Lorbeerkränzen umrahmt und waren früher vergoldet. Das mittlere stellt sich im vollen Rund als das kurpfälzische Wappen dar, das nun im Kurschild außer dem Orden vom Goldenen Vlies den Reichsapfel zeigt, denn im Jahre 1544, als Friedrich II. Kurfürst wurde, hatte ihm Kaiser Karl V. das erbliche Recht verliehen, »das fürnemest kaiserlich und königlich Cleynot des guldin apffels mit ainem guldin Creutzlein« in das Wappen aufzunehmen. Erstmals erscheint dieses Zeichen der Erztruchsessenwürde im Schloßhof am Gläsernen-Saal-Bau. Im mittleren Wappen ist auch das Jahr 1549 als jenes der Erbauung zu lesen. Das links in einem Halbkreis mit Mühe untergebrachte Wappen ist jenes von Friedrich II. mit dessen Initialen FPC (Fridericus Princeps Comes) und mit dem Künstlermonogramm CF auf einem Band des Kranzes. Rechts befindet sich das Wappen der Gemahlin Friedrichs, die eine Prinzessin von Dänemark war. Drei Wappenbilder erscheinen, weil zu Dänemark damals auch Schweden und Norwegen gehörten.

An dieser Stelle wollen wir die Betrachtung des *Glockenturms* einfügen, auch wenn er vom Schloßhof aus nur in seinem obersten Teile sichtbar ist. Besser kann man ihn vom Altan aus betrachten, wenn man sich dort zum Schloß zurückwendet. Der Turm ist so unmittelbar mit dem Gläsernen-Saal-Bau verbunden, daß wir ihn als Bastion der Nordostseite hier würdigen sollten. Die Baugeschichte des Glockenturms kann man streckenweise als symbolhaft für die gesamte Schloßentwick-

lung ansehen. Der unterste runde Teil des Turms, der optisch
heute sowohl von der Zeughausbastion als auch von der Karlsschanze gestützt wird, stammt aus der Zeit der Erbauung der
doppelten Ringmauer, die wir bereits erwähnten. Damals sind
die Flankierungstürme angelegt worden, unter ihnen auch dieser Turm. Das war am Anfang des 15. Jahrhunderts.

Schloßbauer Ludwig V. ließ vor dem Glockenturm das Zeughaus als Bastion der Nordostecke anlegen. Weil durch das
Zeughaus die Ecke gut befestigt war, konnte er auch das Mauerwerk des Turmes erhöhen und die Innenräume nicht nur zu
Verteidigungszwecken nutzen. Der Turm sah damals so aus,
wie ihn Sebastian Münster in seiner Heidelberg-Ansicht überlieferte. Als Friedrich II. den Gläsernen-Saal-Bau errichten ließ,
nahm er die Oberteile des Glockenturms, die Ludwig V. zuvor
aufgesetzt hatte, wieder weg, erhöhte den unteren runden Teil
des Turms um ein Stockwerk und setzte darauf einen achteckigen Oberbau von zwei Stockwerken Höhe. An der Stelle des
Übergangs vom runden zum achteckigen Turmteil ergab sich
ein Umgang, der mit einer Brustwehr versehen wurde. Nun
erhielt der Turm ein Zeltdach mit einer Laterne. Darin hing
eine weithin hörbare Glocke, die schließlich dem Turm den
Namen gab.

Friedrich IV. setzte den achteckigen Obergeschossen aus der
Zeit Friedrichs II. abermals zwei achteckige Geschosse auf,
doch mußte er diese – nicht nur aus optischen Gründen – ebenfalls einrücken. Dazu war jedoch eine innere konstruktive Festigung nötig, die den ganzen Turm erfaßte. In der Mittelachse
des Turms wurde ein Steinpfeiler durch alle Geschosse aufge-
mauert, der als Aufleger für die Balkendecken diente. Dieser
Pfeiler ruhte auf dem Schlußstein des Kuppelgewölbes über
dem untersten Geschoß. Der von Friedrich IV. aufgesetzte oberste Teil wurde nur mit Holzdecken versehen; auch erhielt er
einen zweiten Umgang. Nun wurde der Glockenturm mit einem kuppelartigen Dach und Laterne geschlossen. Man kann
das Werk bei Merian betrachten.

Kurfürst Karl Ludwig reduzierte das Mauerwerk auf jene
Höhe, die es heute noch hat. Allerdings ist die welsche Haube
wieder verschwunden, mit der er den Turm schließen ließ.
Auch von dieser Turmbekrönung gibt es Ansichten. Wie bei

manchen Partien des Schlosses, so muß man auch beim Glockenturm bekennen: So wie er heute dasteht, wirkt er noch am schönsten. Natürlich darf man dabei nicht vergessen, daß der Turm der Sprengung durch die Franzosen widerstand. Er erlitt nicht das Schicksal seines Zwillingsbruders an der anderen Nordecke. Er brannte jedoch aus und wurde danach nur notdürftig instand gesetzt.

Die Ahnengalerie des Friedrichsbaues: Der Friedrichsbau wird jenem Kurfürsten Friedrich IV. verdankt, der sich an die Spitze der Protestantischen Union setzte, so daß sie Führung und Profil erhielt. Man kann demnach bei ihm eine gefestigte Urteilsfähigkeit voraussetzen. Dies zu wissen, ist wichtig, um hinter dem Gebäude des Schlosses mindestens mit gleicher Konturenschärfe den Bauherrn zu erkennen, wie dies beim Ottheinrichsbau viel leichter und selbstverständlicher geschieht.

Der Friedrichsbau wird fast nie betrachtet, ohne daß vergleichende Blicke zum Ottheinrichsbau hinüberwandern. Der Ottheinrichsbau hingegen pflegt die Betrachter so zu fesseln, daß sie darüber meist das übrige Schloß vergessen: Er erhebt sich auf einem stattlichen Sockel und legt sich Treppe und Portal mit Grandezza vor die Fassade. Der Friedrichsbau besitzt keinen Sockel, sondern wächst aus einer zunächst nicht erkennbaren Tiefe auf. Er ist schmäler als sein Konkurrent, ja er wirkt sogar fast ein wenig eingezwängt zwischen dem Gläsernen-Saal-Bau und dem ehemaligen Frauenzimmerbau-Komplex.

Die Meinung mancher Schloßbesucher und Schloßkenner, beim Friedrichsbau handele es sich um das wertvollste Bauwerk im gesamten Architekturbestand des Schlosses, ist nicht unbegründet. Allerdings muß man auch darauf hinweisen, daß sich diesem Bau Karl Schäfer um 1900 mit restaurierenden Bemühungen zuwandte. Daß er dem Friedrichsbau wieder zur ursprünglichen Dachform und Dachhöhe verhalf, ist ebenso zu loben wie die Tatsache, daß die Originalplastiken der Fassade im Innern geborgen und am Außenbau durch gute Kopien ersetzt worden sind. Als weniger gelungen stellt sich der Versuch dar, dem Bau wieder zu einem Innenleben dadurch zu verhelfen, daß man die Räume entweder mit historischen Versatzstücken versah (mit Kaminen beispielsweise, die keinen Rauchabzug besitzen) oder daß man sie mit Proben altertümelnden Kunsthandwerks ausstattete (etwa mit Intarsientüren im nachempfundenen Geschmack der Erbauungszeit).

Mit Friedrich IV., das sollten wir nicht übersehen, treten wir in das 17.Jahrhundert ein. 1601 bis 1604 wurde der Friedrichsbau von Johannes Schoch errichtet, doch bis 1607 zogen sich die Arbeiten an der Ausstattung der Fassade und Innenräume hin. Dann war ein Wohnbau geschaffen, der sich zwar am Ottheinrichsbau orientierte, ihn aber zugunsten einer eigenständigen Leistung auch hinter sich ließ.

Man muß nicht besonders geschult sein, um zu sehen, daß der Friedrichsbau das Grundschema des fünfzig Jahre älteren Ottheinrichsbaues aufnimmt. Er befleißigt sich wie dieser einer klaren Stockwerksteilung, also einer Horizontalgliederung, und durchdringt diese mit Vertikalen, die einesteils aus Wandpfeilern, anderenteils aus Plastiken bestehen. Nur: Die Proportionen sind ganz andere geworden. Der Friedrichsbau ist um ein Doppeltravée schmäler, statt der zehn Fenster – wie beim Ottheinrichsbau – verfügt er nur über acht je Stockwerk. Dadurch wirkt die Fassade schlanker, so daß die vertikalen Gliederungsbemühungen stärker hervortreten. Diese Höhentendenz wird von den beiden Zwerchgiebeln aufgenommen, die nun organisch aus der Fassade nach oben herauswachsen und das, was sich von unten her an Architekturgliederung aufbaut, in graziöser Weise ausklingen lassen. Der Baumeister des Friedrichsbaus entwickelt aus dem bereits bewährten Formenkanon einen plastischen Baukörper, dem der Zug ins Große nicht abzusprechen ist. Es kommt noch hinzu, daß dieser Friedrichsbau nun nicht mehr nur aus einer schmückenden Hoffassade und drei nebensächlich behandelten Gebäudeseiten besteht, sondern daß dieser Bau des 17.Jahrhunderts jetzt auch eine architektonisch gleichwertig gegliederte Nordseite besitzt, die zwar etwas einfacher gehalten wurde, dafür aber in mancher Hinsicht sogar als die harmonischere angesehen werden kann.

Der Friedrichsbau entstand keineswegs auf vorher unbenutztem Boden, im Gegenteil. Auch er mußte einen wichtigen Teil des früheren Wehrbaues beseitigen, die von Ruprecht I. im Jahre 1346 gestiftete und dem Heiligen Udalrich geweihte Kapelle. Bis auf die Fundamente wurde die Kapelle abgetragen, um den festen Granit für den Neuaufbau erreichen zu können. Dabei mußte auch das östliche an die Kapelle angrenzende Nordtor des Schlosses abgebrochen werden. Der Zugang zum Schloß über den steilen Burgweg fiel damit zunächst weg.

Weil man sich über die äußere Erscheinung des Baues im klaren war, mußte man bestimmte konstruktive Erfordernisse berücksichtigen. Beide Fassaden sollten nicht durch statische Erfordernisse gestört werden. Also verlegte man die Strebepfeiler, die den Gewölbeschub der neuen Kapelle im Erdgeschoß des Baues aufzunehmen hatten, ins Innere. Wie man allerdings mit der Rezeptur der Renaissance bei der Gestaltung des sakralen Innenraums umzugehen hatte, das wußte man dazumal noch nicht so genau. Deshalb laufen noch gotisierende Rippen über die Gewölbe, die traditionelle Netzmuster zeigen. Bis auf diese Gewölbe der Kapelle ist der Friedrichsbau zweimal ausgebrannt: einmal im Verlauf des Orléansschen Krieges und dann noch einmal in der Folge des Blitzschlags von 1764. Doch jedesmal blieben die Fassaden erhalten. Zwei Portale führen in die Kapelle. Der Hauptzugang befindet sich dort, wo er auch beim Ottheinrichsbau angeordnet wurde, aber er hat eine andere Zweckbestimmung. Die Tafel darüber bezeichnet diese in hebräischer und lateinischer Sprache: »Das ist das Tor des Herrn; die Gerechten werden da hineingehen.« Dieser Zugang zur Kapelle liegt an der Längsseite. An der Schmalseite befindet sich ebenfalls eine Zugangstür. Man findet sie zur linken Hand, wenn man den Durchgang unter dem Friedrichsbau zum Altan hin passiert.

An der Südfassade des Friedrichsbaues hat sein Erbauer eine Wittelsbacher Ahnengalerie in Stein gestalten lassen. Der Churer Bildhauer Sebastian Götz widmete sich dieser Aufgabe mit exzellentem bildhauerischen Können. Es sind ihm herrliche, kraftvolle Gestalten gelungen. Sie finden keinen Platz in ihren Wandnischen. Voller Regsamkeit treten sie vor die Wand und lassen sich untertänigst betrachten.

Die ›Ahnentafel‹ ist nach unseren heutigen Kenntnissen recht willkürlich behandelt. Sie beginnt oben links bei den Zwerchgiebeln und setzt sich dann nach unten über die einzelnen Geschosse jeweils von links nach rechts fort. Folglich ist die Gestalt unten rechts beim Durchgang zum Altan die zur Erbauungszeit jüngste, nämlich der Bauherr Friedrich IV. selbst. Ob

III

NORDPARTIE DES SCHLOSSHOFES MIT DEM
RENAISSANCEBAU FRIEDRICHS IV.

Aquarell von Heinz Michel
1958

Die elegant-lebendige Illustrationsweise des Künstlers läßt den Betrachter das Heidelberger Schloß an einem schönen Sommertag erleben. Der Blick ist so gewählt, daß er keine Ruinen erfaßt, denn der von Kurfürst Friedrich IV. 1601 bis 1604 errichtete Bau wurde um 1900 renoviert und aufs neue unter Dach gebracht. Bewundernd stehen die Schloßbesucher vor dieser figurenreichen Sandsteinfassade und studieren die plastisch ausgeformte Ahnengalerie des Hauses Wittelsbach. Mit Goethe kann man sagen, hier »stickt« sie voller Merkwürdigkeiten, doch das tut der Leistung des Churer Bildhauers Sebastian Götz und seiner Gesellen keinen Abbruch. Gute Kopien ersetzen heute die Originale, die im Innern geborgen wurden. Links vom Friedrichsbau kann man den Eingang zum Königssaal erkennen; er stellt das Erdgeschoß des ehemaligen Frauenzimmerbaues dar. Rechts jedoch behauptet sich mit dem Treppengiebel des vorspringenden Bautrakts ein Rest jener mittelalterlichen Tradition, die mit der Errichtung des Gläsernen-Saal-Baues vor der Mitte des 16. Jahrhunderts erstmals im Schloßensemble überwunden wurde. Die Arkaden dieses Baues sind hinter den Büschen bei der Fontäne ebenso zu erkennen wie der Durchgang zum Schloßaltan in der Bildmitte.

die Wittelsbacher damals wirklich geglaubt haben, Karl der Große gehöre in ihre Ahnenreihe, braucht nicht weiter untersucht zu werden. Man muß annehmen, daß er hier ebenso als Renommierfigur zu dienen hatte wie die drei Könige, die man als Wittelsbacher vorstellen konnte. Auch ist nicht herauszufinden, warum bei den Namen der Dargestellten nur ein einziges Jahr in römischen Zahlen steht. Geburtsjahr, Todesjahr, Jahr des Regierungsantritts? Die Todesjahre kommen am häufigsten vor.

In der bereits angedeuteten Reihenfolge sind zuoberst an den Zwerchgiebeln dargestellt: Karl der Große (Deutscher König und Kaiser), Otto von Wittelsbach (Erster Herzog von Bayern), Ludwig I. (der Kelheimer, Nachfolger Ottos), Rudolf I. (der Stammler, Ahnvater der alten pfälzischen Kurlinie). In der zweiten Reihe bzw. im obersten durchgehenden Geschoß: Ludwig der Bayer (Deutscher König und Kaiser, Bruder Rudolfs I., Ahnvater der bayerischen Linie), Ruprecht I. (Deutscher König, als Kurfürst: Ruprecht III.), Otto (III.) von Ungarn (König), Christoph von Dänemark (König von Dänemark, Schweden und Norwegen). Im mittleren Geschoß: Ruprecht I. (Kurfürst, Gründer der Universität), Friedrich I. (der Siegreiche, Kurfürst und Amtsverweser für Philipp), Friedrich II. (Kurfürst, Erbauer des Gläsernen-Saal-Baues), Ottheinrich (Kurfürst, Erbauer des Ottheinrichsbaues). In der untersten Reihe: Friedrich III. (von Pfalz-Simmern, Kurfürst, Bekenner des Calvinismus), Ludwig VI. (Kurfürst, Sohn Friedrichs III.), Johann Casimir (Herzog, Bruder Ludwigs VI., Amtsverweser und Vormund für dessen Sohn Friedrich IV.), Friedrich IV. (Kurfürst, Sohn Ludwigs VI., Erbauer des Friedrichsbaues).

Sebastian Götz und seine Gesellen haben sich ihrer Aufgabe mit solcher Intensität gewidmet, daß man an den Sandsteinfiguren Rüstungsstudien betreiben kann. Auch läßt sich die kurfürstliche Gewandung insgesamt studieren. Die regierenden Kurfürsten haben außerdem alle das Zeichen ihrer Macht, den Löwen, zu Füßen. Es bereitet ein großes Vergnügen, die Augen von Löwe zu Löwe wandern zu lassen, um festzustellen, welcher Gestaltungsreichtum den Bildhauern gegeben war. Es kann nicht wundernehmen, daß die Herrschergestalten die Blicke der Betrachter auf sich ziehen. Zu prächtig und herausfordernd stehen sie in ihrem Ornat und in ihrer Leibesfülle vor uns. Dennoch sollte man daneben die ›Kleinigkeiten‹ nicht ganz übersehen. In den Dreiecksgiebeln der Fensterbekrönungen findet man zum Beispiel Köpfe, die das Betrachten genauso lohnen. Sie gehören zum künstlerisch Ausdrucksvollsten, was diese Fassade zu bieten hat. Studiert man Stück um Stück das plastische Werk der Südfassade, so drängt sich einem das Bedauern darüber auf, daß alle Gestaltungselemente reichlich eng beieinander sitzen. Der gesamte Reichtum hat zu wenig Luft, um seine Einzelelemente gebührend zu präsentieren. Dennoch, so meint das Dehio-Handbuch, erweise sich mit diesem Bau, daß der Sinn für das architektonisch Große erwacht sei. Dem Manierismus möchte man den Friedrichsbau nicht zuschreiben, auch wenn nicht von der Hand zu weisen ist, daß sich Karl Schäfer bei seiner Restaurierung des Gebäudes mit einer gewissen Vorliebe manieristischer Mittel bediente. Die Nordfassade, die auf die Fernwirkung berechnet war, verzichtete mit ihrer rhythmischen Gliederung auch auf den plastischen Schmuck und gelangte so zu einer ruhigen Ausgewogenheit, die man selbst noch beim Blick von der anderen Neckarseite als wohltuend empfindet.

Es sei abschließend darauf hingewiesen, daß der Friedrichsbau keine eigene Treppe besitzt, die alle Stockwerke erschlösse. Der Verkehr im Gebäude mußte sich entweder über den Frauenzimmerbau oder über den Gläsernen-Saal-Bau abwickeln. Mit beiden Nachbargebäuden war der Friedrichsbau eng verklammert und durch Türen verbunden. Er vermittelt zwischen den nicht immer gleich gewichtig erscheinenden Schloßpartien im Osten und im Westen. Seine plastische Fülle ist evident, doch wenn man nachzählt, verfügt der Friedrichsbau über die gleiche Anzahl an Wandplastiken wie der Ottheinrichsbau: es sind hier wie dort sechzehn. Allerdings zierte sich der Friedrichsbau noch zusätzlich mit der Gestalt der Justitia vor der Gaupe zwischen den beiden Zwerchgiebeln und mit zwei Spitzenfiguren auf diesen Zwerchgiebeln. Sie sollen den Frühling (links) und den Sommer (rechts) symbolisieren.

Von einem Faktum, das zumindest im touristischen Sinne das Leben im Schloß garantiert, muß noch gesprochen werden. Der Globetrotter hat das Stichwort schon viel zu lange auf der Zunge: das Große Faß zu Heidelberg.

Im Keller mit dem Großen Faß: Es geht wie von selbst die ›hohle Gasse‹ vor dem Friedrichsbau hinunter. Zuerst befindet man sich im Keller des Frauenzimmerbaues. Zum eigentlichen Faßbau des Herzogs Johann Casimir muß man jedoch noch einmal eine Treppe in nördlicher Richtung hinuntersteigen. Sie führt direkt in ein Gewölbe, das fast ganz vom Großen Faß ausgefüllt wird. Freilich: Für *dieses* Faß ist der Kellerraum nicht gebaut worden. Das Faß das Johann Casimir aus dem Jahre 1591, wie wohl es sehr bestaunt wurde, war wesentlich kleiner. Es faßte nach der zeitgenössischen Messung »bei hundertdreißig und drei Fuder Weins«, das sind nach heutigen Maßbegriffen rund 130000 Liter.

> *Als Tausend und fünfhundert Jahr,*
> *und neunzig eins die Jahr-Zahl war,*
> *da Fürst Johannes Casimir*
> *war dieses Landes Schutz und Zier,*
>
> *ward hier ein großes Faß erbaut*
> *und als ein Wunder angeschaut,*
> *desgleichen zu der selben Zeit*
> *war keines in der Christenheit. . .*

Das zweite Große Faß ließ Kurfürst Karl Ludwig nach dem Dreißigjährigen Krieg während der allgemeinen Aufbau- und Erneuerungsphase Heidelbergs und der Pfalz errichten. Es stammte aus dem Jahre 1664 und hatte ein Volumen von 195000 Litern. Im Jahre 1727 wurde dieses Faß erneuert. Das heutige *Karl-Theodor-Faß,* mit einem Tanzboden auf dem Rücken versehen, läßt seine beiden Vorgänger weit hinter sich. Von mächtigen Eichenbalken zusammengehalten, könnte es 221726 Liter aufnehmen. Niemand weiß, ob es jemals ganz gefüllt gewesen ist.

Das große Faß schaut eine geschnitzte und bemalte Holzfigur an, die den Weinpokal hebt. Sie trägt eine Allongeperücke und ein barockes Gewand. Man kann sie mit Versen des Viktor von Scheffel vorstellen:

> *Das war der Zwerg Perkeo im Heidelberger Schloß,*
> *An Wuchse klein und winzig, an Durste riesengroß.*
> *Man schalt ihn einen Narren, er dachte: »Liebe Leut,*
> *Wärt ihr wie ich doch alle feuchtfröhlich und gescheut.«*

Der Hofzwerg Clemens Perkeo wurde von Kurfürst Karl Philipp zum Wächter über jenes Faß gesetzt, das im Jahre 1727 erneuert worden war. Der Kurfürst, der zuvor als kaiserlicher

Statthalter in Tirol waltete, hatte den italienisch sprechenden Hofzwerg von dort mitgebracht. Von seiner Trinkfestigkeit soll sich auch der Name Perkeo ableiten. Auf die Frage, ob er immer noch einen Humpen leeren könne, soll der Zwerg stets lakonisch geantwortet haben: »Perche no?« – »Warum nicht?«

Der Faßkeller Johann Casimirs besteht aus drei Stockwerken. Das unterste Geschoß gehört zu den fortifikatorischen Unterbauten des Schlosses direkt neben der großen Batterie. Im mittleren Geschoß befindet sich das Große Faß, doch sind von den dreizehn Fenstern, die diesem Raum einst Licht gaben, die meisten vermauert worden, als der Englische Bau und der Altan vor dem Friedrichsbau errichtet wurden. Das obere Geschoß, das ebenfalls nur aus einem Raum besteht, erreicht bereits das Niveau des Frauenzimmerbaues und wird als Verlängerung des Königssaals empfunden. Dieser Teil des Faßbaues diente dem Personal für die Vorbereitungen bei der Bewirtung der Gäste im Saal. Aus dem darunterliegenden Großen Faß konnte der Wein hochgepumpt und sofort ausgeschenkt werden. Und noch einen Dienst leistete dieser Bau, dessen oberstes Geschoß dreiteilige gotische Maßwerkfenster wie eine Kirche besitzt: Er schloß flach ab, bildete einen kleinen Altan und bot den Damen Aufenthalt mit Ausblick auf die Stadt und das Land.

Meister und Gesellen: *Der Erbauer des Fasses von Johann Casimir 1591 war ein Landauer Küfer namens Michael Werner. Der Amtsverweser hatte jahrelang die linksrheinische Pfalz verwaltet und dort zahlreiche Vorratshäuser errichtet. Aus diesem Teil der Pfalz brachte er auch den Küfer mit. Das Faß des Kurfürsten Karl Ludwig schuf 1664 der Hofkellermeister Johannes Meyer gemeinsam mit Heidelberger Handwerkern. Das heute noch zu bewundernde Große Faß von 1751 baute mit technischem Verständnis und Kunstsinn Johann Jakob Englert. Mit Ornamenten, wie sie von Kirchen und Kanzeln bekannt sind, wollte Paul Egell das Große Faß plastisch überziehen. Natürlich bemächtigten sich auch die Wirte und Weinhändler des Großen Fasses zu Heidelberg als Symbol. An der Ostseite des jüngeren Rathaus-Anbaues, Hauptstraße–Ecke Mönchgasse, findet man eine Erinnerungstafel an das Gasthaus ›Zum großen Faß‹. An der Wirtschaft ›Zum großen Faß‹ war ein Tonrelief des Fasses von 1751 angebracht, das ein Künstler namens Kerzinger geschaffen hatte. Auch Matthäus Merian hat nicht versäumt, das Große Faß des Johann Casimir in seiner Beschreibung der Untern Pfaltz am Rhein abzubilden.*

Von Madern Gerthener, dem aus Frankfurt stammenden Bildhauer, der unter anderem das Engelsrelief am Ruprechtsbau schuf, haben wir bereits berichtet. Zu seiner Zeit gab es noch keine scharfe Trennung zwischen Architekten bzw. Baumeistern und Bildhauern. Im Laufe des 16. Jahrhunderts treten aber Schloßbaumeister in Erscheinung. So ist seit 1533 als Baumeister Hans Engelhardt bekannt. Er begann als Brunnenmeister und hat wahrscheinlich den Gläsernen-Saal-Bau entworfen und aufgeführt. Im Jahre 1573 starb er. Zu seiner Zeit wird auch ein Oberbaumeister Moritz Lechler, zusammen mit einem Baumeister Opfrigkam, genannt (um 1538).

Zweimal taucht das Künstlermonogramm C.F. im Heidelberger Schloßhof auf, einmal am Ruprechtsbau, ein andermal an einer der Wappendarstellungen des Gläsernen-Saal-Baues. Man vermutet, daß mit dieser Abkürzung der Name Conrad Forster gemeint ist. Der Künstler stammte aus Amberg in der Oberpfalz. Ihm verdankt man wohl die schöne Dekoration des Eingangs in den Gläsernen-Saal-Bau.

Auf die Abhängigkeit des Ottheinrichsbaues von bestimmten niederländischen Vorbildern hat die Kunstwissenschaft schon immer hingewiesen. Dieser niederländische Kunstkreis gruppiert sich um Cornelis Floris. Aus ihm geht Alexander Colin hervor, der aus Mecheln stammte, und der sich mit seiner Kunstauffassung vor allem am Hauptportal des Ottheinrichsbaues dokumentiert hat. Nach dem bereits erwähnten Arbeitsvertrag aus dem Jahre 1558 kann man seinen schöpferischen Anteil auch an anderen Partien des Ottheinrichsbaues ziemlich genau festlegen. Unentschieden bleibt jedoch die Frage, wem Entwurf und Bauleitung des Ottheinrichsbaues zuzuschreiben sind: Kaspar Fischer (wie man neuerdings annimmt) oder Hans Engelhardt (der als Baumeister am Schloß überliefert ist)?

Beim Friedrichsbau gibt es keine offenen Fragen dieser Art. Das Gebäude wurde von Johann Schoch zu Beginn des 17. Jahrhunderts errichtet; wir haben es schon erwähnt. Der Bildhauer des plastischen Schmucks war Sebastian Götz. Er kam von seiner Graubündner Heimat auf dem Weg über München und Würzburg 1604 nach Heidelberg. Vier Jahre später, als er seinen Auftrag ausgeführt hatte, verließ er die Stadt wieder. Von ihm wissen wir, daß er für jede Statue sechzig Taler gefordert hatte

– und daß er sie vom Kurfürsten auch erhielt. Er nahm acht
Gehilfen in seinen Dienst. Für deren Verpflegung und Unterkunft mußte der Hof ebenfalls aufkommen. Als Material ließ
Götz hellen Heilbronner Keupersandstein herbeischaffen; dieser kontrastierte gut zum roten Hintergrund des Baues und war
auch leicht zu bearbeiten. An den Originalfiguren, die sich
mittlerweile im Innern des Baues befinden, kann man sehen,
daß dieser Sandstein nicht sehr widerstandsfähig war. Karl
Schäfer ließ sie durch Kopien aus Maulbronner Keuper von
Karlsruher Bildhauern um 1900 ersetzen. An den Originalen ist
von der ursprünglichen Vergoldung der Kronen, Szepter und
Schwerter als Insignien der Macht nichts mehr übriggeblieben.

Feuerwerk und musische Verzauberung: Man kann die Betrachtung des Heidelberger Schlosses nicht abschließen, ohne der
wundersamen Verwandlungen zu gedenken, die das Schloß
von Zeit zu Zeit erlebt. Nicht nur, daß es sich im Reigen der
Jahreszeiten in stets neuer Weise darbietet, – es nimmt sich auch
bei Nacht, vom rötlich-gelben Licht bestrahlt, ganz anders aus
als in der Helligkeit eines klaren Tages. Das genügt den Schloß-
betrachtern jedoch nicht. Sie haben schon lange ganz andere
Ruinenverwandlungen ersonnen. Überall im Lande sind sie als
Heidelberger Schloßbeleuchtungen bekannt.

   Die *Schloßbeleuchtung* bringt nicht nur die Stadt immer wieder auf die Beine, weil das nahezu Gleiche doch immer wieder
als neu empfunden wird, – sie erweckt in nicht wenigen Zu-
schauern auch ein Gefühl für das Schicksalhafte, das diesem
Schloß widerfahren ist. Bevor nämlich die Raketen von der
Alten Brücke über dem Neckartal aufsteigen, wird das Schloß
illuminiert. Es wabert im roten Schein; Rauchwolken ziehen
um seine Mauern. Vom Philosophenweg, vom Neckarufer,
von den Dächern in der Stadt nimmt sich das pyrotechnische
Spiel wie ein neuerlicher Brand des stolzen Gebäudes aus.
   Feuerwerke haben in Heidelberg schon eine beachtliche Tradition. Das erste Spektakel dieser Art, von dem wir wissen, ließ
Kurfürst Friedrich v. zum Empfang seiner Gattin in Heidelberg
inszenieren. Dieses Ereignis wurde noch im gleichen Jahre 1613
publiziert: »Reissempfahung Herrn Friedrich des Fünften,
Pfaltzgrafen by Rhein«. Zwar handelte man damals aus barok-

kem Geiste und wollte mitnichten den Eindruck erwecken, die Residenz brenne. Im Gegenteil, mit dem pyrotechnischen Zauber gedachte man sie nur noch prächtiger herauszukehren. Wenn man dem Chronisten folgt, dann hat das ganze Schloß »mit stetiger Auswerffung vieler schwirm Feuer und schöner Sternkugeln in zierlicher rechter Ordnung und Würckung im Fewr gestanden«. Die Menschen begeisterten sich am »gantz hell scheinenden schön zwitzernden Regen und Stern Fewr«.

Nach dem Dreißigjährigen Krieg und nach den Zerstörungen des Orléansschen Erbfolgekrieges hatten die Heidelberger genug vom Feuer in der Stadt. Sie vergaßen, was sich die Herrschaft einstmals zum nächtlichen Vergnügen vorführen ließ. Erst in der Zeit der Romantik, als die Schloßruine wild verwachsen war, erwachte wieder der Sinn für Verzauberungen durch Feuer. Allerdings beschied man sich mit Beleuchtungen, die durch das Abbrennen trockenen Holzes in den Ruinen bewirkt wurden. Joseph von Eichendorff beschrieb als Student, was ein Heidelberger mit Namen Kesselbach aus Anlaß des Besuchs des badischen Kronprinzen Karl Ludwig Friedrich am 20. Juli 1807 nach einem Konzert im Schloßgarten inszenierte: »Nach dem Konzert wurde die alte Burg durch innen angemachte Flammen erleuchtet, welches allgemein überraschte und durch die dunkle Nacht einen fürchterlich-schönen Anblick gewährte.« Als im Mai 1860 der badische Großherzog Friedrich mit seiner Gemahlin Luise drei Tage lang Heidelberg besuchte, wurde ihm von den Nachfolgern Kesselbachs, die heute noch ein einschlägiges Geschäft in der Altstadt betreiben, die erste bengalische Schloßbeleuchtung vorgeführt. Dieses Ereignis fiel mit der Uraufführung des ›Alt-Heidelberg‹-Liedes von Viktor von Scheffel zusammen.

Heute praktiziert man aus Anlaß bestimmter festlicher Begegnungen, die im Schloß stattfinden, manchmal eine Schloßinnenhof-Beleuchtung im kleinen Rahmen. Wenn sich dann die Kulissen der Gebäude zu verwandeln scheinen (und die Betrachter eines solchen Märchens auch), dann gewinnt das Schloß für die Gäste eine neue Dimension. Es bleibt ihnen in solcher optischen Erhöhung in Erinnerung und trägt auf lange Zeit zu jener Verklärung bei, deren sich Heidelberg allüberall in der Welt erfreuen darf.

Daß der Schloßhof ein herrliches Szenarium darstellt, haben Theaterleute schon lange herausgefunden. Bereits in den zwanziger Jahren unseres Jahrhunderts rief man Schloßfestspiele mit hochkarätiger Schauspielerbesetzung ins Leben. Zwar hatten diese künstlerischen Darbietungen, die sich meist auf das klassische Schauspiel beschränkten, mit den wirtschaftlichen Nöten zu Beginn der dreißiger Jahre zu kämpfen. Aber einer, der dazumal in Heidelberg studierte und der des NS-Reiches oberster Propagandist wurde, begriff diese Faszination. Es sind dann Reichsfestspiele mit großem Aufwand und erstklassiger Schauspielerbesetzung im Schloßhof inszeniert worden. Markige Stücke wie ›Götz von Berlichingen‹, die man in den ›Geist der Zeit‹ einpassen konnte, genossen den Vorzug.

Der apokalyptische Donner, mit dem das ›Dritte Reich‹ unterging, war noch nicht richtig verhallt, da bot Fritz Henn, nachmaliger Studioleiter des Rundfunks, im Spätsommer 1945 bereits das erste Konzert im Schloßhof dar. Seitdem hat sich über fast vierzig Jahre hinweg eine schöne Tradition entwickelt. Die Serenadenkonzerte unter der Leitung des jeweiligen Generalmusikdirektors des städtisches Orchesters finden jedes Jahr an sechs Frühsommerabenden statt. Solisten aus aller Welt sind dabei gern gesehene und gefeierte Gäste. Und auch die Schloßspiele, die es schwer haben, sich gegen die Konkurrenz landauf, landab in jeder Burg und auf jedem idyllischen Marktplatz zu behaupten, fanden inzwischen ein eigenes Profil. Ihr Kernstück ist – für Heidelberg unverzichtbar – die musikalische Romanze ›The Student Prince‹ in englischer Sprache und in wechselnden Inszenierungen.

Selbstverständlich wurde längst schon Shakespeares ›Sommernachtstraum‹ auf seine Wirkung im Schloßhof hin erprobt. Es hat der ›Wildschütz‹ schon seinen wohlklingenden Bariton vor den steinernen Kurfürsten hören lassen. Freilich, »füünftausend Taler« sind noch nie in der Kasse der Schloßspiele übriggeblieben. In dieser Hinsicht ähneln die Schloßspiele schon eher Carlo Goldonis ›Welt auf dem Mond‹, die Joseph Haydn zum musikalischen Genuß werden ließ. Mit diesem Dramma giocoso drang man erstmals sogar in den Englischen Bau des Schlosses vor und erkor diesen zum Theaterraum. Auch damit wollte man eine Tradition beleben. Denn Elisabeth Stuart, die Gattin Friedrichs V., erlebte im Tanz- und Spielsaal des ihr zu Ehren errichteten Englischen Baues eine Aufführung des Dramas ›Sturm‹ durch das Shakespeare-Ensemble ›Globe Theatre‹. Daß William Shakespeare ebenfalls in Heidelberg weilte, kann nicht mit letzter Sicherheit behauptet werden.

Wo immer man an einem Sommerabend im Schloßhof auf einem bescheidenen Klappstuhl sitzt, um einer Aufführung oder einem Konzert zu lauschen: mit Blick zum Brunnen in der

Baumkulisse, mit Blick zum Bühneneinschnitt des Bibliotheksbaues, mit Blick zur Fassade des Friedrichsbaues – man faßt sich
auch als abgebrühter Zeitgenosse heimlich ans Herz. Die ver-
brauchten Worte für tiefe Empfindungen kehren wieder und
stellen sich neu dar: Das ist schön, das wirkt harmonisch, hier
lebt man auf. Musik erfüllt das weite Gebäuderund. Sie läuft die
Wände empor und verschwebt im blauen Nachthimmel, der
durch die Fenster des Ottheinrichsbaues ungehindert herein-
blickt. Eine späte Vogelstimme aus dem Gezweig läßt sich hören. Je tiefer die Nacht auf das Schloß einsinkt, um so phantasti-
schere Raumtiefen erweckt das künstliche Licht. Schon fühlt
man sich selbst als ein Teil des Spiels; schon schwingen alle
heiteren Empfindungen auf den Melodien dahin. Man wünscht
sich, eine solche Stimmung möge nicht enden. Doch nach zwei
oder drei Stunden ist sie unwiderruflich vorbei. Da ist er wieder, der Griff des Alltags und der Gegenwart. Vor ihm gibt es
nur noch eine kurze Flucht: hinaus in den Stückgarten unter die
nachtschwarzen Bäume und hinabgeschaut auf die nächtliche
Stadt. Mark Twain, der dies schon sah, glaubte ein Wunder zu
erleben: »Es ist, als sei die Milchstraße auf die Erde herabge-
kommen.«

Hier können wir nun mit unserem Schloßrundgang innehal-
ten, obwohl uns noch längst nicht alles, was Aufmerksamkeit
beanspruchen kann, vor die Augen kam. Wir müssen unbedingt noch auf den Schloßaltan hinaustreten, um den Blick auf
Heidelberg zu genießen und das Schloß in seiner einzigartigen
Lage über dem Neckartal zu erleben. Ferner steht uns der Gang
durch den Schloßgarten mit seinen kunstvoll aufgeschütteten
Terrassen bevor. Dies alles aber können wir noch ein wenig
aufschieben, denn um die vielfältig verflochtenen Geschehnisse
um das Schloß zu verstehen, müssen wir den Faden der Ge-
schichtsbetrachtung wieder aufgreifen und ihm ins Zeitalter des
Humanismus folgen.

Für seinen Neffen Philipp, den Sohn Ludwigs IV., hatte Friedrich I. das so kühne wie erfolgreiche Regiment geführt. Als er 1476 starb, hinterließ er dem 28jährigen Neffen die Pfalz in einem derart gefestigten Zustand, daß sie den Respekt der Gewaltigen des Reiches genoß. Doch das Erbe, das Philipp antrat, war binnen einer Generation vertan, aufs Spiel gesetzt wegen einer innerdynastischen Auseinandersetzung, die man den Bayrischen oder Landshuter Erbfolgekrieg nannte.

Philipp hatte, noch bevor er Kurfürst wurde, die Landshuterin Margarete geheiratet, die Schwester jenes Herzogs Georg, den man den Reichen nannte und der die berühmte Landshuter Fürstenhochzeit von 1475 mit einer polnischen Königstochter gefeiert hatte. Unter dem Dutzend Kindern Philipps tat es der drittälteste Sohn Ruprecht dem Vater gleich, indem auch er eine Landshuter Kusine heiratete: Elisabeth, Tochter des reichen Georg und der Polin Jadwiga. Des reichen Georgs Ehe entwickelte sich jedoch nicht glücklich; auch starben alle männlichen Erben, so daß der Landshuter Herzog seine älteste Tochter Elisabeth zur Erbin einsetzte. Das verstieß jedoch gegen die Wittelsbacher Haus-Regeln, denn das Herzogtum Niederbayern hätte an München fallen müssen. Daß er übergangen und ausgeschaltet worden war, erregte den Münchner Herzog Albrecht IV. sehr. Mit Gewalt wollte er sein Recht erstreiten. Beide Lager sammelten Bundesgenossen zur kriegerischen Auseinandersetzung. Kurfürst Philipp stand selbstverständlich seinem Sohn Ruprecht und seiner resoluten Schwiegertochter Elisabeth bei. Doch das Landshuter Engagement brachte der Pfalz nichts ein. Dieser Krieg, bei dem es außer der Beschießung Landshuts keine eigentlichen Bataillen gab, verwüstete das altbayerische Land. Nur einer wurde dabei berühmt: der Ritter Götz von Berlichingen, denn der verlor 1504 vor Landshut die rechte Hand. Der Schiedsspruch des Kölner Reichstags beendete die Auseinandersetzung. Die Wittelsbacher auf dem Heidelberger Schloß bezahlten sie mit dem Niedergang ihrer vordem so strahlend hervorgekehrten Machtstellung.

Kurfürst Philipps Wirken stand damals längst im Dienste der Entfaltung einer anderen Wertigkeit. Unter ihm gewann der

Humanismus in Heidelberg endgültig eine Heimstatt. Den klassisch gebildeten Humanisten Johann von Dalberg, der Bischof von Worms war und zu Ladenburg residierte, hatte Philipp zum Kanzler seiner Regierung berufen. Er wurde zum Mittelpunkt eines Kreises geistig hervorragender Männer und damit zum einflußreichen Steuermann jener Entwicklung, die Heidelberg binnen kurzem zu einem Mittelpunkt der Renaissance in Deutschland machte.

Ein enger Freund des kurpfälzischen Kanzlers Johann von Dalberg war zum Beispiel Rudolf Agricola (eigentlich Roelof Huysmann), einer der Begründer des deutschen Humanismus. Er starb 1485 in Heidelberg, nur 42 Jahre alt. Im Jahr vor seinem Tode gelang es ihm, den 25jährigen Conrad Celtis für den Humanismus zu gewinnen. Drei Jahre danach wurde Celtis auf der Nürnberger Burg von Kaiser Friedrich III. zum Dichter gekrönt. Der wandernde Poet, Musiker und Arzt, der sich zu einem Erzhumanisten entwickelte, kehrte schon bald nach Heidelberg zurück und gründete hier 1491 die erste seiner gelehrten Gesellschaften, die Sodalitas Literaria Rhenana. Deren Ziel sollte es sein, verschollene klassische Texte aufzufinden und neu herauszugeben.

Insgesamt profilierte sich damals in Heidelberg eine Schar von Gelehrten, die ein neues Wissenschaftsbild zu prägen vermochte. Einige Namen müssen genannt werden: Johann (Steinwert) von Soest und Jakob Wimpheling. Ersterer trat als Musiker, Schriftsteller und Arzt in engere Beziehungen zum Heidelberger Hof, doch Wimpheling, der 1480 in Heidelberg promovierte, schuf das Heidelberger Festspiel ›Stylpho‹, das sich noch nach der gravitätischen Weise der Wechselrede aufbaute. Johannes Reuchlin, der von 1496 an drei Jahre am Heidelberger Hof wirkte, ging nach dem Muster der altrömischen Komödien darüber hinaus, als er seine Studentenspiele entwickelte.

Die Zahl der in Heidelberg nachgewiesenen Humanisten ist groß. Sie reicht vom Hebraisten und Kosmographen Sebastian Münster (1488-1552), über den noch zu sprechen sein wird, bis zu Janus Gruterus (1560-1627), dem letzten Bibliothekar der ›Palatina‹. In dieser Liste findet sich Hermann Buschius (Hermann van dem Busche, 1468-1534), der Klassiker des deutschen Humanismus und Freund des Ulrich von Hutten, ebenso wie

Franciscus Junius (1589-1677), auf dessen Werk sich viele Generationen von Germanisten stützten. Weitere Namen sind Cisner, Donellus, Godofredus, Hartmannus, Melissus, Pacius, Posthius, Smetius, Tremollius und schließlich noch Jacob Micyllus und Erastus Freherus.

Der Kurfürst Philipp hat, seiner lauteren Gesinnung wegen, den Beinamen ›der Aufrichtige‹ erhalten. Alle Übel, die sich auf Heidelberg unmittelbar hätten auswirken können, hielt er von der Stadt und den kurpfälzischen Kernlanden auch während des Krieges um das Landshuter Erbe seiner Schwiegertochter Elisabeth und damit seiner einzigen Enkel Ottheinrich und Philipp fern. Den geistigen Auseinandersetzungen, die sich abzuzeichnen begannen, stand er aufgeschlossen und aufrichtig gegenüber. Als der Kurfürst im Jahre 1508 in Resignation und Verbitterung starb, weil der Fehlschlag der Landshuter Auseinandersetzung unter anderem auch seinen Traum von der Feldherrengröße zunichte gemacht hatte, betrauerten ihn noch elf von ursprünglich vierzehn Kindern.

Zwei seiner Söhne konnten seine Nachfolge antreten: Ludwig V., der Friedfertige (1508-1544), der zum großen Schloßbauer wurde und der den Turm der Heiliggeistkirche vollendete, sowie Friedrich II., der Weise (1544-1556), welcher den Gläsernen-Saal-Bau des Schlosses als erstes Zeugnis der deutschen Renaissance in diesem Gebäudekomplex errichten ließ und der jene Schule in der Stadt gründete, die heute noch nach ihm Kurfürst-Friedrich-Gymnasium heißt.

Im Unterschied zum Vater folgten beide Söhne einem politischen Kurs, der auf Aussöhnung mit Habsburg und damit auf Ausgleich jener Schäden gerichtet war, welche die Landshuter Fehde der Pfalz gebracht hatte. Dabei erwies sich Ludwig als der Vorsichtige, Nachdenkliche, Vermittelnde. Er versuchte sich durch Ordnung seiner Verhältnisse einen realen Rahmen für sein Handeln zu schaffen.

Den Rückgriff auf das Beständige wollten seine Schloßgebäude nicht leugnen. Deutlich zeigt dies auch ein Bauwerk in der Stadt, das auf diesen Kurfürsten zurückgeht. Es ist das aus berechnender Vorsicht errichtete Zeughaus am Neckarufer, jener Komplex, der von den Heidelbergern unter Bezugnahme auf spätere Entwicklungen in der Regel Marstall genannt wird. Er wird uns später noch beschäftigen.

1517 hatte Martin Luther – wie die heute nicht unbestrittene Überlieferung lehrt – seine Thesen an der Wittenberger Schloßkirche angeschlagen. Ein halbes Jahr später, im April 1518, fand seine Heidelberger Disputation statt, mit der er sich vor dem Generalkapitel der Augustiner rechtfertigte. Die erregende Auseinandersetzung um die wahre Religion, an der zahlreiche junge Menschen teilnahmen, die später Luthers Gedanken in die Lande hinaustrugen, vollzog sich demnach mitten in der Stadt unter den Augen des Kurfürsten. Der aber blieb auch in dieser Sache vorsichtig und abwägend. Den reformatorischen Gedanken Luthers gedachte er nichts in den Weg zu legen, aber er scheute sich davor, sie als neue theologische Wahrheit zu empfehlen.

Mit klarer Überlegung und mit Energie übte er das Reichsvikariat aus, als Kaiser Maximilian I. am 12. Januar 1519 gestorben war. Ludwig V. strebte danach, wieder einen Habsburger zum Kaiser zu machen. Dabei genoß er auch die Unterstützung seines Bruders. Als Reichsverweser vermittelte er zwischen den widerstrebenden politischen Kräften und brachte es schließlich dahin, daß am 28. Juni 1519 Karl V. einstimmig zum Nachfolger Maximilians gewählt wurde.

Entscheiden mußte sich Ludwig V. bald darauf auch in der Reichsrittererhebung von 1522/23, als er sich gezwungen sah, das Haus Sickingen, welches der Pfalz über viele Generationen hinweg treu verbunden gewesen war, mit kriegerischen Mitteln zu strafen. In einer Überraschungsaktion schloß er Franz von Sickingen auf dessen Burg bei Landstuhl ein. Mit Kanonen wurde die ausgedehnte Ritterburg kurzerhand in Trümmer gelegt. Mauern, die für die Ewigkeit gebaut zu sein schienen, barsten unter den Kugeln. Als Franz von Sickingen in ohnmächtigem Grimm die Lücken seiner Verteidigungsanlagen besichtigte, wurde er von einem herabstürzenden Balken getroffen und so schwer verletzt, daß er einen Tag nach der Einnahme der Burg starb.

Mit unruhigem Erstaunen sah Ludwig V. die Bischöfe von Würzburg, Trier und Speyer sowie den Deutschordensmeister als Flüchtlinge im Heidelberger Schloß erscheinen. Die Bauern hatten die geistlichen Herren aus ihren Diözesen vertrieben, denn nach generationenlanger Unterdrückung »schweißte ihnen der Zahn gewaltig«. Im Taubergrund, im Hohenlohischen und im Odenwald gab es Unruheherde. Es dauerte nicht lange, da wurde auch die Pfalz, vor allem südlich von Heidelberg und jenseits des Rheins, in Mitleidenschaft gezogen. Obwohl die Bauern gewalttätig rumorten, zögerte Ludwig V. mit einer Entscheidung. Er wolle nicht das Blut der eigenen Leute vergießen, sagte er ein ums andere Mal und wich damit dem Drängen der Flüchtlinge, die er beherbergte, aus. Als man dem zerstörerischen Treiben der Bauern nicht mehr länger zusehen konnte, verließ Ludwig V. an der Spitze eines kleinen, jedoch wohlgerüsteten Heeres Heidelberg. Begleitet von den Bischöfen von Trier und Würzburg und von dem Neuburger Neffen Ottheinrich, wandte er sich nach Süden und schlug die Bauern mehrmals aufs Haupt. An der schwäbischen Grenze vereinigte er sich mit dem Heer des Schwäbischen Bundes, zog weiter ins Hohenlohische und nach Würzburg. Bei Königshofen an der Tauber erging es den Bauern übel. Dann führte der Zug weiter über Mainz in die Pfalz. Bei Pfeddersheim geriet die Auseinandersetzung mit den Bauernhaufen zu einem Blutbad. Als Ludwig V. mit seinen Truppen bei Weißenburg an der elsässischen Grenze angekommen war, konnte der Bauernaufstand im Südwesten des Reiches als beendet angesehen werden.

Zu jener Zeit kam in der Kutte der Franziskaner ein gelehrter Mann nach Heidelberg, um an der Ordenshochschule die hebräische Sprache zu lehren. Es war Sebastian Münster, der sich nachmals Ruhm durch seine ›Cosmographia‹ erwarb, der aber auf eine ihm sicher nicht bewußte Weise für Heidelberg von besonderer Bedeutung wurde. Ihm verdankt man die älteste Stadtansicht, ein Holzschnitt-Medaillon von nur vier Zentimeter Durchmesser als Mittelpunkt einer astronomischen Spirale. Dieses schmückende Bildchen, eine zentrale Vignette, stellt gewiß eine ganz persönliche Bekundung Münsters dar, denn was hätte Heidelberg am Ausgang des Mittelalters in einer Schrift zu suchen, die sich ›Kalendarium Hebraicum‹ nennt? Es kann nur so sein, daß der Verfasser den Platz darzustellen wünschte, an dem diese Schrift entstand: das Franziskaner-Kloster zu Heidelberg zu Füßen des Schlosses, in dem er während der zwanziger Jahre des 16.Jahrhunderts lebte und wo er mehrere Bücher verfaßte, die dann von Basel aus unter die Leute gebracht wurden.

Sebastian Münster, 1488 in Ingelheim am Rhein geboren und damit kurpfälzischer Untertan, konnte seine reiche Begabung nur in einer theologischen Laufbahn entfalten. Innerhalb des Franziskaner-Ordens gab er sich der humanistischen Anregung hin und studierte vor allem die ›heilige Sprache‹, das Hebräische und Aramäische, um die Bibeltexte in der Ursprache verstehen zu können. Als Achtzehnjähriger kam er zum ersten Mal nach Heidelberg, um sich auf der Ordenshochschule der Franziskaner die Grundkenntnisse für sein späteres Wirken zu erwerben.

Während seines Studiums traf er mit Gelehrten zusammen, die sich mit den neu erwachten Disziplinen der Mathematik und Astronomie beschäftigten. Zu ihnen fühlte er sich besonders hingezogen. Die in Heidelberg verfaßte Schrift ›Kalendarium Hebraicum‹, ein 216 Seiten starkes Büchlein, das eine Vorrede von 1526 enthält, besteht aus zwölf Aufsätzen Münsters, die alle mit dem hebräischen Kalender in Zusammenhang stehen. 1529 wurde Sebastian Münster an die Universität Basel berufen. Basel hing damals bereits dem evangelischen Glauben an. Münster trat aus dem Orden der Franziskaner aus, heiratete die Witwe des ihm befreundet gewesenen Druckers Adam Petri und stieg in Basel zu wissenschaftlichen Ehren auf. Während er viele Kollegen zu dem Sammelwerk der ›Cosmographia‹ vereinigte, blieb er Hebraist und Theologe. In dieser Eigenschaft wurde er auch Rektor der Basler Hochschule. In der Tracht des Rektors hat ihn 1547/48 der Augsburger Christoph Amberger gemalt – und so ist Münster, allerdings seitenverkehrt dargestellt, auf die Hundertmarkscheine unserer Zeit geraten. In Basel wurde Sebastian Münster im Jahre 1552, 64 Jahre alt, ein Opfer der Pest.

Mit seinem Wirken macht uns Sebastian Münster das 16.Jahrhundert anschaulich. Zweimal präsentiert er uns dabei Heidelberg: einmal ganz klein und wie durchs Guckloch gesehen, ein andermal in jener breiten Übersicht von Norden aus, die zwei Menschenalter später auch Merian faszinierte. Die Heidelberg-Ansicht ›en miniature‹ ist etwa um 1525 entstanden, ein kostbares Dokument! So klein das Medaillon für die Holzschnitt-Technik auch gewesen sein mag, es ist doch gelungen, der Heidelberg-Ansicht Tiefe zu geben. Der Blick reicht vom ehemals nördlichen Turm der Neckarbrücke, an der sich wohl der legendäre Brückenaffe ursprünglich befand, über den Fluß und die Stadt hinweg bis hinauf zur Molkenkur-Höhe, wo noch die Burg mit bewehrtem Mauerkranz und mit einem allerdings vom Rand abgeschnittenen Bergfried zu sehen ist. Die Gebäude des Schlosses wurden sehr vereinfacht wiedergegeben, doch kommt die Vielfalt der Gebäude deutlich zum Ausdruck. Am Dicken Turm, den Kurfürst Ludwig V. errichten ließ und der 1533 vollendet war, wird gerade mit einem Kran Baumaterial hochgezogen. Die Heiliggeistkirche ragt noch in gotischer Form über die Häuser hinaus, und dicht bei ihr sieht man, mit einem Dachreiter geziert, das Franziskanerkloster, in dem zu jener Zeit Sebastian Münster lebte.

Vom Kloster dieser Barfüßer ist heute nichts mehr vorhanden. An seiner Stelle erstreckt sich der Karlsplatz, den man direkt zu Füßen hat, wenn man vom Schloßaltan auf die Stadt hinunterschaut. Die Mitte des neu gestalteten Platzes wurde erst kürzlich mit einem Brunnen geziert, der die Erinnerung an Sebastian Münster wachhalten soll. Doch auch von der oberen Burg auf der Molkenkur-Höhe ist so gut wie nichts mehr vorhanden. Schon in Münsters Kosmographie mit der großen Heidelberg-Ansicht findet man statt der oberen Burg den lateinischen Hinweis »Reliquiae vetustae«. Als diese Burg mit dem in ihr gelagerten Schießpulver »Anno 1537 an S. Marxen tag« explodierte, weilte Sebastian Münster nicht mehr in Heidelberg. Er war zu dieser Zeit in Basel schon ganz mit seinem Lebenswerk beschäftigt. Daß die erstmals 1544 erschienene ›Cosmographia‹, die anschließend 21 Neuauflagen erlebte, eine nur wenige Jahre zurückliegende Veränderung wie die Explosion der Heidelberger Burg berücksichtigte, spricht für die Aktualität und die informative Güte des Werks. So dürfen wir denn auch allem anderen Glauben schenken, was uns die große Stadtansicht vermittelt: dem Treidelschiff im Neckar, den Mühlen am Fluß, den Gärten in der Vorstadt und den ›Castaneae‹ auf den Bergen über der Stadt. Münster nannte den 70 Zentimeter breiten Holzschnitt-Prospekt: »Der löblichen und weitbekannten Statt Heidelberg / am Wasser Neccar gelegen / eigentliche Contrafehtung / sampt dem Fürstlichen Schloß / Brucken / Vorstetten / namhafftigen Gebewen / und aller Gelegenheit.« Kurfürst Ottheinrich, so meldet Münster, habe ihm die Stadtansicht »auff mein anforderung zu einem Geziered dieses Buchs gantz gnediglichen zugeschickt«.

Wer je in Heidelberg war, behält wohl unauslöschlich in Erinnerung, auf dem Altan des Schlosses gestanden zu haben und in den Gefühlen verwandelt gewesen zu sein. Für manchen bedeutet es den Höhepunkt des Erlebens, einem Vogel gleich in einem märchenhaften Bild zu schweben. Die Berge des Odenwalds rücken nahe zum Neckar hin und wölben sich auf zu einer grün gestaffelten Szenerie, über die die Augen mit Auf- und Abschwüngen wandern. Ist es Frühling, schäumt das Blühen über die südlichen Hänge; kommt der Herbst, dann läßt die Palette der Natur keinen Tupfer zwischen gelb und rot aus. Der Winter kehrt die graphischen Linien der Bergkonturen, Felsen und Wege hervor. Und wenn erst Schnee gefallen ist, gewährt der Schloßaltan Ausblicke in ein Märchenreich.

Die Romantik des Stadtbilds im Tal, wo immer man sie erkennen möchte, wird von den sich wandelnden Stimmungen der Jahreszeiten in stets besonderer Weise erfüllt. Ziehen Frühnebel neckarabwärts, hüllt sich die Stadt in zarte Schleier; steht die Sommersonne steil über den Dächern, glitzert die Unruhe in den Gassen und auf den Plätzen. Und geht die Sonne ›hinner Mannem‹ schlafen, beginnt das Schloßgemäuer rot zu glühen, als stehe es im Widerschein der brennenden Stadt.

Es sind junge Menschen, die sich verliebt an den Händen halten und die inmitten eines wirklichen Märchens zu träumen beginnen. Auch ältere lehnen an der Brüstung des Altans und sinnen über das Wunder der unzerstörten Stadt nach. Es kommen Kritiker aus allen Landen, um zu sehen, wie sich diese Einmaligkeit an Naturschöpfung und Menschenwerk in unserer rabiat gewordenen Zeit zu erhalten vermag; da muß die Stadt standhalten vor den Blicken von oben. Aber die allermeisten Besucher werden doch als Wellen Neugieriger herangespült. Haben sie im Schloßhof noch gelärmt, gelästert und gelacht, – auf dem Altan werden sie plötzlich ruhiger, fast still. Japaner und Amerikaner, Franzosen und Spanier, Israeli und Skandinavier begreifen sicher nicht viel von der Geschichtlichkeit, in deren Rahmen sie sich bewegen. Aber den Blick vom Altan – hinüber zu den bewaldeten Bergen, hinunter zu der in sich verschachtelten Stadt und hinaus in die Ebene des großen

Stroms, wo die Autobahnen Striche ziehen, die Schlote Wirtschaftskraft signalisieren und ferne Bergketten europäische Zuordnungen erkennbar werden lassen, – dieser Blick geht mit all den Fremden und bleibt vielleicht für immer bestimmend im Hinblick auf das, was sie unter Deutschland verstehen.

Es ist begreiflich, daß unter solchen massierten Eindrücken kaum jemand wahrnimmt, wo er sich tatsächlich befindet. Der Altan mit den beiden Erkern zum Tal hin ruht auf zwei unterschiedlichen Substruktionen. Im östlichen Teil wird er von einer Torburg aus der Regierungszeit des Pfalzgrafen Johann Casimir getragen; der größere westliche Teil stützt sich auf eine gewölbte Halle, die Friedrich IV. errichten ließ. Diese Ausblickterrasse schließt nicht unmittelbar an den Friedrichsbau an, sondern hält davon einen Abstand von etwa acht Metern. Wer den steilen Burgweg von der Stadt heraufkommt, erreicht das Schloß unter dem Altan hindurch just hier zwischen Terrasse und Friedrichsbau.

Wer, so muß man fragen, betrachtet schon die nördliche Friedrichsbau-Fassade, wenn er auf dem Schloßaltan weilt! Nicht jeder verfügt über ein so kunstgeübtes Gedächtnis, daß er in der Lage wäre, die beiden Fassaden des Friedrichsbaues als ein Kontrastprogramm zueinander in geistige Beziehung zu setzen. Die Aussichtshungrigen schauen entweder auf Stadt und Neckartal – oder aber sie sammeln sich neugierig um einen Punkt der Terrasse. Wer hinzukommt, könnte meinen, es habe jemand ein Goldstück verloren. Doch die Kundigen wissen Bescheid: Der Rittersprung wird bestaunt, eine Vertiefung in einer Sandsteinplatte, die einem Fußabdruck ähnelt. Es heißt, ein Brand im Friedrichsbau habe einem Ritter den Fluchtweg über die hölzerne Wendeltreppe abgeschnitten. Kurzerhand sei er im Harnisch aus dem Fenster auf den Altan gesprungen. Er blieb jedoch nicht zerschmettert liegen. Heil und munter habe er sich erhoben. Nur der Abdruck des Fußes, mit dem er aufgesprungen war, sei in der Steinplatte zurückgeblieben.

Die Nordbefestigung des Schlosses, die einst aus der großen Batterie bestand, setzte sich bis zur Karlsschanze fort. Vom östlichen Terrassen-Erker kann man sie überblicken. Bevor wir wieder in das Kreuzgewölbe des Durchgangs im Friedrichsbau eintauchen, werfen wir links durch ein Gitter einen Blick in das ehemalige *Zeughaus.* Es liegt völlig in Trümmern, ist aber so weit aufgeräumt und instand gesetzt, daß es ein Lapidarium unter freiem Himmel beherbergen kann.

Vergessen wir auch nicht, nach dem Durchgang durch den Friedrichsbau jene Erinnerungstafel anzusehen, die sich an der Westseite des vorspringenden Teils des Gläsernen-Saal-Baus befindet. Sie ist dem bereits erwähnten Graf Charles de Graimberg gewidmet, vor dessen Palais am Kornmarkt wir schon verharrten. Aber nun wieder zurück zur Historie!

Als Friedrich II. in die Verantwortung für die Kurpfalz eintrat, blickte er bereits auf 62 Jahre eines reich bewegten Lebens zurück. Zwei Jahre nach seinem Regierungsantritt vollzog er, wenn auch zaghaft, den Übergang zum Luthertum.

Erst im Alter von 52 Jahren war es ihm gelungen, die Nichte des Kaisers, Dorothea von Dänemark, die gerade achtzehn Jahre zählte, zur Frau zu gewinnen. 1544 zogen Friedrich und Dorothea ins Heidelberger Schloß ein. Der Ehemann bemühte sich, die pfälzische Residenz seiner Gemahlin, die ja eine königliche Prinzessin war, möglichst angenehm zu machen. Sogleich ließ er den Gläsernen-Saal-Bau errichten, der nach damaligen Begriffen außerordentlich luxuriös »in der neuen Manier« eingerichtet wurde.

Im Todesjahr Martin Luthers, 1546 – es war das zweite Jahr der Regierung Friedrichs II. – gab es in Heidelberg zwei wichtige Ereignisse. Zu Beginn des Jahres, am 3. Januar, wurde in der Heiliggeistkirche »das Abendmahl unter zweierlei Gestalt zum erstenmal ausgespendet und die Messe gänzlich abgestellt«. Gegen Ende des Jahres, am 9. Oktober, erließ Friedrich II. ein Dekret, das folgenden Wortlaut hatte·

»Dem würdigen unseres Studiums zu Heydelberg rectori und lieben gedrewen Doctor Georgen Nigri.

Von Gots Gnaden Friedrich Pfaltzgraw bey rheyn erzdruchses und Churfürst. Unsern grus zuvor Würdiger lieber gedrewer, es ist unser gnedigs begehrn befehlend, Ir wollent die Schwabenbursz alhir von stund an unverzüglich mit den gemachen und andern notturftigen gepawen zur erhaltung des new angestellten pedagogij von wegen der Universität zurichten lassen. Wollen wir uns gnedig verlossen. Datum Heydelberg Sambsdags Dionysij ano 1546.«

Mit dem »neu angestellten Pädagogium« wollte Friedrich II. der Universität nach humanistischen Gesichtspunkten behilflich sein. Das Pädagogium hatte die Aufgabe, der Universität tüchtigen Nachwuchs zu liefern. Von der Universität, vor allem von den Theologen Nigri (Schwarz), Fagius und Melanchthon, hatte sich der Kurfürst Vorschläge für eine solche Reform erbeten.

Hatte Friedrich II. dem Pädagogium die Initialzündung gegeben, so verlieh ihm der übernächste Nachfolger, Friedrich III. die wirtschaftliche und organisatorische Festigung. Dieser wollte die Bildungseinrichtung als eine »Gelehrtenschule reformierten Bekenntnisses« verstanden wissen. Das war im Jahre 1560. Fünf Jahre später erweiterte er sie auf fünf Klassen als »taugliche Pflanzschule von Lehrern und Predigern«. Als ständige Bleibe wies er dieser Anstalt, aus der sich dann folgerichtig das humanistische Gymnasium entwickelte, das inzwischen aufgehobene Franziskaner-(Barfüßer-)Kloster zu.

Friedrich II. hat während seiner Regierungszeit erheblichen Klosterbesitz der Universität vermacht. Schon seit 1530 war das traditionsreiche Benediktinerkloster Sankt Michael auf dem Heiligenberg verwaist. Im Augustinerkloster, in dem sich ein Vierteljahrhundert zuvor noch Luther vor dem Generalkapitel verantwortet hatte, etablierte sich nun ein Kollegium der Universität.

Ottheinrich – Bahnbrecher der Renaissance

Heidelberg wurde in dieser Zeit ständig von Seuchen heimgesucht. Die Pest wütete in der Stadt fast ohne Unterlaß. Auch eine Seuche, die man den ›Englischen Schweiß‹ nannte, plagte die Menschen. Deshalb mußte die Universität mehrmals die Stadt verlassen und nacheinander in Eberbach, Sinsheim und Eppingen Zuflucht suchen. In Eppingen fand sie im wesentlichen in einem einzigen stattlichen Fachwerkhaus, das noch unversehrt steht, Platz. Das kommt dem heutigen Betrachter unglaubhaft vor. Doch man muß sich die Zahlen vor Augen halten: Um das Jahr 1555 zählte die Universität fünfzehn ordentliche Professoren, zu denen noch die vier Vorsteher der Stipendiatenanstalt kamen, welche die artistischen Grundfächer

lehrten. Die Zahl der jährlichen Neuimmatrikulationen belief
sich auf rund vierzig, doch stieg diese Zahl nach der Universitätsreform durch Kurfürst Ottheinrich rasch auf hundert an.

Ottheinrich erlangte erst mit 54 Jahren die Kurfürstenwürde.
Nun schrieb man das Jahr 1556. Jedermann wußte, was zu
erwarten war: Die Bauleute würden in Nahrung gesetzt werden, und die Kunst erführe eine hohe Wertschätzung. In Sachen
des Glaubens gäbe es kein Schwanken mehr, denn der von
Gestalt massige Ottheinrich, dem man eine herrscherliche Atti-
tüde zubilligte, war bereits als Lutheraner ausgewiesen.

Wir haben es einfach, uns die Situation vorzustellen. Zum
Innenhof zurückgekehrt, stellen wir uns an den linken (östlichen) Obelisken im Schloßhof und blicken zum Torturm. Was
an Gebäuden vor uns steht und zu den Seiten umbiegt, ist jener
Schloßbestand, den Ottheinrich bei seinem Regierungsantritt
vorfand. Teilweise hat er sogar miterlebt, wie diese Gebäude
entstanden. Es handelt sich um das schlichte Aufbauwerk seines
Onkels Ludwig V., das immer ein wenig mittelalterlich anmutet, weil es den Schritt in die neue Zeit noch nicht tun will. Nur
der Gläserne-Saal-Bau – links hinter uns – macht davon eine
Ausnahme. Er ist ja auch das Werk des anderen Onkels und
unmittelbaren Vorgängers Friedrich II. Jetzt aber tritt mit Ottheinrich ein Renaissancemensch ins Werk. Der packt zu – mit
Eifer und einer Hast, die nicht ganz geheuer ist. Spürt Ottheinrich, daß die Krankheit in ihm stärker sein wird als sein Wille?

Wenn der Ottheinrichsbau des Schlosses ebensosehr ein Dokument wie ein Monument darstellt, weil damit dieser Kurfürst nicht nur ein Zeugnis über sich selbst gab, sondern auch
den Einsichten in eine neue Kunstauffassung Gestalt verlieh, –
für das von ihm mit raschem Entschluß Bewirkte hat Ottheinrich in den meisten Fällen nicht ins Obligo treten müssen. Das
Schicksal nahm ihn schon nach drei Jahren kurfürstlichen Wirkens von der Bühne der Zeit. Der Nachfolger Friedrich III., ein
stiller, in sich gekehrter Mann von gläubiger Beständigkeit,
hatte das Erbe Ottheinrichs anzutreten, das in mehr als einer
Hinsicht problembeladen war.

Mit einer gewissen Selbstverleugnung brachte der sparsame
Friedrich III. den heute so bewunderten Ottheinrichsbau zu
Ende. Er tat es in großer Treue zum angelegten Werk, auch

wenn er manchmal ziemlich ratlos vor dieser Fassade gestanden und das von Ottheinrich höchstselbst bestimmte ›Programm‹ studiert haben mag. In diesem 16. Jahrhundert, dessen Mitte der Ottheinrichsbau markiert, gab es Astronomen und Astrologen, gab es Ärzte wie Paracelsus, aber auch Phantasten wie den Dr. Faust, gab es nicht nur die Wiedertäufer, sondern auch die ersten Jesuiten.

Obwohl Ottheinrich kein Latein verstand, versuchte er sich in den geistigen Strömungen seiner Zeit zurechtzufinden. Er bemächtigte sich aller Bücher, deren er habhaft werden konnte. Vor allem in den Klöstern wurde Ottheinrich fündig. Deren Bibliotheken zog er an sich, darunter auch die Buch- und Urkundenbestände des vormals hochberühmten Klosters Lorsch. Sie wurden mit anderen konfiszierten Büchersammlungen der von Ottheinrich besonders liebevoll gepflegten ›Palatina‹ einverleibt. Meist wird jedoch übersehen, daß Ottheinrich schon lange vor seinem kurfürstlichen Wirken bestimmte Spezialgebiete der Kunst und des Kunsthandwerks pflegte. Für diese wurde er als Sammler oft sogar impulsgebend. So galt seine Liebe beispielsweise den schönen Harnischen, die deutsche Handwerker mit vollendeter Meisterschaft herzustellen verstanden. Gobelins mit bildlichen Darstellungen faszinierten Ottheinrich genauso wie Münzen und Medaillen. Es entspricht der Wahrheit, was ihm der Chronist ins Grab nachrief: »Ist auch allezeit gewesen / Weisheit und Kunst geneigt.«

Das Interesse an der Weisheit äußerte sich bei Ottheinrich im Drängen auf eine Universitätsreform. Zwar verstand er nicht viel von den Richtungskämpfen der Occamisten und der Thomisten, aber er spürte doch, daß die Heidelberger Universität drauf und dran war, den Wettbewerb mit den im humanistischen Geist neugegründeten Universitäten zu verlieren. Gelehrte zog es nicht mehr nach Heidelberg. Ottheinrich hätte gern Philipp Melanchthon an der Spitze der Universität gesehen, doch der fühlte sich von einer totalen Reform überfordert. Allerdings stand er dem Kurfürsten mit seinem Rat zur Verfügung. So kam die Universitätsreform doch relativ rasch zustande.

Im großen Saal des Rathauses nimmt die Stirnwand ein Gemälde im Kreisbogensegment ein, auf dem der Münchner Historienmaler Wilhelm Lindenschmit (1829-1895) dargestellt hat, wie Ottheinrich in großer Runde dem Rektor der Universität die neuen Statuten überreicht. Obwohl in dem knapp hundert Jahre bestehenden Saal die Stadträte unter diesem Bilde stets ihre Beschlüsse faßten, ist nicht sicher, ob sie sich immer der Tatsache bewußt waren, mit diesem Bilde eine Schicksalsstunde von Stadt und Universität vor sich zu haben.

Die grundsätzliche Neuordnung führte die Hochschule aus der mittelalterlichen kirchlichen Verbindung heraus und machte sie zu einer Landesuniversität. Der Kurfürst entschied jetzt über ihr Schicksal gemäß den Statuten, die er ihr verliehen hatte. Nun konnte sich die Universität aus ihrer scholastischen Verflechtung lösen und sich dem neuen Geist der Zeit zuwenden. Sie gewann wieder Zukunft aus einem Leben, das sich zu gleichen Teilen aus dem reformatorischen und dem humanistischen Geiste nährte. Dies wird man Ottheinrich als bleibende Leistung hoch anrechnen müssen.

Mag Ottheinrich der Typ des Renaissancemenschen par excellence gewesen sein, eine Wiedergeburt des regierenden Hauses konnte er – im Unterschied zu Kunst und Wissenschaft – nicht bewirken. Weil er kinderlos blieb, starb mit ihm die ältere Kurlinie endgültig aus; Vettern aus der Provinz waren gerufen, sich des kurpfälzischen Erbes im bewahrenden Sinne anzunehmen.

Beim Verlassen des Schlosses wird man gewahr, wie dicht am Berghang der mächtige Gebäudekomplex steht. Steil ragt der Waldrücken des Königstuhls auf. Man versteht nun, warum der Torturm, die starke Schildmauer und der tiefe Graben an dieser Stelle nötig waren. Hier wäre das Schloß am ehesten zu verwunden gewesen.

Vom Wehrbau zum Wohnbau

Der Schloßgraben wirkt heute wie eine romantische grüne Schlucht. Dort unten, in der geschützten Tiefe, pflegt der Frühling die ersten Blütenbäume hervorzuzaubern. Auf die Mauern und Turmtrümmer malt noch der späte Herbst sein tiefes Rot mit den Blättern des wilden Weins. Und doch war dies alles einmal nichts anderes als nüchterne herrscherliche Wirklichkeit.

Im Schloßgraben bei der Torbrücke

Von der Balustrade zu seiten des Wegs, der uns in den Garten hineingeleitet, haben wir einen eindrucksvollen Blick ins Innere des aufgerissenen Krautturmes, der heute vielfach auch der *Gesprengte Turm* genannt wird. Die von den französischen Truppen bei der Schloßzerstörung abgesprengte Turmschale, die etwa einem Viertel des Turmumfanges entspricht, sackte als ganzes Stück in den Graben hinunter und kippte dann gegen den Turm zurück. Auch Goethe hat dieser Anblick fasziniert. Der Blick ins Turminnere läßt uns erkennen, daß die Turmwandung nicht gleich stark ist. Sie verdickt sich vom Hofwinkel, wo sie 3,50 Meter mißt, nach außen hin bis zu 6,50 Meter. Die sich daraus ergebende starke Mauermasse sollte dem Aufprall feindlicher Kanonenkugeln standhalten. Immerhin gehören die heute sichtbaren Turmwandungen schon dem 15. Jahrhundert an. Dem runden Turm saß ursprünglich ein Spitzdach auf. Unter Friedrich IV. wurde das Dach abgenommen, damit man, ähnlich wie beim Glockenturm, noch ein achteckiges Geschoß mit einem haubenförmigen Turmhelm aufsetzen konnte. Zugleich mußte man, da man den Turm auf Kanonenbestük- kung umrüstete, das ›Innenleben‹ festigen. An die Stelle der alten Balkendecken traten nun Gewölbe, die von jeweils einem Mittelpfeiler abgestützt wurden. Diese Pfeiler liegen seit der Sprengung zutage.

Im untersten Geschoß, das fast ganz von den abgesprengten Trümmern verdeckt wird, lagerte einst das Pulver. ›Zündkraut‹ sagte man früher dazu, und deshalb trug der Turm die Bezeich- nung ›Krautturm‹. In den Geschossen über dem Pulvermagazin standen Kanonen, mit denen man aus tiefen Luken heraus auf mögliche Angreifer am Berg schießen konnte. Wer sehr auf- merksam ist, kann in den Gewölben viereckige Schachtlöcher erkennen: Durch sie ließ sich Pulver und anderes Material von Stock zu Stock hinaufziehen; aber auch der Pulverrauch mußte eine Möglichkeit zum Entweichen haben. Der Turm war im- mer Bollwerk des Schlosses. Als solches wurde er von den Eroberern auch sofort erkannt. Deshalb erging es ihm wie dem Dicken Turm an der Nordwestecke: Er wurde in seiner Ab- wehrfunktion vernichtet und für alle Zeiten unbrauchbar gemacht.

In der Tiefe des Schloßgrabens sehen wir eine Art Sperr- mauer auf den Gesprengten Turm zulaufen. Es handelt sich um eine doppelt gewölbte Galerie aus dem Ende des 16.Jahrhun- derts. Im unteren Teil sperrte sie als Streichwehr den Zugang zum Schloßgraben vom Friesental her, im oberen Teil aber diente sie als Wasserleitung. Über sie wurde das Wasser von den Hängen des Königstuhls in das Schloß hineingeleitet.

Drehen wir uns nach der Betrachtung des Gesprengten Turms zum Berg hin um, sehen wir gegenüber ein bescheide- nes, jedoch wohlproportioniertes Haus, an dessen Stirnseite sich unterhalb des Fensters eine schöne Löwenmaske befindet. Über einige Stufen kann man in das Untergeschoß des Gebäu- des gelangen: es ist die *Brunnenstube* des Oberen Fürstenbrun- nens. Das Gegenstück, der Untere Fürstenbrunnen, befindet sich tief im Schloßgraben beim Gesprengten Turm. Hier nun, in dieser kühlen Brunnenkammer, spürt man förmlich das Wasser aus dem Berg herausdringen. Über Jahrzehnte hinweg wurde die kurfürstliche Hofhaltung in Mannheim aus dieser

Quelle des Königstuhls täglich mit Frischwasser versorgt. Im Falle des Fürstenbrunnens hat man einen der bedeutendsten italienischen Baumeister, nämlich Antonio Galli da Bibiena (1700-1774), mit der Fassung und der Überbauung betraut. Im Scheitel des rundbogigen Zugangs zu der Quelle befindet sich das Monogramm des Kurfürsten Karl Philipp, flankiert von der Jahreszahl 1738.

Bei der Entscheidung zwischen Wehrbau und Wohnbau blieben die Schloßarchitekten offenbar auf halbem Wege stehen: Die Schmuckfassaden kehrten sie dem Hof zu, doch nach außen ließen sie nur eine kärgliche Zweckmäßigkeit in Erscheinung treten, weil sie die wertvolle Architektur nicht feindlichen Angriffen ausgesetzt sehen wollten.

Die drei Türme der Ostpartie, Krautturm, Apothekerturm und Glockenturm, machen die Außenseite des Schlosses wuchtig und abweisend zugleich. Sie gliedern aber auch die beträchtliche Gebäudeerstreckung von rund 120 Metern. Der *Apothekerturm* steht nicht genau in der Mitte der Distanz. Zwischen ihm und dem Gesprengten Turm muß man sich den von zwei Mauern eingeschlossenen Zwinger unbebaut vorstellen. Erst im Laufe der Zeit nisteten sich dort allerlei Wirtschaftsgebäude ein, von denen die Ritterküche mit ihrem mächtigen Schornstein noch immer am auffallendsten ist.

Fast zu zwei Dritteln seines Umfangs tritt der Apothekerturm aus der Gebäudefront heraus. Deutlich kann man an ihm jene Zweiteilung erkennen, die für die gesamte Ostfront gilt: Die unteren Mauerteile, aus zyklopischen Steinen gefügt, stellen den noch mittelalterlichen Mauerbestand dar. Auf diesen haben sich die Gründer der einzelnen Schloßbauten bei ihren Planungen gestützt. Im Apothekerturm hatte man die beiden untersten Geschosse gewölbt und mit Schießscharten versehen. Diese Schießscharten wurden später zugemauert und teilweise durch Fenster ersetzt.

Seinen Namen erhielt der Turm nicht etwa von dem Umstand, daß er heute zu Teilen vom ›Deutschen Apothekenmuseum‹ benutzt wird. Das hat sich auf glückliche Weise so gefügt: In ihm war früher tatsächlich die Schloßapotheke untergebracht. Sie nutzte nämlich jene Kräuter und Gewürze, die im untersten Gewölbe des Turmes aufbewahrt wurden. Zu diesem

Raum gelangte man vom Keller des Ludwigsbaues aus. Die
Verbindung zu den Küchenräumen war damit ebenfalls hergestellt.

Die Rückseite des Ottheinrichsbaus, die sich nach Norden
hin an den Apothekerturm anschließt, kann auf ihre fast zu
schlichte Weise nur offenbaren, nach welch starrem Konzept
das Gebäude in die von den Türmen und dem Mauerzug vor-
gegebene Situation eingepaßt wurde. Bevor man diesen Bau
errichtete, stand bereits der Gläserne-Saal-Bau. Er ist an der
Ostseite durch die Rundbogenfenster und durch den hübschen
Erker des Festsaals zu erkennen. Die ehemalige Begrenzung des
Gläsernen-Saal-Baus zeigt sich an der aufsteigenden Reihe ursprünglicher Sandstein-Eckquader. Wo diese einstige Gebäude-
kante abbricht, schiebt sich die Fensterreihe des Ottheinrichsbaues in die alte Partie des Gläsernen-Saal-Baus hinüber. Die
Anordnung der Fenster wird ausschließlich von der Innen-
raumnutzung bestimmt, nicht etwa von ästhetischen Gesichtspunkten einer möglichst weitgehenden Übereinstimmung des
Innenraums mit dem Außenbau. Gleichwohl kann man sehen,
daß im Ottheinrichsbau der Kaisersaal hervorgehoben wurde.
Während alle Fenster zweigeteilt sind, tritt er mit drei vierge-
teilten größeren Fenstern in Erscheinung. Man braucht ein
Fernglas, um erkennen zu können, daß die Mittelpfosten der
Kaisersaalfenster mit Hermen verziert sind. Das ist aber auch
der einzige Schmuck, den sich dieser Bau nach der ›Kehrseite‹
hin leistet.

Die Mauerpartie unterhalb der Türme und Gebäude diente
zwar der Abstützung gegen das steil abfallende Friesental hin,
wurde aber gleichzeitig auch zu Wehrzwecken ausgenutzt. In
dieser Mauerzone stecken die Kasematten. An der Nordostecke
schieben sich die Trümmer der Karlsschanze in den Steilhang
des Taleinschnittes hinaus. Darüber ragen die Ruinen des ehemaligen Zeughauses auf, die schließlich von den malerischen
Konturen des Glockenturms gekrönt werden. Unmittelbar
beim Zeughaus beginnen die Kasematten (die Karlsschanze
liegt tiefer). Sie ziehen sich vor der Ostpartie des Schlosses
entlang. Ein Teil von ihnen war verschüttet, ist jetzt aber wieder freigelegt, so daß man in die kammerartige Gliederung
hineinblicken kann. Zwischen Apothekerturm und Krautturm

sind die Kasematten jedoch noch völlig erhalten. Von außen kann man sie nur an den schmalen Schießscharten erkennen, die aus den bewachsenen Mauern herauslugen.

Ein Gartenarchitekt und Ingenieur, der sich auf allerhand physikalische Kniffe verstand, rang später den steilen Hängen östlich des Schlosses insgesamt fünf übereinander aufgeschichtete Terrassen ab und versah sie mit allen nur denkbaren Gartenkünsten. Dieser Salomon de Caus, ein Franzose, den Kurfürst Friedrich V. seinem englischen Dienstherren abgeworben hatte, muß auf die Zeitgenossen wie ein Teufelskerl gewirkt haben. Was er schuf, wurde rasch berühmter als das ganze Schloß. Der ›Hortus Palatinus‹ gab im Verein mit dem umgewandelten Stückgarten dem Schloß der Kurfürsten von der Pfalz nun jene schmückende Rahmung, deren eine Residenz bedurfte. Sie hielt Geschütztürme und Kasematten nur noch für den äußersten Notfall bereit; sonst aber war sie gewillt, mit ihrer Glanz- und Prachtentfaltung praktische Politik im europäischen Rahmen zu betreiben.

Kinderlos war Kurfürst Ottheinrich, der Freund und Mentor der Künste, 1559 in Heidelberg gestorben. Aber der Kurprinz war längst ausgewiesen. Er kam aus der einzigen Wittelsbacher Linie, die nach der Pfälzer Hauptteilung von 1410 noch nicht erloschen war, aus der Linie Zweibrücken–Simmern–Veldenz. Sie hatten sich in zwei Äste aufgespalten: in Simmern–Sponheim und Zweibrücken–Veldenz. Nun ging die Kurwürde auf Simmern–Sponheim über und damit auf jenen Friedrich, der schon seit 1556 als Kurprinz und Statthalter Ottheinrichs in Amberg gewirkt hatte und dort für den evangelischen Glauben eingetreten war, nachdem Ottheinrich die Pfalz offiziell zum Luthertum geführt hatte.

Heidelberg – das Haupt der Reformierten

Friedrich III. (1515-1576) kam 1559 nicht unbestritten zu seiner Würde. Indem Einsprüche aus München laut wurden, zeigte sich eine Spätfolge des Landshuter Erbstreits vom Beginn des Jahrhunderts, denn Ottheinrich hatte das aus jenem Krieg auf ihn und seinen Bruder Philipp als ›Junge Pfalz‹ gekommene Fürstentum Pfalz-Neuburg zwar mit der Kurpfalz vereinigt,

um an der Donau eine Position im bayerischen Land aufzubauen, doch mußte er es – der Schulden wegen – bald seinem
Zweibrückischen Vetter Wolfgang überlassen. Hier knüpfte
nun der Bayernherzog Albrecht v. an: Er bestritt – zumindest
verbal – dem neuen Kurfürsten aus dem Hause Simmern die
Erbfolge und insonderheit die pfälzische Oberhoheit über Neuburg und dessen oberpfälzische Zuordnungen. Daß bei dieser
Gelegenheit wieder einmal Anspruch auf die Kurfürstenwürde
aus München erhoben wurde, gehörte zum Ritual familiärer
Auseinandersetzungen des in acht Linien verzweigten Hauses
Wittelsbach.

Dem ins Pfälzische Erbe eingetretenen Pfalzgrafen aus Simmern gelang es jedoch, 1559 von Kaiser Ferdinand i. bestätigt
und mit der Kurwürde belehnt zu werden, denn der Kaiser, der
in die Kämpfe mit den Türken verstrickt war, bedurfte sicherer
Bundesgenossen und Helfer im Reich.

Gewissenhaft und ernst nahm sich Friedrich iii. seiner kurfürstlichen Pflichten an. Als tiefgläubiger Mensch geriet er nun
zunehmend unter den Einfluß oberdeutscher Kräfte, die wiederum von der Schweiz beeinflußt waren. Über sie erlangte er
Kenntnis vom Schicksal der Glaubensgenossen in Westeuropa.
In der Pfalz selbst förderte er zunächst keineswegs die religiösen Scharfmacher, wie etwa den Lutheraner Hesshus oder dessen reformierten Gegner Clebitz, sondern wandte sich der aus-
geglichenen und vermittelnden Richtung zu, die Philipp Melanchthon vorgegeben hatte.

Doch die konfessionelle Entwicklung drängte Kurfürst
Friedrich iii., vor allem nach der Naumburger Disputation von
1561, immer mehr zum reformierten Bekenntnis. Er selbst bildete eine Theologenkommission in Heidelberg, die sich unter
seinem Vorsitz um eine neue pfälzische Kirchenordnung bemühte. Neben dem Kirchenrat und bedeutenden Arzt Dr. Thomas Erast und dem Neutestamentler Boquin gehörten ihr die
Dogmatiker Caspar Olevianus, Zacharias Ursinus und Hieronymus Zanchi an. Olevianus und Ursinus sind als die geistig-
theologischen Väter des ›Heidelberger Katechismus‹ von 1563
bekanntgeworden. Mit diesem Bekenntnisbüchlein wurde im
reformatorischen Sinne Klarheit geschaffen. Heidelberg und
die Pfalz präsentierten sich in der seit 1560 schroffer geworde-

nen Auseinandersetzung zwischen Lutheranern und Reformierten nun als Vorort und Zufluchtsstätte für alle, die der calvini-
schen Form des Protestantismus anhingen.

Der Heidelberger Katechismus (erste vollständige Ausgabe Heidelberg
1563), Katechismus und ›Summe des Göttlichen Gesetzes‹ genannt, ent-
hält das Apostolische Glaubensbekenntnis, die Einsetzungsworte für
Taufe und Abendmahl, die Zehn Gebote und das Vaterunser. Er stellt
das bedeutendste Handbuch der Glaubenslehre in den reformierten Kirchen
dar. Von Kurfürst Friedrich III. als Bestandteil der pfälzischen Kirchen-
ordnung eingeführt, wurde er bis heute in unzähligen Ausgaben in mehr
als vierzig Sprachen rund um die Erde verbreitet.

Das Hauptverdienst der vermittelnden Funktion des Katechismus in den
religiösen Auseinandersetzungen kommt zweifellos dem Dogmatiker Za-
charias Ursinus zu. 1534 in Breslau geboren, wirkte er seit 1561 in Heidel-
berg. Er war eigentlich ein Zwinglianer, sah aber die Notwendigkeit der
Kirchenzucht ein und trat deshalb an die Seite seines theologischen Kolle-
gen Olevianus, wenngleich er sich immer ruhig und nachdenklich verhielt,
zu still fast für die Leidenschaften, die mit dem Bekenntnis zum rechten
Glauben vielfach auf offenem Markte ausgetragen wurden. Caspar Ole-
vianus, 1536 in Trier geboren und seit 1560 in Heidelberg, war ein direkter
Schüler Calvins. Er wandte sich vornehmlich den Fragen der kirchlichen
Organisation und der Kirchenzucht zu. Helfer und Gefährten fand er in
Hieronymus Zanchi, Wenzel Zuleger, Petrus Dathen und Christoph
Ehem.

Der Heidelberger Katechismus machte klar, daß die Pfalz
nicht mehr gesonnen war, sich unter die »Bekantnus des Glaubens« von 1555 zu stellen, die man ›Confessio Augustana‹ oder
›Augsburgische Konfession‹ nannte. Das von Friedrich III. mit-
formulierte reformierte Glaubensbekenntnis mußte vor Kaiser
und Reich erst noch vertreten werden, um Anerkennung und
Schutz der weltlichen Macht zu erlangen.

So war es ein schwerer Gang, den Friedrich III. zum Reichs-
tag in Augsburg im Jahre 1566 anzutreten hatte. Der Kurfürst
wußte, daß der Entscheidung existentielle Bedeutung zukam.
Bescheiden, aber innerlich fest, glaubenstreu und fromm trat
Friedrich III. vor dem Reichstag auf. Er überzeugte durch seine
Redlichkeit auch in politischer Hinsicht, denn er wollte mit der
von ihm mitverfaßten Kirchenordnung (die erstmals eine Art
Landeskirche umschrieb) auf die Vereinigung aller Evangeli-

schen hinwirken. Das erkannten auch die Lutheraner unter den
Fürsten an. Dem Kaiser Maximilian II. mußte indessen die Tatsache bedenklich erscheinen, daß der politische Horizont der
Pfalz nun über die Grenzen des Reiches hinauswies, weil er die
westeuropäischen Religionsparteien, vor allem in Frankreich
und in den Niederlanden, in sich aufnahm. Dennoch konnte
sich Kurfürst Friedrich III. vor Kaiser und Reich behaupten und
die politisch dringlich gewordene Anerkennung seiner Glau-
bensrichtung erlangen. Die gesamte Regierungszeit Friedrichs,
die bis 1576 reichte, ist von einer Politik bestimmt gewesen, die
im wesentlichen auf den Schutz, die Behauptung und Stärkung
des reformierten Glaubensbekenntnisses gerichtet war. Der
pfälzische Kurfürst stand den reformierten Glaubensgenossen
in Frankreich auf kriegerische Weise bei, als er mit 10000 Mann
in den zweiten Hugenottenkrieg eingriff und damit den Macht-
vorsprung der katholischen Partei ausglich. Bis zu seinem Lebensende war Friedrich nicht von seiner Abneigung gegen die
Schuldigen der Pariser Bluthochzeit abzubringen. Hugenotten
und Wallonen gegenüber fühlte er sich als aktiver Protestant in
Glaubenstreue verpflichtet. Er nahm sie als Flüchtlinge gern in
seinem Lande auf.

Auch in kultureller und wirtschaftlicher Hinsicht erfuhr die
Pfalz unter Friedrich III. starke Veränderungen. Das unbeküm-
merte Hofleben in Heidelberg, das manche kulturelle Anregung vermittelt hatte, war dahin. Noch heute sagt man, es sei
traurig zugegangen im Schloß: keine Musik, kein Tanz mehr,
dafür nur noch das Psalmensingen der Pagen, während der
Kurfürst an der Tafel saß. Die sparsamen und schlichten Le-
bensformen, die der Kurfürst zum Prinzip erhob, kamen allerdings der wirtschaftlichen Förderung des Landes zugute. Vor
allem die Ansiedlung der Glaubensflüchtlinge brachte manches
neue Gewerbe ins Land. So schätzte man bald die Hugenotten
und Wallonen als Tuchmacher und als besonders kunstfertige
Handwerker.

Nicht jedermann fügte sich in die Heidelberger Abendmahls-
lehre, welche die Teilung der beiden Naturen in Christus annahm. Manche, die dem Evangelium ebenfalls treu anhingen,
bekannten die ungeteilte Trinität. Und aus ihnen, denen es an
Beweisen für ihren Glauben mangelte, kristallisierten sich wie-

derum die Antitrinitarier heraus. Jener Johannes Sylvanus, den wir schon einmal erwähnt haben, gewiß kein großes Licht, eher ein unruhiger Wirrkopf, war mit anderen längst vom Wege der Orthodoxie abgewichen und stand im Geruche der Ketzerei. Nicht zuletzt aus Rücksicht gegenüber dem Kaiser und jenen Kräften, die den politischen Weg der Pfalz weiterhin mit Mißtrauen verfolgten, mußte an Sylvanus ein Exempel statuiert werden. So kam es zu der Hinrichtung am 23. Dezember 1572 auf dem Marktplatz in Heidelberg.

Caspar Olevianus hatte diesen Sieg des konsequentesten Calvinismus herbeigeführt. Freilich waren damit die Fronten der Auseinandersetzung nur noch schärfer geworden. Nicht einmal in der eigenen Familie und auch nicht in dem ganzen Fürstentum konnte Friedrich III. seine Glaubensüberzeugung verbindlich durchsetzen. Der älteste Sohn Ludwig, als Kurprinz in der lutherischen, nach Nürnberg ausgerichteten Oberpfalz lebend, blieb dem Luthertum treu. Deshalb sah der Vater seinen zweiten Sohn Johann Casimir als eigentlichen Nachfolger und Vollstrecker seines Konfessionskurses an. Mit einem von Sorgen um die Zukunft bestimmten Testament schuf er dem zweiten Sohn eine Art Nebenfürstentum in der linksrheinischen Pfalz. Dadurch sollte dem ebenfalls streng calvinistischen Johann Casimir die Möglichkeit geschaffen werden, weiterhin reformierte Glaubensflüchtlinge, womöglich aus dem eigenen Lande, aufzunehmen. Denn in diesem linksrheinischen Herzogtum, bestehend aus den Ämtern Kaiserslautern, Neustadt und Böckelheim, sollten die Exulantensiedlungen Lambrecht, Otterberg und Frankenthal vor einem Konfessionsumschwung geschützt sein. Es kam nämlich genau so, wie es der fromme Kurfürst befürchtet hatte: Ludwig VI. (1539-1583) setzte nach der Regierungsübernahme 1576 alles daran, den Calvinismus in der Pfalz zu beseitigen. Zwar kam es mit dem Bruder Johann Casimir zu einem Testamentsstreit, der bis 1582 dauerte, doch verständigte man sich darauf, daß der lutherisch-orthodoxe Kirchenbann nur für die eigentlichen Kurlande gelten sollte. »Das welsch- und niederländisch Gesindlein«, wie es hieß, dürfe im Nebenfürstentum des Johann Casimir Zuflucht nehmen. Von dieser Möglichkeit mußten viele Räte und Helfer Friedrichs III. Gebrauch machen.

Ludwig VI. steuerte einen gemäßigten Kurs und suchte auf der Grundlage des Religionsfriedens ein Auskommen mit dem Kaiser und dem Reich. Auch in Heidelberg verschanzte er sich nicht hinter Religionsschranken, sondern öffnete den Hof wieder der Ritterschaft und den alten Vasallen, die angesichts der Glaubensauseinandersetzungen verschreckt einen eigenen Weg gesucht und sich dadurch in Gegensatz zum Heidelberger Hof gebracht hatten. Diese fast ›lautlose Politik‹, der sich Ludwig VI. verschrieben hatte, versprach der Pfalz eine Periode der Ruhe und des Friedens. Sie erfüllte sich jedoch nicht durch Ludwig, sondern durch dessen Bruder Johann Casimir, denn der regierende Kurfürst starb bereits nach sieben Jahren des Wirkens im Alter von nur 44 Jahren.

Die Calvinisten betreiben pragmatische Politik

Abgesehen davon, daß in der Pfalz nun wieder die Zügel im Sinne des Calvinismus angezogen wurden, hatten die Untertanen kaum Grund zum Klagen. Mit Johann Casimir (1543-1592) regierte sie von 1583 an als Amtsverweser für Ludwigs minderjährigen Sohn Friedrich ein ungemein lebenskluger, praktischer und auch umgänglicher Fürst, der den Leuten nicht nur aufs Maul sah, sondern der auch wußte, wo die Untertanen der Schuh drückte. Soweit es ihm möglich war, versuchte er ihr Los zu lindern. Er fühlte sich als ein Pfälzer; er war den Sitten des Volkes zugetan, verschmähte keinen guten Trunk und ritt tagelang kreuz und quer durch das Land, um Weg und Steg zu prüfen, Vorratslager anzulegen und vor allem um zu jagen. Johann Casimir packte diese Leidenschaft so sehr, daß die Menschen in ihm bald das Symbol des herrschaftlichen Jagens schlechthin erblickten. Mit Grund darf man vermuten, in ihm das Urbild jener Gestalt beschrieben zu sehen, die heute noch die Weise vom ›Jäger aus Kurpfalz‹ vorstellt.

Mit Sorgfalt wurde der Kurprinz im reformierten Bekenntnis und in humanistischer Bildung unterwiesen, aber auch das Reiten, Fechten, Jagen und Fischen samt allen anderen Tugenden, in denen sich ein Adliger zu bewähren hatte, kamen nicht zu kurz. Dies alles hat Friedrich als Kurfürst später in die Lage versetzt, den Heidelberger Hof und auch die Universität mit

belebenden Impulsen zu versehen. Dokument dafür ist unübersehbar der Friedrichsbau des Schlosses, welcher den bescheidenen, aber zweckvoll konzipierten Faßbau des Onkels Johann
Casimir im wahrsten Sinne des Wortes weit unter sich läßt.

Die praktischen Erfordernisse des Lebens lagen Johann Casimir sehr am Herzen. Der Haupt- und Residenzstadt Heidelberg verhalf er nach linksrheinischem Neustadter Muster sogleich zu einem Casimirianum, als er Amtsverweser geworden
war. Es handelte sich um ein architektonisch wohlgegliedertes
Kollegienhaus im Stil der Renaissance. Es tritt uns aus der Me-
rian-Stadtansicht von Heidelberg noch deutlich entgegen. Es
befand sich an jener Stelle, an der heute das barocke Gebäude
der Alten Universität steht. Größer, wuchtiger und im ganzen
repräsentativer als das Stipendiatenhaus des Collegium Casimirianum nahm sich das Marstallgebäude aus, das die gesamte
Südfront der Vierflügelanlage des Zeughauses beim Neckar
einnahm. Leider sind beide Zeugnisse der nützlichen Bautätigkeit Johann Casimirs bei den Zerstörungen Heidelbergs 1689
und 1693 untergegangen. Allein das Casimirianum in Neustadt
und der Faßbau des Schlosses legen noch Zeugnis vom Wirken
des Amtsverwesers ab.

Die erzieherischen Impulse seines Onkels Johann Casimir
wirkten in Friedrich IV. nach, als dieser nach dessen Tode im
Jahre 1592 mit achtzehn Jahren die Regierung der Kurpfalz
übernahm. Obwohl Friedrich nur 36 Jahre alt wurde, so daß für
seinen noch unmündigen Sohn erneut ein Amtsverweser be-
stellt werden mußte, blieb es bei einer kontinuierlichen Entwicklung. Die Pfalz wurde von einer klug geleiteten reformierten Administration gelenkt. Zahlreiche Adlige, vor allem der
Askanier Christian von Anhalt, machten sich darum verdient.

Die Persönlichkeit Friedrichs IV. (1574-1610) trat uns bereits
deutlich entgegen, als wir die Zeugnisse seiner Tätigkeit im
Schloßbau betrachteten: den von ihm ins Werk gebrachten und
vollendeten Friedrichsbau, wesentliche Teile des Glockenturms
und letztlich den von allen Schloßbesuchern geschätzten Altan.
Dieser Friedrich war keine Gelehrtennatur, alles andere als das,
aber er gebärdete sich auch nicht als zügelloser Trunkenbold
(wie Scheffels Studentenlied es suggeriert), wenngleich er mit
der Hinwendung zu den leiblichen Genüssen seiner Gesundheit

sicher keinen guten Dienst erwies. Überblickt man seine politischen Entscheidungen als Kurfürst, so zeigt sich, daß er außerordentlich hellhörig sein konnte und daß er sich, in der natürlichen Veranlagung vom Onkel geschickt gefördert, einen wachen Spürsinn zunutze machte.

Weil Friedrich IV. schon frühzeitig wahrnahm, daß die Evangelischen mit dem zunehmenden Widerstand der Katholiken zu rechnen haben würden, war es Maxime seiner praktischen Politik als Kurfürst, auf die Beseitigung von Konfrontationen unter den evangelischen Bekenntnissen und auf Ausgleich mit dem im wesentlichen lutherischen Adel im pfälzischen Einflußgebiet hinzuwirken. Es mag sich in diesem Sinne positiv ausgewirkt haben, was ihm der für seine Erziehung maßgebliche Georg Ludwig von Hutten an Wahrheiten und Einsichten vermittelt hatte. Schon wegen des Mutes, sich an die Spitze jenes konfessionellen Bündnisses zu setzen, das als Evangelische Union auf dem Reichstag von 1608 zustande gekommen war, muß man Friedrich IV. über die nur volkstümlich-liedhafte Anleuchtung seiner Persönlichkeit hinaus historische Gerechtigkeit zuteil werden lassen. Mit der Verantwortung in der Union knüpfte Friedrich IV. wieder an pfälzische Traditionen in der Reichspolitik an, die lange verschüttet und schließlich wohl auch nicht mehr richtig verstanden worden waren.

Aus der Liberalität, die zweifellos ein Wesenszug seiner Regierung war, entwickelten sich trotz der reformierten Grundtendenz nun wieder kulturelle Eigenbekundungen des Hofes. Im Schloß gab es Feste, Feuerwerke, Theaterspiele. Die griechische Götterwelt erwachte zu neuem Leben und regte die Geister an. Mit wachen Sinnen nahm der Kurfürst an allem teil, was dargeboten wurde, auch wenn solche Bereitschaft zur kulturellen Bereicherung nach dem Zeugnis seiner Tagebücher nicht selten in den Seufzer auslief: »Hab' wieder einen Rausch gehabt ...« Immerhin bleibt zu vermerken, daß sogar eine englische Schauspielertruppe unter George Webster 1597/98 im Schloß zu Gast war. Sie kam aus dem hessischen Kassel und führte im Kaisersaal des Ottheinrichsbaues Dramen von Shakespeare auf.

Dieses Leben in der Residenz im Verein mit der Bautätigkeit im Heidelberger Schloß führte dazu, daß die Kosten für die

Hofhaltung rapide anstiegen. Die auf das Kräftespiel in Europa ausgerichtete Politik Friedrichs konnte in ihren finanziellen Auswirkungen leicht als Verschwendung mißverstanden werden. Auch die Gründung der Stadt Mannheim im Jahre 1605 als Festung am Rhein und als Handelsstadt nach hugenottischem Muster war anfänglich stark von der Frage abhängig, ob die Kurpfalz die wirtschaftliche Investitionskraft dafür aufbringen könnte. Es bleibt nach wie vor erstaunlich, daß dies möglich war.

Das Jahrhundert der großen Katastrophen

Als Friedrich IV. im Jahre 1610 starb, war der Kurprinz Friedrich erst vierzehn Jahre alt. Händel um die Vormundschaft gab es nicht. In die Heidelberger Administration trat Johann II. aus der jüngeren Linie Zweibrücken ein. Als entschiedener Calvinist wirkte er still und bescheiden, ohne hochfliegenden politischen Ehrgeiz nach den begrenzten Maßstäben des kleinen Fürstentums, aus dem er kam. So setzte sich die Periode der Ruhe noch drei Jahre fort, bis Friedrich V. 1613 Elisabeth Stuart, die Tochter Jakobs I. von England, als Gemahlin in einer Art Triumphzug nach Heidelberg heimführte und damit eine aufregende Geschichtsepoche einleitete, die schließlich binnen weniger Jahre die Pfalz – und nicht nur sie – an den Rand der Existenz führte.

In die Regierungszeit Friedrichs IV. fiel die Wende vom 16. zum 17. Jahrhundert. Das Zeitalter des Barocks kündigte sich an. Aus dieser kulturgeschichtlich hochinteressanten Periode des Übergangs ragen in Heidelberg drei Persönlichkeiten in bezeichnender Weise hervor.

Als ein reformierter Kirchenrat und Doktor der Rechte war Markus zum Lamm (Lamb) (1544-1606) dem Kurfürsten sehr ergeben. Sein ganzes Leben lang arbeitete er kulturkritisch an einem Sammelwerk, dem er den Titel › Thesaurus Picturarum‹ gab.

Dieser Bilderschatz umfaßte 39 Bände. Er entstand aus dem moralischen Antrieb des konsequenten Calvinisten, der sich kritisch gegen die Entfaltung des Hoflebens, aber auch gegen die Nachahmung des Fremden, gegen das Wohlleben und die Modetorheiten wenden mußte. So entstand nicht nur eine Art volkstümlicher Kulturspiegel, sondern auch eine Chronik der kleinen Geschehnisse am Rande der Weltgeschichte.

Auch festliche Ereignisse des Hofes, Trauerzüge, Trachtenbilder und

Wappen hat uns Markus zum Lamm überliefert. Dreißig Jahre lang waren nacheinander zwei Maler für sein Sammelwerk tätig. Sie bestückten es mit einer Vielzahl von Aquarellen. Diese Bildbeigaben, die keinen großen Kunstwert beanspruchen, sind in kulturgeschichtlicher Hinsicht jedoch außerordentlich aufschlußreich. Von den 39 Bänden existieren noch 32 in der Landes- und Hochschulbibliothek Darmstadt, ein weiterer Band ist in Berlin nachgewiesen. Allerdings enthalten nur einige dieser Sammelbände Berichte und Bilder aus dem pfälzischen Bereich.

Als Sohn eines aus Simmern stammenden kurfürstlichen Rats wurde 1591 in Heidelberg Julius Wilhelm Zincgref geboren, der sich schon in jungen Jahren zu einem gelehrten Poeten des Frühbarocks entwickelte. Eine besondere Neigung besaß Zincgref für das Sammeln moralischer Sentenzen und lehrhafter Beispiele aus den Schriften der Klassiker. Hundert solcher ›Emblemata ethico-politica‹ gab er 1619 heraus. Matthäus Merian, den Zincgref gut kannte, lieferte zu jedem Sinnspruch ein in Kupfer gestochenes Medaillon. Viele dieser bildhaften Symbole zeigen abgewandelte oder vereinfachte topographische Ansichten. Heidelberg kommt immer wieder dabei vor. Zincgref, der vor allem durch ›Der Teutschen Scharpfsinnige kluge Sprüch, Apophthegmata genannt‹ (1626) berühmt wurde, floh vor Tillys Truppen 1622 aus Heidelberg. Später wirkte er als kurfürstlicher Landschreiber in Kreuznach und Alzey. Er starb, von Weimarischen Truppen ausgeplündert, bei Verwandten seiner Frau in Sankt Goar am Rhein 1635 an der Pest, 44 Jahre alt.

Im Jahre 1624 gab Julius Wilhelm Zincgref in Straßburg, wo er nach seiner Flucht aus Heidelberg als Dolmetscher in französischen Diensten tätig war, ein Buch heraus, das den Titel trug: ›Martini Opicii teutsche Poemata und Aristarchus‹. Die Literaturwissenschaft wertet dieses Werk als den entscheidenden Durchbruch des deutschen Frühbarock. Martin Opitz, der gebürtige Schlesier, studierte im Alter von 22 Jahren in Heidelberg, floh aber schon 1619 vor den Schrecken des Krieges nach Holland. Martin Opitz gedachte der schönen Heidelberger Jahre jedoch noch in manchem Gedicht. Sie beschwören auf graziös-gravitätische Art zumeist die Begegnung mit Galathee. Aus Leiden, wohin er zu seinem Mentor Daniel Heinsius geflüchtet war, schrieb er:

> *Alle Nacht pflegt mir zu träumen*
> *Wie ich bey dem Neckar sey,*
> *Wie ich aller Sorgen frey*
> *Bey den rauchen Kestenbäumen*
> *Mit dir, liebe Galathee*
> *Oepfel auffzulesen geh …*

Nicht nur den Heiligenberg, den er, der beiden Gipfel wegen, dem Parnaß gleichsetzte, hat Opitz in barocker Manier beschrieben. Auch ein anderes Motiv reizte seine poetische Naturempfindung sehr. Es war jene abseits im Wald hinter dem Schloß gelegene Stelle, »da des Wolfes strenge Macht Mutter Jetten umgebracht«.

Vom Wolffesbrunnen bey Heydelberg

Du edler Brunnen du, mit Ruh und Lust umgeben
Mit Bergen hier und da alß einer Burg umbringt
Printz aller schönen Quell, auß welchen Wasser dringt
Anmutiger dann Milch, und köstlicher dann Reben,
Da unsres Landes Kron' und Haupt in seinem Leben,
Der werthen Nymph' offt selbst die lange Zeit verbringt,
Da daß Geflügel ihr zu Ehren lieblich singt,
Da nur Ergetzligkeit und keusche Wollust schweben,
Vergeblich bist du nicht in dieses grüne Thal
Beschlossen von Gebirg' und Klippen überall:
Die künstliche Natur hat darumb dich umbfangen
Mit Felsen und Gepüsch', auff daß mann wissen soll
Daß alle Fröligkeit sey Müh' und Arbeit voll,
Und daß auch nichts so schön, es sey schwer zu erlangen.

Man hält es nicht für möglich, daß jenes Jahrhundert, das Galathea und Florabella Liebeshuldigungen darbrachte, das durch poetische Lustgärten spazieren wollte und das sich der Schäfermode ergab, ein Jahrhundert der Katastrophen wurde. Die Pfalz war nicht nur den Plagen des dreißig Jahre währenden Krieges ausgesetzt, sondern sah sich gegen Ende des Jahrhunderts auch noch mit dem Machtanspruch des französischen Sonnenkönigs konfrontiert.

Freilich war dies dem »friedejauchzenden Säkulum« zu Beginn nicht anzumerken. Prächtig und mit großer Machtfülle trat es in Heidelberg in Erscheinung. Friedrich V. (1596-1632), noch jung an Jahren, griff 1613 so beherzt wie unbekümmert die politische Konzeption auf, die vom Vater hinterlassen worden war: den Anspruch, die Pfalz wieder zu einer Führungsmacht anwachsen zu lassen. Mit repräsentativen Pfählen steckte Friedrich V. das Feld seiner königsgleichen Politik ab. Im Heidelberger Schloß setzte er sich mit der Errichtung des Englischen Baues über die Grundgedanken von Schutz und Wehr hinweg, indem er Zwinger und Graben überbrückte. Die große

Gartenplanung, die auf den Schmuck der Residenz ausgerichtet war, machte jedem Betrachter klar, daß sich die Pfalz nicht mehr mit einer minderen Rolle im Reich zufriedengeben wollte, sondern daß sie es ernst meinte mit dem Vorhaben, am Kaiser vorbei Politik im europäischen Rahmen zu betreiben.

Die Pfälzer forderten damit nicht nur ihre katholische bayerische Gevatterschaft heraus, sondern mit dieser auch den Kaiser. Dies hätte Kurfürst Friedrich v. erkennen müssen, als er sich 1618 auf die waghalsige Politik einließ, an die Spitze des böhmischen Ständestaats zu treten. Ihn fochten solche Überlegungen jedoch nicht an. Sein Anspruch stellte sich immer höher dar als sein Vermögen. Was er seiner aus königlichem Hause stammenden Gattin an höfischer Repräsentanz zu bieten trachtete, überstieg bei weitem die pfälzischen Finanzkräfte. Doch am Ende pries man seine große Gartentat als das »achte Weltwunder«, obwohl doch der Kurfürst samt seinem Anspruch hinweggefegt war und die Pfalz bitterste Kriegsnot litt.

Die Wandlungen des Schloßgartens

Den ›Prospect des Churfürstlichen Pfältzischen Resident Schlosses und Lustgartens zu Heidelberg‹ überlieferte uns Matthäus Merian als Kupferstich von 1620. Er schuf ihn höchstwahrscheinlich selbst, indem er sich jene Ansicht zum Vorbild nahm, die der aus Antwerpen stammende Maler Jacques Fouquières als großes Gemälde gestaltet hatte. Der flämische Landschaftsmaler weilte von 1616 bis 1618 in Heidelberg. Sein ›Hortus Palatinus‹ stellt heute eines der Prachtstücke in der Gemäldesammlung des Kurpfälzischen Museums dar. Merians informatives Blatt und Fouquières' eindrucksvolles Gemälde schildern uns detailgetreu, wie der Schloßgarten des Salomon de Caus konzipiert war, wie er größtenteils auch in der Wirklichkeit entstanden ist und wie er nach der Vollendung hätte aussehen sollen. Nicht alles, was Merian zeichnete, wurde gebaut oder als Pflanzung angelegt. Auch die Grotten- und Wassermechanik, die Salomon de Caus erfunden und gezeichnet hatte, ist nicht in allen Stücken verwirklicht worden. Nichtsdestoweniger trat aber das Gartenwerk in seiner geschlossenen Konzeption so in Erscheinung, daß die Zeitgenossen überwältigt waren, wenn sie es sahen, und aus dem Staunen nicht herauskamen.

Der Jettenbühel, auf dem das Schloß mit allen seinen Teilen in mehr als zwei Jahrhunderten errichtet worden war, wurde auf natürliche Weise nach Osten hin durch den tiefen Einschnitt des Friesentals vom Gebirgsmassiv abgesetzt. Diesen natürlichen Schutz des Friesentals hob der Garten nicht völlig auf. Er entfaltete sich erst jenseits des Schloßgrabens, der von der Südseite her in das Friesental überging. Aus dem steilen Nordhang zum Friesental ließ der Gartenarchitekt die Terrassen seines Werkes unmittelbar herauswachsen. Einesteils wurden diese Terrassen aus dem steilen Gelände herausgestemmt, andernteils baute man Stützmauern, hinter denen das Gelände aufgeschüttet wurde.

Fünf solcher brettflachen Gartengründe türmte Salomon de Caus hinter- und übereinander auf. Sie waren untereinander mit ziemlich steilen Treppen verbunden. Der topographischen Situation glich sich der Garten insofern an, als er mit den meisten Terrassen einen rechten Winkel entlang der Hangneigung bildete. Dieser Winkel öffnete sich nach Norden und Westen.

Die einzelnen Gartenebenen waren in rational bestimmte, mit Zirkel und Lineal entworfene Einzelbosketts aufgeteilt, die das Gesamtbild eines Parterres wie einen orientalischen Teppich erscheinen ließen. Dies sollte die »von Menschengeist entwickelte architektonische Ordnung in der Natur« verdeutlichen. Weil die Grundkonzeption des Gartens heute noch zu erkennen ist, kann man den ursprünglichen Garten einigermaßen genau beschreiben.

Das unterste Winkelparterre zum Friesental hin war das kleinste des ganzen Gartens. Es bestand in seinem längeren von West nach Ost gerichteten Winkelarm aus zweimal vier Bosketts. Die beiden Vierergruppen des Teppichmusters wurden von einer ornamental gefaßten Wasserkunst getrennt. Die Balustrade zum Tal hin begleiteten Blumenbeete mit Büschen. Die Stellen, an denen man aufs Schloß oder in die Landschaft hinausblikken sollte, waren klar markiert.

Auch das nächste Parterre war im Winkel angelegt, freilich in seinen Ausmaßen fast zehnmal so groß. Es ist der im wesentlichen noch heute erhaltene Schloßgarten auf der Ebene des Zugangs vom Schloß her. Der nach Norden gerichtete Arm dieses Winkels wird heute ›Scheffelterrasse‹

*genannt, eine Bezeichnung, die sich auf das dort errichtete Denkmal des
Dichters bezieht. In diesen Teil des Gartens, wie in alle anderen Teile –
denn alle waren von dieser Hauptterrasse aus untereinander mit Treppen
verbunden – gelangte man vom Schloß her durch ein breites, über sechs
Achsen sich erstreckendes Torhaus. Heute ist nichts mehr davon vorhanden, lediglich einige Unebenheiten im Gelände weisen an dieser schmalsten
Stelle des Zugangs zum Schloßgarten auf die architektonisch gefaßte Situation des Entrees hin.*

*Nach Überquerung einer stattlichen Freifläche erreichte man das eigent-
liche Gartenparterre dieser Hauptterrasse dort, wo es sich in mathematischer und geometrischer Regelmäßigkeit entfalten konnte. Es besteht aus
quadratischen Boskets, von denen die inneren durch Gartenarchitektur
zusammengefaßt sind. Der Nordflügel, die heutige Scheffelterrasse, weist
eine in den Ausmaßen sehr viel großzügigere Gartengliederung auf. Zwar
sind auch hier die Beete streng geometrisch gestaltet, aber sie nehmen mehr
als das Doppelte der üblichen Grundfläche ein. Hier und in der östlich
darüberliegenden Terrasse befinden sich die größten Einzelgestaltungen des
barocken Parks. Die östliche Begrenzung des Hauptparterres bildeten vor
einer hohen Mauer mehrere Bassins mit Wasserkünsten. In die Mauer aber
waren kunstvolle Portale zu Grotten eingelassen, die in verstümmelter
Form heute noch erhalten sind.*

*Die nächsthöhere Terrasse folgt wieder dem Quadratschema der Einzel-
boskets. Ihrer acht zählt man allein in der Ost-West-Erstreckung, ein
Wasserbecken mit eingerechnet.*

*Noch höher befand sich ein sehr schmaler Terrassenstreifen in Ost-West-
Erstreckung, der bei Merian nur als leere Fläche wiedergegeben ist. Es
handelt sich um eine schmale Wandelbahn für das Palmaillespiel, das dem
Krocket verwandt ist. An der Südwand dieser Terrasse kann man eines der
größten Grottenbauwerke des Gartens erkennen: die aus zehn Arkaden
bestehende Fassade einer in den Berg geschlagenen Halle, die mit Nischen
und anderen Grottenräumen ausgestattet war. Man nannte das Bauwerk
die Bädergrotten, denn sie verfügten über Heizungskammern. Auch Fisch-
zuchtbecken haben sich dort erhalten. Die schmale Terrasse endete gegen
Westen in einem portalartigen Bauwerk, das Salomon de Caus ›Grande
Niche‹ nannte. Es war als Blickpunkt dieser Galerieterrasse mit einem
Standbild Friedrichs V. geziert. Sowohl von der Grotte als auch von der
›Grande Niche‹ sind noch heute Reste zu sehen. Oberhalb dieser Terrasse
verläuft heute eine vielbefahrene Straße, welche die Parkplätze in der
Nähe des Schloßgartens und das Villenviertel am Schloßwolfsbrunnenweg
erschließt. Bei der ehemaligen ›Grande Niche‹ kann man auf einem Fuß-
weg direkt von dieser Straße in den Park gelangen.*

Diese Möglichkeit besteht auch im äußersten Winkel des Schloßgartens, wo man den Höhenunterschied zwischen der oben verlaufenden Straße und der tieferliegenden Hauptterrasse in einem Bauwerk mit einer Spindeltreppe überwinden kann.

Salomon de Caus hat seinen Garten in einem großformatigen, reich mit Kupferstichen illustrierten Buch selbst beschrieben. Die Vorrede in französischer Sprache ist datiert auf »Heydelberg, 20. Dezember 1619«. Aus dieser Beschreibung kann man entnehmen, daß die einzelnen Teile des ›Hortus Palatinus‹ besondere Bezeichnungen trugen. So die verschiedenen Parterres, die »de la Colonne« oder »en Broderie« genannt wurden. Salomon de Caus scheint der deutschen Sprache nicht mächtig gewesen zu sein. Die Orangerie wird als ein Schuppen dargestellt, 280 Fuß lang und 32 Fuß breit, der über 30 großen Orangenbäume, die schon sechzig Jahre alt sind, hinweggeschoben werden konnte. Es gab – zumindest in Salomon de Caus' Vorstellung – auch eine steinerne Orangerie »en plus grand volume«, deren mächtige Säulen wie Baumstämme ausgebildet sein sollten. Auch die Brunnen werden genau beschrieben und dargestellt, ebenso die Wasserspiele, die sich hauptsächlich am Ostende der großen Terrasse befanden. Dort traf man auch auf die Grotten. Ein »Portail de la Grote« war mit Wildtieren besetzt. Es ist noch vorhanden und, was die Wildtierdarstellungen betrifft, in rudimentärer Form auf uns gekommen.

Der Architekt ließ in diesem Garten seine Ideen nur so sprühen. Er brillierte mit seinem technischen und physikalischen Können. Was er in dieser Hinsicht alles zu bieten hatte, muß man in seinen Büchern nachlesen. Zwar sind im ›Hortus Palatinus‹ unserer Tage einige Wasserbecken zu neuem Leben erweckt worden und auch der ›Vater Rhein‹ lagert als eine nachgeschaffene Kopie wieder zwischen den bemoosten Felsen seiner Wasserwelt. Aber das ist doch nur ein schwacher Abglanz dessen, was Gartenarchitekten und Auftraggeber hier zu schaffen trachteten und größtenteils auch verwirklicht haben.

Eine Spezialität des französischen Ingenieurs bildeten die Wasserorgeln. Diese raffinierte Technik muß viele, die ihrer Wirkung ausgesetzt waren, verblüfft haben. Die kühlen Grotten, die von Nymphen, Flußgöttern und Tiergestalten, rieselnden Wassern, Kaskaden und Springbrunnen belebt waren, erfüllten plötzlich auch die wundersamen Klänge, die von den Wasserorgeln hervorgezaubert wurden. Der Wasserreichtum des Königstuhlgebietes machte dies alles möglich.

Seines Lebens und Wirkens ist Salomon de Caus allerdings nie richtig froh geworden, denn alles, was er gestalten sollte, blieb unvollendet. 1576 wurde er als Sohn einer Hugenottenfamilie bei Dieppe in der Normandie geboren. Als er vierzehn Jahre alt war, wurden die Hugenotten aus Frankreich vertrieben. So kam er nach England, wo er sich nach mathematischen Studien entschloß, ein ›hydraulischer Ingenieur‹ und Gartenarchitekt zu werden. Als Neunzehnjähriger reiste er nach Italien und studierte dort die florentinischen Gärten der Medici. Dort traf er auch die Maler Rubens und Breughel. Sein erstes Engagement fand Caus mit 25 Jahren beim österreichischen Erzherzog Albrecht in den Gärten von Trevure bei Brüssel. Dort widmete er sich bis 1610 der Ausgestaltung künstlerischer Grotten und der Anlage von Wasserspielen. Schon bald entschloß sich Caus, einem Angebot des Prinzen von Wales nach Richmond zu folgen. Dort traf er mit dem genialen Architekten Inigo Jones zusammen, der sich gerade anschickte, die gestalterischen Gedanken Palladios in die englische Wirklichkeit umzusetzen. Man vermutet nicht zu Unrecht, daß Inigo Jones auch die Pläne für den Englischen Bau des Heidelberger Schlosses geliefert haben könnte. Zumindest ist sein Einfluß in diesem Erweiterungsteil des Schlosses spürbar geblieben. In Richmond waren alle Voraussetzungen dafür gegeben, dem englischen Thronfolger einen prächtigen Rahmen für die Hofhaltung zu schaffen.

Die Schwester des Prinzen, jene Elisabeth von England, die bald darauf den pfälzischen Kurfürsten heiratete, hatte den Ingenieur Salomon de Caus in der Umgebung ihres Bruders kennengelernt. Der Gartenkünstler hatte Prinz und Prinzessin sogar im Zeichnen unterrichtet. Auf Elisabeths Wunsch wurde er von Friedrich v. nach Heidelberg berufen, um hier sein großes Lebenswerk zu gestalten. Aber auch dieses blieb eine ›unvollendete Symphonie‹. Die Ereignisse des Dreißigjährigen Krieges vertrieben Salomon de Caus 1620 aus Heidelberg. Über Paris gelangte er nach Rouen, wo er sich dem Brückenbau widmen sollte. Die Projekte, die er vorschlug, wurden jedoch aus Kostengründen nicht verwirklicht. Dann weiß man nichts mehr von seiner Tätigkeit. Als Fünfzigjähriger starb er in Paris.

412 Obstbäume wurden im ›Hortus Palatinus‹ gepflanzt. Der kleine Teil des Gartens, der heute als Scheffelterrasse bezeichnet wird, enthielt eine Art Plantage, den Pomeranzengarten. In ihm fand man bis zu sechzig Jahre alte Pomeranzenbäume. Die ältesten waren »ohngefehr 25 Schuch hoch«. Im Garten waren

außer Pomeranzen auch Feigen und Zitronen anzutreffen. Sie wurden wie die Granatapfel- und Lorbeerbäume in beheizten Gewächshäusern gezüchtet und in der warmen Jahreszeit in den Garten gebracht. Auch läßt sich vermuten, daß im ›Hortus Palatinus‹ in kunstvoller Form Reben gezüchtet werden sollten.

Dieser echte Renaissancegarten, der inmitten der ihn umgebenden gebirgigen Gras- und Waldlandschaft als ein Kunstwerk verstanden werden sollte, ließ manche Vorbilder, denen er teilweise nachempfunden war, weit hinter sich. Es ist sicher der Integrationskraft und der bildnerischen Fähigkeit des Salomon de Caus zuzuschreiben, wenn sich der Rationalismus in solch spielerischer Form offenbarte und wenn die im Garten zutage tretenden klassischen Anregungen dem noch halb mittelalterlich wirkenden Schloß zu einem Rahmen verhalfen, in dem sich eine von europäischen Verflechtungen bestimmte Politik bei festlicher Hofhaltung zeitgemäß entfalten konnte.

Als der Dreißigjährige Krieg jedoch Heidelberg erfaßte, erwiesen sich die im Winkel um das Schloß aufgeführten Terrassen als ›Achillesferse‹ einer notwendig gewordenen Verteidigung. Von diesen Terrassen bot sich das Schloß wie auf einem Präsentierteller dar. In Eile errichtete man oberhalb des Gartens Wälle und Schanzen. An der Ecke des Nordflügels der großen Terrasse, wo nach Caus' Plänen das Turmhaus entstehen sollte, verwandelte man dessen bereits gebauten Sockel in eine Verteidigungsanlage, die nun die Redoute genannt wurde. Auch die ›Galery‹ auf der obersten Terrasse nach Osten hin wandelte ihren Charakter; sie wurde zu Geschützständen umgebaut. Die Redoute wurde erst von den Franzosen 1689 gesprengt. Danach entstand dort ab 1692 zwar wieder eine kleinere Befestigung, doch wurde diese im Lauf der Zeit von der Natur ganz überwuchert. Ihre Grundmauern sind noch unterhalb der Nordwestecke der Scheffelterrasse zu sehen. Der Stückgarten, der im engeren Sinne nicht zum ›Hortus Palatinus‹ gehörte, hatte seinen Charakter ebenfalls gewandelt. In der Höhe des Elisabethentors schloß ihn ein Vogelhaus gegen die Schloßzufahrt ab. Eine Allee lief auf den Englischen Bau zu und Zierbeete bedeckten die Gartenfläche. Das Vogelhaus bestand bis zum Jahre 1805.

War die fruchtbare Pfalz binnen weniger Jahre ein verwüstetes Land, wie sollte der ›Pfälzische Garten‹ beim Schloß davon unberührt bleiben! Als der Dreißigjährige Krieg zu Ende war, erkannte man das Wunder dieser Gartenschöpfung kaum wieder. Unter dem Kurfürsten Karl Ludwig, der sich mit Umsicht und Tatkraft dem Wiederaufbau seines Landes widmete, wurde der ›Hortus Palatinus‹ zu einem Baumgarten. »Bumerantz bäum, Citronen bäum, Citronellen oder Nania Bäumlein und Cappernstauden« ließ man 1659 aus Oberitalien kommen. Zuvor hatte der Forstmeister auf der großen Terrasse fünfzig junge Linden im Wege der Fronarbeit einpflanzen müssen.

Es gab dort bald spanischen Jasmin, einige Palmen, auch Zypressen und eine Pinie. Dem nüchtern praktischen Sinne des Kurfürsten entsprach es, daß man sich um das Gedeihen von Spargel und Artischocken bemühte. Doch auch diese Gartennutzung hatte bald ein Ende, weil sie vom Pfälzisch-Orléansschen Erbfolgekrieg unterbrochen wurde.

Erst im Jahre 1719, also dreißig Jahre nach den Zerstörungen, entwickelte sich der Schloßgarten wieder. Er wurde nun zum reinen Nutzgarten. Im Terrassengarten beim Schloß wurden Maulbeerbäume und Obstspaliere angelegt. Die Akten vermerkten 1750, daß der Kurfürst mit großen Kosten einen neuen Brunnen im Schloßgarten bauen ließ. Das Gebiet des Friesentals wurde zum ›Thier-Garthen‹, in dem Rehe und Hirsche ästen.

Zu Ende des 18. Jahrhunderts zählte man 412 Obstbäume, und auf den Terrassen erstreckten sich in der Hauptsache Gemüsefelder. Zu den Obstbäumen rechneten auch die Cornelkirschen, nicht aber die Roßkastanien, die dazumal als Neulinge in den Gärten besonders erwähnt wurden. Der Oberstallmeister Freiherr von Oberndorff prägte mit Erwerbssinn die Gestaltung des Gartens. Auch der kurfürstliche Baudirektor Nicolas de Pigage wurde zu Rate gezogen. Ein Schützenstand und eine Wirtschaft hatten sich inzwischen ebenfalls auf den Gartenterrassen etabliert.

So nimmt es nicht wunder, daß auch das utilitaristisch denkende 19. Jahrhundert die Verwendung des Nutzgartens bevorzugte. Der Oberforstrat und Professor Christoph Wilhelm Jakob Gatterer, ein in seinem Fach bedeutender Mann, machte im Jahre 1804 den Vorschlag, aus dem Schloßgarten »zum Vorteil der Universität sowie des fremden und einheimischen Publi-

kums einen ökonomischen Garten« werden zu lassen. Kurfürst
Karl Friedrich aus dem badischen Hause stimmte dieser Absicht zu, so daß der Oberbaudirektor Friedrich Weinbrenner
aus Karlsruhe und der Gartendirektor Friedrich Ludwig von
Sckell aus Schwetzingen beauftragt wurden, sich der Erneuerung des Heidelberger Schloßgartens nach den Ideen Gatterers
anzunehmen. Als Sckell bald darauf nach München berufen
wurde, trat der Gartendirektor Johann Michael Zeyher in die
Heidelberger Aufgabe ein. Die Gartenarchitekten, die sich jetzt
auf den Terrassen betätigten, waren Landschaftsgärtner. Sie gestalteten malerische Gruppierungen von Bäumen und Sträuchern und erschlossen das Gebiet durch gewundene Wege. Am
Beginn der großen Terrasse traf man fortan auf einen landwirtschaftlichen und botanischen Unterrichtsgarten. Da fanden sich
Spargelländer, Gemüsefelder, Küchen- und Futterkräuter.
Auch »Oehl, Farben, Gerbe und andere Materialpflanzen«
waren zu studieren. Auf den oberen Terrassen und nun auch
im Burggraben wuchsen Kirschen, Äpfel, Nüsse, Birnen,
Zwetschgen, Pflaumen, Quitten, Kastanien, Mispeln und Ha-
selnüsse. Außerdem gab es viele Beerensträucher. Der Stückgarten wurde erstmals in die Gesamtanlage miteinbezogen. Die
Wege zwischen dem Stückgarten und dem eigentlichen Schloßgarten sind heute noch so, wie sie unter Gatterer und Zeyher
angelegt worden sind. Die Umgebung des Gartens wandelte
sich bald ganz in eine forstbotanische Anlage.

Dies war im wesentlichen auch der Garten, den Goethe sah,
als er hier 1815 mit Marianne von Willemer wandelte. Dem
belehrenden Charakter des Schloßgartens ist es zuzuschreiben,
daß unter den Liebesliedern des Buches Suleika eine botanische
Merkwürdigkeit erscheint: das geteilte Blatt des Gingko biloba,
das Goethe »mit der menschlich-poetischen Duplizität seiner
Liebe und Lieder« vergleicht. So ist diesem vielverwandelten
Garten indirekt doch noch eine poetische Verklärung zuteil geworden.

Von 1812 bis 1851 übernahm Joseph Metzger die Verantwortung für die Gartenanlage. Zu seiner Zeit verschwand der
ökonomische Garten Gatterers wieder, denn an dessen Stelle
wurde 1837 nach Plänen von Heinrich Hübsch der Neubau der
Schloßwirtschaft errichtet. 1853 kamen dann noch eine Garten-

IV

BLICK VON DER SCHEFFELTERRASSE

AUF DAS SCHLOSS UND DIE STADT

Aquarell von Heinz Michel

1963

Schon die Maler der Romantik erfreuten sich an diesem Ausblick von »der Terrasse hochgewölbtem Bogen« (Marianne von Willemer) über das tief eingeschnittene Friesental hinweg auf Schloß und Ebene. In zahlreichen Gemälden gaben sie dabei ihren Empfindungen Ausdruck. Doch auch ein Künstler unserer Tage kann sich an diesem Motiv noch versuchen. Hier stimmt uns die fröhliche Malweise des unbekümmert zupackenden Aquarellisten auf die Gartenparade rings um das Schloßgemäuer ein. Weit reicht der Blick hinaus ins Land, wo sich fern bei Mannheim der Neckar mit dem Rhein vereinigt. Die Stadt jedoch liegt kleinteilig in den Taltrichter des Flusses eingeschmiegt, und nur die Kirchtürme ragen aus dem Dächergewimmel hervor. Die rote Mauermasse des Schloßkomplexes auf der Basaltkuppe ist eingespannt zwischen den Glockenturm mit der Fahnenstange (rechts) und den Torturm mit der flachen Haube (links). Aus der bewegten Ostfront, die sich über den Kasematten erhebt, wölbt sich der Apothekerturm hervor, in dessen Obergeschossen einst Prinzen und Pagen ihre Zimmer hatten. Nur wenige Jahre vor dem Dreißigjährigen Krieg war es ihnen vergönnt, sich am Grotten- und Terrassenwunder des ›Hortus Palatinus‹ erfreuen zu können.

halle, ein Musikpavillon und ein Küchenbau hinzu. Der Staat
baute 1863 eine neue Wirtschaftshalle und 1868 ein Musikzelt.
Beide standen bis 1931. An diesen Gebäuden wird deutlich, daß
der Schloßgarten immer mehr ins öffentliche Interesse rückte
und Besucher von auswärts anzog.

So war der Hauptzweck des Schloßgartens nun ein ›Vergnü-
gungspark‹ geworden, wie man damals sagte. Die Schloßwirtschaft, die Hübsch gebaut hatte, legte man nieder und errichtete
sie neu nach Ideen, die der Architekt Josef Durm 1895 lieferte.
Diese neue Schloßwirtschaft wurde am 1. Mai 1897 eröffnet. Zuvor war wegen der Errichtung des Scheffeldenkmals
(1890/91) jenes achteckige barocke Tanzhäuschen abgetragen
worden, das der Freiherr von Oberndorff 1773 auf der Terrasse
hatte errichten lassen. Das bronzene Scheffeldenkmal ver-
schluckte der Zweite Weltkrieg im 20. Jahrhundert. Heute steht
dort ein einfacher Gedenkstein, den die Burschenschaft Frankonia zu Heidelberg 1976 gestiftet hat.

Zu Beginn des Jahres 1922 setzte man an den östlichen Rand
der Scheffelterrasse, wo das Gelände zum Schloßwolfsbrunnenweg ansteigt, die aus Muschelkalkstein gebildete Goethe-
Marianne-Bank. Sie verdankt ihre Entstehung der Tatsache,
daß im Jahre 1919 mehrere Heidelberger Professoren, ange-
führt von Oberbürgermeister Dr. Walz, an das Erscheinen des
›West-östlichen Divan‹ vor hundert Jahren (1819) erinnerten und
einen Aufruf zur Errichtung einer solchen Bank ergehen ließen.
Die Bank wurde nach einem Plan des Heidelberger Architekten
Franz Kuhn errichtet. In der Rückenlehne wird sie von einem
Reliefmedaillon geziert, das einen Wiedehopf darstellt. Dieser
graziöse Vogel galt im Orient als Liebesbote. Außerdem gehört
er nach der morgenländischen Sage zu jenen Tieren, denen der
Eintritt ins Paradies gestattet wurde. Neben der Taube Noahs,
der Ameise Salomons und dem Walfisch des Jonas wurde diese
Gunst auch dem Wiedehopf der Königin von Saba zuteil. Der
obere Text auf der Bank lautet: »Und noch einmal fühlet
Hatem Frühlingshauch und Sommerbrand« (Buch Suleika).
Dies bezieht sich auf Goethe und dessen Begegnung mit Marianne von Willemer in Heidelberg und in diesem Park. Der
untere Text aber verdeutlicht die Empfindungen Mariannes:
»Dort wo hohe Mauern glühen, finde ich den Vielgeliebten.«

Als im Jahre 1923 die Verwaltung des Gartens vom Domä-
nenamt auf das Bezirksbauamt überging, konnte sich dessen
Leiter Ludwig Schmieder der sorgsamen Restaurierung und
Wiederherstellung des ›Hortus Palatinus‹ widmen. Im Jahre 1936
bekannte er mit Kummer, es sei 1932 der Versuch fehlgeschla-
gen, die Schloßwirtschaft ganz aus dem Garten zu vertreiben.
Aber damals konnten wenigstens der Musikpavillon und zwei
angebaute Hallen abgetragen werden. Der Rest wurde so umgestaltet, daß er sich dem Garten einigermaßen einfügte. Erst
etliche Jahre nach dem Zweiten Weltkrieg schloß das ›Casino‹,
wie es damals hieß, wegen Unrentabilität seine Pforten. Die
Schloßverwaltung riß es kurzerhand ab und stellte damit einen
Zustand her, den Schmieder schon lange zu erreichen trachtete.

In den Nachkriegsjahren versuchten die 1951 von Kreisgar-
tenbaumeister Georg Voth und Gartendirektor Will Siepen ins
Leben gerufenen Heidelberger · Blumentage zuerst jährlich,
dann in größerem zeitlichen Abstand die ursprüngliche Schönheit des Gartens von Salomon de Caus deutlich zu machen. An
besonders markanten Punkten des Schloßgartens und des
Schloßinnenhofes legten Heidelberger Gartenbetriebe Blumenbeete nach den überlieferten Mustern an. Jedesmal war es eine
überwältigende Symphonie farbiger Naturklänge, die da in unermüdlicher Kleinarbeit erbracht und erweckt wurde. Dem
Kundigen machte sie freilich erst richtig den Zwiespalt zwischen dem Gedachten und dem daraus Gewordenen deutlich. Die
Blumenbeete der Renaissance und des Barock entfalteten sich
unter den gewaltigen Zeugen der viel jüngeren Forstbotanik.
Sie zierten mit unnennbarer Schönheit Teile des Schlosses, die
nie solcher Erbauung gewidmet waren. Aber sie entfachten
einen ungeheuren Zulauf von weither zum alten kurfürstlichen
Garten und lehrten die Menschen wieder ein wenig Einfühl-
samkeit in die Prachtgärten der Vergangenheit.

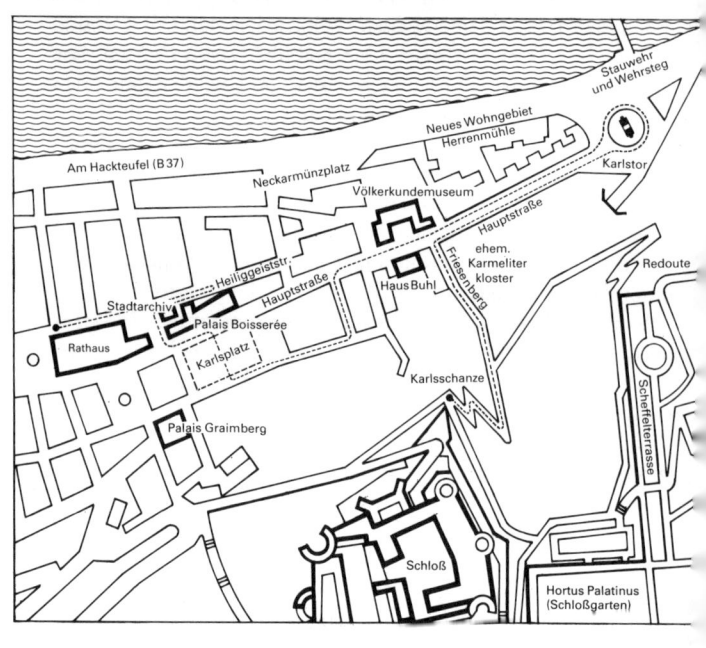

Stauwehr und Wehrsteg

Neues Wohngebiet Herrenmühle

Karlstor

Am Hackteufel (B 37)

Neckarmünzplatz

Völkerkundemuseum

Hauptstraße

Heiliggeiststr.

ehem. Karmeliter kloster

Redoute

Hauptstraße

Haus Buhl

Stadtarchiv

Palais Boisserée

Rathaus

Friesenberg

Karlsplatz

Karlsschanze

Scheffelterrasse

Palais Graimberg

Schloß

Hortus Palatinus (Schloßgarten)

Wanderung im alten Heidelberg

Abstieg durch das Friesental

Wer den Schloßgarten auf einem direkten und zugleich eindrucksvollen Weg verlassen möchte, wählt am besten den Abstieg über das Friesental. Es ist ein Serpentinenweg, der in vier großen Kehren das beträchtliche Gefälle überwindet. Bevor wir hinabgehen, blicken wir noch einmal rundum. An der Nordflanke ist man dem Schloßgemäuer am nächsten. Man sieht es wuchtig über sich aufragen; man blickt in die Wunden hinein, die ihm geschlagen wurden, und man empfindet die lindernde Wirkung der Natur, die das ruinierte Menschenwerk mit ihrem wuchernden Grün überzieht.

Trutzig und abweisend erhebt sich das großquadrige Mauerwerk der Karlsschanze aus dem Fels, doch über ihm schwebt ein sechseckiges Schildwachhäuschen mit Kleeblattluken auf einer wohlgegliederten Konsole vor dem freien Himmel. Solche Wachthäuschen gibt es mehrere in dieser Schloßregion, auch an der Ostseite bis oberhalb der Spitzkasematte.

Im Herbst ist es im Friesental besonders schön. Schon lange befindet sich dort kein Tiergehege mehr. Doch einige der Baumriesen, die den Grund füllen, könnten noch aus jener Zeit stammen. Roßkastanien und Ahornbäume breiten riesige Laubfächer aus, mit denen sie das Tal verhüllen.

Wenn wir hinuntersteigen, wollen wir nicht vergessen, an den Wegkehren jeweils zum Schloß zurückzublicken. Immer steiler, immer drohender türmt es sich hinter und über uns auf. In der Nordostbastion, die sich über das Friesental reckt, ist tatsächlich ein großer Teil der Gebäudemasse des Schlosses vereinigt. Jeder Schritt talwärts läßt uns zur Stadt förmlich hinabsinken. Man spürt, wie man an Höhe verliert, denn sogleich ist es vorbei mit dem freien Ausblick. Die Perspektiven verengen sich; bald nimmt einen die Stadt wieder auf. Im Grund des

Friesentals sind es dann nur noch ein paar Schritte bis zu jener Grenze des Schloßbereichs, die heute von zwei nicht sehr gepflegten Häusern, einem Mauerzug und einem hölzernen Gattertor markiert wird. Noch innerhalb des Schloßgebiets führt auf der östlichen Seite des Friesentals der Weg zur Redoute und zur Scheffelterrasse empor: ein gut ausgebauter Steig, der rasch in das sogenannte Karmeliterwäldchen eintaucht.

Wer Lust dazu hat, kann bis zur Redoute hinaufgehen. Kurz unterhalb des Ecks der Scheffelterrasse wird er auf einen fast ganz von Efeu überwucherten Mauerrest treffen. In einen Quader ist eingehauen: »Redoute. Diese Befestigung sicherte in Verbindung mit der gegenüberliegenden Karlsschanze das Friesentälchen.«

Der Redoutenweg mündet unmittelbar unterhalb der Scheffelterrasse in einen Rundweg, der schließlich wieder über die Karlsschanze zum Gattertor am Friesenberg zurückführt. Dort wurde für alle, die in der umgekehrten Richtung den Friesenberg heraufkommen, der vielsprachige Hinweis mit weißer Farbe auf den Sandsteinpfosten des Tors gemalt: ›Slot, Château, Castillo, Castello, Schloß, Castle‹. Dieses lassen wir nun endgültig hinter uns. Die Pflasterstraße ›Am Friesenberg‹ führt weiterhin steil hinunter ins Tal.

Zu beiden Seiten des Friesenbergs wuchern hinter Mauern heitere Gärten. Zur Linken beginnt jene grüne Flanke am Nordhang des Schlosses, die man früher das ›Kalte Tal‹ nannte, die uns aber heute diese Atmosphäre durchaus nicht mehr vermittelt.

Zur Rechten, wo in einem Garten eine große Fichte ein dunkles Ausrufezeichen setzt, haben wir einen stattlichen Winkelbau vor uns. Es handelt sich, wie schon der Name Karmeliterwäldchen verriet, um die letzte noch vorhandene Andeutung des einst sehr viel größer angelegten Karmeliterklosters. Hier im Stadtgebiet vor dem Oberen Tor hatten schon früh die Zisterziensermönche von Schönau bei der von Kurfürst Ruprecht I. gestifteten Jakobskapelle eine Unterkunft für ihre studierenden Mitbrüder errichtet.

Die Vorstadt außerhalb der Mauern litt naturgemäß immer sehr unter kriegerischen Auseinandersetzungen. Nach dem Orléansschen Erbfolgekrieg am Ende des 17. Jahrhunderts blieben von diesem Stadtgebiet nur Trümmer übrig. Die seit 1685 katholisch regierte Pfalz schaffte auch hier einen Wandel. Der bereits in Mannheim residierende Kurfürst Karl Philipp siedelte auf dem Gelände von Sankt Jakob und der alten Kurfürstlichen ›Sängerey‹ bzw. Hofkapellmeisterei nun Barfüßer-Karmeliter an. Diese nahmen mit einer barocken Kirche (1701) und mit einem mehrflügeligen Klosterkomplex die ganze Ostseite des Friesenbergs samt dem Wäldchen am Steilhang ein. Das allgemeine badische Klosterverbot, das zu Anfang des 19. Jahrhunderts erlassen wurde, ließ die Karmeliter wegziehen. Ihr Anwesen wurde zum Teil an Heidelberger Bürger verkauft, zum Teil wurde es – wie die Kirche (1807) – abgerissen. In dem erhalten gebliebenen Winkelbau, der freilich stark verändert wurde, weil er Wohnzwecken zu dienen hatte, steckt noch das Refektorium der Mönche.

Nur wenige Kenner der Stadtgeschichte wissen, daß sich in der Karmeliterkirche eine Grablege der Wittelsbacher befand. In die Gruft im Chor der Kirche wurden Tochter und Schwiegersohn des Kurfürsten Karl Philipp samt vieren ihrer Kinder zur letzten Ruhe gebettet. Auch die älteste Tochter dieses Paares, Elisabeth-Augusta, Gemahlin Karl Theodors, wurde, nachdem sie 1794 einer Ruhrerkrankung erlegen war, unter recht unwürdigen Umständen in die Karmelitergruft überführt. Zuvor war Karl Theodors Schwager Friedrich Michael von Zweibrücken hier bestattet worden. Auch der von den Franzosen vertriebene Herzog Karl August von Pfalz-Zweibrücken fand bei den Karmelitern zu Heidelberg seine letzte Ruhe.

Weil es sich bei den Verstorbenen um die unmittelbaren Vorfahren der bayrischen Könige handelte, holten die nun in München regierenden Wittelsbacher die Särge aus dem badischen Heidelberg 1805 heraus, überführten sie nach München und setzten sie in der Gruft der Hofkirche Sankt Michael bei.

Das Wohngebäude anstelle des alten Klosters zeigt schöne Empirebalkone und Architekturapplikationen, wie sie in der Biedermeierzeit üblich waren. Wo aber einst die Kirche stand, wurde ein Wohnhaus des 19. Jahrhunderts errichtet. Nur die gegenüberliegende Jakobsgasse, ein »Gessel, das da geet uff den Necker«, hält mit ihrem Namen noch die Erinnerung an den alten Kirchen- und Klosterbezirk wach.

Die Hauptstraße als Längsachse Alt-Heidelbergs lief in der östlichen Vorstadt ursprünglich durch das Obertor in das Neckartal hinaus. Nachdem das Obertor baufällig geworden war, hatte man weiter östlich das Neckargemünder Tor errichtet. Dieses wiederum wurde überflüssig und störend, als man noch einmal weiter östlich das heute noch vorhandene *Karlstor* errichtete. Zu seiner Erbauungszeit – 1775 bis 1781 – präsentierte sich dieses Prachttor in einer topographisch völlig anderen Umgebung als heute, denn diese Umgebung des Tores wurde immer wieder verändernden Zugriffen ausgesetzt.

Dies geschah im wesentlichen durch den Eisenbahnbau des 19. und durch den Straßenbau des 20. Jahrhunderts. Auch der Ausbau des Neckars als Schiffahrtsstraße war daran beteiligt. Zwei Tunnelröhren münden heute unmittelbar nebeneinander beim Karlstor an der steilen Bergflanke. Der beleuchtete Tunnel für den Autoverkehr, aus dessen Höhlung man zeitweise die Ventilatoren heulen hört, war einst ein Bahntunnel. Er stammt aus den Jahren 1859/62. Man sieht es an seinem Rundprofil und an der Sandsteinverkleidung des Tunnelmundes. Vom Karlstor aus gesehen, führte die Bahnstrecke durch diesen Tunnel zu jenem Hauptbahnhof, der sich seit 1840 am westlichen Rande der Altstadt befand. Diese alte Eisenbahnstrecke längs der früheren ›Anlage‹ wird seit den fünfziger und sechziger Jahren unseres Jahrhunderts als Südtangente der Altstadt für den Straßenverkehr genutzt. Lange davor, schon in den achtziger Jahren des vergangenen Jahrhunderts, war man sich klar darüber, den Heidelberger Hauptbahnhof um einen Kilometer weiter nach Westen verlegen zu müssen, wenn man der Stadt eine zeitgemäße Entwicklungsmöglichkeit geben wollte. Eine solche ins Auge gefaßte Bahnhofsverlegung machte einen neuen, zweieinhalb Kilometer langen Tunnel unter dem Königstuhl hindurch nötig. Er wurde 1909/10 innerhalb von fünfzehn Monaten gebrochen.

So wie beim ursprünglichen Eisenbahnkonzept der Hauptbahnhof am westlichen Rande der Altstadt lag, so befand sich am anderen Ende der Bahnhof Karlstor. Er war 1862 zunächst eine Haltestelle. Sie wurde gern von den Schloßtouristen benutzt, die von hier aus über das Friesental zur Ruine aufstiegen. Das alte einstöckige, seit 1866 bestehende ländlich bescheidene Bahnhofsgebäude Karlstor, das 1870 erweitert und aufgestockt wurde, nahm längs der Gleise den schmalen Raum zwischen der Streckenführung und dem Karlstor ein. Auch querte bei diesem Bahnhof die Schlierbacher Landstraße die Bahnstrecke, so daß sie ein beträchtliches Stück weit zwischen der Bahn und dem Berg verlief.

An ihrem Beginn stand das Prestinarische Haus, das die Heidelberger auch »das Haus mit den versunkenen Säulen« nannten, weil bei der Aufschüttung der Schlierbacher Landstraße diese Säulen zum Teil in der Erde versanken. Das ansehnliche Gebäude wurde 1910 den neuen Bahnanlagen geopfert. Im Jahre 1815, als sich das Hauptquartier der Verbündeten vorübergehend in Heidelberg befand, diente es im Juni zwanzig Tage lang Zar Alexander von Rußland zum Aufenthalt.

So wie dieses Gebäude, so ist auch der alte Karlstorbahnhof längst verschwunden. Statt der gemütlichen Haltestation vor der Stadt baute man 1934/36 ein großräumiges Bahnhofsgebäude quer in das Neckartal hinein. Es wirkt wie ein Riegel an dieser Stelle. Zum Karlstor steht es jedenfalls in einem argen Mißverhältnis. Auch hat es inzwischen seine Bestimmung eingebüßt; es wurde zum Behördengebäude der Stadtverwaltung.

Heute kann man sich nicht mehr vorstellen, wie beengt die topographische Situation am Stadtausgang einst gewesen ist. In Verlängerung der Hauptstraße schlängelte sich gerade noch ein schmales Sträßlein, bedrängt von den Gewalten der Natur, den Neckar entlang. Erst als im 18. Jahrhundert in jahrelanger Arbeit mit großen Kosten der Baugrund bereitet war, konnte man an die Errichtung des monumentalen Triumphbogens, den das Karlstor darstellt, denken. Doch damit hat es eine eigene Bewandtnis.

Weil Karl Philipp, der Vorgänger Karl Theodors, Heidelberg aus religiösen Gründen nicht wohlgesonnen war, gedachten Heidelbergs Stadtväter jenem Kurfürsten, der sich des Straßenbaus, der Wirtschaftsbelebung und zum Teil sogar der Schloßrenovierung annahm, mit dem Torbau eine Reverenz zu erweisen. Auch hatten sie die Absicht, Karl Theodors Gedanken wieder stärker auf die Universität und auf die Traditionsstadt der wittelsbachischen Vorfahren zu lenken. Dieser diffizilen, weil insgesamt

*politisch heiklen Mission nahm sich Heidelbergs Stadtdirektor und kur-
fürstlicher Regierungsrat Theodor Sartorius an. Er trieb den Torbau voran
und stieß dabei auch auf das Interesse des Landesherrn. Dieser versprach,
das zu seiner Verehrung gedachte Werk durch Zuwendung aus den Kame-
raleinkünften zu unterstützen.*

*Zweier Umstände wegen steht das Karlstor bei der Heidelberger Bürger-
schaft jedoch bis heute in unliebsamer Erinnerung. Zum einen überstiegen
die Baukosten die Zahlen des Voranschlags um ein Mehrfaches, so daß die
finanzielle Hauptlast von der Bürgerschaft getragen werden mußte; es
waren an die hunderttausend Gulden – und einige Handwerker gingen
dabei sogar leer aus. Zum anderen baute man am Karlstor weiter, als Karl
Theodor, der dynastisch bedingten Erbschaft wegen, seinen Regierungssitz
nicht etwa von Mannheim nach Heidelberg zurück, sondern von Mannheim nach München verlegt hatte. Da spottete man der Heidelberger und
ihrer Ehrerbietigkeit, die sie obendrein auch noch zu bezahlen hatten.*

Als die Stadt die Errichtung des Karlstors plante, wollte sie
sich mit diesem Unternehmen sehen lassen können. Deshalb
vergab sie den Auftrag zur Errichtung des Tores an den Hof-
kammerrat und Oberbaudirektor des Kurfürsten, den Architekten Nicolas de Pigage (1721-1796), damit dieser im Sinne
des Landesherren den Torbau nach dem ›römischen Geschmack‹ ausführe. Pigage hatte auch die Pläne für jenes prächtige Mannheimer Tor geliefert, das in Heidelberg am westlichen Ende der Hauptstraße (auf dem heutigen Bismarckplatz)
errichtet worden war. Bei der Bauleitung für dieses Werk hatten die Heidelberger den bekannten Architekten persönlich
kennengelernt.

Nicolas de Pigage legte dem Stadtrat drei verschiedene Pläne
für das Karlstor vor. Die Kosten für die Verwirklichung seiner
Ideen schwankten zwischen 15000 und 25000 Gulden. Kurfürst
Karl Theodor war mit keinem der Pläne ganz einverstanden. Er
wirkte auf den Architekten ein, die besten Ideen aus den drei
vorgelegten Plänen in einem vierten Plan zu vereinen.

*Den Grundstein legte man am 2. Oktober 1775. Kurfürst Karl Theodor
erschien dazu in Heidelberg persönlich. Der Heidelberger Kunstmaler
Vulcanus hielt das Ereignis in einem Ölgemälde fest. Die Stadtväter hul-
digten dem Kurfürsten. Auch die Bürgerschaft, nach Ständen und Berufen
geordnet, war zugegen und sah dem Landesfürsten aus gebührendem Abstand zu.*

Das Karlstor nimmt sich den römischen Ehrenbogen zum Vorbild und folgt ihm in durchaus vornehmen klassizistischen Formen. Allerdings wirkt das Bauwerk massig. Um den verhältnismäßig schmalen und hohen, rundbogig geschlossenen Durchgang sammelt sich eine mit kräftigen Gliedern betonte Architektur. Die Durchfahrt wird von einer Kassettendecke überwölbt. Beiderseits flankieren ihn zwei kräftige, aus je vierzehn Trommeln bestehende Säulen, die auf hohem Podest stehen. Sie tragen ein sehr kräftiges Gebälk in klassischen Formen, das sich über den Torbogen hinwegspannt. Über dem Gebälk folgt ein wuchtiger Aufsatz, der in den Wandfeldern, die in Verlängerung der Säulenpaare liegen, Blumen- und Fruchtgehänge zeigt. Sie sind in hellem Sandstein ausgebildet, während sonst das Tor einheitlich rot erscheint. In der Bekrönung ruhen auf den Ecken pfälzische Löwen origineller Art. Jeder von ihnen schaut mit freundlicher Physiognomie in das Land hinaus oder in die Stadt hinein: Verschmitzt bis freundlich, verstohlen bis belustigt blickend, scheinen sich die Karlstorlöwen einen Vers auf das Zeitgeschehen zu machen. Die Löwen flankieren den Mittelteil der Bekrönung mit dem Kurfürstenhut, unter dem in einer Draperie mit Füllhörnern die gemmenartig geschnittenen Porträts des Kurfürsten und seiner Gemahlin zu sehen sind. Zur Stadt hin ist das Mittelfeld der Bekrönung freigeblieben; stadtauswärts trägt es jedoch die Widmungsinschrift und darüber ein Fahnen- und Waffenemblem mit dem kurpfälzischen Staatswappen.

Das Tor ist nach beiden Seiten gleich gebildet; lediglich die Aufsätze über dem Gesims weisen Unterschiede auf. Nach den Seiten läßt das Tor turmartige, kräftig rustizierte Abrundungen erkennen. Sie legen den Schluß nahe, daß in die Synthese der Pigage-Pläne für das Karlstor auch traditionelle Überlieferungen einflossen. So stellt das Bauwerk eine Verbindung des klassischen Gebäudetyps ›Triumphbogen‹ mit jenen altertümlichen Wehrtoren dar, die von Türmen flankiert wurden. Ein solches Tor hatte Pigage an der Stadtseite der Alten Brücke in Heidelberg vor Augen, aber freilich nicht jenes heute dort sichtbare barock geformte Brückentor, denn dieses entstand erst zehn Jahre nach der Grundsteinlegung des Karlstors, wohl aber den Tortyp, der schon seit dem Mittelalter vorhanden

war. Nicolas de Pigage führte die begleitenden Halbtürme des
Karlstors, denen er durch das Rustika-Mauerwerk fortifikatori-
sche Wucht verlieh, nur bis zur Gesimshöhe und schloß sie dort
mit einer Bekrönung ab. Mit kleineren rechteckigen Gebäude-
ansätzen an die Halbtürme stellte der Architekt die Verbindung
zum Berghang und zur Ufermauer her. In diesen architektonischen Anfügungen befinden sich die Wendeltreppen, die ins
Kellergeschoß hinunterführen. Das Karlstor ist nämlich sieben
Meter tief auf die Granitfelsen gegründet. Ein Stück solchen
Felses kann man seitlich des Tores liegen sehen. Unter Niveau
befinden sich drei miteinander verbundene Räume, die als Gefängnis dienten. Über dem sehr kräftigen Gewölbe folgen dann
die halbrunden Räume in den Halbtürmen. Es sind jeweils zwei
übereinander, die durch geschnittene Fenster Licht erhalten.
Die unteren vier Fenster werden von Löwenmedaillons mit
Girlanden bekrönt.

Obwohl das Tor auf der Verkehrsinsel ganz isoliert ist und
man das Terrain ringsum so bepflanzte, daß nicht einmal mehr
der Durchgang benutzt werden kann, läßt es sich sowohl von
der Herrenmühle als auch vom Bahnhof Karlstor aus gut überblicken. Die meisterliche Handschrift Pigages überzeugt noch
heute. Wenn der Architekt auch mit starken Massen arbeitete,
so hat er sie doch gleichmäßig und gleichgewichtig geformt
und durchgestaltet. Auf diese Weise entstand ein geschlossener,
harmonischer Eindruck, der bewußt mit klassischen Baudetails
und starker Rustizierung die Hinwendung zur Antike betonen
wollte.

Sechs Jahre dauerte die Bauzeit, dann merkten die Heidelberger, welche Schuldenlast sie sich mit diesem Prunktor aufgela-
den hatten. Die Handwerker klagten vor Gericht, manche führten ihre Aufträge auch nicht zu Ende, wie man noch heute bei
Bauuntersuchungen feststellen kann. Noch lange, ja fast bis in
unsere Tage betrachtete die Bevölkerung das Karlstor mit gemischten Gefühlen. Viele hielten es schon zur Erbauungszeit
für unnütz, weil es keine praktische, sondern nur dekorative
Funktion besaß. Anderen wiederum war es in den zweihundert
Jahren seiner Geschichte mehr als einmal im Wege.

Durch die interessanten Hofräume der Herrenmühle zur Jakobsgasse dorthin zurückgekehrt, wo die beiden schön restaurierten barocken ›Fischerhäuser‹ stehen, wenden wir uns auf der Hauptstraße stadteinwärts. Sogleich stehen wir inmitten einer besonders interessanten Gebäudegruppe. Zur Rechten öffnet sich der Cour d'honneur des Palais Weimar. Ihm genau gegenüber, nur durch die hier sehr schmale Hauptstraße getrennt, erhebt sich mit mächtiger Freitreppe das Haus Buhl, jetzt Gästehaus der Universität. Beide Gebäude sind klassizistisch ausgeprägt, verwenden aber noch die vom Barock überlieferten Detailformen. Wer nur ein wenig Gespür für architektonischen Zusammenklang besitzt, müßte sich wünschen, die Mauer mit dem Eisengitter vor dem Palais Weimar abgetragen zu sehen, damit der vorhandene Ehrenhof im Haus Buhl eine unabgegrenzte Entsprechung fände.

Das *Palais Weimar* (Hauptstraße 235) stellt sich ohne jeglichen architektonischen Schmuck dar. Es wirkt allein durch seine klaren, übersichtlichen und gut lesbaren Formen. Dem zweigeschossigen Mittelbau mit Dreiecksgiebel legen sich rechtwinklig eingeschossige Seitenflügel an, so daß ein hübscher Hofraum entsteht. Der große Garten mit schönem Baumbestand, der noch immer botanisches Interesse zu wecken vermag, wird zum Neckar hin von einer terrassenartigen, auf Schwibbögen ruhenden Begrenzung aufgefangen.

Anfang des 18. Jahrhunderts hat General von Freudenberg-Mariotte, der in Heidelberg ›Gubernator‹ war, das Palais erbauen lassen. In der zweiten Hälfte des Jahrhunderts ließ Kurfürst Karl Theodor hier eine privilegierte Zitz- und Kattunfabrik einrichten. Daß er das Gebäude bald darauf der von Kaiserslautern nach Heidelberg verlegten Staats- und Landwirtschaftlichen Hochschule schenkte, lag wohl ebenfalls in der Absicht wirtschaftlicher Förderung seiner Lande. Im 19. Jahrhundert kam der Komplex in das Eigentum des Prinzen von Sachsen-Weimar. Seit 1921 besitzt es die ›Josefine und Eduard von Portheim-Stiftung für Wissenschaft‹. Sie hat darin ein Völkerkundemuseum untergebracht, das sich nicht nur um die Restaurierung der Räume, sondern auch um die Erweiterung seiner ansehnlichen Bestände bemüht. Gegenwärtig wird das Museum mit erheblichem Aufwand an der Jakobsgasse erweitert, um die geschlossene Sammlung einer steinzeitlichen Kultur aus Neu-Guinea aufnehmen zu können.

Das gegenüberliegende *Haus Buhl* ist zwar nach dem 1907 verstorbenen Professor Heinrich Buhl benannt, der es fast zwanzig Jahre lang besaß, aber es hat eine historisch reichere Tradition. Ursprünglich stand an dieser Stelle das Anwesen des kurfürstlichen Hofrichters. Nach dem Dreißigjährigen Krieg ließ sich an dieser Stelle unmittelbar zu Füßen des Schlosses der Hofmarschall Johann Friedrich von Landas nieder. In seinem Garten, der fast bis ans Schloß heranreichte, hat die Kurfürsten-tochter Liselotte nach eigenem brieflichen Bekenntnis Süßkir-schen stibitzt. Nach dem großen Stadtbrande errichteten im Zuge der Rekatholisierung die Jesuiten auf der wüst liegenden Stätte ein Spital. Nach mancherlei Besitzwechsel gelangte das Areal in die Hände einer Familie Leonhard(i). Vom Nachbar-haus des Buhlschen Anwesens, das an der Ecke zur Planken-gasse lag, ist nur noch ein Hofportal in reichen Renaissancefor-men mit Fruchtgehängen im Giebel vorhanden.

Das Haus Buhl, heute im Besitz der Universität, gehört zu den sehenswerten Gebäuden in der Stadt. Die Freitreppe mit dem Empiregitter betont die Bedeutung des Hauses. Im Innern ist eine reizvolle Ausstattung mit Stuckdecken, Ofennischen und Supraporten erhalten geblieben. Auch das Treppenhaus, das zu den Repräsentationsräumen im ersten Stock führt, kann Aufmerksamkeit beanspruchen. So vermittelt das Haus mehr als nur eine idyllische Biedermeieratmosphäre. Es zeugt von dem geistig motivierten Willen zur Selbstdarstellung der Besit-zer in einer Zeit, in der Heidelberg durch die Fülle der in seinen Mauern wellenden bedeutenden Persönlichkeiten einen be-gründeten Anspruch auf europäische Geltung erheben konnte.

Auf der westlichen Seite der Plankengasse nimmt man eines der ersten Zeugnisse bewußter Altstadterneuerung nach der Mitte unseres Jahrhunderts wahr. Es handelt sich um das *Wis-senschaftlich-Theologische Seminar* der Universität, das den ge-samten Quartierbereich zwischen Plankengasse und Kisselgasse für sich beansprucht. Einem gänzlich renovierten Barockhaus an der Hauptstraße wurde ein moderner Institutskomplex nach

Süden hin angegliedert, der sowohl über eine Tiefgarage als auch über eine Dachterrasse verfügt. Letztere kann man vom Schloßaltan aus betrachten. Kaum einem Beschauer fällt angesichts der begrünten Terrasse die moderne Funktionsänderung anstelle eines einst kleinteiligen Wohngebiets jetzt noch auf. Ein wunderschönes Empireportal, das aus einem Vorgängerbau übernommen wurde, ist an der Kisselgasse in den Neubau integriert worden. Daß man von einer gekünstelten Tür absah und stattdessen Glas benutzte, kann als konsequent, angesichts der schwachen Lichtverhältnisse sogar als notwendig angesehen werden. Kaum ein Besucher der Stadt verläuft sich hierher, obwohl doch der ehemalige Kalte-Tal-Bezirk aus einer Fülle reizvoller Winkel besteht. Man braucht z.B. nur ein Stück die Kisselgasse in Richtung Schloßhang zu gehen. Rechter Hand öffnet sich in einer alten Mauer ein Rundbogen. Über einige Stufen gelangt man zu einer der versteckten grünen Inseln der Altstadt. Wenn sie heute auch als Kinderspielplatz dient, so ist in dem alten Stadtbereich doch alles von einer behäbigen Heiterkeit und von einem altertümlich-genügsamen Wesen.

Vom Spielplatz können wir die Karlstraße (das frühere Untere Kalte Tal) weiter nach Westen schlendern. Einen nüchternen viergeschossigen Bau typischer Reißbrettarchitektur der von der Theologischen Fakultät genutzt wird, mögen wir als störend empfinden. Dieser Zweckbau wurde an der Stelle jenes Hauses Karlstraße 16 errichtet, in dem einst der leidenschaftlich der Musik ergebene Jurist Anton Friedrich Justus Thibaut (1772-1840) seine berühmten Singabende veranstaltete.

Gegenüber dem Merianstich hat sich hier fast alles verändert. So steht an der Stelle des einstigen Ramsdorffschen (Wolframsdorffschen) Hauses, Sitz eines thüringischen Geschlechts, seit 1913 das Haus der Burschenschaft Allemannia. Unmittelbar daneben hat sich seit 1958 die Turnerschaft Ghibellinia im CC niedergelassen. Sie hat das ehemals Mittermaiersche Haus inne. An den bedeutenden Strafrechtslehrer erinnert eine Tafel über dem Hauseingang.

Hier haben wir nun die helle Weite des Karlsplatzes erreicht. Vom Mittermaierhaus aus geht der Blick ungehindert über den Platz hinweg zum Türmchen mit dem Rathaus-Glockenspiel und dem dahinter sichtbaren Turm der Heiliggeistkirche.

Zwei Kriege verwüsteten dieses Kloster, das ehemals die heute sichtbare Fläche des Karlsplatzes einnahm, so sehr, daß es erst teilweise, dann ganz in Trümmern lag. 1803 ersteigerten die Anwohner des Kalten Tals (der heutigen Karlstraße) die Ruine und den Garten des Klosters. Sie stellten die Bedingung, eine öffentliche Anlage als Promenade errichten zu dürfen. 1807 war der Karlsplatz ein städtischer Freiraum, von steinernen Pfosten begrenzt, zwischen denen Ketten hingen.

Im Vergleich zum Parkhaus Kornmarkt – ›gleich um die Ecke‹ – vermittelt der *Karlsplatz* das andere Prinzip bei dem Bemühen, die Altstadt vom ruhenden Fahrzeugverkehr zu entlasten. Allerdings mußte dazu eine gewaltige Baugrube ausgehoben werden. Ihr fielen nicht nur die Platanen, die vorher den Platz zu zieren versuchten, zum Opfer, sondern auch alle historischen Baureste. Aber die Bauplanung der Gegenwart wurde doch nicht zu einem ›Akt der kulturellen Barbarei‹, denn die Platanen gingen mit erheblichem technischen Aufwand auf die Reise in die Feldflur der Gemarkung Handschuhsheim, und auch den Archäologen des Landesdenkmalamts wurde ein halbes Jahr Zeit gegeben, den Untergrund zu durchforschen. Dann erst fraßen sich die Bagger in die Tiefe.

Binnen eines Jahres entstanden 1977/78 drei Etagen für je hundert Autostellplätze unter der Erde. Schließlich wurde die tiefe Wunde wieder geschlossen und mit einer ornamentierten Pflasterdecke versehen. Aber der Karlsplatz war jetzt nicht mehr eine brettflache Kies- oder Pflasterfläche; jetzt zeigte er eine leichte Wölbung. Das ist sein einziger Schönheitsfehler. Sonst aber kann er sich sehen lassen. Die Platanen kehrten aus dem Handschuhsheimer Feld zurück und wurden nun in erhöhte Pflanztröge gesetzt, weil ihnen ein unbegrenztes Tiefenwachstum nicht mehr möglich ist. In der Ostpartie des Platzes dienen die Platanen auch dazu, die Ein- und Ausfahrt der Garage zu kaschieren.

In der Platzmitte konnte sich unser Jahrhundert mit einem Brunnen dokumentieren. Der Karlsplatz-Brunnen ist dem Gedenken an den namhaften Humanisten, Kosmographen und Theologen Sebastian Münster gewidmet. Er weilte in den zwanziger Jahren des 16. Jahrhunderts im Kloster am Kalten Tal. Nicht auf den Hebraisten und den vom Humanismus bestimmten Theologen bezieht sich dieser Brunnen, sondern auf den mathematisch-astronomisch interessierten Wissenschaftler Sebastian Münster. Deshalb zeigen die schräg gegeneinander versetzten elliptischen Ebenen des Brunnens die Planetenbahnen des Weltsystems ebenso an wie die Wasserbogen, die ebenfalls Teile von elliptischen Kurven beschreiben. Im Mittelpunkt der Welt befindet sich die Erde als eine aus Nickelguß gefertigte Kugel. Sie ist maßstäblich so vergrößert, wie der Mensch ihre Bedeutung im Weltgefüge empfindet. Und auf der Erde ist der Mensch wieder das Größte, doch man findet ihn in unterschiedlichen Situationen, Positionen und Aktionen, die sein Leben bestimmen: Geburt und Tod, technischer Fortschritt im positiven wie im zerstörerischen Sinne. Die Figurationen von Menschen, Tieren und Pflanzen, Gebäuden und technischen Details auf der Erde sind so angeordnet, daß sich der Betrachter damit auseinandersetzen muß.

In der Tat, eine ›Cosmographia‹ ganz eigener Art ist dieser Brunnen. Menschen stehen Kopf, Menschen sind nicht zu Ende geformt. Organisches erscheint als nur halb vollendet oder schon wieder halb zerfallen. Menschenwerk wirkt ruinös, vergänglich, – vor allem zu Füßen des Schlosses, dieser meist nur ›romantisch‹ verstandenen Ruine.

Geschaffen hat den Brunnen der Berliner Bildhauer Professor Michael Schoenholtz im Jahre 1978. Die Idee, auf dem Karlsplatz einen Sebastian-Münster-Brunnen zu verwirklichen, stammte vom Verfasser dieses Buches. Den Künstler schlug der Heidelberger Ordinarius für Kunstgeschichte, Professor Dr. Peter Anselm Riedl, vor.

Wer quer über den Karlsplatz geht und sich dann zurückwendet, um einen Gesamteindruck zu empfangen, wird spüren, daß mit der Neugestaltung dieser Freifläche dem Stadtbild ein großer Dienst erwiesen wurde. Auch der Sebastian-Münster-Brunnen fügt sich den größeren Zusammenhängen ein.

Die Schmalseiten des Platzes, im Osten und Westen, die fast neunzig Meter auseinanderliegen, während die Platzspannung von den Längsseiten bei etwa sechzig Meter Distanz gehalten wird, stellen kuriose Baukonglomerate dar. Die Ostseite ist vom 19. Jahrhundert nicht vollendet worden.

Die Westseite des Platzes hat immerhin den Vorteil, daß man hinter und über ihr einen beachtlichen und noch dazu interessanten Teil der Stadtsilhouette aufragen sieht. Das Rathaus und die Heiliggeistkirche sind darin die wichtigsten Komponenten. Sonst aber gewährt die Westseite, durchaus sauber herausgeputzt und in bürgerlichem Stolz freundlich gemacht, einen Einblick in die verwinkelte Kleinteiligkeit der Lebensverhältnisse, die eine durch Ummauerung begrenzte Stadt einst bestimmten. Auf dieses Stakkato von Kanten, Traufen, Gaupen, Rinnen und Verschachtelungen einer so gnadenlosen Quartierüberbauung antworten die Längsseiten des Platzes mit der weitausholenden Geste durchgeformter Architektur repräsentativen Charakters.

Die Akademie im Großherzogspalais

Sehen wir uns zunächst die Südseite an, über der das Schloß in ganzer Mächtigkeit lagert. Die Häuser, die sich dem Platz zukehren, werden nicht nach diesem, sondern nach einer eigenen Straße benannt. Es ist seit der Mitte des vorigen Jahrhunderts die Karlstraße. Sie beginnt in Platznähe bei der Kanzleigasse und zeigt zunächst ein wohlgegliedertes bürgerliches Palais.

Das Haus ist – wie die gesamte Südfront des Platzes – zweigeschossig und weist ein mit Gaupen durchsetztes Mansardendach auf. Eine Ausnahme bildet lediglich das Haus Nr. 6, das nicht nur dreigeschossig, sondern in der Fassade obendrein noch kurios gegliedert ist. Aber auch dieses Haus überschreitet gottlob nicht die Firstlinie, die vom mittleren, die gesamte Platzfront bestimmenden Palais angegeben wird. Alle Gebäude ordnen sich dem Gesamtkanon ein oder unter. Mit rustizierten Lisenen betont das Eckgebäude an der Kanzleigasse seinen Kubus. In Rustikaweise ist auch das korbbogige Portalgewände in der Mitte der Hausfront gebildet. Wäre die ursprüngliche Hausdurchfahrt nicht im Sinne einer Eingangstüre verändert worden, trüge das Gebäude noch recht originalen Charakter. Dennoch erweist es sich auf niedrigem Sandsteinsockel als vornehm-zurückhaltendes, eigenwertiges und farbig wohltuend behandeltes Gebäude im Gesamtbild der Karlsplatzumrahmung.

Die Blicke zieht allerdings das sehr viel kräftiger hervortretende mittlere Palais an, das der *Heidelberger Akademie der Wis-*

senschaften als Unterkunft dient. Die Inschrift lautet: »Von Louis Rémy de La Fosse 1717 als kurfürstliche Landschreiberei errichtet. 1805 Palais der Großherzöge von Baden. Jetzt Akademie der Wissenschaften.« Das ist in Knappheit das Wichtigste, was man einem Vorübergehenden mitteilen kann. In Wirklichkeit stellt sich die Baugeschichte des Hauses, das zu den bedeutenden Gebäuden in Heidelberg gehört, etwas komplizierter dar. Zahlreiche Analogien in der Architektur zu Beginn des 18. Jahrhunderts, vor allem am Darmstädter Schloß und am Schloß Schillingsfürst in Hohenlohe, lassen keinen Zweifel daran, daß dieses Palais am Karlsplatz nach Plänen des Darmstädter Major-Ingenieurs und Oberbaumeisters de La Fosse, einem Hugenotten, errichtet wurde. In den siebziger Jahren unseres Jahrhunderts ist das im allgemeinen von der Zeit recht wenig berührte Gebäude mit einem hohen Kostenaufwand renoviert und restauriert worden, so daß man heute fast wieder den Originalzustand vor sich hat.

Dies zeigt sich vor allem an der nach altem Vorbild erneuerten Putzgliederung: Glatte Putzflächen setzen sich optisch recht wirkungsvoll vom Rauhbewurf des Fassadengrunds ab und ordnen sich als Gliederungselemente den gewichtigeren architektonischen Akzenten, vor allem dem rundbogig geschlossenen Mittelrisalit unter. Insgesamt fanden die Denkmalpfleger und Restauratoren in und an diesem Palais einen so reichhaltigen Originalbestand vor – Stuckdecken, Ofennischen, Wandvertäfelungen, einen Alkoven-Abschluß und auch technische Applikationen wie Feuerungsschächte und Beschläge –, daß die Wiederherstellung des Gebäudes im Hinblick auf die Kriegszerstörungen in der weiteren Nachbarschaft von Heidelberg einen geradezu dokumentarischen Charakter annahm. Auf der Südseite blieben die ursprüngliche Hof- und Gartendisposition mit den vom Haupthaus abgesetzten pavillonartigen Nebengebäuden und den sich daran anschließenden Galerien (zum Teil modern verändert) erhalten. Der Garten treppt sich zum Schloßhang empor.

Im Jahre 1717 ließ der Oberamtmann Carl Philipp Freiherr von Hundheim lediglich den Rohbau des Gebäudes errichten. Diesen verkaufte er an seinen Kollegen und kurfürstlichen Regierungsrat von der Sachs. Der gab dem Haus die Grundausstattung; wahrscheinlich ließ er an die pavillonar-

Blick auf das Karlstor

tigen Hofgebäude auch die Galeriebauten und die Freitreppe zum Garten anfügen. Nach 1768 ging das Haus in kurfürstlichen Besitz über. Es wurden die Diensträume der Landschreiberei darin untergebracht. Dabei handelte es sich um die der Stadt übergeordnete Behörde des kurfürstlichen Oberamts. Als das Oberamt jedoch in das gegenüberliegende Sickingen-Palais umzog (1826), wurde die Platzfassade des Palais klassizistisch vereinfacht. Nachdem es lange der badischen Hofhaltung zur Verfügung gestanden hatte, zog in den zwanziger Jahren unseres Jahrhunderts die Heidelberger Akademie der Wissenschaften in dieses Haus und erfüllt es seitdem mit einem angemessenen und würdigen Leben.

Als repräsentativ und bedeutend wurde das Palais immer empfunden. Dem kräftigen Anruf des rundbogig geschlossenen Mittelrisalits konnte sich so leicht niemand entziehen. Da die stark hervorgehobene Mittelachse des Baues von einer Hohlkehle nischenartig eingefaßt wird – ein Motiv, das aus der auf Repräsentation bedachten französischen Architektur stammt –, ist stets eine festliche Empfangssituation gegeben.

Diese wird auch von dem breiten rechteckigen Balkon unterstützt, der auf zweimal zwei kräftigen Konsolen und auf dem
Schlußstein des Portalbogens ruht.

Die Heidelberger Akademie der Wissenschaften wurde 1909
als eine private Stiftung des Mannheimer Bürgers Heinrich
Lanz gegründet, war danach eine Einrichtung des Landes Baden und ist auch heute eine Landesakademie von Baden-Württemberg. Sie besteht neben den Akademien von Düsseldorf,
Göttingen, Mainz und München, natürlich auch neben der
Leipziger Akademie und jener der Naturforscher in Halle, die
›Leopoldina‹ genannt wird, schließlich auch der Deutschen
Akademie Berlin, die Nachfolgerin der Preußischen Akademie
der Wissenschaften ist. Die Heidelberger Akademie hat siebzig
ordentliche Mitglieder unterschiedlicher Wissenschaftsdiszipli-
nen in zwei Klassen, der mathematisch-naturwissenschaftlichen
und der philosophisch-historischen. Zu den ordentlichen Mitgliedern treten noch korrespondierende hinzu. Wert und Wesen
einer Akademie bestehen darin, »auf dem Wege der Anregung
und des Austauschs die Integration der Wissenschaft« zu för-
dern. »Die Akademie bildet die einzige Stelle, an der heute noch
plan- und regelmäßig auf dem Boden strenger Forschung an
der Einheit wissenschaftlichen Denkens und wissenschaftlicher
Methoden gegenüber dem hoffnungslosen Auseinanderstreben
der Disziplinen gearbeitet werden kann« (Franz Dirlmeier).

*Schon bei der Eröffnungsfeier der Heidelberger Akademie der Wissen-
schaften am 3. Juli 1909 wurde die Zweckbestimmung der Stiftung folgendermaßen beschrieben: »Es soll ihren Mitgliedern durch die Kenntnis-
nahme der Forschungen auf den verschiedenen, dem einzelnen fernliegen-
den Gebieten das Gemeinsame der gewonnenen Resultate zum Bewußtsein
gebracht, sie sollen darauf hingeleitet werden, den philosophischen Inhalt
in der Fülle der Einzelresultate zu ergründen, den ruhenden Pol zu finden
in der Flucht der wissenschaftlichen Ergebnisse, die heute noch scheinbar
eine unantastbare Wahrheit, morgen schon die ein wenig unsicher gewordene Basis bilden, von der aus wir erhoffen dürfen, um ein Geringes höher
zu der einzigen und wirklichen Wahrheit emporzuklimmen.«*

Die Akademie betreibt zahlreiche langfristige wissenschaftliche Arbeitsvorhaben. Neben dem Goethe-Wörterbuch, einem
Unternehmen der Gesamtakademie, sind in der Mathematisch-
naturwissenschaftlichen Klasse sechs Arbeitsvorhaben zu ver-

zeichnen. Sie reichen von der Geomedizinischen Forschungs-
stelle (mit ihrer Arbeit am Seuchenatlas) über die Radiometri-
sche Altersbestimmung von Wasser und Sedimenten bis zur
Mathematischen Logik und zur Theoretischen Pathologie. Die
Philosophisch-historische Klasse beschäftigt sich mit sechzehn
Themen ganz unterschiedlichen Charakters. Darunter fallen das
Deutsche Rechtswörterbuch, die Inschriften-Kommission und
die Cusanus-Commission (in Köln) ebenso wie die Melan-
chthon-Forschungsstelle und die Kommissionen für Alamanni-
sche Altertumskunde, für Erforschung der Vorgeschichte des
Balkans, für die Geschichte der Universität Heidelberg und für
die ›Sammlung Griechischer Rechtsinschriften‹. Außerdem befindet sich bei der Heidelberger Akademie die zentrale Verwaltung der Patristischen Kommission der Akademien der Wissenschaften in der Bundesrepublik Deutschland. Diese ist aus
der Kirchenväter-Kommission der Preußischen Akademie der
Wissenschaften hervorgegangen.

Auch das übernächste Gebäude an der Karlstraße, das *Mittermaierhaus,* erhält durch mehrere glückliche Umstände einen besonderen Rang. Es ist nicht nur immer ein Wohnhaus gewesen,
das sich über 173 Jahre im Besitz lediglich zweier Familien
befand, so daß es mit seiner Gesamterscheinung außen und
innen ein vorzügliches Beispiel für die Wohnkultur des Bürgertums in der zweiten Hälfte des 18. Jahrhunderts darstellt, sondern es beherbergte auch bedeutende Bewohner. Deswegen
gehört es zu den interessantesten und am besten erhaltenen
Häusern in der Altstadt. Die kräftigen Profilierungen der Fen-
ster- und Türrahmungen sowie zahlreiche erhalten gebliebene
Baudetails zeigen an, daß dieses Haus der ersten Wiederaufbau-
periode nach dem Orléansschen Kriege angehört. Es dürfte in
den ersten Jahren des 18. Jahrhunderts entstanden sein. 1770
gehörte es dem Professor für Anatomie, Chirurgie, Geburts-
hilfe, Pathologie und Physiologie Franz Gabriel Schönmetzel.
1785 verkaufte Schönmetzels Witwe das Anwesen an den Me-
dizinprofessor Franz Anton Mai. Dieser war mit einer Tochter
des Mannheimer Hofbildhauers und Architekten Peter Anton
von Verschaffelt verheiratet. Wahrscheinlich rührt daher der
Anstoß, das Haus am Kalten Tal umzubauen und völlig neu
auszustatten.

Auf Mai folgte 1821 bis 1867 als Bewohner des Hauses der
Rechtsgelehrte Karl Josef Anton Mittermaier. 46 Jahre lang
hielt er hier seine Vorlesungen und Doktorprüfungen. Aber
mit diesem Haus verknüpfen sich auch Erinnerungen an ihn als
bedeutenden badischen Liberalen der Vormärzzeit. Er war
lange Jahre Präsident der Zweiten Badischen Kammer und
auch Präsident des Frankfurter Vorparlaments. Schon 1838
wurde Mittermaier Ehrenbürger der Stadt Heidelberg. Er war
nach Georg Friedrich Creuzer, dem klassischen Philologen,
und dem Historiker Friedrich Christoph Schlosser der dritte
Heidelberger Gelehrte, der in die Friedensklasse des Ordens
Pour le Mérite aufgenommen wurde (1863). Das Haus Karlstraße 8 blieb bis zum Jahre 1958 im Besitz der Familie Mittermaier. Erst dann wurde es vom Verein Waiblinger Haus e.V.
für die Turnerschaft Ghibellinia als Studentenwohnheim erworben. Ende der siebziger Jahre hat der Verein sein Anwesen
in zweieinhalbjähriger Bauzeit für 220000 Mark restaurieren
lassen. Stadt und Denkmalschutzbehörden haben diese vorbildliche Leistung rückhaltlos anerkannt.

*Das sieben Achsen breite Haus kehrt seine interessantere Seite dem
Garten zu. Dort weist es unmittelbar an das Haus anschließende zweige-
schossige Flügelbauten auf, die gegen den Garten vorspringen und einen
Hofraum bilden. Diese Flügelbauten waren ursprünglich nur eingeschos-
sig, wurden aber in der Zeit des Hausumbaus durch Franz Anton Mai
erhöht. In diesen Umbauplänen, die auch das elegante Treppenhaus zur
Folge hatten, glaubt man die Handschrift von Mais Schwiegervater Verschaffelt erkennen zu können. Wie anders wären sonst die Abgüsse von
Figuren und Reliefs zu verstehen, deren Originale von Verschaffelt für das
Palais Bretzenheim in Mannheim gestaltet wurden. Die als Supraporten
gedachten Reliefs wurden im Haus des Professors Franz Anton Mai sowohl in den Innenräumen als auch am Außenbau der Hofseite als Schmuckelemente verwendet. Weil das Palais Bretzenheim in Mannheim während
des letzten Krieges im Bombardement unterging, kommt diesen Abgüssen
heute der Charakter von Originalen zu. Man hat sie aus diesem Grund
sorgsam konserviert und den zerstörenden Einflüssen der Witterung weitgehend entzogen.*

Zwar ist es nicht möglich, Häuser, die sich in Privatbesitz
befinden, der öffentlichen Besichtigung zu empfehlen (was angesichts der hochinteressanten Interieurs des Mittermaierhau-

ses, zu denen auch ein mit Ölgemälden auf Leinwand überzogener Bibliotheksschrank mit Motiven aus Heidelberg und dem Schwetzinger Schloßpark gehört, bedauert werden kann), doch von jedermann intuitiv zu erfassen ist aber jetzt der Wandel des bürgerlichen Lebenszuschnitts von der Ära des Spätbarocks bis über das Biedermeier hinaus, wenn man Rundblick am Karlsplatz hält.

Das traditionsreiche Palais Sickingen-Boisserée

Wenden wir uns deshalb der Nordseite des Karlsplatzes zu! Sie wird beherrscht von dem *Palais Sickingen,* das nicht nur durch seine Breite von fünfzehn Fensterachsen und den deutlich hervorgehobenen Mittelrisaliten, sondern auch durch seine in Zitronengelb und Weiß gehaltene Farbigkeit auffällt. Auch dieses zweigeschossige Palais gehört zu jenen Bauten des Hofadels, die unmittelbar nach der Zerstörung Heidelbergs wiederaufgebaut wurden. Hier wie beim Venninger Hof in der vorderen Hauptstraße kann man mit einiger Gewißheit sagen, daß Steine vom gesprengten Turm des Schlosses, welcher der Stadt als Ruine am nächsten lag, dem Wiederaufbau dienen mußten. Zwischen 1703 und 1706 ist das Palais entstanden, freilich nicht in der heute zu empfindenden klassizistischen Kühle, sondern in barocker Wärme und Lebendigkeit. Der östlich anschließende Erweiterungsbau wurde erst 1892 errichtet. Auch westlich, bis zur Ecke der heutigen Mönchgasse, fand das Palais Sickingen eine Erweiterung.

Jetzt dienen die drei miteinander vereinigten Gebäude, die auch noch eine Ergänzung durch einen im rechten Winkel nach rückwärts angesetzten Flügel erfahren haben, dem Germanistischen Seminar der Universität. Das Palais, welches nun »so lang ist wie der ganze Karlsplatz«, wird sehr viel öfter mit dem in der Kunstwelt bekannten Namen der Brüder Boisserée in Zusammenhang gebracht. Obwohl die Brüder Sulpiz und Melchior Boisserée niemals Besitzer dieses Hauses waren, verhalfen sie ihm doch zur glanzvollsten Periode seiner Geschichte. Als die Brüder zusammen mit ihrem Freund Johann Baptist Bertram im Jahre 1810 nach Heidelberg kamen, mieteten sie das Anwesen an dem neu entstandenen Platz. Neun Jahre lang wohnten und wirkten die »heiligen drei Kölner«, wie Friedrich Schlegel sie nannte, hier und hielten in künstlerischer Weise Hof.

»In diesem Hause hat Goethe als Gast der Brüder Boisserée vom 24. September bis zum 9. Oktober 1814 und vom 21. September bis zum 7. Oktober 1815 gewohnt.«

So lautet der Text der einen Tafel am Gebäude. Auf der anderen ist hingegen vermerkt:

»In diesem Hause befand sich von 1810 bis 1819 die berühmte Sammlung altdeutscher Gemälde der Brüder Sulpiz und Melchior Boisserée.«

Alles, was diese beiden nüchternen Dokumentierungen am Palais Sickingen zum Inhalt haben, und alles, was sich geistesgeschichtlich daraus entfaltete, ist für Heidelberg und die deutsche Kultur von höchster Bedeutung gewesen. Der ›Zaubersaal‹ in diesem Hause, in dem erstmals ein Überblick über die mittelalterliche Tafelmalerei am Niederrhein und in den Niederlanden zu gewinnen war, wurde zu einer Art Nationalheiligtum. Denn mit immer schärferen Blicken für die Qualität und die Bedeutung der altdeutschen Malerei hatten die Brüder Boisserée ihre Sammlungstätigkeit in Heidelberg fortgesetzt. Hier trafen die Kölner Kunstfreunde auf ein geistiges Klima, das von den Romantikern Achim von Arnim und Clemens von Brentano maßgeblich bestimmt worden war.

Die Brüder Boisserée waren der Mühe eigenschöpferischer Vermittlung enthoben. Dafür nahm ihre Tätigkeit einen mehr exemplarischen und dokumentarischen Charakter an. Die in Heidelberg zuvor eingeleitete romantische Bewegung ließ sich so durch eine zweite Entwicklungsphase entscheidend vertiefen.

Was den Aufenthalt Goethes in Heidelberg und den Besuch bei den Brüdern Boisserée angeht, so kann man an ihm einen geistesgeschichtlichen Wandlungsprozeß sichtbar machen. Es ist nicht zu hoch gegriffen, angesichts dessen von einem epochalen Ereignis zu sprechen. Denn was Winckelmann im Hinblick auf die hehre Kunst gepredigt und Goethe weitgehend rezipiert hatte, das wurde von den ›Romantikern‹ nun zur Seite gerückt. Kein Wunder, daß der Herr Geheimrat zu Weimar ein »neukatholisches Künstlerwesen« argwöhnte. Sulpiz Boisserée

fiel es nicht leicht, Goethe sowohl von Wert und Bedeutung der
Gemäldesammlung in Heidelberg als auch von den Wiederauf-
bauplänen für den Kölner Dom zu überzeugen. Schließlich kam
Goethe im September 1814 doch nach Heidelberg, um selbst zu
sehen und auch ein Ende in dieser Sache zu finden. Aber er
hatte den Gegenstand seiner Betrachtung doch wohl falsch ein-
geschätzt. Nicht so sehr der religiöse Grundcharakter der meisten Tafelgemälde fesselte ihn, es war vielmehr eine »ganz neue
und bisher unbekannte Welt von Farben und Gestalten«, die
seine Anschauungen umstürzte.

Nachdem durch Goethes rückhaltlose und freimütige Anerkennung der Bildersammlung der Bann gebrochen war, wurde
das Palais, das eigentlich ein Kunstsalon sein sollte, zu einem
politischen und gesellschaftlichen Treffpunkt.

Als Goethe im Herbst 1815 wiederum nach Heidelberg kam,
war ihm das Kunsterlebnis bei den beiden Brüdern bereits vertraut. Er konnte sich jetzt vertiefender Betrachtung hingeben.
Doch da überraschte ihn Marianne von Willemer mit ihrem
Besuch und regte ihn nicht nur zu jenen Gedichten an, die im
›West-östlichen Divan‹ gesammelt wurden, sondern veranlaßte
ihn auch, neu über Welt und Menschen nachzudenken. Voll der
glücklichsten Erregung trat er zu seiner eigenen künstlerischen
Bemühung in eine distanzierte Betrachtung. Vor Rogiers van
der Weyden Dreikönigsaltar, den ihm die Brüder Boisserée als
ein Werk van Eycks vorgestellt hatten, bekannte er: »Da habe
ich nun in meinem Leben viele Verse gemacht, darunter sind
ein paar gute und viele mittelmäßige, da macht der Eyck ein
solches Bild, das mehr werth ist als alles, was ich gemacht
habe.« So wenigstens berichtet uns Wilhelm Grimm in einem
Brief von der Goetheschen Selbsterkenntnis.

Im Jahre 1819 verlegten die Brüder Boisserée ihre Sammlung
nach Stuttgart, wo ihnen der König von Württemberg sehr
repräsentative Räume im früheren Offizierspavillon zur Verfügung gestellt hatte. Letztlich aber fanden die Gemälde erst in
München eine endgültige Bleibe. König Ludwig I. von Bayern
kaufte die Gemäldesammlung für die beachtliche Summe von
240 000 Gulden, um sie dem bayerischen Staat zu schenken. So
wurde sie zu einem der grundlegenden Bestände der Münchner
Alten Pinakothek.

Als die Gemälde der »heiligen drei Kölner« in bayerischen
Besitz übergegangen waren, hatte auch das Heidelberger Palais
am Karlsplatz seinen Eigentümer gewechselt. 1826 kaufte es
der badische Staat, um darin seine Oberamtsbehörde unterzubringen. Damit sich dies auch nach außen hin gebührend aus-
drückte, wurde die barocke Gesamterscheinung des Palais auf
jene klassizistische Nüchternheit reduziert, die damals in Karlsruhe nach Friedrich Weinbrenners Grundsätzen üblich war.
Deshalb ist das Gebäude in einer etwas trockenen Fassade auf
uns gekommen. Die Restaurierung hat vergeblich versucht,
den Bau durch eine expressive Farbgebung zu beleben.

Der Altstadtbereich hinter dem Rathaus

Bevor wir den Karlsplatz verlassen, werfen wir noch einen
Blick in die nach Osten enger werdende Hauptstraße. Es ist ein
recht malerisches Bild, das sich da bietet. Der schmale Straßen-
ausschnitt, die putzigen Häuser bis hin zum Verbindungshaus
des Corps Rhenania, das meist seine blau-weiß-rote Fahne im
Winde flattern läßt – wer achtet schon auf eine solch heitere
Stadtatmosphäre! Gerade hier, wo sich jene beiden Studenten-
kneipen befinden, die allen Fremden vorgeführt werden und
die deshalb im touristischen Konzept Heidelbergs nicht ausge-
lassen werden dürfen. Das uns zunächst gelegene Gasthaus ist
der *Seppel* (auch ›Sepp'l‹ geschrieben). Er fällt durch einen
Spitzgiebel auf, der inmitten aller in barocker Manier traufseitig
an die Straßen gestellten Häuser eine Besonderheit darstellt.
Gleich hinter dem ›Seppel‹ präsentiert sich der *Rote Ochse*.

Hier, in der schmalen Hauptstraße, wehen die Fahnen mancher studentischen Verbindungen: grün-schwarz-weiß,
schwarz-rot-gold (die Burschenschaftsfarben), weiß-gelb-
schwarz nebeneinander, übereinander, durcheinander, grad so,
wie sich der Tourist die alte Burschenherrlichkeit vorstellt. Am
Abend hört man das Hämmern auf dem Klavier bis auf die
Straße hinaus. Rauhe Männerstimmen schmettern die alte San-
gesweise ›Es regt sich was im Odenwald‹ und das Bier fließt in
Strömen, das Bier geht nicht aus. In den nächtlichen Gassen
hört man noch die Heimkehrer rumoren: »War doch mal ein
schönes Fest, alles wieder voll gewest …!«

Mit Spengels Gasthof ›Zum Roten Ochsen‹ hat man – sauber herausgeputzt – ein typisches barockes Heidelberger Bürgerhaus vor sich, an dem sich alles studieren läßt, was man in der Altstadt noch hundertmal wiedersehen wird: ein schmalbrüstiges, nur drei Fenster breites Anwesen auf einem uralten gotischen Parzellenzuschnitt. Die Türe besitzt das kennzeichnende Oberlicht, das ein wenig Helligkeit in den dahinter liegenden Flur bringen soll. Auch haben hier noch die Fenster in den beiden Obergeschossen die gewölbten Scheiben im Quadratformat, die es gestatten, aus dem Haus herauszuschauen, die aber den Einblick in die Räume verwehren. »Dieses Haus wurde 1724 erbaut und ist seit 7. September 1839 Stamm- und Geburtshaus der Familie Spengel.« Die Spengels taten gut daran, dies auf Marmor zu dokumentieren, denn ihre studentisch geprägte Stätte der Gastlichkeit bewahrt im überkommenen Rahmen ein Stück von jenem Alt-Heidelberg, das immer mühsamer gegen den Rationalismus der Gegenwart verteidigt werden muß.

Das Haus vor Spengels Gasthof, eine besonders interessante barocke Drei-Seiten-Architektur bürgerlichen Zuschnitts, macht einen wichtigen Punkt des Straßengerippes der Stadtgründung deutlich. Hier zweigt von der Hauptstraße jener parallele Straßenzug ab, der die Mittelachse der Altstadt in geringer Distanz nördlich begleitet. Er führt an der Nordseite des Marktplatzes entlang, über den Fischmarkt bis zum Heumarkt und vereinigt sich dort wieder mit der Hauptstraße am anderen Ende der ältesten Stadt.

Die *Mönchgasse,* die heute als relativ ansehnliche Straße die Verbindung zwischen der Hauptstraße beim Karlsplatz und der Bundesstraße 37 am Neckar herstellt, war vordem nur ein schmales Gäßlein, wenigstens im oberen Teil. Der untere Teil zwischen Heiliggeiststraße und Oberer Neckarstraße wurde am Ende des 19. Jahrhunderts angelegt und ist dem Historismus verpflichtet.

So entfaltet der Gesamteindruck einer Straße aus dem 19. Jahrhundert – wie jener der unteren Mönchgasse – einen ganz eigenartigen Reiz. Wer je diese Straße im Sonnenlicht eines klaren Morgens hinuntergeblickt hat, weiß, was es mit dem Formenspiel von Gesimsen, Balkonen, Traufen und plastischen Applikationen, aber auch mit Balkongewächsen, Fahnen und Vogelbauern auf sich hat: Die bürgerliche Lebenswelt von einst dokumentiert sich ganz unversehrt, freilich in der sozialen Struktur schon länger um eine Stufe verschoben.

Der Rathauserweiterung von 1959/61 mußten mehrere Gebäude an der Hauptstraße, darunter auch das Gasthaus ›Zum Großen Faß‹ weichen. An der östlichen Giebelwand des Erweiterungsbaus, die übrigens auch das Türmchen mit dem Glockenspiel trägt, erinnert eine steinerne Tafel an die historischen Gegebenheiten. Als ein Beispiel bürgerlicher Wohnkultur des 18. Jahrhunderts blieb das Haus des *Stadtarchivs* erhalten. Unter Oberbürgermeister Reinhold Zundel wurde das städtische Archivwesen zu einem festen Bestandteil der Zentralverwaltung im Rathaus. Die verstreuten Bestände konnten gesammelt, zusammengefaßt und neu geordnet werden. Die modernen Aufgaben eines Archivs, wie etwa das Sammeln von Bilddokumenten, Tonband- und Videoaufzeichnungen, wurden mit neuen Impulsen versehen und erhielten in diesem Haus an der Mönchgasse eine Pflegestätte. Das Stadtarchiv wurde hier in erneuerter Form im Januar 1970 der öffentlichen Benutzung zugänglich gemacht.

Nun öffnet sich beim Haus des Stadtarchivs bis zum Winkelanbau des Palais Sickingen-Boisserée von der Mönchgasse her ein Hofraum, den man eigentlich einer Traumvorstellung verdankt. Als die städtebauliche Situation bereinigt wurde, gab es Ideen, diesen Hofbereich sichtbar zu machen. Letztlich aber beanspruchten die Eigentümer ihre Parzelle dann doch nach eigenen Vorstellungen. Das Land Baden-Württemberg grenzte seinen größeren Hofanteil zur Straße mit einer mächtigen Sandsteinmauer ab und gestaltete den Hof leider zu einem Parkplatz. Die Stadt blieb aber bei der Idee des Gartens; sie ließ eine kleine Insel der Ruhe entstehen. Dort findet man eine alte Säulentrommel aus dem Marstall, eine Vogeltränke aus einem Stein vom Schloß, der in einem Brückenpfeiler eingemauert war, und eine Glocke aus der Heidelberger Glockengießerei Schilling von 1971 mit dem Motto ›Christus ist unser Friede‹ (Eph. 2, 14). Schade, daß die Traumvorstellung zur Hälfte an den Besitzrealitäten scheiterte. Aber ein Auftakt für ein verändertes Sehen fand doch statt, denn auch aus dem Hof des Germanistischen Seminars reckt mittlerweile ein Zuckerahorn sein Grün in das Straßenprofil der Mönchgasse hinaus – und aus dem Türgitter des Archiv-Obergeschosses quellen im Sommer die Geranien.

Die Mönchgasse weist mit ihrem Namen auf die Weißen Mönche des Zisterzienserordens zu Schönau hin. Hier östlich der Mönchgasse und oberhalb ihrer am Neckar gelegenen Mönchmühle hatten sie einst ihren Mönchshof errichtet. Nach der Zerstörung Heidelbergs war nur noch die Mühle übrig. Im 18. Jahrhundert wurde fast aller Grundbesitz im Bereich des ehemaligen Mönchshofes an Private verkauft. Nur auf einem kleinen Teil des ursprünglichen Areals erbaute man gegen Ende des 18. Jahrhunderts das Verwaltungsgebäude für die ›Pflege Schönau‹ in klassizistischen Formen. Das monumentale Gebäude wird dem Architekten Nicolas de Pigage zugeschrieben, doch will dies nicht recht überzeugen. An diesem zweistöckigen Gebäude, dessen erhöhter Mittelteil von einem mit einer Lorbeergirlande geschmückten Giebel überragt wird, liest man heute den Namen *Adolf-Schmitthenner-Haus*. Auf dem rechten der beiden kräftig ausgeprägten klassizistischen Torpfeiler ist, in Sandstein eingeschlagen, zu lesen: »Dem Dichter Adolf Schmitthenner, Pfarrer bei Heiliggeist, zum Gedächtnis. 1854-1907.«

Adolf Schmitthenner war Pfarrer an der Christuskirche und an der Heiliggeistkirche zu Heidelberg. Neben Heidelberger Erzählungen und Aufsätzen ›Aus Dichters Werkstatt‹ (1910) schrieb Schmitthenner Novellen und ›Treuherzige Geschichten‹ (1913). Zwei Romane, ›Leonie‹ (1899) und ›Das deutsche Herz‹ (1908), sowie die Erzählung ›Vergessene Kinder‹ sind besonders hervorzuheben.

Wenn wir am Eingang zu diesem Haus stehen, sollten wir uns zwei Perspektiven deutlich machen: Wir befinden uns in jenem Parallelstraßenzug der Hauptstraße, der Marktplatz, Fischmarkt und Heumarkt in einer Flucht berührt. Früher hieß diese Verbindung durchgehend ›Untere Straße‹. Diesen Namen trägt sie nur noch zwischen Fischmarkt und Heumarkt. Der östliche Teil, vom Rathaus an, hieß im 19. Jahrhundert Hirschstraße (nach einem Gasthaus ›Zum Goldenen Hirsch‹ an der heutigen Rathaus-Ecke) und wurde, um Verwechslungen auszuschließen, sinnvoll in Heiliggeiststraße umbenannt. Dies nicht nur, weil die Straße Pfarrhaus und Kirche miteinander verbindet, sondern weil man aus dieser Straße bzw. Gasse heraus wohl den malerischsten Blick auf die Kirche mit ihrem hoch aufgereckten Turm inmitten des engen Stadtgefüges hat.

So gehen wir nun langsam nach Westen – auf Rathaus, Marktplatz und Kirche zu. Das Herzstück der Stadt liegt vor uns. An der Heiliggeiststraße, unmittelbar beim Rathaus, nimmt noch einmal ein breitgelagertes Bürgerpalais unsere Aufmerksamkeit in Anspruch, weil es sich mit zwei schön gegliederten Portalen und gesprengten Giebeln sowie mit schmiedeeisernen Gitterkörben an den Erdgeschoßfenstern darbietet. Über dem rechten Portal dieses *Leonhardschen Hauses,* das an der Stelle der Landschadenhöfe errichtet wurde, befindet sich das Wappen des Hofapothekers Conrad Daniel Nebel, versehen mit der Jahreszahl 1710. Dieses ist wohl von der Hofapotheke am Marktplatz hierher übertragen worden, als diese in barocker Weise aus den Trümmern um 1700 wiederaufgebaut wurde.

Beim Weitergehen durch die Heiliggeiststraße blicken wir rechts in typische Altstadtgassen – Semmelsgasse und Fischergasse – hinein. Das Entzücken über die malerische Kleinteiligkeit wird rasch von der Überlegung gebremst, daß in diesen und an ähnlichen Quartieren der Altstadt ein Weg gesucht und erprobt werden muß, auf dem sie mit ungebrochenem und unverdorbenem Charakter dem Wohn- und Lebensbedürfnis des Jahres 2000 angenähert und zugeführt werden können. Dies wird hinter den Rathausmauern in einem außerordentlich intensiven und flexiblen Planungsprozeß seit etlichen Jahren erwogen.

Die Wandlung des Rathauses seit der Barockzeit

Zwei Hauptakzente bestimmen den Marktplatz: das Schiff der Heiliggeistkirche mit seinem prächtigen Chor und dem wuchtigen Barockdach auf den schmal hochragenden gotischen Wänden und das gegenüberliegende, die ganze Ostseite des Platzes breit einnehmende Rathaus. Die Mitte des Marktes gibt der Herkulesbrunnen an. Freundliche Bürgerhäuser schauen mit 165 Fenstern von Norden und Süden auf den Platz. Dieser bietet Raum für zwei Straßencafés im Sommer, für den Markt mittwochs und samstags und für allerlei offizielle Veranstaltungen, unter denen der Sommertagszug mit dem Verbrennen der Wintergestalt und der Heidelberger Herbst, ein turbulentes Volksfest, wohl die wichtigsten sind.

Doch wie sich der Ausdruck des Lebens auf diesem Platz in seinen Inhalten und Formen änderte, so auch die Gesamtgestalt und Bedeutung dieses altstädtischen Zentralraums. Mag inzwischen auch das Rathaus mit barocker Repräsentationsgebärde als ein geschlossener Baukörper die eine Platzseite einnehmen, so daß der Marktplatz schon fast zu einem Rathausvorplatz geworden ist – diese Fülle täuscht. Sie täuscht nach Volumen und Tradition. Denn mit dem Heidelberger Rathaus drückte sich niemals ein Selbstbewußtsein der Bürgerschaft aus, wie etwa in den Handels-, Reichs- und sogar Bischofsstädten. In diesem Rathaus saß lange Zeit der Schultheiß der Obrigkeit. Mit einem Auge schielte er auf das Schloß, mit dem anderen schaute er die Gassen entlang. Er gestattete keinen Spielraum für die Bewußtseinsentfaltung derer, die im wirtschaftlichen Wohlergehen ganz und gar von der politischen Wohlfahrt des Hofes abhängig waren. Deshalb brauchte das Heidelberger Rathaus nicht groß zu sein, längst nicht so groß, wie es sich heute darstellt. Die Fremden schauen das Rathaus nur ›nebenbei‹ an. Sie nehmen es im Kontext der Platzgestaltung und des städtebaulichen Gesamtzusammenhangs wahr. Den Einheimischen scheint es zwar vertraut zu sein, aber seine Asymmetrie hat mancher Heidelberger sicher noch nicht bemerkt. Schauen wir uns deshalb diese Marktplatzfront einmal genau an!

Es dominiert der siebenachsige Mittelteil der Fassade, in welchem Haupteingang, Balkon und kurfürstliches (!) Wappen genau übereinander angeordnet sind. Diese Rathausmitte ist aber nicht die Mitte, denn an den Mittelrisalit von sieben Achsen schließen sich in den Obergeschossen nach Norden vier weitere Achsen an, während es nach Süden hin nur eine Achse ist. Wenn man die Dachformen betrachtet und dabei die Gaupen zählt, wird dies besonders augenfällig. Diese Asymmetrie wird lediglich durch jene rustizierten Fassadenannexe des Erdgeschosses einigermaßen kaschiert, die jeweils einen quadratischen Altan hinter Balustraden tragen. Im Süden, zur Hauptstraße hin, ist dieser Altan, dem die Scharnierfunktion zur

Rathaus-Südfassade zukommt, laubenartig geöffnet. In der mit
Ketten verhängten Laube wurde im Jahre 1952 ein Heimkeh-
rerdenkmal zur Erinnerung an die Kriegsgefangenen aufgestellt.

Auf den alten Stadtbildern von Münster oder Merian kann
man das Rathaus zwar lokalisieren, aber es tritt nicht einmal
mit einem etwas größeren Dach hervor. Es war ein Haus unter
seinesgleichen. Über dem massiven Erdgeschoß erhoben sich
zwei Geschosse mit einer Reihung von jeweils acht bis neun
Fenstern. Das Rathaus spitzte sich nach oben in der Form eines
gotischen Treppengiebels zu. Auch trug es im ersten Obergeschoß über die ganze Breite einen Balkon mit durchbrochener
Steinbrüstung. In der Mitte des dreieckigen Giebelfelds befand
sich, flankiert von zwei Fenstern, eine Kunstuhr, die, wie damals üblich, beim Stundenschlag bewegliche Figuren sehen
ließ.

Innerhalb der Marktplatzfront nahm es zwar die mittlere Position ein, doch schlossen sich links und rechts weitere Bürgerhäuser an: nach Norden das Anwesen des Gasthauses ›Zum
Goldenen Hirsch‹, nach Süden zwei weitere Spitzgiebelhäuser,
die sich schmalbrüstig zum Markt hin orientierten.

Das Rathaus überstand zwar wie die ganze Stadt den Dreißigjährigen Krieg schlecht und recht, aber als die französischen
Eroberer im Orléansschen Krieg Heidelberg anzündeten, war
es auch um das alte Rathaus geschehen. 1689 brannte es ab; die
Giebelfront fiel auf den Marktplatz. Nur ein Berg von Schutt
blieb übrig und lag so fast zwölf Jahre lang in der allgemeinen
Trümmerwüste. Dann aber raffte man sich wieder auf. Bürger,
die Zugtiere besaßen, fuhren den Schutt weg, so daß am
17. September 1701 die Grundsteinlegung für das neue Rathaus
stattfinden konnte. Als Vertreter des Kurfürsten Johann Wilhelm war dessen Kanzler von Wieser anwesend. Bei Umbauarbeiten im Rathaus wurde 1923 der Grundstein wieder gefunden. Leider war Wasser in ihn eingedrungen und hatte die Per-
gamenturkunde unleserlich gemacht. Was sie uns hätte erzählen
können, ist inzwischen wohl durch die Stadt- und Bauge-
schichtsforschung ermittelt worden. Die Pläne für das barocke
Rathaus, das dem Mittelteil der heutigen Anlage entspricht,
entwickelte bereits 1699 der Oberingenieur Flémal. Ausgeführt

haben das Werk jedoch einheimische Werkmeister. Sogar ein wenig künstlerischen Schmuck leistete sich die verarmte Stadtgemeinde. Der aus Ungarn stammende Bildhauer Heinrich Charrasky schuf außer den Masken in der Rustikazone des Erdgeschosses auch das mächtige kurfürstliche Allianzwappen über der Balkontüre.

Nach dem Zweiten Weltkrieg mußte man sich mit dem Gedanken befreunden, den Wappenstein durch eine Kopie zu ersetzen. Diese lieferte nach jahrelanger Arbeit der Heidelberger Bildhauer Franz Bergner. Die 15 Zentner schwere Plastik aus weißem Sandstein wurde im Dezember 1979 an der Rathausfront angebracht und im Sommer 1980 von den Restauratoren Siller und Petersohn heraldisch exakt bemalt und vergoldet. Erst fünfzig Jahre nach der Grundsteinlegung erhielt der Rathausbalkon sein hübsches Rokokogitter. Thomas Pfeterle schmiedete es um das Jahr 1751. Deshalb trägt es in der Mitte auch die Initialen des Kurfürsten Karl Theodor.

Den Mittelbau des Rathauses vor Augen, können wir heute noch die ursprüngliche Zweckbestimmung nachzeichnen. Im ersten Obergeschoß, markiert durch die Balkontüre und die nördlich davon liegenden drei Fenster, befand sich der Saal für den Stadtrat. Er hat hier von 1703 bis 1914 seine Sitzungen abgehalten. Heute dient er als kleiner Rathaussaal den Beratungen der Ausschüsse des Gemeinderats. Dieser Ratssaal war gleichzeitig auch Gerichtssaal, obwohl im 18. Jahrhundert dem Stadtgericht nicht mehr die ursprüngliche Bedeutung zukam. Ihm war bereits das Hofgericht der kurfürstlichen Regierung übergeordnet. Neben der Ratsstube befanden sich im ersten Stock des Rathauses auch noch die Kanzlei und ein Zimmer für den ersten Bürgermeister. Hinter der Ratsstube lagen die Räume der Registratur.

Gar oft hat die Bürgerschaft Heidelbergs mit dem Rathaus in Spannung gelebt, denn die Ratsherren waren ja nicht die Vertreter der Einwohner, sondern die Berater des Stadtdirektors im Dienste der Obrigkeit. Die in vier Stadtquartiere eingeteilte Bürgerschaft konnte zwar je Quartier einen Gemeindevertreter entsenden – und dazu traten noch zwei Gemeindebürgermeister, doch diese sechs hatten im Rathaus nicht viel zu bestellen, denn sie besaßen kein Stimmrecht. Erst im 19. Jahrhundert zog der fast hundertköpfige Bürgerausschuß als Gemeindevertretung in das Rathaus ein. Ihm, aber nicht nur ihm, ist es zuzuschreiben, daß das Rathaus erweitert werden mußte.

Als 1885 der neue Oberbürgermeister Dr. Carl Wilckens ins Amt kam, sann er sofort über eine Änderung der Rathausverhältnisse nach. Er beauftragte den Gewerbeschulvorstand (Rektor) Hermann Lender mit der Planung einer Rathauserweiterung entlang der Heiliggeiststraße, denn dort sollte ein ausreichend großer und auch repräsentativer Saal für den Bürgerausschuß entstehen. Hermann Lender entwarf einen monströsen Erweiterungsbau von vier Geschossen im Stil der damals üblichen Neo-Renaissance. Der Plan mußte jedem aufmerksamen Betrachter die Sprache verschlagen. Mit einem turmartigen Risaliten schloß der Neubau an das barocke Rathaus an und schwenkte dann in die Heiliggeiststraße um, wo sich in ebensolchen historisierenden Formen der Trakt mit dem Großen Saal erstreckte.

Lender erhielt freie Bahn für seinen Plan. Das barocke Eckhaus (früher ›Zum Goldenen Hirsch‹) wurde 1887/88 kurzerhand abgerissen. Spätestens 1890 sah jeder kritische Betrachter, daß das Rathaus eine Fortsetzung erhalten hatte, die zwischen Großspurigkeit und Naivität einzuordnen war. Dieses Dokument einer architektonischen Mißbildung stand nicht ganz zwanzig Jahre lang. Am Rosenmontag des Jahres 1908, um ein Uhr in der Nacht, schlugen aus dem Dachstuhl des Rathauses die Flammen. Auch Lenders Bau wurde vom Feuer stark in Mitleidenschaft gezogen. Aber der gerade erst fertiggestellte Große Rathaussaal kam glimpflich davon. Er hatte nur einige Wasserschäden an der Decke davongetragen.

Binnen eines Jahres schuf man nicht nur weitere Voraussetzungen für eine abermalige Rathauserweiterung, diesmal auf der Seite der Hauptstraße, sondern man nahm auch Abschied vom Gedanken einer Gebäudereparatur. Jetzt wollte man eine große, einheitliche, überzeugende Lösung. 1909 schrieb man dafür einen Wettbewerb aus. Ihn gewann der Stuttgarter Architekt Willi Graf. Wäre sein Vorschlag verwirklicht worden, wäre das Rathaus heute ein symmetrischer Bau, denn Graf gedachte den Mittelrisaliten um eine Achse nach Norden zu verschieben und ihn gleichzeitig um zwei Achsen zu verbreitern.

Der Charakter des barocken Kernstücks wäre demnach auf den Gesamtbau übertragen worden. Doch schon im Jahre 1910 beauftragte der Stadtrat den Heidelberger Architekten Franz Kuhn mit den Ausführungsplänen und danach auch mit der Bauausführung.

Der Architekt Kuhn traf auf ungleich günstigere Voraussetzungen als seine Vorgänger. Denn die Stadt hatte schon 1886 das Haus an der Südwestecke zur Hauptstraße hin gekauft und 1890 das daran anschließende Anwesen der traditionsreichen Verlagsbuchhandlung J. C. B. Mohr. 1908 setzte sich diese Tendenz mit dem Erwerb des Hotels ›Zum schwarzen Adler‹ an der Hauptstraße fort. Die Rückgebäude des ›Adler‹ reichten bis zur Heiliggeiststraße. Sie hatten bis dahin jedwede rückwärtige Rathauserweiterung blockiert.

1912 wurden die Häuser an der Südfront entlang der Hauptstraße einschließlich des Hotels ›Schwarzer Adler‹ niedergelegt. Auch an der Heiliggeiststraße machte man Tabula rasa bei allem, was sich an den Trakt mit dem Großen Ratssaal anschloß. Bis zum Sommer 1914 waren die neobarocken Erweiterungsflügel des Rathauses fertig. Da brach der Erste Weltkrieg aus, und alle Arbeiten wurden eingestellt. Doch nach dem Krieg ging man sofort wieder ans Werk; nicht einmal die Inflation konnte die Verwirklichung der Kuhnschen Pläne aufhalten.

So trat dann nach 35 Jahren der Umwandlung jener Bau zutage, den wir heute vor uns haben. Flémals Rathaus von 1699/1703 ist als Mitteltrakt klar zu erkennen. Die Kuhnschen Erweiterungen passen sich mit barocker Formensprache dem ursprünglichen Kanon an. Freilich wurde die Asymmetrie nicht beseitigt. Der ganze Bau läßt die schrittweise erfolgte Erweiterung erkennen, die ihm unter den jeweils obwaltenden Umständen zugebilligt werden konnte. Am 10. April 1924 wurde die Einweihung des Rathauses unter Oberbürgermeister Dr. Walz, dem Amtsnachfolger von Dr. Wilckens, vorgenommen. Der Architekt, der sich dieser ausgleichenden Lösung im Sinne angepaßter Architektur befleißigt hatte, wurde Ehrenbürger der Stadt.

Noch einmal vergingen 35 Jahre, dann war wieder ein Anbau fällig, diesmal entlang der Hauptstraße bis zur Mönchgasse und im Winkel dazu bis zur Heiliggeiststraße. Diese Erweiterung in zurückhaltender Modernität konzipierte während der Amtszeit von Oberbürgermeister Robert Weber der Baudirektor Heinrich Liedvogel vom Städtischen Hochbauamt. Der Bau wurde im Frühsommer 1959 begonnen und Anfang 1961 abgeschlossen. Ihm setzte man das Türmchen mit dem Glockenspiel auf den Westgiebel, so daß sogar ein schmückender Übergang zum Karlsplatz-Bereich gegeben ist.

Das Rathaus lohnt natürlich auch das Anschauen im *Innern,* doch stellt es kein öffentliches Besichtigungsobjekt dar. Dennoch wird keinem Bürger und keinem Besucher der Zutritt verwehrt, wenn er ein spezielles Interesse bekundet. Vor allem in der Eingangshalle finden jahrüber zahlreiche Ausstellungen zu kommunalen oder kulturellen Themen statt, die dem Interesse der Öffentlichkeit empfohlen sind. Dieses Foyer samt dem Treppenhaus wurde von Kuhn gestaltet. Auch hier versuchte er intensiv, sich an den barocken Formenkanon Flémals anzulehnen. Die meisten Rathausbesucher sind tatsächlich des Glaubens, ein barockes Treppenhaus vor sich zu haben. Im ersten Stock befindet sich – neben einem sehenswerten Stadtmodell im Foyer – der bereits erwähnte Ratssaal, der heute Kleiner Rathaussaal heißt. In den nischenartigen Vertiefungen der Wände wurden die Marmorbüsten der Heidelberger Bürgermeister und Oberbürgermeister des 19. und beginnenden 20. Jahrhunderts aufgestellt. Sie stammen von den Bildhauern Otto Schließler und Karl Kerzinger. An den Schmalseiten des Saales nimmt die Fläche über der ehemaligen Kaminöffnung jeweils ein großformatiges Ölgemälde ein. Im Norden ist es eine sehr lebensnahe und künstlerisch intensiv empfundene Darstellung des ersten Reichspräsidenten Friedrich Ebert, dessen von Georg Kolbe geschaffene Büste den Flur vor dem Kleinen Rathaussaal schmückt. Das Bild über dem Südkamin stellt den im 19. Jahrhundert wirkenden Bürgermeister Jakob Wilhelm Speyerer dar, der sich als Liberal-Konservativer jeweils mit ›Vater Winter‹, dem entschiedenen Demokraten, ablöste. Beide Bürgermeister haben Heidelberg die Kontinuität seiner Entwicklung während der Zeit des Vormärz und der Revolution 1848/49 sichern können.

Der Große Rathaussaal im zweiten Stock (Nordflügel) stellt in seinem historisierenden Gewand ein Hermann-Lender-Produkt dar, wie es typischer nicht in Erscheinung treten könnte. Wer an einer öffentlichen Sitzung des Gemeinderats teilnimmt, hat genügend Muße, sich mit dem Bild des hochgewölbten Saales vertraut zu machen. Jedem, der zum ersten Mal diesen Saal betritt, fällt die aufwendige Innendekoration auf. Sie wurde größtenteils aus einem Spendenaufkommen bestritten, das nach dem Universitätsjubiläum 1886 noch übrig war (32000 Mark), denn um einen großartigen Festzug aus Anlaß dieses Ereignisses zustande zu bringen, war die Bürgerschaft zu Opfern aufgerufen worden. Nicht nur, weil diese Gelder indirekt mit der Universität verquickt waren und nicht nur, weil das Hauptgemälde der Stirnwand die Universitätsreform im Geiste des Humanismus darstellt, haben manche Kritiker an der Fähigkeit der Stadt zu angemessener Selbstdarstellung gezweifelt. Auch die Tatsache, daß sich in diesem Saal der Historismus des 19.Jahrhunderts im Stil der Neo-Renaissance so fortsetzt, wie er in der Aula der Universität begonnen hatte, provozierte einige kritische Kommentare. Das auffallendste Merkmal des Saals ist zweifellos die Vertäfelung, die allein über 20000 Mark beanspruchte. Sie wurde zum Zeitpunkt der Entstehung für so bedeutend gehalten, daß die fertiggestellte Stirnwand des Saals erst einmal auf der Kunstgewerbeausstellung von 1888 in München gezeigt wurde, bevor man sie hier einbaute. Heute wissen wir, daß der nachmals zu Ruhm gelangte Maler Emil Nolde als junger Mann zwei der Wandpilaster dieser Stirnseite geschnitzt hat, denn er war damals bei der Karlsruher Firma Ziegler & Weber als Kunstschreiner tätig gewesen.

Was wir auch betrachten in diesem Saal, es atmet den Geist der Entstehungszeit. Der mächtige Kronleuchter war ursprünglich für die Gasbeleuchtung konzipiert. Auch er stammt vom Reißbrett des Hermann Lender. Zusammen mit den Wandleuchtern, von denen heute nur noch vier vorhanden sind, brannten einmal 104 Gasflammen in diesem Saal. Die beiden Kachelöfen in den Nischen der Stirnseite, originelle Monstren, hat die Heidelberger Firma Heinstein geliefert. Wer

sich auskennt, weiß: Der ganze Saal steckt voller Schnurren
und Anekdoten. Man kann sie hier nicht alle ausbreiten. Ein
Märchen für sich wäre die Gestaltung der Decke, die sogar
einmal blau bemalt und mit goldenen Sternen bestückt war.

Die Ausmalung stammt von dem Münchner Historienmaler
Wilhelm Lindenschmit (1829-1895). Doch bevor sie gestaltet
werden konnte, entwickelte sich wegen der Themenfindung
für das Hauptgemälde an der Stirnseite des Saales ein akten-
schweres Behördenabenteuer. Bei den Fenstern wiederholte
sich der Klärungsprozeß noch einmal in ähnlicher Weise, obwohl diese zwanzig Jahre jünger sind als der Saal, der von 1886
bis 1890 errichtet und ausgestattet wurde.

Die Planung der Fenster nahm man 1901/03 in Angriff, nachdem Einigkeit darüber erzielt worden war, die pfälzische Geschichte in chronologischer Darstellung wiederzugeben. Die
künstlerische Konzeption wurde Professor Karl Hoffacker,
dem Karlsruher Kunstgewerbeschuldirektor, anvertraut. Dieser zog für den großen figürlichen Teil, also für die Gestalten
Friedrichs I. hoch zu Roß und Karl Ludwigs in denkmalhafter
Pose, den Karlsruher Kunstmaler Kley hinzu, der auch die Kar-
tons für die Glasgemälde des neuen Rathauses in Pforzheim
geliefert hatte. Für keines der Fenster im Rathaussaal brauchte
die Stadt aufzukommen. Alle verdankt sie großzügigen Bür-
gerspenden, zu denen keineswegs verschämt aufgefordert
wurde. In allen Fenstern sind zuunterst die Stifter und das Jahr
der Stiftung vermerkt.

*Im August 1905 waren die beiden Mittelfenster vollendet und konnten
besichtigt werden. Endgültig fertig waren alle Fenster an Kuno Fischers
zweitem Todestag, am 5. Juli 1908. Die Witwe des berühmten Geschichts-
professors hatte das letzte Fenster gestiftet. Die Fenster litten bei dem
großen Rathausbrand, der ein halbes Jahr zuvor gewütet hatte, keinen
Schaden.*

Dieses Rathaus besitzt eine unverwechselbare Atmosphäre.
Wenn man sie in Ruhe auf sich wirken läßt, merkt man, daß sie
von ganz unterschiedlichen Faktoren bestimmt wird. Da ist die
Großräumigkeit des Treppenaufgangs mit der festlich ornamentierten Decke über einer elegant geschwungenen Wölbung.
Da ist die Heiterkeit der Farbgebung, die an Abenden von den
modernen Kugelgehängen der Lampen zu prächtigem Glanz

erweckt wird. Da sind aber auch die Wandbrunnen, die ein leises Plätschern hören lassen. Man trifft auf ausgewählte Gemälde in einzelnen Wandfeldern: die Porträts der Ehrenbürger zum Beispiel oder ein Blumenstück des Heidelbergers Will Sohl von alarmierend intensiver Farbigkeit. Allerdings haben erst die jüngst vergangenen Jahre bis etwa Mitte Januar 1975 das Rathaus wieder herausgeputzt. Gewohnheitstrott und Gleichgültigkeit hatten mehr Patina zugelassen, als diesem Haus guttat. Auch war so mancher Sturm durch seine öffentlichen Räume gebraust, als die Studentenschaft um 1968-70 ihre unruhigen Jahre demonstrierte. Damals mußte sogar der Rektor der Universität im Großen Rathaussaal gewählt werden, weil nur noch hier ein Hausrecht durchgesetzt werden konnte.

Die Situation war ernster und kritischer, in ihren Erscheinungsformen elementarer und tiefgreifender als früher, wenn sich Studenten hin und wieder einen Übergriff leisteten, indem sie zur Nachtzeit ein Dutzend Fensterscheiben des Rathauses einwarfen. Meist ließ der Stadtbaumeister wissen, die Herren (!) von der Verbindung X hätten den Schaden inzwischen schon aus eigener Tasche bezahlt. Um solche Vorkommnisse drehten sich noch zu Beginn des Jahrhunderts die Gespräche des Oberbürgermeisters mit dem Rektor. Die zweite Hälfte des 20. Jahrhunderts sah sich vor andere Studentenprobleme gestellt. Sie wurzelten nicht zuletzt in einer Vervielfachung der Zahl der Studierenden. Ende der siebziger Jahre drängten bereits mehr als 20 000 Studenten in Heidelberg an die universitäten Quellen des Wissens. Just zu dieser Zeit lief in der Stadt die Altstadtregenerierung auf vollen Touren. Die Innenrestaurierung des Rathauses hatte sich zum Auftakt in diese Konzeption eingefügt. Als die wenig ansehnliche hölzerne Eingangstüre damals durch die Glasschwingtüre ersetzt wurde, konnte man ein Vorspiel der bürgerlichen Auseinandersetzungen um die Prinzipien des Denkmalschutzes erleben. Mittlerweile wird nicht mehr bestritten, daß derjenige, der das Rathaus verläßt, durch diese Glastüre einen einmalig schönen Blick auf Marktplatz, Brunnen und Chor der Heiliggeistkirche gewinnt. Der große städtebauliche Zusammenhang wird von der Rundung des Portalbogens zusammengefaßt und solchermaßen zur starken Impression verdichtet.

Zur Sommerszeit tut jedermann gut daran, sich eine Weile auf einem Stuhl des Marktplatz-Cafés niederzulassen. Er sollte sich aber so setzen, daß er nach Süden blickt und demzufolge ohne Schwierigkeit den Marktplatz vom Rathaus bis zur Kirche erfassen kann. Es ist nämlich nötig, sich bei einem solchen Blick die Situation Heidelbergs im schlimmen 17. Jahrhundert zu verdeutlichen.

Das böhmische Königtum Friedrichs V. hatte nur knapp dreizehn Monate gedauert: von Ende September 1619 bis Anfang November 1620. In der Schlacht am Weißen Berge vor Prag (8. November 1620) stürzten alle pfälzischen Großmachtträume in sich zusammen. Friedrich V. erlitt eine katastrophale Niederlage und mußte fliehen. Während er sich überstürzt nach Norden wandte, um angesichts der Reichsacht, in die er erklärt worden war, ein sicheres Territorium zu gewinnen, nahmen ihm die Kaiserlichen nacheinander die Oberpfalz und auch die kurpfälzischen Kernlande weg. In seiner Not machte Friedrich schließlich einen englischen General zum Regenten über die noch nicht besetzten Teile der Pfalz: Horace de Veer. Unter seinem Oberkommando, das er von Mannheim aus führte, verteidigte der ›Gubernator‹ van der Merve mit kleiner Streitmacht sehr wirkungsvoll die Residenzstadt Heidelberg. 1620 nahte General Spinola, da flohen die Professoren und die bessergestellten Bürger der Stadt; 1621 kam Cordova in die Nähe Heidelbergs, da begannen die Bürger mit den Schanzarbeiten. Doch im Sommer des darauffolgenden Jahres schloß der Oberbefehlshaber der katholischen Liga, der Brabanter Johann Tserclaes Graf von Tilly, die Stadt ein, nachdem seine Truppen schon seit dem Frühjahr 1622 die Umgebung Heidelbergs verwüstet hatten.

Das bis dahin eher beschauliche Universitätsstädtlein unterhalb des herrschaftlichen Schlosses geriet nun rasch in einen »überaus elenten und höchst betrübten Zustand«, denn ringsumher war alles »ploquirt, die Zufuhren dardurch gespert, auch die Erndte hinweggenommen und eingethan«. Tilly ließ auf den unbefestigten Höhen rings um Heidelberg in des Wortes wahrster Bedeutung schweres Geschütz auffahren und

bombardierte auf diese Weise mehrmals die ihm zu Füßen liegende Stadt. Stadtkommandant van der Merve lehnte alle
Übergabeverhandlungen ab und ließ wissen, er werde sich mit
den Soldaten ins befestigte Schloß zurückziehen, falls die Stadt
eingenommen werden sollte.

So geschah es auch, denn am 19. September 1622 setzten die
Truppen Tillys nach langer artilleristischer Vorbereitung zum
Sturm auf Heidelberg an. Sie kamen im wesentlichen von Süd-
westen die Hänge des Gaisbergs herab und überrannten die
Verteidiger. Gleichzeitig durchquerten die Kroaten mit ihren
Pferden den Neckar von Neuenheim her und drangen aus dem
Fluß heraus in die westliche Stadt ein. Da war es um Heidelberg
geschehen.

Die Soldaten Tillys hausten so schlimm, wie es ein zeitgenös-
sischer Bericht, gewiß nicht übertrieben, schildert: »Ist also das
Plündern mit Massacrirung und Vergießung vieles unschuldi-
gen Bluts mit Däumelung, Knebelung, Brügelung, Peinigung
und Rantzionierung (Erpressung) der Einwohner, mit Hin-
wegführung der Weiber und Jungfrawen, mit Abbrennung vieler Gebäw der Statt ... bis in den dritten Tag hinauß continuirt
worden.« Kommandant und Soldaten im Schloß konnten der
Bevölkerung nicht mehr beispringen: Sie mußten zusehen, daß
sie selbst mit heiler Haut davonkamen. Als der Kommandant
mit Tilly günstige Bedingungen ausgehandelt hatte, wunderten
sich die Eroberer beim darauffolgenden Abzug der Verteidi-
gungtruppen, wie gering deren Zahl und wie groß deren
Stärke gewesen war.

Gleich nach der Einnahme Heidelbergs durch die bayerisch-
ligistischen und spanisch-niederländischen Truppen war der
Stadt und dem in Trümmern liegenden pfälzischen Territorium
die schlimmste Wunde geschlagen worden: Zum Entsetzen der
Bürgerschaft wurde die berühmte Bibliotheca Palatina – in Ki-
sten verpackt, die man zum Teil aus den Kirchenbänken gezim-
mert hatte – am 1. Februar 1623 auf fünfzig Frachtwagen unter
Geleitschutz nach München entführt. Von dort gelangten die
fast viertausend Handschriften und etwa fünftausend Drucke
auf den Rücken von Maultieren über die Alpen nach Rom. Am
9. August 1623 nahm sie die Bibliotheca Apostolica Vaticana in
Empfang.

Die wissenschaftliche Literatur überlieferte bis jetzt die undifferenzierte Kunde, Herzog Maximilian I. von Bayern habe die Heidelberger Bibliothek dem Papst zum Geschenk gemacht. Diese Aussage trifft zwar zu, aber sie geht offensichtlich von irrtümlichen oder nicht erkannten Voraussetzungen aus. Im Zusammenhang mit den Ausstellungen im Wittelsbacher-Jubiläumsjahr 1980 in München wurden neue Forschungen publiziert, die den Bibliotheksraub in einem veränderten Licht erscheinen lassen. Danach haben sich sowohl Kaiser Ferdinand II. als auch der Vatikan schon lange vor der Einnahme Heidelbergs darum bemüht, die Bücherschätze in ihren Besitz zu bringen. Ferdinand II. wollte sie nach Wien schaffen lassen, aber die Ludovisi in Rom trachteten danach, ihrer Sammelleidenschaft zum höheren Ruhm der Kirche zu frönen. Der greise Papst Gregor XV. aus dem Hause Ludovisi beauftragte seinen Neffen Ludovicus, sich dieses ganz speziellen Anliegens anzunehmen. Die Fäden, die über die Nuntiaturen in Brüssel und Köln gesponnen wurden, waren viel feiner als jene, die der Kaiser auslegte. Dieser meldete bei Tilly lediglich seinen Anspruch auf die Kriegsbeute an, während der Papstneffe durch die kirchlichen Würdenträger Verhältnisse schaffen ließ, die den Bayernherzog dazu zwangen, sich zu diesem ›Geschenk‹ an den Papst bereitzufinden. Nicht einmal dem Münchner Hofrat Dr. Leuker gelang es in Heidelberg, die das Haus Wittelsbach besonders interessierenden Schriften für ein beabsichtigtes ›bayerisches Historiwerk‹ abzuzweigen. Der von Rom über München nach Heidelberg gekommene päpstliche Kommissar Leone Allacci machte ganze Sache, als er, geschützt von Tillys Soldaten, die Heidelberger Bücherschätze verpackte. Den Papst konnte das ›Geschenk‹ des in finanzieller Abhängigkeit vom Vatikan stehenden Maximilian nicht mehr erreichen, denn er starb einen Monat vor der Ankunft der Maultierkarawane in der Ewigen Stadt.

Es kam einer geistigen Amputation gleich, was man Heidelberg angetan hatte. Denn der Raub bestand nicht nur aus der ›Palatina‹, die auf den Emporen der Heiliggeistkirche gestanden hatte, sondern auch aus der kurfürstlichen Bibliothek, die sich stets im Schloß befand, und aus der eigentlichen Universitätsbibliothek, die ein Teil des von Friedrich II. eingerichteten Sapienzkollegiums war. Außerdem wurden der kurfürstliche Privatbesitz, die Aktenkammern des Schlosses und die Dokumentenbestände der kurfürstlichen Kanzlei am Schloßberg geplündert. »Die Mutter aller Bibliotheken«, so klagte ein Pfarrer damals, »ist theils geraubt, theils sonst verderbt worden: ein Schatz, so nicht zu schätzen!« Erst zweihundert Jahre später

(1815/16) kehrten durch Vermittlung der preußischen Regierung und des badischen Großherzogs 38 griechische und lateinische sowie 850 deutsche Handschriften aus dem Vatikan in die Heidelberger Universitätsbibliothek zurück. Aber etwa 3000 Handschriften und rund 5000 Bücher blieben bis heute Bestand der Vaticana.

Die mit dem bayerisch-wittelsbachischen Machtanspruch einhergehende kompromißlose Rekatholisierung der Oberpfalz und der Pfalz sowie der tiefe Fall des Oberhaupts der Protestantischen Union konnten den von einem ähnlichen Schicksal bedrohten evangelischen Reichsständen inzwischen schon nicht mehr gleichgültig sein. Sie hatten zwar Friedrich nicht sonderlich unterstützt, als die Union auseinandergebrochen war, aber sie wollten ihn jetzt auch nicht einfach hinweggefegt sehen. Als dann der Protestantismus im Norden des Reichs ernsthaft gefährdet wurde, erkannten sie die Berechtigung des Pfälzers auf seine Restitution. Doch erst mit dem schwedischen Engagement in den Kriegshändeln trat eine Wendung zugunsten des Pfälzers ein. Im Gefolge des Schwedenkönigs konnte Friedrich V. nach Süddeutschland zurückkehren und sogar 1632 in München einziehen. Aber die Schweden dachten nur nebenbei daran, dem Pfälzer zur Einlösung seiner Ansprüche zu verhelfen. Der wiederum stieß sich daran, daß die Schweden das lutherische Bekenntnis dem der Reformierten gleichsetzten. Friedrich blieb bedingungslos Vasall des Schwedenkönigs. Der Frage, wie sich seine Position nach Gustav Adolfs Tod in der Schlacht bei Lützen am 6. November 1632 darstellte, wurde er vom Schicksal enthoben: Friedrich V. starb überraschend wenige Tage danach am 29. November 1632 bei Mainz, nur 36 Jahre alt. Sein Herz, so heißt es, sei in der nahen Katharinenkirche zu Oppenheim am Rhein beigesetzt worden. Symbolisch für die kaum auszumessende Tragik dieses Fürstenlebens dürfte letztlich auch noch die Tatsache sein, daß der Leichnam Friedrichs V. in den Wirren des Krieges verlorenging und vergessen wurde.

Am 15. Mai des Jahres 1633 drangen die Schweden in Heidelberg ein und vertrieben die katholischen Bayern. Nun mußte für Friedrichs ältesten Sohn Karl Ludwig, der erst 16 Jahre alt war, ein Vormund ins Amt treten. Man fand ihn in des Vaters jüngstem Bruder Ludwig Philipp. Was sollte er in Heidelberg

wirken, nachdem schon mehr als zehn Jahre lang keine Pfälzer
Obrigkeit dort gewaltet hatte? Auch er wurde längerer Überlegungen dadurch enthoben, daß die Schweden die Partie bei
Nördlingen am 5. und 6. September 1634 verloren und nun
selbst als Flüchtlinge in die Pfalz kamen. Ihnen folgten die Kaiserlichen auf dem Fuße. Neapolitaner und Kroaten hausten übel
in den Landen um Heidelberg. Schließlich drangen die Kaiserlichen am 16. November 1634 beim Hexenturm in die Stadt ein.
Wieder ging es ans Plündern und Auspressen. Doch das befestigte Schloß widerstand den herumziehenden Kriegshorden
bis zum Sommer des kommenden Jahres. Erst nach einer Blok-
kade durch Wallensteins Nachfolger Gallas wurde es reif zur
Übergabe.

Wiederaufbau nach dem ›Westfälischen Frieden‹

Von diesen Bedrückungen, Verwüstungen und Lähmungen
des Lebens ist nichts mehr zu ahnen, wenn man den Blick über
die barocke Szenerie des Marktplatzes schweifen läßt. Natürlich zeigt sich da ein anderer, ganz neuer städtischer Raum. Er
ist ja auch erst hundert Jahre später entstanden und hat mit der
Ära des ›Winterkönigs‹ gar nichts mehr zu tun. Und dennoch:
An einer winzigen Stelle kann man die zwangsläufige Folge des
pfälzischen Zusammenbruchs im Dreißigjährigen Krieg erkennen. Im großen pfälzischen Allianzwappen an der Rathausfront
wurde der Mittelschild, den man auch den Kurschild nennt, nur
mit einer goldenen Arabeske auf rotem Grund geschmückt.
Der Reichsapfel fehlt. Es ruht auch kein Kurhut auf dem Wappen; stattdessen krönen es fünf Spangenhelme mit entsprechender Helmzier.

*In der Stadt ist dieses Lehrstück der heraldischen Aussage an drei Stellen
zu verfolgen. Zunächst am Rathaus, dessen Wappen die Zeit zwischen
1620 und 1708 deutlich macht. Damals hatte die Pfalz die Kurwürde
zunächst ganz verloren. Sie gewann zwar eine achte Kurwürde nach dem
Dreißigjährigen Krieg wieder, machte diese im Wappen jedoch nicht sichtbar. Betrachtet man den Eingang zum Pfarrhaus bei der Jesuitenkirche, so
entdeckt man das gleiche Wappen wie am Rathaus, allerdings nun wieder
vom Kurhut bedeckt. Am 29. April 1706 war der bayerische Kurfürst Max
Emanuel durch Kaiser Josef II. der Reichsacht verfallen. Die alte Kurwürde und das alte Erzamt kehrten von ihm im Juni 1708 an die Pfalz*

zurück, nachdem der Reichstag zu Regensburg zugestimmt hatte. Am Schluß der Wappengeschichte steht die alte Hofapotheke, obwohl hier Wappen und Erbauungszeit nicht miteinander übereinstimmen. Hier sieht man des Kurfürsten Karl Theodor Allianzwappen: Im gevierteten Mittelschild als Stammeswappen befindet sich der Reichsapfel, denn seit 1777 waren Bayern und die Pfalz vereinigt.

Aber mehr noch als die Wappen mag der Herkules auf der Säule des *Marktplatzbrunnens* Symbolkraft gewinnen. Ihn hat vor dem Jahre 1701 Heinrich Charrasky geschaffen, der auch das Wappen am Rathaus fertigte. Mittlerweile ist der Herkules schon die zweite Kopie, die auf den Brunnenstock gehoben wurde. Auch diese Plastik entsprang – wie die sie umgebende Szenerie – barocker Bildnisfreude. Es ist der nach schwerer Tat ruhende und sinnende Herakles mit Keule und dem Fell jenes Löwen, den er im Waldgebirge Kithairon erschlagen hatte. Eine solche Kraftgestalt konnte durchaus als Leitbild für den mit herkulischer Anstrengung verbundenen Wiederaufbau der Stadt nach zwei verheerenden Kriegen verstanden werden.

Der Heidelberger Marktplatzbrunnen ist aus einfachen barocken Grundformen entwickelt. Das kräftig profilierte Brunnenbecken zeigt im Grundriß eine Durchdringung von Vierpaß und Quadrat, so daß zwischen den Ecken des Quadrats jeweils Viertelkreise hervortreten. Aus der Mitte des Beckens ragt der Brunnenstock auf: eine auf quadratischem Sockel ruhende korinthische Säule, deren vergoldetes Kapitell die Gestalt des Herkules trägt. Die auf die vortretenden Rundungen gerichteten Wasserspeier werden von Löwenmäulern an der Säule und von einem sehr ansprechend gestalteten Gitterwerk mit pflanzlichem Dekor gehalten.

Am schönsten stellt sich der Brunnen dar, wenn zur Sommerszeit junge Menschen auf seinen Stufen rasten, wenn die Studenten an ihm ihr Maisingen veranstalten oder wenn sich der Marktbetrieb um ihn entfaltet. Allerdings schaut der Herkules den Marktleuten auch in die Körbe und in die Geldbeutel – und denkt sich sein Teil. Mit Gleichmut harrt er auf seinem Platz aus, wenn zum Schluß des Sommertagszuges die Gestalt des Winters in seiner unmittelbaren Nähe verbrannt wird. Und er hat auch nichts dagegen, daß seine Figur von einer Heidelberger Tageszeitung in Dienst genommen wird, wenn es ein örtliches Übel anzuprangern gilt.

Aus dem Westfälischen Frieden war die unterlegene und gedemütigte Pfalz zwar mit einer achten Kurwürde hervorgegangen, doch den Primat unter den Weltlichen im Kurkolleg hatte sie eingebüßt. Der Kurprinz Karl Ludwig trat das zerstückelte, um die Oberpfalz und die Kurmainzer Pfandschaft an der Bergstraße verminderte Erbe an. Die Katastrophenbilanz des Jahres 1649 war entmutigend. Die Pfalz, aus der Reichspolitik faktisch ausgeschieden, weil weder von einer Führungsrolle im evangelischen Lager, noch von einem Machtanspruch gegenüber dem Kaiser die Rede sein konnte, mußte sich auf die eigenen Kräfte besinnen. Die waren schwach genug. Karl Ludwig tat angesichts dessen das einzig Richtige: Er rief, indem er sich selbst zur Sparsamkeit verpflichtete, zur Selbsthilfe auf und beschränkte sich auf das Nahe und das Nächstliegende im überschaubaren Rahmen. Er widmete sich ganz dem Wiederaufbau seines wirtschaftlich völlig darniederliegenden Landes, das nahezu menschenleer geworden war.

Des Kurfürsten haushälterische Treue zahlte sich aus. Er konnte die Güter, die das Volk aufs neue schuf, mehren und bescheidenen Gewinn daraus ziehen. So kam die Pfalz rascher wieder auf kräftige Beine, als man zu hoffen gewagt hatte. Es ist deshalb berechtigt und verständlich, daß man gerade diesem Fürsten in den Fenstern des Großen Saales im Rathaus eine besondere Stellung einräumte.

Karl Ludwig gilt auch als einer jener Fürsten, die der Universität neues Leben einhauchten. Er hat sie aus zwanzigjährigem Schweigen wiedererweckt. Als die Menschen zurückkehrten und neue Hoffnung schöpften, folgten ihnen auch die Gelehrten. 1652 begann die Universität wieder mit dem Lehrbetrieb. Die Gelehrten sammelten ihre Schüler unter kümmerlichen räumlichen Bedingungen, meist in ihren privaten Zimmern, um sich. Doch damit war insgesamt weder geistiges Profil, noch wissenschaftliche Orientierung gegeben. Erst zwanzig Jahre nach dem Neubeginn verlieh Kurfürst Karl Ludwig der Universität neue Statuten. Die bauten »nach Inhalt, Formalien und Methoden« auf Ottheinrichs Werk auf.

Aus der Zeit nach dem Dreißigjährigen Krieg ragt die Universität Heidelberg durch die Tatsache heraus, daß hier mit Samuel Freiherrn von Pufendorf der erste deutsche Professor des Naturrechts lehrte. Er wirkte mit der »Professura iuris gentium et philosophiae« von 1661 bis 1668 und gehörte bezeichnenderweise der philosophischen Fakultät an. Ein weiterer bedeutender Gelehrter war Johann Heinrich Hottinger, Lehrer der orienta-

lischen Sprachen und Verfasser einer neunbändigen Kirchengeschichte. Er
weilte in Heidelberg von 1655 bis 1661 und war auch Rektor der Universi-
tät (1655/56).

Nur langsam tastete man sich auf dem Felde religiöser Toleranz voran. Die Theologie mußte sich an der Universität jetzt
mit zwei Professuren begnügen. Nur für diese Fakultät war das
Bekenntnis des Landesherrn verbindlich. Den anderen drei Fakultäten wurde Glaubensfreiheit zugesichert. Dies zeigte sich
deutlich daran, daß der Kurfürst ein Jahr nach seinem Statuten-
erlaß dem von jüdisch-portugiesischen Eltern abstammenden
niederländischen Philosophen Baruch Spinoza (d'Espinosa) einen Ruf an die Universität Heidelberg übermittelte. Spinoza
schlug die von Karl Ludwig angebotene Professur leider aus,
denn er wollte sich lieber in seinen ärmlichen Verhältnissen die
volle Freiheit des Denkens bewahren, als der im Berufungs-
schreiben enthaltenen Mahnung zu folgen, »die Freiheit zu phi-
losophieren nicht zur Störung der öffentlich anerkannten Religion (zu) mißbrauchen«.

Um die Mitte jenes Jahrhunderts gab es (seit 1391) wieder
eine kleine jüdische Gemeinde in der Stadt. Sie bestand aus fünf
Familien. Alle hießen Oppenheim. Einer von ihnen, mit Vor-
namen Samuel, zog als kaiserlicher Hoffaktor und Bankier nach
Wien, wirkte viel Gutes an jüdischen Gemeinden und hinterließ
eine Handschriften-Sammlung, die auf Irrfahrten nach Oxford
gelangte und dort Bestandteil der namhaften ›Bodleian Library‹
wurde.

Indessen regte sich das Leben in der Stadt wieder kräftig.
Sogar eine neue Kirche wurde gebaut. Kurfürst Karl Ludwig
hatte gleich nach seinem Regierungsantritt im Jahre 1650 die
Rechte jener Gemeinde, die der ›Augspurgischen Confession‹
anhing, bestätigt. Diese Gemeinde war entstanden, als die
Schweden Heidelberg in Besitz hatten (1633/34). Zum Gottesdienst durften die Lutheraner damals die Spitalkirche benutzen;
es war die frühere Klosterkirche der Dominikaner in der Vorstadt. Sie wurde im Dreißigjährigen Krieg zur Ruine. Mit Genehmigung des Kurfürsten erwarb die Gemeinde einen abge-
brannten Hausplatz an der mittleren Hauptstraße. Dort bauten
die Lutheraner innerhalb von zwei Jahren – 1659 bis 1661 – eine
Saalkirche mit Dachreiter, die in Gegenwart von Karl Ludwig

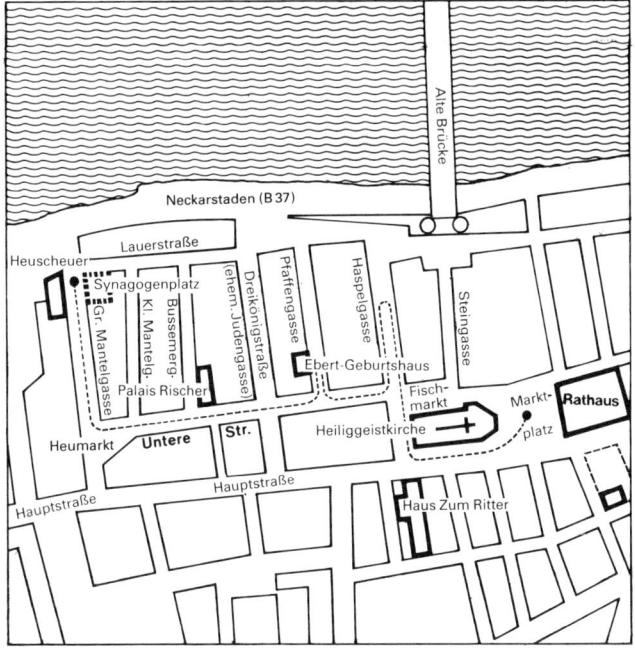

Neckarstaden (B 37)

Alte Brücke

Lauerstraße

Heuscheuer

Synagogenplatz

Gr. Mantelgasse

Kl. Mantelg.

Bussemerg.

(ehem. Judengasse)

Dreikönigstraße

Pfaffengasse

Haspelgasse

Steingasse

Palais Rischer

Ebert-Geburtshaus

Fischmarkt

Markt-platz

Rathaus

Heumarkt

Untere

Str.

Heiliggeistkirche

Hauptstraße

Hauptstraße

Hauptstraße

Haus Zum Ritter

eingeweiht wurde und nach dessen Losung ›Dominus providebit‹ den Namen Providenzkirche erhielt.

Jetzt wenden wir uns jenem Teil der Hauptstraße zu, auf den die grotesken Wasserspeier von der Heiliggeistkirche herunterschauen. Es ist eine platzartige Erweiterung der Straße, die unmittelbar in den Marktplatz übergeht. Sie wird von den kleinen, zwischen die Strebepfeiler des Kirchenschiffs und des Chors eingelassenen Lädchen belebt. Sie müssen früher den Charakter eines permanenten Markts gehabt haben, denn dort fand man neben Kleinkrämern auch Handwerker und vor allem Schreiber, bei denen man sich Eingaben an die Obrigkeit aufsetzen und ausfertigen lassen konnte.

Heute hat die gesamte Marktszenerie ein barockes Gepräge. Aus der Hauptstraßenfront springt der Bau der *Alten Hofapotheke* gegenüber der Heiliggeistkirche dem Betrachter beson-

ders ins Auge, vor allem nach der (angeblich zeitgenössischen)
Einfärbung aller Bauglieder in ein seltsames Rot auf Weisung
der Landesdenkmalpflege. Von diesem Gebäude, dessen Portal
von zwei Säulen flankiert wird und dessen herzhafte Profilierung aller Bauglieder auf den Baumeister Johann Jakob Rischer
hinweist, war schon anläßlich der Wappenbetrachtung die
Rede. Nehmen wir zur Kenntnis, daß das tiefgestaffelte Barockhaus von seinen jetzigen Nutzern, einer amerikanischen
Schnellrestaurantkette, mit hohen Kosten, allen Auflagen gemäß, instandgesetzt wurde und daß sich sogar die Reklame als
einer Bändigung fähig erwies. So ist dieses Zeugnis des Heidelberger Wiederaufbaues in den Jahren bald nach 1700 an einer
prägnanten Stelle angemessen erhalten. Die bescheidenen bürgerlichen Barockbauten der Nachbarschaft treten gegenüber
diesem Trommelwirbel an Farben, Gold und Marmorierung
sehr zurück. Dennoch ruht auf ihnen das Auge mit größerer
Selbstverständlichkeit und auch mit Wohlgefallen.

In ganz anderer Weise macht in der gleichen Häuserfront, ein
wenig weiter westlich, ein Renaissancehaus von sich reden. Es
ist das jedem Heidelberg-Besucher bekannte Haus ›Zum Ritter‹,
das zu des Kurfürsten Friedrich IV. Zeiten von dem aus Tournai
stammenden Tuchhändler Carolus Belier und seiner Ehefrau
Francisca (Francina) erbaut wurde. Das mit 1592 datierte Gebäude »hat viel Fürsten und edle Herren allhier gesehen, item
des Landes Freud und Not zu aller Zeit«.

Der Calvinist Charles Belier zog schon im Jahre 1572, als
Kurfürst Friedrich III. den Glaubensflüchtlingen Schutz und
Obdach anbot, nach Heidelberg. Zwanzig Jahre später hatte er
so viel Wohlstand erworben, daß er mit einem solchen Bürgerhaus zu den Schloßbauten in Konkurrenz treten konnte. Als
›Detaillant des draps‹ nutzte er 26 Jahre lang die von ihm erbaute ›Tuchhalle‹ mit den stattlichen Keller- und Erdgeschoß-
gewölben. Charles Belier starb 1618, als sich die politischen
Geschehnisse zuzuspitzen begannen, im Alter von 63 Jahren,
sechs Jahre nach seiner Frau. Die Epitaphe der beiden wurden
in der Peterskirche wieder aufgefunden.

Nachdem dieses stolze Haus alle Kriegseinwirkungen des
17. Jahrhunderts überstanden hatte, wurde es zehn Jahre lang,
von 1693 bis 1703, als Rathaus benutzt. Erst als Flémal das neue

Rathaus errichtet hatte, konnte das Haus ›Zum Ritter‹ einer
neuen Bestimmung zugeführt werden: Im Jahre 1703 wurde es
ein Gasthof. Das ist es ohne Unterbrechung, mehr als 275 Jahre
lang, bis heute geblieben.

Die Fassade des ›Ritter‹

Das Haus, mit seinem vollen Namen ›Zum Ritter Sankt Georg‹
genannt, verkörpert noch den für Heidelberg vor der Stadtzerstörung verbindlichen Typ des Giebelhauses, formt ihn aber
nach den Regeln der Renaissance neu und überträgt damit die
Gestaltungsprinzipien der zeitgenössischen Schloßbauten auf
das bürgerliche Bauwesen in der Stadt.

Leider ist die Fassade dieses Hauses nach Norden gerichtet.
Sie entbehrt deshalb meist des Lichts, dessen sie eigentlich im-
merwährend zur Hervorhebung ihrer plastischen Gliederung
bedürfte. Doch am frühen Morgen und am späten Abend
macht extremes Seitenlicht das Relief der Fassade lebendig.

Die Fassade ist 22,5 Meter hoch und etwas über 12 Meter
breit. Sie weist über dem Erdgeschoß vier weitere Geschosse
auf, von denen zwei im Hauskörper und zwei im Giebelfeld
liegen. Über dem obersten Geschoß sitzt eine Volutenbekrö-
nung mit einem ovalen ›Ochsenauge‹. Alle diese Obergeschosse werden durch Fenster zwischen kannelierten Säulen
deutlich rhythmisiert.

Wenn man sich das Fensterschema verdeutlicht hat, sieht
man auch, daß die Zweiergliederungen (also die Zwillingsfenster) jeweils genau übereinander stehen, daß sie im Hauskörper
schwache Erker ausbilden, während sie im Giebel in die Front-
fläche zurücktreten. Diese zweimal drei Zweiergliederungen
übereinander sind durch Hermenpilaster besonders ausgezeichnet und hervorgehoben.

Die schmalrechteckigen Fenster werden – zumindest in den
beiden Hauptgeschossen – seitlich von kannelierten Pilastern
eingefaßt. Nur im ersten Obergeschoß sind sie von Dreiecksgiebeln bekrönt. Sonst aber schließen sie mit horizontalem Gebälk, das von groteskem Ornament plastisch besetzt ist. Diese
Fensterabschlüsse ziehen sich wie ein vor- und zurückspringen-
des Ornamentband über die ganze Fassaden- bzw. Giebelbreite.

Fenster und alle Gliederungselemente – wie Pilaster, Säulen und
Hermen – ruhen jeweils auf einem kräftig profilierten Sockel,
der wie die Fensterabschlüsse und die Gesimse die horizontale
Einteilung des Hauses nach Geschossen deutlich macht. In diesen horizontalen Sockelzonen hat der Erbauer sein bildneri-
sches Programm und alle Inschriften untergebracht.

Die Gliederung des Erdgeschosses entspricht in keiner Weise
dem sich darüber entwickelnden Fassadenaufriß. In der linken
Haushälfte öffnet sich die rundbogige Hauszufahrt. Der Rest
des Erdgeschosses, das einst der Warenpräsentation und dem
Handel diente und das jetzt Restaurant ist, wird von zwei breiten Fenstern in Halbrundbogen eingenommen. Dazwischen
sitzt ein schmales hochrechteckiges Fenster, das die Bogen im
Scheitel überragt. Zwischen diesen Fenstern und der Hauszufahrt findet man kräftig kannelierte Säulen auf Podesten mit
Diamantschnitt. Sie stützen, teilweise arhythmisch, die darüber
beginnende architektonische Fassadenordnung.

Der Giebel des Hauses bildet ein gleichseitiges Dreieck. Weil
aber die Giebelschrägen von ausgeschwungenen Voluten aufgelöst sind, in deren Auflagen kugelbesetzte Obelisken die Begrenzung des darunterliegenden Geschosses noch einmal optisch fortführen, kann man die ebenmäßige Grundkonstruktion
nur schwer erkennen. Der Giebel läuft in der überlebensgroßen
Büste eines geharnischten Ritters aus. Nach ihr hat das Haus
seinen Namen. Diese Figur ist eine Kopie, denn das Original
der jugendlich-sieghaften Gestalt stürzte 1870 auf die Straße.
Die Reste wurden für das Museum aufgesammelt.

Wenn man sich das figürliche Programm verdeutlichen
möchte, muß man im Sockel des zweiten Obergeschosses beginnen. Dort sind unter dem rechten Zwillingsfenster zwei
Medaillons angebracht, welche die Brustbildnisse des Erbauers
Charles Belier und seiner Ehefrau enthalten. Auf der gleichen
Höhe unter dem linken Zwillingsfenster sieht man zwei gelockte Engelgestalten, die je ein Wappen vor sich tragen: das
des Hausherrn mit einem aufrecht stehenden Widder (franzö-
sisch: belier), und das der Ehefrau, das mit zwei Fischen besetzt
ist. Das Wappen des Hausherrn trägt außer dem Namen »Carolus Belie(r)« auf dem Rahmen auch noch die Jahreszahl der
Erbauung des Gebäudes: 1592. Im Wappen der Ehefrau ist der

Name »Francina Soriau« zu lesen (saur oder sor: Fisch, Bück-
ling). Das darunter liegende erste Obergeschoß weist die gleiche architektonische Gliederung auf. Dort sind im Sockel unter
dem rechten Doppelfenster die Brustbilder der Kinder des Ehe-
paars, eines Jungen und eines Mädchens, zu sehen. In den quadratischen Sockelfeldern unter dem linken Zwillingsfenster
steigen sich zwei Widder entgegen. Sie sind von Früchtebün-
deln umgeben, in denen der Granatapfel auffällt.

Bei einiger Aufmerksamkeit und wenn man ein Fernglas zur
Hand hat, kann man in jener Sockelzone, mit der das Giebelfeld
beginnt, vier Medaillons ausmachen. Aus den Rundungen
schauen altertümliche Männerköpfe hervor. Die Umschriften
sagen, daß es sich dabei um die Bildnisse der frühen Frankenkö-
nige Theodoricus, Cherebertus, Childebertus und Chilpericus
handeln soll. Offenbar wollte der Tuchhändler aus Tournai
darauf hinweisen, daß er sich noch immer in jenem fränkischen
Raum befinde, dem auch seine ursprüngliche Heimat angehörte.

Abgesehen von den Hotelhinweisen unserer Zeit befinden
sich vergoldete Inschriften an diesem Haus nur im Giebel. Zuunterst und damit mitten in der Gesamtfassade steht der Text
aus dem 127. Psalm: »Si Jehova non / aedificet domum / Frustra
laborant / aedificantes eam.« – Wenn der Herr nicht das Haus
baut, arbeiten umsonst, die daran bauen. Man sieht, der Glau-
bensflüchtling war trotz seiner modernen Auffassung ein from-
mer Mann. Deshalb ließ er auch an die höchste Stelle des Re-
naissancegiebels das Motto schreiben: »Soli Deo Gloria« – Gott
allein die Ehre. Zwischen den beiden Bekenntnissen befindet
sich, in drei Sockelfelder aufgeteilt, der merkwürdige Spruch:
»Persta invicta Venus!« – Bleibe stets unbesiegt, Schönheit!

Zwar wissen wir nichts darüber, wer dieses Haus entworfen
und für den wohlhabenden Tuchhändler gebaut haben könnte.
Es fällt lediglich auf, daß ein stark handwerklich bestimmter
Geist in dieser Fassade zum Ausdruck kommt. Fritz Nötzoldt
hat in einer kleinen Schrift über den ›Ritter‹ darauf hingewiesen, daß Ähnlichkeiten mit dem ursprünglichen Gewandhaus
in Braunschweig nicht zu verkennen seien. Dessen von Hans
Lampe errichtete Giebelfront sei zwei Jahre vor dem Heidelberger ›Ritter‹ fertig geworden. Lampe sei von dem Holländer
Vredemann de Vries beeinflußt worden. Es sei möglich, so

Fassade ›Hotel zum Ritter‹

meint Nötzoldt, daß auch Heidelbergs privates ›Gewandhaus‹ in den Umkreis dieses Architekten und Baumeister gehöre.

Außer der Fassade ist am ›Ritter‹ nichts mehr original. Die dahinterliegenden Räume wurden mehrfach umgestaltet. Die Besitzer des Hauses gaben sich zu jeder Zeit Mühe, mit der Pflege und Ausgestaltung der Räume dem historischen Glanz der Fassade zu entsprechen. Heute dienen das ehemalige Verkaufsgewölbe und der erste Hofraum als Restaurant des Hotels. Und wo sich der Aufzug schnurrend in die Hoteletagen hebt, befand sich früher eine Wendeltreppe. Immerhin, man hat sich den historischen Bedingungen anzupassen gewußt. Keine reißerische Reklame verunstaltet das Gebäude. Die Hinweise in Goldschrift sind geschmackvoll und ausgewogen. Ein schmiedeeiserner Ausleger mit der Darstellung des Drachentöters Sankt Georg komplettiert den Zunftausweis.

Die Hauptstraße: »Eine Meile Tradition«

Vor dem Haus ›Zum Ritter‹ verharrend, können wir uns über die Leitfunktion der Hauptstraße klar werden. Schnurgerade verläuft sie vom Marktplatz aus nach Westen. Man blickt von hier ohne Mühe bis an ihr ursprüngliches Ende bei der Grabengasse. Dort stieß sie einst an das Mitteltor und damit an die Stadtmauer. Der Graben war nur auf einer Brücke zu überwinden. Diese Zäsur im Verlauf der Haupterschließungsstraße der Altstadt wirkte noch lange nach, denn dort, bei der Kreuzung mit der Grabengasse, macht die Hauptstraße einen leichten Knick und senkt sich mäßig ab.

Die durchweg mit dreistöckigen Häusern bestandene Hauptstraße teilt die gesamte Altstadt der Länge nach in zwei nahezu gleichgroße ›Hälften‹: in den neckarseitigen Teil, der das Gebiet zwischen der Hauptstraße und dem Fluß umfaßt, und in den bergwärts liegenden Teil, der bis an den Fuß des Königstuhls und des Gaisbergs heranreicht und teilweise auch ein wenig den Hang hinaufklettert. Nach der Art der Fischgräten gehen von dieser Hauptstraße die Gassen ab. Der vordere Teil der Altstadt zwischen Grabengasse und Sofienstraße ist ziemlich genau 450 Meter breit, so daß die von der Hauptstraße wegführenden Gassen allesamt nicht länger als 200 bis 250 Meter sind. In der

Kern-Altstadt verkürzen sich die Gassen mitunter bis auf 120 oder 150 Meter. Die Entfernungen im Altstadtgebiet erhielten besondere Bedeutung bei der Überlegung, ob man – aller Tradition zuwider – jeglichen Fahrverkehr aus der Hauptstraße herausnehmen könne, um einen *Fußgängerbereich* zu schaffen. Denn seit 1885 fuhr die Pferde-, seit 1902 die elektrische Straßenbahn meist auf zwei Gleisen im Gegenverkehr durch die nur 9 bis 10 Meter breite Hauptstraße.

Nicht ohne Bedenken und eigentlich nur zum Zwecke des Versuchs beschloß 1976 der Gemeinderat der Stadt Heidelberg, die Straßenbahn aus der Hauptstraße herauszunehmen. Die öffentliche Verkehrsbedienung wurde auf die Tangenten am Neckar und am Fuß des Berghangs verwiesen, durfte aber in der Höhe der Universität die Altstadt quer durchfahren. Das war ein kühner Entschluß. Er hatte auch einen Kranz von Garagenbauten rings um die Altstadt zur Voraussetzung, damit das historische Stadtgebiet uneingeschränkt erreichbar blieb und weder als Wohn- noch als Geschäfts- oder Dienstleistungsbereich beeinträchtigt wurde.

Aus einem Wettbewerb, der die Frage stellte, wie man die vom Verkehr befreite Hauptstraße zu einem Lebensraum für die Bevölkerung und die Besucher der Stadt machen könne, gingen 1976/77 zwei junge Heidelberger Architekten als Sieger hervor: Paulo Joest und Horst Walther. Sie nahmen weitgehend von einer ›Möblierung‹ des Fußgängerbereichs Abstand und ließen die Straße getrost eine Straße sein. Aber beim Pflaster zeigten sie sich pingelig. Einen Betonstein wollten sie verwenden, dessen Oberfläche mit Porphyrsplit durchsetzt sein sollte, damit der Straßenbelag einen leichten Rotton annehme, der dem in Heidelberg oft und oft verwendeten Buntsandstein zu entsprechen vermöchte. In Ergänzung zu diesem Kunststein sollte ein etwa gleichgroßer Naturstein verwendet werden, den man aus den Porphyrbrüchen des Trentino (Oberitalien) zu beziehen gedachte. Dieser Naturstein gab die Leitlinien an; er bestimmte auch die zurückhaltenden Ornamente des Straßenbelags, etwa die Rosetten an besonders bedeutungsvollen Punkten, und stand auch für das Bemühen der planenden Architekten, dem Traditionsbereich wieder ein wenig Urtümlichkeit zurückzugeben.

Seit April des Jahres 1977 wurden binnen achtzehn Monaten nach dem Rezept von sechs ineinander verschränkten Bauabschnitten alle Umwandlungsprozesse vollzogen, die sich bei der Erneuerung und Neugestaltung der Hauptstraße als nötig erwiesen. Die Gesamtkosten des Hauptstraßen-Umbaues, einschließlich der Versorgungsleitungen, beliefen sich auf 19 Millionen Mark. Ende September 1978 ging ein Aufatmen durch die ganze Stadt: Die geradezu unwahrscheinliche Kraftanstrengung war beendet.

»Eine Meile Tradition« hat man die Heidelberger Hauptstraße nach ihrer Umwandlung genannt, denn sie ist in der Tat eine englische Meile lang und führt mitten durch die gebaute Geschichte hindurch. Wie vordem in den Zeiten des uneingeschränkten Straßenverkehrs, so ist sie auch jetzt zu jeder Tageszeit und erst recht am Abend voller Leben. Nur haben die Fußgänger nun eindeutig den Vorrang.

Es war nicht sicher, ob ein so langer und schmaler Fußgängerbereich wie die Heidelberger Hauptstraße die nötige Spannkraft aufbringen würde, um über die gesamte Distanz interessant zu sein. Die überlieferte Stadtstruktur hat dazu jedoch gute Hilfen gegeben. Denn in der vorderen Altstadt ist das Geschäftsleben zu Hause, im mittleren Teil überwiegen die Kultureinrichtungen und die Universität, den hinteren Teil bestimmen die historisch-romantischen Züge. Auf diese Strukturgliederung allein hat sich die Stadt jedoch nicht verlassen. Sie bezog von Anfang in den Fußgängerbereich (der nach dem Wortgebrauch bewußt keine ›Zone‹ sein soll) alle an die Hauptstraße angrenzenden Plätze und auch einige Gassen ein, so daß diese Hauptstraße alles andere als eine ›Einkaufsrennbahn‹ ist, auch wenn sie mißgelaunte Kritiker bisweilen immer noch so verstehen möchten.

Die Gasse, die vom ›Ritter‹ zum Neckar führt, heißt *Haspelgasse*. Kaum ein Heidelberger macht sich die Tatsache bewußt, daß sich an dieser Gasse das Westportal der Heiliggeistkirche im untersten Turmgeschoß befindet, geziert mit einem modernen Tympanon von Edzard Hobbing. Die Haspelgasse präsentiert sich immer als ein freundlicher, heller, angenehm belebter Straßenzug, der auch etwas breiter als die übrigen Altstadtgassen ist. Unser Blick richtet sich auf ein hervorstechendes *Bürgerhaus* in der Mitte dieser Gasse auf der Westseite. Es gehört zu den Palaisbauten der Stadt und stellt sich an seinem Eingang mit exzellenter Bauplastik dar. Merkwürdigerweise hat das Haus keinen Namen. Nur Kunstkenner wissen, daß man seine Gestaltung dem Architekten Antonio Galli da Bibiena zuschreibt. Zwei prächtige Hermen flankieren das mit der Jahreszahl 1735 bezeichnete Portal. Wie die knuffigen Fenstergewände mit den gottlob noch erhaltenen Schlagläden, so sind auch die Hermen in ochsenblutrote Farbe getaucht. Das tut ihnen aber keinen Abbruch. Die meisterhafte Plastik der beiden bärtigen Gestalten setzt sich durch.

Das Haus an der Haspelgasse stand immer mit dem Handel in Beziehung. Bevor es errichtet wurde, befand sich hier das mittelalterliche Kaufhaus, das 1424 auch schon Tanzhaus genannt wurde, weil es über einen großen Saal verfügte. Auf dem Merianstich ist es an dem stattlichen Walmdach zu erkennen, das die Nummer 18 (Kauf- und Lagerhaus) trägt. Als Kurfürst Friedrich V. mit seiner englischen Gemahlin in Heidelberg einzog, gab er in diesem ›Dantzhaus‹ ein Festmahl an 150 Tischen. Das Barockhaus, das sich mit der Breitseite zur Straße stellte, nahm nicht mehr die ganze Grundstückstiefe in Anspruch, doch die Gunst, an zwei Gassen zugleich zu liegen, blieb erhalten, als sich zu Anfang des 19. Jahrhunderts dort das Zimmernsche Bank- und Handelshaus und in diesem Jahrhundert ein Druckhaus samt Verlag niederließen. Sie haben die rückwärtige Partie des mittlerweile städtischen Anwesens durch Zubauten gründlich verdorben.

Ein barockes *Patrizierhaus* findet man auch Ecke Fischmarkt und Haspelgasse. In die rustizierte Ecklisene hat es eine Madonna aufgenommen, die von einer Muschel überwölbt wird. Mit ebenmäßiger Architektur erfreut das Haus jeden aufmerksamen Betrachter. Zur Haspelgasse hin zaubern im Sonnenlicht schmiedeeiserne Gitterkörbe vor den Erdgeschoßfenstern herrliches Schattenfiligran auf die Wand. Dann wölbt sich auch deutlich die von einem Feston gezierte Vase über dem Eingang hervor. Sehr elegant hat sich der Louis-Seize-Stil hier mit der Tür und der Portalakzentuierung dem Barock eingefügt.

Wer je in früheren Zeiten Student in Heidelberg war, erinnert sich an der Haspelgasse des historischen Studentenlokals *Café Knösel,* das die goldenen Bienen seines Emblems sowohl in diese Gasse als auch in die Untere Straße fliegen läßt. Es ist

nicht minder ansehnlich als das gegenüberliegende Patrizierhaus mit der Madonna. Im Unterschied zu den studentischen
›Kneipen‹ blieb hier die verklungene Welt der ungebärdigen
und ungebändigten Studenten, aber auch die Welt der Künstler,
die in solch engen Mauern Heimat fanden, in feinsinniger Weise
noch ungestört erhalten. Das Café Knösel besteht in dieser Atmosphäre, die nicht zuletzt von vielen Bildern dokumentiert
wird, ebenfalls als ein Stück unverwechselbares Heidelberg.

Friedrich Eberts Geburtshaus in der Pfaffengasse

Hinter der Haspelgasse setzt sich das Leitersprossensystem
der Altstadtgassen fort. Der alte Tanzhausbereich fand seine
rückwärtige Begrenzung an der Pfaffengasse. Hier, in einem
Haus an diesem unscheinbaren, nur dreieinhalb Meter breiten
Gäßchen, sozusagen mitten im ältesten Heidelberg, kam am
4. Februar 1871, drei Wochen nach der Kaiserproklamation von
Versailles, Friedrich Ebert zur Welt. Schilder weisen den Weg
zu diesem bescheidenen Haus; es ist eine Gedenkstätte an den
ersten Reichspräsidenten geworden.

Aus einem kleinen Altstadthof steigt man über eine hölzerne
Stiege zu der Wohnung des Schneiders Ebert empor. Eine in
die Wand eingebundene mächtige Säule stützt den Wohnungs-
teil über dem Torzugang. Man weiß nicht recht, ob man die
Räume als Zimmer oder als Kammern bezeichnen soll. Jetzt, da
sie ausgeräumt und nur mit Vitrinen besetzt sind, wirken sie
einigermaßen geräumig. Bis 1892 unterhielt Vater Ebert hier
seine Schneiderwerkstatt. Der Sohn Fritz war ein echter
›Sume‹, ein Altstädter aus den Neckarvierteln. Vor allem in der
benachbarten Lohnkutscherei der Familie Seppich hielt er sich
auf. Dort saß das ›Fritzle‹ auch oft mit am Tisch und wurde wie
einer behandelt, der zur Familie gehörte. So kam er auch zum
Sattlerhandwerk. Doch vier Wochen vor Ende seiner Lehrzeit
verließ Friedrich Ebert seinen Meister und die Werkstatt, weil
er sich ungerecht behandelt fühlte.

*1888. Es war die Zeit der Bismarckschen Sozialistengesetze. Der junge
Ebert begab sich auf die Wanderschaft. Wo immer er sich befand, betätigte
er sich kollegialistisch und in sozialem Sinne. Das machte ihn meist ver-
dächtig. Im Mai 1891 traf er in Bremen ein. Dort wurde er Lokalredakteur*

bei der ›Bremer Bürgerzeitung‹ und betrieb bald eine Gaststätte. 1894
heiratete er in Bremen Louise Rump, die ihm vier Buben und ein Mädchen
gebar. Zwei der Jungen fielen im Ersten Weltkrieg.

Friedrich Ebert nahm im Jahre 1900 seine Tätigkeit als Arbeitersekretär
der Gewerkschaften und als Abgeordneter der Bremer Bürgerschaft auf.
1905 wurde er unter Bebel in den Parteivorstand der SPD berufen. Als die
Sozialdemokraten im Jahre 1912 mit 110 Abgeordneten in den Reichstag
einzogen, war Friedrich Ebert unter ihnen. Ein Jahr darauf, nach Bebels
Tod, wurde er neben Hugo Haase gleichberechtigter Vorsitzender seiner
Partei. In den durch den Weltkrieg ausgelösten Parteidiskussionen gehörte
er mit Scheidemann zu jenen Persönlichkeiten, die den nationalen Staat
bejahten. Friedrich Ebert vertrat die Mehrheitssozialdemokratie als staats-
erhaltende Partei in Deutschland.

Am 19. Januar 1919 fanden die Wahlen zur Nationalversammlung (in Weimar) statt. Am 11. Februar 1919 wurde
Friedrich Ebert mit 277 von 379 Stimmen zum Reichspräsidenten gewählt. Dieses Ergebnis bestätigte noch einmal die endgültige Wahl durch den Reichstag im Jahre 1922. Es gehört zu
den tragischen Zügen des Beginns einer Demokratie in
Deutschland, daß von den völkisch-konservativen Kräften ein
Kesseltreiben gegen den ›Sattlergesellen‹ an der Spitze des
Reichs entfesselt werden konnte. Beleidigungen und Verleum-
dungen trafen Ebert tief, doch er folgte unbeirrt seinem Motto:
»Des Volkes Wohl ist meiner Arbeit Ziel.« In seiner Gesundheit erschüttert und seelisch verwundet, erlag er einer Blind-
darmentzündung am 28. Februar 1925 in Berlin, erst 54 Jahre
alt. Der Tote wurde mit allen Ehren nach Heidelberg überführt
und auf dem Bergfriedhof seiner Heimatstadt beigesetzt. So
wie zu seinem Geburtshaus, so weisen auch zu seinem Grab
schlichte Schilder den Weg.

Seitdem Bundespräsident Heinrich Lübke am 7. Mai 1962 die
Friedrich-Ebert-Gedenkstätte in Heidelberg der Öffentlichkeit
übergab, haben alle Bundespräsidenten diesem kleinen Haus in
der Pfaffengasse ihre Reverenz erwiesen.

Die Nachbargasse hinter des alten Eberts Wohnung und
Werkstatt hieß bis 1832 Judengasse. Tatsächlich wohnten hier
schon im hohen Mittelalter zahlreiche jüdische Familien. 1390,
im Todesjahr des Universitätsgründers Ruprecht I., wird die
Judengasse erstmals urkundlich erwähnt. Hier befand sich auch

die erste Synagoge. Als aber der Nachfolger Ruprecht II. die Juden aus Heidelberg vertreiben ließ und ihr gesamtes Eigentum der Universität schenkte, wurde die Synagoge, die mit einer Seite an die Untere Straße grenzte, in eine Marienkapelle (Capella beatae virginis) umgewandelt. Die mit der Synagoge zusammenhängenden Nachbargebäude wandelte man nach 1391 in juristische und medizinische Auditorien um.

Gehäufte Probleme der Stadtsanierung

Wer durch dieses alte, tiefliegende Wohngebiet Heidelbergs wandert, wird sich selbst beim schönsten Frühlingssonnenschein des Eindrucks nicht erwehren können, daß die Bewahrung Alt-Heidelbergs hier sehr problematisch geworden ist. Den Bauzustand der Häuser zwischen Haspelgasse und Großer Mantelgasse, zwischen Hauptstraße und Neckar muß man – wie übrigens noch in einigen anderen Altstadtquartieren – als schlecht bezeichnen. Die auf relativ kleiner Grundfläche errichteten Anwesen stammen durchweg aus der ersten Hälfte des 18. Jahrhunderts, sind also unmittelbar nach der großen Stadtvernichtung von 1693 mit bescheidenen Mitteln neu aufgebaut worden. In den 250 Jahren, die seitdem vergangen sind, sank der Wohnwert der Häuser und der Quartiere stark ab – und zwar um so rascher, je mehr sich die Stadt durch Neubaugebiete außerhalb des Traditionsbereichs modernisierte. In dieser allgemeinen Entwicklung blieb die Altstadt immer mehr zurück.

Dies beunruhigte seit 1966 Heidelbergs Oberbürgermeister Reinhold Zundel. Er hat sich seitdem mit der gesamten Rathausmannschaft die Regenerierung der Altstadt zum Ziel gesetzt. Die Altstadt bildet eine Ganzheit und wird deshalb insgesamt zu einem schützenswerten Denkmal. Dieses zu retten und zu bewahren, geht bei weitem über die Kraft einer Stadt hinaus. Deshalb mahnte der Oberbürgermeister bei jeder sich bietenden Gelegenheit immer wieder zur Einsicht in die Größe einer solchen Aufgabe bei allen jenen Instanzen, Behörden und Persönlichkeiten, die mit der Bewahrung des kulturellen Erbes der Nation betraut sind. Ein nationales Programm müsse aufgestellt werden, so meinte er. In dieses Programm seien die zehn

oder fünfzehn wichtigsten deutschen Städte aufzunehmen, die
den Krieg überstanden und die deswegen in ihrer Gesamtheit
zu bewahren seien.

*Zwischen der Dreikönigstraße (Judengasse) und der Großen Mantel-
gasse mißt das kleinste Grundstück nur 34 Quadratmeter. Die durchschnittliche Grundstücksfläche beträgt etwa 144 Quadratmeter. Die Höfe,
die sich ursprünglich hinter den Häusern befanden, wurden im Lauf der
Zeit fast völlig überbaut. So fehlt diesen Altstadtquartieren die Atemluft
im Inneren.*

*Jedem Betrachter fallen die willkürlichen Höhenunterschiede der Häuser
auf, wenn er eine Gasse hinunterblickt. Zwei- bis dreigeschossige Häuser
wechseln mit einer Nachbarschaft ab, die sich unbekümmert bis auf fünf
Geschosse erheben kann. Daraus ergibt sich, daß die höheren Häuser den
niedrigeren Nachbarn das Licht wegnehmen. Die Bewohner empfinden
diesen Umstand als besonders nachteilig.*

*Die dort Wohnenden besitzen gleichwohl eine starke Bindung an ihr
Quartier. Zwar wohnt nur noch in einem Drittel der Häuser der Eigentümer selbst, und die durchschnittliche Wohnungsgröße ist zwischen 25 und
40 Quadratmetern zu suchen, dennoch klammern sich die Altstädter an ihr
Milieu.*

*Wer sind diese ›Altstädter‹? In 500 Haushalten traf man 334 Studenten
an. Manchmal beträgt der Anteil der Studenten an der Wohnbevölkerung
in diesen Quartieren bis zu 60 Prozent und noch leicht darüber. Kein
Wunder, daß bei 651 Einwohnern in drei Quartieren nur 16 Kinder erfaßt
werden konnten. Kindern wünscht man inzwischen hier keinen Aufenthalt
mehr: Die schmalen Häuser haben meist dunkle Flure und feuchte Zimmer. Eine hohe Umweltbelastung, die zum Beispiel auch aus der Abluft
von Gaststätten besteht, drückt auf den allgemeinen Wohnwert. In den
meisten Quartieren ist kein einziger Baum zu finden; nur selten ist ein
Eckchen frei, in dem man ein Auto abstellen könnte. Die Gassen sind
zugleich die Parkplätze.*

Gehen wir die Untere Straße weiter nach Westen. Das ›Milieu‹ dieser Straße ist nicht besonders angenehm. Die Gassen, in
die wir hineinschauen – Dreikönigstraße, Bussemergasse,
Kleine Mantelgasse –, sind alle ›malerisch‹. Manchmal überra-
schen sie mit sehr liebevoll ausgeführten Details. Als besonders
hervorstechendes Beispiel wäre das Portal zum Haus Dreikönigstraße 25 zu nennen. Man kann zum Neckar hinunter- und
zur Hauptstraße hinaufblicken. In der Dreikönigstraße beträgt

die Höhendifferenz zwischen der unten gelegenen Lauerstraße und der oben sich hinziehenden Hauptstraße fünfeinhalb Meter (108,00 bis 113,47). Das sind anderthalb Geschoßhöhen, um die das Altstadtgebiet von den Häusern an der Hauptstraße überragt wird.

Zweier anderer Fakten wird sich der Betrachter jedoch kaum bewußt. Da ist zum einen die Tatsache, daß die Bewohner aus der Enge ihrer Quartiere längst nach oben ausgewichen sind, indem sie Dachgärten von beachtlichen Ausmaßen anlegten: hübsch begrünte und von Blumen gezierte Inseln des Wohlbehagens, von denen man einen freien Blick über die Dächer bis in das Neckartal hinein genießt. Das andere Faktum aber steuert die Natur selbst bei, denn auch wenn man den Fluß nicht ständig wahrnimmt – für die dort Lebenden stellte und stellt er eine stets gegenwärtige Nachbarschaft dar. An der Ecke der Kleinen Mantelgasse kann man noch eine kleine Sandsteintafel lesen: »Däglicher Erinnerung des 1784 Jahrs des 27. Februaris Wasserhöche«. Nicht nur an jenem Tag, sondern noch oftmals danach muß die Unterstadt in früheren Zeiten überschwemmt gewesen sein. Kein Wunder, daß es auch aus diesem Grunde hier an repräsentativen Gebäuden des Adels oder des wohlhabenden Bürgertums fehlt. Bis auf eine Ausnahme – und diese ist frappierend genug.

An der Ecke der Bussemergasse glaubt man einen italienischen Palazzo vor sich zu haben, der einem Gemälde des Canaletto entnommen sein könnte. Doch mit Italien hat dieses für seine Umgebung außerordentlich wuchtige Gebäude höchstens indirekt etwas zu tun. Der aus Bregenz stammende Vorarlberger Baumeister Johann Jakob Rischer, Mitglied der Auer Zunft, hat es sich nach 1711 als *Wohnhaus* erbaut. Rischer war einer jener Baumeister, die dem Wiederaufbau Heidelbergs nach der totalen Zerstörung prägende Impulse verliehen.

Der ›Palazzo‹ ist mit nur drei Achsen an die Untere Straße gestellt, hat dort aber seinen Hauptzugang. Mit neun Achsen läuft er entlang der Bussemergasse in die Tiefe. Kräftige Eck- und Zwischenpilaster mit reizvollen korinthischen Kapitellen gliedern ihn. Die Fenster haben einfache, aber stark profilierte Rahmungen, deren Schlußsteine jeweils mit einem Männerkopf geziert sind. Im zweiten Obergeschoß schrumpfen die

V

DER KORNMARKT MIT DER SCHLOSSRUINE

Aquarell von Heinz Michel

1964

Wenn der Oberbürgermeister im Rathaus an das Fenster oder auf den Balkon seines Dienstzimmers tritt, sieht er den Kornmarkt nicht mehr so, wie ihn Heinz Michel noch Anfang der sechziger Jahre mehrfach aquarellierte. Die goldene Strahlenglorie der Madonna auf dem Brunnensockel ist aus dem optischen Mittelpunkt geraten, seit der vierseitig von Häuserfronten gerahmte und von Parallelstraßen berührte Altstadtplatz im Sommer 1978 seine westliche Begrenzung einbüßte. Mit dem Gebäudekonglomerat ›Prinz Carl‹ (rechts im Bild) verschwand die Überbauung eines ganzen Altstadtgeviert, so daß der Kornmarkt zwar das Doppelte an Fläche hinzugewann, dafür aber buchstäblich seine Fassung verlor. Im kommunalen Streit um die Wiederbebauung des ›Prinz-Carl‹-Geländes wird unentwegt die neu gewonnene Sicht auf das Schloß gerühmt. Doch schon der hier vom Künstler einfühlsam wiedergegebene Zustand des Kornmarkts zeigt, wie anmutig und bescheiden sich das Palais Graimberg schon immer in den Südostwinkel des Platzes einfügte. Dadurch trat auch früher das Schloß mit dem aufgerissenen Dicken Turm unverstellt und wuchtig hervor. Wie immer man die Fluchten und die Diagonalen des Platzes im Spiel von Licht und Schatten bewerten möchte – die Meinung verfestigt sich, man müsse den Kornmarkt in angemessener Weise auf die alte Dimension zurückführen. Daß Autos zu Recht schon lange nichts mehr auf dem Kornmarkt zu suchen haben, darüber gibt es in Heidelberg keine Diskussion.

Fenster aufs Quadratformat und nähern sich jenen Maßen, die
man später für die Mezzaningeschosse bei Palästen wählte. Sie
sind hier durch reich ausgestaltete Seitenkonsolen und am gera-
den Sturz mit Fruchtgehängen auffallend dekoriert. Weil auch
die Bussemergasse zum Neckar hin abfällt, treten an dieser
Seite des Hauses noch die Kellerfenster als architektonische
Gliederungselemente hervor. Leider sind deren Gewände schon
stark verwittert.

Noch einmal tritt uns an der Unteren Straße inmitten einer
stark von Kneipen durchsetzten Nachbarschaft ein hoffnungs-
voll restauriertes Fachwerkhaus entgegen; auch das Haus, in
dem einst der Student Friedrich Hebbel wohnte, zeigt sich in
neuem Gewand. Bald haben wir den Heumarkt erreicht. Für
die mittelalterliche Siedlung war dieser Platz von erheblicher
Bedeutung. Von hier aus gelangte man in die Straßenzüge, die
parallel zur Stadtmauer verliefen. Auch erschloß der Platz die
gesamte untere Neckarstadt, an deren befestigtem Ufer die
dritte große Wassermühle, die Stadtmühle, lag. Später nannte
man diese Mühle auch die Pfistermühle.

Von dem schräghängigen Platz kann man die Große Mantelgasse hinunterblicken. Die Häuser der westlichen Seite stießen
einst an die Stadtmauer an. Noch heute trifft man bei Gebäu-
deuntersuchungen auf diesen ursprünglichen ›Mantel‹ der
Stadt. Hier war die städtische Welt zu Ende. Die Barockzeit hat
im Gebiet der ehemaligen Westbegrenzung der Stadt fast alle
Details verändert. Dies zeigt am deutlichsten die dem Heumarkt zugekehrte Rückseite des Café Scheu. Ein derbfröhlicher
Erker, der sich auf eine starke Säule stützt und der ein feines
Eisengeländer trägt, läßt erkennen, wie sehr sich städtisches
Lebensgefühl in der Barockzeit zu wandeln begann. Am Heumarkt entstanden große Herbergen mit Lagerkellern, gale-
rieumsäumten Innenhöfen und geräumigen Speichern. Zwei
dieser mächtigen Häuser werden in jüngster Zeit zu Studenten-
wohnheimen umgewandelt.

Ein Stückchen vorbildlicher Stadtreparatur eines unglückli-
chen Zustands kann am unteren Ende der Großen Mantelgasse
vorgewiesen werden. Dort war an der Stelle des Gasthauses
›Zur blauen Lilie‹ 1877/78 die Synagoge der jüdischen Gemeinde Heidelberg errichtet worden. Sie ging am unseligen

9. November 1938 in Flammen auf. Die Feuerwehr hatte Mühe, die Altstadt vor übergreifendem Feuer zu bewahren. Als die Trümmer abgeräumt waren, begrenzten die Giebelmauern der Nachbarhäuser eine öde Fläche, die bald als Autoparkplatz in Anspruch genommen wurde. Rechtzeitig vor dem 40. Jahrestag der Synagogenschändung setzte die Stadt endlich ihre Auffassung durch, diesem Platz eine würdigere Gestalt zu verleihen. Die Platzfläche wurde um ein weniges so angehoben, daß sie von nun an für Kraftfahrzeuge nicht mehr erreichbar war. Mit neuer Pflasterung versehen, mit einigen Ruhebänken und Platanen besetzt, nahm das Plätzchen im Handumdrehen ein freundlicheres Wesen an. Nun kann man auch wieder an die Gedenktafel treten, mit der an das Geschehen des Jahres 1938 erinnert wird. Doch man tat noch ein übriges: Auf die Platzfläche setzte man einen mächtigen Findling aus Urgestein. Diesen hatte man senkrecht durchbohrt. Nun quillt in der warmen Jahreszeit aus dem Felsen Wasser hervor. Es rinnt über den Stein, lautlos und doch unübersehbar. Angesichts dieses Lebenselements, das nach dem Alten Testament schon beim Wüstenzug von den Juden ersehnt wird, können Christen und Juden wieder zu gemeinsamen Gedanken finden. Konnte die Stadt der neuen jüdischen Gemeinde bis jetzt noch nicht wieder zu einer neuen Synagoge verhelfen, so hat sie doch eine würdige Stelle des Gedenkens schaffen können, die von den damals verfolgten Juden mit innerer Bewegung akzeptiert wird.

An dieser stillen Stelle der Altstadt, nahe beim Neckar, dem schwarzroten Gemäuer der Heuscheuer genau gegenüber, dürfen wir auf unserer Stadtwanderung wieder eine Rast einlegen, um die Stadtgeschichte in ihrem weiteren Verlauf zu bedenken.

Karl Ludwigs Fehleinschätzung der Franzosen

Frankreich, das Spanien im letzten Abschnitt des Dreißigjährigen Krieges aus seiner europäischen Vormachtstellung verdrängt und das Erbe Habsburgs angetreten hatte, war mit dem Friedensschluß von Münster und Osnabrück unmittelbarer Nachbar der Pfalz geworden. Vor allem vom angrenzenden Elsaß her machten sich die neuen europäischen Machtverhältnisse für die Pfalz bemerkbar. Karl Ludwig, der ein Land wieder aufbaute, das nahezu bedeutungslos geworden war, empfand die französische Nachbarschaft im Westen mit großem Unbehagen. Ständig sann er auf Ausgleich. Im Zeitalter des Absolutismus, das übrigens seinen Wiederaufbau-Initiativen sehr förderlich war, blieb ihm keine andere Wahl als der Versuch, die Übermacht im Westen durch dynastische Verbindungen zu zähmen. Allerdings schätzte er Größe und Bedeutung der Partner falsch ein. So mißlang dieser Versuch, ja er führte die Pfalz erst recht in die Katastrophe.

Inmitten seiner Zeitgenossen nimmt sich der Kurfürst von der Pfalz als ein ernster, verbissen um jeden kleinen Vorteil ringender Mensch aus, der so tolerant wie engherzig sein konnte. Von seiner Frau Charlotte aus dem Hause Hessen-Kassel, die ihm zwei Kinder geboren hatte, den bläßlichen Sohn Karl (ii.) und die lebensfrohe Tochter Elisabeth Charlotte (die Pfälzer Liselotte), trennte er sich verbittert. Diese der Jagd verfallene Frau, eine Amazone, die nach rauschenden Festen und nach den Genüssen des Lebens verlangte, konnte der knauserige Karl Ludwig nicht zufriedenstellen. Sie kehrte 1662 heim nach Kassel, nachdem sich der Kurfürst zu Beginn des Jahres 1658 zur linken Hand mit Marie Louise von Degenfeld, einer Hofdame der Kurfürstin, hatte trauen lassen. Sie gab Karl Ludwig vermutlich jenen Halt, den er für das stets schwer empfundene Leben brauchte. Nach fast zwanzigjähriger Ehe starb die Raugräfin im März 1677 bei der Niederkunft mit dem vierzehnten Kind in Mannheim. Kurfürst Karl Ludwig überlebte sie nur um drei Jahre; er hauchte sein Leben 1680 auf dem Weg zwischen Mannheim und Heidelberg unter einem Nußbaum bei Edingen aus.

Die Geschwister Karl Ludwigs präsentierten sich der Geschichte durchweg als interessante Persönlichkeiten. So wurde nach dem Ableben der Winterkönigin die jüngste Tochter Sophie – zuerst Herzogin, später Kurfürstin in Hannover – zum Mittelpunkt der Familie. Sie überlebte bis 1714 alle ihre Geschwister, denen sie stets mit einem großen Herzen voller Liebe und Güte zugetan war. In ihrem Umkreis hat Leibniz gewirkt. Von ihrer Tochter Sophie Charlotte, die als Gemahlin Friedrichs i. preußische Königin geworden war, wurde Leibniz nach Berlin geholt, wo er 1700 die Stiftung der Akademie der Wissenschaften durchsetzte. Sophie, die ›Große Kurfürstin von Hannover‹, erbte 1701 als Enkelin Jakobs I. die englische Thronfolge. So konnte ihr Sohn Georg Ludwig als Georg I. 1714 englischer König werden.

Die ganz außerhalb solcher dynastischen Verflechtungen am stärksten profilierte Persönlichkeit unter den Kindern des Winterkönigs war jedoch Prinz Ruprecht, der um zwei Jahre jüngere Bruder Karl Ludwigs. Sein Name als ›Prince Rupert the Cavalier‹ hat heute noch in England einen guten Klang, denn mit ihm verbinden sich alle soldatischen Tugenden und eine Königstreue bis zum äußersten.

Inmitten dieser aufregenden Verwandtschaft, die noch durch den beachtlichen raugräflichen Nachwuchs vermehrt wurde, wuchs die 1652 geborene Elisabeth Charlotte am Heidelberger Hof heran. Es läßt sich denken, daß es ihr sehr gegen den Strich ging, als sie mit neunzehn Jahren von ihrem Vater Karl Ludwig dem Herzog Philipp I. von Orléans, dem Bruder des französischen Königs Ludwig XIV., zur Frau gegeben wurde. Nicht einmal konfessionelle Beweggründe konnten Karl Ludwig von der Idee abbringen, durch dynastische Verbindungen erreichen zu wollen, was ihm die Fakten der Politik verwehrten. Elisabeth Charlotte, eine überzeugte Calvinistin, mußte zum katholischen Glauben übertreten und ihre pfälzische Umwelt mit der ihr völlig fremden Welt des französischen Hoflebens vertauschen. Viel hat sie dort erdulden müssen, oftmals ist sie gedemütigt worden. Aber in ihrem Charakter blieb sie fest, machte auch aus ihrer Meinung keinen Hehl und schrieb sich alles, was sie beschäftigte und bedrückte, in mehr als viertausend Briefen von der Seele.

Nach dem Tode des Vaters im Jahre 1680 kam Liselottes Bruder Karl II. (1651-1685) als Kurfürst zur Regierung. Er war mit der dänischen Prinzessin Wilhelmine Ernestine verheiratet, hatte jedoch keinen Erben, als er schon nach fünf Regierungsjahren starb, denn seiner Frau hielt er sich in merkwürdiger Selbstbespiegelung fern. Bei einer gespielten Belagerung und Eroberung des südlich von Mannheim gelegenen Wasserschlosses Eichelsheim zog er sich im Sommer 1684 eine fiebrige Erkrankung mit Symptomen der Auszehrung zu. Sie brachte dem 34jährigen Kurfürsten nach längerem Siechtum den Tod.

Auf solch merkwürdige Weise gelangte die wittelsbachische Linie Pfalz-Simmern, die seit Friedrich III. die Geschicke des Landes bestimmt hatte, an ihr Ende.

»Gott gebe«, schrieb Liselotte am 18. Juni 1685 aus Versailles an ihre betrübte Schwägerin, »daß wir ihn [Karl II.] nur durch der Doktoren Ignoranz und nicht durch jemandes Bosheit verloren haben; denn seine Krankheit war gar wunderlich, insonderheit die Mühe, so man genommen, ihn Euer Liebden und seiner Frau Mutter zu entziehen. Ich fürchte als, daß etwas dahinter gestocken; denn man hat ihn ja Euch beiden nicht wieder sehen lassen, bis er den Garaus gehabt hat und nicht mehr zu helfen war. Nun, Gott der gerechte Richter aller Menschenherzen ist solches wissend. Selbiger wolle denen es belohnen, so an diesem Unglück schuld sein . . .«

Nun nahm das Verhängnis für die Pfalz seinen Lauf. Obwohl Elisabeth Charlotte bei ihrer Eheschließung mit dem Herzog von Orléans auf alle Erbansprüche verzichtet hatte, forderte Ludwig XIV. das Erbe seiner Schwägerin für die Krone Frankreichs. Die Nachfolge des Hauses Pfalz-Neuburg in der Kurpfalz nannte er eine Usurpation und schickte sich an, seiner Forderung mit kriegerischen Mitteln Nachdruck zu verleihen.

Das hätte man voraussehen können, denn schon Kurfürst Karl Ludwig war in dieser Hinsicht aller Illusionen beraubt worden. Die von ihm peinlich genau beachtete Neutralität Frankreich gegenüber hatte den herrischen Nachbarn nicht daran gehindert, im zweiten Réunionskrieg plündernd in die Pfalz einzufallen. Dann erst schlug sich Kurfürst Karl Ludwig voller Empörung auf die Seite des Kaisers. Doch nun zog er die Franzosen erst recht auf sich. 1674 verwüsteten Truppen unter dem Befehl des Vicomte de Turenne die pfälzischen Lande. Karl Ludwig erlebte dies in grimmiger Wut – und doch blieb ihm in seiner Ohnmacht nichts anderes übrig, als Turenne eine Aufforderung zum Duell zukommen zu lassen. Den französischen Marschall rührte das so wenig wie die Tatsache, daß seine Eltern und er einst als Glaubensflüchtlinge Aufnahme in der Pfalz gefunden hatten. Auf Wunsch des französischen Königs war Turenne jedoch schon 1668 zum Katholizismus konvertiert.

Dem Neuburger Wittelsbacher, der das pfälzische Erbe antrat, Kurfürst Philipp Wilhelm (1685-1690), ging es nicht anders. Er konnte sich zwar auf den Schwäbisch Haller Rezeß berufen, der mit ihm vier Tage vor dem Tod des Vorgängers geschlossen worden war und in dem den pfälzischen Untertanen zugesichert wurde, daß sie im Falle der Neuburger Sukzession ihre Religion behalten dürften. Doch die Franzosen kümmerten sich um solche Vereinbarungen nicht. Im Herbst 1688 eröffnete Ludwig XIV. einen neuen Eroberungskrieg, nachdem auch der Reichstag den französischen Anspruch auf die Pfalz als unbegründet abgewiesen hatte. Diesen Krieg nannte man den Pfälzischen Erbfolgekrieg oder auch den Orléansschen Krieg. Er brachte dem Land beiderseits des Rheins die Katastrophe.

In Heidelberg lagen französische Truppen seit Oktober 1688. Erst im darauffolgenden Frühjahr 1689 erging aus Versailles an General Mélac der Befehl, durch Zerstörung ein unwirtliches Glacis vor der französischen Grenze zu schaffen. So wurden aus Soldaten Plünderer und Marodeure. Sie verwüsteten in Speyer die Kaisergräber und zündeten dort sowohl die Stadt als auch den Dom an. In Heidelberg konzentrierten sie ihr Zerstörungswerk hauptsächlich auf das Schloß und die öffentlichen Gebäude. Auch die hölzerne Brücke, die über den Neckar führte, ging in Flammen auf. Die Bevölkerung mußte die angestammten Wohnplätze meiden, bis endlich kaiserliche Truppen das Zerstörungswerk unterbrachen. Doch 1693 drangen die Franzosen von Philippsburg aus erneut in Heidelberg ein. Nun sprengten sie das Schloß, soweit es ihnen möglich war; jetzt zündeten sie auch die seither verschonten Häuser und die Kirchen an, in die sich die Menschen geflüchtet hatten. Nur Trümmer blieben von Heidelberg übrig.

Einer der zuverlässigsten Zeugen jener aufgewühlten Zeit ist der evangelisch-reformierte Pfarrer Johann Daniel Schmidtmann, der auf anschauliche Weise schilderte, was damals in Heidelberg und Mannheim und auch an anderen Orten vorging. Weil er die französische Sprache beherrschte, stand er in unmittelbarem Kontakt mit den Eroberern. Wie der geistliche Liederdichter Paul Gerhardt während des Dreißigjährigen

Krieges in seiner sächsischen Heimat, so harrte jetzt auch Pfarrer Schmidtmann mit unerschütterlichem Gottvertrauen inmitten der Leiden und der Greuel seiner Tage in der Pfalz aus und predigte den Trost des Herrn in niedergebrannten Kirchen und auf verwüsteten Friedhöfen. Mit den aufs äußerste gepeinigten Menschen teilte er die Not und alle Anfechtungen. Was er erlebte, schrieb er in einer Selbstbiographie nieder, die auch heute noch mit Erschütterung zu lesen ist.

»Diese klägliche Devastation (Heidelbergs) hat ihren Anfang genommen Anno 1693, den 20. May, da die Stadt am Sonntag-Abend, als ich eben von Mannheim zurückgekehret war, von denen Frantzosen unter Commando des Mareschals de L'Orges berennet wurde.

Mit dem anbrechenden Morgen bemeisterten sich die Feinde des Thors von der Alt-Stadt, und man glaubte durchgehends, daß unser eigener Commendant an allem Unheil Schuld gewesen. Hierauf drungen die armen Leute in das Schloß hinein, in welchem Gedränge verschiedene Menschen todt getreten wurden. Unterdessen fasseten die Feinde an einigen Orten nahe beym Schloß posto, die übrigen aber, absonderlich die Irrländer, fingen an in der Stadt zu schießen und zu schlagen, zu plündern und zu morden; weßhalb man aller Orten ein erbärmliches Jammer-Geschrey hörete.«

Weiter berichtet der in der Stadt umherirrende Pfarrer:

». . . sahe auch allenthalben die Soldaten mit Pech-Kräntzen herumlauffen, umb die gantze Stadt in Brand zu stecken. Bald darauff sahe ich die Heil. Geist-Kirche nebst einigen Häusern in vollem Feuer stehen, worüber ich bitterlich zu weinen angefangen. Da nun das Dach-Werck an besagter Stelle zu fallen begunte, hörete ich ein entsetzliches Angst- und Jammer-Geschrey, und vernahm darauf, daß die Kirche mit Menschen angefüllet, daß alle Thüren verschlossen gehalten und mit starcken Wachen verwahret würden.«

Pfarrer Schmidtmann eilte zum französischen Kommandanten. Der verwies ihn an den Marschall de L'Orges. Dort trug der Pfarrer in bewegten Worten den Greuel vor, der sich abzuzeichnen begann. Es wurde ihm Gehör geschenkt. Der Marschall gab den Befehl, die Menschen aus der Kirche herauszulassen und in den Herrengarten zu bringen.

Der betrübte Pfarrer vermerkte mit Grimm, daß »der Melac, der auf dem Berge campirte, unter die armen Leute in der Stadt

schießen ließ«. Doch Schmidtmann faßte wieder Mut. Nur
Gottes Wort könne den Menschen jetzt noch Trost und Hoffnung geben, so dachte er.

*»Hierauf ließ ich das Chor der Heil. Geist-Kirche, so viel möglich,
reinigen; aber alle schöne Epitaphia waren in kleine Stücke zerschlagen,
bis auf Hertzog Casimirs, welcher ehemals dem Könige von Frankreich
mit einer Armee zu Hülffe gezogen, wie man auß der Überschrift des
Epitaphii ersehen konte. So waren auch die Churfürstl. Gräber eröffnet,
die Gebeine des Churfürsten Carl Ludwigs samt dem Leichnam des Churfürsten Carls hinausgeworffen ...*

*Der Leichnam und die Gebeine wurden zusammen gesuchet und wieder
in ihre Grab-Stäte gebracht, und zwahr der Leichnam von einem Metzger,
Nahmens Engel. Der Mauermeister Montardo ... hat die Churfürstl.
Gräber wiedrumb zugemauret. Hierauf hielte ich auf der Grufft des Churfürsten Carl ... eine Predigt, und verkündigte zugleich, daß wir über
8. Tage, wann uns der Herr würde leben lassen, das Heil. Abendmahl
halten wolten.«*

An diesem schwersten Schicksalsschlag für Heidelberg und
die Kurpfalz nahm die Obrigkeit nicht unmittelbar teil. Der
erste regierende Neuburger, Kurfürst Philipp Wilhelm, starb
nach dem Beginn der Brandschatzung schon 1690 fern von
Heidelberg. Nachfolger wurde sein ältester Sohn Johann Wilhelm (1690-1716), eine barocke Herrscherfigur, durchdrungen
vom absolutistischen Geiste und unerbittlich streng im katholischen Glauben verharrend. Er nahm sich der pfälzischen Lande
erst an, als sie ihm durch den Frieden von Ryswijk 1697 zuge-
sprochen worden waren. Dann verließ er die unbehelligt gebliebene Residenz in Düsseldorf, um sich der Pfalz zuzuwenden.

Johann Wilhelm wünschte zwar dringlich eine Besserung der
pfälzischen Verhältnisse, zugleich erhob er aber einen recht in-
toleranten Machtanspruch. Einesteils wurden einige Steuern
aufgehoben, um den Wiederaufbau zu erleichtern, andernteils
wurden die Menschen mit drückenden Religionsedikten ge-
plagt. Erst mit der Religionsdeklaration von 1705 kam ein not-
dürftiger Vergleich zwischen den Katholiken und den Reformierten hinsichtlich des kirchlichen Besitztums und der Reli-
gionsausübung zustande. Die Lutheraner gingen dabei leer aus.

*In der Zeit zwischen dem Frieden von Ryswijk (1698) und der Reli-
gionsdeklaration (1705) wurde die im Zustand des Wiederaufbaus befind-
liche Heiliggeistkirche in Heidelberg von Katholiken und Reformierten
gemeinsam benutzt. 1705 aber mußte zwischen Chor und Langhaus eine
Scheidemauer eingezogen werden, so daß man den Chor den Katholiken,
die übrige Kirche samt dem Erdgeschoß des Turmes den Reformierten
zuweisen konnte. Dies machte allerdings auch den Einbau zusätzlicher
Portale nötig. Die sechs barocken Zugänge zur Kirche stammen aus dieser
Zeit. Ästhetische Erwägungen spielten bei den erbitterten Religionsausein-
andersetzungen keine Rolle. Erst im Jahre 1936, nach über zweihundert
Jahren, verschwand dieses das Christentum beschämende Dokument der
Unversöhnlichkeit endgültig.*

Langsam erholt sich die verheerte Stadt

Anders als zur Zeit des Kurfürsten Karl Ludwig nach dem
Dreißigjährigen Krieg ging nun der Wiederaufbau schleppend
und recht unterschiedlich vor sich. Allerdings waren die Ver-
heerungen auch sehr viel größer gewesen. Während im Jesuitenviertel gewaltige Gebäudemassen die alten Heidelberger
Stadtraumverhältnisse erdrückten und während öffentliche Gebäude (wie das Rathaus) sowie die Adels- und Beamtensitze
neue Akzente der Orientierung setzten, mühten sich die zurückgekehrten Heidelberger und zahlreiche Neuzuzügler, die
nun an die Stelle der meist vor ihren französischen Landsleuten
geflüchteten Waldenser und Wallonen traten, im Schutt der bis
auf den Grund verdorbenen Stadt zu neuen Behausungen und
Lebensgrundlagen zu gelangen. Die Armut der Bevölkerung
war unbeschreiblich groß. Sie ist noch heute mit Händen zu
greifen, wenn ein einfaches Altstadthaus durch Umbau dem
modernen Lebensanspruch dienstbar gemacht werden soll. Da
zeigt sich dann, wie dürftig die Bausubstanz meist ist.

Den absolutistisch gesinnten Landesherrn verlangte es jedoch
– ungeachtet der Not seiner pfälzischen Landeskinder – nach
Prachtentfaltung und höfischen Vergnügungen. Der Kurfürst
fand kaum Verständnis für die Empfehlungen, die man ihm
hinsichtlich der finanziellen Schonung der mittellosen Bevölkerung gab. Die aufwendige Hofhaltung bedurfte immerwähren-
der Einkünfte aus Steuern und Abgaben. Die Pfälzer fühlten
sich dadurch sehr bedrückt.

So mußte es in Heidelberg fast wie eine Herausforderung wirken, als Pläne des Hofes bekannt wurden, die sich damit beschäftigten, die altertümliche Fassung Heidelbergs zu sprengen und der Stadt nicht nur einen neuen städtebaulichen Zuschnitt, sondern auch eine völlig andere Ausrichtung zu geben. Sowohl das absolutistische Repräsentationsverlangen als auch die vom Stil des Barock geförderte Leidenschaft zum Städtebau kreuzten sich in dem Vorhaben, westlich vor der Altstadt in der Ebene am Neckar ein neues Residenzschloß für Johann Wilhelm zu erbauen. Die bedeutenden Architekten Domenico Martinelli und Graf Matteo Alberti bemühten sich um die architektonische Gliederung eines Schloßkomplexes, der sich in seinen Abmessungen an Versailles orientierte. Vom weiteren Bereich dieses Schlosses sollte am Hang des Gaisbergs entlang eine rampenartige Auffahrt zum alten Schloß und zu dessen Terrassengarten führen.

So typisch dieses Vorhaben für die Zeit war – in Heidelberg blieb das Bauvorhaben ohne die milde Duldung des Genius loci. Der Bevölkerung konnte das Projekt nur ein Murren entlocken. Daß es ›par ordre du moufti‹ nicht doch durchgesetzt wurde, lag wohl an dem Umstand, daß die Kriegsereignisse nicht nur das alte Stadtbild Heidelbergs ausgelöscht, sondern auch den historischen Entwicklungsprozeß der Pfalz unterbrochen und aufgehoben hatten. War das Heidelberger Schloß jahrhundertelang obrigkeitlicher Mittelpunkt eines Territoriums gewesen, das mehr oder minder konstant von Amberg in der Oberpfalz bis Kaiserslautern und Zweibrücken reichte, so entstand mit der Sukzession der Neuburger ein ganz neues Pfalz-Gebilde. Es hatte sich in seiner Achse gedreht und umfaßte Landesteile von Neuburg an der Donau über Mannheim bis nach Düsseldorf. Der Schwerpunkt der Entwicklung war auf die Rheinachse verschoben worden; Heidelberg wurde dadurch mehr und mehr zur historischen Reminiszenz.

Ihrem ›Jan Wellem‹ haben die Düsseldorfer auf dem Alten Markt beim Rathaus ein Reiterstandbild von Gabriel de Grupello errichten lassen. Den Heidelbergern und den Pfälzern blieb dieser in Pomp und Glanz regierende Landesherr jedoch fremd. Die kurfürstliche Herrschaft weilte nicht mehr, wie jahrhundertelang gewohnt, unter ihnen. Sie spürten, daß der

von Kunstinteressen und Religionsbindungen gleichermaßen
bestimmte Fürst sich mit seinen Intentionen in den Landesbe-
reichen von Jülich und Berg besser aufgehoben fühlte als im
alten Ketzerland an Rhein und Neckar. Dieses ließ er von Beamten verwalten; der Hofkanzler von Wieser führte sie an.

Weil wir unsere Stadtwanderung vom Synagogenplatz aus
fortsetzen, sollten wir die Geschichte des Judentums in dieser
Stadt nicht aus dem Auge verlieren. Nach Kurfürst Karl Ludwig hatte auch Johann Wilhelm den Juden in Heidelberg weitere Freiheiten gewährt. Das Stadtgebiet zwischen Synagogenplatz, Heumarkt und Alter Brücke wurde von den Juden sehr
geschätzt, nachdem ihnen die Erlaubnis zuteil geworden war,
Grundstücke erwerben zu können. In der Plöck hatten sie sich
einen Begräbnisplatz angelegt, doch bald bevorzugten sie dafür
eine Hangterrasse im Klingental. In dieser idyllischen Lage ist
der Friedhof der Juden, der von 1702 bis 1876 benutzt wurde,
unberührt erhalten geblieben. Auch im Dritten Reich wurden
die Gräber dort nicht angetastet. So konnten die meist barock
gestalteten Grabsteine jüngst erst als wichtige Zeugnisse der
Vergangenheit von der Heidelberger Hochschule für jüdische
Studien systematisch aufgenommen und registriert werden.
Dabei wurden die meist schön gestalteten Inschriften entziffert
und in den Abkürzungen gedeutet.

*Aus der Heidelberger Altstadt ging in der Zeit des Wiederaufbaus auch
eine berühmte jüdische Persönlichkeit hervor: der Kaufmann und Bankier
des Herzogs von Württemberg, Joseph Süß Oppenheimer, meist nur ›Jud
Süß‹ genannt. Die Geburt dieses Mannes liegt zwar im Dunkeln und
man weiß nicht genau, ob wirklich der alte Süßkind Oppenheimer als
Vater anzusehen ist oder ob nicht doch der kaiserliche General und ruhm-
lose Heidelberger Stadtkommandant von Heidersdorff der schönen Jüdin
aus Frankfurt in Liebe verfallen war. Jedenfalls hat Michale Chasan, die
Tochter des Frankfurter Kantors, 1694 oder 1695 jenen Jungen zur Welt
gebracht, der nachmals so berühmt wie berüchtigt werden sollte. Seine
skrupellose Genialität trug ihn zu den höchsten Höhen des Erfolgs empor.
1738 wurde er der Wut des württembergischen Volkes geopfert und am
höchsten Galgen Deutschlands gehenkt.*

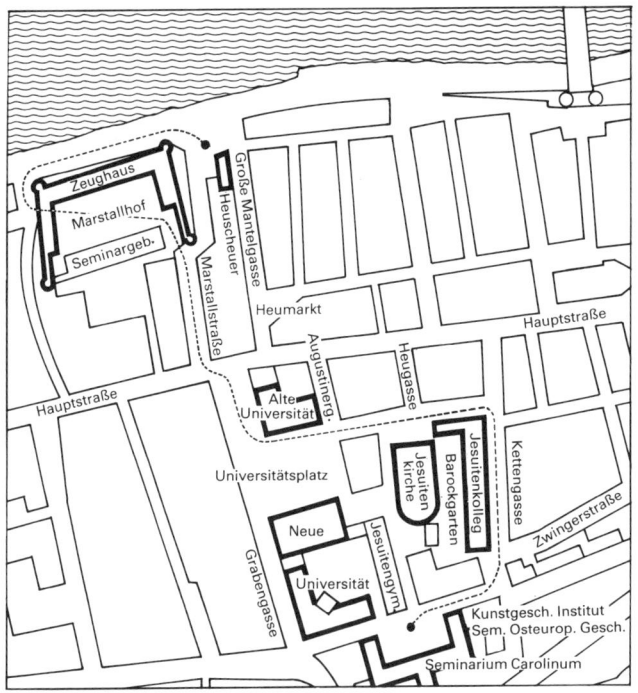

Die Heuscheuer und das alte Zeughaus

Die *Heuscheuer* gegenüber dem Synagogenplatz ist um die Mitte des 18.Jahrhunderts an jener Stelle erbaut worden, wo einstmals die Stadtmauer beim Mantelturm nach Osten zur Pfistermühle, zum Judentor und zur Alten Brücke umbog. Sie steht zur Hälfte im Gelände des vor der Stadtmauer sich erstreckenden Grabens und wurde als städtische Zehntscheune aus den Steinen des ehemaligen Mantelturms, aber auch aus Trümmern des Schlosses und der Stadtmauer erbaut. Weil die Scheune nicht verputzt ist, kann man das Bruchsteinmauerwerk aus Buntsandstein sehr gut erkennen. Seine Schwärzung zeigt ein beträchtliches Alter an.

Dieses von derber Einfachheit bestimmte Zweckgebäude unter einem mächtigen barocken Krüppelwalmdach dient heute der Universität als Hörsaalgebäude. 1963 wurde mit dem Umbau begonnen. Die Arbeiten dauerten zwei Jahre und verschlangen 1,2 Millionen Mark für zwei Hörsaalkomplexe, die maximal 500 Studenten fassen können.

Vergessen sind die Zeiten, in denen die Heuscheuer als städtische Rumpelkammer diente. Von knarrenden Stiegen konnte man ein Inventar der Vergangenheit bestaunen. Jetzt aber führen Betontreppen im Kontrast zum offenliegenden Bruchsteinmauerwerk in die Höhe des mächtigen Gehäuses. Zur Ausgestaltung trugen die Archäologen mit 1905 gefertigten Abgüssen eines römischen Grabmals des 3.Jahrhunderts in Adamklisst (Rumänien) bei. Das aus 24 Gipstafeln bestehende Monument bildet eine 13 Meter hohe Reliefwand, die an der Innenseite der Südwand vom Erdgeschoß bis unter die Dachdecke reicht. Vor ihr verbindet die freistehende Treppe mit je drei Doppelläufen die Geschosse. In der Westwand stieß man im Mauerzug auf ehemalige Treppenaufgänge zu den Wehrtürmen. Einer von ihnen blieb in der Südwestecke offen und kann jetzt vom Treppenhaus eingesehen werden. Die Ostseite der Heuscheuer steht frei in der Flucht der Großen Mantelgasse. An die Westseite lehnen sich im südlichen Teil jedoch bereits Häuser an. Die Grundstücke stoßen dort nicht im rechten Winkel an die ehemalige Stadtmauer an wie an der Mantelgasse, sondern laufen parallel mit der Mauer. Auf diese Weise können sie sich besser dem Winkelzug anpassen, den das von vier Rundtürmen markierte Rechteck des Marstalls verlangt.

Das *Zeughaus,* das uns zunächst mit einem gedrungenen Rundturm unter einem Kegeldach entgegentritt, ist einer der wenigen Bauten, die noch aus dem Spätmittelalter in die Heidelberger Gegenwart hereinragen. Alle Stürme der Zeit hat es überstanden. Deshalb mußte es auch viel ertragen, nicht zuletzt das Unverständnis jener, die es wechselnden Zweckbestimmungen (bis hin zur ›akademischen Turnhalle‹) anzupassen versuchten.

Der große Schloßbauer unter den Kurfürsten, Ludwig v., hat in der ersten Hälfte des 16.Jahrhunderts dieses Gebäude von seinem Baumeister am Neckar als Stapelraum für Versorgungsgüter und Ausrüstungen errich-

ten lassen. Weil es außerhalb des geschlossenen Mauerzugs der ursprünglichen Altstadt lag, mußte es sich gegen Überfälle wappnen können. Deshalb flankieren es zwei Wehrtürme, die mit Maulscharten für Handfeuerwaffen versehen waren. Starke Mauern, die von Strebepfeilern gestützt wurden, umschlossen einen geräumigen Hof, dessen Wagenzufahrt im Westen lag. Der Fluß schlug mit seinen Wellen bis an die Nordfront des Zeughauses. Dort konnten Schiffe anlegen. Über ein Tor in der Mitte des Gebäudes und über eine direkt darüberliegende Krangaupe wurden sie entladen. Ein weiterer Kran wurde an der Nordwestecke des Zeughauses auf dem Vorland errichtet.

Zwischen das aus derbem Bossenmauerwerk errichtete Zeughaus und den Fluß schiebt sich heute die stark befahrene Bundesstraße, die den Neckarstaden beansprucht. Doch schon um die Jahrhundertwende, vor dem Bau des Neckarstadens, gab es dort eine Aufschüttung mit einer gemauerten Schiffsanlegestelle, auf der ein kleiner eiserner Lastkran mit einem Pilzdach montiert war. Drei historisierende spitzbogige Tore schufen unmittelbare Zugänge zu dem damals als Zollschuppen benutzten Zeughaus. Im Inneren hatte man eine Zwischendecke eingezogen. Um den dadurch geschaffenen Raum zu beleuchten, brach man in die Mauerzone unterhalb des Daches jene 28 Fenster an der Nordseite und die 20 der Südseite ein, die immer noch als Verunstaltung empfunden werden, zumal ihretwegen der Rundbogenfries des oberen Mauerwerkabschlusses vernichtet wurde. Auch in die beiden Türme an der Flußseite hat man unmittelbar unter dem Dachansatz in ziemlich roher Weise schmale hochrechteckige Fenster eingebrochen, um die oberen Innenräume belichten zu können.

Betrachtet man die 135 Meter lange Neckarfront des Zeughauses und denkt man sich nicht nur alle späteren Veränderungen weg, sondern stellt sich auch ein wesentlich steileres Dach mit drei Reihen kleiner Gaupen vor, dann vermag einen dieses noch vom Burgengeist des Mittelalters erfüllte Bauwerk durchaus zu beeindrucken. Doch niemand spricht vom Zeughaus des Kurfürsten Ludwig, sondern alle gebrauchen die Bezeichnung *Marstall*. Diese hat sich vom südlichen Parallelbau auf das Gesamtkarree übertragen.

Genau hundert Jahre lang, von 1590 bis 1689/93, wurde das Hofkarree in den Maßen 125×80 Meter nach Süden hin von

einem außerordentlich geräumigen und reich gegliederten Bau
in den Formen der Renaissance abgeschlossen. Der rührige Ad-
ministrator Johann Casimir, welcher der Wohlfahrt des Kurfürstentums große Dienste leistete, ließ ihn mit dem gleichen
nüchternen Sinn errichten wie den Faßbau im Schloß und das
erste Große Faß darin.

*Nach dem Merianstich zu urteilen, muß der Marstall ein Gebäude von
etwa 150 Meter Länge gewesen sein. Das Erdgeschoß wurde von Stallungen mit hochliegenden Fenstern eingenommen. Darüber lag eine Etage mit
Wohnräumen. Zu dieser gelangte man vom Hof aus über eine doppelläu-
fige Freitreppe, die sich über das Stallportal hinaufschwang. Das mächtige
Satteldach war jedoch mit fünf Zwerchhäusern besetzt, die sich mit geschweiften Giebeln nach dem Hof und zur Stadt hin präsentierten. Auch
die Schmalseiten des Marstalls liefen in solchen Renaissancegiebeln aus, so
daß die Dachzone von insgesamt zwölf solcher Architekturelemente belebt
wurde. Auch griff der Bau nach Südwesten und Südosten hin das Eckturm-
motiv des Zeughauses auf. Die Türme reichten über die Traufhöhe hinauf
und endeten in zwiebelartigen Hauben.*

Bei der Zerstörung Heidelbergs ging auch der Marstall völlig
unter. Der geräumige Bereich, den zuvor der Marstall eingenommen hatte, blieb auf die Dauer nicht ungenutzt. In der
klassizistischen Ära entstand auf der östlichen Hälfte des Mar-
stallgeländes in den Grundflächenmaßen 42 x 19 Meter ein von
Friedrich Weinbrenner, dem bekannten Karlsruher Architekten, konzipiertes Gebäude.

*Die Geschichte dieses Weinbrennerbaues gewährt aufschlußreiche Ein-
blicke in die Verhältnisse und Stadtstrukturen des 19. Jahrhunderts. Als
Kaserne wurde das Haus errichtet, obwohl zur badischen Zeit Heidelberg
erst spät eine Garnison werden konnte. Die schon bald freigewordene
Kaserne bot im Jahre 1818 die Möglichkeit, hier die noch junge Universi-
tätsklinik zu etablieren. Das Erwachen der medizinischen Wissenschaft im
19. Jahrhundert hat sich in Heidelberg zu nicht unwesentlichen Teilen an
und mit diesem Bau dokumentiert.*

*Das badische Ministerium des Innern schrieb damals: »Die medizinische
und chirurgisch-klinische, sowie auch die hebärztliche Anstalten, die bisher
in dem vormaligen Dominikanerkloster sich befinden und die bereits zu
einem großen Grad der Vollkommenheit gediehen sind, können nun in der
Kaserne auf eine höchst angemessene und ehrenvolle Weise untergebracht
werden.« In der Praxis hieß das: Die gesamte Klinik besaß zwei Bade-*

zimmer. Die Krankensäle wurden zwar jedes Jahr geweißt, als man aber
auf den Gedanken kam, sie gelblich anzustreichen, brauchte man sie nicht
mehr jedes Jahr zu behandeln. Zwei Zimmer für Augenkranke erhielten
einen grünen Anstrich.

   Bis 1844 blieben die Mediziner hier, dann zogen sie ins ehemalige
Jesuitenkloster an der Seminarstraße. Der Weinbrennerbau diente danach
verschiedenen anderen Zwecken.

Der Weinbrennerbau stand noch im Herbst des Jahres 1965,
allerdings schon hart bedrängt von einer ungefügen Nachbarschaft aus Stahl und Glas. Es handelte sich um den ersten Bauabschnitt des neuen Kollegiengebäudes, das aus dem Gelände
der vormaligen Universitätsreitbahn herausgewachsen war.
Bei einem Vergleich mit dem noch vorhandenen Weinbrennerbau war die Neuerung als Fremdkörper zu erkennen. Doch
irreparabel wurde dieser Ausdruck des universitären Raumver-
langens, als der Weinbrennerbau abgerissen war und sich der
Neubau zur vollen Monstrosität auswachsen konnte.

   Um sich dem seit 1971 bestehenden vollen Kontrast im Mar-
stallbereich auszusetzen, muß man den Innenhof betreten. Er
ist, da nun alle nutzbaren Räumlichkeiten von der Universität
und der Studentenschaft belegt sind, nie ohne reges Leben. Eine
Neugestaltung des Hofbereichs hat zwischen Alt und Neu ein
Brunnenbecken entstehen lassen, aus dem acht abstrakte Eisen-
plastiken herausragen. Der Heidelberger Künstler und Architekt Edwin Neyer hat sie geschaffen.

Im Innenhof des Marstallgevierts

Nach der Bauverwandlung der sechziger und der siebziger
Jahre hat man im Sinne der Begrünung freier Stadtquartiere
auch hier wieder Bäume gesetzt, die wohl bald schon dem
Zeughaus Schatten spenden und die Nordseite des modernen
Kollegiengebäudes, zumindest in der unteren Stützenzone,
mild verhüllen werden.

   Im Unterschied zur Neckarfront weist das Zeughaus an der
Hofseite eine recht lebhafte Gliederung auf. Als Johann Casimir
den Marstalltrakt errichten ließ, verhalf er dem Zeughaus auch
zu einem Treppenhaus. Es springt zweiachsig aus der Mitte des
Gebäudes zum Hof hin vor. Elf noch mehr oder minder deut-

lich erkennbare Strebepfeiler stützen das Zeughaus nach Süden
hin ab. Den Sinn dieser statischen Notwendigkeit begreift man
erst bei der Betrachtung des Innenraums. Die Mensa I, die sich
mit ihren 560 Plätzen im Zeughaus befindet, wird im Innern
von zwölf Spitzbogen im Abstand von je sieben Metern überwölbt und gegliedert. Auf dem Füllmauerwerk, welches die
Zwickel der Bogen zu Wandstücken werden läßt, ruht die
durchgehende Flachdecke. Den über die Bogen abgeleiteten
Lastschub fangen die Strebepfeiler im Hof auf. Nach dem Nek-
kar zu genügt das zwei Meter dicke Mauerwerk für diese Abstützung.

In ganz anderer Weise als bei den herkömmlichen Architek-
turformen bestimmen Maß und Zahl die Konstruktion des dem
Zeughaus gegenüberliegenden *Neuen Kollegiengebäudes am Mar-
stallhof.* Die Konstruktion ist an den Stützen der Nord- und
Südseite, mit denen der 70 bis 82 Meter lange Kubus seine
gläserne Leichtigkeit unterfängt, recht einfach abzulesen. Das
Skelett des Baues wird am besten erkennbar, wenn man die
Südseite, die der Stadt zugewandt ist, aus gehörigem Abstand
betrachtet. Da zeigen sich links und rechts vom Treppenhaus-
trakt, der zwei Gebäudefelder breit ist, jeweils sechs weitere
Felder, nachzählbar an den fünfzehn Stützen des Erdgeschosses.
Hinter diesen Stützen erhebt sich eine übermannshohe Sand-
steinwand mit einem hochliegenden Fensterband als Erdgeschoßzone. Nach Norden, zum Innenhof hin, springt das Gebäude zweimal zurück, so daß es sich dort im Westen wie im
Osten um je ein Feld verkürzt. Infolgedessen kann man im Hof
nur dreizehn Stützen vor dem Erdgeschoß zählen; diese stehen
aber frei, so daß sich eine kolonnadenartige Passagemöglichkeit
vor dem voll verglasten Parterre ergibt. Hinter den Scheiben
erkennt man die umfangreiche Gipsabgußsammlung der Archäologen. Die übrigen archäologischen Sammlungen und die
Sammlungen des Ägyptologischen Instituts befinden sich im
vierten Stock.

Dieses insgesamt fünf Stockwerke hohe Gebäude ist nicht
ohne architektonische Gliederung. Die der Stadt zugewandte
Seite stellt sich verhältnismäßig glatt dar; nur der Treppenhaus-
trakt wurde ein wenig eingezogen. Die Hofseite springt jedoch
von außen nach innen je Feld um eine Kleinigkeit zurück, so

daß man sagen kann, sie treppe sich zum Mitteleingang hin ab, um von dort zur anderen Seite hin in gleicher Weise wieder vorzuspringen.

Die Institute, die heute diesen Bau nutzen, hatten größtenteils zuvor ihre Heimat im abgerissenen Weinbrennerbau. Heute teilen sich in den Neubau das Ägyptologische Institut, das Archäologische Institut, das Seminar für Alte Geschichte, das Institut für Ur- und Frühgeschichte und das Seminar für Klassische Philologie. Wenn man weiß, unter welch kümmerlichen räumlichen Bedingungen diese wissenschaftlichen Einrichtungen bis zur Mitte des 20. Jahrhunderts arbeiten mußten, wünscht man keines der Institute oder Seminare in die alten Verhältnisse zurück. So leben ausgerechnet die Historiker und Philologen der auf die Frühzeit gerichteten Forschungsdisziplinen in den modernsten Verhältnissen, beschenkt mit den bezauberndsten Ausblicken auf Alt-Heidelberg, das gottlob keinen weiteren gewaltsamen Eingriff solcher Art zu ertragen brauchte.

Da das Zeughaus ans Wasser gebaut und in gewisser Weise vom Wasser auch abhängig war, ertrug es diese Naturgewalt, die es oftmals überschwemmte, besser als die gegensätzliche des Feuers. Daß Feuer hier besonders gefürchtet war – und fast jeder alte Heidelberger hat das Zeughaus schon einmal brennen sehen (zuletzt am 21. November 1974 das Dach westlich des Treppenhauses) –, darauf weist jene sonderbare Halbreliefdarstellung eines Salamanders mit bärtigem Männerkopf hin, die sich rechts oberhalb des Marstall-Eingangstores beim Krahnenplatz befindet.

Ludwig Merz hat das Bildwerk, sicher nicht zu Unrecht, als Dämonenabwehr gedeutet, denn an einem Marstall mußte man den Ausbruch eines Feuers mit allen Mitteln, auch mit magischen, zu verhindern suchen. Daß der Tierkörper ein menschliches Gesicht trägt, sollte seine Abwehrkraft erhöhen.

Das Salamander-Bildwerk ist übrigens eine Kopie aus dem Sommer 1972. Damals hatte man sich der Restaurierung des Marstall-Westflügels hingegeben. Ehe man sich's versah, war der alte, reichlich verwitterte Salamander der Säuberung des Mauerwerks zum Opfer gefallen. Das Land Baden-Württemberg als Bauherr ließ flugs eine Kopie anfertigen und diese an

die alte Stelle setzen. Ob da jemand ganz still für sich vielleicht
doch noch an Dämonenabwehr glaubte?

Karl Gottfried Nadler wäre erfreut gewesen, wenn er diese
Episode hätte miterleben dürfen. Aber er mußte immerzu von
seinem Denkmalsockel mitten auf dem Krahnenplatz in den
Neckar schauen und die Schiffe zählen. Das Bildnis Nadlers
gehörte ursprünglich gar nicht hierher. Die von Hermann Volz
nach Götzenbergers Jugendbildnis des Dichters geschaffene
überlebensgroße Büste wurde am 11. August 1897 »uf d'r An-
lag« enthüllt. Das Denkmal des Pfälzer Mundartdichters war,
wie die Rückseite des Sockels ausweist, »im Gedenken an Karl
Ries von dessen Gattin gewidmet« worden.

Die Heidelberger halten die Erinnerung an Karl Gottfried
Nadler (1809-1849) hoch in Ehren. Seine Gedichtsammlung
›Fröhlich Palz, Gott erhalts!‹ ist zu einer Art Hausbuch geworden. Kaum jemand, der nicht wenigstens ein Gedicht Nadlers
zu nennen und teilweise auch zu zitieren wüßte, etwa:

Die Abodhekersbüchs

Manch aldi Abodhekersbüchs
führt Tiddel groß un schwer,
un mächt mar ihren Deckel uf,
do schtinkt se un is leer.

E mancher schreibt sich ›Von‹ un ›Auf‹,
e mancher heeßt ›Herr Rath‹,
un wie der Abodhekersbüchs
gehts dene Männcher grad.

Wann Ener gar mit Tiddel prahlt,
kannscht schwöre: Do is nix!
Do is es leer und schtinkt, wie in
der Abodhekersbüchs.

Behalt die Lehr, un merkscht, daß's schtinkt,
so schnubb, un plauder nix;
sag: »Herr Baron, Herr Rath« – un denk:
Du Abodhekersbüchs!

Doch wann als Mann dich Ehr und Pflicht
emol zum Redde zwingt,
dann schnubb nit aus Verlegenheit, –
sag laud un gradaus: 's schtinkt!

Der Bürgerverein Alt-Heidelberg pflegt Nadlers Vermächtnis, weil er dies als Verpflichtung empfindet. Deshalb hat er sich auch jahrelang dafür eingesetzt, das Bronzebildnis des vom Schicksal gebeutelten und dennoch allzeit fröhlichen Dichters aus der Rolle des unbezahlten Parkwächters auf dem Krahnenplatz zu erlösen. Das ist ihm gelungen. Nun hat die Stadtplanung nachgefaßt, den Platz einer neuen Gestaltung unterworfen und dabei das Nadler-Denkmal so versetzt und gedreht, daß die Bronzebüste zum Marstalleingang blickt. Schade nur, daß dieser Änderung die drei windschiefen Kiefern zum Opfer fielen. Sie hatten bis dahin dem Plätzchen noch ein wenig Urtümlichkeit der alten Lände bewahrt. Nun sind die einzigen Exemplare dieser Art aus dem Stadtgebiet verschwunden. Daß die planerische Ordnungsvorstellung dazu führte, eine gepflasterte Rosette erstmals die Stelle des von Merian gezeichneten Schiffsladekrans anzeigen zu lassen, muß als Positivum vermerkt werden.

Wenn man den Marstallhof im Südosten verläßt, benutzt man einen Ausgang, den es als gewölbte Durchfahrt schon im alten Weinbrennerbau gab. Man tritt dann unmittelbar in die Marstallstraße hinaus und sieht nun, wie sich diese Straße zweimal rechtwinklig um den südöstlichen Marstallturm herumwinden muß.

Von hier sind es nur knapp hundert Meter bis zur Hauptstraße, der Mittelachse der Altstadt. Zur Rechten begleiten uns Häuser, die bis zu vier Geschossen aufragen und die sich damit in einen beträchtlichen Kontrast zur anderen Seite der Marstallstraße setzen, wo sich vor allem im unteren Teil die herkömmlichen zweigeschossigen Häuser mit Satteldächern noch erhalten haben.

Diesem Übergangsgebiet von der ehemaligen Ur-Altstadt zur Erweiterung nach Westen über den Graben hinaus gibt die Universität heute das besondere Gepräge.

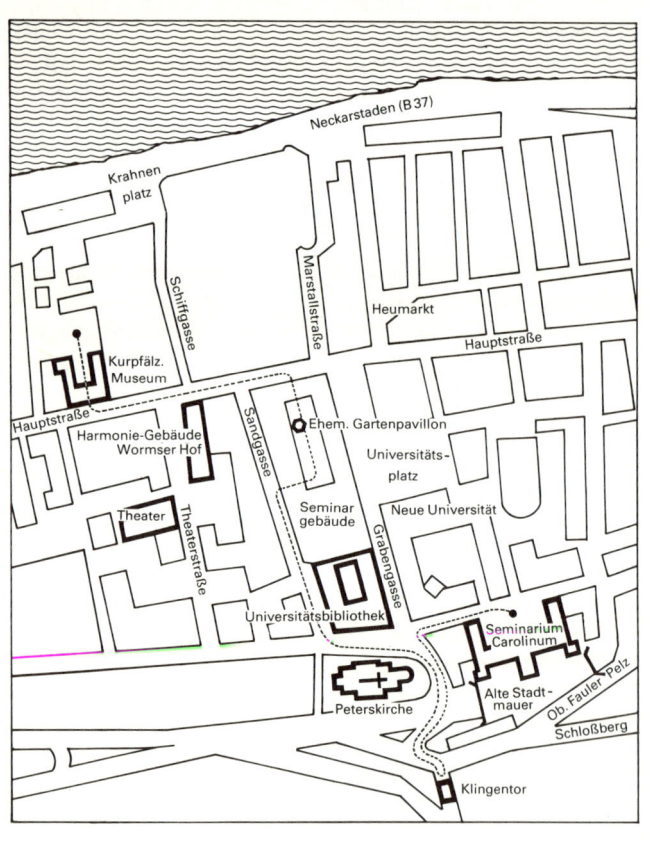

Neckarstaden (B 37)

Krahnen platz

Schiffgasse

Marstallstraße

Heumarkt

Hauptstraße

Kurpfälz. Museum

Hauptstraße

Harmonie-Gebäude
Wormser Hof

Sandgasse

Ehem. Gartenpavillon

Universitäts-
platz

Theater

Theaterstraße

Seminar
gebäude

Neue Universität

Grabengasse

Universitätsbibliothek

Seminarium
Carolinum

Peterskirche

Alte Stadt-
mauer

Ob. Fauler Pelz

Schloßberg

Klingentor

Im Universitätsgebiet von Heidelberg

Domus Wilhelmiana – die Alte Universität

Nur die Alte Universität, jener barocke Winkelbau, der seine Fronten sowohl der platzartig erweiterten Grabengasse, als auch dem eigentlichen Universitätsplatz zukehrt, hatte einen Vorgängerbau: das Collegium Casimirianum. Dieses hatte »der fürsorgende Fürst und Freund der Gebildeten«, Johann Casimir, seines Zeichens Amtsverweser für Friedrich IV., »als Quelle und Pflanzstätte rechtgläubiger Religion, erlesener Gelehrsamkeit, ausgezeichneter Redekunst und freier Künste« vornehmlich zum Nutzen bedürftiger Studenten »von Grund auf errichten lassen und vollendet im Jahre 1591«. Genau wie der Marstall war dieses Collegium hundert Jahre später fast ganz vernichtet.

Das einzig Wertvolle, was von dieser Lehr- und Unterkunftsstätte der Reformierten übrigblieb, ist die in eine Schieferplatte gravierte Widmungsinschrift. Sie wurde als Erinnerung an den Vorgängerbau in würdiger Weise im Treppenaufgang des Universitätsgebäudes angebracht.

Mit den vom Vorgängerbau geschaffenen Verhältnissen hatte sich der barocke Neubau auseinanderzusetzen. Fast zwanzig Jahre lang mußte die Universität Grundstücke und Hausplätze an anderen Stellen der Stadt verkaufen, um flüssige Mittel für den Bau dieses Hauptgebäudes zu gewinnen. Die Grundsteinlegung wurde 1712 »in festo S. Johanni baptistae den 24ten Juni mit den dabey gewöhnlichen Ceremonien solemniter vollzogen«. Bauherr war der Rektor der Universität, der Jesuitenpater und Professor Dr. Melchior Kirchner, der sich hinsichtlich der Bauleitung auf seine speziellen Kenntnisse in Mathematik und ›Architektonik‹ berief. Der eigentliche Meister des Werks blieb ganz im Hintergrund. Es war der aus Mainz gekommene, bereits renommierte Bau- und Werkmeister Johann

Adam Breunig, der allerdings nach seinem Namenszug auf den schriftlichen Bauunterlagen wohl Brüning hieß. Nach seinen Plänen wuchs der Rohbau in zwei Jahren heran, doch an eine Fertigstellung war noch lange nicht zu denken. Selbst 1727 sorgte man sich noch um die Finanzierung des Innenausbaues. Schließlich mußten um die Jahrhundertmitte die Erben derer, die am Neubau gewirkt hatten, um die Begleichung der letzten Rechnungen nachsuchen. Nur weil der Impuls von ihm gekommen war, nannte man das Bauwerk nach dem Kurfürsten ›Domus Wilhelmiana‹. So wie es wegen der mangelnden obrigkeitlichen Förderung nur langsam gedieh, so entwickelte sich auch der Universitätsbetrieb nur mäßig. Das 18.Jahrhundert gehört wegen des konfessionellen Haders nicht zu den bedeutenden Entwicklungsphasen dieser Hohen Schule, doch ihre traditionelle Erscheinung ist heute ganz diesem Jahrhundert verpflichtet.

Von der Grabengasse auf den dreigeschossigen Barockbau blickend, beeindruckt er uns durch seine schlichte, dennoch kraftvolle Erscheinung, die mit einer nicht zu leugnenden Eleganz in den Konturen des geschwungenen Daches ausläuft. Das Gebäude verfügt über nur wenige Gliederungselemente, hauptsächlich Portale und Pilaster. Die beiden Portale waren früher von einer gemeinsamen Treppe, die sich leicht in den Platz vorschwang, zusammengefaßt. Bei der Restaurierung ist diese Rekonstruktion leider unterblieben, obwohl sie jetzt kein Verkehrshindernis mehr wäre. In der Mittelachse zwischen den beiden Portalen steht im Freiraum der Grabengasse der Löwenbrunnen. In der gleichen Achse erhebt sich aus dem Dach das Glocken- und Uhrtürmchen der Universität. Nach dem Universitätsplatz hin verfügt das Gebäude über keine Portale, obwohl auf dieser Seite das Treppenhaus liegt. Hier müssen die Pilaster die Unterteilung der Fassade in dreimal vier Fensterachsen besorgen, wie denn auch die Ecken und Begrenzungen des Gebäudes von ihnen markiert werden. Ein drittes Portal, meist wenig beachtet, befindet sich auf der Rückseite der Alten Universität an der stillen Augustinergasse.

Bei der jüngsten Renovierung des Gebäudes in den siebziger Jahren hat man den Rauhputz des Grundes und die glatten Putzfelder als senkrechte Verbindungsbahnen zwischen den

herzhaft gerahmten Fenstern nach Struktur und Farbe so gegeneinander abgesetzt, wie das mit der Beschreibung »grau
Kalgsteinfarb« und »platten weiß« in alten barocken Rezeptu-
ren nachzulesen ist. Hinsichtlich eines solchen optischen Glie-
derungsprinzips sei auf das Gebäude der Akademie der Wissenschaften am Karlsplatz verwiesen, das wir bereits betrachteten.
Sockel, Gesims, Pilaster und Portale der Universität wurden
einheitlich in jenem satten Rot gehalten, das uns als der Inbegriff des Barock vorkommen will. In den Baurechnungen ist es
als ›Englischrot‹ verzeichnet. Lediglich die Pilasterkapitelle, die
Kapitelle der Portalsäulen sowie die ornamentalen Zwickelfül-
lungen bei den Portalrundbogen wurden kräftig vergoldet.
    Solche stadtbildprägenden Leistungen des Barock wurden
nicht immer geschätzt. Für manchen Fachgelehrten in den letzten hundert Jahren war die Universität ein ›alter Kasten‹. Auch
nannte man die dekorativ gliedernden Bemühungen des
18. Jahrhunderts gern eine ›Fassadenarchitektur‹, weil am äußeren Bild die Raumaufteilung des Inneren nicht abzulesen war.
So erkennt man beim Blick auf das Universitätsgebäude weder
das Treppenhaus noch den Teil, der von der Aula eingenommen wird. Auch Josef Durm, Baumeister des Historismus
(1837-1919), hat sich über den Barock nicht sehr anerkennend
geäußert. Seinem Geschmack entsprach eher jenes ehemalige
Bankhaus, das sich in den Raum zwischen Alter Universität
und ehemaligem Mitteltor einschob und das heute die Erinnerungstafel an dieses Tor der mittelalterlichen Stadtbefestigung
am Graben trägt. Die an jenem Haus zu beobachtende Verspieltheit und historisierende Verzückung setzt sich in einen
wahrhaft sprechenden Gegensatz zur klaren Ausdruckskraft
barocker Gestaltungsprinzipien, welche die Universität aufweist.
    Die Baukunst des 19. Jahrhunderts, die mittlerweile von zahl-
reichen Untersuchungen erklärt und teilweise auch gerechtfer-
tigt wird, hat sich gerade inmitten historisch gewachsener Um-
gebungen manchen Mißgriff geleistet. So wurde zum Beispiel
1885 in den vorhandenen barocken Festraum im Obergeschoß
der Alten Universität eine alles umfassende hölzerne Verklei-
dung eingebaut. Das geschah zum 500jährigen Jubiläum der
Universität.

*Klaus Lankheit hat in einem Aufsatz anschaulich geschildert, wie die
ursprüngliche Aula beschaffen war. Sie stellte bei der damals akuten Geld-
not den einzigen Raum dar, der einen reicheren künstlerischen Schmuck
aufwies. Der ›Stucator‹ Johann Battista Clerici schuf ihn 1715 für 450
Gulden.*

*Unter der Holzvertäfelung, die Josef Durm anlegen ließ, muß man sich
eine horizontale Putzdecke über Hohlkehlen vorstellen. Sie besaß wie die
Wände Stuckverzierungen, die sich um Gemälde rankten. Zwei große
achteckige Sterne mit je einem gemalten Mittelmedaillon beherrschten die
Decke. Zwischen den Sternen gab es ein kleineres Rundmedaillon, das von
zwei Kartuschen flankiert wurde. Schließlich nahmen kräftig gerahmte
Kartuschen auch die vier Ecken der Decke ein. Der Formenkanon des
Stuckwerks bestand, wie damals üblich, aus Muscheln, Blattornamenten
und Ranken. Dazwischen tummelten sich einige Putti. Als ganz ungewöhnlich muß das doppelte Sternornament angesehen und bewertet
werden.*

*Leider wird diese Barockdecke nicht mehr sichtbar werden, weil man den
von Durm geschaffenen Gesamteindruck des Raumes inzwischen ebenfalls
als eine historisch bedeutsame Leistung bewertet. Einen einigermaßen zu-
treffenden Blick in diesen ursprünglichen Barockraum gewährt eine Zeichnung, die auf das Jahr 1861 zurückgeht. Sie wurde eines wichtigen Ereignisses wegen angefertigt. Am 13. Mai jenes Jahres fand die Gründungsver-
sammlung des Deutschen Industrie- und Handelstages in der damals noch
barock dekorierten Aula der Universität Heidelberg statt.*

Wer heute ein Konzert oder einen Vortrag in der Aula der
Alten Universität besucht, befindet sich inmitten jener aus Holz
gestalteten, meist knarrenden Raumschale, die Josef Durm einbauen ließ. An den Längsseiten des völlig vertäfelten Saals, der
im oberen Teil von beiden Seiten Tageslicht erhält, verläuft in
zwei Reihen ein festes Gestühl, das sich an der Stirnseite des
Saals im Halbrund miteinander verbindet. Die eigentliche Saal-
fläche kann mit Stuhlreihen versehen werden. In der Mitte vor
der Gestühlrundung befindet sich auf einem Podest die Lehr-
kanzel. Dem Rathaussaal ganz ähnlich, diesem zeitlich jedoch
vorausgehend, nimmt die Stirnseite der Vertäfelung ein halb-
rundes Gemälde ein, auf dem Ferdinand Keller in prunkvoll-
theatralischer Weise den Einzug der Göttin Pallas Athene in
Heidelberg dargestellt hat. Rechts und links von diesem Bild
stehen in Nischen, deren Rahmung an die Universitätsportale

Universitätsplatz mit Alter und Neuer Universität

erinnert, Bronzefiguren der Fama und des Genius der Wissenschaft. Die Mitte unter dem halbrunden Bild nimmt die von Möst geschaffene Marmorbüste des Großherzogs Friedrich I. von Baden ein; sie wurde von der Stadt gestiftet. Die Büste flankieren Medaillonbilder Ruprechts I. von der Pfalz und Karl Friedrichs von Baden. Die schwere Holzdecke mit ihrer geometrisch-kantigen Profilierung trägt vier kreisrunde Gemälde. Sie stellen die vier Fakultäten in der Reihenfolge (vom Saaleingang her) Philosophie, Medizin, Jurisprudenz und Theologie dar. Sie wurden von Rudolf Gleichauf geschaffen.

Abgesehen von der Aula, stellt die Alte Universität im Innern ein eher schmuckloses, dennoch würdiges Gebäude dar. Die Räume beeindrucken durch ihre großzügigen Abmessungen und durch die freundliche Lichtführung. Unter der Treppe, die in zweimal geknicktem Lauf den ersten Stock erreicht, befand sich zuerst der *Karzer*. Als man feststellte, daß ein Strafaufenthalt dort zu Gesundheitsschäden führen konnte, verlegte man den Karzer in das an der Rückseite der Universität an der Augustinergasse gelegene Pedellenhaus (vormals Coblitzisches Haus). Dieser historische Karzer ist eine der Hauptattraktionen für Touristen, namentlich für solche aus Übersee. Teils mit ehrfürchtigem Staunen, teils mit Belustigung werden die

Wandgemälde ›al secco‹ der früheren Insassen oder deren Sgra-
fitti studiert: »F.R. ... saß hier fünf Tage, weil er drei Bundes-
brüder in Ketten zum Karzer gebracht hat ... 2.-7. Juli 05.«

Entfaltung im früheren Klostergebiet

Im Zusammenhang mit der Umwandlung der Hauptstraße
wurde das Universitätsgebiet in den Fußgängerbereich einbezogen. Zwischen der vierteiligen Sitzgruppe mit den neu ge-
pflanzten Bäumen und dem Haus aus der Gründerzeit findet
man in einem Schacht den Grundstein zu dieser nachhaltigen
Stadtverwandlung. Er wurde erst nachträglich, Anfang April
1978, durch Oberbürgermeister Reinhold Zundel gelegt, als die
Bauarbeiten dieses Abschnitts der Hauptstraße beendet waren.
Außer den üblichen Zeitdokumenten samt einem Kinoplakat
wurden vor allem Werkzeuge, etwa ein Pflastererschemel und
ein Pflastererhammer sowie Firmenschilder, »für die Ewigkeit«
aufbewahrt.

Seitdem ist der Platz vor der Alten Universität in verbesserter Weise wieder zu dem geworden, was er zuvor nur noch mit
Einschränkung sein konnte: Haupttreffpunkt in Alt-Heidelberg. Dort sitzt und diskutiert die Jugend, dort dürfen sich die
Straßenmusikanten mit ihren Liedern hören lassen. Hier kreuzt
der öffentliche Nahverkehr den beruhigten Innenstadtbereich.
Und hier findet der internationale Tourismus nach dem Schloß
seinen zweiten Dreh- und Orientierungspunkt.

Das alles beobachtet aufmerksam der kurpfälzische Löwe auf
dem Brunnenstock vor der Alten Universität. Der inzwischen
erneuerte Brunnenlöwe – er kehrte nach dem Hauptstraßenum-
bau am 27. Juli 1978 als Kopie auf den Brunnenstock zurück –
ist jedenfalls ein lustiger Löwe. Weil er hier täglich viele hundert Studenten vorbeieilen sieht, scheint er ihnen zuzublinzeln:
»Nehmt's nicht so ernst, es geht alles vorbei. Blast die Backen
auf wie ich, bis ihr über die Strapazen des Examens letztlich
wieder lachen könnt!«

Die Freiflächen im Universitätsbereich sind sonderbar ge-
formt. Vor der Alten Universität verläuft die Grabengasse. Als
Straßenzug ist sie kaum richtig zu erkennen. Man hat ihr durch
Baumpflanzungen optisch aufzuhelfen versucht. Bäume mar-

kieren auch die Abgrenzung der größeren Freifläche zwischen den beiden großen Universitätsbauten, den eigentlichen Universitätsplatz, der gegen die Augustinergasse hin ebenfalls eine abschirmende Baumreihung aufweist.

Vor der Zerstörung Heidelbergs gab es keine Freifläche im engeren Universitätsgebiet. An das Casimirianum schloß sich südlich unmittelbar das Augustinerkloster an, in dem Martin Luther am 26. April 1518 vor dem Generalkapitel seines Ordens erschien. Dieses Kloster, das bald darauf als Sapienzkolleg benutzt wurde, ging bei der Stadtzerstörung unter. Die etwa mannshoch erhaltenen Mauern brach man bis unter die Fensterbänke ab, als man Anfang des 18. Jahrhunderts das Klostergebiet einebnete. Das ursprüngliche Niveau, auf dem das Kloster stand, lag etwa 1,50 bis 1,70 Meter tiefer als heute.

Anfang des 19. Jahrhunderts wurde der Platz des Klosters nach dem badischen Großherzog Ludwigsplatz genannt. Das Reiterdenkmal, das 1901 hier errichtet wurde, stellte Kaiser Wilhelm I. dar. Erst als die das Denkmal einfassende Grünanlage im Jahre 1928 verschwand, wurde der Platz Universitätsplatz genannt. Fünf Jahre später hieß er Langemarckplatz in Erinnerung an jene Studenten, die im Ersten Weltkrieg gefallen waren. Seit 1945 wird er wieder Universitätsplatz genannt. Augustinerplatz hieß er nie.

Allein die Augustinergasse bewahrt die Erinnerung an jenes Kloster, das die Fläche südlich der Alten Universität bis zur Stadtmauer beim Hexenturm einnahm. Im Jahre 1912 wurde um das Reiterdenkmal des Kaisers Wilhelm I. herum eine Ausgrabung begonnen, die Aufschlüsse über das Augustinerkloster bringen sollte. Nach den Befunden, die aus dem Boden zu gewinnen waren, muß das Kloster zuerst eine einschiffige Kirche besessen haben, die einen dreiseitig geschlossenen Chor aufwies. Im letzten Drittel des 15. Jahrhunderts wurde die Kirche nach Westen bis zur Stadtmauer verlängert. Sie war dann eine dreischiffige, relativ breite Kirche. Als in der ersten Hälfte des 16. Jahrhunderts der klösterliche Verfall einsetzte und das Augustinerkloster an die Universität überging, wurde die Kirche als Auditorium der Universität genutzt.

Nach der völligen Zerstörung Heidelbergs 1693 ließen sich in den Gewölben des Augustinerkreuzgangs obdachlose Menschen nieder. Sie schufen sich kleine Räume, die gemauerte Herde besaßen. Als Ofenfundamente dienten Grabplatten, die –

meist als Bruchstücke – bei den Ausgrabungen zutage kamen. Der wertvollste Fund dürfte jedoch in den insgesamt siebzehn Schlußsteinen zu sehen sein, von denen die meisten den Kreuzgang zierten. Da sie eine überdurchschnittliche plastische Qualität aufweisen, sind sie im Kurpfälzischen Mueum in einem eigenen kleinen Kabinett ausgestellt. So ist von diesem für Heidelberg bedeutenden Kloster doch ein ansehnlicher Kunstwert gerettet worden.

An der Südseite des Universitätsplatzes, wo sich über vier Stufen der Bau der Neuen Universität erhebt, stand im 19. Jahrhundert, sehr viel bescheidener, das Gebäude der Museumsgesellschaft. Es wurde 1828 nach Plänen des schon genannten Karlsruher Klassizisten Weinbrenner erbaut und trat mit seiner Gliederung etwas stärker als der Bau im Marstallhof hervor. Das Museumsgebäude war dreigeschossig mit rundbogigen Fenstern im Erdgeschoß. Es bestand aus einem Hauptbau in der Mitte, aus dem zwei nicht ganz gleich lange Flügel seitlich herauswuchsen. Der Mittelbau besaß einen deutlich hervorgehobenen Mittelrisaliten, der von einem flachen Dreiecksgiebel zusammengefaßt wurde. Aus diesem Mittelteil trat ein Balkon hervor, der auf kräftigen Säulen ruhte. Dieses zurückhaltend repräsentative Gebäude gab dem ringsum von Bäumen gerahmten Ludwigsplatz mit dem Reiterdenkmal eine ruhige Kulisse.

Carl Grubers neuer Universitätsbau

Es war nicht ausgemacht, daß das Weinbrennergebäude der Universität ganz verschwinden würde, wenn ein modernerer Komplex entstünde. Die ersten Pläne, die aus einem Wettbewerb des Landes Baden hervorgingen, sahen vor, daß der Weinbrennerbau Ausgangspunkt für eine Erweiterung nach Osten und Süden sein sollte. So jedenfalls hatte es der preisgekrönte Entwurf des Architekten Carl Gruber (Danzig) vorgeschlagen. Aber nicht nur der Heidelberger Oberbürgermeister Dr. Karl Neinhaus kritisierte die Massigkeit des Komplexes; auch der Sprecher der amerikanischen Spender äußerte seinen Unwillen: Nicht Flickwerk solle entstehen, sondern ein aus eigener Konzeption entwickelter einheitlicher Bau. Der so die

Planung noch einmal in eine neue Richtung lenkte, war der damalige Botschafter der Vereinigten Staaten in Deutschland, Jacob Gould Schurman. Er hatte eine Spendenaktion in Amerika veranlaßt, deren Ergebnis vor der Steubengesellschaft in New York bekanntgegeben und der Universität 1928 in einem Festakt überreicht wurde: 500000 Dollar.

In Heidelberg hat man den durch amerikanische Freigebigkeit initiierten Neubau ohne großes Fragen hingenommen. Wie bei großzügigen Spenden üblich, forschte man nicht aufdringlich nach den Gründen für ein solches Engagement. Prüft man jedoch mit fünfzigjährigem Abstand die offiziellen Äußerungen aus Anlaß der Spendenmitteilung, der Grundsteinlegung und der Fertigstellung des Neubaus, so zeigt sich doch, daß den Erwartungen auf beiden Seiten unterschiedliche Interessen zugrunde lagen. Meinhold Lurz hat die Bekundungen der damaligen Zeit kürzlich erst in seinem Aufsatz: ›Der Bau der Neuen Universität im Brennpunkt gegensätzlicher Interessen‹ (Ruperto Carola, Heft 55) dokumentiert.

Während die amerikanischen Spenden vorwiegend aus den Kreisen Deutschstämmiger kamen, die sich dankbare Erinnerungen an Deutschland oder gar speziell an Heidelberg bewahrt hatten und nun, nach dem Weltkrieg, darauf hofften, daß Wissenschaft und Forschung die Völker in friedlichem Wettstreit vereinen würden, mutmaßten die deutschen Empfänger bei den Amerikanern ein schlechtes Gewissen, weil sie durch ihr übermächtiges Potential wesentlich zu dem für Deutschland negativen Ausgang des Krieges beigetragen hatten. Extreme deutsche Nationalisten lehnten das amerikanische Engagement sogar ab, weil Deutschland an jedem Tag mehr Reparationen (Dawes-Tribute) an Amerika zu zahlen habe, als diese Spende aus amerikanischen Händen bringe.

Der zweite Entwurf Grubers setzte der 42 Meter breiten Platzfront der Alten Universität einen wesentlich mächtigeren Bau gegenüber. Dieser als repräsentativ empfundene Entwurf wurde akzeptiert, obwohl seinetwegen der Weinbrennerbau völlig verschwinden mußte. Es entstand, was wir heute vor uns haben: der hellgetönte, kastenartige Riegelbau mit der für Heidelberg unüblichen flachen Walmdachneigung. Über einem deutlich abgesetzten Erdgeschoß für Hörsäle liegt ein Zwischengeschoß für weitere Hörsäle, und darüber nimmt den Hauptteil des Baues das Auditorium Maximum ein, deutlich zu erkennen an den sechs schmalen zwölfteiligen Fenstern, die fast wie überdimensionierte Schlitze in der Gebäudewand wirken.

Von der Architektur dieser Neuen Universität, die ihre schmal-
gerahmten Fenster fast durchweg zu Sechsergruppen zusam-
menfaßt, geht Kühle aus; Nüchternheit bestimmt ihr Erscheinungsbild.

Nur einen einzigen, relativ bescheidenen künstlerischen
Schmuck hat man sich für den Außenbau gestattet. Es ist die
Plastik der sitzenden Pallas Athene, die der Bildhauer Karl Al-
biker (1879-1961) geschaffen hat. Sie wurde über dem Haupteingang etwas unglücklich zwischen zwei Fenster einge-
klemmt, wo sie nun das Universitätsleben bewacht, indem sie
mit der Linken den kräftigen Speer hält und auf der geöffneten
Rechten einen Genius trägt. Ihr zu Füßen liest man über dem
Portal die Widmung Gundolfs: ›Dem lebendigen Geist‹.

*Die Nationalsozialisten konnten sich mit diesen drei Worten des Juden
Gundolf nicht befreunden. Sie entfernten Plastik und Inschrift. Albikers
Werk wurde an die Rückseite verbannt. Dafür wurde auf einer Konsole
zwischen dem dritten und vierten Aulafenster ein Bronzeadler mit steil
aufgereckten Schwingen postiert. Wo vorher die griechische Göttin saß,
war nun, breiter als der Haupteingang, zu lesen: ›Dem deutschen Geist‹.
Nach 1945 wurde dieser Eingriff zugunsten des ursprünglichen Zustands
wieder korrigiert.*

Die Grundsteinlegung für die Neue Universität fand am
15. Januar 1930 statt. Anderthalb Jahre später, am 9. Juni 1931,
wurde der Hauptabschnitt des Neubaues eingeweiht. An ihn
fügten sich noch ein West- und ein Südflügel an, die den Hexenturm der Stadtmauer umschlossen und die ihre Fronten der
Grabengasse und der Seminarstraße zukehrten. Auch für diese
Flügel mußten Häuser geopfert werden. So verschwand jenes
schöne Barockhaus an der Ecke Grabengasse und Seminarstraße, in dem fast hundert Jahre lang, von 1808 bis 1896, das
reformierte Gymnasium untergebracht war. Das Eckhaus, dessen Verlust zu beklagen ist, war in der barocken Wiederaufbauphase Heidelbergs als reformierte Administrationskanzlei errichtet worden.

Die Flügelbauten der ›Neuen Uni‹, die zusammen mit dem
Hauptbau einen neugestalteten Innenhof bildeten, waren zum
Wintersemester 1933 bezugsfertig. Den Hexenturm hatte man
zu einer Gedächtnisstätte für die gefallenen Studenten umgestaltet.

DAS GEISTIGE PROFIL HEIDELBERGS in wenigen Bildern sichtbar werden zu lassen, schließt die Gedanken an Höhen und Tiefen, Glanz und Gefährdung, Hoffnung und Skepsis gleichermaßen ein. Deshalb steht am Beginn das Gemäldemotiv von G. Saal, das den Besuch des Historikers Georg Gottfried Gervinus bei dem Ehepaar Fallenstein im Jahre 1851 zeigt. Es gestattet nicht nur eine besonders faszinierende Sicht von der Neuenheimer Seite über den Neckar auf die Altstadt und das Schloß, sondern weckt auch eine Fülle geistiger Assoziationen. Mit Gervinus verbindet sich der Gedanke an die ›Deutsche Zeitung‹ und an das demokratische Streben um die Mitte des vorigen Jahrhunderts. Aus der Familie Fallenstein aber ging Helene Weber hervor, die Mutter jener geistigen Dynastie von hohen Graden, die mit den Namen Max Weber, Alfred Weber und schließlich auch Marianne Weber zu bezeichnen ist. In diesem Haus Fallenstein fand der das Wesen Heidelbergs stets bestimmende lebendige Geist eine behütete Heimstatt, als sich der Ungeist der Jahre 1933 bis 1945 auch in Heidelberg zur Herrschaft aufgeschwungen hatte.

Samuel Freiherr von Pufendorf (1632-1694), hier abgebildet nach einem Stich von Jean Charles François um 1720, wurde 1661 als erster deutscher Professor des Naturrechts nach Heidelberg berufen. Hier gab er anonym eine kritische Schrift heraus, die sich mit den öffentlichen Zuständen des Deutschen Reiches beschäftigte. Als er sieben Jahre später an die schwedische Universität Lund ging, hatte er sein Werk konzipiert: ›De jure naturae et gentium‹. Mit ihm befreite er das Naturrecht von der theologischen Scholastik und erhob es zu einer selbständigen Wissenschaft als »ein geschlossenes System von Vernunftwahrheiten«. Als starke Persönlichkeit der Rechtsgeschichte ist Pufendorf dadurch ausgewiesen, daß er bedeutenden Einfluß auf die Entwicklung der Jurisprudenz, vor allem des positiven deutschen Staatsrechts, gewinnen konnte.

Eine herausragende Persönlichkeit wie Pufendorf 200 Jahre zuvor war inmitten einer Fülle berühmter Staatsrechtslehrer und Pandektisten in der nachromantischen Periode Heidelbergs *Karl Josef Anton Mittermaier* (1787-1867). Als Lehrer des Strafrechts kam er 1821 an die aufblühende Universität. Die Abbildung nach einem Aquarell von G.B. Schmidt zeigt ihn in diesen Anfangsjahren. Rasch erwies er sich als vielseitig begabter Wissenschaftler und auch als ein politischer Kopf. Als Hauptvertreter des Liberalismus gehörte er seit 1831 der badischen Ständeversammlung an. 1848 wurde er Präsident des Vorparlaments und dann Mitglied des Verfassungsausschusses der Deutschen Nationalversammlung. Der umfassend gebildete Gelehrte wußte wissenschaftlich und politisch zu begeistern und war schon damals international hoch angesehen.

Johann Jacob Götzenberger verdanken wir diese aquarellierte Zeichnung von einem der vielgerühmten *Singabende bei dem Pandektenrechtler
Professor Anton Friedrich Justus Thibaut* (1772-1840). Der Rechtslehrer –
hier am Flügel – war von Kiel über Jena 1806 nach Heidelberg gekommen, wo er nach der Befreiung Deutschlands von der französischen
Herrschaft 1814 ein »allgemeines bürgerliches Gesetzbuch für Deutschland« forderte. Berühmt wie er wurden auch manche seiner Schüler, so

Robert Schumann, den er mit Erfolg von der Juristenlaufbahn ab-
brachte und zur Musik hinführte. Im September 1827 besuchte ihn der
achtzehnjährige Felix Mendelssohn-Bartholdy: »Das ist ein Mann!«
schrieb er, »er weiß wenig von Musik … handelt meist nach bloßem
Instinkt, ich verstehe mehr davon als er, – und doch habe ich unendlich
von ihm gelernt … Er hat mir ein Licht für die altitalienische Musik
aufgehen lassen, an seinem Feuerstrom hat er mich erwärmt.«

310

Mit fünf astronomischen Einrichtungen weist sich Heidelberg als ein Schwerpunkt dieser naturwissenschaftlichen Disziplin aus. Auf dem Königstuhl befinden sich die Landessternwarte und das Max-Planck-Institut für Astronomie. Mit der Erforschung des Weltraums befaßt sich auch das Heidelberger Max-Planck-Institut für Kernphysik. Das Astronomische Recheninstitut betreut den wichtigen Fundamental-katalog, und schließlich verfügt die Universität über eine Fakultät für Physik und Astronomie mit einem Institut für theoretische Astrophysik.

Als der Jesuitenpater *Christian Mayer* (1719-1783) – links oben eine Medaille mit seinem Porträt von Johann Boltschhausen 1783 – die Landvermessung und die Sternkunde in kurfürstlichen Diensten betrieb, war die atemberaubende Entwicklung dieses Forschungsdrangs der Menschen noch nicht zu ahnen. Mayers Instrumente sind noch größtenteils vorhanden. Doch erst der Heidelberger Astronom *Max Wolf* (1863-1932), der privat an der Märzgasse und amtlich auf dem Königstuhl wirkte, erregte mit den ersten wissenschaftlich relevanten Fotografien des Sternhimmels Aufsehen. Das Bild oben zeigt ihn hinter zwei Gelehrten am Beobachtungsinstrument. Das Wirken der Mathematiker im Astronomischen Rechenzentrum vollzieht sich außerhalb des Laieninteresses. Der ebenfalls in Heidelberg geborene Astronom *August Kopff* (1882-1960) – links – rettete das Institut in den Kriegswirren von Berlin nach Heidelberg und entwickelte es zu seiner heutigen internationalen Bedeutung.

Wohnhaus und anschließendes *Laboratorium Bunsens an der Akademie-straße,* Ecke Plöck, erinnern noch an die abenteuerliche Zeit des Auf-bruchs der Naturwissenschaften. In jenem Labor, in das uns dieses Foto (unten) Einblick gewährt, muß sich abgespielt haben, was folgender-maßen überliefert ist: Der Labordiener zündet Streichhölzchen an und bläst sie sogleich wieder aus. Zufällig kommt ein Assistent vorbei, sieht das und herrscht ihn an: »Was soll dieser Unfug?« »Ach, wisse Se«, antwortet der Wissenschaftsgehilfe, »ich bereit' den Versuch vom Herrn Professor Bunsen vor; er benutzt nämlich am liebste die abge-brannte Hölzer!«

Robert Wilhelm Bunsen (1811-1899) war eine der volkstümlichsten Gelehrtengestalten im Heidelberg des 19. Jahrhunderts. Die Bürgerschaft brachte dem berühmten Mann viel Liebe und Verehrung entgegen. So hat er denn auch das eindrucksvollste Denkmal in Heidelberg erhalten. Wenngleich es ursprünglich ›auf der Anlage‹ errichtet wurde, so ist es in jüngster Zeit doch an jene Stelle versetzt worden, wo Bunsens Wirken ursprünglich begann: an die Stelle des einstigen Dominikanerklosters. Die Abbildung zeigt den hochbetagten Bunsen im Gespräch mit dem Mathematiker *Leo Königsberger* (links).

Universitätsjubiläum 1886: Zum Festgottesdienst am 3. August in der Heiliggeistkirche begrüßt der badische Großherzog Friedrich I. den deutschen Kronprinzen Friedrich Wilhelm, den späteren Kaiser Friedrich III. Unter dem Baldachin sind die Honoratioren der Stadt versammelt: Oberbürgermeister Dr. Carl Wilckens und Bürgermeister Dr. Ernst Walz, auch zahlreiche Professoren, darunter Robert Wilhelm

Bunsen, Kuno Fischer, Georg Quincke, Vinzenz Czerny und Ernst
Immanuel Bekker. Das hier wiedergegebene Gemälde *Wilhelm Trüb-
ners* schmückt zusammen mit einem weiteren großformatigen Bild
den Kammermusiksaal des Kongreßhauses Stadthalle. Im Hintergrund
der Szenerie sieht man den ursprünglich barocken Zuschnitt des Rathauses mit den anschließenden Bürgerhäusern.

316

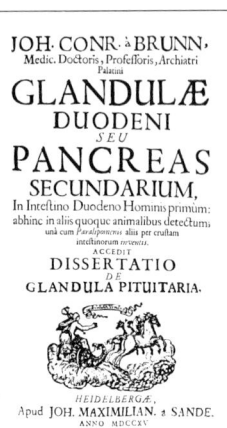

JOH· CONR· à BRUNN,
Medic. Doctoris, Professoris, Archiatri
Palatini

GLANDULÆ
DUODENI
SEU
PANCREAS
SECUNDARIUM,
In Intestino Duodeno Hominis primum:
abhinc in aliis quoque animalibus detectum,
una cum Paralipomenis aliis per crustam
intestinorum retineis.
ACCEDIT
DISSERTATIO
DE
GLANDULA PITUITARIA,

HEIDELBERGÆ,
Apud JOH. MAXIMILIAN. à SANDE.
ANNO MDCCXV.

Daß die medizinische Wissenschaft, die für Heidelberg heute hochbedeutsam ist, schon eine lange Tradition besitzt, zeigt das Beispiel des aus der Schweiz gebürtigen Anatomen und Physiologen *Johann Conrad Brunner* (1653-1727), der die Drüsen des Zwölffingerdarms entdeckte und deren Funktion untersuchte. Unter Medizinern sind sie bis heute als die ›Brunnerschen Drüsen‹ bekannt. Neben dem barocken Bildnis des Anatomen (oben) ist die *Titelseite* seiner wichtigen Untersuchung in einem Heidelberger Druck von 1715 wiedergegeben. Zusammengebunden mit diesem Exemplar wurde auch die Dissertation ›De Glandula Pituitaria‹, die sich mit der Hirnanhangdrüse beschäftigt. Brunner, der sich als Arzt auch therapeutisch betätigte, versuchte der Medizin ein chemisches Laboratorium zu geben und die Studenten mit botanischen Kenntnissen auszustatten. Er war ein Wegweiser seiner Wissenschaft.

Das Idealbild des umfassend gebildeten und befähigten Internisten stellt heute noch *Adolf Kußmaul* (1822-1902) dar. Zwar weilte er nur vier Jahre (1855-1859) als Professor in Heidelberg, nachdem er sich schon vorher als Arzt in Wien, Prag und beim Militär betätigt hatte. Doch sein Studium in Heidelberg und die Lehrtätigkeit hier befähigten ihn zu umfassendem wissenschaftlichen Wirken auch in Erlangen, Freiburg und Straßburg. Mit Epilepsie, Magenerkrankungen, Frauen- und Kinderleiden beschäftigte er sich hauptsächlich. In Heidelberg, wo er seinen Ruhestand verbrachte, schrieb er die nicht nur stadtgeschichtlich interessanten Bücher ›Jugenderinnerungen eines alten Arztes‹ (1899) und ›Aus meiner Dozentenzeit in Heidelberg‹ (1902). Letzteres Buch wurde im Jahr seines Todes von dem Chirurgen Vinzenz Czerny herausgegeben.

Max Weber (1864-1920), der bedeutende Nationalökonom, wurde im Jahre 1897 nach Heidelberg berufen und formte hier während seines über zwanzigjährigen, oft von Krankheiten beeinträchtigten Wirkens die historisch und philosophisch-soziologisch bestimmte Richtung der deutschen Nationalökonomie. 1919 ging Max Weber nach München, starb dort aber schon ein Jahr später, betrauert von der Gelehrtenwelt im In- und Ausland.

Alfred Weber (1868-1958), der um vier Jahre jüngere Bruder Max Webers, nach dem 1948 das Alfred-Weber-Institut für Sozial- und Staatswissenschaften an der Universität Heidelberg benannt wurde, hat sein ganzes Leben in dieser Stadt zugebracht. 1933 war er nicht bereit, die ›Machtübernahme‹ auf kaltem Wege in der Universität zu dulden. Er stemmte sich den radikalen Tendenzen entgegen und wurde dafür öffentlich geschmäht. Das Regime verurteilte ihn ebenso zum Schweigen wie Karl Jaspers, Arnold Bergsträßer und Otto Regenbogen.

Zu den bedeutendsten Gelehrtenpersönlichkeiten der jüngeren Zeit in
Heidelberg gehört der Philosoph *Karl Jaspers* (1883-1969). Er hat fast
die Hälfte seines Lebens, von 1906 bis 1948, hier gewirkt: zuerst als
Arzt und Psychiater, dann als Inhaber des philosophischen Lehrstuhls.
Seiner jüdischen Frau wegen verdrängte man ihn aus dem Lehramt und
belegte ihn mit Publikationsverbot. Doch hielt er in innerer Emigration
aus. Zusammen mit dem Chirurgen Karl Heinrich Bauer eröffnete er
1945 die Universität wieder (das Bild zeigt ihn in dieser Zeit), verließ
aber zum Bedauern Heidelbergs 1948 die Stadt, um in Basel seinen
Lebensabend zu verbringen. Stadt und Universität Heidelberg haben
gemeinsam zum 100.Geburtstag dieses Gelehrten den hochdotierten
Karl-Jaspers-Preis gestiftet.

Typisch für den Gelehrten Kuno Fischer (1824-1907) ist dieses Bild, das
Johann Marx um 1900 schuf, denn Fischer vertrat den Standpunkt
seiner eigenen Erfahrung, die Wirksamkeit des Hochschullehrers ent-
falte sich vorwiegend im Hörsaal durch die Eindringlichkeit seiner
Vortragsweise. Kuno Fischer, der Geschichte der Philosophie lehrte,

erlebte zwar noch die Gründung des Philosophischen Seminars in Heidelberg (1904), doch ist sein Wirken ganz dem 19. Jahrhundert zuzuordnen. Indem sich Fischer außer Philosophen auch Dichtern – so etwa Schiller und Lessing – zuwandte, nahm er nicht geringen Einfluß auf die Literaturwissenschaft seiner Zeit.

Mit *Friedrich Christoph Schlosser* (1776-1861), der seit 1819 in Heidelberg
wirkte, beginnt die große Tradition der Geschichtsschreibung an dieser
Universität. Schlosser – Bild oben – sah sein Wirken als eine sittliche
Pflicht und die Historiographie als ein Bildungsmittel des Volkes an. –
Eine ganz andere Gestalt des geistigen Heidelberg bildete der Dichter
Alfred Mombert (1872-1942), der auf der rechten Seite nach einem Gemälde von Carl Hofer dargestellt ist. Er hat die expressionistische Lyrik
wesentlich mitgestaltet und sich danach einer mystischen Weltdeutung
hingegeben. Mit den bis zum Kriegsbeginn in Heidelberg verbliebenen
Juden wurde er 1940 in ein Lager in den Pyrenäen verschleppt, konnte
von dort jedoch in die Schweiz gerettet werden, wo er bald danach in
einsamer Trauer starb.

Das Leben der Studenten prägt Heidelberg weiterhin, heute jedoch in ganz anderer Weise als in der großbürgerlichen Zeit des 19.Jahrhunderts. Einen Einblick in eine *Mensur,* die auf dem Paukboden an der Hirschgasse geschlagen wurde, gewährt das obere Bild nach einer Darstellung von Daniel Fohr aus dem Jahre 1827. Auch die Altherren-Treffen der studentischen Verbindungen sind weiterhin üblich. Die untere Abbildung zeigt eine *Frühschoppen-Szene auf dem Schloßaltan.* Doch die Stadt und die Studenten bedrängen heute mehr die Probleme einer Massenuniversität, die mit dem Ansturm von über 25000 Studierenden fertig werden muß.

Als der Hauptbau im Juni 1931 seiner Bestimmung übergeben wurde, hätte sich kaum jemand aus der hochansehnlichen Festversammlung um Ehrenbürger und Ehrendoktor Schurman vorstellen können, was zwei Jahre später geschah: daß vor dem Haus, das dem lebendigen Geist gewidmet war, Bücher zu einem Scheiterhaufen aufgetürmt und unter antijüdischen Parolen dem Feuer übergeben würden. Die das taten, wußten, daß Josef Goebbels an dieser Universität promoviert hatte, doch daß dies bei einem jüdischen Professor geschah, das verdrängten sie aus ihrem Bewußtsein.

Die Ostseite des Universitätsplatzes – es ist die Fortführung der Augustinergasse – hinter der doppelten Baumreihe bietet nur wenig Bemerkenswertes. Ein *Barockhaus,* das von rustizierten Lisenen in drei Abschnitte eingeteilt wird, ist jedoch von örtlicher Bedeutung. Zwei Gedenktafeln zeigen dies an. Über dem Rundbogenportal ist zu lesen: »Hier weilte und wirkte als Gründer und Leiter des archäologischen Museums Karl Bernhard Stark 1868-1879.« Inzwischen ist – wie wir wissen – das archäologische Museum in den modernen Räumen des Kollegienhauses am Marstallhof untergebracht. Eine rückwärts gerichtete Perspektive macht uns auch die andere Erinnerungstafel bewußt, denn auf ihr steht: »In diesem Hause wurde der Pfälzer Mundartdichter Karl Gottfried Nadler am 19. August 1809 geboren.« Wir sind seinem Denkmal auf dem Krahnenplatz begegnet; nun kennen wir auch sein Geburtshaus.

Im Quartier der Jesuiten

Die wenigen Schritte, die wir zu gehen haben, führen uns durch die Merianstraße. Zur Linken begleitet uns der in traditionellen Formen und in enger stilistischer Anlehnung an die Nachbarschaft errichtete Neubau des ›Hauses der Begegnung‹. Gegenüber zeigt das von der Augustinergasse herumgeführte Barockhaus den einfachen Zuschnitt früherer Universitätseinrichtungen. Das Musikwissenschaftliche Seminar ist heute hier zu Hause. Nach diesem Geviert, das mit dem nächsten Haus schon wieder in die Schulgasse umbiegt, hat endlich die erneuernde Instandsetzung durch den Staat gegriffen. Sie ließ es sich angelegen sein, die reichere Gliederung des dreistöckigen Eckhauses in der originalen Weise herauszuarbeiten. Die Ecknische des Hauses nimmt eine herrliche Mariendarstellung von einem bedeutenden, wenn auch leider nicht bekannten Meister auf.

In der Schulgasse schließt sich dann wieder ein zweigeschossiges Haus mit rundbogiger Torfahrt an, das nach Stil und Ausführung ganz jenem Gebäude entspricht, das wir als Nadlers Geburtshaus kennengelernt haben. Dieser ganze Komplex über zwei Ecken und drei Gassen hinweg wird von einer einheitlichen Handschrift geprägt; er dürfte demnach seine Entstehung um einen reizvollen Innenhof herum einem Baumeister mit ausgeprägtem Heidelberger Stadtverstand verdanken.

So sind wir nun auf dem kleinen, meist stillen Platz angekommen, der als Stadtraum vor der Jesuitenkirche von dreigeschossigen Häusern angemessen gerahmt wird. Man hat ihn nach dem verdienstvollen Stadtpfarrer Professor Dr. Richard Hauser benannt. Wer vor der breitgefügten, wohlproportionierten, dennoch etwas schwerblütig wirkenden Fassade des Gotteshauses steht und den Namen *Jesuitenkirche* als Herkunftsbezeichnung bedenkt, erwartet in der Nachfolge der Ordensmutterkirche Il Gesù in Rom eine Wandpfeilerkirche mit Kuppelrund und schwerem weißen Stuck. Er macht sich auf einen Innenraum gefaßt, der das ganze Instrumentarium der Sinnenverwirrung oder der niederdrückenden Mächtigkeit entfaltet.

Doch den Besucher empfängt eine lichterfüllte Halle mit weiten Durchblicken. Es gibt keine detaillierte Bildhaftigkeit, an der sich das Auge zunächst festklammern müßte, um von da aus fromm und aufmerksam den Kirchenraum zu ertasten. Hier spricht nach dem Eintreten sofort der Raum als Ganzes; das Gotteshaus öffnet sich. Bei der Heidelberger Jesuitenkirche handelt es sich um eine der in der Barockzeit seltenen dreischiffigen Hallenkirchen. Der Raum verfügt zwar über nach innen gezogene Strebepfeiler an den Langhauswänden, so daß er zwischen diesen Pfeilern schmale Kapellenbuchten anbieten kann, doch läßt er über jenen Buchten keine Emporen zu, die in den Jesuitenkirchen eigentlich die Regel sind. Deshalb werden die großen, mit schwach getöntem Ornamentglas versehenen Fenster nicht unterbrochen. Sie können ihr Licht ganz an die geräumige Kirche abgeben und damit entscheidend zur Luftigkeit und Leichtigkeit des Raumempfindens beitragen.

Die Jesuitenkirche

Die Längsachse dieses 65 Meter langen und 30 Meter breiten Kirchenbaues verläuft ziemlich genau von Nord nach Süd: Der Chor der Kirche liegt im Süden. Es handelt sich um einen dreischiffigen, von Pfeilern gestützten Hallenbau ohne Querhaus. Der Chor ist in der vollen Breite der Kirche halbrund geschlossen. Der Turm und die ihn flankierenden beiden Sakristeien springen in den Chorraum ein. Das Schiff der Kirche besteht aus fünf unterschiedlich tiefen Jochen. Nach dem fünften, dem tiefsten Joch, schließen die Seitenschiffe zum Chor hin mit einer Mauer ab. Nur das zehn Meter breite Mittelschiff gewährt den freien Durchblick auf Chorraum und Hochaltar; die Längsachsen der beiden Seitenschiffe enden an den Seitenaltären. Der Chorraum besteht aus einem dreischiffigen Joch, das in der Tiefe dem des fünften Langhausjoches entspricht, dann setzt nach einer merkwürdigen Doppelung von Pfeilern und Wandpfeilern die apsidiale Chorrundung an.

Die erste Bauperiode der Kirche ›ad Sanctum Spiritum et ad Sanctum Ignatium‹ reicht von April 1712 (Grundsteinlegung) bis zum Jahre 1723, einen völligen Baustillstand um das Jahr 1717 eingeschlossen. In diesen elf Jahren entstanden der Chor mit Chorrundung und Chorjoch sowie das anschließende Langhausjoch. Danach wurde die Kirche mit einer Wand geschlossen. Nach dem Raumvolumen war die Kirche bis etwa zur Hälfte gediehen. Die restlichen Mauern und Pfeiler ragten bis zu einem Drittel ihrer Höhe aus dem Boden. Der Turmstumpf hatte nicht ganz die Dachfirsthöhe erreicht. In diesem Zustand wurde die Kirche in Benutzung genommen.

Der zweite Bauabschnitt der Jesuitenkirche begann 1749. Innerhalb zweier Jahre wurde der vorgesehene Außenbau (bis auf den Turm) vollendet. Auch blendete man ihm nun eine nicht mehr zum ursprünglichen Konzept gehörende Fassade vor. Bis 1759 war das Kircheninnere vollendet, doch verfügte die Kirche zu diesem Zeitpunkt noch längst nicht über alle Ausstattungsstücke.

Die gründliche Untersuchung der Jesuitenkirche durch Peter Anselm Riedl, heute Ordinarius für neuere Kunstgeschichte an der Universität Heidelberg, brachte Mitte der fünfziger Jahre die akribisch erarbeitete Bestätigung dafür, daß jener Johann Adam Breunig, welcher die Alte Universität erbaute, als Schöpfer des Konzepts und als Baumeister des ersten Bauabschnitts der Jesuitenkirche zu gelten hat. Beide Gebäude, das der Universität und jener Sakralraum der Jesuiten, wuchsen ziemlich gleichzeitig aus dem verwüsteten Stadtboden. Nachdem die Kirche über 25 Jahre lang als Torso benutzt worden war, trat zur Vollendung eine neue Generation auf den Plan. Die Langhausgedanken Breunigs führte in beachtlicher Werktreue der Baumeister Franz Wilhelm Rabaliatti zu Ende. Er schuf sowohl die Fassade, die stark italienischen Vorbildern verpflichtet ist, als auch die leicht geschwungene Orgelempore im Innern und die Kapitelle an den Pfeilern.

Das 19. Jahrhundert nahm sich zunächst des Turms an. 1861 wollte der Großherzogliche Baudirektor Friedrich Fischer für 17 500 Gulden den Turm vollenden. Gebaut hat ihn aber zwischen 1866 und 1872 der Erzbischöfliche Baumeister Friedrich Federle für 25 800 Gulden. Er übernahm von Fischers Planung das überlängte vierte Turmgeschoß, setzte aber noch ein fünftes Geschoß auf und schloß den Turm mit einem achtseitigen Rippenhelm aus Stein.

Während der Turmbau noch im Gange war, wandte man sich (bis 1873) einer Neugestaltung des Innenraums zu. Sie gab der Kirche im Geschmack der damaligen Zeit eine schablonenhafte Festlichkeit, ohne auf die barocken Grunddispositionen besondere Rücksicht zu nehmen. Die Kirchenpfeiler wurden ihres Putzes beraubt und im Sandsteingefüge dargestellt. Die Wände strich man mit einer graugrünen Farbe, komponierte dazu aber auch noch andere Farbtöne, so daß die Kirche einen polychromen Charakter annahm. Das Nonplusultra waren die silbernen und goldenen Sterne in den Mittelschiffsgewölben, die von Dutzendornamenten der Gurte und Grate eingefaßt wurden. Auch baute man eine Orgel so auf die Empore, daß das Mittelfenster der Fassade verdeckt wurde. An die Stelle der Altäre traten großformatige Gemälde an der flach gerundeten Chorwand und an den ebenfalls leicht konkav ausgebildeten Abschlußwänden der Seitenschiffe.

Das hochrechteckige Hauptgemälde über dem Altar am Chorhaupt, das auch heute noch optischer Fluchtpunkt für alle

Kirchenbesucher ist, stellt die ›Ausgießung des Heiligen Geistes‹ dar. Der Kaulbach-Schüler Andreas Müller schuf es in glatter Virtuosität ohne tieferen Ausdrucksgehalt. Gerade so, als sei es damit noch nicht genug, überzog man die das Hauptgemälde rahmenden Pilaster mit einer üppigen Dekoration. Sie ist inzwischen verschwunden. Ebenfalls verschwunden sind ein zweites Gemälde Müllers in der Lünette über dem Hauptbild – eine ›Marienkrönung‹ – und die Darstellungen im Kuppelgewölbe, die Gottvater, vier Engel und die vier Evangelistensymbole zeigten. Zwei weitere großformatige Gemälde hat die Kirche noch an den Stirnwänden der Seitenschiffe aufzuweisen. Über dem Marienaltar (östliches Seitenschiff) befindet sich Ferdinand Kellers ›Himmelfahrt‹ von 1871; über dem Josephsaltar (westliches Seitenschiff) Müllers Bild ›Joseph mit dem Jesuskind‹ von 1872.

Die Restaurierung der Jahre 1953-54 und danach noch einmal 1972 stellte im wesentlichen den Zustand der Jesuitenkirche her, den wir jetzt vor Augen haben. Die wichtigsten Errungenschaften dürften sein, daß die Fenster zu beiden Seiten der Chorhauptwand geöffnet wurden und daß man die häßliche Orgel beseitigte und durch eine elegantere ersetzte, so daß seitdem das Mittelfenster der Fassade wieder Licht an den Raum abgeben kann. Auch wurden die Buntverglasungen der Fenster herausgenommen und durch polychromes Ornamentglas ersetzt. Die Pfeiler wurden wieder geschlämmt, so daß sie hell in Erscheinung traten. Dies alles trug dazu bei, dem Kirchenraum den lichtvollen, weiträumigen und schwerelosen Charakter zurückzugeben, der ihm ursprünglich wohl zugedacht war.

Man darf nicht vergessen, daß auch die jüngste Restaurierung unter der Prämisse stand, die fehlende Barockausstattung des Kirchenraums möglichst vergessen zu lassen. So mußte man sich zwangsläufig dem Bemühen stellen, einen festlichen Eindruck mit relativ bescheidenen Mitteln hervorzurufen. Dies gelang vor allem durch die Behandlung der Kapitelle. Ihr seegrüner Grund leuchtet aus der Vergoldung der Profile hervor. So schwebt inmitten der Kirche, unterhalb des Pfeilergebälks, das die Gewölbe trägt, eine heitere Farbzone von goldener Würde. Sie leitet auf die beiden Altäre des Chorraums zu und verdeutlicht die großartige Sprache der sakralen Architektur.

Bei der Restaurierung akzeptierte man auch Zutaten des
19.Jahrhunderts, etwa die Kanzel mit der gußeisernen Treppe,
die man um einen Pfeiler zum Chor hin versetzte. Auch einer
Pietà, die größeren Vorbildern der Renaissance nachempfunden
wurde, kann man sich im rechten Seitenschiff zuwenden. Sie
wurde von Julius Seitz aus Freiburg 1905 geschaffen und erinnert auf einem Sockel mit dem Text des Psalms 125, 5-6 an die
Toten der beiden Weltkriege. Daß seit 1972 einige Heiligenfi-
guren in ihren farbigen und goldenen Gewändern die vorderen
Pfeiler zieren, etwa der Heilige Hubertus mit dem Hirsch oder
der Heilige Ambrosius mit dem Bienenkorb, darf durchaus als
Bereicherung der ansonsten nur bescheiden ausgeprägten Bild-
zier dieser Kirche gewertet werden.

Ganz in Gold getaucht und dadurch Leuchtpunkte auf der
entfernten Chorwand sind jene beiden Gestalten, die vor den
marmorierten Pilastern zu seiten des Hauptbildes auf schweren
Konsolen stehen. Es handelt sich um die Apostel Petrus (links)
und Paulus (rechts). Sie waren ursprünglich einmal in Ladenburg zu Hause, sind aber dann auf verschlungenen Wegen und
in ganz neuer Erscheinung in Heidelberg angekommen, so daß
sich die Gemeindemitglieder wundern mußten: Sie hätten gar
nicht gewußt, daß die Jünger des Herrn in goldenen Gewändern einhergegangen seien. Nein, sicher nicht, sie hatten ja auch
keine silbernen Gesichter und Hände.

Es bleibt noch auf eine Besonderheit hinzuweisen, die wir
früher bereits erwähnten. Es ist die Gruft im nordöstlichen
Winkel der Kirche, unmittelbar beim linken Seiteneingang. In
ihr sind die sterblichen Überreste Friedrichs des Siegreichen,
wahrscheinlich zusammen mit Gebeinen von Familienangehö-
rigen, zur letzten Ruhe gebettet. Eine Erinnerung an den tat-
kräftigen Kurfürsten hält die steinerne Tafel mit lateinischem
Text an einem Kirchenpfeiler in der Nähe der Gruft wach.

Man reißt sich nur schwer von dem herrlichen Raumerlebnis
der Jesuitenkirche los. Tritt man aber mit solchen Eindrücken
und Erkenntnissen an das äußere Erscheinungsbild der Kirche
heran, so wird manches verständlich, was einen Unvorbereite-
ten eher befremden müßte.

Wenden wir uns zunächst der Schauseite des Kirchenschiffs
an der Schulgasse zu. Der rötliche Baukörper beeindruckt den

Betrachter durch seine qualitätvolle unverputzte Sandstein-architektur. An ihr läßt sich eine sehr umfangreiche, mit eini-gen Besonderheiten versehene barocke Rezeptur zur äußeren Gliederung des Kirchenbaues ablesen. Den unterschiedlich breiten Jochen der Hallenkirche entsprechen am Außenbau die Wandfelder mit den großen Fenstern. Wie die Pfeiler innen, so gibt außen eine Pilasterordnung die Vertikaltendenz an, nur geschieht das hier in zwei Abschnitten: Die Stützengruppen aus gekoppelten Pilastern sind zweigeschossig, so daß sich dazwi-schen eine Kapitellzone mit einem kräftig vorspringenden Ge-bälk ausbilden kann. Die oberen Pilaster sind etwas niedriger und auch etwas schmaler, wirken demzufolge leichter und we-gen ihrer korinthischen Kapitelle auch etwas dekorativer. Die-ser doppelten Pilasterordnung fügt sich das System der doppel-ten Fensterordnung ein. Im unteren Teil, zwischen den deutlich hervortretenden Gebälkstücken, sind es Rundbogenfenster, die fast die ganze Breite eines Wandfeldes einnehmen. Mit den Rundbogen, die von einem klar profilierten Kehlgesims ge-rahmt und verbunden werden, ragen die Fenster in die obere Pilasterzone hinein. Oberhalb davon gibt es dann noch je Feld ein Lünettenfenster, das die Form eines gestelzten Rundbogens hat.

In diesem barocken Architekturkonzert muß die Hinwen-dung zum Maßwerk der gotischen Zeit in den großen Fenstern besonders auffallen. Betrachtet man ein solches Fenster ge-nauer, so stellt man fest, daß es in vier schmale Felder eingeteilt wird. Es ist gut abzulesen, wie die Pfosten jeweils ihre Bogen zur Fensterleibung ausgreifen lassen. Ganz merkwürdig stellt sich jenes Maßwerk dar, das über den Arkaden der Fensterpfo-sten entwickelt wurde. Um es einfach zu beschreiben: Es han-delt sich um jeweils vier Kleeblatt-Arkaden, die auf drei radial angeordneten Säulchen ruhen. Auch die oberen Lünetten waren einmal radial verglast. Sie zeigten in den Scheiben jeweils ein Dreiviertelrad, doch wurde dies nun zugunsten der ursprüng-lichen dreifachen Vertikalteilung korrigiert.

Haben wir bis hierhin am Außenbau die Konzeption Breu-nigs verfolgt, so wenden wir uns nun Rabaliattis Fassade zu. Sie ist im barocken Sinne ›regelgerechter‹ als alles, was wir in und an der Kirche bis jetzt betrachten konnten. Sie entfaltet vor dem

Kirchenkörper ein Eigenleben im noblen italienischen Geiste. Da sie im unteren Teil dreiachsig ist, im oberen Geschoß jedoch nur eine Achse über dem Mittelteil aufweist, könnte man dahinter eher eine Basilika als einen von der Gotik inspirierten Hallenraum vermuten. Es handelt sich demnach um eine Scheinfassade, die nur sich selbst zeigt und die keinen Auftakt zu dem gibt, was dahinter zu erwarten ist. Wie schon gesagt, beginnt die Fassade im unteren Teil dreiachsig. Der mittlere Teil ist als flacher Risalit hervorgehoben. Dieser setzt sich auch im einachsigen Obergeschoß bis zum abschließenden Dreiecksgiebel fort. Hauptcharakteristikum der Fassade sind die glatten Pilaster, die stets zu zweien die architektonische Ordnung bestimmen. Diese flachen Wandstützen tragen ein reich profiliertes Gebälk, das der Fassade eine nicht zu übersehende Horizontalteilung verleiht. Darüber entfaltet sich dann der bis zur Giebelspitze genauso hohe obere Teil der Fassade, doch wirkt dieser wegen der geringeren Steinmasse wesentlich leichter. Beide Fassadenhälften sind nicht ganz zwanzig Meter hoch. Oben wurden die Pilaster etwas schwächer gehalten, doch setzen sie die untere Ordnung exakt fort. Die obere Pilasterordnung trägt das Hauptgebälk mit dem Dreiecksgiebel. Seitlich angeordnete Pilaster laufen in gedrückte Voluten aus, die den einachsigen Mittelteil nach den Seiten abstützen und dort in eine Attikazone überleiten.

Diese architektonische Durchformung der Wand vor der Kirche wird zusätzlich noch von einem reichhaltigen und qualitätvollen plastischen Schmuck belebt. In den von Dreiecksgiebeln bekrönten Figurennischen über den Seitenportalen sind zwei Heilige des Jesuitenordens dargestellt: links der Heilige Ignatius von Loyola, der Ordensgründer, der mit dem Fuß den satanischen Drachen zertritt, und rechts der Heilige Franz Xaver, ein Gefolgsmann des Ignatius, der sich vor allem der Indien- und Chinamission widmete und der deswegen hier auch als Täufer von Heidenkindern dargestellt ist. Diese typisch hochbarocken Gestalten agieren in sehr faltenreichen, gebauschten Gewändern, als stünden sie in starkem Wind. Das gilt auch für die Gestalt des Salvator Mundi in der Mittelnische des oberen Teils: Christus mit segnender Gebärde, in der linken Hand die Weltkugel mit dem Kreuz.

Zumindest die plastische Qualität dieser drei Hauptfiguren gibt die Berechtigung zu der Vermutung, die Werke stammten aus dem unmittelbaren Umkreis des damals in der Pfalz tätigen Bildhauers Paul Egell, wenn nicht sogar von ihm selbst. Als Arbeiten seiner Schüler darf man sicher den übrigen Figurenschmuck der Fassade ansehen, so die drei geistlichen Kardinaltugenden: auf der Giebelspitze die Gestalt des Glaubens (Fides) mit dem Kelch und dem sie weit überragenden Kreuz, auf den Voluten die Liebe (Caritas) mit dem Flammenherzen in der Hand (links) und die Hoffnung (Spes) mit ausgebreiteten Armen (rechts). Die Attika an den Seiten der oberen Fassade läuft in jeweils zwei Flammenvasen von rokokohafter Verspieltheit aus. Zwischen diesen Vasen sitzt noch einmal je ein Putto, welcher der Allegorie zugeordnet ist. So hält jener der Caritas eine (Sonnen-)Blume hoch, der andere jedoch muß sich mit dem eisernen Anker der Hoffnung abplagen. Außerordentlich dekorativ sind die beiden Reliefgehänge beiderseits der Erlösergestalt in den schmalen Feldern zwischen den Pilastern. Es handelt sich um Gehänge, die aus christlichen Emblemen komponiert sind. In der dem Barock eigenen unbekümmerten Weise wurden sie malerisch ineinander verschoben und willkürlich gruppiert: liturgische Geräte, Musikinstrumente, Kreuze, Kelche, Leuchter und ähnliches.

So bleibt – der Vollständigkeit halber – nur noch der Hinweis, daß die Supraporten aller drei Eingangsportale noch aus rohen Bossen bestehen, die einst ebenfalls der figürlichen Gestaltung zugeführt werden sollten. Dazu ist es nicht mehr gekommen. Doch die warm getönten hölzernen Türen nehmen die barocke Formensprache in so angenehmer Weise auf, daß man die nicht vollendeten steinernen Bekrönungen keineswegs als störend empfindet.

Der Religionsstreit setzt sich fort

Man muß sich vor Augen halten, daß zur Zeit des Kurfürsten Johann Wilhelm Heidelberg noch immer eine Hochburg des Protestantismus darstellte. Dieser Kurfürst – der von Jesuiten erzogen worden war, denen er sein Leben lang Dankbarkeit bezeigte – gab sich als ein Exponent des militanten Katholizismus. Dem pfälzischen Land hatte er ein System von Simultankirchen aufgenötigt, um die katholischen Minderheiten mit der protestantischen Mehrheit gleichzustellen. In anderen religionspolitischen Absichten konnte er nur durch das Eingreifen der großen protestantischen Mächte Europas zur Mäßigung gezwungen werden. So kam es – wenn man P. Bernhard Duhr in seiner ›Geschichte der Jesuiten‹ folgt – während des Baues der Universität und der Jesuitenkirche im Jahre 1715 in Heidelberg zu einem Eklat. Der Jesuitenpater Paul Usleber, ein Kirchenrechtler, hatte eine Disputation über alte und neue Kirchendisziplin angekündigt. Die evangelischen Professoren ahnten nichts Gutes und bedrängten den Rektor Högelein, der ebenfalls ein Jesuitenpater war, er möge die Disputation vertagen, bis sich der Kurfürst höchstselbst dazu geäußert habe. Damit war es nichts; die Disputation fand statt. In heller Empörung über die von Usleber vertretenen Ansichten wandten sich die Protestanten an den Kaiser und setzten einen Prozeß gegen die Jesuiten in Gang. Kurfürst Johann Wilhelm wurde seiner Rolle in diesem Streit durch den Tod am 8. Juni 1716 enthoben. Es dauerte fast zwei Jahre, bis sein Nachfolger Karl Philipp nach Heidelberg kam. Zwar hatte sich dieser schon im Mai 1717 in Neuburg an der Donau niedergelassen, denn ursprünglich wollte er dort bleiben. Doch von Ludwig Häusser (›Geschichte der rheinischen Pfalz‹, 2. Band) wissen wir, daß Karl Philipp »schon im folgenden Jahre des väterlichen Wohnorts überdrüssig« war, und sich entschloß, »in dem Theile seiner Länder zu residieren, worauf die sechshundertjährige Erinnerung und der Glanz der Kurfürstenwürde ruhte«.

Als nun Karl Philipp in Heidelberg erschien, trieb die Auseinandersetzung zwischen Katholiken und Protestanten sofort dem Höhepunkt zu. Der neue Kurfürst wandte sich mit Schärfe gegen die Behauptung im reformierten Heidelberger Katechismus, die Katholiken betrieben Abgötterei.

Er ordnete an, die seit 1705 mit einer Trennmauer versehene und dadurch beiden Konfessionen zugängliche Heiliggeistkirche den Katholiken völlig zurückzugeben. Nun war das Maß voll; die evangelische Bevölkerung verhüllte ihre Wut nicht länger. Der Kurfüst entzog sich der für ihn schwierigen Situation unter anderem dadurch, daß er nach Schwetzingen auswich und 1720 die Residenz nach Mannheim verlegte. In der vom Auszug der Residenz abermals schwer getroffenen Stadt, deren Bevölkerung innerhalb weniger Jahre um 200 Familien zurückging, verlegten sich die Söhne des Heiligen Ignatius auf die Seelsorge und das Schulwesen.

Das von den Jesuiten in der Stadt unmittelbar in Anspruch genommene Areal stellte ein Geviert von 120 mal 70 Meter dar. In ihm lag, wie der Name Heugasse schon sagt, die alte Heuscheuer mit dem ursprünglichen kurfürstlichen Marstall, und es gab hier viel Besitz der Universität. Mit der Duldung des Kurfürsten griff der Orden in diesem Trümmergelände nicht sehr rücksichtsvoll zu. Die Baufachleute Breunig, Charrasky und Sartorius, die im kurfürstlichen Bauamt wirkten, kamen wegen der Eigenmächtigkeiten des Ordens mehr als einmal in Verlegenheit. Der 1703 für die Niederlassung konzipierte Drei-Flügel-Bau (Norden–Osten–Süden) schritt rasch voran. 1705 war der nördliche Teil schon fertig; die beiden anderen Abschnitte folgten bis zu den Jahren 1708 und 1711. Der Platz für die Kirche blieb stets im Nordwesten des Gevierts reserviert.

Die ›Soldaten Gottes‹ konnten sich ihrer Niederlassung in Heidelberg nur knapp siebzig Jahre lang erfreuen, denn am 21. Juli 1773 hob Papst Clemens XIV. den Orden der Jesuiten auf. Dieser folgenreiche Beschluß schuf in der Heidelberger Stadtstruktur ein Vakuum. Deshalb wies Kurfürst Karl Theodor die aus Frankreich kommende Kongregation der Priester von der Mission (sogenannte Lazaristen) 1781 in das Eigentum der Jesuiten ein. Sie verwalteten und nutzten es bis 1792. Seit dem 1. November 1809 ist die Jesuitenkirche die reguläre Pfarrkirche der Gemeinde Heiliggeist, und der Nordflügel des Kollegiengebäudes dient als Pfarrhaus.

Im 19. Jahrhundert gehörten die übrigen Teile des Kollegiengebäudes Privatleuten, die sie ersteigert hatten. 1835 richtete die Stadt im mittleren Teil des Ostflügels ihre Höhere Bürgerschule ein. Aber erst 1900 war die Stadt im Besitz des ganzen Gebäudes (bis auf das Katholische Pfarramt); sie benötigte es auch für die inzwischen aus der Höheren Bürgerschule hervorgegangene Real- und Oberrealschule.

Seitdem sind einige Generationen von Heidelbergern stolz darauf, sich nach ihrer Schule ›Kettengäßler‹ nennen zu dürfen, denn sie waren über 50 Jahre lang geistig in der Kettengasse zu Hause. Das Helmholtz-Gymnasium führt die Tradition der ›Kettengasse‹ in völlig verwandelter und nicht mehr vergleichbarer Atmosphäre seit 1968 außerhalb der Altstadt fort.

Die Jesuiten wußten, was sie wollten, als sie ihr *Kollegiengebäude* errichteten: Sie setzten in Heidelberg neue Maßstäbe. Zum ersten Mal griff eine Institution über die traditionellen bürgerlichen Bauverhältnisse der Stadt hinaus und prägte ein ganzes Stadtquartier nach ihren Vorstellungen. Das wird nirgendwo so deutlich wie an der langen Flucht der Kettengasse. Auf der östlichen Seite der Gasse entwickelte die Bürgerschaft nach ihren bescheidenen finanziellen Möglichkeiten Häuser, die über zwei Stockwerke und ein Gaupendach nicht hinausgingen. Demgegenüber sieht man auf der westlichen Straßenseite den gänzlich ungegliederten, tatsächlich kasernenartig wirkenden Ostflügel des Kollegiengebäudes mit der demonstrativen Reihung von 25 Fensterachsen. Diese Geschosse und diese Fenster haben andere Maße, so daß trotz der Beschränkung auf drei Geschosse alle barocken Häuser der anderen Straßenseite fast um das Doppelte überragt werden.

Im Jahre 1972 kam die Restaurierung des Gebäudes in Gang. Die Katholische Kirche schloß sich den Erneuerungsmaßnahmen an und stellte damit sicher, daß das Jesuitenkollegium wieder einheitlich in Erscheinung treten konnte. Denn nur vom Außenbau geht noch eine historische Wirkung aus, weil im Innern nahezu alles total verändert wurde. Lediglich die soliden Kellergewölbe und das Treppenhaus (nach Entfernung von ›Zutaten‹) vermitteln noch Originaleindrücke. Nun steht das Domizil des Anglistischen Seminars erneuert vor uns: mit grauem Putzgrund und darauf aufgesetzten glatten weißen Flächen, die als Verbindungen zwischen den Fenstern die Vertikalgliederung deutlich machen. Pilaster, Gesimse, Portale und Fensterumrahmungen zeigen jenes leuchtende Rostrot, das wir schon vom Bau der Universität her kennen.

Im Sommer 1976 rückten Planierraupen in den ehemaligen Schulhof ein, um ein neues Innenniveau des Gevierts herzustellen, denn man wollte den auf alten Originalplänen sichtbaren Barockgarten wieder anlegen. Seit einigen Jahren ist dieser Garten in seiner zum Kollegienhaus passenden stilistischen Einfachheit eine Augenweide. Die Freude darüber wäre komplett, wenn es gelänge, jene Mauer zu entfernen, die das Besitztum der Kirche von jenem der Universität trennt. Dennoch darf man sein Entzücken darüber äußern, daß ein fast unverstellter

Blick auf die Jesuitenkirche in ihrer Gesamtheit von Südosten
her möglich ist. Auch das um die Kirche sich entfaltende Ambiente besitzt nun soviel Stimmung, Glanz und Heiterkeit, wie
es dieses Viertel in den mehr als zweihundertfünfzig Jahren
seiner Geschichte noch nie aufzuweisen hatte.

Barocke Demonstration: Schule und Seminar

Das Baurepertoire der Jesuiten war mit dem Kollegiengebäude
und der Kirche allerdings noch nicht erschöpft. Hätte das vergangene Jahrhundert im Süden des Jesuitenviertels nicht zwei
recht umfangreiche Gebäude für die Justizbehörden errichtet,
könnte der Blick noch ungehindert zu den beiden anderen Bau-
werken des Ordens hinüberwandern: zum Jesuitengymnasium
und zum Seminarium Carolinum.

Jenes *Justizgebäude,* dessen Rückseite schon vom Barockgarten des Jesuitenkollegs zu sehen war, ersetzt in etwas anderer
Weise den heute nicht mehr vorhandenen Südflügel des Kolle-
giums. Es handelt sich um einen mächtigen, aus Hausteinen
gefügten Kubus, der trotz seiner vielen Fenster noch große
Wandflächen sehen läßt. Die rundbogigen Fenster, die der Architekt ausschließlich verwendete, machen die Quelle seiner
Inspiration deutlich, denn es ist kurios, daß man zur Beschreibung dieses Gebäudes auch einen Text über einen Palazzo der
italienischen Frührenaissance, etwa den der Medici-Riccardi in
Florenz, vorlesen könnte. Es stimmt nämlich fast alles: Die
gekuppelten Rundbogenfenster, die von einem größeren Rundbogen als Zwillinge zusammengefaßt werden und die zwischen
ihren Scheiteln eine kreisrunde Ornamentscheibe sehen lassen,
sind ebenso nachempfunden wie jene Gesimse, die nicht in der
Höhe des Fußbodens, sondern in Brüstungshöhe verlaufen,
und schließlich wird der Bau auch durch eine Platte abgeschlossen, die auf Konsolen ruht. Einziger Schönheitsfehler: Man hat
noch ein viertes Geschoß aufgesetzt, was gegen die Intentionen
des Quattrocento ist.

In diesem Haus haben nach dem Auszug der Justizbehörden
und nach gründlicher Restaurierung das Romanische Seminar
und das Seminar für lateinische Philologie des Mittelalters und
der Neuzeit Unterkunft gefunden. Außerdem ist hier das Insti-

tut Français zu Gast. Gegenüber, in einem ebenfalls fein herausgeputzten ehemaligen Justizgebäude, ließen sich die Kunsthistoriker nieder. Sie genießen den leicht überhöhten Ausblick auf
das barocke Jesuitenviertel; sie haben das nachgebaute Quattrocento vor Augen und müssen – völlig fachfremd – in der Nachbarschaft nach Osten als einzige Hinterlassenschaft der Justiz
das Gefängnis ertragen. Mit den Kunsthistorikern unter einem
Dach befindet sich das Seminar für Osteuropäische Geschichte.

Dem Palazzo der Romanisten korrespondiert auf der anderen
Seite ein dreigeschossiger Blockbau mit Eckpilastern und zwei
Portalen, der sofort wieder die Erinnerung an das barocke Instrumentarium der Jesuiten lebendig werden läßt. Der Schein
trügt nicht; es handelt sich um das geräumige Gehäuse des
ehemaligen *Jesuitengymnasiums*. Es nimmt als Rechteckbau den
gesamten Raum zwischen Schulgasse und Augustinergasse ein.
Da die schönen Barockportale an der Schulgasse leider gefühl-
los vermauert und zu Fenstern reduziert sind, muß der Eingang
von der Augustinergasse her gesucht werden.

Als die katholischen Neuburger das pfälzische Regiment übernahmen,
wurde von den Jesuiten 1688 in Heidelberg eine katholische Gelehrten-
schule gegründet. Man benutzte ein mit dem Klingentor verbundenes Haus
dafür. Die Jesuiten machten den Unterricht durch neue Fächer des natur-
wissenschaftlichen Zweiges attraktiv. Als die Zahl der Katholiken in
Heidelberg auf über 2000 gewachsen war, erwies sich ein Neubau für das
katholische Gymnasium als angebracht. So kam der Barockbau zwischen
Schulgasse und Augustinergasse zustande.

Am ehemaligen Jesuitengymnasium, das als ›Seminarien-
haus‹ in Heidelberg viel bekannter ist, kehren alle Formele-
mente wieder, die schon vom Universitätsgebäude bekannt
sind. Tatsächlich hat Breunig 1715 den Entwurf für das Jesuitengymnasium geliefert. Demzufolge fehlt die horizontale
Gliederung durch Gesimsbänder, lediglich die exakte Reihung
der vierzehn Fenster je Geschoß gibt horizontal gerichtete
Fluchtlinien an. In der Vertikalen verbinden wieder Putzblen-
den die Fenster miteinander, nur ist hier zwischen Erdgeschoß
und erstem Obergeschoß noch eine Reihe gestelzter halbrunder
Lünettenfenster eingeschoben, die man sonst an Breunigbauten
in Heidelberg nicht findet. Dafür sind die Pilaster an den Gebäudeecken dem Universitätsbau Breunigs um so ähnlicher.

Daß das ehemalige Gymnasium heute so sehr als kasernenartiger Blockbau wirkt, mag einmal an seinem wenig erfreulichen Äußeren, zum anderen auch an der rustizierten Ummantelung der verunstalteten Portale an der Augustinergasse liegen. Zu diesem Eindruck trägt aber ohne Zweifel auch die Tatsache bei, daß man das Dach nicht mehr sieht. Über dem kräftig ausgeprägten Gesims erhob sich vor 1846 ein wesentlich steileres Dach. Vor den beiden Portalen an der Schulgasse darf man sich an die Portale des Universitätsbaues erinnern – und man darf sich vorstellen, was aus diesem Haus zu machen wäre, wenn die häßlichen Zutaten verschwänden und die alte Form stilrein herausgearbeitet würde. Es ließe sich wohl eine den Philosophen gemäße Unterkunft daraus machen, denn hier und in einem nördlich bis zum Marsiliusplatz reichenden Winkelbau sind die Philosophischen Seminare zu Hause. Außerdem befinden sich hier das Slavische Institut und die Studentenbücherei. Zuvor hatte das Haus fast hundert Jahre lang – von 1827 bis 1905 – die Universitätsbibliothek aufgenommen.

Folgen wir nun den ›Patribus Jesuitibus alhier‹ zu ihrem letzten, städtebaulich reifsten und schönsten Werk in Heidelberg, dem benachbarten *Seminarium Carolinum* (Seminarium ad Sanctum Carolum Borromeum). Es wurde 1720 als Karlskonvikt gegründet. In ihm wollten die Jesuiten ihren Ordensnachwuchs heranbilden. Dieser Absicht war allerdings keine lange Wirksamkeit beschieden. Die Planung des Ordens für das Konvikt setzte der Baumeister Rabaliatti in die Wirklichkeit um. Zweimal fertigte er Risse dafür: einmal für den Hauptbau, die dreiflügelige, mit einem Ehrenhof nach Norden gerichtete Anlage, deren Grundstein 1750 gelegt wurde, und sodann 1765 für die Erweiterung um drei Pavillons an der Rückseite. Die bauliche Oberleitung bei diesem Projekt dürfte der Jesuitenpater Günther gehabt haben.

Es ist ein sehr schöner, harmonischer, elegant wirkender Bau, der sich der leichten Hanglage hervorragend anpaßt. Die Gliederung durch den fein ausgeprägten dreiachsigen Mittelrisaliten mit Dreiecksgiebel vor einem typisch barocken Dachkontur, dazu die beiden Eckpavillons, ebenfalls dreiachsig mit rustizierten Lisenen, mit denen das Seminargebäude beiderseits bis an die Straße vorgreift, überwinden die von Breunig ge-

wohnte architektonische Schwerblütigkeit zugunsten einer
freundlichen Offenheit und eines frischen Temperaments. Daß
das Gebäude mit rechtwinkligen Flügeln Raum sucht, daß Gesimsbänder die keineswegs hoch geratenen Geschosse horizontal säuberlich voneinander trennen und dabei zugleich eine dem
Auge wohlgefällige Linienführung zur perspektivischen Orientierung bereithalten, verrät eine kluge Konzeption, die mit
recht einfachen Mitteln ein Höchstmaß an ästhetischer Wirkung zustande bringt. Die deutlich herausgearbeiteten Pavillons am Kopf der Gebäudeflügel schaffen bei genügendem Be-
trachtungsabstand ein optisches Pendant zur hervorgehobenen
Gebäudemitte, die nicht nur Rundbogenbekrönungen für Türe
und Fenster im Erdgeschoß und ein kartuschenartiges Ornament rings um das Radfenster im Dreiecksgiebel aufweist, sondern mit einem zwiebelgeschmückten Dachreiter einen nicht zu
übersehenden Akzent schafft.

Das Glockentürmchen auf dem First des Seminarium Carolinum ist das lustigste, das die Heidelberger Dachlandschaft zu
bieten hat. Es zeigt feingeschwungene Konturen und ist in sich
wohlproportioniert. Seine Eleganz wird vollends deutlich,
wenn man es von der Rückseite des Gebäudes, von der höher
gelegenen Straße aus gegen die Stadtsilhouette betrachtet.

Nachdem das Seminargebäude bis 1808 das katholische
Gymnasium beherbergt hatte, fand es von 1826 bis 1843 Verwendung als ›Irren-Anstalt‹ (wie man damals sagte). Diese ›Anstalt‹ war von Pforzheim nach Heidelberg verlegt worden und
wurde dadurch eine zwar nicht zur medizinischen Fakultät gehörende, wohl aber von ihr betreute Einrichtung. Von 1844 bis
1876 betätigten sich im vormaligen Seminargebäude die Chirurgische und die Medizinische Klinik der Universität. Sie kamen aus dem Weinbrennerbau des Marstalls hierher. Dort hatten sie der Entbindungsstation Platz gemacht.

*Direktor der Chirurgie war damals Maximilian Josef von Chelius. Sein
Nachfolger wurde Gustav Simon, ebenso bedeutend wie sein Vorgänger.
Hatte sich Chelius neben der Chirurgie vor allem der Augenheilkunde
verschrieben, so gelangte Simon durch erstmals in der Welt durchgeführte
Nierenoperationen zu Ruhm. – Von den Nährmüttern Chirurgie und
Innere Medizin lösten sich in der Folge immer wieder erwachsen gewor-
dene Töchter ab. Die erste war die Augenheilkunde, die durch Knapp 1864*

Seminarium Carolinum

in einer eigenen Klinik etabliert wurde. Die ärztlichen Direktoren Chelius und Simon starben innerhalb von vierzehn Tagen in jenem Jahr 1876, in dem die Kliniken aus der Altstadt endgültig auszogen, um im Gebiet an der Bergheimer Straße ein eigens für sie errichtetes ›Akademisches Krankenhaus‹ zu beziehen.

Nicht auf diese wissenschaftsgeschichtlich bedeutsame Epoche, wohl aber auf den nachfolgenden Verwendungszweck des Gebäudes weist eine Gedenktafel hin, die am linken (östlichen) Pavillon angebracht ist. Dort kann man lesen, daß im Seminarium Carolinum von 1881 bis 1914 das 2. Bataillon des 2. Badischen Grenadierregiments Kaiser Wilhelm 1. Nr. 110 lag. Das Bataillon verlor, so wird auf der Tafel mitgeteilt, im Ersten Weltkrieg 32 Offiziere sowie 1331 Unteroffiziere und Soldaten.

Auch im Zweiten Weltkrieg mußten die inzwischen mit Heidelberg eng verbundenen ›Hundertzehner‹ große Opfer an den Fronten im Westen und Osten bringen.

Nach dem Krieg hat man dieses Gebäude in Heidelberg nur das ›CA‹ genannt, das ›Collegium Academicum‹. Es war unmittelbar nach Kriegsende von dem Chirurgen Professor Karl Heinrich Bauer als »studentische Lebens-, Arbeits- und Selbsterziehungsgemeinschaft« gegründet worden. Bis 1953 gehörte es zum Studentenwerk und wurde dann eine besondere Einrichtung der Universität, die seit 1957 durch Satzung garantierte Selbstverwaltungsrechte besaß. Dieses erste deutsche Kollegienhaus nach dem Krieg stellte Kontakte zu Montpellier und Cambridge her. Daraus ergaben sich dann die offiziellen Städtepartnerschaften, die bis heute bestehen. Im Jahre 1960 traten jedoch ›Symptome der Desorientierung‹ auf, wie es ein Vertreter des CA einmal formulierte. Politische Indoktrination griff unter den 130 ›Collegiaten‹ um sich. Es kam zu Mißbräuchen des Selbstverwaltungsprinzips. Sogenannte ›K-Gruppen‹ nisteten sich ein und betrieben von hier aus Agitation. Ausgehängte politische Parolen und rote Fahnen gehörten zum äußeren Erscheinungsbild des immer mehr verwahrlosenden Gebäudes. Die Bewohner des CA sorgten selbst dafür, daß die Bevölkerung spätestens seit 1975 dieses Heim mit einer Zelle jener politischen Unruhen gleichsetzte, unter denen nicht nur die Universität, sondern fast die ganze Stadt zu leiden hatte.

Als Senat und Verwaltungsrat der Universität im Oktober 1976 den Beschluß faßten, das Collegium Academicum zum 28. Februar 1978 zu schließen, um in dem Gebäude nach gründlicher Renovierung die zentrale Universitätsverwaltung unterbringen zu können, formierte sich der Widerstand. In den ersten Märztagen des Jahres 1978 wurde das Gebäude von der Polizei geräumt; die befürchteten tätlichen Auseinandersetzungen blieben aus. Die letzten Heimbewohner besetzten vorübergehend die Peterskirche, dann löste sich auch diese Gruppe auf.

Inzwischen sind die Restaurierungsarbeiten und der Innenausbau beendet; die Universität hat für ihre unablässig gewachsenen Verwaltungs- und Organisationsaufgaben ein ihr gemäßes Domizil von zeitgerechtem Zuschnitt erhalten. In ein paar Jahren werden Alltag und Jahreszeiten dem Bau wieder Patina

verliehen haben. Aber auch dann noch wird man den milden
Kontrast zwischen den cremefarbenen Putzflächen und dem
zarten Grau der Gesimse und Fenstergewände sowie der Mit-
telrisalitgliederung als vornehm und würdevoll empfinden. Die
Zeiten, in denen der Bau entstand, können, was die Heidelberger Verhältnisse angeht, so nicht charakterisiert werden. Dem
Stadtschicksal waren auch unter Karl Theodors Regierung
kaum heitere Züge beschieden, doch nach außen herrschte Frieden. So sei mit Genugtuung vermerkt, daß trotz der Bedrük-
kung durch die Rekatholisierung und trotz der wissenschaftlichen Verflachung, trotz wirtschaftlicher Not in vielen Bereichen und trotz sich verstärkender Auswanderungstendenzen
bei der Bevölkerung, Heidelberg mit diesem Jesuitengebäude
ein Geschenk im Geiste der Zeit zuteil wurde, dessen Nutzung
nicht verschmäht wurde und dessen Wert sich im Sinne der
Geschichtsbewahrung jetzt erst im Bewußtsein der Menschen
festigt.

Die Peterskirche mit dem stillen Begräbnisplatz

Vor 150 Jahren konnte man das Gebiet um die Peterskirche
noch eine ländliche Idylle nennen. Das leicht zur Stadt hin abfallende Gelände wurde von der Kirche und ihrem von Bäumen
bestandenen Friedhof beherrscht. Damals fauchten weder Ei-
senbahnzüge durch den parkähnlichen Frieden, noch rauschte
und donnerte unablässig der Straßenverkehr um die efeuver-
hüllten Mauern des Gotteshauses. Vertieft man sich in alte Ansichten, so spürt man die stille Würde, die diesen Platz des
ältesten Heidelberger Gotteshauses umgab. Bis zum Ende des
14. Jahrhunderts, als die Stadt durch Ruprecht II. radikal erweitert wurde, lag der alte Kirchenbereich außerhalb der Stadt-
mauern. Das einst kleine, äußerst bescheidene Gotteshaus
wurde zwischen 1485 und 1495 – zur Zeit Philipps des Aufrich-
tigen – gotisch so meisterhaft umgebaut und erneuert, daß ein
Kirchenschiff als flachgedeckte Halle ohne jedwede Stütze entstand. Diese Leistung erregte zu allen Zeiten die Bewunderung
der Betrachter. Nach der Stadtzerstörung von 1693 wurden
Chor und Schiff mit barocken Dächern gedeckt. Der im oberen
Teil zerstörte Turm erhielt ein Zeltdach. Dies alles beseitigte

die in mehrfacher Hinsicht verhängnisvolle Restaurierung der Kirche 1864 bis 1870. Das Gotteshaus wurde mit neugotischen Applikationen überzogen und schließlich, was Turm und Schiff betrifft, in solcher Weise auch umgestaltet.

Seit dem Jahre 1400 besaß die Universität das Patronatsrecht über Sankt Peter; seitdem durfte sie auch ihre Toten dort begraben. Der erste Rektor der Universität, Marsilius von Inghen, ist hier schon bestattet worden. Sein Grab kennt man jedoch nicht mehr. Hundertfünfzig Jahre später gab die Universität das Patronatsrecht an den Kurfürsten zurück und behielt nur eine an die Südseite des Schiffs angebaute Kapelle, die heute noch Universitätskapelle heißt. Die Tatsache, daß es sich bei der Peterskirche seit dem 15. Jahrhundert um einen bevorzugten Begräbnisplatz handelte, auf dem vorwiegend kurfürstliche Hofbeamte, Professoren, aber auch angesehene Bürger bestattet wurden, prägt bis heute den Charakter der Kirche und der ummauerten Umgebung, die man den Petersgarten nennt.

Die Veränderungen des 19. Jahrhunderts wurden vom Bau der Odenwaldbahn ausgelöst. Sie durchbohrte 1859/62 den Hang des Gaisbergs, durchschnitt den Peterskirchhof, um schließlich über eine weitere Tunnelstrecke unter dem Schloß hindurch das Karlstor und das Neckartal zu erreichen. Für die Inanspruchnahme des Friedhofsgeländes durch den Bahnbau wurden der Kirchengemeinde 14000 Gulden Entschädigung gezahlt. Sie bildeten den finanziellen Grundstock der nachfolgenden Kirchenrestaurierung.

Die neue Gestalt der Peterskirche wurde vor allem am Turmaufbau sichtbar. Kirchenbaumeister Ludwig Frank-Marperger ließ auf den vorhandenen, noch aus der ältesten Zeit stammenden Turmunterbau einen durchbrochenen Spitzhelm nach dem Muster des Freiburger Münsters aufsetzen. Weil er sich ganz auf die Neugotik versteift hatte, wurden auch die Barockdächer durch steilere Satteldächer ersetzt, die obendrein noch gotische Zutaten erhielten. Offenbar war die Kirchengemeinde mit dem Werk der Erneuerung sehr zufrieden, denn sie ließ dem »genialen Meister« 1868/70 freie Hand zur Umgestaltung des Innenraums. Der einst so bewunderte stützenfreie Raum der Kirche verlor seine hölzerne Flachdecke und wurde nun zu einer dreischiffigen gewölbten Hallenkirche umgebaut. In diese Halle zog Frank-Marperger im Westen um den einspringenden Turm herum eine Orgelempore ein.

Die Restaurierung nach dem Dachbrand von 1945 hat versucht, die neugotischen Zeugnisse des vorangegangenen Jahrhunderts zurückzudrängen. Das ist ihr teilweise gelungen. Mit dem Turmhelm, dessen durchbrochenes Steinwerk schon stark verwittert war, setzte man sich anders auseinander: Man ließ diese Spitze mit Eisen bandagieren, so daß die statische Festigkeit gegeben war, und überzog sie dann mit jenen dunklen Kupferplatten, die wir heute sehen und die zumindest den Turm wieder der Ansicht auf Merians Stadtpanorama annähern.

Wenn man das *Innere der Kirche* von Westen her durch die Turmhalle betreten hat (was meist in den frühen Nachmittagsstunden möglich ist), befindet man sich in einem merkwürdigen Raumgebilde. Die dreischiffige gotische Halle wirkt im Dämmerlicht fast original; man muß schon zweimal hinsehen, um die neugotische Handschrift des Kirchenbaumeisters zu erkennen. Aber diese Halle setzt sich nicht in einem kathedralartigen Chor fort, sondern sie stößt mit den Seitenschiffen in Chorhöhe an Abschlußwände. Der Chor aber ist eingezogen und im Vergleich zum Kirchenraum von fast intimer Bescheidenheit. Er steht mit seinem $^5/_8$-Schluß und seinem Rippengewölbe, das ihn in die Zeit um 1500 verweist, als originaler Baubestand vor uns. Außer diesem Chor mit den zwei Jochen und der südlich daran angebauten Sakristei, die ein Sterngewölbe besitzt, sind im wesentlichen die Umfassungsmauern der Kirche mit den je zwei im Süden und im Norden vorspringenden Kapellen alt. Zum Originalbestand des Gotteshauses gehört ferner die untere Partie des Westturms mit der gewölbten Eingangshalle. Das gesamte ›Innenleben‹, bis hin zu den Reformatorenfenstern im Chor, ist jüngeren Datums. Daß es nicht als neuere Zutat empfunden wird, mag zwei außergewöhnlichen Fakten zuzuschreiben sein: Einmal übt die Fülle der Grabdenkmäler, die an allen Wänden, in allen Kapellen und vor allem auch im Chor sichtbar ist, eine historisch integrierende Wirkung aus; zum anderen aber fesseln zwei Kolossalgemälde an den Stirnwänden der Seitenschiffe immer wieder den Blick des Betrachters.

Diese beiden, jeweils die ganze Wand ausfüllenden und somit spitzbogig nach oben zulaufenden Gemälde schuf der Karlsru-

her Maler Hans Thoma, der durch seine eigenartig stimmungsvollen Schwarzwaldbilder bekannt geworden ist. Thoma, der
als Akademieprofessor eine über die Landschaftsschilderung
hinausweisende thematische Vertiefung seiner Malerei an-
strebte, hat hier christlicher Gläubigkeit bildnerische Fassung
zu geben versucht. Im linken (nördlichen) Seitenschiff müssen
die Augen ein dunkles Gemälde zu erforschen versuchen. Es
steht unter dem Thema ›Herr, hilf mir!‹ (nach dem Dehio-
Handbuch: ›Der kleinmütige Petrus‹). Man sieht Christus als
bärtige Gestalt im wallenden Gewand zur Nacht auf dem Meer
über einer hochaufschäumenden Woge. Umgeben von einer
Gloriole, schreitet der Herr mit ausgebreiteten Armen auf Petrus zu, der in der tobenden See zu versinken droht und hilfesu-
chend die Hände nach dem Erretter ausstreckt. Unter den ge-
ballten Wolkenmassen schwebt die Mondsichel am Himmel
und über den Wolken; in der Spitze des Bildes sind sieben
Sterne zu sehen. Diesem düsteren Bild von aufwühlender Dra-
matik steht im rechten (südlichen) Seitenschiff ein helles, sanf-
tes, beruhigendes Gemälde gegenüber. Sein Thema heißt ›Noli
me tangere!‹ (nach dem Dehio-Handbuch: ›Christus als Gärt-
ner‹). Ein sonnenüberglänzter Frühlingsmorgen ist dargestellt.
In einem von einer Mauer abgeschlossenen Garten, dessen
Pforte offensteht, tritt Christus vor eine Frau hin, die auf die
Knie gesunken ist und beide Hände der Erscheinung des Erlö-
sers darbietet. Christus bleibt jedoch eine Lichtgestalt und wird
von dieser Frau auch als visionäre Erscheinung wahrgenommen. Es ist Maria Magdalena am Ostermorgen. Beide Gestalten trennt als optische Scheidung ein Baum, dessen hochaufra-
gender Stamm das Bild wie ein gotisches Fenster halbiert.
Während vom spitzbogigen Scheitel des Gemäldes die Früchte
des Lebens aus dem Laub des Baumes leuchten, wird der Vordergrund vor der knienden Maria Magdalena von üppigem
Blumenflor bestimmt. Jenseits der Mauer geht hinter fernen
Bergen die Sonne auf.

Die den Kirchenraum bestimmenden beiden Gemälde schuf
Hans Thoma im Auftrag des Heidelberger Kunsthistorikers
Henry Thode und dessen Frau Daniela. Das legte in einem
Aufsatz die Kulturhistorikerin Lili Fehrle-Burger dar. Nach
ihrer Schilderung ist Daniela Thode eine Tochter der Cosima

Wagner gewesen. Bayreuth, so Fehrle-Burger, habe das Honorar für die Gemälde bezahlt. Und so sei es auch nicht verwunderlich, daß als Maria Magdalena auf dem Ostermorgenbild die Gestalt der Cosima Wagner erscheine.

Die Enthüllung der Gemälde fand am 16. November 1902 in Anwesenheit der großherzoglichen Familie und zahlreicher hochgestellter Gäste aus dem In- und Ausland statt. Auch Cosima Wagner war zugegen. In ihrer Begleitung sah man den Komponisten Engelbert Humperdinck. Im Sommer des darauffolgenden Jahres wurde dem Künstler Hans Thoma der Ehrendoktor der Universität verliehen. – Die Garten- und Landschaftsszenerie des Osterbildes geht übrigens auf Eindrücke zurück, die Thoma auf Henry Thodes Landsitz am Gardasee empfangen hat, und auch die stürmische See des Nachtbildes ist Thoma in solcher Weise vor Venedig zu einem erschreckenden Erlebnis geworden. Thodes Villa in Gardone verfiel übrigens im Ersten Weltkrieg der Beschlagnahme und ging später an Gabriele d'Annunzio über, der Haus und Park zu jenem eigenwilligen neomanieristisch-nationalistischen ›Vittoriale‹ umgestaltete, das heute noch besichtigt werden kann.

Die fortbestehende enge Verbindung zur Universität ließ die Kirche zu einem Mittelpunkt der geistlichen Musik werden. Im Zusammenwirken von Universität, Kirchenmusikalischem Institut und Bachverein wurde die Peterskirche zur Stätte manch großen Ereignisses der Musica Sacra unter Philipp Wolfrum, Hermann Meinhard Poppen, Herbert Haag und Erich Hübner.

Wenden wir uns den *Grabsteinen* zu, einem Lapidarium ganz eigener Art! Da es sich um fast 150 steinerne Denkmäler in und an der Kirche handelt, die von unterschiedlicher künstlerischer Bedeutung sind und die einen ebenso unterschiedlichen, wenngleich inzwischen konservierten Erhaltungszustand aufweisen, können wir nicht jedes Grabmal ansehen und uns in seine Betrachtung vertiefen. Die wichtigsten Grabdenkmäler zieren die Chorwände der Kirche.

Die Stirnwand des Chors nimmt ein prächtiges Grabmal für die beiden Raugräfinnen Amalia Elisabetha (†1709) und Louise (†1733), also für Töchter des Kurfürsten Karl Ludwig, ein. Man findet aber auch Grabplatten namhafter Professoren, so des Jacob Curio (Mathematiker), Wilhelm Xylander (Philologe) und des Caspar Agricola (des ersten Lehrers der Logik an der Universität). Als kurfürstlichen Kirchenrat und Sammler von Geschichtszeugnissen kennen wir bereits Marcus zum Lamm; er ist hier bestattet. In dem kapellenartigen Raum des westlichen Eingangs der Nordseite findet man den Grabstein der einst berühmten Olympia Fulvia Morata aus Ferrara, die als Jüdin zum evangelischen Glauben übertrat und den Schweinfurter Arzt Andreas Grüntler heiratete. Sie war zur Renaissancezeit eine gefeierte Dichterin in lateinischer und griechischer Sprache.

Unter den 72 an der Außenwand der Kirche und den 15 in den Nischen der südlichen Friedhofsmauer angebrachten Grabdenkmälern sind erwähnenswert die Grabtafel des Barockbildhauers Heinrich Charrasky, die Grabsteine für den Geschichtsschreiber der Pfalz, Hubertus Thomas Leodius und dessen Frau, ferner die arg lädierte, von Eisenbändern zusammengehaltene Steinpyramide zur Erinnerung an den Kirchengeschichtler Karl Casimir Wundt und dessen Bruder. Man wird der Erinnerungstafel an den Medizinalrat Dr. Nebel ebenso begegnen wie dem Gedenkstein an den Stadtpfarrer der Peterskirche, Professor Johann Friedrich Abegg, und dem ganz bescheidenen Hinweis auf den bedeutenden Rechtsgeschichtler und Lehrer des Römischen Rechts, Carolus Salomo Zacharias Lingenthal. In der Mauernische verkündet noch heute ein Gedenkstein, daß Hans Jacob Rieter, Handelsmann aus Winterthur, am 5. Mai 1811 von dem Straßenräuber Hölzerlips ermordet wurde. Schließlich sind noch Grabsteine der Familie Bassermann und ein Stein zur Erinnerung an den Physiker Georg Adolf Succow zu finden.

Mit der Masse der Grabdenkmäler präsentiert sich indirekt das bürgerliche Leben einer Residenzstadt der vergangenen Jahrhunderte. Da steht der Hofjunker und Grenadierleutnant neben dem kurfürstlichen Rittmeister, man begegnet Kammermeistern, Kämmerern und Hofkammerräten, dem kurfürstlichen Haushofmeister, Hofmarschall und Faut des Oberamts. In die Reihe der Honoratioren gliedern sich Regierungsräte, Kirchenräte und Rechenräte ein. Es fehlen weder ›Hofdrommeter‹ noch Lautenisten. Die Advokatenzunft ist vertreten; der Stadtbaumeister, der Kaufmann, die Frau des kaiserlichen Posthalters kamen hier ebenso zur Ruhe wie die »drei Kinder eines Schulmeisters aus Wiesloch«. Ein polnischer Student starb an der Pest. Und außer dem Zimmermann, dem Metzger und der Steinmetzehefrau hat schließlich auch der Pfarrer der wallonischen Gemeinde hier seinen letzten Ruheplatz gefunden.

Kleiner Abstecher zum Klingentor

Steigen wir für einen Augenblick zum Klingentor hinauf, das sich mitten im steilen Taleinschnitt erhebt! Zur Linken steht in unmittelbarer Verbindung mit dem Tor ein außerordentlich stattliches Barockhaus, das sich in einen vierachsigen Mittelteil und in zwei ebenfalls vierachsige Flügel gliedert. Der westliche Flügel ist im Obergeschoß unmittelbar mit dem Klingentor verbunden, das heißt, das Tor ist ein Teil des Hauses geworden. Dieses Anwesen war zu Beginn des vergangenen Jahrhunderts wohl das größte Wohnhaus der Stadt, denn es verfügte über zwei Säle, 42 Stuben und Kammern sowie zwölf große und kleine Küchen. Auch auf der anderen Seite grenzte es an ein Tor an, an das heute nicht mehr vorhandene Keltertor, dessen Aussehen noch eine Erinnerungstafel an der anschließenden Stützmauer zeigt. Das Keltertor wurde erst 1877 abgebrochen, um die Auffahrt zum Schloßberg zu erleichtern.

In dem großen Gebäude, das wir vor uns haben, wurde 1730 jenes Seminarium Carolinum gegründet, das wir in seiner späteren Form schon betrachtet haben und das sich nur zweihundert Meter von hier im eigentlichen Jesuitenviertel befindet. Als man das Konvikt erweitern mußte, wurde der obere Teil des alten Klingentors abgerissen und der Rest dem Gebäude einverleibt. So ist der jetzige Zustand erreicht worden. Über dem Torbogen befindet sich ein Kapellenraum mit einem Altarerker zur Bergseite und einer Muschelnische für eine Statue zur Stadt hin. – Seit 1764 wurde hier die kurfürstliche Papiertapetenfabrik betrieben, der man vorher die Ostteile der Schloßruine zugewiesen hatte. Später gelangte das Anwesen am Klingentor in den Besitz des Mineralogen Karl von Leonhard und ging dann auf die Familie Breitwieser über.

Nach Restaurierungsmaßnahmen ist seitlich der Tordurchfahrt auch die Gedenktafel an Karl Gottfried Nadler über einem Brunnentrog wieder sauber zutage gekommen. Auf ihr wird durch eine Biedermeierfigur die Episode vom Brand im Hutzelwald lebendig erhalten, die Nadler drastisch geschildert hat. Bei der Obrigkeit und den Feuerwehrgewaltigen der Stadt zerbrach man sich so lange die Köpfe darüber, wie diesem Waldbrand beizukommen sei, daß das Feuer vom Regen bereits gelöscht war, als man endlich zu seiner Bekämpfung anrückte.

Am Hang des Affensteinschen Berges, außerhalb des Tors, nur hundert
Schritte oberhalb, liegt der jüdische Friedhof, der vom Beginn des 18. Jahr-
hunderts bis zur Mitte des 19. Jahrhunderts benutzt wurde und der sich
durch eine beachtliche Anzahl unversehrt überkommener Grabsteine mit
hebräischen Inschriften auszeichnet.

Ursprünglich war der Hang unterhalb des Klingentors als
Schwemmkegel des Klingenteichbaches nur sanft geneigt. Das
Friedhofsgelände überzog den herausgespülten Schutt des Berges. Gärten säumten den Stadtrand und schmiegten sich an die
Bergflanken an. Da wundert es nicht, daß man zum Peterskirchhof noch einen zweiten Friedhof fügte: den der katholischen Gemeinde. Er nahm das Gebiet unmittelbar westlich der
Peterskirche ein. Es ist heute noch nicht ganz überbaut. Auch er
wurde vom Eisenbahnbau betroffen, so daß man seine Kapelle
1860/61 abtragen mußte. Dieses kleine Gotteshaus, das aus dem
Jahre 1770 stammte, wurde von der Nachbargemeinde Gaiberg
für 150 Gulden erworben und dort als Michaelskapelle wieder
aufgebaut. Es stand am Dorfeingang bis 1955.

Den ursprünglichen Frieden dieser Gegend kann man sich
heute nicht mehr vorstellen, nachdem sich der moderne Straßenverkehr des alten Eisenbahnstrangs bemächtigt hat.
Schauen wir vom Platz beim Polizeirevier nach Osten, so rückt
unmittelbar schräg unter uns ein doppeltes Tunnelprofil in das
Blickfeld. Dahinter verbirgt sich eine der beachtlichsten Inge-
nieurtaten unseres Jahrhunderts in Heidelberg: die Vereinigung
des ehemaligen Spitaltunnels (70 m) und des ehemaligen
Schloßbergtunnels (765 m) der Eisenbahn zu einem gemeinsamen Straßentunnel von 918 m Länge. Der westliche Teil des
Tunnels wurde als Doppelröhre ausgebildet, damit über die
zweite (nördliche) Röhre der Altstadtverkehr mit der Südtangente verbunden werden konnte.

Zu Beginn der Umbauarbeiten war der Schloßbergtunnel 105 Jahre alt.
Als Eisenbahntunnel brauchte er gegen das Bergwasser nicht isoliert zu
sein. Weil das Profil des Schloßbergtunnels von außen und oben nicht
verändert werden konnte, mußte man das Gewölbe des vorhandenen Eisen-
bahntunnels von innen zu festigen und das Eindringen von Wasser zu
verhindern suchen. Dieses Problem wurde mit einer Tragschalenkonstruk-
tion aus Stahl bewältigt, d.h. die Stahltragschale wurde unter das mit

Zement verfestigte Sandsteinquadergewölbe eingezogen. Der Einbau dieser halbkreisförmigen Tonnenschale, die sich sogar der Krümmung des Tunnels anpassen ließ, stellte ein Ingenieurwerk dar, das es in dieser Form bis dahin noch nirgendwo gegeben hatte.

Als der Schloßbergtunnel samt dem Altstadttunnel am 13. September 1968 nach dreieinhalbjähriger Bauzeit für den Verkehr freigegeben werden konnte, waren 11,5 Millionen Mark investiert worden. Inzwischen beachtet niemand mehr die raffinierte Angleichung von rechteckigem Tunnelprofil an das historische Rundprofil im Innern. Niemand zählt die Treibstrahlventilatoren im Scheitel der Tunnelröhre – es sind 22 im Abstand von jeweils 70 Metern –, doch jedermann nimmt es als eine Selbstverständlichkeit hin, daß nun eine hochwasserfreie Verkehrsverbindung ins Neckartal besteht.

Karl Philipp und sein Zwerg Perkeo

Hier vor den beiden Tunnels endet in einem bergwärts ausschwingenden Bogen die Grabengasse. Einfache Bürgerhäuser bilden ein Halbrund für die Straßenführung. Sie schauen über die Grabengasse hinweg in den Peterskirchhof hinein. Im unteren Eckhaus, dem Kirchmayerschen Haus, das von einem hübschen Erker auf wuchtiger Konsole akzentuiert wird, wohnte der Heidelberger Maler Karl Ludwig Fahrbach (1835-1902). Der in Karlsruhe ausgebildete Landschaftsmaler, dem man manches schöne Heidelberger Schloßbild verdankt, entfaltete sein anerkanntes Schaffen hauptsächlich in Düsseldorf. Zwei Häuser weiter oberhalb erinnert eine Gedenktafel an den Geschichtsschreiber und Hochschullehrer Friedrich Christoph Schlosser. Er bewohnte dieses Haus als Eigentümer von 1819 bis 1853 und schrieb hier die meisten seiner vom liberalen Geist durchdrungenen Geschichtsdarstellungen. An ihn können wir uns halten, wenn wir uns wieder einmal das Geschichtspanorama vor Augen halten: Kurfürst Karl Philipp, Zeitgenosse des Prinzen Eugen von Savoyen und Augusts des Starken von Sachsen, freilich nicht so bedeutend wie diese, gab sich mehr dem Lebensgenusse als den Regierungsgeschäften hin. Seine Prunksucht und sein absolutistisches Gebaren, dazu seine Intoleranz in religiösen Dingen, drückten die arme Pfalz sehr.

Als reisiger Kriegsmann hatte er sich in seinen jüngeren Jahren umge-
tan. Er kam fast durch ganz Europa. Zuletzt war er kaiserlicher Statthal-
ter in Innsbruck gewesen. Ihn beschäftigte hauptsächlich der Gedanke an
die Stärkung des Hauses Wittelsbach im Reich. Auch sorgte er sich um die
Besitzungen am Niederrhein, die er gegen den Anspruch Preußens zu
behaupten und auszuweiten gedachte. Sein Gegner in dieser Sache war der
preußische Soldatenkönig Friedrich Wilhelm. Dieser wollte seine Ansprü-
che auf die niederrheinischen Besitzungen anmelden, weil Karl Philipp
keinen unmittelbaren Erben besaß. Die Mutter des Preußenkönigs, Sophie
Charlotte, die ›philosophische Königin‹, nach der das Berliner Schloß
Charlottenburg genannt ist, stammte aus pfälzischem Hause. Sie war eine
Enkelin des ›Winterkönigs‹ und Tochter jener pfälzischen Sophie, die 1692
Kurfürstin von Hannover geworden war und die sogar den englischen
Thron geerbt hatte. Im Bewußtsein dieser Abstammung kam Friedrich
Wilhelm von Preußen 1730 nach Mannheim, um zu verhandeln. Er war
begleitet von dem Prinzen Friedrich, der später Friedrich der Große hieß.
In Mannheim ereignete sich jene oft erzählte Geschichte von der Flucht des
preußischen Prinzen, die ein Page verriet, und die Friedrich Festungshaft
in Küstrin einbrachte, wo vor seinen Augen der Freund und Mitwisser
Hans Hermann von Katte hingerichtet wurde.

Die Heidelberger konnten den Kurfürsten Karl Philipp nicht
leiden. Durch seinen Starrsinn bei der religiösen Auseinander-
setzung hatte er die Mehrheit der Bevölkerung sehr gekränkt.
Auch wurde ihm der böse Wunsch nicht vergessen, den er beim
Auszug des Hofs ausgesprochen hatte: Es möge Gras vor den
Häusern Heidelbergs wachsen.

Dennoch hat Kurfürst Karl Philipp den Heidelbergern außer
einem notdürftig reparierten Schloß ein Andenken hinterlassen,
das ihn in seinem Ruf bald weit überflügelte. Es ist die Symbol-
figur des Perkeo, jenes Hofzwergs, den der Kurfürst zum
Wächter über das Große Faß im Schloß gemacht hatte und den
wir schon bei der Betrachtung des Faßkellers im Schloß mit
den Versen Viktor von Scheffels vorgestellt haben. Hier, zur
Zeit Karl Philipps, findet er nun seine historische Einordnung.
Generationen von Studenten haben nach des Zwerges Vorbild
pokuliert; Tausende von Schloßbesuchern wollen noch immer
nach seiner Uhr sehen. Sie ziehen im Faßkeller an einem Ring,
der Kasten an der Wand springt auf – und ein Fuchsschwanz
fährt ihnen ins Gesicht. Leitfigur im Sinne volkstümlicher

Fröhlichkeit wurde Perkeo auch für die Heidelberger Fastnacht. Nach ihm benannte sich die ›Perkeo-Gesellschaft Heidelberg 1907 e.V.‹, die mit der Rückbeziehung auf den zwergenhaften Spaßmacher den Heimatstolz und das Heimatgefühl – seit 1953 auch durch den Einsatz eines Trommler- und Fanfarenzugs in Landsknechtstracht (!) – immer wieder neu belebt.

Karl Theodors ökonomische Neuerungen

Als Karl (IV.) Philipp Theodor (1724-1799) aus der wittelsbachischen Linie Pfalz-Sulzbach II im Jahre 1742 dem hochbetagten Karl Philipp als Regent der Kurpfalz nachfolgte, zählte das Land rund 300000 Einwohner. In Heidelberg wohnten zwei Generationen nach der totalen Zerstörung schon wieder 10000 Menschen, die etwa 1800 Haushaltungen bildeten. Sie erlebten den großen städtebaulichen und kulturellen Dreiklang, den noch heute der Name Karl Theodor in der Stadt wachruft: Großes Faß, Karlstor, Alte Brücke. Diese drei Akzente haben unsere Stadt- und Geschichtswanderung schon markiert. Hier ist es nun angebracht, von anderen Impulsen jener Zeit zu sprechen.

Mit kurfürstlicher Erlaubnis und Förderung hatte Jean Pierre Rigal 1754 im Gebiet der erweiterten Altstadt bei der Friedrichstraße eine Seidenfabrik gegründet. Ihr war zwar nur eine kurze Blüte beschieden, doch hatte sie zur Folge, daß in der Pfalz nun noch mehr Maulbeerbäume angepflanzt wurden. Binnen zehn Jahren gab es in der Heidelberger Stadtgemarkung davon 1600 Stück. Den Chinesen und anderen orientalischen Völkern, die einschlägige Erfahrungen in der Seidenfabrikation besaßen, war mit einer solchen Manufaktur jedoch nicht der Rang abzulaufen. Anfang der neunziger Jahre des Jahrhunderts stellte die Fabrik den Betrieb ein. Die heutige Friedrichstraße, eine Seitenstraße der Hauptstraße, wurde 1808 quer durch Rigals Garten gebaut.

Daß es auch eine Zitz- und Kattunfabrik mit kurfürstlichem Privileg gab, hörten wir schon bei der Betrachtung des Palais Weimar an der hinteren Hauptstraße. Außer Wachs und Unschlitt (Talg) wurde in jener Zeit vor allem auch Krapp (Rubia tinctorum) produziert, denn Färbemittel, vor allem für Stoffe, waren begehrt. Schließlich existierte in Heidelberg eine Fabrik für Papiertapeten. Diese war zuerst in den Ostteilen des reparierten Schlosses untergebracht und etablierte sich dann am Klingentor. Sie produzierte künstlerisch bedeutende Erzeugnisse, doch ging es ihr wie der Frankenthaler Porzellan-Manufaktur: Mit ihr wurden zahlreiche schöpferische Impulse geweckt, doch die Eigentümer und der Kurfürst konnten keinen Gewinn daraus ziehen. Dafür waren die Kosten der Herstellung und auch die Transportkosten zu den Absatzmärkten zu hoch.

Das für Heidelberg wichtige und die Stadtstruktur großenteils bestimmende Universitätsleben drohte zur Zeit Karl Theodors völlig zu erschlaffen und einzuschlafen. Die Hochschule wurde von der aristotelisch-scholastischen Philosophie der Jesuiten bestimmt. Das Eintauchen in die geistigen Strömungen der Zeit war ihr verwehrt. So kam es, daß in jenem ›mathematischen Jahrhundert‹ jüngere Universitäten wie Göttingen, Jena und Halle das alte Heidelberg weit überflügelten. Die Atmosphäre in Heidelberg bestimmte der konfessionelle Hader, der auch unter Karl Theodor bis zum Verbot des Jesuitenordens nicht nachließ. Kein bedeutender Lehrer wirkte mehr in Heidelberg; der qualitative Verlust ließ die Universität verkümmern.

Daran änderte auch nicht viel die vom Kurfürst verfügte Verlegung der 1774 in Kaiserslautern gegründeten Kameralschule nach Heidelberg. Sie zog 1784 in jenes Palais Weimar ein, in dem sich zuvor die Zitz- und Kattunmanufaktur befunden hatte. Organisatorisch wurde sie der Philosophischen Fakultät eingegliedert und nannte sich ›Staatswirthschafts Hohe Schule‹, doch blieb sie räumlich selbständig. Erst 1803 im Zuge der Reorganisation der Universität ging sie als ›Staatswirtschaftliche Sektion‹ in der Philosophischen Fakultät auf. Erster Leiter der Kameralschule wurde der Physikprofessor Georg Adolph Succow, der aus Jena kam. Seinen schönen Grabstein in einer Mauernische des Peterskirchhofs haben wir bereits gesehen. Succow folgte als Lehrer der Kameralschule auch Goethes Jugendfreund Heinrich Jung-Stilling für einige Jahre nach Heidelberg.

Zwar erließ Kurfürst Karl Theodor zur Säkularfeier 1786 revidierte Statuten, doch auch diese konnten die Erstarrung des akademischen Lebens weder verhindern noch beseitigen. Am Ende des Jahrhunderts zeigte sich, daß die wissenschaftliche Isolierung der Universität nicht ohne Folgen geblieben war. Nachdem die Revolutionskriege die politische Landschaft verändert und damit auch die Besitzverhältnisse verschoben hatten, geriet die Universität fast an ihr Ende. Im Jahre 1800, ein Jahr nach Karl Theodors Tod, gab es in Heidelberg noch 49 Immatrikulierte.

Die geistige Regsamkeit ging in der Karl-Theodor-Zeit oft andere als die bis dahin üblichen Wege. Ein deutliches Beispiel dafür ist der Beginn der exakten Landvermessung in der Kurpfalz. Man verdankt diese Tätigkeit einem Pater des Jesuitenordens, Christian Mayer. Aus Mähren stammend, war er an der Heidelberger Universität Professor für Mathematik und Experimentalphysik geworden. Er schuf ein trigonometrisches Netz als Grundlage für die kartographische Aufnahme der kurpfälzischen Lande. Als Basis der Landvermessung diente ihm die 1720 angelegte Maulbeer-Allee, die von Heidelberg schnurgerade auf das Schwetzinger Schloß hinführte. Als Luftlinie verband sie den Königstuhl über Heidelberg (562,6 m) mit der Kalmit oberhalb Maikammer an der Haardt (673 m). Die Basis wurde mit Steinpyramiden markiert. Als der Jesuitenorden aufgehoben wurde, verlor Christian Mayer seine Heidelberger Professur. Der Kurfürst nahm ihn auf und machte ihn zum Hofastronomen.

Es gäbe von so mancher anderen kulturellen Förderung Karl Theodors noch Interessantes zu berichten, so etwa von der Gründung der Pfälzischen Akademie der Wissenschaften im Jahre 1763 und von anderen auf die Ausweitung des Geisteslebens gerichteten Impulsen, beispielsweise auf dem Gebiet des Theaters und vor allem dem der Musik.

Die Residenz des Kurfürsten Carl Theodor wurde in der zweiten Hälfte des 18. Jahrhunderts zu einem Mittelpunkt des europäischen Musiklebens. Der Kurfürst zog zahlreiche Talente nach Mannheim. Das bedeutendste dieser Talente ist zweifellos Johann Wenzel Anton Stamitz (1717-1757) gewesen. Er führte das Mannheimer Orchester zu großer Leistungshöhe und wurde zum Begründer der ›Mannheimer Schule‹. Diese löste sich von der konventionellen Steifheit der barocken Tradition, ließ alle Künstlichkeit hinter sich und begründete damit die heutige Form der Sinfonie.

Ein weiteres Thema jener Zeit offenbart bis heute noch ganz persönliche Rückwirkungen: die Auswanderung der pfälzischen Bauern und Handwerker in die Neue Welt. Wer damals

aus dem deutschen Sprachraum nach Amerika gelangte, wurde
›Pfälzer‹ genannt, denn die ›Palatines‹ bestimmten den Beginn
der Massenauswanderung zu Beginn des 18. Jahrhunderts, auch
wenn unter denen, die ihre Heimat aufgaben, markgräfliche
Badener, Württemberger, Elsässer, Schweizer und nicht zuletzt
Nassauer waren. Wie hoch die Quote der Pfälzer gewesen sein
muß, erkennt man leicht daran, daß der Typhus, der nicht selten auf den Auswandererschiffen ausbrach, ›Pfälzisches Fieber‹
genannt wurde. Sie machten in den Neu-England-Staaten eine
eigene Volksgruppe aus, die man die ›Pennsylvanien-Deut-
schen‹ nannte. »Mir lese Englisch un schwetze Deitsch«, bekannten diese Pfälzer von sich. Zu ihnen gehörte jener Astor
aus Walldorf bei Heidelberg, dessen Name und Herkunft welt-
bekannt geworden sind. Zu ihnen sind aber auch die Vorfahren
des amerikanischen Präsidenten Herbert Hoover (1929-1933)
aus Ellerstadt bei Bad Dürkheim, die 1738 in Pennsylvanien
einwanderten, und die des Dwight D. Eisenhower (1953-1957),
die wahrscheinlich aus Eiterbach bei Heidelberg stammten, zu
zählen. Es ist erstaunlich, wie sehr die Pfälzer im Gros der
Auswanderer dominierten. Die Pfälzer – und mithin auch die
Heidelberger – waren als Menschenschlag dazu geschaffen, auf
die bedrückenden Zustände in ihrer Heimat mit raschem Entschluß und mit Wagemut zu reagieren.

1788 besuchte der achtzehnjährige Friedrich Hölderlin zum
ersten Mal Heidelberg. Er berichtete:

*»Von Schwetzingen nach Heidelberg hatten wir drei Stunden lang
schnurgerade Chaussee – und auf beiden Seiten alte, eichengleiche Maulbeerbäume. Ungefähr am Mittag kamen wir in Heidelberg an. Die Stadt
gefiel mir außerordentlich wohl. Die Lage ist so schön, als man sich je eine
denken kann. Auf beiden Seiten und am Rücken der Stadt steigen steile,
walddichte Berge empor, und auf diesen steht das alte, ehrwürdige Schloß.
Ich stieg auch hinauf und machte eine Wallfahrt zu dem berühmten Heidelberger Faß, dem Symbol so manchen Zechers, dem Bonmot so manchen
Trinklieds. Es ist wirklich so groß, daß man oben ganz bequem herumtan-
zen kann. Aber das kann ich versichern, daß ein Fall von seiner Höhe mir
ebenso unangenehm wäre als aus meinem Klosterfenster ...«*

Damals weilte Karl Theodor schon lange nicht mehr in den
alten pfälzischen Stammlanden. Nach dem Tod des kinderlosen
bayerischen Kurfürsten Maximilian III. Joseph am 30. Dezember

1777 war Bayern an Karl Theodor gefallen. Die Hausverträge von 1766 und 1771 sahen dies so vor. Um das erstmals wieder vereinigte wittelsbachische Pfalz-Bayern in Besitz zu nehmen, mußte Karl Theodor die Residenz Mannheim und vor allem sein geliebtes Schwetzingen verlassen, um sich nach München zu begeben. Dort seufzten die Altbayern: »Die Pfälzer kommen!« Und Friedrich der Große von Preußen zeigte unverhohlen seinen Neid. »Ein Glücksschwein«, nannte er ärgerlich Karl Theodor, weil »der faule Kerl«, der ursprünglich nur ein kleiner Pfalzgraf aus der Linie Sulzbach gewesen war, im Erbgang erst die Kurpfalz mit den niederrheinischen Besitzungen Jülich und Berg und dann auch noch Bayern an sich gebracht hatte. Kampflos gelangte er zu einem größeren Gebiet als der Alte Fritz mit allen seinen Kriegen.

Das ruhmlose Ende der Kurpfalz

Karl Theodor war wesentlich mehr daran interessiert, seine rheinischen Besitzungen vor dem Zugriff Frankreichs und Preußens zu schützen, als ein Herrscher im Bayernland zu werden. Er dachte sogar daran, Bayern gegen die österreichischen Niederlande zu tauschen. Dies verhinderten eine einflußreiche bayerische Patriotenschar und letztlich die Französische Revolution von 1789. Wiederum – wie schon zu Karl Ludwigs Zeiten – nutzte der krampfhafte Versuch, Neutralität zwischen der französischen Republik und dem Reich zu wahren, der Pfalz auf die Dauer nichts. 1794 ging der linksrheinische Teil der Pfalz an Frankreich verloren. Dies traf vor allem die Heidelberger Universität an ihren Einkünften sehr hart. Nacheinander verzichteten Preußen, Österreich und das Reich auf das von den Eroberungen der Franzosen betroffene Land links des Rheins. Heidelbergs Zukunft wurde erneut äußerst ungewiß.

In den fünf Jahren der ersten Koalition gegen die Franzosen (1792-1797) erlebte Heidelberg zunächst die kaiserlichen Truppen, die zum Rhein zogen, um sich den Revolutionsgarden entgegenzustellen. Als Mannheim 1795 den Franzosen kampflos in die Hände gefallen war, kam es bald darauf zu einem Gefecht bei Handschuhsheim, denn die französischen Soldaten plünderten die Dörfer an der Bergstraße. Auch nach dem Frieden von Rastatt hörten die französischen Übergriffe nicht auf. So versuchten am 16. Oktober 1799 die Franzosen, die Alte Brücke in Heidelberg zu erstürmen. Österreichische Soldaten, die in der Stadt lagen, wehrten den Angriff ab. Die Inschrifttafel an der Südseite des Brückentors hält die Erinnerung an dieses Ereignis wach. Auf ihr ist allerdings nicht verzeichnet, daß anderntags die Österreicher nach Bruchsal abzogen und daß die verdutzten Franzosen dann die Heidelberger Häuser plünderten und der Stadt eine harte Kontribution auferlegten.

In dem Jahr, als Napoleon von seinem ägyptischen Abenteuer zurückkehrte, starb Kurfürst Karl Theodor (1799). Sein Nachfolger als Kurfürst von Pfalz-Bayern wurde Maximilian IV. Joseph aus der wittelsbachischen Linie Birkenfeld-Zweibrücken (als späterer König Max I. Joseph). Er hatte von 1795 bis 1799 im Rohrbacher Schlößchen bei Heidelberg gewohnt, nachdem er von den Franzosen aus seinem linksrheinisch gelegenen Herzogtum vertrieben worden war. Das rechtsrheinisch verbliebene restliche pfälzische Territorium nahm größtenteils Karl Friedrich von Baden in Besitz. Am 25. September 1802 schlugen badische Truppen am Heidelberger Rathaus die Verkündung der neuen Besitzverhältnisse an. Dreizehn Organisationsedikte legten den Neuaufbau des badischen Kurfürstentums fest. Als Max Joseph im Vollzug des Friedens von Preßburg 1805 König von Bayern wurde, hatte auch Baden einen Gewinn davon: Es wurde ein Jahr danach zum Großherzogtum erhoben. In Karl Friedrich erhielt Heidelberg einen neuen Landesherrn und die Universität ihren Retter vor dem völligen Zusammenbruch.

Ein Bibliothekebau der Neo-Renaissance

Zwischen Graben- und Sandgasse, genau gegenüber der Peterskirche, gab es im 18. und auch noch im 19. Jahrhundert den ansehnlichen barocken Komplex des Schwarznonnenklosters. Das Schulgebäude der Augustinerinnen an der Sandgasse stellte sich als eines der ganz typischen Heidelberger Barockhäuser größeren Zuschnitts dar, das ebenso wie das eigentliche Klostergebäude an der Grabengasse ein schön geformtes Mansarddach aufwies und durch harmonische Maßverhältnisse wirkte.

Zur Peterskirche hin erstreckte sich der Klostergarten. Von alldem ist nichts mehr übrig geblieben. Der Neubau für die Universitätsbibliothek 1903/05 hat alles ausgelöscht. Nur das Klosterportal wurde gerettet. Beim Besuch des Kurpfälzischen Museums kann man es im dortigen Hof, eingelassen in die Front des Gaststättentrakts, wiederfinden.

Es verwundert nicht, daß die Zeitgenossen den Bau der *Universitätsbibliothek* als einen harten Eingriff empfanden. Der übernächsten Generation ging es mit den sogenannten ›Triplex‹-Bauten im Anschluß an die Universitätsbibliothek und mit der schluchtartigen Tiefgarageneinfahrt in der Sandgasse genauso. Inzwischen wird dem Historismus der Jahrhundertwende, der nicht drastischer als bei diesem Bibliotheksbau zum Ausdruck kommen konnte, auch dort das Wort geredet, wo er sich mit seiner wilhelminischen Prachtentfaltung in Gebiete hineinschob, die einer solchen Wiederbelebung der Schloßrenaissance in der Architektur durchaus hätten entraten können.

Jedenfalls stellt sich das Bibliotheksgebäude, wenn man es vom Petersgarten aus betrachtet, als ein monströses Bauwerk von höchst eigenwilliger, wenn nicht gar autokratischer Diktion dar. Der großherzoglich-badische Oberbaudirektor Joseph Durm lieferte die Pläne für dieses Bauvorhaben. Vom sogenannten ›Schloßturm‹ aus, der den gesamten Gebäudekomplex beherrscht, weil er die Eckposition an der Grabengasse einnimmt, entwickelte der Architekt einen Vierflügelbau, der sich den Fluchten von Grabengasse und Sandgasse anpaßte. Nördlich durch einen schmalen Trakt geschlossen, entstand ein Innenhof, in den der Lesesaal als wichtigster Gebäudeteil quer eingespannt wurde. Diese Disposition kann durchaus Originalität für sich in Anspruch nehmen. Sie ist jedoch mit einer Fassadendekoration versehen, die in Erkern, Giebeln, Bekrönungen und Türmen gipfelt und dabei die Klarheit des Aufrisses völlig überlagert. Deshalb ist es nicht leicht, eine Baubeschreibung zu geben.

›Universitätsbibliothek‹ steht in stilisierter Schrift auf einem Tafelfeld oberhalb des rundbogigen, von zwei schweren Säulen flankierten Haupteingangs. Über den von Säulen gestützten Architrav quillt unmittelbar unter der Schrift eine Wappenkartusche mit dem Heidelberger Stadtwappen. An die das Hauptportal flankierenden Säulen lehnen sich zwei überlebensgroße Gestalten an, die der Bildhauer Hermann Volz schuf. Die linke Figur am Eingang ist Prometheus, an den Felsen gefesselt, den Adler zu seinen Füßen, als symbolische Warnung vor einer hybriden Forschung, die sich über Grenzen und Ordnungen hinwegsetzt. Die rechte Frauengestalt mit dem bei ihr kauernden Kind soll die Lehre verdeutlichen, die aus beherrschter Erfahrung weitervermittelt wird. Der Oberstock des nur zweigeschossigen Hauptgebäudes wird im mittleren Teil von vier Dreiviertelsäulen phantasievoller Konzeption gegliedert. Am Kopf der mit Ornamenten belegten Trennpfeiler des Dreierfensters treten zwei Häupter in Erscheinung. Sie sollen Tragödie und Komödie versinnbildlichen. Oberhalb dieser Trennpfeiler setzt sich die Mittelachse in der Breite des mittleren Fensters fort. Sie sprengt einen flachen Bogen auf, der die arabeskenhafte Inschrift ›AO DO 1905 – Erbaut unter Großherzog Friedrich‹ trägt. Die Mitte des Bogenfeldes nimmt das aus Kupfer getriebene und reichlich vergoldete badische Wappen auf. Zu seinen Seiten lassen die Zwickelfelder Gigantenkämpfe im Relief sehen. Der gerundete, mit Füllhörnern dekorierte und mit der Mittelachse das Dach weit überragende Giebel präsentiert zuoberst das Haupt der Göttin Pallas Athene vor einer Muschelgloriole. Damit sind bei weitem nicht alle Details beschrieben. Das Auge kann über die Schmuckfassade wandern und wird ständig Neues entdecken: Blumen- und Fruchtgehänge, Kränze und Schilde, Volutenkonsolen und steinerne Kugeln. Auch an Erkern fehlt es diesem Gebäude nicht. Die abgeschrägte Ecke zur Sandgasse hin ist mit einem solchen geziert. Er greift mit einem geschwungenen Giebel über das Dachgesims hinaus. Hinter ihm ragt der Spitzhelm eines nicht vorhandenen Turms auf. Insgesamt zeigt die Dachzone der Universitätsbibliothek sechs unterschiedliche Turmspitzen und mindestens ebenso viele dekorativ ausgeformte Giebel. Der mächtige Eckturm, der übrigens in das Gebäude eingebunden wurde und deshalb aus der Flucht der Grabengasse und der Plöck nicht hervortritt, war ursprünglich mit einem Kupferhelm bedeckt; er ist erst in jüngerer Zeit verschiefert worden.

Deutlich setzen sich vom eigentlichen Bibliotheksgebäude die Magazinflügel an der Grabengasse und an der Sandgasse ab.

Unvermittelt geht das zweigeschossige Haupthaus in die Sechsgeschossigkeit der Magazine über, denn die Stockwerkshöhe der Magazine beträgt nur noch 2,25 Meter. Sie sind als klare, nüchterne, übersichtliche Zweckbauten konzipiert, doch besitzt der Nordflügel, welcher den Komplex abschließt, nur eine geringe Tiefe. Noch heute übt der Innenhof der Bibliothek, der weitgehend von dem Dreierrhythmus der Magazinfenster bestimmt wird, eine wohltuende Gesamtwirkung aus. In diese fügte sich einst auch die Hoffront des Eingangstrakts mit den gekoppelten schmalhohen rundbogigen Lesesaalfenstern ein. Die beiden Treppentürme bildeten, zumindest optisch, die Scharniere am Übergang zu den Magazintrakten. Hier hat das Gebäude in den fünfziger Jahren unseres Jahrhunderts die stärksten Eingriffe ertragen müssen. In ziemlich roher Weise wurde der ursprüngliche Lesesaal zweigeschossig umgestaltet. Jedes Geschoß erhielt fünf querrechteckige Einheitsfenster zum Hof hin, die zwar für ausreichende Helligkeit sorgten, der Harmonie des Innenhofs aber einen kaum wieder gutzumachenden Schaden zufügten.

Die Eingriffe von 1955 waren unabweisbar, wenn sie auch etwas mehr Rücksicht auf die vorhandene Substanz hätten nehmen können. Dennoch sind im Vestibül, im Treppenhaus, in den Fluren noch genügend Erstausstattungen vorhanden, so daß eine sinnvolle Restaurierung vorgenommen werden könnte. Das wird freilich noch eine Weile dauern, weil sich die Universitätsbibliothek mit tiefgreifenden Strukturproblemen auseinanderzusetzen hat. Um dies verstehen zu können, muß man etwas von ihren Beständen wissen.

Die Universitätsbibliothek Heidelberg ist eine der berühmtesten Bibliotheken der Welt. Mit einem Bestand von mehr als 2,2 Millionen Bänden gehört sie zu den größten Bibliotheken Deutschlands und im Lande Baden-Württemberg stellt sie sogar die größte wissenschaftliche Bibliothek dar. Sie bewahrt die deutschen Handschriften der Bibliotheca Palatina und besitzt Kopien der gesamten Handschriftenbestände der alten pfälzischen, heute im Vatikan befindlichen Bibliothek.

Unter den Palatina-Handschriften kamen die 38 Graeci und Latini auf dem Umweg über Frankreich nach Heidelberg zurück. 1794 hatte diese der Papst an Napoleon abliefern müssen. 1815, am Ende der Napoleonischen Ära, wurden diese in einem Akt der Wiedergutmachung an ihren ursprüng-

lichen Standort Heidelberg zurückgeführt. Als Dank für die Wiedererrich-
tung des Kirchenstaats mußte der Papst 848 deutsche Handschriften der
Palatina an Heidelberg zurückgeben. Auch die Säkularisation hatte die
Bestände der Universitätsbibliothek vermehrt. Kostbare Handschriften und
Prachtausgaben einzelner Werke kamen aus den aufgehobenen Klöstern
Gengenbach, Schwarzach, Lichtental und vor allem aus Salem hierher.

Besonders glückliche Umstände führten 1888 dazu, daß die Manessische
Liederhandschrift der Universitätsbibliothek als Schenkung zugeführt wer-
den konnte. Diese Liedersammlung hatte zwar nie zur Palatina, wohl
aber zum Besitz der kurfürstlichen Familie gehört. Der aus Heidelberg
stammende Straßburger Buchhändler Nikolaus Trübner fädelte ein Drei-
ecksgeschäft zwischen Frankreich, Großbritannien und Deutschland ein,
an dessen Ende jede Nation ihr Interesse befriedigen konnte. Kaiser Wil-
helm I. mußte für den Abschluß des Geschäfts 300 000 Mark aufwenden
und bedurfte dafür sogar der Unterstützung Bismarks. Mit dem so zurück-
erworbenen Band der Manessischen Liederhandschrift verfügt die Biblio-
thek über das kostbarste Zeugnis der hochmittelalterlichen weltlichen Buch-
kultur in Deutschland.

Der Prozeß der funktionalen Umgliederung des historischen
Gebäudes im Sinne moderner Freihandbüchereien und Frei-
handmagazine zur Selbstbedienung ist noch nicht am Ende. Es
zeigte sich, daß Durms Magazinkonzeption durchaus wand-
lungs- und anpassungsfähig war. Die fünf Geschosse des Westflügels an der Sandgasse konnten ohne größere gestalterische
Schwierigkeiten den modernen Bedürfnissen angeglichen werden. Doch damit kann das Grundproblem der Bibliothek, die
unabweisbare Raumnot, noch nicht als gelöst gelten. Deshalb
hält die Universitätsbibliothek an ihrem Vorschlag fest, unterirdische Magazinräume im Universitäts-Innenhof des Ge-
bäude-Gevierts jenseits der Grabengasse zu schaffen und diese –
ebenfalls unterirdisch – mit dem Hauptbau durch eine Trans-
portanlage zu verbinden. Niemand weiß, ob und wann einer
solchen Planung entsprochen werden kann. Jedermann weiß
indessen, daß diese bedeutende Universitätseinrichtung in einer
argen Bedrängnis steckt und daß fortwährend Widersprüch-
liches akzeptiert werden muß, um den Betrieb aufrechterhalten
zu können. So werden die personellen Rationalisierungserfolge
der strukturellen Umwandlung im Hauptgebäude durch den
Zwang zum Buchtransport weitgehend wieder aufgehoben.

Die vorgeschlagene Erweiterung der Universitätsbibliothek könnte sich schonender und rücksichtsvoller vollziehen als das, was sich die siebziger Jahre unseres Jahrhunderts in städtebaulicher Hinsicht an der Sandgasse geleistet haben. Weil die Universität nicht umhin konnte, ihre Stellplatzverpflichtungen für zahlreiche Umbauten zu erfüllen, benutzte sie die Gelegenheit des Baues eines neuen Kollegienhauses zwischen Graben- und Sandgasse zur Anlage einer Tiefgarage. Zufahrt und Ausfahrt sollten sich zur Schonung des unmittelbaren Universitätsbereichs möglichst harmlos an der Sandgasse vollziehen. Inzwischen weiß man, auf was man sich da einließ. Das Bauvorhaben des Landes Baden-Württemberg bescherte der Stadt in der südlichen Sandgasse eine gewaltige Bausünde. Die Gasse wurde in der vollen Breite aufgeschlitzt und auf einer Länge von über sechzig Metern schräg abgesenkt. Dadurch entstand eine Schlucht, die auf ein dunkles Garagenloch zuläuft. Die Flanken dieser Schlucht wurden, seltsam ideenlos, mit Waschbetonplatten verkleidet. Hinter dieser grob eingeschnittenen Zufahrt leuchtet weiterhin die bunte Feingliedrigkeit der Sandgassen-Westseite mit unterschiedlichen Traufhöhen, grünen Klappläden und bescheidenen Schildern von Handwerksmeistern auf. Gegenüber aber ziehen sich langfluchtende neue Bautrakte mit bandartiger Fensterreihung und unüblicher Traufengestaltung die Sandgasse entlang. Sie sind bewußt nicht auf die alte Gassenflucht gesetzt worden, weil man der Westseite etwas mehr Licht zubilligen wollte. Das ergab – nach der Garagenzufahrt – den zweiten Fehler: die Aufweitung der Gasse mußte notwendigerweise ihren ursprünglichen Charakter zerstören. Die Ursache für diesen ›Lernprozess Sandgasse‹ bildete das sogenannte ›Triplex-Projekt‹, das offiziell Seminargebäude mit Mensa am Universitätsplatz heißt.

Die erste Aufregung darüber gab es im Jahre 1970, als ein erster Entwurf samt Modell der Architektengruppe Götz – Heuser – Unruh bekannt wurde. Zum Götz-Projekt, das den Wettbewerbsnamen ›Triplex‹ führte, meldeten sich sogleich die Kunsthistoriker der Universität zu Wort. Vehement wandten sie sich gegen den vorgesehenen Abbruch mehrerer Häuser an der Grabengasse. Hier seien Elemente der Stadtbaukunst Italiens wiederzufinden, sagten sie. Die Verbindung des Platzes vor der Alten Universität mit dem eigentlichen Universitätsplatz vor der Neuen Universität stelle ein ›Raumkunstwerk‹ dar. Deswegen müsse die Häuserfront an der Grabengasse stehenbleiben.

Im Februar 1972 wurde der Gutachterkommission ein verbessertes Modell für das Dreißig-Millionen-Vorhaben vorgestellt. Die Kommission nannte es »eine glückliche Übereinstimmung von gefordertem Raumprogramm, notwendiger Funktion und insbesondere guter Eingliederung in das Gesamtbild der Altstadt.« Es sollten im Bereich zwischen Graben- und Sandgasse untergebracht werden: eine neue Mensa, eine Cafeteria, zahlreiche Institutsräume und die Institutsbibliothek für Wirtschafts- und Sozialwissenschaften. Unter den Gesamtkomplex sollte sich eine zweigeschossige Tiefgarage mit 180 Stellplätzen schieben. Hätte man in diesem Zusammenhang den Universitätsplatz ebenfalls in eine Tiefgarage verwandelt, wären 700 Stellplätze in der Altstadtmitte geschaffen worden.

Das von Professor Lothar Götz vorgeschlagene Konzept des Forum-Hofs im Inneren des Altstadtquartiers war nicht unumstritten. Noch mehr stieß man sich jedoch daran, daß sich der an die Universitätsbibliothek unmittelbar anschließende Trakt zum Innenhof terrassenförmig abtreppen sollte. Mit Zähneknirschen gaben die Kunsthistoriker der Universität dem Abbruch der Häuser Grabengasse 14 bis 18 statt. Es war das Opfer dafür, daß der Universitätsplatz nicht mit einer Tiefgarage unterkellert wurde.

Im April 1974 begann der Abbruch der Häuser an der Grabengasse. 55 000 Kubikmeter Erdaushub und Bauschutt mußten aus der Stadtmitte abgefahren werden. Das Bauprojekt, das auf 37,2 Millionen Mark gestiegen war, umfaßte nun 95 000 Kubikmeter umbauten Raums für 10 800 Quadratmeter Nutzfläche. Zum Jahresbeginn 1975 wurde mit dem Bau begonnen. Er dauerte vier Jahre und konnte erst Ende 1978 als abgeschlossen gelten.

Der mit drei Flügeln um einen geräumigen Innenhof gruppierte Baukomplex verfügt über mehrere Durchgänge: einen an der Grabengasse, zwei an der Sandgasse und einen zur Hauptstraße hin. Im Gebäudeflügel entlang der Grabengasse und in jenem, der sich quer zur Sandgasse hinüberspannt, findet man die zentrale Eingangshalle, über die man eine Cafeteria mit 500 Plätzen im Erdgeschoß und eine Mensa mit 660 Plätzen im ersten Obergeschoß erreicht. Außer den Wirtschafts- und Sozialwissenschaften mit dem Alfred-Weber-Institut und den Soziologen war auch den Sinologen und Orientalisten in diesem Seminargebäude eine Bleibe zu schaffen.

Leider ist es hier nicht gelungen, die Altstadtatmosphäre zu erhalten. Das mag primär an der allzu sichtbaren Verwendung des Betons liegen, sekundär jedoch auch an dem Verzicht auf überkommene Fenster- und andere Detailformen. Nur an einigen Stellen, etwa am nördlichen Sandgassenzugang, wurde altes Hausteingut wiederverwendet. Die Restaurierung des sogenannten ›Rodensteiner Pavillons‹ steht allerdings noch aus.

Dieser sechseckige, über Arkaden sich erhebende zweigeschossige Garten- und Brunnenpavillon aus der Renaissancezeit diente dem bekannten Gasthaus ›Rodensteiner‹ als Gartenhaus. Er stammt aus dem Beginn des 17. Jahrhunderts, zumindest was die Bogenstellung mit den kannelierten Säulenvorlagen auf Podesten des Erdgeschosses betrifft. Das verputzte Obergeschoß dürfte 50 bis 70 Jahre jünger sein. Setzt man diesen feingliedrigen Renaissance-Akzent in Beziehung zu den flächenhaften Gebäuderiegeln des Neubaus, dann spürt man intuitiv, warum dieses Geviert trotz erhaltener Bausubstanz an Grabengasse und Hauptstraße nicht als altstadtgemäß empfunden wird. Und deshalb wird sich der Wettbewerbsname ›Triplex‹ aus dem Sprachgebrauch der Menschen so schnell nicht verdrängen lassen. Einschließlich der Mitarbeiter der Universitätsbibliothek und des Kunsthistorischen Instituts hätten sich fast alle etwas anderes an dieser Stelle denken können als das, was schließlich verwirklicht wurde. So aber haben die dem Architekten auferlegten Zwänge zur Rechtfertigung des gesamten ›Triplex‹-Entwurfs herhalten müssen, nachdem genügend Sachverständige einer Kommission ihren Segen dazu gegeben hatten.

Erinnern wir uns noch einmal des jüngeren Entwicklungsweges dieser Universität: Sogleich nachdem Karl Friedrich von Baden-Durlach in die neuen Verhältnisse eingetreten war, legte das 13.Organisationsedikt vom 13.Mai 1803 diesen Weg fest. Sein Verfasser war der Geheimrat Friedrich Brauer, ein Mann von Gewissenhaftigkeit und Redlichkeit, der in diesem undurchsichtigen Gebilde ›Universität‹ alles möglichst bis ins einzelne geregelt sehen wollte. Worauf es in dieser Situation in Wirklichkeit jedoch sehr viel mehr ankam, das erfaßte der in badischen Diensten stehende Sigismund Freiherr von Reitzenstein: Er suchte Wissenschaftler von großer Ausstrahlungskraft für die verwaisten Lehrkanzeln in Heidelberg, um der Universität wieder zu Ansehen verhelfen zu können. Der Philologe Friedrich Creuzer, der Theologe Heinrich Eberhard Gottlob Paulus, der Jurist Justus Thibaut, der Altertumsforscher Philipp August Boeckh und dazu – als ›Aushängeschild‹ – der Homer- und Shakespeare-Übersetzer Johann Heinrich Voß (der sich jedoch nicht in den Lehrkörper der Universität eingliedern ließ) sind die ersten Persönlichkeiten, die den neuen Kurs der Universität markierten. Dies genügte fast schon, um eine Dauerwirkung hervorzurufen.

Die jäheste Entwicklung setzte auf einem Gebiete ein, auf dem man sie zunächst gar nicht erwartet hatte. Die Juristenfakultät nahm einen derartigen Aufschwung, daß man in der Universitätsgeschichte das 19.Jahrhundert nicht nur als das historische, sondern auch als das juristische bezeichnet.

Heidelbergs Lehrziele in fast allen Fächern, auch wenn sie mitunter kontrovers erörtert wurden, erregten und nährten die neuen Ideale der Jugend. Mit ihnen zog sie bald darauf in die Befreiungskriege. Romantik, das bedeutete für sie mehr als nur eine Gefühlsaufwallung; Romantik, das war für sie auch ein kulturelles und ein politisches Programm.

Während die Universität noch dabei war, ihren neuen Kurs zu festigen und neue Lehrangebote auszuweisen, entfaltete sich in der Stadt ein ungewohntes kulturelles Leben von starker Fluktuation, das rasch zu einem unüberhörbaren Geläute am Auftakt des Jahrhunderts wurde.

Weil sie mit dem Philologen Creuzer in Verbindung standen, kamen sie gleich ihm 1804 nach Heidelberg: Clemens von Brentano und Achim von Arnim. Bis 1806 weilten sie hier und hielten als Romantiker die von ihnen so genannte ›Voßclique‹ in Aufregung. Johann Heinrich Voß schleuderte, wie weiland Zeus, verbale Donnerkeile gegen die Geisteshaltung der Jüngeren, weil sie mit dem Rationalismus seines Aufklärertums nicht zu vereinbaren war. Bei dem Heidelberger Verlag Mohr und Zimmer erschienen 1806 bis 1808 die drei Bände der von Arnim und Brentano gesammelten »alten deutschen Lieder« unter dem Titel ›Des Knaben Wunderhorn‹. Goethe schätzte das ›Wunderhorn‹, das zum Herzstück der jungen romantischen Bewegung wurde und das Achim von Arnim vorübergehend zum Wortführer der Heidelberger Romantik werden ließ. Für Arnim und Brentano bedeutete der Heidelberg-Aufenthalt jeweils Höhepunkt der jugendlichen Entwicklung und Wendepunkt eines Lebensabschnitts. Für Clemens von Brentano endete die Heidelberger Zeitspanne tragisch. Am 30. Oktober 1806, an dem Tag, als Görres in Heidelberg ankam, um hier Philosophie zu lesen, starb seine Frau Sophie Mereau bei der Geburt ihres dritten Kindes. Görres brachte den völlig Verzweifelten nach Darmstadt.

Wegen Görres kamen die Brüder Joseph und Wilhelm von Eichendorff nach Heidelberg und erlebten hier das für die Wendung zur jüngeren Romantik so wichtige Jahr 1808. Görres wurde für Eichendorff zum entscheidenden Anreger. Fortan übersetzte er dessen Gedankenbilder als poetische Nachklänge in Verse. In Heidelberg begegnete er auch dem Grafen Otto Heinrich von Loeben, dessen ›schwärmendes Raunen‹ gerade von den neuen Tönen der Romantik verdrängt wurde. Und hier traf Eichendorff auch Nikolaus Heinrich Julius, Sohn jüdischer Eltern aus Hamburg, mit dem ihn eine lebenslange Freundschaft verbinden sollte. Schließlich hat er hier die bittersüße Studentenliebe zu Katharina Barbara Förster, Tochter des Rohrbacher Küfers Johann Georg Förster und Nichte des Ölmüllermeisters Johann Jakob Förster, erfahren dürfen. Bleibendes Zeugnis dieser Begegnung zweier Liebender im Kühlen Grund zu Rohrbach wurde Eichendorffs Volksliedweise mit dem Titel ›Das zerbrochene Ringlein‹:

> *In einem kühlen Grunde*
> *da geht ein Mühlenrad,*
> *mein' Liebste ist verschwunden,*
> *die dort gewohnet hat.*
>
> *Sie hat mir Treu versprochen,*
> *gab mir ein'n Ring dabei,*
> *sie hat die Treu' gebrochen,*
> *das Ringlein sprang entzwei.*

Erst zwanzig Jahre später verwertete Joseph von Eichendorff in einem ganz anderen Werk Impressionen seines Heidelberger Aufenthalts. Konrad Winkler hat darauf aufmerksam gemacht, daß man im ›Taugenichts‹ der Schwetzinger Parkidylle von 1808 begegnen könne, die damals romantisch zu überwuchern begann. Der einsam im Park wandernden Frau, die der ›Taugenichts‹ öfter mit einer Gitarre oder einem Buch am Fenster beobachtet hatte, entspreche die Wirklichkeitsgestalt der Stephanie Beauharnais: »Wohin ich geh und schaue / Vielschöne gnäd'ge Fraue / Grüß ich Dich tausendmal ...« Joseph von Eichendorff hat die Impulse, die ihm die Heidelberger Studienzeit auch außerhalb der Universität vermittelte, poetisch am intensivsten kultiviert. Letztlich eröffnete er – das zeigt der ›Taugenichts‹ – jener vom romantischen Lebensgefühl noch immer durchdrungenen Erzählkunst den Weg zum Realismus des weiteren 19. Jahrhunderts. Heidelberg hat viel Grund, das Andenken Eichendorffs in hohen Ehren zu halten.

Auf der Freundschaft zu dem Philologen und Philosophen Heinrich Voß beruhte die Begegnung von Jean Paul (Friedrich Richter) mit Heidelberg in den Jahren 1817 und 1818. Sieben Wochen blieb der Dichter beim ersten Male, hochgeehrt von der Universität und den Studenten. Jean Paul wurde Heidelberger Ehrendoktor. Den Vorschlag soll, nach Voß, während eines Bowlenabends der schon leicht angeheiterte Hegel gemacht haben. Zum akademischen Schmaus im ›Goldenen Hecht‹ (Steingasse am Brückentor) fanden sich über sechzig Personen ein. Die Studenten ehrten den Dichter mit einem Fackelzug und mit einem ihm gewidmeten Lied: »Heil, großer Mann, Dir, Heil!«

Gemessen an diesen respektablen Entfaltungen künstlerischer Talente, vollzog sich die Begegnung Hölderlins mit Heidelberg ganz in der Stille. Insgesamt dreimal weilte er in dieser Stadt. Von der Impression des Jahres 1788 haben wir bereits gehört. 1795 kam er ein zweites Mal nach Heidelberg. Das war nach seinem Jenaer Aufenthalt. Und zum letzten Male, 1798, sah er Heidelberg, nachdem seine Hauslehrerstelle bei der Familie Gontard und ein Aufenthalt bei einem Freunde in Bad Homburg an ein Ende gelangt waren. Was sich Friedrich Hölderlin in Heidelberg eingeprägt hatte, verdichtete sich zu jener erhabenen Ode, die erstmals Stadt und Landschaft, Menschenwirken und Naturentfaltung zu einem Gesamtkunstwerk zusammenzog und mit leidenschaftlicher Gefühlshingabe beschrieb.

Heidelberg

Lange lieb' ich Dich schon, möchte Dich, mir zur Lust,
Mutter nennen und Dir schenken ein kunstlos Lied,
  Du, der Vaterlandsstädte
    Ländlichschönste, so viel ich sah.

Wie der Vogel des Walds über die Gipfel fliegt,
Schwingt sich über den Strom, wo er vorbei Dir glänzt,
  Leicht und kräftig die Brücke,
    Die von Wagen und Menschen tönt.

Wie von Göttern gesandt, fesselt' ein Zauber einst,
Auf der Brücke mich an, da ich vorüber gieng,
  Und herein in die Berge
    Mir die reizende Ferne schien.

Und der Jüngling, der Strom, fort in die Ebne zog,
Traurigfroh, wie das Herz, wenn es, sich selbst zu schön,
  Liebend unterzugehen,
    In die Fluten der Zeit sich wirft.

Quellen hattest Du ihm, hattest dem Flüchtigen
Kühle Schatten geschenkt, und die Gestade sahn
  All' ihm nach, und es bebte
    Aus den Wellen ihr lieblich Bild.

Aber schwer in das Thal hieng die gigantische,
Schicksalskundige Burg, nieder bis auf den Grund
  Von den Wettern zerrissen;
    Doch die ewige Sonne goß

Ihr verjüngendes Licht über das alternde
Riesenbild, und umher grünte lebendiger
  Epheu; freundliche Wälder
    Rauschten über die Burg herab.

Sträuche blühten herab, bis wo im heiteren Thal,
An den Hügel gelehnt, oder dem Ufer hold,
  Deine fröhlichen Gassen
    Unter duftenden Gärten ruhn.

Wenn wir das Universitätsgeviert Grabengasse – Sandgasse durch den nördlichen Ausgang verlassen, so treten wir unmittelbar auf die Hauptstraße hinaus. Wir befinden uns im Gebiet vor dem ehemaligen Mitteltor, wo sich die Hauptstraße leicht nach Westen hin absenkt. Das gibt uns die Möglichkeit, auf dieser Mittelachse der Altstadt ein großes Stück in die ›Vorstadt‹ hineinzublicken. Dort wird uns das Gewimmel der Menschen zu jeder Tages- und Jahreszeit beeindrucken, denn wir verweilen an einer Stelle, an der die mehr geschäftsbestimmte ›Vorstadt‹ und der touristisch frequentierte Kernaltstadtbereich sich durchdringen und wo obendrein die Universität das studentische Leben ins Spiel bringt.

In diesem Straßenabschnitt sollten wir das schmale, schlanke, eigenwillig proportionierte *Barockhaus* Ecke Krahnengasse, eine der kuriosen, gleichwohl für Heidelberg typischen Barockschöpfungen, nicht übersehen. Bei diesem Haus kann man sich vorstellen, daß ihm auf dem karg bemessenen Grundstück ein spitzgiebliges Fachwerkgebäude vorausging. Aus dem schmalbrüstigen Holzbau wurde dann aber ein ebenso schmalbrüstiges Barockhaus von vier Achsen – und es steht noch heute nach allen Seiten hin frei. Trotz der räumlichen Beschränkung entfaltet es in sehr qualitätvoller Weise das gesamte barocke Repertoire: Auf ein rustiziertes Erdgeschoß mit zwei rundbogigen Fenstern und zwei ebensolchen Türen folgt über dem Gesims eine hübsche Balustrade. Die von Dreiecksgiebeln bekrönten und temperamentvoll gerahmten Ohrenfenster müssen so dicht beieinander stehen, daß zwischen ihnen kaum eine handbreite Wandfläche übrigbleibt. Gleiches gilt auch für die ebenfalls phantasievoll gerahmten Fenster des zweiten Obergeschosses. Die reiche Gesims- und Pilastergliederung verleiht dem relativ kleinen Haus Bedeutung und Würde.

Schlendern wir nun gemächlich die Hauptstraße westwärts in die ›Vorstadt‹ hinein! Dieser vordere Teil der Heidelberger Altstadt ist keineswegs ohne Reiz oder Interesse, das wird sich sogleich zeigen. Leider wird er meist nur als Präludium für die Kernaltstadt oder als Shoppingstrecke nach dem Innenstadtbesuch verstanden. Unmittelbar neben dem von uns benutzten

Ausgang aus dem Universitätsgeviert befindet sich das *Zimmertheater* des bewährten Mimen Gillis van Rappard. Es zeigt sich mit einer in die Hauptstraße vorgewölbten Schrift an. Tagsüber signalisiert eine Blumenfrau in schönster Weise den Zugang, doch am Abend fällt der Innenhof, über den man das Zimmertheater erreicht, in eine gläserne Stille.

Gleich nebenan kann man in die Sandgasse nach Süden, gegen den Berg zu, hineinschauen. Am Pflaster und an den alten Rinnsteinen erkennt man noch den ursprünglichen Gassenzug. Der hieß einst ›Obere Sandgasse‹ im Unterschied zu jener größeren ›Unteren Sandgasse‹, die sich zum Neckar hinunterzog und die heute Schiffgasse heißt. Geht man sie ein paar Schritte abwärts und dreht man sich dann zur Hauptstraße um, hat man ein besonders markantes Gebäude der Hauptstraße vor sich: den ehemaligen Wormser Hof, später auch ›Englisches Haus‹ oder *Harmonie-Gebäude* genannt. Inmitten der Geschäfts- und Kinoreklamen an dieser Stelle behauptet sich das Gebäude durch eine extreme, teilweise sogar karnevalistische Farbigkeit. Man versuchte hier vor Jahren, der Renaissance-Architektur zu einem farbigen Eigenleben zu verhelfen. Das nahm sich zuerst kurios aus, setzte aber bald so viel schmutzige Konturierung an, daß die Farbigkeit mittlerweile fast nur noch peinlich wirkt. Man wird das durchaus lobenswerte Bestreben, Architektur aus der tristen Skala der reinen Naturfarbigkeit des Baumaterials herauszuheben, sicher nicht aufgeben, wird es jedoch auf das angebrachte und erträgliche Maß reduzieren müssen.

Der Bischof von Worms verkaufte 1610 diesen Hof an Kurfürst Friedrich IV. Nach dem Dreißigjährigen Krieg nannte man das Anwesen ›Englisches Haus‹, denn Kurfürst Karl Ludwig hatte es Lord Craven geschenkt, der seiner Mutter, der ›Winterkönigin‹, in vieler Not ein Beistand gewesen war. In der Nachbarschaft des Hofes bauten die Kapuziner ihr bescheidenes Klösterchen. In dessen Kirche kam vorübergehend Friedrich I. zur Ruhe, nachdem man seine Gebeine aus dem zerstörten Franziskanerkloster geborgen hatte. Das Anwesen gehörte im 19. Jahrhundert der Bürgergesellschaft ›Harmonie‹. Der westliche Teil, der sich an die Front mit dem Erker anschloß, wurde erst nach dem Zweiten Weltkrieg abgebrochen. So entstand die platzartige Einmündung der Theaterstraße auf die Hauptstraße. Der von Säulen flankierte einstige ›Harmonie‹-Eingang wurde an die Seitenfront versetzt und bildet jetzt den Zugang zu einem Café.

Das durch die Restaurierung farbig so hervorgehobene
Rundbogenportal mit dem Dreiecksgiebel an der Hauptstraße
gehört in die gleiche Zeit wie der Pavillon vom ›Rodensteiner‹.
Er zeigt zusammen mit diesem Eingang jenen Formenkanon
der Renaissance, der Ende des 16. Jahrhunderts auch am Schloß
anzutreffen ist. Den Rundbogen fassen rechts und links je zwei
kannelierte, mit Beschlagwerk gezierte Säulen ein. Diese haben
jeweils eine Muschelnische zwischen sich. Über den Muscheln
stehen zwei Rittergestalten auf kleinen Sockeln. Man könnte
meinen, sie seien aus einem sizilianischen Puppentheater hierher entführt worden. Die vier Säulen und die Scheitelkonsole
des Bogens tragen einen kräftigen Fries, in dem sich drei ver-
zierte Kartuschen befinden. In ihnen wird wohl einmal eine
Inschrift zu lesen gewesen sein. Auch das kahle dreieckige Giebelfeld dürfte einmal ein Wappen besessen haben. Inzwischen
hat mehrmaliges Überstreichen oder Bemalen die figürlichen
Konturen stumpf werden lassen. Portal und Erker haben es
schwer, sich an einem Lichtspielhaus eigenwertig darzustellen.

Vom Theater zum Museum

Aber nun können wir uns einem durchaus erfreulichen, angenehmen, wenn auch öfter von finanziellen Sorgen begleiteten
Thema zuwenden: dem *Theater der Stadt Heidelberg* gegenüber.
Es ist ehemaliges Terrain des Kapuzinerklosters, auf dem das
Theater 1853 errichtet wurde. Heidelberg mußte seine bescheiden konzipierte Bühne einer ganz unterschiedlich strukturierten Gegnerschaft abtrotzen. Zuerst war es die Universität mit
dem akademischen Senat, die sich gegen ein Theater wandte,
»weil dergleichen Unterhaltungen die ohnehin schon sehr viel-
fältigen Zerstreuungen und Ausgaben der akademischen Jugend noch vermehrten, ohne daß eigentlich die Kultur des Geistes und wahre Moralität etwas dabei gewönnen!« Als sich die
Universität halbwegs an den Gedanken eines Theaters gewöhnt
hatte, blies der Wind des Widerstands aus einer anderen Richtung. Der Kreisdirektor glaubte die Monopolstellung des
Mannheimer Nationaltheaters verteidigen zu müssen: »Ein nur
halb erträgliches Theater erfordert einen großen Aufwand. Zu
solchem gebricht es in Heidelberg, so schaulustig das Publikum

VI

HEUGASSE UND JESUITENKIRCHE

Lavierte Federzeichnung
von Heinz Michel
1960

Zweimal findet man in Alt-Heidelberg diese interessante städtebauliche Perspektive, bei der eine Kirchenfassade am Ende eines schmalen Gassenprofils erscheint. Beide Male stoßen lichterfüllte Gassen auf die nach Norden gerichtete Schattenfront der Kirche: hier bei der Heugasse, die auf die Jesuitenkirche zuläuft, und in der ›Vorstadt‹ bei der Neugasse, die sich Sankt Anna zum bühnenartigen Abschluß nimmt. Es mag Zufall sein, daß die Gassen einen ähnlichen Wortklang besitzen, doch die Vergleichbarkeit unterstreicht den Grundraster der Stadtkonzeption, der von der Hauptstraße als Mittelachse und den davon rechtwinklig nach Süden und Norden abzweigenden Gassen gekennzeichnet wird. So ist denn außer der Peterskirche, die schon vor der Stadtgründung vorhanden war, und der Heiliggeistkirche, die breit auf dem Marktplatz ruht, keine andere Kirche der Altstadt in West-Ost-Orientierung gebracht worden, sieht man von den nicht mehr vorhandenen Klosterkirchen ab. Ob Providenz-, Sankt Anna, Erlöser- oder Jesuitenkirche – sie alle ordnen sich dem Stadtgrundriß unter und nehmen damit in Kauf, daß sich ihre Fassaden nicht dem plastisch belebenden Sonnenlicht zuwenden. Um so bedeutungsvoller werden die an römische Beispiele erinnernden optischen Rahmungen durch die Gassenfluchten, die Intimität und Distanz zugleich vermitteln.

daselbst und so wohlhabend es sein mag, an Mitteln.« Auch
dagegen setzte man sich auf die Dauer durch, auch wenn die
Bemühungen um die Errichtung eines Theaters länger als ein
Dutzend Jahre dauerten.

Man faßte in Heidelberg nicht das übliche Bildungstheater
jener Zeit ins Auge, das einen weithin sichtbaren, alleinstehen-
den Bau in der architektonischen Nachfolge von Gottfried
Semper mit Anlage samt Schillerdenkmal und Schwanenteich
davor erheischte. Heidelberg wollte eine Bühne für sein Bür-
gertum und seine Studenten – und die erhielt es auch. Als es so
weit war, vollzog sich alles in atemberaubendem Tempo: Baubeginn Mai 1853, Richtfest Anfang Juli, Eröffnung am 30. Oktober 1853 mit Schillers ›Braut von Messina‹. Seitdem gibt es in
Heidelberg Theaterfreuden und Theatersorgen, gibt es Künst-
lerleben und Intendantenkummer, gibt es Kritik und Zustimmung – bis hin zu den städtischen Beschlußgremien. Denn das
Aktienunternehmen, das die Bühne gründete und über zwanzig
Jahre lang trug, wurde 1874 von der Stadt übernommen, doch
es blieb auch dann noch ein Pachtbetrieb.

Der Heidelberger Theaterbau wurde nach den Plänen des
großherzoglichen Bauinspektors Louis Lendorf bescheiden in
die Flucht der Theaterstraße eingebunden. Diese bewußte Beschränkung des Beginns bestimmt sein Erscheinungsbild noch
heute. Es nimmt sich seltsam aus, wenn man das Theaterpubli-
kum während der Pausen auf der Straße hin- und herwandeln
sieht. Denn bei einem gut besetzten Haus kann das enge Foyer
die Menschen nicht alle fassen. Wer sich die Beine vertreten
und wer rauchen möchte, weicht in der günstigen Jahreszeit auf
die abendliche Straße aus. Mitte der zwanziger Jahre wurde
schon einmal ein Theaterumbau vorgenommen, der das Haus
auf die Höhe der Zeit bringen sollte. Aus jener Zeit stammt die
einfache architektonische Gliederung der Fassade mit flachen
Pilastern, deren Kapitelle jetzt golden konturiert sind, und mit
den glatten Rahmungen der Fenster. Dieser ›Klassizismus‹ war
von Stadtbaurat Fritz Haller bewußt ins Auge gefaßt. Er setzt
sich in der Dekoration der Umgänge im Innern und – seit der
letzten verständigen Restaurierung des Zuschauerraumes 1978
– auch dort wieder fort. Haller wollte sich mit diesem Neoklas-
sizismus sowohl von der pflanzlichen Wucherkultur des Ju-

gendstils als auch vom Neobarock, mit dem gerade das Rathaus geformt wurde, absetzen. Er balancierte dabei auf schmalem Grat, denn er durfte mit dem Theater nicht in die geometrische Festlichkeit eines Kinoraums abgleiten.

›Hab Zeit für Heidelberg‹ hieß es in früheren Jahren, wenn man einen Werbeslogan dieser Stadt zitierte. Man hat ihn längst aufgegeben, weil alle Geschäftigen ihre Zeitnot wie einen Orden vor sich herzutragen pflegen. Falls aber doch irgendwo noch ein in sich, in einen anderen oder gar in die Stadt verliebter Mensch übriggeblieben sein sollte, so wird er, wenn es dämmrig geworden ist, das kaffeebraun getünchte Theaterhaus mit seinen leuchtend weißen Gliederungen aufsuchen, wird die Stufen erklimmen, wird spätestens an der Garderobe auf familiäre Tuchfühlung mit den Heidelbergern geraten und wird von Brecht bis Lehár, Lessing bis Achternbusch eines Theaterabends teilhaftig werden, der ihm das unmittelbare Bühnengeschehen wieder zu dem werden läßt, was es sich über alle Klippen und Schwellen hinweg bestrebt zu sein: ein Stück der intensiven Wesensvermittlung unseres tiefgefurchten Lebens.

Nicht weit von der Theaterstraße entfaltet an der Sonnenseite der Hauptstraße das *Palais Moraß* seine dezent gegliederte Fassade. Es handelt sich um eines der reicher ausgestatteten, auch im Innern noch weitgehend erhaltenen großen Barockgebäude der Stadt. An ihm kann man ein Beispiel dafür gewinnen, wie Heidelberg durchweg beschaffen sein müßte, hätte es seinen Wiederaufbau nicht aus den kärglichsten Verhältnissen heraus betreiben müssen. Dem Regierungs- und Revisionsrat Philipp Moraß, Professor der Rechte an der zurückgekehrten Universität und Rektor 1700/1701, fehlte es offensichtlich nicht an Geld. Er hatte genügend Mittel zur Verfügung, um sich ab 1712 an der Stelle, an der zuvor bis 1693 die sogenannte ›Elende Herberge‹, das Armenspital der Stadt, gestanden hatte, ein Stadtpalais errichten zu lassen. Dem Gebäude widerfuhr auch in den folgenden Jahrhunderten kein Umbau- oder Modernisierungsunglück, so daß die von Baron Charles de Graimberg begründeten Städtischen Sammlungen nach dem Jahre 1905 in ein würdiges Gehäuse einziehen konnten. Seitdem ist der Name des Palais zugunsten des Begriffs *Kurpfälzisches Museum* etwas in den Hintergrund getreten.

Gar oft hat das stattliche Haus seine Besitzer gewechselt. 1733 gehörte es einem General Philipp Ludwig von Bettendorf. Über eine Nichte des Generals kam das Gebäude an die Familie von Zyllenhardt; sie besaß es bis 1829. Dann erwarb es der Chirurg Professor Maximilian Joseph von Chelius, dessen Nachkommen es bis 1905 gehörte, als es die Stadt zum Zwecke der Einrichtung eines Museums erwarb. Dieser kommunale Entschluß erfreute weite Kreise des Bürgertums. Sie haben sich dem Museum gegenüber als großzügig und auch als anhänglich erwiesen, so daß sich diese Einrichtung heute noch auf eine ansehnliche Fördergemeinde stützen kann.

Kurpfälzisches Museum im erneuerten Palais

Das Gebäude ist dreigeschossig, doch sind Erdgeschoß und erstes Obergeschoß in den Höhenmaßen stattlicher ausgebildet als das zweite Obergeschoß, das man – seiner quadratischen Fenster wegen – fast als Mezzanin bezeichnen könnte. Nur wenn man genau hinsieht, erkennt man durch einen schwachen Vorsprung in der Fassade und am Gesims einen Mittelrisaliten. Er erfaßt die mittleren fünf Achsen des Gebäudes; je drei Achsen schließen sich an den Seiten als Flügel an.

Weil es sich so zurückhaltend gliedert, fügt sich das Palais besonders gut in die langgestreckte und weit einzusehende Straßenfront ein. Lediglich mit einem von Säulen flankierten Rundbogenportal und einem darüberliegenden Balkon gibt es sich eine hervorstechende Plastizität. Diese wird jedoch in der Bel etage vom Mittelfenster bzw. dem Balkonzugang wieder in die Wand zurückgenommen und klingt in einem Segmentbogen auf Konsolen als Fensterbekrönung aus. Behält man die Zeit nach 1712 im Auge, so muß man sich über ein gewisses Maß an akademischer Strenge, die im gesamten Fassadenaufriß liegt, wundern. Nichts wölbt sich hervor, nichts gerät in Schwingung, kein Giebel wird aufgesprengt, nirgendwo tut sich ein malerischer Effekt hervor. Es bleibt bei einer prinzipiengetreuen Formgebung, der allerdings auch eine gewisse Kühle innewohnt.

Sollte das Gebäude wirklich dem Repertoire des Johann Adam Breunig entstammen, so hat der Baumeister ganz entge-

gen seiner sonstigen Art unter die Fensterbrüstungen Sockel-
platten aus Sandstein gesetzt, die wie Friese behandelt sind und
die als Füllungen doppelte Sechsecke in schwacher Reliefierung
aufweisen. Gerade sie passen sich außerordentlich geschickt in
die abwägende Sorgfalt der Fassadengestaltung ein, weil sie
sowohl der vertikalen als auch der horizontalen Tendenz ihre
Unterstützung gewähren. Ein hinsichtlich der Belebung der
Schauseite nicht zu unterschätzendes Element stellen die hand-
geschmiedeten Gitterkörbe der acht Erdgeschoßfenster dar, die
noch original vorhanden sind und die namentlich an den Seiten
schöne barocke Verschlingungen aufweisen.

Selbst wenn das neue Portalgitter geschlossen sein sollte,
wird man feststellen können, daß die Durchfahrt durch das
Palais das Erdgeschoß gleichmäßig teilt. Sie mündet in einen
gepflasterten Hof, der zwischen den rückwärtigen Gebäude-
winkeln nicht eben geräumig wirkt und der durch den neuen
Treppenturm im Südwestwinkel noch mehr beschränkt wird.
Doch jenseits eines Gartengitters gewinnt der Palais- und Mu-
seumshof jene parkartige Erweiterung, die man – der grünen
Idylle wegen – als besonders beglückend empfindet.

Durchs barocke Stiegenhaus soll und kann der Besucher
heute nicht mehr unmittelbar in das Obergeschoß des Gebäudes gelangen. Er wird auf Umwegen und nach einem ausge-
dachten Programm an die Kunst herangeführt. Die Treppe
steigt nämlich unmittelbar von der Durchfahrt nach Osten ins
Haus auf. Ihre robuste steinerne Solidität wird künstlerisch
durch die Pfeilerkapitelle und die Wandkonsolen erhöht. Diese
in selten reinen ionischen Formen ausgeführten Kapitelle ver-
dienen so viel Aufmerksamkeit wie die Stukkaturen, die den
Plafond über dem Treppenhaus schmücken.

In jüngster Zeit hat dieses Treppenhaus eine augenfällige
Veränderung erfahren. Im zweiten Obergeschoß wurde hinter
Verputz eine offene Arkadenstellung entdeckt, deren Freilegung und Wiederherstellung nun die beiden anderen offenen
Treppenhausseiten ergänzt und die zudem dem Hinaufsteigen-
den völlig neue perspektivische Durchblicke ermöglicht. So
wird auch an dieser Stelle deutlich, daß im Zeitalter des Barocks die Treppenhäuser als eigenständige Raumschöpfungen
aufgefaßt und verwirklicht wurden.

Die schon erwähnten Stuckarbeiten des Treppenhauses, ferner jene der Parterreräume östlich der Durchfahrt und schließlich die der acht Räume des obersten Stocks, wo sich die eigentliche Wohnung der Hausbesitzer befand, gehören in die Entstehungszeit des Gebäudes. Sie sind bei zarter Profilierung von ausschwingender Fröhlichkeit. Betritt man jedoch den Festsaal im ersten Geschoß (er nimmt die Breite des Mittelrisalits ein), so sieht man sich einer Raumdekoration gegenüber, die vom Ende des 18. Jahrhunderts stammt. Denn das 1712 errichtete Palais wurde im Jahre 1778 umgebaut. So wundert es nicht, daß man in diesem Festsaal auf den frühklassizistischen Louis-Seize-Stil trifft. Er erfaßt den gesamten Raum und verleiht ihm auf eigene Weise festlichen Glanz. Gegenüber der sinfonischen Fülle des Barocks sind hier nun Stimmung und Bewegtheit auf den intimeren Kammerton zurückgenommen.

Mit den Augen läßt sich dies auskosten. Über einer Sockelzone des Raums entfalten sich Wandfelder, deren Abmessungen auf die zwischen den Türen und Kaminen verbliebenen Flächen bezogen sind. Es handelt sich um sechs gerahmte Dekorationsfelder zwischen Sockel und Deckengesims und um fünf weitere, wesentlich kleinere, über den Türen und Kaminen. Daraus ergibt sich eine sehr lebendige Folge wechselnder Formate. In die Pfeilerflächen zwischen den Fenstern wurden Spiegel eingelassen; über diesen findet man stuckierte Embleme der Musik, des Theaters, der Liebe und des Lebens auf dem Lande.

Die großen Bildfelder des Raumes weisen sehr zarte, reliefartige Darstellungen auf, die rein weiß auf taubenblauem Grund stehen. Es liegt nahe, auf die Anlehnung an den Dekor der damals geschätzten Wedgwood-Ware aus der englichen Tonwarenindustrie hinzuweisen, denn im süddeutschen Bereich gibt es keinen vergleichbaren Raum solcher Art. Beim Blick auf die Darstellungen glaubt man, Gestalten aus der antiken Mythologie vor sich zu haben, doch dem ist nicht so. Die Szenen beziehen sich – recht naheliegend – auf das dem Fest- und Speisesaal zugedachte gesellschaftliche Geschehen. Den aufmerksamen Betrachter muß wundern, daß die figürlichen Darstellungen nur einen bescheidenen Teil der zur Verfügung stehenden Wandfläche in Anspruch nehmen. Bald aber wird ihm

bewußt, daß sie gerade wegen dieser Bescheidenheit und Zurückhaltung vor den reinen Farben des Hintergrunds besonders
gut zur Geltung kommen.

Die künstlerische Grundkonzeption des Festsaals könnte von
jenem Bildhauer Konrad Linck stammen, der uns bereits von
den Statuen auf der Alten Brücke (Pallas Athene und Karl
Theodor) – dort auch mit zarten Reliefs – bekannt ist und der
sich vor allem als Modellmeister der Frankenthaler Porzellan-
manufaktur einen Namen gemacht hat. In der Tat eignet den
Basreliefs an den Wänden des Saals etwas porzellanhaft Subtiles
in der Durchbildung der Körperlichkeit, in der Drapierung der
Gewänder und in der Verspieltheit der Putten in den Supraporten.

Erinnerung an Goethes Aufenthalte

In dieser festlichen Suite des ersten Geschosses hat Johann
Wolfgang von Goethe am 29. September 1815 mit dem Herzog
Karl August von Weimar als Gast der Baronin von Zyllenhardt
getafelt. Damals, als der Herzog und der Dichter in diesem
Hause zu Gast waren, stand Heidelberg im Brennpunkt geschichtlicher Ereignisse. Das Hauptquartier der Verbündeten
befand sich eine Zeitlang in der Stadt. Der Festsaal des Museums, der bisweilen auch als repräsentativer Empfangsraum
der Stadt genutzt wird, vermittelt dem Besucher durch die un-
veränderte Innendekoration die Zeit des alternden Goethe.
Kaum jemand, der durch diese Räume wandert oder hier eines
offiziellen Willkommenstrunks teilhaftig wird, macht sich dies
klar, denn von Heidelberg als einer ›Goethe-Stadt‹ ist nur selten
die Rede gewesen. Dabei weilte der Dichter siebenmal in seinem Leben hier: Von Heidelberg aus brach er nach Weimar auf,
in Heidelberg – wir hörten es schon – begegnete er den altdeutschen Gemälden der Gebrüder Boisserée, und hier erlebte er die
Sternstunden mit Marianne von Willemer, seiner Suleika des
›West-östlichen Divan‹.

*Erstmals kam Goethe zusammen mit den Brüdern Stolberg auf der ersten
Schweizer Reise am 17. Mai 1775 nach Heidelberg, um sich das weltberühmte
Faß anzusehen. Auf der Rückreise von der Schweiz, im Juli 1775, weilten die
›wertherisch‹ gestimmten Besucher wiederum in Heidelberg.*

Ein paar Monate danach, Ende Oktober 1775, endete Goethes Absicht, eine Italienreise zu unternehmen, schon in Heidelberg, denn hier – bei der ›Handelsjungfer Delph‹ (die bereits in jenem Haus am Marktplatz wohnte, das sie 1782 ersteigerte) – erreichte ihn die Nachricht des verspätet in Frankfurt eingetroffenen Weimarer Kammerherrn von Kalb, der ihn, wie zuvor mit Herzog Karl August abgesprochen, für einen längeren Besuch mit nach Weimar nehmen sollte. Goethe entschied sich in Heidelberg dafür, diese Einladung anzunehmen.

Auf der zweiten Schweizer Reise kam Goethe am 23. September 1779 zusammen mit Herzog Karl August von Sachsen-Weimar-Eisenach für einen Tag nach Heidelberg. Der Besuch galt vor allem der Schloßruine, wie uns ein Brief des Herzogs wissen läßt: »... Goethe zeichnete und ich kroch in den alten schönen Trümmern herum. Es ist vortrefflich schön.«

Nach der Belagerung von Mainz, die Goethe anschaulich beschrieben hat, reiste er im August 1793 erneut in die Stadt am Neckar, um sich hier mit seinem Schwager Johann Georg Schlosser zu treffen. Er blieb mehrere Tage und wohnte ohne Sorge bei der ›Heiratsstifterin‹ Dorothea Delph. – Von Goethes eintägigem Aufenthalt während der dritten Schweizer Reise am 27. August 1797, als er im ›Goldenen Hecht‹ keinen Platz mehr fand und deshalb in den ›Drei Königen‹ logierte, haben wir bereits gehört.

Abgesehen davon, daß Goethes Sohn August im Jahr 1808 die Heidelberger Universität zum Jurastudium bezog und daß ihn hier auch seine Mutter Christiane besuchte (selbst der Enkel Wolfgang blieb der Heidelberg-Tradition treu und promovierte hier 1845), belebten sich Goethes Beziehungen zu Heidelberg erst 1814 wieder, als er während zweier Herbstwochen die Brüder Boisserée aufsuchte.

Sulpiz Boisserée fesselte weiterhin Goethes Interesse an Heidelberg. Der Besuch im Jahre 1815 richtete sich nicht so sehr auf die Kunstbegegnung im Hause Boisserée, sondern wurde wesentlich von der Suleika-Begegnung erfüllt. Freilich mußten die Heidelberger Tage auch den Abschied von Marianne von Willemer tragen; der Dichter hat die geliebte Frau nie wieder gesehen.

Bei diesem letzten Aufenthalt Goethes in Heidelberg stand die Stadt noch im Nachhall der politisch-militärischen Ereignisse. Sulpiz Boisserée wußte im November 1815 rückblickend zu berichten, es sei eine »merkwürdige, lehrreiche und unvergeßliche Zeit« gewesen. Die Erinnerung an Goethe in Heidelberg wurde später vor allem von Friedrich Christoph (Fritz) Schlosser, einem Neffen des Goethe-Schwagers, gepflegt, denn dieser hatte 1825 das Stift Neuburg bei Heidelberg erworben. Dort entstand auf seine Initiative eine der ersten Goethe-Sammlungen. Leider blieb sie nicht geschlossen erhalten. Sie ging zwar mit dem übrigen Schlosserschen

Besitz nach Sophie Schlossers Tode an den Erben des Stifts Neuburg,
Franz von Bernus, über, doch wurde dann unter dem letzten Stiftsherrn,
Alexander von Bernus, manches Stück davon veräußert. Dennoch fügte es
ein gütiges Geschick, daß wesentliche Teile der Goethe-Sammlung den
Weg ins Freie Deutsche Hochstift / Frankfurter Goethe-Museum und in
die Sammlung Kippenberg fanden. Auch der ›Nachlaß Schlosser‹, der im
Frankfurter Goethe-Museum zusammengeführt werden konnte, stellt ehe-
maligen Stiftsbesitz dar.

Wer der beiden letzten Aufenthalte Goethes in Heidelberg
gedenkt, hat Anlaß, sich auch eines Mannes zu erinnern, der
dazumal bereits mit seinem Lebenswerk begonnen hatte: Es
sollte in den folgenden fünf Jahrzehnten zu einer unschätzbaren
Bedeutung für die Stadt und das ihr einst zugehörige Kurfür-
stentum heranwachsen. Der französische Refugié Graf Charles
de Graimberg bemühte sich seit dem Jahre 1810, fasziniert und
gebannt vom historischen Dokument der Schloßruine, eine Altertümersammlung zur Erinnerung an die große Vergangenheit des wittelsbachischen Territoriums anzulegen. Dem Grafen ging es nicht darum, Spitzenwerke der Kunst zusammenzu-
tragen, sondern er bemühte sich um historische Dokumenta-
tion, vor allem auf den Gebieten der Graphik und der Numis-
matik. Im Gläsernen-Saal-Bau des Schlosses wohnend, schuf er
selbst eine Fülle von Schloß- und Stadtansichten. Mit den badischen Behörden ließ er sich in einen jahrelangen Kleinkrieg um
den Schloßbestand ein und verhinderte so, daß die Gemäuer als
Steinbrüche benutzt und geplündert wurden. Die Ehrennamen,
die man dem Grafen beigelegt hat, wie etwa ›Retter des Schlosses‹, treffen alle zu, doch nur allmählich setzte sich der Wert
seiner stillen Sammlungs- und Konservierungstätigkeit im Bewußtsein der Zeitgenossen durch.

Die erste Altertümerhalle richtete Graf von Graimberg im Brückentor-
bau des Schlosses ein. Da er nicht nur seine Stiche und andere Graphiken
ausstellte, sondern auch Möbel, Porzellan, Schmuck und anderes, erwiesen
sich die räumlichen Möglichkeiten hier bald als zu eng. 1839 erwarb der
Graf jenes Anwesen am Kornmarkt, das wir auf unserem Weg zum
Schloß bereits gesehen haben. Dort blieben die ›Altertümer‹ zehn Jahre
lang. In einem großen Raum über der Schloßkapelle verwahrte man die
Sammlung über seinen Tod hinweg, so daß sie 1879 von der Stadt Heidel-
berg erworben werden konnte.

Nicht nur die Tatsache, daß sich Philibert von Graimberg, des Grafen ältester Sohn, dazu bereit fand, des Vaters Altertümersammlung zu veräußern und in kundige Hände zu geben, darf als Glücksfall bezeichnet werden, sondern mindestens ebenso die Tatsache, daß es gelang, die von Graimberg begründete und nun erst richtig erweiterungsfähige Sammlung nach 1905 im Palais Moraß unterzubringen. Fortan stimmten Sinngebung, Sammlung und Gehäuse in geradezu idealer Weise überein. Dessen sollte man sich bewußt sein, wenn man sich auf den Weg durch die Räume und Etagen des Museums macht.

Rundgang durch das Museum

Der Eingang ins Museum öffnet sich vom Hof aus in den Westflügel. Dort tritt man im Erdgeschoß in einen Raum, der seit eh und je ›Glockenturm‹ genannt wird, obwohl er mit einem Campanile nichts gemein hat. Der Name erklärt sich aus der Tatsache, daß dort einige Glocken aufgestellt sind und daß sich wie in einem Turm ein mehrfach gewinkelter Treppenlauf entwickelt, der zu einem Oberlichtsaal führt. In diesem Erdgeschoß des ›Glockenturms‹ sieht sich der Besucher zwei gewaltigen Originalen gegenüber: der *Kornmarktmadonna* des Peter van den Branden (um 1718) und dem Standbild des *Johann Nepomuk* (um 1735), das einst am rechten Neckarufer bei der Alten Brücke stand. Die Treppe zum Obergeschoß führt sogleich an einem Hauptstück des Museums vorbei, das leider nur allzu wenig beachtet wird: der 1956 erworbene *Prudentia-Teppich* des Ottheinrich, ein bildhaftes Dokument der humanistischen Geistesverfassung dieses kunstliebenden Fürsten, das schon vor dessen Heidelberger Zeit, etwa 1530, gewirkt worden ist.

So eindrucksvoll beginnt die sogenannte ›Kurpfalz-Sammlung‹, die Dokumente zur Geschichte und Kultur der Kurpfalz enthält. Der Rundgang führt zunächst zu den Zeugnissen des 16. und 17.Jahrhunderts. In den Gemälden begegnen uns nun alle jene fürstlichen Persönlichkeiten, mit denen wir uns bereits beim Gang durch die Stadt und beim Nachdenken über ihre Geschichte beschäftigt haben. Ernst schauen uns der *Winterkönig* und die *Winterkönigin* an. In lichtvollen Farben zeigt uns

Gerard van Honthorst, wie sich dieses Königs- und Fürstenpaar im Elysium wiederbegegnet (Gemälde von 1629). Des Winterkönigs große Idee, den *Hortus Palatinus* (in dem sich wohl auch Rosenkreuzer-Ideen niedergeschlagen haben), macht uns Jacques Fouquières großformatiges Gemälde anschaulich. Es lohnt sich, eine Zeitlang davor zu verweilen. Mild und duldsam schaut uns die leidgeprüfte *Liselotte* an. Wir begegnen auch ihrem Vater *Karl Ludwig,* der das zertrümmerte Heidelberg in ganz anderer Weise dem Wiederaufbau zuführte als später die Neuburger. Kurfürst *Johann Wilhelm,* Repräsentant barocker Prachtentfaltung, ist durch ein Porträt des Malers van Douven gegenwärtig.

Fast unmerklich leitet der Rundgang nun ins 18. Jahrhundert über, denn wir sind bereits in den Obergeschoßräumen des Palais angekommen. Dort präsentiert sich die Karl-Theodor-Zeit im zeitgenössischen Ambiente. Besucher seien vor allem auf das komplett eingerichtete kleine *Speisezimmer* hingewiesen. In dessen Nähe findet man auch eine reichhaltige Auswahl an *Frankenthaler Porzellan* sowie eine kleine Schatzkammer, in der Münzen, Medaillen, Tafelsilber und ähnliches kostbares Gut zur Ansicht dargeboten werden. In dem sich anschließenden sogenannten Restaurantflügel klingt die Karl-Theodor-Zeit mit einer großen Vitrine aus, in der die höfische Welt, einschließlich der barocken Lustjagden, sichtbar gemacht wird.

An dieser Stelle empfiehlt es sich, ins Erdgeschoß hinabzusteigen, um einen Exkurs in die *Archäologie* zu absolvieren. Besonders viel Fundmaterial ist, wie sich denken läßt, aus der Kelten- und Römerzeit vorhanden. Auch die Zeit der Völkerwanderung und die daran anschließende Merowinger- und Frankenzeit werden gut durch Funde dokumentiert. Besonders stolz ist die archäologische Abteilung auf das Modell der Römerbrücke, die einst über den Neckar führte. Viele Originalfunde, vor allem Keramik und Glas, die teilweise geschickt ergänzt werden mußten, lassen die Zeit, die nun fast zweitausend Jahre zurückliegt, wieder greifbar werden.

Kehren wir ›ans Ende der Kurpfalz‹ zurück, dorthin, wo wir unseren Rundgang, der Archäologie zuliebe, unterbrochen hatten! Wir gelangen nun in die Gemäldegalerie, die zwei Geschosse einnimmt. Man findet in dieser Abteilung die spätmittelalterlichen Kunstwerke, in deren Mittelpunkt der *Windsheimer Zwölf-Boten-Altar* des Tilman Riemenschneider steht. Da wird die Kunstbetrachtung dann in Andacht übergehen, wenn man dem Ausdruck der Glaubensinbrunst der zwölf Apostel um Christus folgt und die Ergriffenheit des fränkischen Bildschnitzers spürt, der von der Haarlocke bis zu den Fingernägeln, von der Gewandfalte bis zum figuralen Attribut glaubhafte Gestalten schuf, deren jede in ihrem Charakter durch ein beseeltes Antlitz ausgewiesen wird. Dem Anruf solcher Kunst hält so leicht nichts stand, wenn man sich umwendet, um den Weg der weiteren Entwicklung bis zu den Romantikern und bis zur klassischen Moderne weiterzugehen. Schließlich endet er bei Werken Heidelberger Künstler nach 1945: Will Sohl, Willibald Kramm, Edzard Hobbing, Hanna Nagel und andere. Innerhalb der Gemäldegalerie gewinnen selbstverständlich die Heidelberger Romantiker Rottmann, Fohr, Fries und jene, die ihrem Beispiel folgten, bis hin zu William Turner (dessen Autorschaft am Heidelberg-Bild im Kurpfälzischen Museum allerdings in Frage gestellt wird), ein besonderes Gewicht.

Mit dem Ende der Gemäldesammlung erreichen wir den Übergang zu den ehemaligen Wohn- und Schlafräumen des zweiten Obergeschosses. Hier trifft man nun auf die Spezialsammlung *Kunsthandwerk*. Eine Kostümpassage ist ebenso vorhanden wie eine Sammlung von Gläsern, Fayencen und vor allem ausgewählter Möbel. So kehren wir über das Treppenhaus zur Eingangshalle des ersten Stocks zurück und benutzen die Wendeltreppe im neu angefügten Treppenturm, um zum Eingang im Erdgeschoß des Westflügels, dem Ausgangspunkt, zurückzugelangen. Würden wir das Museum nun verlassen, hätten wir zwei wichtige Bereiche übersehen. Vom Treppenturm aus kann man sowohl in jene vier Räume des westlichen Erdgeschosses gelangen, die Sonderausstellungen vorbehalten sind und in denen vor allem das *Kupferstichkabinett* seine Schätze präsentieren kann, als auch in den Keller des Palais, in dem die Zeugnisse zur *Stadt- und Universitätsgeschichte* dargeboten werden.

Schließen wir an den Museumsbesuch noch eine entspannende Wanderung durch den Garten an, so werden wir, spielt nur das Wetter mit, einen vergnüglichen Aufenthalt haben. Je nach den Umständen, in die auch die Baufortschritte der Museumserneuerung einzubeziehen sind, können wir die hölzerne Ausstellungshalle besuchen, in der zumeist der Kunstverein zu Gast ist, oder wir können auf der Gartenterrasse Platz nehmen, um uns nach dem Kunstgenuß einen gehörigen Schoppen Weines zu Gemüte zu führen.

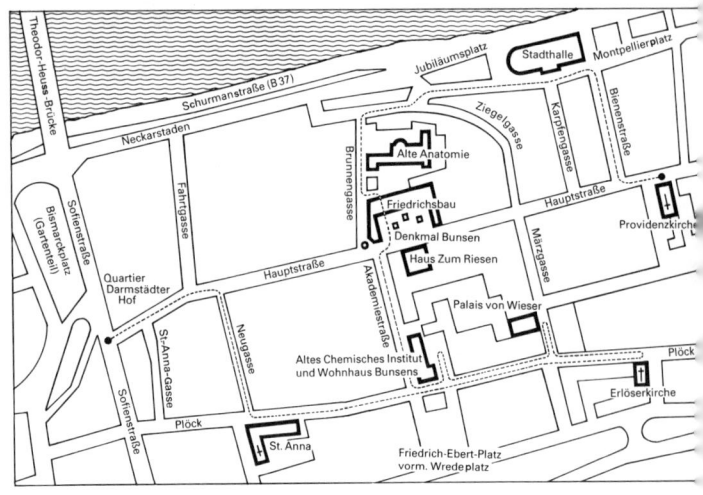

Die Vorstadt von Alt-Heidelberg

Wer immer in der geistlichen Administration des Kurfürsten im Jahre 1717 der Providenzkirche einen Glockenturm verordnete, er hat vielleicht nicht so sehr der lutherischen Gemeinde, dafür aber ganz entschieden der Stadt einen Dienst erwiesen. Dies nicht zuletzt dadurch, daß der Auftrag in die Hände eines kundigen Baumeisters, vermutlich des Johann Jakob Rischer, gegeben wurde und daß auf diese Weise die Hauptstraße in der Vorstadt einen wichtigen Akzent erhielt. Der Turm der Providenzkirche wirkt wie ein Pylon – nur viel interessanter gegliedert –, an den sich die lange Flucht der schnurgeraden Hauptstraße anhängt.

Wie die Kirche der Lutheraner entstand, haben wir bereits erfahren. Auch sie entging dem großen Stadtbrand von 1693 nicht und wurde wie fast alle Gebäude in Heidelberg zur Ruine. Ihr Wiederaufbau wirkt erstaunlich, weil ihn eine Kirchengemeinde bewältigte, die von den nun katholischen Kurfürsten gar nichts zu erhoffen hatte. Doch die Religionsdeklaration Johann Wilhelms, welche die kirchlichen Güter unter Katholiken und Reformierte aufteilte und die Lutheraner leer ausgehen ließ, kam erst 1705 heraus. Bis zu diesem Zeitpunkt dürfte der Wiederaufbau der Providenzkirche mit Hilfe von Spenden aus ganz Deutschland bereits durchgeführt gewesen sein. In der von der Deklaration verordneten ›Armutsrolle‹ traf die Lutheraner 1717 die Anordnung des Turmbaues ganz unerwartet und unvorbereitet.

Die ursprüngliche turmlose Saalkirche mit dreiseitigem, nicht eingezogenem Chor hatte der kurfürstliche Baumeister Theodor Reber errichtet. Auf dem steilen Satteldach saß ein kleiner Dachreiter. Das für die Lutheraner Charakteristischste aber war der Innenraum. Er besaß Emporen, die sich um drei

Seiten des Kirchenraums herumzogen und nur die Wand, an
der sich die Kanzel befand, freiließen. In der Providenzkirche
war die Kanzel an der östlichen Längsseite angebracht. Der
gesamte Innenraum wurde von einer Flachdecke überspannt.

Auch die zweite, zwischen 1693 und 1700 errichtete Providenzkirche folgte dem alten Schema des Innenraums, das den
Altar in der Längsachse bestehen ließ, die Kanzel aber im rech-
ten Winkel dazu anordnete. Die erneut asymmetrisch einge-
baute Empore ruhte auf hölzernen Säulen. Die Brüstung der
Empore wurde mit 28 Bildern aus dem Leben Jesu geschmückt.
Da die Kirche ein barockes Dach erhalten hatte, trug nun eine
weit auskragende Hohlkehle den flachen Deckenspiegel; in die
Hohlkehle schnitten die großen Rundbogenfenster mit kräftigen Stichkappen ein. Wie die Gemälde an der Brüstung der
Emporen, stammt auch das Deckenfresko von dem Wormser
Maler Johann Ludwig Seekatz. Um auf das Abendmahl hinzu-
weisen, wählte man als Bildthema die Speisung der Viertausend.

Während dieser Ausbau- und Ausmalungsperiode erhielt die
Providenzkirche ihren monumentalen Turm vor der Nordfassade. Über einem kräftigen Sockelgeschoß, das einen gewölbten Eingangsraum zur Kirche enthält, steigen drei unterschiedlich hohe, verputzte Turmgeschosse auf, die von Sandsteinge-
simsen und ebensolchen Ecklisenen gerahmt werden. Das
Kranzgesims tritt stark hervor und trägt eine Steinbalustrade.
Darüber geht der Turm mit dem Glockenhaus ins Achteck
über und ist ganz aus Sandstein gebildet. In dieser Höhe, die
schon die Firste der Hauptstraßenhäuser übersteigt, zeigt der
Turm mit Festons aus Blüten- und Fruchtmotiven sehr qualitätvollen plastischen Schmuck. Die elegant geformte Zwiebelhaube ist zum Turmaufsatz hin kräftig eingezogen. Über ihr
schwebt in luftiger Höhe die wiederum mit einer kleineren
Zwiebel gedeckte Laterne. Sie läuft spitz hinauf in einen Knauf;
darüber entfaltet sich das Filigran der Turmzier und der Wind-
rose und ganz zuoberst, 51 Meter über der Hauptstraße, dreht
sich der Wetterhahn.

Was das Äußere der Kirche betrifft, so ist es seit dem 18. Jahrhundert nahezu unverändert geblieben. Doch der Innenraum
entging dem Zugriff des 19. Jahrhunderts nicht. 1821 hatten
sich die Reformierten und die Lutheraner zur Union beider

Konfessionen zusammengeschlossen. So wurde die Providenzkirche Eigentum der evangelisch-protestantischen Gesamtge-
meinde. Schon bald veränderte man alles, was noch an die lutherische Vergangenheit erinnerte. Die von Kirchenbaumeister
Behaghel 1882/86 vorgenommene Restaurierung gestaltete das
Emporensystem symmetrisch und stellte den Chor frei. An der
Turmseite wurde die Empore vertieft, damit Kirchen- und Po-
saunenchor Platz fanden. Auch das Deckenbild verschwand zu
jener Zeit; ornamentaler Schmuck füllt seitdem die Gewölbe-
und die rahmenden Plafondfelder.

Die Restaurierung der siebziger Jahre unseres Jahrhunderts
versah die Kirche mit einer dezenten Farbigkeit in gebrochenen
Tönen, auf denen der helle Stuck hauchzart sich abbildet. So
wurde dem ganz einfach konzipierten Kirchensaal mit einfühlsamer Innenraumgestaltung ein Höchstmaß an Atmosphäre geschenkt. Diese Raumstimmung vermittelt nicht ein spezielles
Konfessionsbewußtsein, sondern läßt – höchst angebracht in
dieser Zeit und an dieser Stelle – den Gottesdienst- und Kirchenbesucher wieder das Gefühl der Gemeinsamkeit im Hause
des Herrn erleben.

Vor und nach den Befreiungskriegen

Das Jahrhundert, dem wir uns inzwischen zugewandt haben,
überwand die evangelische Konfessionsspaltung und führte
1821 zur protestantischen Union. Damit, so könnte man meinen, sei nach Jahrhunderten der innerkirchlichen Auseinandersetzung ein wichtiges Ziel erreicht worden. Für die Kirche
wohl, doch die Theologie zeigte sich gespalten. Es gab ›Mysti-
ker‹ und ›Physikanten‹ unter den Theologen der Universität;
den Vertretern des Rationalismus standen jene der Offenba-
rungsspekulation gegenüber. Auch auf anderen, vorwiegend
geistesgeschichtlichen Feldern rang man um Programme und
Ziele. Die friedliche Welt der Gelehrten wurde aufgespalten
durch Klatsch und Intrigen, durch Mißgunst und Unterstellungen. In dem kleinen und engen Heidelberg rieben sich die vielen lebhaften Geister aneinander wund.

Goethe hatte dies genau erkannt, denn er äußerte sich 1807 in
dem Sinne, daß die Parteiwut des deutschen Universitätslebens

in Heidelberg besonders stark sei. »Es ist wie mit der Kirche dort. Protestanten und Katholiken sind in einem Gebäude unter dem nämlichen Dach vereint, allein in der Mitte ist zwischen beiden eine dicke Mauer.« Angesichts dieser tiefen Spaltung des Gesellschaftslebens kommt dem Wirken der Brüder Boisserée eine besondere Bedeutung zu. Mit ihrer Tätigkeit in Heidelberg, die dem romantischen Geist aufs tiefste verpflichtet war, übten sie eine integrierende Wirkung aus. Angesehene Gäste kamen von weither, darunter auch die Gebrüder Grimm mit ihrem malenden Bruder Ludwig, so daß es an Zustrom frischen Geistes nicht fehlte. Dies überwand die kleinstädtische Enge und führte auf die Dauer auch die Universität aus den parteiischen Verkettungen heraus.

Zur Rheinbundzeit blieb es in Heidelberg verhältnismäßig ruhig. Die Stadt wurde höchstens von durchziehenden Truppen gestreift, denn Kaiser Napoleon hatte der Stadt Befreiung von der Einquartierung gewährt und die Universität unter seinen Schutz gestellt. Erst als sich in Rußland die Wende in Napoleons Schicksal ankündigte, folgten die Studenten dem Aufruf des preußischen Königs zum Befreiungskampf. Die Rhenanen, Kurländer, Vandalen, Sueven, Hannoveraner und andere Studenten machten sich auf, um ihren Patriotismus mit der Tat zu beweisen. Doch Baden trat erst nach der Völkerschlacht von Leipzig an die Seite der Alliierten, als sich der Rheinbund aufzulösen begann. Nun zogen bayerische und österreichische Soldaten in Heidelberg ein, später folgten die Russen und mit ihnen der Zar Alexander I. Um die Jahreswende 1813/14 weilte der preußische König Friedrich Wilhelm III. in Heidelberg.

Heidelbergs große Tage kamen aber erst noch, als Napoleon das Abenteuer seiner ›Hundert Tage‹ wagte. Noch einmal rafften sich die Verbündeten gegen den verbannten Kaiser der Franzosen auf. Sie verlegten ihr Hauptquartier nach Heidelberg. Zwischen dem 24. Mai und dem 23. Juni 1815 kam die Bevölkerung aus dem Staunen und Gaffen nicht heraus. Wiederum traten die Wachen vor den Generälen heraus. Fürst Schwarzenberg war da und ein österreichischer General Radetzky, der erst später berühmt werden sollte. Kaiser Franz von Österreich bezog Quartier im Großherzoglichen Palais am Karlsplatz, den Brüdern Boisserée genau gegenüber; der Zar wohnte – wir hörten es schon – in einem Haus vor dem Karlstor, wo ihm die Baronin von Krüdener zur Nachtzeit erschien, um ihm seine christliche Mission in diesem Feldzug nahezubringen. Natürlich kam auch der badische Großherzog Karl (1811-1818) herbei, um den Monarchen die Ehre zu geben. Unter den zahlreichen politischen Repräsentanten sah man sowohl den österreichischen Staatskanzler Fürst von Metternich als auch den preußischen Reformer Freiherrn vom und zum Stein.

Am 18. Juni wurde die entscheidende Schlacht bei Belle-Alliance geschlagen. In Heidelberg herrschte Jubelstimmung, als der russische Kurier die Nachricht brachte. Innerhalb einer Woche rückte das Hauptquartier über Mannheim weiter nach Westen. Die Monarchen folgten ihm sofort. Bevor jedoch die Universitätsstadt in ihren gewohnten kleinstädtischen Trott zurückfiel, fand jene Truppenparade der Russen auf dem Karlsplatz statt, die uns der Maler Friedrich Rottmann im Bild überliefert hat.

Nach den Befreiungskriegen wuchs die Zahl der Studenten an der Universität rasch an. Die 10000 Einwohner Heidelbergs empfanden deutlich, daß ihr Wohlergehen aufs engste an das der Hochschule gebunden war.

Wir kennen zwei vertrauenswürdige Zeugen der Zeit, die uns überlieferten, was sie ihr Studentenleben in Heidelberg damals kostete. Der eine ist der Jurastudent Robert Schumann. Er machte seinem Vormund eine Rechnung über ein halbes Jahr Studienaufenthalt als Kostenvoranschlag auf. Nicht eben kärglich wohnend, bezifferte er die Miete für ein halbes Jahr auf 50 Gulden. Das Mittagessen kostete nach seiner Rechnung damals 36 Kreuzer, das Abendessen 24 Kreuzer und das Frühstück 6 Kreuzer. Wenn er sich jeden Tag nur eine Flasche Bier genehmigte, dann kämen dafür während eines halben Jahres 20 Gulden und 25 Kreuzer zusammen, ließ er den Vormund wissen. Die Miete eines Flügels kostete gar 30 Gulden. Für Kollegien schlug er das Doppelte an (60 Gulden), und die Immatrikulation stand mit 14 Gulden in der Rechnung. Fast zwanzig Jahre später ließ sich der wesentlich bescheidener lebende Gottfried Keller vernehmen: Sein kleines Zimmer mit einem Schlafzimmerchen »bei armen Leuten« kostete im halben Jahr 30 Gulden.

Des Mittags, so versicherte er seiner Mutter, esse man im Gasthaus sehr gut für 20 Kreuzer. Für abends kaufe man beim Bratwurster etwas für 6 Kreuzer, »geht entweder ins Wirtshaus damit oder man geht heim und frißt's dort«. Ein halbes Klafter Holz mit Hacken und Tragen kostete ihn damals 6 Gulden und 45 Kreuzer.

Die Vorstellungen vom Heidelberger Studentenleben – ›Weiland Bursch zu Heidelberg …‹ – gehen im wesentlichen auf das 19. Jahrhundert nach den Befreiungskriegen zurück. Diese zweifellos hochinteressante Entwicklung, die nicht ohne politische Bedeutung gewesen ist, kann hier nicht im einzelnen geschildert werden. Erinnert sei lediglich daran, daß 1819 der russische Staatsrat Kotzebue, der sich übrigens leidenschaftlich und wirkungsvoll für die Erhaltung der Heidelberger Schloßruine eingesetzt hatte, in Mannheim von dem Studenten Sand ermordet wurde. Dieses Ereignis hatte die Auflösung der Burschenschaft zur Folge. Das Turnen wurde verboten. Das Leben der Studenten bestimmte aber weiterhin die Geschicke der Stadt nicht unerheblich. Das galt auch im politischen Sinne, denn in der Bürgerschaft standen sich bald radikale Demokraten und gemäßigte Liberale gegenüber. Sie wurden von den ›Akademikern‹ in ihrer politischen Einstellung bestärkt und auch mit Argumenten versehen. Indessen versuchten einige junge Menschen, sich in Heidelberg Rüstzeug für künstlerisches Wirken zu verschaffen. Sie wurden zwar nicht unmittelbar wahrgenommen, später aber ihrer hier verlebten Jugendjahre wegen für Heidelberg reklamiert.

Maler und Poeten – Heidelbergs gerühmte Gäste

»Der Zeit steinern stilles Hohngelächter« nannte Nikolaus Lenau die Schloßruine, als er in Amerika an seinen Studienaufenthalt in dieser Stadt 1831-32 zurückdachte. Damals waren in Heidelberg als Ausdruck seiner Liebe zu Lotte Gmelin die ›Schilflieder‹ entstanden. Auch die Ballade ›Der Raubschütz‹ geht auf die erste Heidelberger Zeit zurück. Aus dem Jahre 1834 stammen ›The Pilgrims on the Rhine‹ des englischen Schriftstellers Edward Bulwer (Lord Lytton). In diesem Buch wird Heidelberg eine schöne Reverenz erwiesen: »Der alte Wall, der tiefe Graben, der mächtige Turm, das kühne Gewölbe, die trutzige Feste, der prächtige Palast – all das packt deine Seele wie die lange Geschichte eines dahingesunkenen Reiches.«

Zwei Jahre danach, vor Ostern 1836, kam der junge Friedrich Hebbel in diese Stadt, um als Hospitant an der Universität seinen Blick und sein Wissen zu weiten. In der Unteren Straße, in einem Haus, das 1981 vortrefflich restauriert wurde, wohnte er mit vier Bayern im gleichen Quartier. Bei Thibaut und Mittermaier hörte er die ›Wissenschaft des Unrechts‹. Mit Ludwig Uhland suchte er Kontakt. Grüblerisch und verschlossen, aber auch wißbegierig und hellhörig verbrachte er ein halbes Jahr in Heidelberg. Die hier geschriebenen Erzählungen ›Eine Nacht im Jägerhause‹ und ›Anna‹ verlieren an Bedeutung gegenüber den gleichzeitig entstandenen Gedichten. Jahre später, als er die von Schauern durchwehte Tragödie ›Genoveva‹ schrieb, ließ er die alte Hexe sagen: »Ich komm von Heidelberg.« Und so, wie diese Leichenräuberin nach Straßburg weiterzieht, so schied auch Hebbel im Herbst 1836 mit dem gleichen Ziel.

Auch begabte Musiker, die sich später als bedeutende Komponisten auswiesen, nahmen im frühen 19. Jahrhundert in Heidelberg Aufenthalt. Noch in die romantische Periode fiel der Besuch Carl Maria von Webers im Frühjahr 1810. Alexander Dusch – der spätere badische Minister, der damals in Heidelberg Rechtswissenschaft studierte – brachte Weber von Mannheim aus nach Heidelberg und ermöglichte ihm hier ein Konzert. Während des Aufenthalts auf Stift Neuburg, wo Ludwig Hout, ein Verwandter der Mannheimer Gastfamilie Webers, romantisch abgeschieden waltete, fiel Weber das gerade erschienene ›Gespensterbuch‹ von Apel und Laun in die Hände. Mit Dusch zusammen probierte er eine szenische Skizze zu dem erst sieben Jahre später entstandenen ›Freischütz‹, dessen Text dann aber Friedrich Kind schrieb.

Eine flüchtige Begegnung mit Heidelberg hatte im September 1827 auch Felix Mendelssohn-Bartholdy, der als Achtzehnjähriger noch durchaus empfänglich war für Naturpoesie und Märchengeist, auch wenn er diese romantischen Elemente formal strenger zu bewältigen trachtete. Mit Professor Thibaut pflegte er während seines Aufenthalts einen ausgiebigen Meinungsaustausch.

Am längsten, fast anderthalb Jahre, weilte als junges musika-
lisches Talent Robert Schumann in der Stadt, denn er war ja
Student der Rechtswissenschaft und als solcher ein durchaus
aufnahmebereiter Schüler Thibauts und Mittermaiers. Am
21.Mai 1829 kam Schumann zu Fuß von Mannheim her in
Heidelberg an. Er suchte Klarheit über seinen künftigen Le-
bensweg und dachte diese Klarheit hier zu finden. Kleine Klavierstücke, eine Toccata und vor allem die ›Abegg-Variationen‹
verdankt man seinem Heidelberger Aufenthalt. Als er am
24.September 1830 Heidelberg verließ, war er entschlossen,
seiner musikalischen Begabung nachzugeben – und erreichte
sogar die Zustimmung seiner Mutter dazu.

Nach der Mitte des Jahrhunderts kam zweimal, in den Jahren
1859 und 1862, der Chemiker und Musikant Alexander Boro-
din für längere Zeit nach Heidelberg. Auch er hat sich neben
dem Studium chemischer Einwirkungen auf die Medizin, die er
als Arzt im Umkreis Bunsens betrieb, mehreren Kompositio-
nen gewidmet. Nach Helmut Neubauer, der Borodins Aufenthalt in Heidelberg genau untersuchte, sind dieser Zeit neben
einer Cello-Sonate, einem Streichtrio und einem Sextett für
Streicher auch erste Entwürfe zur Oper ›Fürst Igor‹ zuzurechnen.

Was die philosophische Welt der kleinen Universitätsstadt
betraf, so war das zweijährige Wirken Hegels zu Beginn des
Jahrhunderts gewiß ein Höhepunkt. Außerhalb der Universität
spielte sich die ›Gastrolle‹ ab, zu der sich der philosophische
Grübler Ludwig Feuerbach in aufgerührter Zeit bereitfand. Von
einer Studentengruppe eingeladen, las er im Winter 1848-49
im Rathaussaal auch für die Bürgerschaft über das Wesen der
Religion. Wir würden von diesem Ereignis heute wohl kaum
noch besondere Notiz nehmen, besäßen wir nicht in Gottfried
Keller einen bedeutenden Zeugen dieser Vorlesungen.

Das letzte Drittel des Jahrhunderts bestimmte als Lehrer an
der Universität der Philosoph Kuno Fischer, ein sehr auf seine
Würde bedachter Mann, der als gepflegte Erscheinung aufzu-
treten und das Publikum zu faszinieren liebte. Ihm haben die
Heidelberger in so mancher Anekdote ein liebendes Gedenken
bewahrt, gerade weil sie ihm geistig nicht in die Welt seiner
mehrbändigen ›Geschichte der Philosophie‹ zu folgen ver-

mochten. Da fuhr der Herr Geheimrat doch eines Tages wirklich mit der Straßenbahn und geriet ausgerechnet neben eine Fischersfrau, die einen Korb Neckarfische auf den Markt brachte. Bald wedelte Exzellenz mit einem parfümierten Taschentuch gegen den Fischgeruch und rief dann nach dem Schaffner: »Hier stinkt es entsetzlich!« Doch die Fischersfrau sah dem Herrn Philosophieprofessor treu ins Gesicht und versicherte ihm: »Eh daß Sie do ware, Herr Geheimrat, hot's net gestunke!«

Neben den Dichtern verbindet sich vor allem mit dem Wirken der Maler der Begriff der ›Heidelberg-Romantik‹. Die ersten Jahrzehnte des Jahrhunderts werden in dieser Hinsicht von einem Dreigestirn beherrscht: Carl Rottmann (1797-1850), Carl Philipp Fohr (1795-1818) und Ernst Fries (1801-1833). Sie stellten sich als die stärksten Begabungen dar, die das neue Sehnen nach veränderter geistiger Prägung zu verdeutlichen wußten. Fohr und Fries starben jedoch früh, und Rottmann zog in die bayerische Residenzstadt München. Allerdings hatten diese Drei den romantischen Ruf Heidelbergs schon so fest begründet, daß nun auch ausländische Künstler in die Stadt am Neckar kamen.

Georg Anton Primavesi (1774-1855) und Jakob Rieger wie auch die Schweizer Künstler August Piepenhagen (1791-1868), Rudolf Tanner (1775-1830) und andere kannten noch die malerischen Grundsätze der späten Barockzeit. Primavesi gab sich der Lust am damals Ungewöhnlichen hin. Seine Ansicht Heidelbergs aus der Ebene mit Blick auf Königstuhl und Heiligenberg, die von geradezu impressionistischem Reiz ist, fasziniert vor allem den Heidelberg-Kenner noch heute, weil er sich an den umgekehrten Blick über Schloß und Stadt und Neckartal hinweg in die Ebene hinaus bis zum Überdruß gewöhnen mußte. Christian Haldenwangs (1770-1831) Schloßansichten sind nach denen Graimbergs heute wohl die gesuchtesten. Auch sein Schüler Karl Ludwig Frommel (1789-1863) hat sich um die malerische Schilderung Heidelbergs bemüht. Mit viel Interesse wird immer wieder sein Bild vom Neckartal studiert, das noch die Felsen im unregulierten Flußbett zeigt. Carl Philipp Fohr legte für die hessische Erbprinzessin Wilhelmine die aus dem badischen Hause stammte, sowohl das Skizzenbuch der Neckargegend (1813/14) als auch das Badische Skizzenbuch

(1814/15) an. Er wanderte viel im Odenwald und im Neckartal und wandte sich Freunden im Kreis der Heidelberger Teutonen zu. Die Gemäldesammlung der Brüder Boisserée beeindruckte ihn sehr. Schließlich führte ihn eine Reise nach Rom ins Atelier des Malers Joseph Anton Koch. Dort begann sich sein malerisches Talent zu entfalten. Da ertrank der Zweiundzwanzigjährige vor den Augen seiner Freunde am 29. Juni 1818 im Tiber. Auch Ernst Fries war ein wandernder Maler und Zeichner in den deutschen Landschaften und in der Schweiz. Im November 1823 gelangte auch er nach Rom und schloß sich dem Kreis der Künstler im Café Greco an. Im Kontakt mit Koch und den Nazarenern zeichnete und aquarellierte er in der Campagna und im Golf von Neapel. 1828/29 widmete er sich erneut der Landschaft in der Heidelberger Gegend und trat mit der Familie Schlosser auf Stift Neuburg in Kontakt. Er starb aber schon mit 32 Jahren in Karlsruhe.

Nächst dem deutschen ›Dreigestirn‹ hat sich ein englisches um die romantische Darstellung Heidelbergs bemüht. Es war dies zunächst der Schotte Georg August Wallis (1768-1847), ein Hackertschüler, der auf einer Reise von Italien nach Großbritannien in Heidelberg einkehrte und von der Stadt so fasziniert war, daß er die Weiterreise für einige Jahre vergaß. Im Jahre 1830, als es in England zum guten Ton gehörte, in Heidelberg gewesen zu sein, kam der Zeichner und Maler Thomas Miles Richardson hierher. Seinem Wirken verdankt man eine Reihe künstlerisch höchst wertvoller Stadtimpressionen. Sie werden bis heute als Postkarten-Reproduktionen angeboten und finden wegen ihrer Frische und Lebendigkeit unvermindert viele Liebhaber. Der letzte in diesem Dreierreigen aus England war der künstlerisch bedeutendste: William Turner (1755-1851). Er weilte 1836 und 1838 in der Stadt. Die für ihn gesicherten Zeugnisse offenbaren allerdings eine höchst eigenwillige Sicht und eine Verklärung der Wirklichkeit, so daß man nicht zu Unrecht darauf hinwies, in Turners Heidelberg-Ansichten sei Brentanos dichterische Vision dreißig Jahre später Wirklichkeit geworden. Das Blatt ›Heidelberg mit dem Regenbogen‹ findet nach wie vor einen großen Kreis von Bewunderern.

Lenken wir den Blick noch auf zwei weitere bedeutende Heidelberg-Interpreten der Malerei. Der eine dieser ganz dem

DIE MALERFAMILIE SCHMITT 397

Heidelberg-Thema hingegebenen Maler war Christian Philipp
Koester (1784-1851). Seine stimmungsvollen Gemälde wurden
von den Zeitgenossen gern akzeptiert. Ein Zeitgenosse Koesters
war Georg Wilhelm Issel (1785-1870). Als Sohn des ersten hessischen Großherzogs wurde er zunächst Beamter, entschied
sich dann aber doch für die Malerei und wurde zum konsequentesten Landschaftsmaler seiner Zeit. Beim Zeichnen im
Neckartal entdeckte er den jungen Carl Philipp Fohr und ließ
ihm von Stund an seine Förderung angedeihen.

Sprechen wir, das Thema abschließend, noch von der Heidelberger Malerdynastie Schmitt, die sich am Berghang hinter
dem Klingentor ihr Anwesen schuf. Aus ihrem Kreise ist wohl
Guido Schmitt, der sich vom Nazarener-Einfluß bis zum malerischen Realismus fortentwickelte, am bekanntesten geworden.
Der Vater Georg Philipp Schmitt (1808-1875) war aus der Pfalz
zugewandert. Als Schüler von Cornelius und Schnorr von Ca-
rolsfeld streifte er die ›Nazarenerkunst‹ nie völlig ab. In den
kleinen Formaten, die er bei Landschaftsdarstellungen liebte,
glückten ihm entzückende Heidelberg-Motive, wie etwa das
Elisabethentor im Stückgarten mit seiner damals romantischen
Umwachsung. In den späteren Jahren schuf Georg Philipp
Schmitt viele religiöse Bilder und vor allem Porträts. Der Sohn
Guido Schmitt (1834-1922), wie der Maler im ›Taugenichts‹
genannt, ging schon mit jungen Jahren nach England und begründete dort rasch seinen Ruhm. Als Porträtmaler der Aristo-
kratie blieb er fast dreißig Jahre auf der Insel, kehrte aber 1886
nach Heidelberg zurück, wo er nicht nur Stadtmotive, sondern
auch solche des Brauchtums schuf, die heute als Dokumente
außerordentlich geschätzt werden.

Wir unterbrechen hier die Betrachtung der Zeitläufe und der
sie im künstlerischen Sinne bestimmenden Persönlichkeiten,
um uns wieder dem Gang durch die Stadt zuzuwenden.

Gehen wir nach der Providenzkirche die nächste Straße in Richtung Neckar hinunter – es ist die Bienenstraße –, so treffen wir auf den ehemaligen Zimmerplatz, der auf dem Merianstich samt den geländeten Flößen sehr anschaulich dargestellt ist. Noch heute weist sich diese Freifläche mit zwei Parkanlagen aus, in deren Mitte die Stadthalle sitzt. Die Bienenstraße läuft auf die östliche der beiden Anlagen zu, die in Würdigung der französischen Partnerstadt Heidelbergs *Montpellierplatz* genannt wurde. Er überrascht als kleine, den Verkehrslärm abschirmende grüne Oase. In sie schiebt sich eine mit einem Brunnen gezierte Rundterrasse des Stadthallenrestaurants vor. – Die von Bäumen umstandene Grünfläche westlich der Stadthalle heißt *Jubiläumsplatz*. Aber auch er ist längst kein Platz mehr, seit man ihn von parkenden Autos befreite und in eine mit einem Wasserspiel gezierte Grünzone verwandelte. Seinen Namen hat er vom großen Universitätsjubiläum des Jahres 1886. Die damals fünfhundertjährige Universität ließ es an ›Glanz und Gloria‹ nicht fehlen, um gebührend auf sich aufmerksam zu machen. Und sie wurde auch entsprechend gewürdigt. Um die große Zahl der Gäste für die Feierlichkeiten aufnehmen zu können, ließ man auf dem Gelände des einstigen Zimmerplatzes von Joseph Durm eine Festhalle aus leichtem Baumaterial im dekorativen Geschmack der Zeit errichten.

Spätestens seit diesem Universitätsjubiläum merkte man in Heidelberg, daß der aufstrebenden und nun schon mehr als 25000 Einwohner zählenden Stadt ein größerer Versammlungsraum fehlte. Doch diesmal schuf die Stadthalle nicht der badische Oberbaudirektor Durm aus Karlsruhe, denn der war mit dem Bau der Universitätsbibliothek beschäftigt, sondern zwei Heidelberger Architekten, Jakob Henkenhaf und Friedrich Ebert, konnten dem ›Geist der Zeit‹ mit diesem repräsentativen Bau Ausdruck geben. In dem Führer durch die Stadthalle aus dem Jahr 1903 ist zu lesen, sie sei ein »Wahrzeichen des Wohlstands, des Gedeihens und des Glücklichseins.« Wie bei der Universitätsbibliothek wurden die »gesunden, markigen und doch anmutsvollen Formen der deutschen Renaissance« nach den Vorbildern der Palastbauten des Schlosses hervorgehoben.

Blick auf die Stadthalle

Doch nach fünfzig Jahren hatte man einen alten Kasten vor sich, der mitten im Verkehr stand und von den Benutzern eher als lästiges Heidelberger Spezifikum denn als zeitgerechte Möglichkeit der Gesellschaftspflege empfunden wurde. In den sechziger Jahren kreisten die Gedanken in der Stadt um die Frage, auf welche Weise man die veraltete Stadthalle in einen modernen Zustand bringen oder gar durch einen Neubau ersetzen könne. Bis zu einem Abbruch des inzwischen als historisch bedeutsam gewürdigten Gemäuers tastete sich jedoch niemand in Gedanken vor. Die Bereitschaft der Stadt, hier ein Kongreß-haus von besonderer Art und Atmosphäre zu etablieren, führte zu einem Renovierungskonzept von beträchtlichem Umfang. Es wurde in den Jahren 1979-80 ausgeführt und erforderte einen finanziellen Aufwand von über 15 Millionen Mark für alle Verschnörkelungen, Vergoldungen, Verspieltheiten, Draperien und Dekors – und für die darunter verborgene Haustechnik unserer Zeit, die in einem Gebäude, das maximal 3500 Personen Platz bieten kann, nicht zu entbehren ist.

Die Stadthalle besteht aus einem Kompendium mehrerer Räume, die sich in drei Etagen um den großen Saal gruppieren. Dieser Saal ist quer in das Gebäude hineingesetzt, so daß man vor ihm ein geräumiges Foyer und hinter ihm ein ebenso geräumiges Restaurant unterbringen konnte. Im Obergeschoß findet man über Haupteingang und Foyer den Kammermusiksaal mit den Nebenräumen Robert-Schumann-Zimmer und Fürsten-

zimmer. Über dem Restaurant haben zwei Säle Platz gefunden: der Ball-
saal und der parallel dazu liegende Sebastian-Münster-Saal. Nebenräume
dazu sind der kleine Hölderlin-Saal und das Brentano-Zimmer. Auch das
verwinkelte Dachgeschoß ist noch nutzbar. Dort, in der Höhe der Empore
des Großen Saals und des Kammermusiksaals, befinden sich Zimmer, die
nach Viktor von Scheffel, Gottfried Keller, Stefan George und Wilhelm
Trübner genannt sind. Acht Aufzüge verbinden die Geschosse, denn auch
das Untergeschoß dient den Gästen: entweder mit den Garderoben für
Künstler und Publikum auf der einen Seite, oder mit einem Bierkeller, der
Küche, Kühl- und anderen Nebenräumen auf der anderen Seite.

Die Raumdisposition des 700 Quadratmeter umfassenden
Großen Saals geht auf Philipp Wolfrum zurück, der zur Erbauungszeit Generalmusikdirektor war und den Raum hauptsächlich im Hinblick auf Konzerte gestaltet sehen wollte. Deshalb
der außerordentlich aufwendig gestaltete Bühnenteil mit ver-
senkbaren Podesten und einer großen viermanualigen Orgel.
Bei der jüngsten Renovierung der Stadthalle legte man die Orgel still und verabschiedete sich damit ohne ersichtlichen Grund
von einem nicht unbedeutenden Aspekt der Heidelberger Mu-
sikgeschichte. Der Spieltisch wurde dem Museum anvertraut.
Auf drei Seiten ist der Große Saal von Emporen umgeben, die
von mächtigen, allerdings kurzen und im Schaft schwellenden
Säulen abgestützt werden.

Der Kammermusiksaal, der über dem Foyer liegt, nimmt
etwa ein Drittel eines Runds ein und besitzt eine mit einem
Vorhang zu schließende Bühnenöffnung auf Saalniveau. Über
diesem Bühnenraum befindet sich eine inzwischen wieder ge-
öffnete Galerie. Abgedeckt wird der Kammermusiksaal von
einer Halbkugel mit zentralem Oberlicht. In einem Fries sieht
man vor Landschaften gemalte Büsten stehen. Bei den dargestellten Persönlichkeiten dürfte es sich nach den ebenfalls malerisch hinzugefügten Attributen um den Literaten Johann Heinrich Voß, den Chemiker Robert Bunsen und den Mediziner
(Anatomen) Friedrich Tiedemann handeln. An den äußeren
Schmalseiten des Saals wurden zwei große ›Historien‹-Ge-
mälde von Wilhelm Trübner plaziert. Auf der Südseite sieht
man, wie Großherzog Karl Friedrich 1803 in einer Kutsche mit
livrierten Dienern Einzug in Heidelberg hält. Auf der gegenüberliegenden Wand des Kammermusiksaals findet man eine

Darstellung der Begrüßung des deutschen Kronprinzen vor
dem Jubiläumsgottesdienst der Universität in der Heiliggeistkirche am 3. August 1886.

Der ganz in Weiß und Gold gehaltene Ballsaal war für fünfzig Paare berechnet. Weil er vornehmlich gesellschaftlichen
Begegnungen diente, wurde er als ›Schmuckkästchen der
Stadthalle‹ ausgestattet und so auch von den Festteilnehmern
empfunden. Über die rechteckige Raumform spannt sich eine
Kassettendecke aus Stuck in Korbbogenprofil. Die südliche
Lünette über dem rings umlaufenden Konsolgesims wird von
einem Wandgemälde eingenommen, das das Brauchtumsge-
schehen beim Heidelberger Sommertagszug schildert. Geschaf-
fen hat es der Maler Heinrich Kley. Die gegenüberliegende
Lünette, die lange Zeit verschlossen war, wurde jüngst als Em-
pore wieder geöffnet. Zwei Karyatiden, die man sorgfältiger
Restauratorenarbeit verdankt, stützen den Bogen über dieser
Empore. In den Reliefs der Supraporten an den Längsseiten des
Saals sieht man, wie zahlreiche dem Barock nachempfundene
Putti einen Hochzeitszug bilden und mit Pauken und Trompe-
ten feiern. Dezenter, fröhlicher und stimmungsvoller konnte
man die Bestimmung des Saals kaum anschaulich machen.

Die Fülle der durch die intensive und kostenträchtige Restaurierung wiederhergestellten Details in der Stadthalle reicht vom
Mosaiklöwen im Fußbodenrondell des Foyers, den Terrazzo-
böden und den Lüstern über die goldstrotzenden Saaldekora-
tionen bis zu den wunderlichsten Stuckkapitellen und figürlichen Konsolen sowie Reliefornamenten. Alles wurde wieder
auf Glanz und Leuchtkraft gebracht, wie es der Festlichkeits-
stimmung und dem Luxusempfinden des Großbürgertums um
1900 entsprochen haben mag.

Das gilt auch für den Außenbau der Stadthalle. Er ist zwar
konsequent in Buntsandstein ausgeführt und damit ein dauer-
haftes Werk, aber im Zusammenspiel seiner Einzelformen
wirkt er verwirrend. Die eigentliche Wand der Stadthalle mit
ihrer feinen horizontalen Streifung ist nur schwer auszumachen, so stark plastisch treten die Profilrahmungen, die Konsol-
bänke, die Lisenenbänder und auch der rustizierte Sockel hervor. Der quer durch das Haus sich erstreckende Saal ragt mit
seinem Bühnenteil konvex aus der Südfassade heraus.

Hervorstechendes Merkmal der Stadthalle ist ihre durchgehende Zweigeschossigkeit, die trotz der ausgebauten, mit zahlreichen Gaupentürmchen versehenen Dachzone die Höhe der
Nachbarbebauung nicht überschreitet. Das hat man immer als
besondere städtebauliche Rücksichtnahme hervorzuheben gewußt. Jede der vier Fassaden des freistehenden Gebäudes wurde
(wie im Innern jeder Saal) unter ein Motto gestellt. Den Westen, die Seite des Haupteingangs, bestimmen die Naturwissenschaften. Man findet hier als Schmuckelemente die Köpfe von
Helmholtz, Bunsen und Kirchhoff. Die Südfassade zeigt berühmte Rechtsprofessoren von einst: Vangerow, Bluntschli,
Mittermaier, und am hervortretenden Bühnenhaus sind Musiker dargestellt worden: Beethoven, Mozart, Liszt und Wagner.
Am originellsten stellt sich wohl die Ostfassade dar, denn hier
findet man neben ›Rathaus-Köpfen‹ vor allem Typen aus dem
Volk, darunter auch Poliere, die am Stadthallenbau mitwirkten,
ganz zuoberst jedoch Bismarck und Moltke, Persönlichkeiten,
die zur Zeit des Stadthallenbaues hoch im Kurs standen. Die
Nordfassade wird von symbolischen Dekorationen beherrscht.
Neben badischen Stadtwappen, die auch an der Südseite zu
finden sind, werden hier die Erwerbszweige der Heidelberger
Bevölkerung dargestellt: Wissenschaft, Handel, Handwerk,
aber auch Industrie, Baukunst und Landwirtschaft.

Die Zurückverwandlung der Stadthalle in ihren Urzustand
(der fast ganz erreicht wurde) und zugleich ihre Anpassung an
die technischen und organisatorischen Erfordernisse eines modernen Kongreßhauses stellte eine nicht einfach zu lösende architektonische Aufgabe dar.

So präsentiert sich nun nach einem außerordentlichen kommunalen Impuls, der manche hervorragende kunsthandwerk-
liche Leistung stimulierte, die Stadthalle als ein Treffpunkt für
die Gäste der Stadt. Da sich jedoch mit dem, was sich über die
Kongreßtätigkeit hinaus in der Stadthalle ereignet, ein ganz
wesentlicher Teil des städtischen Kulturspektrums darstellt,
bleibt auch die Bevölkerung des Heidelberger Raums mit dem
Gebäude in unmittelbarem Kontakt. Es ist in seinem erneuerten
Zustand für sie wieder erreichbar geworden, nachdem es eine
unterirdische Verbindung zu einer benachbarten Tiefgarage
erhielt.

Dieser Hinweis auf die Verwirklichung moderner Erfordernisse inmitten alter Bausubstanz führt uns geradewegs in das erste, 9,5 Hektar große Sanierungsgebiet Alt-Heidelbergs hinein. Es erstreckt sich in der Länge von der Sofienstraße (westliche Begrenzung der Altstadt) bis zur Karpfengasse bei der Stadthalle. Die Tiefgarage für das Kongreßhaus liegt im sogenannten ›Engelblock‹. Der Name stammt von der ehemaligen ›Engel-Brauerei‹, die sich in diesem Quartier befand. Sie führte die beiden Engelsköpfchen vom Ruprechtsbau des Schlosses als Firmenzeichen. Nachdem die Stadt Heidelberg das Gelände erworben hatte, konnte eine Quartiersanierung größeren Umfangs vorgenommen werden. Auf dem ›Engel‹-Areal etablierte sich über der für diesen Teil der Hauptstraße und für das Kongreßhaus unbestreitbar wichtigen Tiefgarage ein großes Einzelhandelsgeschäft der Textilbranche. Darüber aber wurden fünfzig Wohnungen nach den Prinzipien der öffentlichen Förderung gebaut, um sowohl dem Charakter der Altstadt als Wohngebiet als auch dem Ziel einer gemischten Bevölkerungsstruktur näher zu kommen. Schon vorher war von der Sanierung der ›Ziegelgassen-Zipfel‹ erfaßt worden, jener zungenartig auslaufende Quartierteil zwischen der Ziegelgasse und der Unteren Neckarstraße. Dort gab es eine besonders kleinteilige, eng miteinander verflochtene Bausubstanz. Die verblüffenden Lösungen, die im ›Ziegelgassen-Zipfel‹ gefunden und erprobt wurden, waren wichtig für den Erfahrungs- und Lernprozeß im Hinblick auf die ebenfalls kleinteilige Bebauung der östlichen Altstadt.

Herr Biedermeier probt die Revolution

Bevor wir uns nun dem letzten Abschnitt unserer Altstadtwanderung zuwenden, der uns noch einmal Zeugnisse der Barockzeit und des 19. Jahrhunderts in bunter Folge präsentieren wird, haben wir uns auch den abschließenden geschichtlichen Prozeß, der Heidelberg eine weithin wirkende Bedeutung zumaß, in das Gedächtnis zu rufen. Die Biedermeierzeit, jene Epoche, die – wie Friedrich Sengle in seiner Literaturgeschichte sagt – »im Spannungsfeld zwischen Restauration und Revolution« stand, war alles andere als ein besonders gemütvoller Zeitabschnitt. In

Heidelberg konnten sich die ›Herren Studenten‹ zumeist alles
leisten, ja es waren nicht wenige unter ihnen, die sich hauptsächlich darüber Gedanken machten, wie sie die häuslichen
Geldzuweisungen durchbringen sollten. Niemals zuvor war in
der Stadt so deutlich geworden, in welcher wirtschaftlichen
Abhängigkeit sich die Bevölkerung von der Universität und
vor allem von den Studenten befand. Die Anfälligkeit des städtischen Erwerbslebens wurde nach und nach jedermann bewußt. Politische Rückschlüsse blieben nicht aus.

In den ersten drei Jahrzehnten des Jahrhunderts zogen sich
die Professoren meist auf die Studierstuben zu ihren wissenschaftlichen Betrachtungen zurück. Kaum einer, der ein politisches Interesse erkennen ließ. Carl Theodor Welcker, der
spätere Führer des badischen Liberalismus, lehrte als Dozent
nur drei Jahre (1816-1819) Jurisprudenz in Heidelberg. Dennoch wiesen sich neben ihm vor allem der Historiker Schlosser,
der Theologe Paulus und der Jurist Mittermaier durch liberale
Gesinnung aus. Unter Mitwirkung Mittermaiers war 1831
nicht nur die Badische Gemeindeordnung im Landtag geschaffen worden, man hatte dem Lande auch die Pressefreiheit gewährt. Unabhängig davon wurden die Burschenschaften revolutionär, als sie nach dreijährigem Verruf Heidelbergs, der 1828
ausgesprochen worden war, in die Stadt zurückkehrten und
sich mit Teilen der Bürgerschaft zu politischen Träumen zusammenfanden.

*Zum Hambacher Fest in der linksrheinischen Pfalz zogen 1832 von
Heidelberg rund 300 Studenten, meist Burschenschafter, aber auch etliche
Bürger hinüber. Da die badische Regierung auf Druck des Bundestages das
liberale Pressegesetz von 1831 für unwirksam erklärt hatte, lieferte sie den
Studenten einen wichtigen Ansatz zur Radikalisierung. Doch mit dem
Sturm auf die Frankfurter Hauptwache (3. April 1833) übernahmen sich
die revolutionären Jungakademiker. Sie scheiterten kläglich, so daß bis
zum Jahre 1842 von einer Burschenschaft nicht mehr die Rede sein konnte.*

Auch die beginnenden vierziger Jahre präsentierten sich mit
wirtschaftlicher Depression. Teuerung, Arbeitslosigkeit und
Straßenbettelei waren die äußeren Merkmale dafür. Der Mittel-
stand wurde von der allgemeinen wirtschaftlichen Schwäche
am stärksten betroffen. In diesen Jahren begann sich die politisch engagierte Bürgerschaft in Konservative und Liberale

aufzuspalten. In den Zielen waren sich beide Richtungen zwar weitgehend einig, doch in den Wegen und Methoden, die zu mehr Freiheit für das Volk führen sollten, unterschieden sie sich. Zum ersten Mal griff dieser Parteiengegensatz auch auf das Rathaus über, denn dort waltete als Erster Bürgermeister (die Amtsbezeichnung Oberbürgermeister wurde erst 1875 eingeführt) von 1840 bis 1845 Georg Leonhard Ritzhaupt, ein rühriger Mann. Ihm wurde ab 1843 der profilierte Christian Friedrich Winter, damals bereits 70 Jahre alt, als Zweiter Bürgermeister beigegeben.

In den Jahren zuvor, von 1832 bis 1840, hatte das Stadtgeschick in den Händen von Wilhelm Speyerer geruht. Er war Lederfabrikant auf dem Haarlaß im Neckartal, halbwegs Ziegelhausen. Als Unternehmer brachte er eine klare Geschäftsführung ins Rathaus. Wegen seiner strengen Rechtlichkeit war er überall angesehen und sogar dem Großherzog bekannt. Energisch trat er für die Gleichstellung der Juden ein, weil ihm die Judenemanzipation eine Herzensangelegenheit war. Speyerer war eine stets zur Vermittlung neigende Natur und suchte auch unablässig nach Wegen zur Einheit der Bürgerschaft und zu politischer Eintracht. Weil er ein tüchtiger Mann war, hatten die Heidelberger Respekt vor ihm, auch wenn er manchmal sehr dünnhäutig und rechthaberisch zu sein schien.

In diesem Zusammenhang sei vermerkt, daß des Ersten Bürgermeisters Ritzhaupt Freunde, die Konservativen, nacheinander aus den städtischen Gremien ausschieden – auch der Poet Nadler – und daß die Liberalen in ihrem Kampf ums Rathaus siegten. Folgerichtig trat Christian Friedrich Winter an Ritzhaupts Stelle.

Christian Friedrich Winter war im Jahre 1815 als 42 Jahre alter Mann mit Frau und sieben Kindern aus Württemberg nach Heidelberg zugezogen, um anstelle von Johann Georg Zimmer als Teilhaber in den renommierten Verlag Mohr und Zimmer (›Des Knaben Wunderhorn‹) einzutreten. Sein Partner war der Universitätsbuchhändler Jacob Christian Benjamin Mohr. Winter war vital, humorvoll und beredsam, ein Mensch des Gedankenaustauschs und des Kontakts, den er mit vielen namhaften Persönlichkeiten pflegte. Aber er war auch eine durch und durch politische Natur. Ihm ging es um die Erneuerung des politischen Lebens. Er war der erste Abgeordnete in Deutschland, der in einem Landtag den Antrag einbrachte, die Pressefreiheit einzuführen.

Schon 1822 war er bei Mohr und Zimmer ausgeschieden, um einen eigenen Verlag im stattlichen Eckhaus Hauptstraße–Marstallstraße (›Zum Englischen Hof‹) zu gründen. Dieser Verlag besteht noch heute in Heidelberg. Christian Friedrich Winter genoß ein hohes Ansehen. Als man ihn zum Ersten Bürgermeister wählte, war er schon 72 Jahre alt. Er stand auch mitten im Vereinsleben und blieb der Bürgerschaft eng verbunden. »Du, Vater Winter, du bist der Mann, der für uns reden und handeln kann!« hieß es zu seinem Lob. 1846 setzte man ihm die silberne Bürgerkrone, einen Lorbeerkranz aus Silber, auf, zu dessen Anschaffung die Bürger 12-Kreuzer-Spenden gemacht hatten. Winter starb im Jahre 1858.

In seinem Amt als Erster Bürgermeister mußte Christian Friedrich Winter die Ereignisse der Revolutionsjahre bewältigen. Man darf es als besonderen Glücksfall ansehen, daß in jenen Jahren zwischen 1845 und 1849 die Leitung der Stadt gerade ihm anvertraut war. Denn zu Beginn seiner Amtszeit begannen sich die Liberalen aufzuspalten in Gemäßigte, die das Prinzip der konstitutionellen Monarchie vertraten, und in Radikale, die die reine Demokratie in einer Republik verwirklichen wollten. Zu den demokratischen Zielen kamen rasch noch sozialistische hinzu, die sich in der Forderung nach der Gleichstellung des Vierten Standes ausdrückten. Für diese Richtung traten vor allem Hecker und Struve ein. Die Heftigkeit, mit der sich die Radikalen ins Zeug legten, irritierte die Liberalen so sehr, daß sie sich sogar den Konservativen wieder annäherten.

Der politisch bedeutendste Kopf unter den Professoren war ohne Zweifel Georg Gottfried Gervinus. Als einer der ›Göttinger Sieben‹ konnte er schon ein Lied von Fürstenwillkür singen. In Heidelberg trat der Historiker Häusser an seine Seite. Beide nahmen eine Position zwischen den Extremen, zwischen Reaktion und Radikalen, ein. Zu ihnen waren auch Mittermaier, Vangerow, Henle und andere zu rechnen. Was und wie sie dachten, das brachte die von ihnen gegründete ›Deutsche Zeitung‹ zum Ausdruck: nicht Revolution, sondern Reformation.

Der frühere Heidelberger Stadtarchivar Herbert Derwein ist der Auffassung, der 5. März 1848 sei der wichtigste Tag für Heidelberg im 19. Jahrhundert gewesen. Unmittelbar nach der französischen Februarrevolution wurde eine Konferenz profilierter Liberaler nach Heidelberg einberufen. Im ›Badischen Hof‹ (heute ›Heidelberger Volksbank‹ an der Hauptstraße) kamen etwa vierzig Persönlichkeiten unter Vorsitz von Johann

Adam von Itzstein zusammen, darunter auch die Radikalen Hecker und Struve, die sofort die Republik ausrufen wollten. Es wurde jedoch in gemäßigterer Weise eine Nationalvertretung des Volkes gefordert. Sieben Mitglieder dieses Kreises sollten über die Wahl beraten und ein Vorparlament einberufen. Schon am 12. März tagte der Siebener-Ausschuß. Er forderte alle früheren und gegenwärtigen Ständemitglieder auf, sich am 30. März in Frankfurt am Main zur Beratung einer deutschen Parlamentsverfassung einzufinden. Siebzehn Männer aus Heidelberg waren im Frankfurter Vorparlament tätig; den Vorsitz führte Mittermaier.

Von den radikalen Umtrieben war die Mehrheit der Bevölkerung nicht sehr angetan. Viele befürchteten oder konstatierten eine Lockerung der Ordnung. Mißtrauisch verfolgten sie die Revolutionsagitatoren. Einer tat sich besonders hervor: der Student und Turner Gustav Adolf Schlöffel, späterer Führer der Freischaren.

Als sich im April 1848 die Meldungen verdichteten, französische Revolutionäre stünden jenseits des Rheins bereit, um in Deutschland einzufallen, schlug Friedrich Hecker im badischen Oberland los. Am 20. April traf er mit seinen Freischärlern auf die Truppen des Generals Friedrich von Gagern. Bereits das erste Gefecht bei Kandern verlor Hecker. Als gescheiterter Revolutionär floh er daraufhin in die Schweiz.

Im Frühjahr 1849 kam es durch radikale Demokraten erneut zum Aufruhr in ganz Baden. Hecker kehrte sogar aus Amerika, wohin er inzwischen emigriert war, nach Straßburg zurück. Doch bis er eintraf, war der Traum von der Republik bereits ausgeträumt. Ungewollt trug Nadler dazu bei, ihn unsterblich zu machen:

> *Seht, da steht der große Hecker,*
> *eine Feder auf dem Hut,*
> *seht, da steht der Volkserwecker,*
> *lechzend nach Tyrannenblut;*
> *Wasserstiefel, dicke Sohlen,*
> *Säbel trägt er und Pistolen ...*

Bis zum Mai 1849 reichte die Paulskirchenzeit. In jenem Monat entbrannte der Kampf für die Reichsverfassung als offener Aufruhr in der linksrheinischen Pfalz. Die Stimmung griff auf

Heidelberg über und führte auch hier zu tumultuarischen Szenen. Schließlich, als sich der deutsche Südwesten im Aufstand
befand und der Großherzog von Baden außer Landes geflohen
war, wurde das Hauptquartier der Revolutionsarmee nach Heidelberg in das Hotel ›Prinz Carl‹ verlegt. Zeuge der Geschehnisse in Heidelberg wurde der republikanisch gesinnte Gottfried Keller. Schon im März 1849, bevor der Aufstand losbrach,
hatte er geschrieben:

>*Es gärt wieder ziemlich unter dem Volke hierzulande; ich wünsche
aber kaum, daß nächstens etwas losgeht, wenigstens möcht' ich nicht in
Heidelberg sein während einer Revolution, denn ein roheres und schlechte-
res Proletariat habe ich noch nirgends gesehen als hier. Man ist nachts
seines Lebens nicht sicher, wenn man alleine über die Straße geht; die
unverschämtesten Bettler fressen einen fast auf, und dabei brummen diese
unglückseligen Geschöpfe fortwährend von Republik und Hecker.*«*

Oberbefehlshaber der Revolutionstruppen wurde der aus
Polen stammende Mieroslawski. Die Freischaren, die er befeh-
ligte, bauten Verteidigungsschanzen im Wald, vor allem nördlich des Neckars beim Zollstock gegen die Preußen. Keller beschrieb die Freischärler höchst anschaulich:

>*Es existieren schon viele Bataillone junger Volksmannschaft, welche
ganz ordentlich einexerziert sind und, in blaue Blousen gekleidet, ganz
couragiert revolutionär aussehen: ein ganz guter Kern für eine rabiate
Revolutionsarmee. Man sieht die prächtigsten Gestalten darunter. Sie
marschieren, ihr Bündel auf dem Rücken, wie die baren Teufel einher. Die
Soldaten, die bewaffnete Jugend und das arme Straßenvolk sind noch ganz
guten Mutes, die sogenannten Bürger aber und die solide Bauernschaft sind
nicht sauber. Wenigstens will kein Mensch mit Geld hervorrücken.*«*

Entscheidend für das Schicksal der Freischaren und damit für
den Gedanken der Revolution war das Treffen bei Waghäusel
gegen reguläre Bundestruppen aus Preußen am 21. Juni 1849.
Mieroslawski verlor die Partie, so daß sich die geschlagenen
Freischärler in wilder Flucht davonmachten. Der radikale Student Schlöffel wurde als Toter nach Heidelberg zurückge-
bracht. Sein Grab blieb wie das seiner Kameraden von 1848 auf
dem Heidelberger Bergfriedhof erhalten. Die Preußen zogen
am 23. Juli in Heidelberg ein und stellten unnachsichtig die der
Reaktion gewohnte Ordnung wieder her. Es wurden vierzig

Todesurteile ausgesprochen. Besonderes Mitleid brachte man dem Anatomieprofessor Tiedemann entgegen: Zwei seiner Söhne mußten nach Amerika fliehen, der dritte, der Festungskommandant in Rastatt gewesen war, wurde standrechtlich erschossen. Die Preußen blieben bis Ende des Jahres 1850 in der Stadt. Gottfried Keller zog das Fazit:

> *»Die Freiheit ist den Deutschen für einmal wieder eingesalzen worden; doch wird es nicht lange so bleiben und der König von Preußen wird sich wohl hüten, mit der Schweiz anzufangen. Wahrscheinlich werden nächstens die deutschen Fürsten selbst einander bei den Köpfen nehmen. Das Volk haben sie gemeinschaftlich abgetan, aber nun setzt es beim Leichenmahl Händel ab.«*

Im Gebiet des ehemaligen Dominikanerklosters

Nehmen wir für unsere Stadtwanderung die Orientierung im Vorfeld der Stadthalle wieder auf. Die Untere Neckarstraße nach Westen entlangschlendernd, freuen wir uns an der bunten Häuserfront des Jubiläumsplatzes. Schon ›immer‹ stand hier eine lebhaft zusammengefügte Häuserzeile. Man kann das auf dem Merianstich sehen. Damals, vor dem Dreißigjährigen Krieg, gab es hier noch etliche spitzgieblige Fachwerkhäuser. Heute fällt in dieser Häuserfront jenes schmalbrüstige *Fachwerkhaus* auf, das im Erdgeschoß nur aus der Eingangstüre besteht und darüber lediglich Platz für höchstens zwei schmale Fenster hat. Doch gerade dieses Haus ist kein Indiz für das ganz alte Heidelberg, denn es wurde relativ spät in einer Baulücke errichtet. Wo es steht, kam vordem das Bäckergäßchen herunter, das im rechten Winkel von der Ziegelgasse abzweigte. Ein paar Häuser weiter, über der Türe zum *Gasthaus Binsebub,* findet sich der Hinweis auf den Maler Christian Philipp Koester, der hier von 1839 bis 1851 wohnte und in diesem Hause auch starb.

A propos ›Binsebub‹! Tabakspfeifen, gebogen wie die Pumpenschwengel, und Binsen aus den Neckartümpeln dazu: Sie gehören zu Alt-Heidelberg wie die Bierkrüge der Studenten und deren Gesang in der Nacht. Freilich lief damals die Zeit noch in anderen Bahnen dahin. Wo immer das Volk angehender Akademiker zusammen war, stiegen die bläulichen

Rauchopfer zum Himmel. Von den Bauern, den Jägern und den Förstern nahm man den Brauch, die Pfeifen als studentische Accessoires von Zeit zu Zeit zu reinigen: mit Molinen aus der Gattung der Gramineen, ganz einfach Pfeifenbinsen genannt.

Adolf Kußmaul erzählt in seinen ›Jugenderinnerungen eines alten Arztes‹, um die Mitte des vergangenen Jahrhunderts habe ein kleiner, einfältiger Mann, Christoph Bender mit Namen und vom Schloßberg stammend, den Pfeifenrauchern die begehrten Binsen verkauft. Er sei deshalb der ›Binsebub‹ genannt worden – und als solcher zähle er zu den Heidelberger Originalen. »Binsen, meine Herren, abscheulich lang, niederträchtig frisch, impertinent wohlfeil . . .!« So pries der Binsebub mit aufgeschnappten Studentenvokabeln seine Handelsware an.

Am Ende der Ziegelgasse, wo diese heute auf die Untere Neckarstraße und den Jubiläumsplatz trifft, stand, abgesetzt von den übrigen Häusern, die Ziegelhütte mit ihrem Brennofen. Sie wird schon 1363 erwähnt. Die Männer, die mit dem Ziegelbrennen ihren Lebensunterhalt verdienten, wohnten in der ›Zieglergasse‹, die sich im Bogen zur Altstadt und zur Hauptstraße hinaufzog. Sie teilten sich die Wohnplätze mit den Fischern, die von hier aus auf den Fluß hinausfuhren, denn die Ziegelgasse mit ihrem merkwürdigen Verlauf ist nichts anderes als eine Fortsetzung des Weges durch die Neckarfurt.

Gehen wir von der Unteren Neckarstraße in die Brunnengasse hinein, so haben wir zuerst rechter Hand das Krankenhaus Sankt Vincentius, danach aber den unterschiedlichen Baubestand der Brunnengasse vor uns. Die gesamte Ostseite der Brunnengasse wird vom Komplex des früheren Dominikanerklosters eingenommen, auf der Westseite reihen sich in Form und Qualität unterschiedliche Häuser des 19. Jahrhunderts.

Es ist noch nicht lange her, da standen die Prinzipien der kommunalen Ordnung in dieser Gasse geradezu kopf. Oppositionelle Gruppen, denen es weder an Durchsetzungswillen noch an politischer Indoktrinationsfähigkeit mangelte und die sich während der sechziger und frühen siebziger Jahre um die Drogenabwehr in Selbsthilfe zusammenfanden, probten hier nicht nur die Auflehnung gegen das Bestehende, sondern auch die Suggestionskraft der von ihnen propagierten politischen Zielsetzung. In einem stillgelegten Druckereibetrieb etablierte sich bis in die Mitte der siebziger Jahre eine der Schaltstellen des Kommunistischen Bunds Westdeutschland (KBW). Auch die Geschichte des Sozialistischen Patientenkollektivs (SPK)

und der Aufenthalt etlicher Mitglieder der ›Rote Armee Fraktion‹ (RAF) in
Heidelberg sind mit dem Namen Brunnengasse verbunden. In einem zäh
durchgehaltenen Sanierungsprozeß konnte den chaotischen Zuständen eine
bessere Konzeption entgegengestellt werden.

Die in jüngster Zeit instandgesetzten Häuser der Brunnengasse gewähren jetzt einen erträglichen Anblick. Teilweise haben sie sich nach dem Maß der ihnen gegebenen Möglichkeiten
sogar herausgeputzt. Das zeigt unter anderem die zunehmende
Bereitschaft, die früher üblichen hölzernen Klappläden wieder
zu verwenden und damit den Hausfassaden zu einer zusätzlichen Belebung zu verhelfen. Ihren Namen hat die Gasse von
einem Brunnen, der an der Ecke zur Hauptstraße stand. Dorthin hat der Hauptstraßenausbau erneut einen Brunnen gesetzt,
wenngleich keinen mehr, welcher der Wasserversorgung der
Bevölkerung dienen könnte. Der neue Brunnen, geschaffen
von Klaus Horstmann-Czech, ist ein Zierbrunnen, dessen etwa
60 bis 80 Zentimeter hohen Bronzeteile aus einer Kreisscheibe
entwickelt wurden. Aus den Spalten zwischen den Kreisseg-
menten steigt das Wasser bis über die Oberkanten der Brunnenplastik auf. Ein kleines Bronzeschild an der Rückwand des
Brunnens verrät dem Vorübergehenden, daß die Brunnenplastik
›Flower‹ zu nennen ist und daß sie Horstmann-Czech 1978 bei
Noack in Berlin gießen ließ.

Wir wollen uns zum ehemaligen Klosterbezirk zurückwen-
den und ihn von der Brunnengasse aus betreten. Tausende von
Studenten sind im Laufe der letzten hundertfünfzig Jahre durch
dieses Tor in der alten Klostermauer gegangen, um Fachwissen
aus anatomischen Studien oder anderen naturwissenschaftlichen Demonstrationen zu schöpfen. Schon im Zuge der Reformation wurde das Kloster Stadtspital. Im Dreißigjährigen
Krieg kamen mit den katholischen Bayern auch die Dominikaner wieder nach Heidelberg zurück. Als Ludwig Philipp von
Simmern die Amtsverweserschaft für die reformierten Kurfürsten ausübte, übergab man die Klosterkirche den Lutheranern
für ihren Gottesdienst. Gestützt auf die Religionsdeklaration
von 1705 verwies Kurfürst Johann Wilhelm den gesamten ehemaligen Besitz an den Orden zurück. Nicht ganz hundert Jahre
danach wurde das Kloster zur Zeit Max Josephs endgültig säku-
larisiert. Karl Friedrich, der Wiedererwecker der Universität,

ordnete an, daß sich das damals zwischen Medizin und Zoologie stehende Fach der Anatomie der Klosterkirche für seine Zwecke bedienen solle.

Anatomische Demonstrationen werden wahrscheinlich schon in jenen Universitätsräumen stattgefunden haben, die man den Juden samt der Synagoge Ende des 14. Jahrhunderts wegnahm und die man dann als bei »unser Frawen capelle« gelegen bezeichnete. Studii anatomici sind seit 1700 im Lazaretthaus an der Plöck nachzuweisen. Es handelte sich um ein turmartiges Haus im Eckgrundstück zur Sandgasse. Als die Anatomie in das Dominikanerkloster verlegt wurde, kaufte Johann Heinrich Voß 1806 das Lazaretthaus. Das Gebäude, von dessen Vorzügen Voß öfter schwärmte, besteht heute nicht mehr; es wurde dem Bau der Turnhalle für die Friedrich-Ebert-Schule geopfert.

Die Dominikanerkirche wurde horizontal und vertikal unterteilt. Ins Erdgeschoß des Kirchenschiffs legte man die Anatomie mit Sektionssaal, Präparatensaal, Labor und Leichenkammer. Im Chor der Kirche befand sich der Hörsaal, das ›Theatrum Anatomicum‹. In die übrigen Räume teilten sich das botanische und das chemische Institut sowie die Sternwarte.

Ein Haus für das Theatrum Anatomicum

Mit der fortschreitenden Entwicklung der naturwissenschaftlichen Disziplinen empfand man offenbar den auf die Dauer unbefriedigenden Zustand der Unterbringung der Anatomie, so daß sich der Staat entschloß, im Klostergarten der Dominikaner, nördlich der Kirche, 1847 bis 1849 von dem Weinbrennerschüler Heinrich Hübsch ein eigenes Anatomisches Institut erbauen zu lassen. Das Gebäude wird heute dem romantischen Klassizismus zugerechnet. Es ist im Grunde ein bescheidenes, durchweg zweistöckiges Gebäude, das verhältnismäßig große Fenster in kräftigen Rechteckrahmungen aufweist. Der schwach vortretende Mittelrisalit übersteigt die Dachtraufe nur mit dem Dreiecksgiebel. Die Besonderheit des Baues kann man wohl darin sehen, daß ein durchlaufendes Gesims die Stockwerkgliederung anzeigt und daß die Vertikalgliederungen aus bandartigen Lisenen bestehen, die von verschiedenen geschichteten Backsteinen gebildet werden. Die Flügel des Gebäudes treten nach Süden nur um eine Achse hervor, an der Nordseite sind sie unterschiedlich lang, und aus der Mitte des Gebäudes springt, einem romanischen Chor mit halbrunder Apsis vergleichbar, der Hörsaalstrakt des Theatrum Anatomicum hervor.

Das Anatomiegebäude, eines der frühesten in Deutschland, wurde von kundigen Restauratoren freundlich behandelt. In honigfarbenem Ockerton verputzt, mit einem stark überkragenden, nur flach geneigten Dach versehen, das sein Holzwerk sehen läßt und sich in dieser Weise über dem Mittelrisaliten spitzgiebelig auffaltet, ahmt es die vornehme Würde eines Landsitzes jener Zeit nach.

Generationen von Medizinern haben sich hier ihr Fachwissen erworben. Fast 125 Jahre lang genügte die Anatomie den Ansprüchen der Wissenschaft. Ab Mai 1974 zog sie mit den anderen medizinischen Disziplinen hinaus in die Neubauten des Neuenheimer Feldes. Das Psychologische Institut samt seiner klinischen Abteilung übernahm die alten Räume.

Bei Eröffnung der Anatomie stand noch die Dominikanerkirche. In deren Erdgeschoß zog nun die von Leopold Gmelin geleitete Chemie ein. Der Chor der Kirche blieb Hörsaal. Auch Bunsen hat dort ab 1852 gelehrt. Der Kirche waren zur Hauptstraße hin zwei kleinere Räume vorgebaut. Sie reichten auf den ehemaligen kleinen Klosterfriedhof hinaus. Diese Räume benutzte Bunsen als Schreib- und Arbeitszimmer. Von dort aus plante er den Neubau des Chemischen Instituts an der Akademiestraße. An die Stelle der Klosterkirche und der Klostergebäude trat der 1861 bis 1863 von Heinrich Lang, einem Schüler Hübschs, errichtete spätklassizistische Friedrichsbau, der seinen Namen nach dem damals regierenden badischen Großherzog Friedrich 1. erhielt. Es ist das im Mittelteil dreistöckige Gebäude mit den zweigeschossigen Flügeln und den eingeschossigen Seitenbauten zur Hauptstraße hin, das wir heute noch vor uns haben. Am gefälligsten wirkt an ihm das Rundbogenportal mit dem auf kräftigen Konsolen ruhenden Balkon darüber und dessen Türe, die von einem Dreiecksgiebel bekrönt wird. Auffällig sind sowohl die aus den Gebäudeflügeln vortretenden Risalite wie die doppelten Gesimsbänder, die in Höhe des Fußbodens und der Fensterbänke über das ganze, 25 Achsen breite Gebäude verlaufen.

Das Bunsen-Denkmal am alten Standort in der Ebertanlage

Anatomiegebäude und Friedrichsbau stellten nach dem Weinbrennerbau des Marstalls die nachhaltigste Universitätserweiterung im 19. Jahrhundert dar. Bedingt durch den Aufschwung der Naturwissenschaften und deren Expansionsdrang, bildete sich mit diesen Neubauten, die südlich der Hauptstraße durch das Chemische und das Physiologische Institut noch fortgesetzt wurden, in der vorderen Altstadt ein neuer Schwerpunkt der Universität heraus. In den Friedrichsbau zogen 1865 das Pharmakologische, Mineralogische und das Physikalische Institut ein. Fünfzig Jahre später wurde für die Physik ein eigener Neubau an der Albert-Überle-Straße jenseits des Neckars errichtet. Alle diese Institute und auch die anderen an der Akademiestraße litten unmittelbar vor dem Ersten Weltkrieg »bei der derzeitigen Frequenz der Universität und wegen des heutigen Standes der Forschung« so sehr unter Raummangel und waren in Bau und Einrichtung so veraltet, daß bereits 1912 konkrete Überlegungen zur Verlagerung ins Neuenheimer Feld mit Plänen publiziert wurden. Es mußten noch einmal fünfzig Jahre vergehen, bis diese Planungen halbwegs realisiert waren. Inzwischen hat das Psychologische Institut nicht nur die Alte Anatomie, sondern auch den gesamten Friedrichsbau in Besitz genommen.

Von der Hauptstraße aus war das Gebäude der Anatomie nie zu sehen. Erst wurde es von der Dominikanerkirche, dann vom Friedrichsbau verdeckt. Dennoch haben die Heidelberger den

Freiraum vor dem Friedrichsbau immer ›Anatomiegarten‹ genannt. Wer sich im Freicafé vor dem rechten Seitenflügel des Friedrichsbaus niederläßt, sitzt genau dort, wo sich einst der Chor der Dominikanerkirche und danach in diesem Chor das ›Theatrum Anatomicum‹ befunden hat. Bis zur Hauptstraße erstreckte sich der Friedhof des Klosters.

Das Bunsen-Denkmal, das seit 1961 seitlich versetzt vor dem Friedrichsbau gestanden hatte, rückte 1978 in die Mitte. Auch die beiden Steinfiguren, die immer zum Denkmal gehörten, wurden von der Friedrich-Ebert-Anlage, wo im Jahre 1908 das Bunsen-Denkmal enthüllt worden war, herbeigeschafft und wieder in Beziehung zu der Bronzefigur gesetzt. Der Konzeption des Gesamtdenkmals lag der Gedanke zugrunde, die noch unerweckten, gewissermaßen verhüllten Kräfte der Natur und auch die vom Menschengeist gebändigten und in seinen Dienst gezwungenen Riesenkräfte der Elemente symbolisch darzustellen und sie dem großen Naturforscher zur Seite zu geben.

Wie Robert Wilhelm Bunsen (1811-1899) während der 44 Jahre, die er in Heidelberg lebte, von der Bevölkerung als leutseliger Mann und als populäre Persönlichkeit geschätzt wurde, so haben die Heidelberger auch sein Denkmal gern akzeptiert und in ihre Obhut genommen. Es ist trotz latenter Gefahren nicht eingeschmolzen worden. Man verdankt es einer Spendenaktion, die Bunsens zweiter Nachfolger in der Direktion des Chemischen Instituts, Professor Theodor Curtius, anregte und die bis zum Jahre 1910 65000 Goldmark erbrachte. Der Karlsruher Bildhauer und Akademielehrer Hermann Volz schuf 1907/08 das Bronzedenkmal und die beiden Allegorien »aus gestocktem Granit« für 59000 Mark. Volz hatte Bunsen noch persönlich gekannt. Die Enthüllung des Denkmals am ursprünglichen Standort an der Leopoldstraße in Höhe der verlängerten Märzgasse fand am 1. August 1908 statt.

Die Bronzegestalt Bunsens hält, einem Denker gemäß, das Haupt leicht geneigt und schaut deshalb jenes Gebäude nicht direkt an, in welchem dem Gelehrten zusammen mit Gustav Kirchhoff die bahnbrechende Entdeckung des Verfahrens der Spektralanalyse gelang.

Das dem Friedrichsbau genau gegenüberstehende Barockpalais, 1707 in wohlabgewogenen Proportionen von dem Barockbaumeister Johann Adam Breunig errichtet, gehörte dem Geschlecht derer von Venningen. Die Familie hatte in der Altstadt Besitz, wahrscheinlich an der Stelle, an der heute das Palais Graimberg steht. Doch 1707 wollte es Eberhard Friedrich von Venningen bequemer und repräsentativer haben, denn er war schließlich Oberzeugmeister, Obristjägermeister und Generalleutnant eines Jägerregiments. Das Grundstück für den Neubau erhielt er vom Kurfürsten im Tausch gegen einen in Trümmern liegenden Besitz an der Kettengasse, der an die Jesuiten gegeben worden war. Für die Errichtung seines Hauses gab man ihm – wie der Familie von Sickingen – die Erlaubnis, Steine des vom Schloß abgesprengten Dicken Turmes zu verwenden. Später wurde das Palais ein Gasthaus mit der Bezeichnung ›Zum Riesen‹. Es wird vermutet, diese Benennung könne sich auf die überlebensgroße Figur des Erbauers beziehen, die in einer Nische des Mittelrisalits in der Höhe des zweiten Stockwerks zu sehen ist. Bevor das Physikalische Institut in den neu errichteten Friedrichsbau gegenüber umziehen konnte, war es hier zu Hause. Nach der Physik benutzte das Geologisch-Paläontologische Institut die Räume im Palais Venningen. Hier wurde dann auch der so bedeutende Unterkiefer des ›Homo Heidelbergensis‹ aufbewahrt.

Dem stattlichen dreigeschossigen Bau liegt eine noble Konzeption zugrunde. Hauptakzent ist – ähnlich wie beim Rathaus – der über die Dachschräge hinausreichende Mittelrisalit, der von einem Segmentgiebel abgeschlossen wird. Es herrscht die übliche Architekturordnung: Rundbogenportal, darüber auskragender Balkon mit Steinbalustrade. Ein Blüten- und Fruchtgebinde ziert als plastischer Schmuck die Wand zwischen der Balkontüre und der darüber angeordneten Figurennische mit dem Bildnis des Erbauers. Die Traufe des Gebäudes unterbricht der Mittelrisalit, nicht ohne sich an den Pilastern zu verkröpfen und die Aufwölbung der Rundbogennische noch einmal zu wiederholen. Es ist ein Putzbau mit Sandsteingliederung, an den Seiten begrenzt von rustizierten Lisenen. Alles folgt dem längst bekannten Heidelberger Schema. Lediglich der plastische Schmuck auf den Pilastern des Mittelrisalits ist für diese Stadt einmalig. Diese reliefierten Embleme, Trophäen und Instrumente, die zweifellos Heinrich Charrasky geschaffen hat, weisen auf Jagd, Krieg, Künste und Wissenschaften hin. Damit hat der Erbauer nicht nur seine Tätigkeit, sondern auch seine Neigungen anschaulich gemacht. Unter seinem Standbild in der Nische kann man seinen Namen, seine Profession und das Jahr der Erbauung des Hauses lesen.

Zwei Gedenktafeln sind am Haus ›Zum Riesen‹ angebracht und kennzeichnen seine Bedeutung für die Wissenschafts- und Stadtgeschichte. Die rechte Tafel läßt uns lesen: »In diesem Hause hat Kirchhoff 1859 seine mit Bunsen begründete Spektralanalyse auf Sonne und Gestirne gewandt und damit die Chemie des Weltalls erschlossen.«

Der Physiker Gustav Robert Kirchhoff (1824-1887) kam im Jahre 1854 als Professor nach Heidelberg und wirkte hier genau zwanzig Jahre lang. 1874 verlegte er sein Tätigkeitsfeld nach Berlin. Der mit Bunsen zusammen entdeckten Spektralanalyse gab er mit dem Kirchhoffschen Gesetz über das Verhältnis von Emission und Absorption die theoretische Grundlage. Dies hatte die genaue Durchmusterung des Sonnenspektrums und der Spektren chemischer Elemente zur Folge.

Über Bunsens Bedeutung auf dem Felde der Chemie äußerte sich Karl Freudenberg, einer seiner Nachfolger, so: »Beim Studium der Vorgänge im Hochofen entwickelt er die Methoden der Gasanalyse und wendet sie alsbald auf Vulkangase an, um die chemischen Vorgänge in Vulkanen zu studieren und späterhin außerordentlich wichtige Arbeiten über eine vom Lichte beeinflußbare Gasreaktion auszuführen. Die Untersuchung des Leuchtens heißer Metalldämpfe führte ihn mit Kirchhoff zusammen zur Spektralanalyse. Zur Herstellung von Metallen bedient er sich der Schmelzelektrolyse von Salzen mit Hilfe eines von ihm verbesserten elektrischen Elements. Durch diese Arbeiten wird Robert Bunsen ein Mitbegründer des Zeitalters der Leichtmetalle.«

Die linke Tafel am Haus Venningen verrät uns, daß hier in den Jahren von 1901 bis 1934 der Geologe Wilhelm Salomon-Calvi, Ehrenbürger der Stadt, wirkte. Dem bedeutenden Wissenschaftler ist es unter anderem zu verdanken, daß nahe dem Neckarufer im Bergheimer Bereich zwischen 1913 und 1918 eine Radium-Solquelle in 1022 Meter Tiefe erschlossen werden konnte. Dieser Fund leitete eine Stadtentwicklung ein, die mit dem Stichwort ›Bad Heidelberg‹ zwar ausreichend, aber nicht mit allen sich daraus ergebenden Konsequenzen beschrieben ist. Daß man Salomon-Calvi die Entdeckung hoch anrechnete und ihn zum Ehrenbürger machte, vermag freilich nicht die Unbill aufzuwiegen, daß er 1934 aus seiner Wissenschaftslaufbahn gedrängt wurde, weil er Jude war. Dennoch hat der bedeutende Gelehrte außerhalb Deutschlands noch eine zweite Tat vollbringen können: Er schuf die Grundlagen für die Wasserversorgung der türkischen Hauptstadt Ankara.

Über die Akademiestraße zum Ebertplatz

In das ehemalige Physiologische Institut, das 1875 an der Akademiestraße erbaut worden war und das seine heutige Gestalt im wesentlichen einem Umbau von 1902 verdankt, zog das Erziehungswissenschaftliche Seminar ein. Das vornehm wirkende, ursprünglich nur zweigeschossige Gebäude bringt nicht allein mit seinen rustizierten Seitenrisalitgliederungen unter stark akzentuierten Dreiecksgiebeln, sondern auch mit der von kräftigen Gesimsbändern betonten Horizontalgliederung und den aufwendig gerahmten Fenstern über Konsolbänken die Würde eines Palazzo in die sonst eher nüchterne Bausubstanz dieser Straße.

Nach einer Hofeinfahrt folgt auf der gleichen Seite das *Laboratorium Chemicum* von 1855, das im mittleren Giebelfeld von einer lateinischen Inschrift ausgewiesen wird. Die architektonische Konzeption ist wie jene des alten Anatomiegebäudes von fast ländlicher Einfachheit. Zwischen zwei zweistöckigen Pavillons erstreckt sich das eingeschossige Laboratorium, das von einem kleinen Mittelbau mit Dreiecksgiebel und Widmungsinschrift gegliedert wird. Die stürmische Entwicklung dieser Wissenschaft brachte den Zwang mit sich, das Chemische Institut in den Jahren 1889-90, 1890-92 und 1898-1901 erweitern zu müssen. In dem größeren der beiden Pavillons, der an der Ecke zur Plöck errichtet wurde und der damals auf den sogenannten Heckenmarkt blickte, wohnte ›Papa Bunsen‹. Auch Bunsens Nachfolger nahmen hier ihren Aufenthalt, so Viktor Meyer von 1889 bis 1897 und Theodor Curtius von 1898 bis 1926.

Der gesamte Gebäudekomplex wurde zwischen 1853 und 1901 erbaut. Architekten waren Heinrich Lang und Joseph Durm. Besichtigungsobjekte für Stadtbesucher stellen diese inzwischen ehrwürdigen Gebäude, die sich einschließlich der Alten Physiologie um einen geräumigen, von einigen Bäumen durchgrünten Innenhof gruppieren, allerdings nicht dar.

Blickt man sich in diesem Quartier der vorderen Altstadt um, so versteht man ohne weitere Erklärung, daß die auf Expansion gerichtete Erforschung der Natur die hier gebotenen Räumlichkeiten sprengen mußte. Nachdem die Naturwissenschaftler inzwischen alle in neue Räume davongezogen sind, blieb hier nur ein Hauch der Tradition zurück. Weil es aber der menschlichen Bescheidenheit zustatten kommt, sich von Zeit zu Zeit an Ursprung und Herkunft zu orientieren, sollte man diesem Institutshof durch künstlerische Gestaltung zu einer angemessenen Aufwertung verhelfen, auch wenn das Wissenschaftsministerium allezeit genügend damit zu tun hat, allein die quantitativen Probleme seiner Hochschulen zu bewältigen.

Die Gerechtigkeit gegenüber dem Land Baden-Württemberg und seinen Problemen mit den Universitäten gebietet es, den gewaltigen finanziellen Aufwand zu würdigen, der für Wissenschaft und Forschung nach dem Zweiten Weltkrieg in Heidelberg erbracht worden ist. In den letzten 25 Jahren betrug der Gesamtaufwand des Landes für die Universität inner- und außerhalb der Altstadt auf dem Gebiet der räumlichen Zurüstung insgesamt 1 Milliarde und 16 Millionen Mark (= 1016 Millionen Mark). Davon entfielen rund 150 Millionen Mark Bauaufwand allein auf die Altstadt (ohne Altklinikum an der Bergheimer Straße). Eingedenk der Universitätsentscheidung von 1956, die Geisteswissenschaften in der Altstadt zu belassen, wurden seitdem 100 000 Quadratmeter Hauptnutzfläche (ohne Mensen und Sekundärbedarf) funktionsfähig gemacht. Diese Fläche reicht aus für 10 000 bis 12 000 Studenten der geisteswissenschaftlichen Disziplinen. Damit ist aber auch die oberste Grenze dessen erreicht, was die Altstadt an Universitätsbelastung auf sich nehmen kann.

Bunsens Wohnhaus blickt mit seiner Breitseite auf den Friedrich-Ebert-Platz hinaus. Zwischen Haus und Platz verläuft die schmale, aber sehr geschäftsbetonte Innenstadtstraße mit dem ebenso alten wie merkwürdigen Namen Plöck. Gegenüber dem Chemischen Institut begleitet die Plöck auf der Nordseite des Friedrich-Ebert-Platzes ein merkwürdiges Architekturge-

VII

NECKARANSICHT BEI DER ALTEN BRÜCKE

Kolorierte Tuschzeichnung
von Heinz Michel
1957/58

Dieser Blick erfaßt die urtümliche Situation der Stadtgründung zur Stauferzeit. Mit einer Brücke über den Fluß hinweg wurde die neue Siedlung auf dem Raum des südlichen Ufers verbunden. Der Weg über das trennende Wasser mußte sich auf der Stadtseite durch ein enges Torhaus zwängen, bevor er sich inmitten der Häuser verzweigen durfte. Das ist noch heute so. Schnurstracks wurde einst der Ankommende zum Marktplatz geleitet, wo sich wuchtig die Kirche erhob und wo sich die Handelswelt der meist kleinen Geschäfte rings um das Rathaus entfaltete. Die ursprüngliche Stadtbebauung samt der Brücke muß man sich wesentlich bescheidener vorstellen, denn den barocken Charakter, der sich im steinernen Brückenschwung der neun Bogen, in den Turmbekrönungen und in den traufseitig an die Straßen gestellten Häusern mit ihren Mansarddächern ausdrückt, gewann die Stadt vor nicht einmal drei Jahrhunderten. Doch die Berühmten, die in ihr zu Gast weilten, haben sie so erlebt: Goethe, der gern im ›Goldenen Hecht‹ übernachtet hätte; Wilhelm Busch, der im ›Holländer Hof‹ nebenan logierte; Gottfried Keller, der als Student nahebei in einem kleinen Uferhäuschen wohnte, und Friedrich Hebbel, der im dahinterliegenden Altstadtviertel Quartier bezog. Unter der Rutenspitze des hier dargestellten Anglers darf man sich im Altstadtgewirr jenes kleine Häuschen denken, in dem 1871 Friedrich Ebert auf die Welt kam.

bilde: eine Art Kolonnade, die zwischen ›rustizierten‹ Eckpfei-
lern zum Platz hin sechs Säulen sehen läßt, zur Plöck hin aber
nur vier mit einem würfelförmigen Raum in der Mitte. Das
Bauwerk, das die gesamte Schmalseite des Platzes überspannt,
wurde im Jahre 1927 nach Plänen des städtischen Baurats Fritz
Haller errichtet. Vorher und erst recht nachher verband sich
damit viel Kolorit eines Viktualienmarktes.

Die Längsfluchten des ehemaligen Wredeplatzes werden von
recht repräsentativen Gebäuden geprägt: von der Allgemeinen
Ortskrankenkasse (früher Rheinische Creditbank) auf der östlichen und der früheren Zentrale der Bezirkssparkasse (vormals
Städtische Sparkasse, öffentliche Spar- und Creditanstalt) auf
der westlichen Seite. Beide offenbaren einen gewissen Institu-
tionsfeudalismus. Er hat hier allerdings noch nicht jene vorwiegend gläsernen Architekturblüten getrieben, die für die Jahre
nach dem Zweiten Weltkrieg typisch geworden sind. Gerade
deshalb sollte dem betonierten Kolonnadenbau mehr stadtpfle-
gerisches Augenmerk gelten, auch wenn man sich im Zweifel
befindet, ob es sich dabei um ein technisches Denkmal ›im
Sinne des Gesetzes‹ handelt.

Die alten Heidelberger nennen den Platz heute noch gelegentlich Wrede-
platz. So hieß er fast hundert Jahre lang, benannt nach dem verdienten
bayerischen Feldmarschall. Carl Philipp von Wrede (1767-1838) ist näm-
lich ein gebürtiger Heidelberger gewesen. Seiner Geburtsstadt zeigte er sich
während seines Lebens immer sehr verbunden. Er war der Sohn eines
kurfürstlichen Beamten und kam in jenem Haus zur Welt, das heute der
Akademie der Wissenschaften Unterkunft gewährt. Der bayerische König
schenkte der Stadt Heidelberg das Bronzedenkmal Wredes, das auf dem
damals ›Heckenmarkt‹ genannten Platz aufgestellt wurde. Es wurde von
Friedrich Brugger, einem Schüler Schwanthalers, modelliert. Das Denk-
mal ist 1940 für Zwecke des Krieges eingeschmolzen worden.

Auf die Möglichkeit eines Abstechers vom Friedrich-Ebert-
Platz verweist uns indirekt die Nutzung des ehemaligen Spar-
kassengebäudes. Dort sind nämlich Juristen eingezogen; im
Rückgebäude befindet sich das Universitätsarchiv. Wenn wir
jedoch den Friedrich-Ebert-Platz in Richtung Ebertanlage verlassen, können wir das Hauptdomizil der Juristen in Heidelberg
wahrnehmen. Es ist der Komplex des ehemaligen Hotels Viktoria und seiner Nebengebäude am Südrand der Ebertanlage

beim Stadtgarten, unmittelbar am Fuß des Gaisbergs. – Ein anderer Abstecher sollte Stadtwanderer noch ein kleines Stück die Plöck nach Osten führen. Bald erreichen sie die Märzgasse an einer kleinen Anlage, die man den *Märzgarten* nennt. Von Süden her blickt das Hölderlin-Gymnasium, ursprünglich eine höhere Mädchenschule, in den Märzgarten hinein. Das heute ›koedukative‹ Gymnasium stellt ein schönes Beispiel moderner, zweckbezogener Denkmalpflege dar. Teile des Innenbaues, vor allem die Türen zu den Klassenzimmern, sind bester Jugendstil.

Die Westseite des Märzgartens wird von einem schön restaurierten Palais bestimmt, das durch seinen freundlich-warmen Rotton die Blicke auf sich zieht. Es handelt sich um das *Stadtpalais,* das die Grafen von Wieser zu Beginn des 18. Jahrhunderts erbauen ließen. Über hundert Jahre danach, von 1840 bis 1870, wohnte darin der bedeutende Jurist Karl Adolf von Vangerow. Im Haus unmittelbar nebenan wurde der Astronom Max Wolf im Jahre 1863 geboren. Schon als Student errichtete er hier eine Sternwarte für sich. Zwischen 1884 und 1897 machte er seine ersten Entdeckungen. Auf der Erinnerungstafel heißt es, er habe durch seine Aufnahmen des gestirnten Himmels der Forschung neue Wege gewiesen. In seiner Privatsternwarte nahm Max Wolf astrophotographische Untersuchungen zur Auffindung kleiner Planeten vor. Neben einem periodisch wiederkehrenden Kometen entdeckte er auf diese Weise über 200 solcher kleinen Planeten. 1893 wurde er Professor der Universität und Direktor des von ihm auf dem Königstuhl errichteten astrophysikalischen Observatoriums. Ein Rest der turmartigen Privatsternwarte Wolfs ist im Hof hinter dem Haus noch erhalten.

Bevor wir wieder zum Friedrich-Ebert-Platz zurückkehren, wollen wir den Hinweis auf die *Erlöserkiche* an der Plöck 44 (Ecke Schießtorstraße) nicht vergessen. Sie dient den Altkatholiken seit 1936 zum Gottesdienst. Die Kirche war 1724 für die Dominikanerinnen (Weißnonnen) errichtet worden. Dort hatten auch schon die Lutheraner und die anglikanische Gemeinde ihre Gottesdienste gehalten. Heute finden in der Erlöserkirche monatlich zweimal englischsprachige Gottesdienste der ›English Church‹ statt, denn als eine von Rom unabhängige Kirche steht die altkatholische Kirche seit 1931 in der Utrechter Union mit den anglikanischen Kirchen in voller Gemeinschaft.

Zum Friedrich-Ebert-Platz zurückgekehrt, wandern wir in der Plöck der westlichen Altstadtgrenze entgegen. Als Eckhaus haben wir links das alte Waisenhaus vor uns, in dem sich heute die Diensträume des Sozial- und Jugendamts der Stadt befinden. Es wurde ursprünglich als Bürgerhaus der Barockzeit errichtet, 1756 aber von den Reformierten zu einem Hospital ausgebaut. Von hier aus ist es nicht mehr weit bis zum Gebiet von Sankt Anna, das jedem Heidelberger zumindest dem Namen nach geläufig ist, auch wenn nicht viele Einwohner die Sankt-Anna-Kirche von innen gesehen haben. Diese wurde für das katholische Hospital erbaut; sie übernahm von der Kapelle eines nahebei gelegenen Friedhofs das Patrozinium und erhielt so ihren Namen.

Das barocke Ensemble von Sankt Anna

Der Sankt-Anna-Komplex stellt in städtebaulicher Hinsicht eine unvollendete Anlage dar. Die Kirche muß man sich als Mittelpunkt einer Zweiflügelanlage denken. Der eine Flügel sollte als Hospital, der andere als Pfründnerhaus dienen. Doch nur der östliche Hospitalflügel wurde ausgeführt. Erdacht haben diese Konzeption wohl der kurfürstliche Baumeister Sartori, der auch ein Gutachten über die Hospitäler in Heidelberg anfertigte, und Johann Adam Breunig. Die Kirche erbaute Johann Jakob Rischer im Jahre 1714; gegen Ende des Jahrhunderts setzte ihr Franz Wilhelm Rabaliatti die Sandsteinfassade vor. Auch der anschließende Ostflügel entstand unter der Mitwirkung des Architekten Rischer.

Vor allem durch Rabaliattis *Fassade* fesselt die Kirche die Aufmerksamkeit. Sie zeigt zumindest bis einschließlich des Dreiecksgiebels gute Proportionen und klare Prinzipien des Aufbaues. Nach einer Zeichnung in Wickenburgs ›Thesaurus Palatinus‹ wäre der Dreiecksgiebel mit einer überquellenden Kartusche zu füllen gewesen, und auf die schrägen Giebelflächen hätten sich Figuren gelagert. Auch den Fenstern wären üppige Bekrönungen gegeben worden. Statt über die heute in die Fassade eingezogene Treppe wäre man laut der Zeichnung über fünf Stufen einer vorgelegten Freitreppe in die Kirche getreten.

Von der subtilen Fassadengestaltung weicht der obere Teil durch seine Massigkeit erheblich ab. Es handelt sich um einen doppelten, unterschiedlich weit geschwungenen und gerundeten Fassadenaufsatz über und hinter dem Dreiecksgiebel, der eine Kuppel imitieren will. Das gelingt aber nur unvollkommen, weil wesentliche Teile dieser Scheinarchitektur nicht ausgeführt wurden und weil man mitten hinein ein Rundbogenfenster setzte, das die Illusion einer Kuppel vollends zerstört. Die Scheinkuppel wird nach oben hin von einem Aufsatz für ein Glockentürmchen zusammengefaßt.

Im *Innern* ist die mit dem eingezogenen polygonalen Chor nach Süden weisende Kirche fast schmucklos. Sie besteht aus einem flachgedeckten Saal mit hoher Hohlkehle zwischen Wand und Decke. Die Kirche weist keine Stützen und keine Wandgliederung auf. Der im Vergleich zur Tiefe sehr hohe Raum wird lediglich an der Fassadenseite und an den Längsseiten in der Breite der anstoßenden Gebäudeflügel von einer hölzernen Empore umzogen, die auch die große kastenartige Orgel trägt. Die Einrichtung bietet nichts Bemerkenswertes. Lediglich der Altar in der Mitte des Chorpolygons zieht die Aufmerksamkeit des Besuchers auf sich. Man kann ihn für diesen Kirchenraum als monumental und als besonders qualitätvoll bezeichnen. Über dem Altaraufsatz erhebt sich ein mächtiges Kruzifix, das durch die ergreifend geformte Gestalt des Heilands seine Wirkung übt. Über dem Gekreuzigten sieht man vergoldet das Symbol des Gottesauges. Zwei Gestalten, die in Gestik und Haltung barocke Emphase verkünden, weisen sich als Pilger und als Engel aus. Dieser Hochaltar aus der Mitte des 18. Jahrhunderts wird dem Bildhauer Paul Egell oder doch zumindest dessen Werkstatt zugeschrieben. Es kann keinem Zweifel unterliegen, daß zwischen der Gestalt Christi und den zugeordneten Figuren unter dem Kreuz in künstlerischer Hinsicht ein qualitativer Unterschied besteht.

Im Chor der Kirche wurde auch eine recht gute kleinere Plastik aufgestellt: eine Maria Immaculata des Kornmarkttyps, ebenfalls Mitte des 18. Jahrhunderts. Sie stammt aus dem Bereich des Pfarramts Heiliggeist der Jesuitenkirche.

Das mit der Kirche direkt verbundene *Bürgerhospital* wurde zur Zeit der Erbauung auch als ›Elende Herberge‹ bezeichnet.

Auf Geheiß Johann Wilhelms errichtete man dieses neue Hospital 1714 auf den Kellergewölben des alten Lazaretts im Südwesten der erweiterten Altstadt beim Gesundbrunnen. Der langgestreckte Bau, der binnen eines Jahres unter Dach kam, nahm ursprünglich die Armen und Kranken der drei christlichen Konfessionen auf. Als jedoch die Lutheraner und die Reformierten eigene Hospitäler in Betrieb nahmen, wurde das Bürgerhospital den Katholiken allein überlassen. Um die Jahrhundertwende diente es als Frauen-Armenhaus und Pfründnerinnenhaus. Im Frühjahr 1935 wurde das Bürgerhospital als städtische Krankenanstalt aufgelöst und in ein Alters- und Pflegeheim umgewandelt. Zu Beginn der achtziger Jahre ergab sich eine neue Konzeption.

Nachdem das Bundesland Baden-Württemberg das Sankt-Anna-Quartier in sein Programm zur Verbesserung des Wohnumfelds in den Städten aufgenommen hatte, konnte der Gedanke verwirklicht werden, hier ein modernes Altenzentrum einzurichten. Das bisherige städtische Altersheim Sankt Anna und das Alten- und Pflegeheim Frommelhaus der Evangelischen Stadtmission wurden zu diesem Zweck zusammengefaßt.

Die Restaurierung des Bürgerhospitals wird am äußeren Bild des schönen Barockbaues nichts verändern, es sei denn, ihn noch besser zur Geltung zu bringen. Der dreigeschossige Putzbau von dreizehn Achsen, der über einen von vier Pilastern betonten Mitteltrakt verfügt, hätte es verdient. Nicht nur deshalb, weil er in den beiden Hauptgeschossen über die für Heidelberg typischen Ohrenfenster mit kräftigen Verdachungen verfügt, sondern weil an dem architektonisch stark hervorgehobenen Mittelteil und an den Gebäudeecken in der Sandsteingliederung die Handschrift des Architekten Rischer besonders eindrucksvoll abzulesen ist. An den Ecken zwar etwas unmotiviert, im Mittelteil dafür um so wirkungsvoller, tritt über den Pilasterkapitellen mit den herzhaft ausgeprägten Schneckenvoluten das kräftige Gebälk hervor, dessen Gesims scharfkantig weit auskragt. Die Gartenfront des Gebäudes beeindruckt jeden Besucher durch ihre klare Überschaubarkeit.

Ein Teil des Grundstücks, mit dem der Kurfürst Johann Wilhelm das Bürgerhospital ausstattete, wurde im letzten Jahrhundert für die Bebauung der Friedrich-Ebert-Anlage geopfert. Westlich davon, genau hinter der Eckbefestigung des Blauen

Turms, dort, wo sich heute das Areal des Hotels ›Der Europäische Hof‹ befindet, erstreckte sich der Sankt-Anna-Friedhof. Die Kapelle Sankt-Anna, die auf ihm stand, war zuletzt ganz verfallen. Als der Friedhof um die Mitte des 19. Jahrhunderts aufgelöst wurde, versetzte man einen Teil der Grabsteine auf den neu eingerichteten Bergfriedhof an der Rohrbacher Straße. Im Sankt-Anna-Friedhof fand Brentanos Frau Sophie Mereau ihre letzte Ruhestätte. Außerdem wurde hier der Jurist und Singkreis-Initiator Thibaut begraben.

Noch einmal begegnen wir dem Namen Sankt Anna in der Stadt, wenn wir von der Kirche aus die Neugasse zur Hauptstraße hin wandern und dort noch ein wenig nach Westen gehen. Die letzte Gasse auf der linken Seite, die an der Hauptstraße eine trichterförmige Erweiterung besitzt, ist die Sankt-Anna-Gasse. Sie zog sich ursprünglich als eine Art Zwinger unmittelbar hinter der westlichen Stadtmauer entlang und stand in Verbindung mit dem dort die Hauptstraße abschließenden Speyerer Tor. Der Ausbau der Sofienstraße und des Bismarckplatzes im 19. Jahrhundert hat die historische Situation zwar verändert, doch wahrt die Sofienstraße mit ihrer frontartig geschlossenen Bebauung den Charakter der Altstadtgrenze und läßt die Hauptstraße als den noch immer einzigen, nun den Fußgängern reservierten Zugang zum historischen Stadtgebiet erscheinen.

Am Ende der Altstadtwanderung

Treten wir aus der Hauptstraße heraus und wenden wir uns nach rechts, so können wir entlang der Sofienstraße zur Theodor-Heuss-Brücke schauen. Dort haben wir die Wanderung, die uns durch Alt-Heidelberg und seine Geschichte führte, mit gutem Mut begonnen. Wer hätte gedacht, daß sie so intensiv und strapaziös werden würde! Wenn wir jetzt über das turbulente Leben des Bismarckplatzes nach Westen blicken, fassen wir das Vorfeld der jüngeren geschichtlichen Entwicklung Heidelbergs ins Auge. Mit Erstaunen ist festzustellen, daß erst seit 125 Jahren das westliche Vorgelände Alt-Heidelbergs bebaut wird. Mehr als 450 Jahre brauchte die von Ruprecht II. erweiterte Stadt, bis sie sich ins ehemalige Bergheimer Feld, in die

Obst- und Weingärten hinauswagte. Aber als sie den jahrhundertelang schützenden Stadtmantel aufriß, um Raum in der Ebene zu gewinnen, leitete sie die entscheidenden Entwicklungsjahre der jüngeren Stadtgeschichte ein.

Das erste Zeichen dafür hatte wohl der Bahnhof gesetzt, dessen Gebäude 1846 Friedrich Eisenlohr unmittelbar vor dem Westrand der Altstadt errichtete. In ihm endete die erste badische Eisenbahnlinie, die zwischen 1838 und 1840 von Mannheim nach Heidelberg gebaut worden war. 534 Morgen Stadtgelände nahm die Bahn für sich in Anspruch, bevor sie mit fauchenden Lokomotiven ein neues Zeitalter auf den Weg bringen konnte. Wäre Heidelberg nur ein verträumtes Universitätsstädtchen mit romantischer Schloßruine und einem sehenswerten Neckarpanorama gewesen, hätte sich die großherzoglich badische Regierung gewiß nicht entschlossen, das Wagnis eines Eisenbahnbaues ausgerechnet zwischen Mannheim und Heidelberg einzugehen. Vor dem Bau der Eisenbahn wurden in Heidelberg über dreitausend Pferde für den Personentransport bereitgehalten. Die Fuhrwerksbetriebe verfügten über rund 100 Chaisen. Damit bewältigte man einen Fremdenverkehr, der sich auf rund 30000 Reisende im Jahr belief. Diese erstaunliche Frequenz der traditionsreichen Stadt führte zur raschen Erweiterung des Bahnsystems. 1855 kam die Main-Neckar-Bahn aus Richtung Frankfurt und Darmstadt hinzu, 1862 die Neckartalbahn, die entlang der Anlage und an der Peterskirche vorbei durch die Tunnel am Fuß des Königstuhls dampfte. Die ersten Lokomotiven, die zwischen Heidelberg und Mannheim die Pferde‹ scheuen ließen, waren ›Löwe‹ und ›Greif‹ genannt. Sie stammten aus Manchester und kosteten je Exemplar 27600 Gulden.

Um die Mitte des vergangenen Jahrhunderts stellte sich die Frage, ob Frankfurt am Main über Darmstadt mit Heidelberg oder mit Mannheim direkt verbunden werden sollte. Weil man besonders weise zu sein gedachte, machte man den Fehler des Jahrhunderts: Man führte die Bahnlinie von Weinheim aus nach Friedrichsfeld, genau in die Mitte zwischen Mannheim und Heidelberg. Dort teilte man dann die Züge, so daß sich die Reisenden schon vorab in die richtigen Wagen zu setzen hatten. »Mannem hinne!« brüllten die Schaffner. Da war dann selbst dem zerstreutesten Professor klar, daß er sich bei Zielort Heidelberg in die vorderen Wagen des Zuges zu setzen hatte. Noch heute, wenn es zur Stadtrivalität kommt, geben sich Kommunal- und Regionalpolitiker historisch: »Mannem hinne!« sagen sie dann – nicht ohne herausfordernden Unterton.

Auch vor dem Eisenbahnbau hatte die alte Stadt natürlich ihre Nachbarschaft im Auge. ›Speirisch Straße‹ hieß lange die westliche Hauptstraße, die am Speyerer Tor endete, das bei der Einmündung der Sankt-Anna-Gasse stand. Weil die Hauptstraße im westlichen Teil einen leichten Bogen beschreibt – niemand kann befriedigend erklären, warum das so ist –, stand das Speyerer Tor auch nicht in der Flucht der westlichen Stadtmauer, sondern in einem leichten Knick zu ihr. Nach dem Orléansschen Krieg, der Heidelberg das große Elend gebracht hatte, muß es beim Speyerer Tor trostlos ausgesehen haben. Jedenfalls wurde der Turm des im übrigen schon zerstörten Tores 1698 gesprengt.

Fünfzig Jahre lang besaß Heidelberg im Westen kein Entrée. Erst Kurfürst Karl Theodor ließ ein Stück weit vor dem früheren Speyerer Tor nun das neue Mannheimer Tor errichten. Es sah recht repräsentativ aus, fast so, wie man sich einen Schloßzugang vorstellt. Das nicht sehr hohe Torhaus trug ein schon klassizistisch umgeformtes Glockendach hinter einem Dreiecksgiebel. Seitlich vom Tor wurden zwei kleinere Wachbauten errichtet. Die Pläne hatte Nicolas de Pigage entworfen. Vollendet wurde die Toranlage jedoch 1752 vom Hofbaumeister Rabaliatti, der zu jener Zeit sowieso mit der Fassade der nahegelegenen Sankt-Anna-Kirche beschäftigt war.

Im Unterschied zum Karlstor im Osten, das unverändert erhalten blieb, war den Torbauten am anderen Ende der Hauptstraße keine lange Dauer beschieden. Sie wurden, als die ›Westdrift‹ der Stadtentwicklung einsetzte, als hinderlich empfunden und kurzerhand abgerissen: die Wachbauten 1851, der größere Torbau 1856.

Es wäre gewiß zu viel verlangt, wollte man den Zeitgenossen von heute die Vorstellung eines Botanischen Gartens gerade dort abverlangen, wo eine massierte Innenstadtbebauung erfolgt ist: zwischen der Sofienstraße, deren Bebauung ab 1868 entstand, und dem Bahnhof an der Rohrbacher Straße. 1835 hatte man das so vorgesehen, doch das Gelände, das aufgeschüttet war, erwies sich als ungeeignet. Deshalb verlegte man den Garten 1875 dorthin, wo heute die Medizinische Klinik (Ludolf-Krehl-Klinik) steht. 1880 wurde er eröffnet.

In dem von Alleen durchzogenen Gebiet, das man heute das Altklinikum nennt, waren schon vor dem großen Universitätsjubiläum von 1886 in lockerer Bebauung als teilweise miteinander verbundene Einzelkomplexe entstanden: die Augenklinik, dahinter die chirurgischen Baracken, die Chirurgische Klinik und die Medizinische Klinik I. Sie alle hatten ein überdachtes Verbindungssystem. Seitlich der Medizinischen Klinik standen das ›Absonderungshaus‹ und die Luisen-Heilanstalt. Zum Neckar hin hatte man das Leicheneinsegnungshaus, das Pathologische Institut und den Medizinischen Pavillon III errichtet. Ein geschwungener Verbindungsgang führte von der Medizinischen Klinik I zu der Medizinischen Klinik II hinüber. Davor lag der Verwaltungsbau, dahinter der Küchenbau mit Desinfektionshaus, Eiskeller und Waschhaus. Von diesem Komplex waren nach Westen die Frauenklinik und die ›Irren-Klinik‹ abgesetzt. Das Ganze nannte sich ›Das academische Krankenhaus in Heidelberg‹.

1847 war unmittelbar vor der Altstadt, gewissermaßen als Pendant zum Bahnhof, ein Hafen für die Neckarschiffahrt angelegt worden. Er hieß im Volksmund ›Winterhalt‹. Bald erwies er sich nicht nur als Fehlplanung, sondern auch noch als Fehlkonstruktion, denn das zehn Meter tiefe Hafenbecken wurde nicht genügend von Frischwasser durchflossen, so daß sich Brackwasser mit allen üblen Folgen bildete. Die Zustände waren so unerträglich, daß man das Wasserloch schnellstens wieder auffüllte. Immerhin brauchte man sieben Jahre dazu. Aber dann legte man im Jahre 1875 den Bismarckgarten darauf an. Das Bismarck-Denkmal, eine Büste des Rietschel-Schülers Adolf Donndorf, wurde ein Jahr vor Bismarcks Tod, am 1. April 1897, enthüllt.

Zwischen Poststraße und Kurfürstenanlage

Zehn Jahre nach dem Bismarckgarten gestaltete man im Süden des Vorgeländes der Altstadt den sogenannten Stadtgarten. Zu jener Zeit, 1884, wurde das inzwischen durch einen Geschäftsneubau ersetzte Gebäude der Hauptpost im Gelände des Botanischen Gartens errichtet. Zuvor hatte man mit einer aus Eisen konstruierten Brücke von der Sofienstraße aus eine dauerhafte Verbindung zum Nachbarort Neuenheim hergestellt. Man nannte sie nach dem 51 Jahre lang (1856-1907) regierenden Großherzog Friedrichsbrücke (wie auch den Friedrichsbau zwischen Hauptstraße und Alter Anatomie); 1877 wurde sie eingeweiht.

Im Rückblick nimmt sich manches merkwürdig aus. In dem Augenblick, als das Großbürgertum historische Bauformen für sein Wohnbedürfnis entdeckte und sich Villen aus den absonderlichsten Stilmischungen erbauen ließ, wurde das, was wirklich historisch war, ohne Gnade abgerissen und ausgetilgt. Das gilt für den Bestand des Dominikanerklosters sowie für fast alle Stadttore und den gesamten Stadtmauerring. Einiges in Heidelberg, was vorher nie so war, darf man jedoch als positiv bewerten. Dazu gehört die im 19.Jahrhundert in großzügiger Weise betriebene Aufforstung der Berge beiderseits des Neckartals. Mit klugem Gespür pflegte man die romantische Waldkulisse

der Stadt und versah sie sogar mit einigen Attraktionen wie
Mammutbäumen und anderen Exoten. Das wichtigste war jedoch die erstmalige volle Erschließung des Stadtwalds durch
ein umfassendes, mit Steinen bezeichnetes Wegenetz. Damals
gab man sich selbst die Richtschnur, keinen Weg steiler anzulegen, als ihn ein Ochsenfuhrwerk bewältigen könne. Diese nur
mäßigen ›Ochsenkarrensteigungen‹ sind typisch geworden für
den gesamten Heidelberger Stadtwald. Sie dienen nicht nur
weiterhin der Waldbewirtschaftung und der Holzabfuhr, sondern sie eignen sich auch als schöne Spazier- und Panorama-
wege, die in solcher landschaftspflegenden Konsequenz so
leicht kein Kurort aufzuweisen hat.

Ein weiterer Umstand wirkte gegen Ende des Jahrhunderts
prägend auf die Stadt ein: Neben den Architekten beteiligten
sich nun auch die Ingenieure an der Gestaltung des Gemeinwe-
sens. Sie hatten nicht nur die Eisenbahn an die Stadt herangeführt und nach der Pferdebahn auch die elektrische Straßenbahn installiert, sie bauten sogar eine Bergbahn (Seilzugverfah-
ren) 1890 auf die Molkenkurhöhe und 1907 sogar bis hinauf
zum Königstuhl. Auch die Brücke zwischen Heidelberg und
Neuenheim war nun ein Werk der Ingenieure.

So wurden – mehr als je zuvor – die Oberbürgermeister in
eine Position gehoben, von der aus sie weitgehend das Schicksal einer Stadt bestimmen konnten. An die Stelle der Regie-
rungsweisungen trat in zunehmendem Maß die Selbstverant-
wortung nach den Möglichkeiten, die das örtliche Steuerauf-
kommen bot. Da die Steuergesetzgebung der Kaiserzeit für
Heidelberg nach der Einkommensstruktur seiner Einwohner
günstig war, wurden die Impulse der Gründerzeit von groß-
bürgerlichem Wohlstand abgestützt. Unter dem zähen Fort-
schrittswillen des Oberbürgermeisters Dr. Carl Wilckens, der
fast dreißig Jahre lang sein Amt ausübte, gelang es Heidelberg,
aus den allgemeinen Entwicklungstendenzen der Zeit das ihm
Wesensgemäße abzuleiten und auf sich zu lenken.

Die Gründerjahre lösten in Heidelberg eine explosionsartige
Stadterweiterung aus. Allerdings war damals schon der Einschnitt, den die Bahnlinien in ihrer Zusammenführung zum
Kopfbahnhof bildeten, nicht mehr zu reparieren. Es mußte um
die Bahn herum und an ihr entlang gebaut werden. Zwischen

dem ausgedehnten Klinikbereich und den nicht minder ausgedehnten Bahnanlagen ließ sich kein attraktives Wohngebiet
entwickeln. Nach den Grundsätzen des Mietwohnungsbaues
eng besiedelt und mit Höfen tief gestaffelt, blieb das Bergheimer Viertel nach seiner Ausstattung ärmlicher als die günstiger
gelegenen Wohngebiete der Weststadt und vor allem Neuenheims. In der Pufferzone der Stadterweiterung rings um den
Bahnhof siedelten sich, wie einst an der Alten Brücke, die Hotels an. Kein Straßenzug in diesem Gebiet, dessen Beginn davon nicht markiert worden wäre: an der Hauptstraße links der
›Darmstädter Hof‹ und rechts der ›Russische Hof‹, an der Rohrbacher Straße links das ›Grand Hotel‹ und rechts das ›Hotel
Schrieder‹, an der Anlage links der ›Europäische Hof‹ und gegenüber das ›Hotel Viktoria‹, an der Bergheimer Straße rechts
die Hotels ›Tannhäuser‹ und ›Denner‹ und links der ›Bayerische
Hof‹. Die Touristenstadt war in dieser Hinsicht gut versorgt
und konnte sich sehen lassen.

Auch durch die Leistungen der Wissenschaft gewann Heidelberg weiter an Ansehen. Lehrer und Forscher, die das 19. Jahrhundert geprägt hatten, wurden um die Jahrhundertwende von
Wissenschaftlern abgelöst, die sich auf den Wegen der Spezialisierung befanden. In deren Wirken griff der Erste Weltkrieg
ein, so daß sie auch die Aufgabe zu übernehmen hatten, die
wissenschaftliche Tradition in die Nachkriegszeit der zwanziger Jahre hinüberzutragen.

Den weitreichenden Ruf, den sich die Juristen in Heidelberg
im 19. Jahrhundert erworben hatten, konnten sie bewahren.
Georg Jellinek (1891-1911), der über die Rechtsnatur des Staates nachdachte, zog viele Schüler an. Auf einer bekannten Pho-
tographie aus dem Jahre 1926 sind die juristischen Koryphäen
jener Zeit festgehalten: Herbert Engelhard, Karl Heinsheimer,
Gerhard Anschütz, Alexander Graf zu Dohna, Max Gutzwiller,
Eberhard Freiherr von Kuenssberg, Richard Thoma, Heinrich
Mitteis und Otto Gradenwitz. Zumindest die älteren Juristen
unserer Tage können mit diesen Namen noch fachliche Bedeu-
tungsgehalte verbinden. Sie wissen auch, daß einige dieser
Gelehrten bald darauf unnachsichtig verfolgt wurden, weil sie
Juden waren. Den schon erkennbaren Radikalisierungstenden-
zen stemmten sich mit dem ganzen Einsatz ihrer Person die

juristischen Lehrer Gustav Radbruch und Walter Jellinek entgegen, die das Universitätsmotto ›Dem lebendigen Geist‹ zu bewahren trachteten.

Ein buntes und zugleich bedeutendes Bild bot nun die Philosophie im engeren und weiteren Sinne. Als Philosophen wirkten in Heidelberg Wilhelm Windelband (1903-1915), Heinrich Rickert (1916-1936) und Karl Jaspers (1914-1937). Letzterer hat sich, zusammen mit dem Chirurgen Karl Heinrich Bauer, um die Wiedereröffnung der Heidelberger Universität unmittelbar nach dem Zweiten Weltkrieg bemüht; er gab der Universität nach den Jahren des Schreckens und der Demütigung die Wegweisung zur weiteren Entwicklung, auch wenn er dann Heidelberg verließ, um seinen Lebensabend in Basel zu verbringen.

Das historische Spektrum griffen unter speziellen Gesichtspunkten die Archäologen auf, bei denen vor allem Friedrich von Duhn (1880-1930) in des Wortes wahrstem Sinne als ›der lange Duhn‹ hervorragte. Gemessen an seiner Persönlichkeit und seinem Wirken, war Ludwig Curtius (1922-1928) schon der nächsten Generation zuzurechnen. Die Kunstgeschichte wurde nach Henry Thode vor allem von Carl Neumann (1894-1903, 1911-1929), bekannt durch seine Rembrandt-Forschungen, und August Grisebach (Schinkel-Buch) in profilierter Weise betrieben. Als Germanisten betätigten sich Wilhelm Braune (1888-1926), Gustav Ehrismann (1897-1906), Friedrich Panzer (1919-1936) und als Literaturwissenschaftler vor allem Friedrich Gundolf (1911-1931). Die Anglistik fand in Johannes Hoops seit 1896 für fast ein halbes Jahrhundert einen namhaften Vertreter. Auch die Romanistik und die anderen philologischen Disziplinen gewannen Rang und Ansehen. Das Fach der Nationalökonomie verdankt seinen Ruf zuerst und vor allem dem Gelehrten Max Weber (1898-1919). Aber auch Eberhard Gothein (1904-1923) sei nicht vergessen. Das geistige Erbe Max Webers hat auf sehr eigenwillige und doch verbindliche Weise der jüngere Bruder Alfred Weber in Heidelberg fortgeführt, bereichert und ergänzt.

Lenken wir den Blick noch auf die Medizin, die für Heidelbergs wissenschaftlichen Ruf immer bestimmender wurde. Da ist nach dem Internisten Nikolaus Friedrich, der im 19. Jahrhundert das Klinikum durchsetzen half, jetzt vor allem Ludolf Krehl (1907-1931) für das Gebiet der Inneren Medizin zu nennen. Seinen Namen bewahrt das große Klinikgebäude, das während der Inflation 1919-1922 an der Bergheimer Straße errichtet und eröffnet wurde. Als Neurologe bildete sich Wilhelm Erb heraus, im Fach der Kinderheilkunde vor allem Ernst Moro (1911-1936). Mit Emil Kraepelin (1893-1903) erfaßt man die Psychiatrie und mit Hans von Baeyer (1918-1933) die in einer selbständigen Universitätseinrichtung wirkende Orthopädie. Für Erkenntnisse auf dem Gebiet der Physiologie erhielt Albrecht Kossel 1910 den Nobelpreis. Fünf Jahre zuvor war er dem Heidelberger Physiker Philipp Lenard schon zuteil geworden. Außer diesen beiden sind dann noch weitere sieben Nobelpreise in Medizin und Naturwissenschaften bis heute an Heidelberger Wissenschaftler verliehen worden.

Der welterfahrene Dichter Hermann Kesten hat als PEN-Präsident bei einem Aufenthalt in Heidelberg während der siebziger Jahre Oberbürgermeister Reinhold Zundel eindringlich die unabweisbare Aufgabe vor Augen gestellt, daß Heidelberg mehr denn je gegen seine Legende angehen müsse, wenn es eine gesicherte Zukunft gewinnen wolle. Es war eine Nachtstunde im Brückentor bei Gerd Kalow, in der solche Gedanken ausgesprochen und weitergesponnen wurden: vom Studentennest zur politisch aufgerührten Universitätsstadt, – von den Intrigenzirkeln professoralen Standes zur leidenschaftslosen Wissenschaftsbestätigung nach internationalen Kriterien, – von kleiner Dienstleistung und Handwerksfertigkeit zur elektronischen Erfassung der Geschehnisse und Arbeitsteiligkeit der Fertigungsprozesse, – von der Wandervogelromantik und dem Strohhuttourismus zum vorprogrammierten Erlebnisspektrum und zur ›Package-Tour‹ aus Übersee. Kann das eine Stadt wie diese aushalten? Sprengt sie damit nicht jene Bänder ihres Wesens, von denen sie jahrhundertelang zusammengehalten wurde? Muß sie Anpassung betreiben, wo ihre Individualität doch so eindeutig vorgeprägt ist?

Die Sensibilität für das Moderne im Wesensgemäßen wurde in Heidelberg rechtzeitig geweckt, so daß sich Hermann Kesten nicht zu grämen brauchte, würde er seine Begegnung mit der Stadt noch einmal erneuern. Der Blick aufs Ganze ließe ihn erkennen, daß sich ein neuer Kragen um den alten Mantel legt und daß sich Zellen entwickeln, die junge Kraft ans ergraute Zentrum abzugeben vermögen. Heidelberg kann nicht nur auf ›Alt-Heidelberg‹ beschränkt sein, sonst fehlte ihm die Tragkraft zur Existenz.

Deshalb muß man sich aufmachen, um die Stadt in jenem Kranze zu sehen, den sie sich im Bewußtsein, von der Natur begünstigt und dadurch vor vielen anderen Städten ausgezeichnet zu sein, immer wieder selbst geschaffen hat. Wer immer in solcher Absicht die Altstadt umkreiste, war meist über die Maßen erstaunt, wenn nicht sogar überrascht, selbst dort noch aus historischen Wurzeln kommende Heidelberger Prägekraft vorzufinden, wo allgemein zu vermuten war, daß sich der Umkreis zeitlich und räumlich bereits vom Traditionskern abgelöst haben könnte. Wie die alten Mosaiksteine aus neu zugeschnittenen Feldern herausscheinen, wie sich die Kraftlinien des modernen Alltags zwischen alten Polen immer wieder nach stillen Gesetzen ordnen und wie die Nachbarschaftsbeziehungen unverändert vom pfälzischen Wesen bestimmt werden, das sollte auf einem abschließenden Rundgang mit gesunder Neugier zu entdecken sein.

Rund um Heidelberg

Als Ausgangspunkt: der Darmstädter Hof

Wir beginnen unsere Wanderfahrt rund um die Altstadt an ihrem vordersten Quartier, am ›Darmstädter Hof‹, um das Alte im Neuen und das Neue im Alten zu erfahren.

Das nördlich der Hauptstraße gelegene und vom Bismarckplatz begrenzte Altstadtquartier ›Darmstädter Hof‹ wird nach jenem Hotel genannt, das sich in der zweiten Hälfte des 19. Jahrhunderts am Eingang zur Altstadt entwickelte. Es nahm freilich nur die Eckposition an der Hauptstraße ein und beanspruchte keineswegs die gesamte Quartierfläche. Im leicht geschwungenen Hauptstraßenbogen folgten auf das Hotel noch weitere sechs Anwesen bis zur Fahrtgasse. Die Fahrtgasse zum Neckar hinunter reihten sich kleinere, teilweise ärmliche Häuser an. Als schließlich das ehemalige Hotel ›Darmstädter Hof‹ seine letzte Zweckbestimmung verlor und eine ungenutzte Hausruine zu werden drohte, sah sich Oberbürgermeister Zundel gezwungen, dem Gemeinderat Vorschläge für ein Handeln an diesem markanten Punkt zu unterbreiten.

Einige kleinere Objekte an der Fahrtgassen-Ostseite waren bereits renoviert worden, als im Sommer 1976 der Abbruch des ›Darmstädter Hof‹-Quartiers begann. Es geschah zu einer Zeit, in der man heftig die Pläne zur Umgestaltung der Hauptstraße in einen Fußgängerbereich diskutierte. Nicht zuletzt das Zusammentreffen dieser beiden umwälzenden Baumaßnahmen ließ viele Bürger das Chaos befürchten.

Als Käuferin der Grundstücke und als Bauherrin war eine Tochter der Westdeutschen Landesbank Girozentrale gewonnen worden. Diese beauftragte die beiden ortsansässigen Architekten Gerhard Hauss und Hans-Peter Walla (HWP) mit der Planung und Durchführung des Projekts. Man hatte sich dazu entschließen müssen, die von der Sanierung zu erfassende Bausubstanz bis auf geringe Bauteile zu opfern. Die Bagger mußten ihre radikale, von der schrillen Begleitmusik des öffentlichen Entsetzens begleitete Arbeit verrichten. Man stelle sich vor: Ein Stück Hauptstraße verschwand so auf Nimmerwiedersehen! Und schließlich gähnte anstelle des Altstadtquartiers ein riesiges Loch, in das die Bewohner der umliegenden Häuser wie in einen Abgrund hineinblicken konnten, als am 26. April 1977 der Grundstein gelegt wurde. Der Baubeginn am 15. Mai 1977 stellte dann den eigentlichen Auftakt zur Heidelberger Altstadtsanierung dar.

Stadt und Bauherr hatten sich währenddessen in zähen Verhandlungen mit den Denkmalschutzbehörden auf ein Erneuerungskonzept geeinigt, das die alten Formen in der neuen Architektur wieder sichtbar machen sollte. Diese Übereinkunft diente nicht nur einer optimalen mehrschichtigen Nutzung des Gesamtkomplexes, sondern auch den Intentionen der Stadt, den Beginn des historischen Stadtgebiets nicht aus den überlieferten Formen herauszureißen und ihm dennoch zu einem verbesserten Innenstadt-Wohnwert zu verhelfen.

Es war eine Zeit der Fragen und der Zweifel. Verständlich, denn wer wäre in der Lage gewesen, die an Plänen gewonnene Erkenntnis im Riesengewirr einer solchen Baustelle auf ihren Wahrheitsgehalt zu überprüfen? Man sah nur Armierungseisen und Beton – und man nahm Dimensionen wahr, die aller Altstadtgewohnheit zuwiderzulaufen schienen. Tatsächlich wurde ein völlig neuer ›Untergrund‹ geschaffen, denn das ganze Gebiet mußte bei der gegebenen Innenstadtlage von rückwärts und von unten her erschlossen und versorgt werden. Über eine abgesenkte Fahrspur der Sofienstraße erreicht man inzwischen auf elegante Weise die 700 Abstellplätze, die sich unter dem Quartier befinden.

Über dieser ›Unterwelt‹ wurde die Zweckbestimmung des ›Darmstädter-Hof-Centrums‹ schichtweise konzipiert. Die Erdgeschoßzone blieb den Geschäften des Einzelhandels vorbehalten. Sie konnte sowohl mit dem Basement (Souterrain) als auch mit Flächen im ersten Obergeschoß verbunden werden. Neben einem Kaufhaus verteilen sich fast 50 Einzelhandelsgeschäfte auf 6000 Quadratmeter der für gewerbliche Nutzung vorgesehenen Bereiche. In mehreren Teilen des ›Darmstädter

Hofs‹ wurden bis zum dritten Obergeschoß rund 4500 Quadratmeter Bürofläche geschaffen. Die obersten Zonen – sie reichen bis ins sechste Stockwerk hinauf – blieben dem Wohnen vorbehalten.

Auch als kritischer Betrachter des Projekts muß man zur Kenntnis nehmen, daß im Quartier ›Darmstädter Hof‹ mehr Wohnungen geschaffen wurden, als jemals dort vorhanden waren. Es sind insgesamt 124. Nur fünf davon wurden frei finanziert und demzufolge auch frei vergeben. Bei den anderen 119 Wohnungen handelt es sich um öffentlich geförderte Wohnungen, die nur an Bürger vermietet werden, die über einen Wohnberechtigungsschein nach sozialer Wertung verfügen.

Im Zuge dieser Quartiererneuerung konnte dem Kurfürst-Friedrich-Gymnasium zu einer neuen, mehrfach nutzbaren Turnhalle und der Bevölkerung insgesamt zu einem neuen Hallenschwimmbad verholfen werden. Alle diese Sondereinrichtungen, einschließlich einer Müllsaugzentrale, befinden sich im Eigentum der Stadt.

Die Kritik am ›Darmstädter Hof‹ und am Verfahren der Sanierung, die trotz eines Sozialplans, trotz reiflicher Gemeinderatsüberlegungen und trotz großer Flexibilität der Haupteigentümerin immer wieder leidenschaftlich aufloderte, ist längst verstummt, denn das Projekt wuchs recht harmonisch in den Heidelberger Alltag hinein.

Man muß es sich noch einmal vor Augen halten: Im Jahre 1975 entschloß sich der Gemeinderat zur Sanierung der Altstadt. Er legte durch Beschluß das Sanierungsgebiet 1 zwischen Sofienstraße und Karpfengasse förmlich fest und ließ das Unternehmen mit einigen gezielten Objektsanierungen beginnen. Mit dem ›Darmstädter Hof‹-Quartier nahm sich die Stadt zum ersten Mal ein zusammenhängendes Gebiet vor. Innerhalb eines geschlossenen Immobilienfonds bewältigte die Anlagegesellschaft die mit 138,5 Millionen Mark veranschlagte Bauaufgabe. So kam die Initialzündung für das größere Sanierungsgebiet von 9,5 Hektar, ja für die Altstadt überhaupt zustande.

Nun geht man schon einige Jahre ›mitten durch dieses Ergebnis‹. Wer sich in den auf 1300 Quadratmeter ausgedehnten Geschäftspassagen des ›Darmstädter-Hof-Centrums‹ aufhält, erlebt Großstadt nach Heidelberger Maßstab.

Es ist nichts aus den angestammten Proportionen herausgefallen, es ist auch nichts in hilfloser Mittelmäßigkeit steckengeblieben. Kritische Betrachter bestätigen allerdings: »Man sieht den Kompromiß!« In der Tat besteht der leichte Zweifel, ob der Entschluß zu einer solchen ›Anpassungsarchitektur‹ richtig gewesen war, denn diese Architektur stellte vor den Betonskelettbau historisierende Fassaden in kleinteiligem Raster mit verspielten Einzelformen. Sie konnte zum Beispiel *einer* Hauseinheit drei und mehr unterschiedliche Fassaden zuordnen. War dies nicht Spiegelfechterei? Das Urteil der Zukunft läßt sich nicht vorwegnehmen. Wie immer es einmal um das Jahr 2000 ausfallen möge, es sollte bedenken, daß mit diesem Projekt Skepsis und Fatalismus in der Bürgerschaft überwunden wurden. Nun sah jedermann, daß der Organismus der Altstadt den Wiederbelebungsversuchen standhielt. Insofern gleicht das Quentchen Zaghaftigkeit, das sich im Verzicht auf den demonstrativen zeitgenössischen Architekturausdruck darstellt, einem Abtasten unerprobter Möglichkeiten und wird einmal als ›Zweckarchitektur mit Altstadtharmonie‹ angesehen werden. Daß dabei an ästhetischen Grundwerten festgehalten wurde, die das 19. Jahrhundert einst gutgeheißen hatte, und daß sich die Architekten im konservatorischen Sinne an solchen Traditionsrastern zu orientieren suchten, die vom bestehenden Stadtbild vorgegeben waren, das darf zumindest derjenige ihnen nicht zum Vorwurf machen, der die Gestaltungsprinzipien des Historismus und der ihm verwandten oder verpflichteten Stilformen als besonders human empfindet und ihre prägende Kraft vor allem für Heidelberg hervorhebt.

Zwischen dem alten und dem neuen Bahnhof

Der auf dem ehemaligen Wasserloch des Hafens sich erstreckende Bismarckplatz hat sich den wechselnden Verhältnissen immer wieder neu anpassen müssen. Seine Metamorphosen sind vermutlich noch lange nicht zu Ende, denn vor lauter aktuellen und nicht zu umgehenden Zwischenlösungen, die der Verkehr erheischt, kommt es zu keiner durchgreifenden und (vorerst) endgültigen Gestaltung. Man muß allerdings auch bedenken, daß hier das Oberzentrum Heidelberg gern sein Vorgärtchen behalten möchte, damit auch bei veränderten Bedingungen ein Rest jener Identität bestehen bleibe, die zu Bismarcks Zeiten gültig war.

Wir überqueren diesen aus den Proportionen herausgefallenen Platzbereich in dem Bewußtsein: es ist ›City-Gebiet‹, das uns umgibt. Es finden sich Warenhäuser, Einzelhandelsgeschäfte, Banken und Dienstleistungsbetriebe – wie in jeder anderen Stadt. Nur hin und wieder läßt sich ein Stück des älteren Heidelbergbildes entdecken: bei der vorzüglich restaurierten Dresdner Bank, bei der Deutschen Bank (Palazzo von 1922-24, Architekt Franz Kuhn) und bei der fast unversehrt erhalten gebliebenen Villa des Medizinprofessors Friedreich (1877, Architekt Heinrich Lang), die jetzt das Deutsch-Amerikanische Institut (Amerika-Haus) und Domizil des Heidelberger Kunstvereins ist.

Von Eisenlohrs altem Bahnhof kann man jedoch nichts mehr sehen. An seiner Stelle erhebt sich seit 1961 der ›Mengler-Bau‹, das einzige Hochhaus der Innenstadt, genannt nach seinem Erbauer, dem Darmstädter Architekten Jakob Mengler. Es wurde als städtebaulicher Akzent errichtet, als man sich über die Gestaltung des brachliegenden Bahngeländes klargeworden war.

Wir haben bereits erwähnt, daß der relativ früh – schon 1840 – an die Stadt herangeführte Bahnstrang mit allen seinen Verästelungen bald zum Hindernis für die Stadtentwicklung wurde. Im Vertrauen auf eine rasche Verwirklichung der Planung hob man seit dem Jahre 1904 das Gelände für die neuen Bahnanlagen mehr als 1000 Meter weiter westlich vom alten Standort aus. Durch den Aushub entstand das sagenhafte ›Baggerloch‹, der Riesenspielplatz voller Abenteuer für Tausende von Heidelberger Kindern während vieler Jahre. Bald nach dem Ausbaggern begann man mit dem Tunnelbau unter dem Königstuhl hindurch. Vom Steigerweg beim Bergfriedhof und vom Karlstor aus bohrte man das Bergmassiv an. Nach fünfzehn Monaten, am 29. Oktober 1910, traf man sich tief unter dem Königstuhl. Als im März 1914 der neue Güterbahnhof in Betrieb genommen werden konnte, waren alle Überbrückungen des Baggerlochs fertiggestellt: die 200 Meter lange ›Drei-Bogen-Brücke‹ (inzwischen durch die Montpellierbrücke ohne Bogen ersetzt) und die 70 Meter lange Czernybrücke. Alle weiteren Arbeiten unterbrach der Erste Weltkrieg.

Erst in den dreißiger Jahren wurden die Planungen für den Eisenbahnbau in Heidelberg wieder neu aufgenommen. Vier der damals namhaftesten

Der neue Hauptbahnhof

Städtebauer erhielten staatliche Aufträge zur Entwurfsplanung für das Bahngelände: Paul Bonatz (Stuttgart), Hans Freese (Dresden), German Bestelmeyer (München) und Konstanty Gutschow (Hamburg). Anfang 1939 lagen deren Pläne vor. Erneut vereitelte ein Kriegsausbruch die Aussichten auf Verwirklichung dieses Planungsvorhabens. Dennoch gelang es dem damaligen Oberbürgermeister Dr. Karl Neinhaus, Heidelberg mitten im Krieg in jenen kleinen Kreis ausgewählter Städte zu bringen, für die ein Gesetz über die Neugestaltung deutscher Städte erlassen wurde. Albert Speer, ein Heidelberger, wurde mit der Durchführung der Planungen beauftragt. In Berlin arbeitete man im Büro des Generalbauinspektors für die Reichshauptstadt bis 1943 an den Plänen zur Neugestaltung Heidelbergs. Man folgte im wesentlichen den Gedanken, die Professor Freese entwickelt hatte. Doch dann ging alles im Inferno des Krieges unter.

Es war erstaunlich, daß die Planungen zur Verlegung des Bahnhofs in Heidelberg schon 1950 wieder in Gang kamen. Die Ergebnisse wurden sowohl auf der Internationalen Bauausstellung 1957 in Berlin als auch auf der Weltausstellung in Brüssel 1958 gezeigt. Zu jener Zeit war der neue Heidelberger Hauptbahnhof schon in Betrieb, am 5. Mai 1955 vom ersten Bundespräsidenten Theodor Heuss festlich eröffnet. Mit der Neugestaltung des vormaligen Bahngeländes war man jedoch noch bis zum Ende der sechziger Jahre beschäftigt. Diese Neugestaltung griff im wesentlichen das Grundmuster des Wettbewerbs von 1938-39 auf, indem sie sich zu dem Gedanken einer breiten Verbindungsstraße zwischen Stadtzentrum und neuem Hauptbahnhof bekannte. Sie ersetzte die ehemaligen Bahngleise durch eine Hauptverkehrsstraße – und das alte Übel der Trennung wichtiger Stadtgebiete blieb bestehen. Man kann es ganz einfach sagen: Das Bahngelände von einst heißt jetzt Kurfürstenanlage.

Diese Straße legte man in Verlängerung der früheren Leopoldstraße an. Sie nahm die Trasse der Hauptzufahrtsgleise zum Kopfbahnhof auf, so daß die Nebenbereiche des breiteren Bahnhofsgeländes für die Bebauung genutzt werden konnten. Auf diese Weise entstand zwischen dem ehemaligen Hauptbahnhof und der Bergheimer Straße das Geschäfts- und Bankenviertel um die heutige Poststraße, zur Bahnhofstraße hin jedoch der Trakt der Behördenbauten, der sich an ein kleines Geschäftsgebiet anschließt. Der Bau dieser Behördenhäuser, die nach einheitlichem Raster auf Tiefgaragendecks errichtet wurden, führte den damals zu Gunsten der Universität erhofften Entlastungseffekt für die Altstadt herbei. Finanzamt, Justiz und Zoll waren bis dahin in der Altstadt oder an deren unmittelbarem Rande heimisch gewesen. Diese Tendenz der Behördenverlagerung setzte sich nach 1964/67 noch jenseits des sogenannten Römerkreises fort, denn dort fand sich Platz für das Gesundheitsamt und Landratsamt. Letzteres war als staatliche Oberbehörde vordem über hundert Jahre im Palais Sickingen (Boisserée) ansässig gewesen.

Der von Lärm und Rauch und Ruß erfüllte Bahnhof war einst nicht dazu angetan, ihm besondere architektonische Aufmerksamkeit zuzuwenden. Ihm zeigte man stets die Kehrseiten. In vielen Städten ist das noch heute so. Ein Beispiel für diese Abwendung von der Bahn stellt in Heidelberg das alte Hallenbad dar. Baumeister Franz Kuhn erbaute es 1906 für Zimmermeister Alois Veth; die Stadt erwarb es ein Jahr später aus dessen Konkursmasse. Die von Halbkreisfenstern bestimmte Rückseite des Bads ist durch den Eisenbahnruß der Jahrzehnte, der sich darauf festsetzte, fast schon denkmalschutzwürdig geworden. Immerhin handelt es sich im Innern um ein reines ›Jugendstil‹-Bad, das unter die Seltenheiten gerechnet werden muß. Da es inzwischen stillgelegt wurde, hat sich die Stadt nun um eine angemessene künftige Verwendung zu sorgen. In die Grünanlagen, die sich auf dieser nördlichen Seite der Kurfürstenanlage hinziehen, setzte die Stadt in den Jahren 1963 bis 1966 den Neubau ihrer Stadtbücherei. Dieser nach Plänen der Architekten Johannes Grobe und Karl-Heinz Simm konzipierte Würfel mit Aluminiumhaut gab neben der Bücherei auch der Volkshochschule eine Heimat und entwickelte sich durch sein Raum- und Bücherangebot zu einem Kulturzentrum außerhalb der Altstadt.

Vom Heilbad bis zur neuen Medizin

Über das westliche Bergheimer Gebiet ging die Entwicklung der letzten hundert Jahre mit ziemlicher Heftigkeit hinweg. Abgesehen davon, daß sich die Ludolf-Krehl-Klinik etappenweise immer weiter ausbreitete, so daß nur noch Reste des ehemaligen Botanischen Gartens im Baumbestand zu erkennen sind, setzte sich unmittelbar westlich davon an der Vangerowstraße in den zwanziger Jahren eine kommunale Tendenz durch, die Heidelberg eine Zeitlang in den Kranz der deutschen Heilbäder einfügte. Dies rechtfertigte die von dem Geologieprofessor Wilhelm Salomon-Calvi entdeckte, seit 1913 erbohrte und schließlich 1919 auf 1022 Meter gebrachte Thermalquelle nicht weit vom Neckarufer. Man nannte sie in Werbeprospekten zuerst »die stärkste bis jetzt bekannte Radiumquelle« und rühmte ihre Heilkraft; später pries man Heidelberg als »das radiumsalzreichste Solbad der Welt«. Dazu hieß es erklärend:

»Die Heidelberger Radiumquelle, eine Thermalsole von 27 Grad Celsius, ist eine der wenigen Quellen, die gelöstes Radium enthalten. Bei radiumhaltigen Bädern bildet sich auf der Haut des Badenden ein radioaktiver Niederschlag, der noch wochenlang nachgewiesen werden kann und der durch seine Strahlkraft wirksam bleibt. Bei Trinkkuren werden ähnliche Wirkungen erzielt.«

Das 1928 eröffnete Badehaus verfügte über 40 Badezellen mit allem Zubehör. Es war das ganze Jahr über geöffnet. Noch im Jahre 1938 voll in Betrieb, wurden Bad und Bäder rasch Opfer der Zeitläufte, die in den Krieg hineinführten. Der Quelle wurde nicht mehr jene Pflege und Wartung zuteil, deren sie bedurft hätte. So sackte die Bohrung erst teilweise, dann ganz

in sich zusammen. Zu einer neuerlichen Bohrung konnte sich
nach dem Krieg niemand mehr aufraffen. Zu Beginn der sechziger Jahre gedachte man noch, ein großes Hallenschwimmbad
an jener Stelle zu errichten, dann aber zog man endgültig den
Schlußstrich: Das ehemalige Radium-Solbad-Gebäude wurde
zu einem städtischen Amt umgebaut und erweitert.

Das mit den Daseinsnöten der Menschen im weitesten Sinne
befaßte Ordnungsamt liegt in einer merkwürdig zusammenge-
setzten Nachbarschaft. Ihm gegenüber erhebt sich auf waben-
förmigen Grundrissen die evangelische Lutherkirche mit sechseckigem Zentralraum und sechseckigem Glockenturm. An den
schwach geneigten Hang zum Neckar hin lehnt sich das Boots-
haus der ›Rudergesellschaft Heidelberg von 1898 e.V.‹ an. Nach
Westen erstreckt sich, ebenfalls als unmittelbarer Nachbar des
Amts, das Thermal-Freischwimmbad, dessen Entstehungsge-
schichte wir im Zusammenhang mit den Planungen oberhalb
des Philosophenwegs bereits vernommen haben.

Gegenüber dem Thermalbad reckt sich hinter weit ausladenden Bäumen der rote Sandsteinbau der Wilckensschule beacht-
lich in die Breite. Die Schule wurde nach jenem Oberbürgermeister Dr. Carl Wilckens genannt, der dem aufstrebenden
Heidelberg vor und nach der Jahrhundertwende zu einer angemessenen Infrastruktur zu verhelfen hatte. Zwischen Schule
und Bad führt die Vangerowstraße weiter nach Westen zum
Südbrückenkopf der Ernst-Walz-Brücke. Auf dem Gelände
westlich der Brückenzufahrt, das vordem einmal Meßplatz
war, erhebt sich mit massigem Mauerwerk die im November
1934 geweihte Sankt-Albertus-Kirche.

Als die Ernst-Walz-Brücke im April 1928 der öffentlichen
Benutzung übergeben wurde, befanden sich auf der anderen
Neckarseite nur die Felder und Gärten des früheren Dorfes
Neuenheim. Römerkastell und Römerbad waren der Lage nach
zwar bekannt, doch sonst herrschte dort noch eine durchaus
ländliche Atmosphäre. Dennoch wußte jedermann, der sich in
den Heidelberger Verhältnissen auskannte, schon damals, daß
die neue Brücke in das Hauptentwicklungsgebiet der Stadt hin-
einführte. Das Schicksal des Botanischen Gartens konnte dies
signalisieren, denn es ist eine höchst merkwürdige Sache, daß in
Heidelberg ausgerechnet der Botanische Garten stets Vorreiter

der Stadtentwicklung war. Er hat sich diese Rolle nie ausgesucht, vielmehr wurde sie ihm jedesmal dann aufgedrängt, wenn er dem Expansionsdrang der Stadt bzw. der Universität im Wege stand. Als er schließlich ins Neuenheimer Feld verlegt wurde, hatte für dieses Gebiet längst eine großräumige Planung eingesetzt. Die eine Planung betraf die Universitätserweiterung und stellte ein staatliches Anliegen dar; die andere war städtischer Natur und hatte einen Zentralfriedhof im Auge.

Die staatliche Planung trat erstmals 1912 in einer Denkschrift des Unterrichtsministeriums an den Landtag in Erscheinung. Den Abgeordneten wurden Pläne zur Erweiterung der Universität Heidelberg nördlich des Neckars »für die naturwissenschaftlichen und medizinisch-wissenschaftlichen Institute« vorgelegt. Das rund 20 Hektar große »Terrain der neuen Institute« sollte die Anatomie, die Physiologie, die Psychiatrische Klinik, ferner Chemie, Zoologie, Mineralogie und Geologie sowie nicht zuletzt, im nordwestlichen Teil, den Botanischen Garten aufnehmen. Nur die Botanik hat damals die Planungen in die Wirklichkeit umgesetzt; alles andere wurde vom Ersten Weltkrieg gebremst und aufgeschoben.

Westlich von dieser Universitätserweiterung hatte die Stadt Heidelberg seit 1909 über 25 Hektar Gelände für einen neuen Zentralfriedhof erworben. Die Planungen dafür waren 1912 abgeschlossen; die Eröffnung des Friedhofs wurde für das Jahr 1917 in Aussicht genommen. Auch hier schob sich der Erste Weltkrieg störend zwischen Planung und Verwirklichung. Der heutige Zugang zum Heidelberger Tiergarten stellt nichts anderes als die ehemalige Einfahrt zum Zentralfriedhof dar. Vornehmlich die in den Lazaretten verstorbenen Soldaten des Ersten Weltkriegs wurden dort beigesetzt. Sie sind 1934/35 auf den neu errichteten Ehrenfriedhof im Stadtwald oberhalb des Bergfriedhofs überführt worden.

Einen dritten für Heidelbergs damalige Entwicklung nicht unwichtigen Faktor nehmen wir wahr, wenn wir von der Ernst-Walz-Brücke flußabwärts schauen. Sechshundert Meter unterhalb spannt sich das Stauwehr Wieblingen quer durch den Neckar und bildet mit einer seeartigen Erweiterung des Flusses die Möglichkeit, hier den Neckarkanal abzuzweigen bzw. mit dem Fluß zu verbinden. Dieser Kanal begleitet den größten Teil des Neckar-Unterlaufs zwischen Heidelberg und Mannheim als Schiffahrtsrinne, während von Heidelberg aufwärts der Fluß von den Schiffen direkt befahren wird.

Als sich die Dampfmaschine der Schiffe bemächtigte, erlebte auch der Neckar eine Aufwertung als Wasserstraße. Dampfschlepper arbeiteten sich an einer im Fluß liegenden mächtigen Kette von Mannheim aus aufwärts. Seit 1900 gab es eine Personendampfschiffahrt auf dem Neckar. Dies alles spielte sich im natürlichen Flußlauf ab – mit allen Tücken und Hindernissen und bei allen Launen der Naturgewalten. Erst als ruchbar wurde, man wolle den Neckar kanalisieren, um ihm zu einem gleichmäßigeren Wasserstand zu verhelfen und damit zugleich größeren Schiffen zu öffnen, formierte sich in Heidelberg eine von zahlreichen Professoren angeführte Opposition, die Schlimmes für das Landschaftsbild und insonderheit für die Alte Brücke befürchtete.

1920 wurde »von Reichs wegen« beschlossen, den Neckar von Mannheim bis Plochingen durch den Bau mehrerer Staustufen für 1200-Tonnen-Schleppkähne befahrbar zu machen. Dieses Projekt, wiewohl es nicht nur während der Inflation, sondern die gesamten zwanziger Jahre hindurch für die Arbeitsbeschaffung wichtig war, wurde heftig bekämpft. Man nannte es »die letzte Zerstörung Heidelbergs« und sah darin einen eklatanten »Mißgriff der Reichskanalpolitik«. Es bildete sich ein Ausschuß zum Schutze des Neckartals und der Alten Brücke zu Heidelberg. Er führte vor allem Gründe der Landschaftsästhetik gegen die Stauung des Flusses durch Wehre und Schleusen ins Feld. Diese Argumente hielten vor der Geschichte nicht stand, denn die Neckarkanalisierung brachte der Stadt Heidelberg keine Nachteile im Hinblick auf die romantische Lage am Fluß, im Gegenteil, sie bescherte ihr ein Flußpanorama von großer Eindringlichkeit und bannte zudem noch weitgehend die Hochwassergefahren.

Von 1921 bis 1925 wurde das Wehr Wieblingen, das man von der Ernst-Walz-Brücke aus sehen kann, gebaut. Nach seiner Fertigstellung wurde der Neckar im Stadtgebiet von Heidelberg am 15. Juni 1925 erstmals gestaut. Entgegen den Prophezeiungen der Kritiker wurde die Alte Brücke davon überhaupt nicht beeinträchtigt. Bevor das Wehr mit Schleuse am Karlstor zwischen 1927 und 1929 errichtet wurde, mußte ein Teil der

berüchtigten Neckarfelsen am Hackteufel gesprengt werden.
Die städtischen Erwartungen und natürlich auch jene der Ingenieure und Verkehrsexperten erfüllten sich Zug um Zug. Im
Sommer 1927 traf der Rheindampfer ›Bismarck‹ als erster vor
der Stadthalle ein. Zwei Jahre später, als die Karlstorschleuse
fertiggestellt war, brachte der erste große Schleppzug kurz vor
Weihnachten Getreide für die Herrenmühle. Im Sommer 1935
konnte der Neckar als moderne Schiffahrtsstraße bis Heilbronn
offiziell freigegeben werden.

Die Entwicklung des Nordbrückenkopfs der Ernst-Walz-
Brücke wurde vom Bau eines wissenschaftlichen Instituts eingeleitet, das am 27. Mai 1930 eröffnet wurde. Es war das damalige ›Kaiser-Wilhelm-Institut für Innere Medizin‹, heute ›Max-
Planck-Institut für medizinische Forschung‹ genannt. Es ist das
erste und älteste der Heidelberger Forschungsinstitute außerhalb der Universität. Seine Gründung verdankt man dem weit-
blickenden Internisten Professor Ludolf von Krehl.

*Während der ersten 25 Jahre des Bestehens dieses Instituts waren hier
drei Nobelpreisträger forschend tätig oder gingen gar aus ihm hervor: Otto
Meyerhof (1922), Richard Kuhn (1939) und Walther Bothe (1954). Ge-
mäß der von Krehl vorgegebenen Idee gliederte sich das Institut in vier
Teilbereiche: Physik, Chemie, Physiologie und Pathologie. Aus dem For-
schungsbereich Physik entwickelte sich 1958 das selbständige ›Max-Planck-
Institut für Kernphysik‹ in Heidelberg unter der Leitung von Wolfgang
Gentner. Heute gliedert sich das Institut in die Abteilungen Physiologie,
Molekulare Physik, Molekulare Biologie, Biophysik und Organische
Chemie. Der sachgerecht entwickelte Bau des Instituts – von Hans Freese
(Dresden) geplant – nimmt sich mit seinem satten Klinkermauerwerk ein
wenig landesfremd in der Heidelberger Umgebung aus. Sieht man darüber
jedoch hinweg, so hat man ein gutes Beispiel für das Nachwirken der
Bauhaus-Ideen in der schwierigen Konzeption eines so vielgestaltig struk-
turierten Instituts vor sich.*

Sehr viel jünger, allerdings von gleicher Architekturqualität,
ist das schräg gegenüber inmitten einer repräsentativen Grünfläche mit parkartigem Baumbewuchs 1963 von Professor Wie-
demann (München) errichtete Hauptverwaltungsgebäude der
›Heidelberger Zement A.G.‹ (zuvor ›Portland-Zementwerke
Heidelberg A.G.‹ und noch früher ›Portland-Cement-Werk
Heidelberg, Schifferdecker und Söhne‹ genannt).

Am Neckarkanal

Die ›Portländer‹ können von ihrer Hauptverwaltung noch immer zu jener Stelle jenseits des Neckars hinüberblicken, wo einst die Bergheimer Mühle stand, die der Bierbrauer Johann Philipp Schifferdecker im Jahre 1873 kaufte, um auf ihrem Gelände eine sofort florierende ›Cementfabrik‹ zu betreiben. Damals wurde der Zement in den Drogerien noch pfundweise in Tüten abgefüllt; inzwischen prägt dieser Baustoff die Lebenswelt der Menschen in einer nicht mehr wegzudenkenden Weise. Daß gerade deshalb die Produzenten des Zements ein besonderes moralisches und ästhetisches Vertrauenskonto benötigten, das erkannten die ›Heidelberger‹ rechtzeitig während des großen Baubooms der Nachkriegszeit. Die rund um das Hauptverwaltungsgebäude 1965 arrangierte Ausstellung von Betonplastiken fand weithin ein lebhaftes Echo. Von den damals gezeigten Werken namhafter Künstler zieren jetzt noch drei das Grüngelände. Unmittelbar an der Kreuzung Jahnstraße – Berliner Straße steht der ›Ikarus‹ des in Paris lebenden Künstlers Théo Kerg (geboren 1909), eine statische Form mit blauem Baccaratglas. Beim Aufgang zum Casino sieht man Theobald Haucks (geboren 1902) ›Gewachsene Form‹ und etwas näher zur Straße hin die ›Stele der Tetraeder‹ von Ernst W. Kunz (geboren 1912). Diese von 25 Großplastiken im Freien übriggebliebenen Beispiele verdeutlichen noch immer sehr gut die Versuche der in der unmittelbaren Nachkriegszeit wirkenden Künstler, sich schöpferisch mit dem Baustoff Zement auseinanderzusetzen.

Die Entwicklung westlich der Berliner Straße wurde (abgesehen vom Forschungsinstitut und vom Botanischen Garten) in den dreißiger Jahren vom Bau der Chirurgie eingeleitet. Denn während der Amtszeit von Professor Eugen Enderlen als Direktor der Chirurgischen Klinik (1918-1933) hatte die Entwicklung der Wissenschaft und Technik immer dringender einen Neubau verlangt, der dem Fortschritt in der Chirurgie gerecht werden konnte. 1933, als der siebzigjährige Enderlen sein Amt als Klinikdirektor niederlegte, wurde der erste Spatenstich zur neuen Chirurgischen Klinik getan. Da stand bereits der aus Tübingen berufene Professor Martin Kirschner in der Verantwortung für ein Haus, das er einmal übernehmen sollte. Das Richtfest wurde zwar am 2. Juli 1936 gefeiert, aber erst 1939 war das Klinikum mit seinen 350 Betten aufnahmebereit. Unter normalen Verhältnissen konnte es sich kaum bewähren, denn sogleich wurde es Lazarett.

Was sich in den 25 Jahren des Universitätsbauamts unter der Leitung von Diplomingenieur Ulrich Werkle nach dem Krieg im Neuenheimer Feld an Bauentwicklung abspielte, ist kaum noch zu überblicken. Mit einer Großbaustelle nach der anderen versuchte man Jahr um Jahr der aktuellen Universitätsnöte Herr zu werden. So entstanden längs der Berliner Straße die aufgestelzten Kuben der Pathologie (mit entsprechendem Unterbau), der Zoologie, der Geologie und Mineralogie. Letztere rahmten die schon früher konzipierten Gebäude der Chemie und Mathematik im Nordostteil des Gebiets ein. Südlich an die Botanik legte sich der umfangreiche Komplex der Kinderklinik. Etwa die Mitte des Gesamtgebiets nimmt der aus zwanzig Gebäudeteilen bestehende und nach einem Standardmuster errichtete Komplex der Theoretischen Medizin für sich in Anspruch. An ihn wurde in etwas originellerer Gestaltungsweise die zentrale Mensa angehängt. Nördlich vom Theoretikum befindet sich der eigenwillig geformte Betonbau des Südasieninstituts; westlich davon wird an der ersten Stufe des Großklinikums, der sogenannten ›Kopfklinik‹, gearbeitet. Erst wenn

dieses millionenschwere Bauvorhaben verwirklicht ist, wird es
möglich sein, einen Teil der überalterten Kliniken an der Bergheimer Straße aufzulösen. Nimmt man in die Betrachtung des
Universitätsneubaugebiets noch das Universitätsrechenzen-
trum, die Erweiterungsbauten der Pädagogischen Hochschule
und das Universitätssportgebiet mit dem Hochschulinstitut für
Sport hinzu und vergißt man dabei die nötigen Grundeinrich-
tungen wie zentrales Heizwerk und Versorgungszentrum der
Medizin nicht, dann hat man es mit einem Gebiet zu tun, in
dem die gesamte Altstadt noch einmal unterzubringen wäre.

Um dieses Universitätsgebiet legt sich nach dem Neckar hin
ein Kragen weiterer Einrichtungen mit großem Publikumszu-
spruch. Eine Reitanlage und rote Tennisfelder machen den Anfang. An sie schließt sich der nicht sehr große, aber mittlerweile
hervorragend ausgestattete und außerordentlich lehrreiche Zoo
an, den die Heidelberger weiterhin unbeirrbar Tiergarten nennen. Es folgt das Gebäude der Jugendherberge mit einem
Denkmal für Hans Breuer (1883-1918). Der vor Verdun gefallene Landarzt hat während seiner Studentenzeit in Heidelberg 1906-08 jenes Liederbuch zusammengestellt, das die ältere
Generation noch als Bibel der Wandervögel kennenlernte:
den ›Zupfgeigenhansl‹. In der Grünzone längs des Neckar(kan-
nal)s findet man Sportplätze, das städtische Freischwimmbad
und hinter dem Universitätssportgebiet das Bundesleistungs-
zentrum für Schwimmen, Basketball, Volleyball und Tisch-
tennis.

Von einer Großforschungseinrichtung, die unübersehbar
mitten im neuen Universitätsgebiet steht, obwohl sie mit der
Universität nur durch wissenschaftliche Interessen und einige
lockere Organisationsformen verbunden ist, haben wir noch
nicht gesprochen: vom ›Deutschen Krebsforschungszentrum‹
(DKFZ). Es ist dies im wesentlichen das Werk des Chirurgen
Karl Heinrich Bauer, der 1943 Nachfolger Kirschners geworden war. Noch während seines aktiven Dienstes und erst recht,
nachdem er 1962 die Leitung der Chirurgie an Fritz Lindner
abgegeben hatte, widmete er sich mit äußerster Hartnäckigkeit,
getrieben von mancherlei Erkenntnissen als tiefblickender
Chirurg, der Gründung einer speziellen Krebsforschungsein-
richtung. Er erreichte, daß 1957 die Sondermittel der Deut-

schen Forschungsgemeinschaft für die Krebsforschung nach
Heidelberg gegeben wurden. 1964 rief man die Stiftung Deutsches Krebsforschungszentrum ins Leben. Der große Neubau,
unmittelbar gegenüber der Chirurgie, entstand seit 1968 und
wurde im September 1972 eingeweiht. Mit einem Aufwand
von 81,5 Millionen Mark hatte man zwar kein Architekturbei-
spiel für die Lehrbücher, wohl aber ein Muster klug bewältigter
Raumforderungen geschaffen. Fast tausend Mitarbeiter gehen
hier ihren unterschiedlichen Tätigkeiten nach. Wie sich die Altstadt bequem ins neue Universitätsgebiet stellen ließe, so
könnte man das Bauvolumen des Schlosses zweimal in den
220000 Kubikmetern umbauten Raumes des Krebsforschungs-
zentrums unterbringen.

Als Symbol der Arbeitsbestimmung in jenem mächtigen Gebäude wurde im April 1972 bei einem Brunnenbecken am Eingang eine Metallplastik errichtet, die der Stuttgarter Akademieprofessor Rudolf Hoflehner geschaffen hatte. Hier wurde versucht, den Kampf gegen eine Krankheit plastisch sichtbar zu
machen. Das konnte nur in weitgehender Abstraktion geschehen. Deshalb ist kein Denkmal daraus geworden. Ein solches
Denkmal, das sich mit seiner Auffassung ganz in Gegensatz
zur schöpferischen Bewältigung des Nichtfaßbaren bringt, findet man zweihundert Meter weiter vor der Kinderklinik. Es
stellt überlebensgroß den Arzt Ignaz Philipp Semmelweis
(1818-1865) dar, der in Wien und Budapest wirkte, mit Heidelberg jedoch direkt nichts zu tun hatte. Das von dem Münchner
Künstler Friedrich A. Müller geschaffene Bronzedenkmal
wurde laut Inschrift »auf südostdeutsche Initiative mit Unterstützung des Landes Baden-Württemberg und Spenden aus
Österreich, den USA und der Bundesrepublik im Jahre 1971
errichtet«.

Auch die Kinderklinik hat eine künstlerische Deutung finden
können. Man frage den Pförtner, wo in den Büschen zur Seite
der Klinik die Plastik Henry Moores zu finden sei, die ›Mutter
und Kind‹ darstellt. Das kleine, für Moore dennoch typische
Werk, das auf die freundschaftliche Beziehung des Klinikdirek-
tors, Professor Philipp Bamberger, zu dem Künstler zurückgeht, dürfte ein Probe- oder ein Fehlguß sein, denn auf der
Schulter der Mutter ist noch eine Hand zu erkennen, die wohl

zu dem nicht vorhandenen Vater gehört. In der stillen Idylle geht von dem bescheidenen Bronzewerk ein ergreifender Zauber aus, dem man sich nur schwer entziehen kann. Dennoch ist es schade, die Plastik der Öffentlichkeit so entrückt zu sehen, daß der Hinweis auf sie fast wie ein Geheimtip gegeben werden muß.

Da hat es der robuste Semmelweis, der sich auf hohem Sokkel die Ärmel aufkrempelt, besser. Schnauzbärtig blickt er in die Ferne. Hinter den Gewächshäusern der Botanik kann er die meist im blassen Licht stehenden Hänge des Odenwalds sehen. Wenn die Sonne warm aufs Gebirge scheint, kann man meinen, den Apennin mit seinen hellen Marmorbrüchen vor sich zu haben und nicht die Bergstraßenhänge des Odenwalds. Dieser südliche Charakter täuscht nicht. Seiner Wirklichkeit verdankt man den großen Obst- und Gemüsegarten des Stadtteils Handschuhsheim, dem wir uns mit Blick auf seine weitreichende Vergangenheit zuwenden wollen.

Handschuhsheim und der Heiligenberg

Wie den meisten Gemeinden, die sich an der Bergstraße entlangziehen, so wird auch Handschuhsheim sowohl der Segen der Berghänge als auch jener der Rheinebene zuteil. Wald, Wein und von Fruchtbarkeit überschäumende Gärten rahmten einst das Dorf ganz ein – und sie prägen es auch heute noch, obwohl es eine begehrte Wohnsiedlung wurde, seitdem es in den Heidelberger Stadtverband trat. Diese ›Eingemeindung‹, die die kommunale Selbständigkeit aufhob, wurde zum 1. Januar 1903 vollzogen.

Die 1200-Jahrfeier seines Bestehens hat Handschuhsheim, das im Volksmund ›Hendesse‹ genannt wird, längst hinter sich. Am 22. Juli des Jahres 765 notierte der gewissenhafte Schreiber des Klosters Lorsch ein Geschenk des Franken Sigwin. Er hatte dem Kloster einen Handschuhsheimer Weinberg ›Am Steinsberg‹ vermacht. So ist nicht nur die Existenz der Siedlung am Fuß des Heiligenbergs dokumentiert worden, sondern zugleich auch eine Weinbergslage, wohl eine der ältesten, die wir kennen. Nach über 1200 Jahren wachsen dort immer noch edle Reben.

Es kann kein Zweifel daran bestehen, daß die Siedlung älter als ihre schriftliche Erwähnung ist. Kelten, Germanen, Römer, Alemannen und schließlich die Franken haben den wichtigen Heiligenberg nicht aus dem Auge gelassen. Schon 774 wird in diesem Dorf eine Kirche oder Kapelle des Heiligen Nazarius genannt. Das deutet auf die engsten Beziehungen zu Lorsch hin, denn auch die Lorscher Kirche war neben den beiden Apostelfürsten dem Heiligen Nazarius geweiht. Die Handschuhsheimer Kirche Sankt Nazarius ist der Vorgängerbau der heute vorhandenen Kirche Sankt Vitus und Georg gewesen; Reste davon blieben im unteren Teil des Turmes erhalten. Mit Fug und Recht wird deshalb die Handschuhsheimer Kirche als die älteste Kirche Heidelbergs bezeichnet, denn sie existierte bereits, als von Heidelberg noch keine Rede war.

Die Frühzeit des Dorfes ist nur wenig erhellt. Niemand kann genau sagen, ob die dort ansässigen Ritter dem Dorf den Namen gaben – Anscuesheim, Hanscuesheim – oder ob sie sich nach diesem Ort nannten und von daher den silbernen Handschuh im blauen Wappenfeld führten. Jedenfalls waren die Herren von Handschuhsheim als Ministerialen die Verwalter des hier gelegenen, sicher nicht unerheblichen Lorscher Besitzes. Sie wurden ein vermögendes, angesehenes Geschlecht. Als es aber im Jahr 1600 zur Zeit des Kurfürsten Friedrich IV. nach einem Fest bei Hofe auf dem Marktplatz der Stadt zu einer tätlichen Auseinandersetzung zwischen dem Hofjunker Hans von Handschuhsheim und Friedrich von Hirschhorn kam, wurde der Handschuhsheimer so unglücklich verletzt, daß er an der erlittenen Wunde starb. Mit ihm erlosch das Geschlecht. Der Geschichtsnotar Marcus zum Lamm hat das dramatische Ereignis ausführlich geschildert.

Das Erbe der Handschuhsheimer ging an die Familie von Helmstatt über. Sie führte es bis in die jüngste Zeit hinein fort. Es dokumentierte sich vor allem im Besitz jener Wasserburg, die mitten im Siedlungskern steht und die ihrer Lage und ihres Charakters wegen nicht anders als *Tiefburg* genannt wird. Ein zwölf Meter breiter Graben umgibt sie. Die ringsum geschlossen erhaltene Mauer aus dem 13. und 14. Jahrhundert umfaßt ein Quadrat von etwa dreißig mal dreißig Metern. Über einem rundum in der Mauer erhaltenen Rundbogenfries, der im Innern einen Wehrgang trug, ragen die Zinnen auf. Inmitten des Burghofs steht das wiederaufgebaute und restaurierte Herrenhaus aus dem 14. Jahrhundert. Es ist dreigeschossig und trägt ein einfaches Satteldach. Solche durchaus ländlichen Formen darf man auch beim Kemenatenbau vermuten, der sich im Südwesten an die Mauer anlehnte. Der Palas zog sich an der Ostmauer entlang. Er ragte mit einem teilweise noch vorhandenen spätgotischen Anbau und einem Treppenturm nach Süden aus der Mauer heraus. Der nach Süden vorkragende spätgotische Erker, dessen Erdgeschoßraum von einem Sterngewölbe überzogen wird, diente als Burgkapelle. In jenem Raum stieß der Besitzer im Jahre 1770 auf eine in die Wand eingemauerte geharnischte Gestalt, die auf diese etwas absonderliche Art stehend bestattet worden war. Es läßt sich denken, daß sich die gruseligsten Geschichten im Lauf der Zeit um diesen ›eingemauerten Ritter‹ rankten.

Im Herrenhaus, das mitten im Hof auf einem tonnengewölbten Keller steht, findet man die Ritterstube. Ein an der Außenseite liegender hölzerner Treppenaufgang führt in den Rittersaal, der heute Vereinszimmer ist, und darüber befindet sich das Archiv der Tiefburg.

Wie die benachbarte Stadt Heidelberg, so ist auch das Dorf Handschuhsheim von kriegerischen Ereignissen nicht verschont geblieben. Während des Dreißigjährigen Krieges wurden Burg, Dorf und Gemarkung verwüstet. 1674 erschien Turenne mit französischen Truppen zur Plünderung. 1689, während der Auseinandersetzung des Pfälzischen Erbfolgekriegs, wurde die Tiefburg zerstört. Danach blieb sie sich selbst überlassen, so daß sie langsam verfiel. Erst Raban von Helmstatt sicherte ihren Bestand vor allem dadurch, daß er 1911-13 eine Renovierung und teilweise sogar einen Wiederaufbau durchführen ließ. Im Jahre 1950 wurde die Tiefburg für 33000 Mark an die Stadt Heidelberg verkauft. Diese gab sie dem Stadtteilverein in Obhut.

Am schönsten erlebt man die Tiefburg in ihrer ländlichen Szenerie an Samstagen, wenn auf dem Platz davor der Markt stattfindet. Die Menschen quirlen um die bunten Verkaufsstände. Sie nehmen gar nicht wahr, daß auch die Umgebung außerordentlich reizvoll ins Marktgeschehen hineinwirkt. Die hinter der Tiefburg mit hohem Turm aufragende evangelische Friedenskirche, 1910 erbaut und in Gegenwart des badischen

Großherzogs eingeweiht, schickt ihre Glockenschläge über den Stadtteil hin.

Auf der anderen Seite des Tiefburgplatzes akzentuiert ein heiteres *Schlößchen* mit Treppenturm und Zwiebelhaube den Ortskern. Es steht in der Nordostecke eines schönen öffentlichen Parks, den man in Handschuhsheim den Graham-Garten nennt. Nicht immer blickte das Schlößchen so freundlich mit gelbem Verputz und roten Gewänden aus dem grünen Laub heraus. Lange Zeit kannte man es als graues, arg verbautes Haus, das seine besten Zeiten hinter sich zu haben schien. Dann aber – in den Jahren 1973-74 – ließ es die Stadt Heidelberg mit erheblichem Aufwand und mit Unterstützung durch die Denkmalpflege von Grund auf für die städtische Musik- und Singschule herrichten. Die ursprünglich von Oberbaudirektor Walter Schilling entwickelten Instandsetzungspläne wurden nicht in vollem Umfang verwirklicht. Aber die Stuckdecken des Inneren und die noch erhaltenen Kamine konnten gesichert und restauriert werden.

Eigentlich war das ›Schlößchen‹ ein Landgut, dessen zahlreiche Besitzer dem niederen Adel angehörten. 1783 erwarb der Waisenhausschaffner Karl Franz Josef Rottmann das Besitztum. Er war der Vater jenes Universitätszeichenmeisters Friedrich Rottmann, der die nachmals berühmt gewordenen Romantiker, darunter auch seinen Sohn Carl, mit dem Rüstzeug ihrer Kunst versah. Nach der Familie Uhde besaß das Schlößchen mit seinem Park und seinen Liegenschaften in der Mitte des 19. Jahrhunderts die englische Familie Graham als Sommersitz. Seit 1916 gehört es der Stadt.

Wer auf den geschwungenen Wegen durch den Graham-Garten wandert, wird unwillkürlich von der durch die Bäume sichtbaren *Sankt-Vitus-Kirche* angezogen. Ihr wuchtiger, mit einem kurzen Spitzhelm versehener Turm steht dem Park am nächsten. Nicht nur er, sondern die Kirche insgesamt, die man am besten von Süden aus betrachtet, vermitteln noch heute den Eindruck des Dörflichen. Geduckt, gedrungen, mit tief heruntergezogenem Dach kauert das Gotteshaus inmitten des alten Friedhofs. Es wird von dem trutzigen quadratischen Westturm beherrscht. Daran schließt sich ein Langhaus von drei Achsen an, das schließlich in einem zweiachsigen gotischen Ostchor mit ³/₈-Schluß und Strebepfeilern an den Ecken endet. Die Orientierung der Kirche verläuft jedoch nicht mehr von West nach Ost, sondern von Süd nach Nord. Der gotische Chor wurde dadurch zu einem Nebenraum der Kirche; der Turm flankiert sie nun seitlich. Aber nicht nur deswegen und wegen der langen Geschichte, sondern auch aufgrund der Ausstattung mit mehreren bedeutenden Doppelgrabmälern gehört das Gotteshaus zu den interessantesten weit und breit.

Unter Abt Arnold von Lorsch (1053-57) wurde eine romanische Kirche errichtet, von der noch der Turm in seinem alten Bestand erhalten blieb. Auch die Westwand des südlichen Seitenschiffs und die Nikolauskapelle mit Krypta gehören dieser Zeit an. Schließlich ist ihr der stattliche runde Chorbogen mit seinen altertümlichen Kämpferprofilen zuzurechnen.

Um das Jahr 1200 wurde das Langhaus zu einer dreischiffigen Basilika mit Rundpfeilern und Würfelkapitellen umgewandelt. 1483, in spätgotischer Zeit, kam es zu einem Umbau von Langhaus und Chor. Es entstand anstelle eines bis dahin gerade geschlossenen romanischen Ostchors nun der recht feingliedrige gotische Chor. Zugleich aber wurden auch die nördlichen Arkaden des Langhauses herausgebrochen, weil man neben dem Turm eine Nonnenempore einrichtete, von der aus man zum Altar sehen können mußte. Das Maßwerk und die Rippengewölbe des gotischen Chors wurden um 1629 erneuert.

1933 wurde die Kirche um 90 Grad ›gedreht‹. Der Altar steht nun im Norden. Auch ist die Innenausstattung weitgehend modernisiert, der mittelalterliche Raumeindruck dadurch aber ganz verdrängt.

Dem Chor sollte man sich zuwenden, sobald man die Ausmalung des einstigen südlichen Seitenschiffs, des heutigen Eingangsraums, gesehen hat. Es handelt sich zwar um weitgehend gestörte oder verblaßte Fresken, die mit gemalten Rahmungen versehen waren, doch in den Leibungen der kleinen Fenster erhielten sich die Malereien besser. Es sind Heiligendarstellungen aus der ersten Hälfte des 15.Jahrhunderts, die man mit Wohlgefallen betrachten kann.

Edle Bildhauerkunst fesselt den Betrachter im ehemaligen Chor. Dort stehen sich zwei fast fünf Meter hohe Doppelepitaphe aus der Renaissancezeit gegenüber. Sie sind aus Heilbronner Keuperstein gefertigt, werden aber nicht nur deshalb dem Heilbronner Bildhauer Jakob Müller zugeschrieben.

Das rechte, an der Südwand aufragende Doppelgrabmal wurde zum Gedenken an Heinrich von Handschuhsheim (†1588) und Amal(i)e Beuβer von Ingelheim errichtet. Das in seinem architektonischen Aufbau klar gegliederte Epitaph zeigt die Personen vollplastisch in Lebensgröße unter Arkaden vor glattem Hintergrund. Das Auffallendste an dieser Grabdarstellung besteht darin, daß jede der beiden Figuren noch ein Kind zur Seite hat. Gerade an diesen Kindern – die Mutter hat das Mädchen, der Vater den kleinen Sohn bei sich – kann man die Trachten der Zeit studieren.

Der Grabstein genau gegenüber an der Nordwand ist das Epitaph für diese beiden Kinder: für Hans von Handschuhsheim, der das Opfer des Streits mit dem Hirschhorner auf dem Marktplatz im Jahre 1600 wurde, und für dessen unverheiratete Schwester Barbara, die ein Jahr früher (1599) starb. Der Inschriftentext meldet die Tragik, die oft in der Geschichte waltet, mit der schlichten Feststellung: »Wir beede Geschwistert, die letst geborne des Hendschugsheimer stam(m)en, / Ruhen in der kühlen Erden beysam(m)en.«

Noch ein weiteres Doppelgrabmal im Chor ist sehenswert. Es befindet sich unmittelbar links neben dem Epitaph der Eltern mit den Kindern und stellt in typischer spätgotischer Grabplattenmanier als Halbplastiken Dyther von Handschuhsheim (Hentschusheim), gestorben 1487, und Margreth von Frankenstein, gestorben 1483, unter gekehlten gotischen Bogen dar. Reichhaltige Grabtexte befinden sich zu Häupten der Figuren und sind wie auf gewelltes Pergament geschrieben. Aus der einen der beiden Inschriften erfährt man, daß die Frau nicht hier bestattet wurde, sondern daß sie »ligt zu heidelbergk zu den Barfußen«, also im Barfüßerkloster der Altstadt.

Das bedeutendste Grabmal, das der Fachliteratur manche Ausführung wert war und das auch dem Dehio-Handbuch eine halbe Seite abverlangte, findet man an der Südwand des östlichen Seitenschiffes. Auch hier handelt es sich um ein Doppelgrabmal, das dem Johann von Ingelheim (gestorben 1517) und der Margaretha von Handschuhsheim (gestorben 1500) gewidmet ist. Der Künstler, der in freier Komposition die ausdrucksstarken Figuren vollplastisch auf Konsolen unter einem gewellten, fast halbrunden Giebelband mit Inschrift darstellte, hat seine Signatur an der linken Konsole unter der Rittergestalt hinterlassen. Sie wird M.LSP.VH 1519 gelesen. Es könnte sich um einen Meister L.S. handeln. Dieser wäre ein jüngerer Zeitgenosse Hans Backoffens, der auch in anderen pfälzischen Gemeinden Grabdenkmäler schuf. Kein Zweifel, daß es sich um eine stilgeschichtlich besonders interessante Arbeit handelt, denn der gotische Formenkanon ist noch in vielen Einzelheiten gewahrt, aber es weht gewissermaßen eine andere Luft durch das aus strenger Fassung befreite Werk. Gewand und Rüstung sind bis ins Detail hinein liebevoll studiert und wiedergegeben. Man spürt die bildschnitzerhafte Darstellungsfreude, denn die Figuren, die souverän wie ein Heiliger und eine Madonna behandelt wurden, überzeugen durch ihre plastische Geschlossenheit. Die Helmzier der beiden Wappen zu Häupten der Figuren wuchert wie ein gotisches Altargesprenge über das ganze Bogenfeld hin.

Wenn wir die Kirche Sankt Vitus und Georg, dieses ländliche Gegenstück zur städtischen Peterskirche, verlassen, sollten wir noch etwas über die »liewi Leit von Hendesse« erfahren. Sie sind ein eigenes Völkchen, das manchen Neid und manchen Spott auf sich gezogen hat. So beispielsweise durch den ungefügen Kettenschlepper auf dem Neckar, der sich 1878 erstmals flußaufwärts kämpfte und dabei von Zeit zu Zeit ein schreckliches Geheul hören ließ. Die Handschuhsheimer auf den Feldern, die gerade von der Ankunft eines Wanderzirkus erfahren hatten, hielten das Heulen für Löwengebrüll und eilten heimwärts, um sich gegen das Raubtier zu wappnen. Die Bauersleute brauchten auf den Spott nicht lange zu warten – und auch der Kettenschlepper hatte seinen Namen weg: ›Hendsemer Löb‹.

Generationen von Studenten haben die Hendsemer Wirtschaften ausprobiert, die ›Traube‹, die ›Rose‹, den ›Löwen‹ und wie sie alle hießen, nicht zu vergessen den ›Roten Ochsen‹, der durch seine Wirtin, die ›Tante Felix‹, in der zweiten Hälfte des 19. Jahrhunderts fast legendär wurde. In die noch junge Wirtin, die eigentlich Felicitas Brunner hieß, verliebte sich einst Otto Roquette und widmete ihr ein Lied, das dann um die Welt ging: »Noch ist die schöne, die blühende Zeit, noch sind die Tage der Rosen ...« Über vier Jahrzehnte hat ›Tante Felix‹ als Studentenmutter ein segensreiches Wirken entfaltet.

Mit Verehrung gedenkt man in Handschuhsheim und darüber hinaus des hier 1747 geborenen Johann Michael Rummer, der als Bauernsohn durch Talent zum wohl berühmtesten Ebenisten seiner Zeit aufstieg. Die Einlegekunst in Holz hatte er in England und Polen in all ihren Feinheiten erlernt, doch steigerte er sie zu einer in der Welt nie mehr erreichten Vollendung. Er hat das meiste zum internationalen Ruf der Kabinettmacher-Werkstatt von David Roentgen in Neuwied beigetragen. In den Wirren der Napoleonischen Kriege ging sein meisterliches Wirken unter. Auch seine Lebensspur verlor sich darin. – Sein Zeitgenosse Stephan Gugenmus blieb Handschuhsheim dagegen verbunden. Indem er die mehr als hundert Morgen des ›Schlößchens‹ bewirtschaftete, wies er seinen Landsleuten Wege zu ertragreicherer Landwirtschaft. Er führte den Kleeanbau ein und ging zur Stallfütterung des Viehs über. Auch intensivierte er die Düngung und legte die Grundlagen zum heute noch florierenden Gemüseanbau. Mit der Schrift ›Von dem Ackerbaue des Kurpfälzischen Dorfes Handschuhsheim‹ (1776) erwies er sich als weitblickender und fortschrittlicher Ökonom.

In Handschuhsheim, das damals schon Stadtteil Heidelbergs war, fand in den düstersten Jahren des letzten Krieges der aus dem Beruf gedrängte Redakteur und Politiker der zwanziger Jahre, Dr. Theodor Heuss, seit 1943 Unterschlupf. In einem Häuschen am Kehrweg lebte er ganz in der Stille, um unauffällig zu bleiben. Von hier aus trat er auch wieder ins politische Rampenlicht. Er wurde einer der vier Herausgeber der Heidelberger Rhein-Neckar-Zeitung und übernahm das Kultusministerium jenes Landesgebildes Württemberg-Baden, das damals dem amerikanisch besetzten Teil des Südwestens entsprach. Heuss, der Mitbegründer und Vorsitzende der FDP/DVP, nahm maßgeblichen Einfluß auf die Formung des Grundgesetzes und wurde 1949 der erste Präsident der Bundesrepublik Deutschland. Die wiederaufgebaute Friedrichsbrücke über den Neckar, die er so oft zwischen der Stadt und seinem Domizil am Kehrweg zu überschreiten hatte, weihte er mit einer sehr beziehungsreichen Ansprache ein. Die Heidelberger insgesamt ließen es ihm gegenüber an Dank nicht fehlen: Die Friedrichsbrücke von einst heißt heute Theodor-Heuss-Brücke.

Zurück in den nördlichen Stadtteil! In schöner altertümlicher Weise heißt die Straße, die zum *Heiligenberg* hinauf führt, in ihrem oberen Teil Chaisenweg. Die Pferde vor den Chaisen kamen sicher nur dampfend auf der Bergeshöhe an, denn immerhin mußten sie vom Dorf aus 250 Meter Höhenunterschied mit den Wagen und deren Insassen überwinden. Nach einer

letzten steilen Kurve, die das Heidenloch, eine frühgeschicht-
liche Zisterne, umschlägt, kommen auch heute die Wagen unmittelbar vor den Ruinen des Stephansklosters an. Meist wird
hier der erste Halt eingelegt, weil der bei der Klosterruine errichtete Aussichtsturm zu einem Blick auf die Stadt und das
Neckartal verlockt.

Die beiden Gipfel des Heiligenberges sind unterschiedlich
hoch. Der vordere, der das Stephanskloster trägt, liegt 65 Meter
tiefer als der Hauptgipfel mit der Ruine des Michaelsklosters.
Dessen absolute Höhe wird mit 439,7 Meter angegeben. Dieser
Punkt liegt genau im Mittelschiff der ehemaligen Klosterkirche.

Wer sich auf Schusters Rappen zum Hauptgipfel hinaufbe-
müht, trifft zunächst auf die in den Südhang eiförmig eingebet-
tete Thing- oder Feierstätte, die ein Bauwerk aus dem Beginn
des Dritten Reiches darstellt. Sie wurde am 22. Juni 1935 nach
einjähriger Bauzeit ›eingeweiht‹. Problemlos faßt sie bis zu
8000 Menschen, doch dieser Kapazität entsprechen weder Parkplätze noch Toiletten noch Zufahrtsstraßen im weiteren Umkreis. Deshalb wehrt sich die Stadt Heidelberg, der diese Erbschaft gehört, gegen Veranstaltungen in der Feierstätte, weil die
Begleitumstände der Handschuhsheimer Bevölkerung und die
Folgen dem Wald keinesfalls zugemutet werden können.

Wer mag, kann über die vielen Stufen, die über die drei
Ränge des Thingovals hinwegführen, zum Gipfel des Berges
hinaufsteigen. Der normale Weg führt an der westlichen Seite
des Bauwerks bergauf bis zu einer Stelle, an der er mit einer
scharfen Kehre den inneren keltischen Ringwall durchschnei-
det, um sich oberhalb der Feierstätte in einen Rundweg zu
verwandeln, der sich um den Hauptgipfel herumlegt. Am
Kehrpunkt geht man jedoch besser auf einem Fußweg gerade-
aus weiter. Auch dabei überwindet man den deutlich erkennbaren Ringwall, aber man gelangt so an eine Stelle, an der man
einen Toreinschnitt im inneren Ringwall wahrnehmen kann.

Die aus bürgerschaftlichem Interesse entstandene ›Schutzge-
meinschaft Heiligenberg‹ bemüht sich schon seit etlichen Jahren darum, der Bevölkerung und den vielen auswärtigen Besuchern die Bedeutung dieses Berges und seiner Kulturzeugnisse
nahezubringen; der Erfolg ist mäßig, man könnte fast verzwei-

feln. So sind die Orientierungstafeln, die mit allgemeinver-
ständlichen Hinweisen versehen waren, entweder bis zur Unle-
serlichkeit zerkratzt oder kurzerhand gestohlen worden. In den
bis jetzt frei zugänglichen Ruinen beider Klosterbereiche wurden mit großer Vorliebe und Selbstverständlichkeit immer
wieder Grillfeuer entfacht, so daß die Steine platzten und die
Zerstörung rapide voranschritt. Weder Kontrollen noch Ap-
pelle an die Einsicht nützten viel. Es mußte ein durchgreifendes
Sanierungskonzept gefunden werden, das sich mit Hilfe der
Denkmalschutzbehörden des Landes verwirklichen ließ.

Am Keltentor ist man schon so weit vorgedrungen, daß man
das westliche Mauerwerk des *Michaelsklosters* und vor allem die
beiden Turmstümpfe durch den Buchenwald hindurchleuchten
sieht. Diesen Effekt wollte man immer erreichen; ihn möchte
man rings um die Klosterruine erhalten, damit die topographische Situation und vor allem der Verlauf des inneren Ringwalls
mit seinem Querwall unmittelbar oberhalb der Feierstätte jedermann erkennbar bleibt. Die waldbaulich-landschaftliche
Gestaltung ist nicht unwichtig für das künftige Erscheinungsbild der restaurierten Klosterruine. Die meisten Besucher haben
keine Vorstellung von der kulturellen Bedeutung dieser Anlage und von den geschichtlichen Hintergründen.

*Der Heiligenberg war von der Bronzezeit an kontinuierlich besiedelt.
Die beiden keltischen Ringwälle aus der älteren La-Tène-Zeit (500-250
vor Chr.) umfaßten eine Siedlung mit Häusern und auch Weideflächen für
das Vieh. Für die römische Zeit sind zumindest zwei Tempelanlagen
belegt, und auch die Existenz eines Wachtturms auf der vorderen Kuppe
mit Ausblick auf die Ebene und die Brücke über den Neckar ist nicht
zweifelhaft. Wahrscheinlich haben sich auch die Alemannen den Berg
zunutze gemacht, denn angesichts der Ringwälle konnte er weiterhin als
Fluchtburg dienen. Danach aber tritt eine Lücke in der historischen Erkenntnis ein.*

*Erst das Kloster Lorsch setzte um 870 mit der karolingischen Basilika
wieder stärkere Akzente. Die T-förmig geschlossene Kirche im Typus der
Einhardsbasilika von Steinbach bei Michelstadt war dreischiffig und besaß
drei Apsiden. Als nach dem Jahr 1000 die Zeit der großen Dombauten am
Rhein begann, wurde auch die Basilika auf dem Heiligenberg großzügig
erweitert. Zwei polygonale Türme flankierten nun die Westseite der Klosterkirche. Im Osten wurde die Kirche um den Bereich der Krypta, den*

verlängerten Chorarm und die Hauptapsis vergrößert. Merkwürdigerweise weicht gerade dieser Teil von der West-Ost-Flucht der Kirche mit einem Knick nach Süden ab. Der topographischen Gegebenheiten auf dem Berggipfel wegen konnte sich das Kloster nicht an einer der beiden Längsseiten der Kirche mit dem Kreuzgang anlehnen, sondern mußte vielmehr in der gleichen Achse der Gebäudeentwicklung nach Osten angefügt werden, so daß es nun mit seinem Kreuzgang Chor und Apsiden der Kirche einschließt. Da dem Kreuzgang auf diese Weise eine wichtige Seite verlorenging, knüpfen sich Spekulationen an die mögliche Ersatzfunktion eines im südlichen Kreuzgangflügel liegenden, zum Kreuzgang hin offenen Raums, der als Vorläufer eines Kapitelsaals angesehen werden könnte.

Weil der Heiligenberg seine Geheimnisse nicht freiwillig preisgab, haben ihn seit mehr als hundert Jahren immer wieder Schatzgräber und Amateurarchäologen heimgesucht. Sie zerstörten mehr als sie fanden. Auf jene zwölf silbernen Apostelfiguren ist bis jetzt keiner gestoßen, obwohl die Volksmeinung immer noch wahrhaben will, daß sie im Klosterbereich vergraben seien. Seit 1978 ist eine große durchgreifende Restaurierung im Gange. Sie wurde im Schwerpunktprogramm der Landesdenkmalpflege für die erste Periode mit 1,8 Millionen Mark finanziell verankert.

Zuvor hatte die Stadt Heidelberg schon einmal einen energischen Anlauf zur Sicherung des Bestands unternommen. Nach Plänen von Oberbaudirektor Walter Schilling wurde dem nördlichen der beiden Westtürme ein Betonkern zur Festigung gegeben, um den herum man das Mauerwerk aus Sandstein wieder aufführen konnte.

Nachdem der südliche der beiden Türme 1976/77 auseinandergebrochen war, mußte die jüngste Instandsetzungsperiode mit der Wiederaufrichtung dieses Turmes und der gesamten Westfront beginnen. Der leitende Architekt Bert Burger wählte das historische Verfahren und ließ den Turm auf einem betonierten Ringanker als zweischaliges Sandsteinmauerwerk aufführen. Der Turmstumpf ist jetzt 2,50 Meter höher als zuvor, kann aber als Aussichtsplattform für den Überblick über den gesamten westlichen Teil der Klosterruine benutzt werden. Von dort aus sieht man vor allem auf das sogenannte ›Paradies‹, das sich als rechteckiger Rahmen vor die Westfassade der Klosterkirche legt.

Der Heiligenberg über Neuenheim

Auch jüngste Ausgrabungen haben keinen Aufschluß in der Frage bringen können, welchen Verwendungszweck dieser Gebäudeteil vor der Westfront gehabt haben könnte. Zwölf Bauphasen wurden festgestellt; keine war ganz abgeschlossen. Hat es sich um einen ›Pilgerhof‹ oder vielleicht sogar um ein Paradies gehandelt? Dieser Annahme widerspricht aber, daß zwischen 1000 und 1200 an diesem Ort Tote bestattet wurden. Im Herbst 1981 begann die Instandsetzung der nahezu gänzlich zerfallenen Westkrypta, eines schmal-rechteckigen Raumes zwischen den Fundamenten der beiden Westtürme. Man rang sich dazu durch, nach alter Weise wieder Kreuzgratgewölbe einzuziehen, um den ursprünglichen Raumeindruck wiedergeben zu können. Dieses Vorhaben ist tatsächlich gelungen, so daß man den einstigen Sakralraum als ein abgeschlossenes Lapidarium wird nutzen können.

So tastet sich die Instandsetzung, begleitet von archäologischen Untersuchungen, weiter nach Osten vor. Es werden noch einige Jahre vergehen, bis man das Wunschziel einer würdigen, geschützten und dem Ruf Heidelbergs angemessenen Gesamtanlage erreicht haben wird. Der Gemeinderat der Stadt hat keinen Zweifel daran gelassen, daß er entschlossen ist, dem Zerstörungsprozeß Einhalt zu gebieten und der Plünderungswut den Kampf anzusagen. Wie nötig Wachsamkeit und Konsequenz in dieser Hinsicht sind, möge der Text jener Tafel verdeutlichen, die sich im Abgang zur Ostkrypta befindet.

»Dieses Grab des Heiligen Friedrich von Hirsau war im letzten Jahrhundert das bevorzugte Ziel von Schatzgräbern, die hier die sagenhaften zwölf silbernen Apostel suchten ... Bei der großen Ausgrabungskampagne im Jahre 1886/87 fand man das Grab bis in die Tiefe von zwei Metern durchwühlt. Die Umrandung, ursprünglich aus dem anstehenden Fels herausgehauen, war teilweise gesprengt. Bis gegen 1970 konnte das Grab offen gezeigt werden. Wegen neuerlicher Beschädigungen, besonders durch Lagerfeuer, wurde das Felsengrab vorläufig zugemauert. Bitte betrachten Sie die Stätte mit der gebührenden Zurückhaltung. Niemand wird sie durch Verunehrung schänden. Es ist das einzige bekannte Grab eines allgemein verehrten Heiligen auf Heidelberger Boden.«

Das kleine *Stephanskloster* tritt gegenüber dem Michaelskloster wie eine Eremitage bescheiden zurück. Auch dieses T-förmig mit drei Apsiden geschlossene Klosterkirchlein verfügt über ein interessantes Grab. Die Kirche, eine Säulenbasilika, wurde 1090 durch Propst Arnold von Sankt Michael errichtet. Südlich anschließend wurde ein kleiner U-förmiger Klosterbau angefügt.

Im Mittelschiff der Klosterkirche fand man 1932 während der Freilegung der Klosterreste eine Grabplatte. Das Original wurde in Sicherheit gebracht und eine Kopie an dessen Stelle gesetzt. Der lateinische Text ergab in der Übersetzung folgende Aussage: ›Hazecha, die Gemahlin Ricfrieds, die den Wunsch hatte, hier begraben zu werden, trat alle ihre Habe diesem Hause ab. Die Klosterinsassen mögen ihres Todes gedenken, auf daß sie beim ewigen Gott lebe. Hazecha starb am 24. November.‹

Das Todesjahr der hier Bestatteten ist unbekannt. Es wird wohl bald nach 1100 gewesen sein. Einer der weltlichen Wohltäter, so sagt eine Informationstafel in den Ruinen, sei ein Ritter Ricfried gewesen. Er werde auch als Zeuge auf der Gründungsurkunde des Klosters von 1090 erwähnt. Da nur seine Gemahlin Hazecha auf der Grabplatte erscheint, muß der Ritter Ricfried fern der Heimat verstorben sein. Der Lorscher Codex berichtet, daß einige Wohltäter des Stephansklosters um 1096 zum ersten Kreuzzug aufbrachen und für den Fall ihres Todes ihren Besitz dem Kloster vermachten. Da sich Ricfried wahrscheinlich dabei befand, wäre er der einzige mit Namen bekannte Teilnehmer am ersten Kreuzzug aus dieser Gegend. So verkündet es die Hinweistafel.

Kein Heiligenbergbesucher wird versäumen, den vom Verschönerungsverein Neuenheim und Freunden aus der Umgebung 1885 errichteten Turm beim Stephanskloster zu besteigen. Weil er im Stil der Burgenromantik jener Jahre erbaut wurde, verfügt er über einen bastionsartigen Unterbau, der eine Aussichtsterrasse und den weiter aufsteigenden Rundturm trägt. Man kann sich mit dem Blick von der Terrasse bescheiden oder aber über sechzig Stufen einer Wendeltreppe weiter hinauf zur Turmkrone steigen, wo sich eine überdimensionale Wetterfahne dreht. Der Blick von den Turmzinnen ist noch faszinierender als jener vom Aussichtspodest, doch so oder so lohnt sich der Versuch, auf Heidelberg hinunterzuschauen.

Dem Turm gegenüber erhebt sich der Königstuhl. Nirgendwo kann man so eindringlich die Massigkeit dieses Gebirgsstocks wahrnehmen wie von der Nachbarschaft des vorderen Heiligenbergs aus, die immerhin mit 375 Metern vermessen ist. Um so schluchtartiger wirkt das tief eingeschnittene Neckartal mit der Alten Brücke. Auch auf das Gebiet des Schlosses schaut man wie ein kreisender Vogel hinab. Da liegt der Stückgarten gleich einem Tableau, von kugeligen Bäumen bestanden. Hohl ragen die Schloßtrümmer auf. Doch der ›Hortus Palatinus‹ präsentiert sich wie ein Plan, gerade so, als habe ihn Salomon de Caus in die geebnete Landschaft gezeichnet. Die schnurgerade technische Linie der Bergbahn führt hinan zur Molkenkur, die nun mit einem hellen Gebäude wieder freundlich zum Heiligenberg herüberleuchtet.

Auf beiden Seiten des Neckartals

Mit dem *Russenstein* auf dem nördlichen Neckarufer verband sich bis zum Jahre 1975 die Vorstellung der Heidelberger, daß dort die Stadtgemarkung Heidelberg zu Ende sei und die Nachbargemarkung Ziegelhausen beginne. Ziegelhausen wurde eingemeindet – und der Russenstein ist jetzt nichts anderes als eine mehr oder weniger beachtete Erinnerungstafel an ein tragisches Ereignis.

Als im Jahr 1815 der russische Zar Alexander während des Krieges gegen Napoleon in Heidelberg Quartier nahm, wohnte er – wir hörten es schon – jenseits des Neckars beim Karlstor

im Prestinarischen Hause. Die ihn begleitenden Großfürsten
Michaila Pawlowitsch und Nikolaf Pawlowitsch hatten auf der
nördlichen Neckarseite im ›Haarlaß‹ Quartier genommen. Ihr
Kutscher ertrank beim Pferdetränken im Neckar. Der Gedenkstein drückt das recht poetisch aus:

> *Hier starb im Dienste seines Herrn,*
> *der mit der Russen Heeresbann*
> *gezogen war aus weiter Fern,*
> *ein treuer Knecht, ein stiller Mann.*

> *Theodor Joseph Pernewitsch, Kutscher des Großfürsten*
> *Michail, ertrank am 22. Juni 1815.*

Dieser Punkt gewährt einen reizvollen Ausblick nach Osten
ins Neckartal. Gerade voraus liegt der Gebäudekomplex des
›Haarlaß‹ und darüber, genau auf dem runden Rücken eines Hü-
gels, erhebt sich die Benediktinerabtei Neuburg. Der *Haarlaß*,
ein Hotel mit Gaststätte und Café, war ursprünglich die Ziegelei des Klosters, wie denn die ganze Gegend günstige Voraussetzungen für das Ziegelbrennen lieferte. Nicht zuletzt der
Ortsname Ziegelhausen beweist es. Der ›Haarlaß‹, der seinen
Namen von einer Familie hat, die das Anwesen schon im
14. Jahrhundert in Erbpacht besaß, stellte das ›Untere Ziegelhaus‹ dar. Das ›Obere Ziegelhaus‹ gehörte dem Kloster Schönau und befand sich im Ortsteil von Ziegelhausen östlich der
katholischen Kirche. Vom ursprünglichen Anwesen ›Haarlaß‹
ist so gut wie nichts mehr vorhanden. Als es im frühen 19. Jahrhundert in eine Gerberei umgewandelt wurde, beseitigte man
den alten Gebäudebestand oder veränderte ihn stark. Von dieser Gerberei kam Heidelbergs verdienter Erster Bürgermeister
(Oberbürgermeister) Jakob Wilhelm Speyerer.

Noch eine Episode verbindet sich mit dem ›Haarlaß‹: die
sommerlichen Freilichtspiele, die der jüdische Regisseur Walter
Jensen (eigentlich Walter Jacob) in den Jahren 1930 bis 1933
dort veranstaltete, als er beim Theater der Stadt Heidelberg
entlassen war und die anderen arbeitslosen Künstler um sich
scharte. Es war ein verzweifelter Existenzkampf der Mimen,
der sich auf dieser Naturbühne abspielte: von Hans Sachs bis
Carl Zuckmayer, von Heinrich von Kleist bis Ludwig Anzen-
gruber reichte das Repertoire.

VIII

AUSGANG DES NECKARTALS BEI HEIDELBERG

Aquarell von Heinz Michel
1969

Nach dem Guckkasten sind drei Wege genannt, die nicht weit von diesem Blickpunkt verlaufen. Und tatsächlich – wie aus einem Guckkasten blickt man auf Heidelberg und den Ausgang des Neckartals vom 220 Meter hoch gelegenen Büchsenackerköpfle bei Ziegelhausen hinaus. Ein Wanderparkplatz mit Ruhebänken, eine Omnibus-Endhaltestelle, ein Sport- und Erholungszentrum, Übungsplätze und ein Trimmpfad sorgen dafür, daß hier immer reges Leben herrscht. Jeder, der vorbeikommt, weiß sich an diesem Ausblick zu erfreuen, denn die Heidelberger sind stolz darauf, ihre Stadt im attraktiven Landschaftsrahmen immer wieder neu zu erleben. Stiftsbuckel heißt der Wald, der hier die Perspektive rahmt. Sein Name weist auf die Benediktinerabtei Stift Neuburg hin, die sich seitab unterhalb über einen Hügel des Neckartals streckt. Hier oben auf dem Köpfel aber, wo die Osthänge des Heiligenbergs auslaufen, wird der Blick so frei, daß man die Konturen des Königstuhls und des Gaisbergs auf der anderen Seite des Neckars erfaßt. Da sieht man nun, wie die alte Stadt den Talgrund ausfüllt, wie sie in den schmalen Raum zwischen Berglehne und Uferrand hineinkriecht und wie sie in ihrer abgerückten Lage mit Steg und Brücke Verbindungen schafft. Dahinter aber dehnt sich die Rheinebene aus. Sie ist längst von der Stadt erobert worden. So kann der Blick vom Köpfel Ursprung und Entwicklung in einem erfassen.

Es ist nur ein Katzensprung vom ›Haarlaß‹ hinauf zum *Stift Neuburg*. Bevor man den Stiftsweg hinter sich bringt, kommt man an dem Häuschen vorbei, in dem der Maler Will Sohl viele Jahre lebte und arbeitete. Aber dann führt die Straße direkt auf den Klostereingang zu. Seit 1926 erklingt hier wieder das Gotteslob der Benediktinermönche. Sie kamen aus Beuron, um das alte Kloster neu zu besiedeln.

Im Jahre 1130 war die Zelle Neuburg unter Abt Diemo von Lorsch gegründet worden. Der Edelfreie Anselm hatte sie gestiftet. Deshalb liegt die Annahme nahe, daß das Kloster an die Stelle einer Burg, der Niwenburg, trat. Die Kirche, die in ihrem Kern auf ein Bauwerk um 1300 zurückgeht, wurde dem Apostel Bartholomäus geweiht. 1195 wurde das Kloster Neuburg in ein Frauenkloster umgewandelt. 1303 drang das benachbarte Kloster Schönau darauf, daß die Nonnen von Neuburg die Zisterzienser-Ordensregeln annähmen. Noch heute erinnert die Kirche des Klosters mit ihren schlichten Formen an eine Zisterzienser-Nonnenkirche der gotischen Zeit. Mitte des 16. Jahrhunderts öffnete sich das Kloster unter der Äbtissin Brigitta, einer Schwester des Kurfürsten Friedrich III. (des Frommen), der Reformation. Es wurde 1562 aufgelöst und in ein adliges Fräuleinstift umgewandelt. Vorübergehend besaßen es auch die Jesuiten, die es 1706 von Kurfürst Johann Wilhelm erhalten hatten. Im Jahre 1825 erwarb es dann der Frankfurter Rat Johann Friedrich Heinrich (›Fritz‹) Schlosser und richtete hier eine der ersten bedeutenden Goethe-Gedenkstätten ein.

Der mit seiner Frau Sophie du Fay zum Katholizismus konvertierte Schriftsteller Schlosser war vor allem ein Freund der Nazarener und ein emsiger Vermehrer des von ihm ins Leben gerufenen Goethemuseums im Stift. Von Sophie Schlosser kam der Besitz im Erbgang an die Familie von Bernus und wurde unter Alexander von Bernus erneut zu einem Zentrum geistig interessierter Menschen. Dieser Besitzer des Stifts bis 1926 widmete sein Leben vor allem dem Thema ›Alchemie und Heilkunst‹. Er wurde Mitglied der Theosophischen Gesellschaft und trat in engen Kontakt zu dem Anthroposophen Rudolf Steiner. Fast wäre die Freie Hochschule für Geisteswissenschaft (Goetheanum) nicht in Dornach in der Schweiz, sondern beim Stift Neuburg errichtet worden. Alexander von Bernus hätte einen Teil seines Besitzes dafür zur Verfügung gestellt. Für ihn wurde die Alchemie – etwa in der geistigen Nachfolge der

Rosenkreuzer-Gesellschaft – zu einer Weltanschauung. Er betrieb sein Forschen und Suchen im dynamisch-spirituellen Sinne und brachte sich damit in Gegensatz zur modernen Naturwissenschaft. In seinem spagyrischen Soluna entwickelte er Heilmittel. Dieses Laboratorium wurde erst nach Stuttgart und dann nach Donaumünster verlegt. Dort ist Alexander von Bernus im Jahre 1965, 85 Jahre alt, gestorben.

Schon mit jungen Jahren unterhielt Alexander von Bernus einen Literaturkreis auf Stift Neuburg. Seit 1902/03 weilte er in München. Er wurde dort Mitherausgeber der Zeitschrift ›Freistatt‹. Auch schrieb er Gedichte und gründete 1907 die ›Schwabinger Schattenspiele‹. 1908 wurde er Besitzer von Stift Neuburg. Dort lebte er vorwiegend im Sommer, während er sich im Winter in München aufhielt. Erst der Tod seines Sohnes veranlaßte ihn, sich okkulten Studien hinzugeben. Dennoch hat er viele Zeugnisse eines reichen literarischen Schaffens hinterlassen.

Von Alexander von Bernus kauften die Beuroner Mönche das Kloster zurück. Erster Abt des wiederbelebten Benediktinerklosters im Neckartal wurde Adalbert von Neipperg. Er stammte aus einer im nahen Kraichgau ansässigen Adelsfamilie und leitete das Kloster vom 9. Mai 1929 bis zum 12. März 1934. Freiwillig trat er zurück und begab sich in den Konvent zu Seckau in der Steiermark, um sich dem Nationalsozialismus zu entziehen. Dort blieb er bis zum Herbst 1938 und überschritt dann abermals die Grenze, um bei einem Vetter in Windisch Feistritz Unterschlupf zu finden. Bei Kriegsende geriet er in Slowenien in Gefangenschaft und erlitt bis 1948 ein Martyrium. Am Tag vor Heiligabend wurde er ermordet. Eine Gedenktafel in der Abteikirche von Neuburg bewahrt das Gedächtnis an diesen standhaften und treuen Diener Gottes.

Die Benediktiner von Neuburg wurden während der letzten fünfzig Jahre zu guten Nachbarn Heidelbergs. Ihre aus langer Tradition des Christentums stammende Geistigkeit möchte heute niemand mehr im Heidelberger Kulturleben missen.

Ein schöner Fußweg führt außerhalb der Klostermauer am Sonnenhang des Neckartals zum östlichen Teil des Klosterkomplexes. Dort leitet eine Treppe aufwärts zur Kirche. Mächtige Grabplatten aus Sandstein wurden an der Mauer befestigt. Das Portal umgeben neun Wappen von Adelsgeschlechtern aus dem weiteren Umkreis. Wer die von Rudolf Steinbach erweiterte, sehr modern ausgestattete Klosterkirche mit der flachen Holzdecke und einem nördlichen Seitenschiff wieder verlassen hat, erfreut sich auf der Terrasse eines schönen Blicks in das Neckartal.

Die Neuburger Mönche waren seit der Wiedergründung ihres Klosters bemüht, dem Konvent eine tragfähige wirtschaftliche Grundlage zu geben. Nicht nur, daß an den alten Konventbau ein ansprechender Neubau angefügt wurde, es ließ sich auch ein Wirtschaftsbezirk aufbauen, der in vielen Teilen vorbildlich und musterhaft genannt werden kann. Nicht allein landwirtschaftlich wird seit langem gewirkt, sondern auch gärtnerisch. Das Kloster verfügt über eine der bedeutendsten Efeu-Zuchten weit und breit.

Die Ziegelhäuser werden heute noch bisweilen die ›Bleichsüchtigen‹ genannt, denn nicht das Ziegelbrennerhandwerk erhielt sich bis in unsere Tage, sondern die Wäscherei-Tradition. Mit viel Quellwasser beschenkt und mit Wiesenhängen ausgestattet, konnte *Ziegelhausen* zur Waschküche der Umgebung werden. Es gibt noch Wäschereien in diesem Stadtteil, aber gebleicht wird schon lange nicht mehr. Wo sollte man dies auch tun? Ziegelhausen hat in besonders penetranter Weise seine eigene Umgebung aufgezehrt, indem es sich wuchernd über alle Hänge und bis in die steilsten Lagen hinein ausbreitete. Nur der Wald konnte dieser Expansion Einhalt gebieten. Doch im städtebaulichen Sinne ist der ehemaligen Heidelberger Nachbargemeinde dieser Wachstumsprozeß nicht gut bekommen. Es zeigt sich ein Konglomerat von Ein- und Zweifamilienhäusern, dessen Regellosigkeit jedem Betrachter den unbedachten Landschaftsverbrauch erst richtig bewußt macht. Doch schön ist noch die Umgebung, etwa das nördlich von Kloster Neuburg gelegene Mausbachtal. Dieses und auch das Kloster selbst hat Wilhelm Trübner, der stets von Farben erregte Heidelberger Maler, gar oft in Bildern festgehalten.

Für die zweite Hälfte des 19. Jahrhunderts sind in Heidelberg drei Maler von Bedeutung. Unter ihnen hat Anselm Feuerbach (1829-1880), der in der Nachbarstadt Speyer geboren wurde, nur deshalb eine Beziehung zu Heidelberg, weil seine Stiefmutter Henriette Heydenreich ihren Wohnsitz hier nahm. In die Stadt am Neckar kehrte Anselm immer wieder zurück:

»Ans grüne Plätzchen an der Efeuwand...« 1855 begab er sich von hier aus mit Viktor von Scheffel auf eine Italienreise. 1875 weilte er zum letzten Mal in Heidelberg im Haus Theaterstraße 11. Er fragte sich voller Zweifel: *»Heidelberg war ein Vierteljahrhundert unsere Heimat. Haben wir wohlgetan, das alles zu verlassen?«* Henriette Feuerbach zog auf ihre alten Tage nach Nürnberg um. Aber ihr Bild, gemalt von Anselm, ist in Heidelberg geblieben.

Wilhelm Trübner, Sohn eines Heidelberger Goldschmieds, wurde Anselm Feuerbachs Kunstjünger. Aber der Jüngere hatte einen weiten Weg der Entwicklung zu gehen. Er war nicht frei von Irrtümern und Fehleinschätzungen. Letztlich aber setzte sich die von Anfang an erkennbare eminente malerische Begabung durch. Mit bestechenden Porträts begann sein künstlerisches Wirken. Die Farbe, das sah man sofort, war sein gestalterisches Element. Die malerische Wahrheit, die künstlerische Ehrlichkeit erhob er zu seinem Gestaltungsprinzip. Der Gegenstand interessierte ihn nur in minderem Maße, wenn ihn die Farbe faszinieren konnte. Die Nacheiferung Feuerbachs stand dazu im Kontrast. Deshalb war es gut, daß er mit der Landschaftsmalerei wieder zu sich selbst zurückfand. Als Karlsruher Akademiedirektor schuf er zwar hochgeschätzte Reiterporträts, doch bestimmend für seine bleibende Wirkung wurden die Landschaftsbilder der Spätzeit, zu denen die Motive aus der Heidelberger Umgebung gehörten. Grün in Grün, durchsetzt mit Blau, – das ist seine Palette, die nur in Verhaltenheit Gelb und Rot einzusetzen pflegt. Der breite Pinselstrich gemahnt an die Maltechnik der Impressionisten. Immer wieder wird Wilhelm Trübner auch als ein Impressionist bezeichnet. Doch im Unterschied zu den wirklichen Impressionisten löst Trübner die Form nicht auf. Doch ist er mindestens so empfänglich für die Wirkung von Farbe und Licht wie jene Maler, die nur noch auf deren Wiedergabe ausgingen.

Der dritte Maler überlebte sich selbst und sein Schaffen. Es war der 1819 in Heidelberg geborene Carl Happel. Er starb im Alter von 95 Jahren 1914 in Stuttgart, nahezu erblindet und von den Zeitgenossen schon vergessen. Als erster deutscher Maler kehrte Carl Happel den Trend um: Er kam nicht von Übersee, um Heidelberg zu sehen, sondern er verließ Heidelberg, um Amerika kennenzulernen. Sieben Jahre, von 1860 bis 1867, lebte er in den Vereinigten Staaten. Viele seiner Bilder geben Motive aus Nordamerika wieder und sind deshalb vor allem in den Vereinigten Staaten sehr geschätzt. Nach der Ausbildung in Mannheim hatte Happel in München Carl Spitzweg kennengelernt. Von ihm nahm er viel an. In seinen Landschaften, Genrebildern und Porträts schimmert immer wieder der romantisch verklärte Realismus durch.

In das 19.Jahrhundert gehört auch jene Episode, die noch heute gern erzählt wird und die in ganz anderem Zusammenhang sogar zu literarischer Bekanntheit gedieh: der Schuß von der Kanzel! In Ziegelhausen stellte sich das Ereignis recht harmlos dar. In der von viel Humor durchwirkten Novelle Conrad Ferdinand Meyers geht es allerdings um ein historisch und psychologisch sehr viel anspruchsvolleres Thema.

Hierzulande ist der Akteur mit der Pistole jener Pfarrer Christoph Schmezer aus Ziegelhausen gewesen, den man in der Runde trinkfester Männer um Ludwig Häusser und Joseph Viktor von Scheffel den ›Augur von Tigelinum‹ nannte. In einem Zimmer des früheren Museumsbaues am Ludwigsplatz, aber auch im ›Holländer Hof‹ fand sich dieser Kreis zusammen, der sich zuerst ›Engerer Ausschuß‹ nannte. In dieser geschlossenen Gesellschaft entzogen sich die Freunde Häussers der widerwärtigen Belauerung durch die Reaktion nach den Revolutionsjahren von 1848/49. Die Mitglieder des ›Engeren‹ (wie der Stamm der Freunde bald vereinfachend genannt wurde) parodierten humorvoll die parlamentarischen Formen bei ihren Zusammenkünften, wenn sie den Mittwoch in den Donnerstag verlängerten. An einem Herbstsamstag waren die trinkfesten Gesellen wieder einmal im ›Holländer Hof‹ an der Alten Brücke beisammen. Schmezer hatte zuvor jedoch ein Kinderpistölchen erworben, mit dem sein Sohn bei der Weinlese am Büchsenackerhang Freudenschüsse abgeben sollte. Weil aber zu der Zeit ein entsprungener Sträfling unterwegs war, lud der Eisenhändler dem Pistölchen ein Zündhütlein auf, damit sich der Herr Pfarrer beim Zusammentreffen mit dem Sträfling unverzüglich zur Wehr setzen könne. Schon wegen des Pistolenkaufs hätte man Schmezer mit den Worten des Dichters zurufen mögen: »Pfannenstiel, dein Vorhaben entbehrt der Vernunft!« Gleichwohl: Schmezer begab sich zum Herrenabend und übernachtete, vom Wein beschwert, auf einem Sofa. Als ihn der helle Tag weckte, war es längst Zeit zum Gottesdienst. Der Pfarrer erreichte die Kirche gerade noch rechtzeitig, um in den Talar zu schlüpfen und das Versäumnis nicht merken zu lassen. Es heißt, er habe an diesem Sonntag den Ziegelhäusern davon gepredigt, wie Jesaja Gottes Herrlichkeit sah: »Und einer rief zum anderen und sprach: Heilig, heilig, heilig ist der Herr

Zebaoth, alle Lande sind seiner Ehre voll! Daß die Überschwellen bebten von der Stimme ihres Rufens, und das Haus ward voll Rauch.« Als sich Schmezer nach gewaltiger Predigt in den Kanzelstuhl sinken ließ, bemerkte er das Pistölchen in seiner Tasche. Er nahm es heraus, wohl um es beiseite zu legen, berührte dabei aber den Hahn. Ein Donnerschlag fuhr durch das Gotteshaus und blauer Rauch stieg aus der Kanzel heraus.

»Entsetzen, Schreck, Erstaunen, Ärger, Zorn, ersticktes Gelächter, diese ganze Tonleiter von Gefühlen fand ihren Ausdruck auf den Gesichtern der versammelten Zuhörer. Die Kirchenältesten im Chor aber zeigten entrüstete und strafende Mienen. Die Lage wurde bedenklich.« –
So steht es bei Conrad Ferdinand Meyer. Doch wie in Mythikon, so ging es auch in Ziegelhausen: »Alles kehrte wieder in die Ordnung zurück. Nur das blaue Pulverwölkchen wollte sich in dem geschlossenen Raume gar nicht verlieren und schwebte hartnäckig über der Gemeinde, bald im Schatten, bald von einem Sonnenstrahl beleuchtet, bis seine Umrisse immer ungewisser wurden und sich endlich auflösten.«

Den Ziegelhäusern verkündete anstelle des verdatterten Pfarrers der Kirchendiener: »'s is weiter nix; der Herr Pfarrer hat nur 's Pistölele probiere wolle.« Anders als bei den ergrimmten Schweizern hat hier allerdings auch niemand dem weinfrohen Schmezer versichern können: »Auf meine Ehre … es ist ein Feldherr an dir verlorengegangen!«

Mitten durch Ziegelhausen und das oberhalb davon liegende Peterstal fließt von alters her der wasserreiche Steinbach. Sein Lauf ist nur knapp vier Kilometer lang. Um ihn nutzen zu können, mußte man ihn aufstauen. Drei solcher Stauweiher sind schon seit dem Mittelalter bekannt. Die kurfürstlichen Landesherren richteten sich dort ihren Fürstenbrunnen ein.

Der Steinbachdamm und der Fürstendamm zeigen heute noch an, wo man sich die Stauweiher vorzustellen hat. Doch gerade hier entstand mit der Steinbachhalle, dem Kindergarten und der Schule ein neuer Ortsmittelpunkt, so daß die Umgebung im Verein mit der starken Wohnbebauung völlig verändert ist. Der Fürstendamm führt jedoch auf ein kleines Haus zu, an dem sich noch der Fürstenbrunnen mit seinen zwei Röhren und dem Kurfürstenhut sowie den Initialen Karl Theodors befindet.

Der östliche Ortsteil von Ziegelhausen hat einige recht interessante Aspekte zu bieten. An die barocke katholische Kirche,

die an einer Laurentiusfigur (mit dem Rost) zu erkennen ist,
schließt sich ein größeres Gebäude an, über dessen Tür sich eine
Gedenktafel befindet. Sie weist darauf hin, daß an dieser Stelle
das Kloster Schönau um 1200 das ›Obere Ziegelhaus‹ gründete
und daß sich hier nach 1600 das Schultheißenhaus befand. Im
Sommer 1875 verbrachte der Komponist Johannes Brahms in
diesem Anwesen einen Sommer, um Heidelberg und das Nek-
kartal kennenzulernen. Nicht weit von der katholischen Kirche,
jenseits der durchgehenden Ortsstraße nach dem Neckar hin,
findet man die ehemalige evangelische Kirche. Auch sie stellt
einen ländlichen Barockbau in einfachen Formen dar, bildet
aber mit dem unmittelbar angebauten Pfarrhaus nicht nur eine
interessante Gebäudegruppe, sondern auch ein ortsbildbestim-
mendes Ensemble in der Ziegelhäuser Neckarfront, die durch
den Bau der am Flußufer verlaufenden Umgehungsstraße stark
beeinträchtigt wurde. In der ehemaligen Kirche befindet sich
seit einigen Jahren ein privates Textilmuseum, das seine Besucher immer wieder neu zu fesseln versteht.

Ziegelhausen genau gegenüber auf der südlichen Neckarseite
liegt der Heidelberger Ortsteil *Schlierbach,* der ursprünglich
wohl nur ein kleiner Weiler ohne eigene Kirche, danach aber
immer ein Teil Heidelbergs war. Ziegelhausen und Schlierbach
verbindet seit 1914 eine Straßenbrücke über den Neckar, die
sich beim Bahnhof Schlierbach auf das südliche Flußufer stützt.
Dort, unmittelbar östlich der Brücke, eingezwängt zwischen
Uferstraße und Bahnlinie, kann man die sogenannte Gutleut-
hofkapelle sehen, den einzigen Rest, der noch vom einstigen
Siechenhaus in der Au übriggeblieben ist. Der schmale Talgrund der Au wurde im Laufe der Zeit ganz besiedelt oder
von Verkehrswegen in Anspruch genommen. So kann die
schmucklose Kapelle bei der Brücke nur noch eine schwache
Erinnerung an jenes abgelegene Gutleuthoferfeld sein, das
einstmals über hundert Morgen Ackerland und Wiesen sowie
ein wenig Wald umfaßt hat.

Im äußersten südöstlichen Winkel, wo das Königstuhlmassiv
schon fast wieder bis an den Neckar heranreicht, wurde die
1919 von der Chirurgie abgespaltene Orthopädische Klinik und
Poliklinik der Universität Heidelberg errichtet. Der älteste Teil
des inzwischen mehrfach erweiterten und ergänzten Klinikbe-

reichs konnte 1922 bezogen werden. Seitdem werden dort Menschen mit angeborenen und erworbenen Schäden des Haltungs- und Bewegungsapparates (so heißt das medizinisch) behandelt und beraten. Inzwischen widmet man sich auch der medizinischen und sozialen Habilitation und Rehabilitation.

Eine neue Dimension in der Orthopädie und in der therapeutischen Medizin tat sich mit der Behandlung und Rehabilitation der Querschnittgelähmten auf. Weithin bekannt wurde diese Klinik, als sie sich der Behandlung angeborener Mißbildungen (Dysmelie) an Gliedmaßen zuwandte und damit zahlreichen Menschen wieder Hoffnung in ihrer Notlage vermittelte. Selbstverständlich nahm gerade im Zusammenhang damit die orthopädische Technik innerhalb der Klinik einen besonderen Rang ein. Da sich die Ärzte mit einer wachsenden Zahl von Kindern mit angeborenen Querschnittslähmungen (Spina bifida) konfrontiert sehen, hat auch hierfür die Schlierbacher Orthopädie ein Modellzentrum eingerichtet.

Die Stelle, an der man von der Schlierbacher Landstraße zum *Wolfsbrunnen* abzweigen muß, markiert ein stattliches Kruzifix aus der Barockzeit. Unter der Eisenbahnlinie führt die schmale Straße hindurch und steigt dann kräftig gegen den Wald hin an, um das Talbecken des Wolfsbrunnens zu erreichen.

Aus diesem verschatteten Nordhang ist schon zu allen Zeiten das Wasser des Berges hervorgetreten. Der Schlierbach sammelte es und leitete es über mehrere Mühlen zum Neckar hinunter. Er bildete den Überlauf von vier Forellenteichen, die sich im obersten Wiesengelände befanden und die von großen Linden umstanden waren. August Heinrich Lafontaine und August Kotzebue haben den herrlichen Baumbestand des Wolfsbrunnens beschrieben; Ludwig Tieck bedauerte 1803 das Fällen der Bäume, weil damit der romantische Charakter dieses Naturidylls beseitigt wurde. Waldbäume sind seitdem dort längst wieder gewachsen. Aber es ist Nadelholz, das im Unterschied zu den hellgrünen Linden dem Platz einen dunklen, ja düsteren Charakter verleiht. Dies gilt hauptsächlich für den oberen Teil mit dem Waldanschluß. Den unteren hat man in letzter Zeit freigehalten und auch die begleitenden Hänge wurden forstlich etwas gelichtet, so daß eine ›Naherholungsanlage‹ nach heutigem Geschmack entstand.

Bis in die Frühzeit der pfälzischen Territorialentwicklung kann man diesen Platz zurückverfolgen. Er diente den Pfalzgra-

fen und Kurfürsten zuerst wohl als Jagdstützpunkt und nahm
dann mit Rücksicht auf das die Jagd begleitende Gefolge auch
den Charakter eines Lustplatzes an. Nach Leodius wurde er von
Kurfürst Friedrich II. im Jahre 1550 mit Wasserwerk und Brun-
nenanlagen versehen und war damit wohl das ältere Gegenstück zum Fürstenbrunnen jenseits des Neckars in Ziegelhausen. Im jetzigen Gasthaus ›Zum Wolfsbrunnen‹ steckt noch ein
Kern alter Bausubstanz, und auch der wohlgeformte Brunnen
vor dem Haus, dessen Wasser von der Brunnensäule über die
Brunnenschale ins steinerne Becken plätschert, ist der Zeit des
Kurfürsten Friedrich II. zuzurechnen.

Als das Wolfsbrunnengebiet 1821 badischer Besitz wurde,
beschäftigte man sich sofort mit Umbau- und Erneuerungsplä-
nen. Der Großherzogliche Kreisbaumeister Frommel rückte
mit einem Plan heraus, der sich der Zustimmung des badischen
Baumeisters Friedrich Weinbrenner erfreute. Nach diesem
Vorschlag wurde 1822 der alte Gebäudekern um ein weiteres
Stockwerk erhöht und mit einer doppelt umlaufenden Holzga-
lerie versehen. Das weitausladende Dach faßte die neuen Dimensionen wieder harmonisch zusammen, so daß auf eine einfache und trickreiche Weise ein Schweizerhaus zustande kam.
Was damals gebaut wurde, steht heute noch so da, auch wenn
an den Nebengebäuden viel laboriert wurde und wenn immer
wieder einmal Ergänzungen vorgenommen werden mußten.

Als die Stadt Heidelberg 1870 den Wolfsbrunnen kaufte, war
sie am Wasserreichtum dieses Gebiets interessiert. Für 3650
Gulden erhielt sie das Haus mit seinen Liegenschaften und das
Wasser. Sogleich machte man sich daran, die zahlreichen Quellen und Brunnenstuben zusammenzufassen und in einem Sam-
melbehälter zu vereinigen. Von ihm führte die Leitung direkt
auf die Altstadt zu. Am 3. Dezember 1873 verfügte die Bevölkerung Heidelbergs zum ersten Mal über fließendes Wasser; es
kam aus den Wolfsbrunnenquellen.

Das Naturidyll des Wolfsbrunnens geriet in den Jahren nach
dem Zweiten Weltkrieg etwas aus der Mode. Erst die Planung
des vom baden-württembergischen Landwirtschaftsministe-
rium vorgegebenen Naturparks Neckar-Odenwald bot einen
neuen Anknüpfungspunkt. An den großen Teich schob man
1980/81 eine Terrasse aus Sandsteinen vor und ergänzte diese

noch durch eine tieferliegende, über den Wasserspiegel hinausreichende Holzterrasse. Ein geschwungener Treppenlauf verbindet diese Terrassenkombination. Der Teich soll bald von
Schilf umgeben sein. Dann wird der Wolf, der auf Felsen im
Wasser steht, nicht mehr so denkmalhaft aussehen. Er hat – wie
alles in Heidelberg – eine eigene Geschichte.

*Im Jahre 1895 kam ein junger Kupferschmied namens Peter Coy nach
Heidelberg, um hier sein berufliches Auskommen zu suchen. Als Meister-
stück fertigte er einen in Kupfer getriebenen Wolf, der im Innern mit einem
Röhrenwerk versehen war, so daß er aus dem geöffneten Maul Wasser
speien konnte. Dieser Wolf wurde 1897 am Wolfsbrunnen aufgestellt.
Danach mußte jeder Ausflug mit Kindern dorthin den Ritt auf dem Wolf
als Höhepunkt haben. Das blieb so bis 1969. Unbekannte rissen in der
Silvesternacht den Wolf vom Sockel und zerstörten ihn fast bis zur Un-
kenntlichkeit. Jahre danach machte sich Carl Schütz, Inhaber einer Heidelberger Metallbaufirma, daran, den Wolf zu restaurieren. Die Arbeit
kostete ihn ein ganzes Jahr. Nun trägt der Wolf in seinem Inneren ein
Stahlrohrgestell und seine Pfoten sind mit Zinn ausgegossen. Von jenem
Kupferschmied Peter Coy stammen auch die vier Wolfsköpfe an der Brunnenschale, durch deren Mäuler das Wasser dem unteren Becken zugeleitet
wird.*

Blickt man von dem Platz vor dem Gasthaus beim Brunnen
in die Runde, so erkennt man, daß der obere Teil des Areals
eingezäunt und nicht zugänglich ist. Dort sollte man jene uralte
Linde nicht übersehen, die aus einer Mauernische herausragt,
um ihr bizarres Astwerk gegen die Konkurrenz der hoch auf-
schießenden Tannen zu richten. Stellt man sich noch weitere
Exemplare dieser Art als Baumbestand des Wolfsbrunnens vor,
so versteht man, warum die Zeitgenossen entsetzt waren, als
die Axt an die Linden gelegt wurde. So Kotzebue: »Alle diese
prächtigen Linden sind auf Befehl der kurfürstlichen Hofkam-
mer abgehauen worden. Die dicken Bäume gäben schönes
Holz, und die Forellen könnten den allzu kühlen Schatten nicht
vertragen. Es ist nicht die einzige Sünde, welche der kamerali-
stische Geist, der nie über einem solchen Paradiese schweben
sollte, hier auf sich geladen.«

Beiderseits des Schloßwolfsbrunnenwegs und entlang der Hangstraßen, die auf ihn zuführen, kann man zahlreiche großräumige Villen des 19.Jahrhunderts, aber auch stattliche Wohnhäuser der zwanziger Jahre und der Nachkriegszeit antreffen. Ein kurzer Weg, der vom Schloßwolfsbrunnenweg abzweigt, heißt Elisabethenweg und erinnert an den Aufenthalt der Kaiserin Elisabeth von Österreich in den Jahren 1884, 1885 und 1890.

Etwa auf der Hälfte der Distanz, die der Schloßwolfsbrunnenweg durchmißt, ist talwärts in den Hang die *Villa Bosch* eingefügt worden. Sie beherbergt heute das Studio Heidelberg des Süddeutschen Rundfunks (Stuttgart). Die technischen Anlagen wurden in den Garten so eingegraben, daß sie nicht mehr sichtbar sind. Um so schöner und gepflegter steht die ›Villa‹ inmitten eines baum- und blütenreichen Parks. Sie war einst das Wohnhaus des Chefs der Badischen Anilin- und Sodafabrik (BASF) in Ludwigshafen, Carl Bosch, der im Jahre 1931 zusammen mit dem ebenfalls in Heidelberg wohnenden Friedrich Bergius den Nobelpreis für Chemie erhielt.

Carl Boschs epochale Leistung war die Herstellung von Stickstoffdünger. Diese hat wesentlich dazu beigetragen, Deutschland das Überleben im Ersten Weltkrieg zu sichern. Als Bosch tätig war, wuchs die IG Farben zu einem Industrie-Imperium heran, das mehr als 125000 Menschen beschäftigte.

Die BASF-Direktoren haben fast alle in Heidelberg ihren Wohnsitz gehabt. Sie stellten sich meist als originelle, von einem weiten Wissen erfüllte Persönlichkeiten dar. Carl Bosch ging ihnen auch in dieser Hinsicht voran. In der Nachbarschaft seiner Villa, die während der zwanziger Jahre in barocken Traditionsformen mit erheblichem Aufwand errichtet worden war und die über eine kostbare Bibliothek verfügte, ließ er sich eine Privatsternwarte erbauen. Aber er widmete sich auch der Kleintierwelt. Man sagt, er habe eine höchst originelle Flohsammlung besessen. Der Stadt Heidelberg schenkte er den Zoo und ließ ihm noch über den Tod hinaus Förderung angedeihen. Wenn die Heidelberger heute immer noch ›Villa Bosch‹ zum Domizil des Rundfunks sagen, so schwingt in dieser Bezeichnung jener Respekt mit, den sie als Bürger einer Universitätsstadt der herausragenden geistigen Leistung eines bedeutenden Mannes zu zollen wissen.

Entweder über die Himmelsleiter in direkter Linie Stufe um Stufe oder auf höchst bequemen Waldwegen im weit ausschwingenden Zick-Zack-Kurs, aber auch mit der kuriosen Bergbahn oder auf der alpin anmutenden, ebenfalls Chaisenweg genannten Zufahrtsstraße erreicht man Heidelbergs Hausberg, den 564 Meter hohen *Königstuhl,* den zweithöchsten Berg des Odenwalds; nur der Katzenbuckel östlich Eberbach ist mit 626 Metern noch ein Stück höher. Im Unterschied zum Katzenbuckel ragt der Königstuhl aus seiner Umgebung kaum hervor. Als ein völlig bewaldeter Bergrücken türmt er sich aus anderen Waldhöhen auf. Die Höhe krönte einst der 1832 errichtete Aussichtsturm, der 1961 abgetragen wurde. Bevor der alte Königstuhlturm verschwand, hatte man 1960 einen neuen Turm errichtet. Man nannte ihn den Fernsehturm, weil er in seinem oberen Teil mit Rundfunk- und Fernseh-Antennen versehen worden war. Die wannenartige Verdickung des Turms im unteren Teil enthält ein Wasserreservoir. Es sichert die Druckverhältnisse in den Leitungen jener Häuser, die auf dem Königstuhl und in anderen Höhenlagen errichtet wurden – und das sind nicht wenige. Auf dem in den Turm integrierten Wasserbehälter finden Besucher des Königstuhls auf 594 Meter eine Aussichtsplattform, deren Sichtverhältnisse jenen des früheren Turms nicht nachstehen. An klaren Tagen kann man in nördlicher Richtung den Taunus und die Vogesen im Südwesten sehen. Der Blick zur Haardt, zum Westrand des Pfälzer Waldes, hatte schon Christian Mayer auf dem damals noch kahlen Gipfel veranlaßt, diese Sichtverbindung zur Grundlage seiner kurpfälzischen Landvermessung zu machen. Nicht selten kann man mit bloßem Auge sogar das Straßburger Münster entdecken.

Auf dem Königstuhl findet man auch ein traditionsreiches Höhenhotel mit Ausflugsgaststätte sowie die Gipfelstation der Bergbahn. Beim Hotel endet die bekannte Himmelsleiter, jener Treppensteig, der von der ersten Straßenkehre oberhalb des Schlosses heraufkommt, wo der Biersieder Weg abzweigt. Während man die Molkenkur mit der Seilzugbahn schon 1890 erreichen konnte, wurde der Königstuhl erst 1907 mit Hilfe der Bergbahn erschlossen. Mit dieser oberen Teilstrecke der Bergbahn wird eine Höhendifferenz von 280 Metern überwunden.

Aber der Königstuhlgipfel hat auch den Einbruch unserer
Gegenwart ertragen müssen. Um den Endpunkt der Bergbahn
mit einer ›Attraktion‹ anzureichern, legte man ein sogenanntes
Märchenparadies an, das fraglos alle Kinder anzieht. Es ist daraus gottlob kein Rummelplatz, sondern eine familiäre Begeg-
nungsstätte geworden, die sich ertragen läßt. Aber auch im
Winter, wenn die Schneelage Bestand hat, braucht man auf
dem Königstuhl über mangelnden Besuch nicht zu klagen. Im
Vergleich mit solchen Zuständen muß es im vergangenen Jahrhundert dort oben sehr einsam gewesen sein. Bevor sich das
19. Jahrhundert dem Ende zuneigte, ließen sich Wissenschaftler
auf der Höhe nieder. Der Heidelberger Astronom Max Wolf,
dessen Privatsternwarte an der Märzgasse wir bereits erwähnten, suchte sich für ein leistungsfähiges Observatorium den
westlichen Gipfelteil des Königstuhls bei 564 Metern aus. Dort
wurde die wissenschaftliche Sternwarte, die heute Landessternwarte heißt, in der Mittsommernacht des Jahres 1898 in Betrieb
genommen. Nicht ganz achtzig Jahre danach erhielt die in vielen Beobachtungen bewährte Sternwarte eine wissenschaftlich
bedeutende Nachbarschaft: das ›Max-Planck-Institut für Astronomie‹. Es beschäftigte unter der Leitung von Professor Dr.
Hans Elsässer im Jahre 1978 insgesamt 107 Mitarbeiter. Davon
waren 29 Wissenschaftler und 47 Techniker. Außerdem kamen
noch 17 Gastwissenschaftler und Stipendiaten aus dem In- und
Ausland dazu.

*Das Institut nahm im Jahre 1969 seine Tätigkeit in Heidelberg auf und
bezog am 5. Mai 1976 die neuen, modern konzipierten Gebäude auf dem
Königstuhl unmittelbar neben der Landessternwarte. Die Gründung dieses
Instituts ging – wie es in einer von Dr. Staude verfaßten Informations-
schrift heißt – aus der Einsicht hervor, daß ein überregionales, mit lei-
stungsfähigen Teleskopen ausgestattetes Institut erforderlich sei, wenn im
Bereich der optischen Astronomie zeitgemäße Forschung wieder möglich
und der Anschluß an die Entwicklung im Ausland wiedergewonnen werden sollte. Das Zentralinstitut in Heidelberg widmet sich der Vorbereitung
und Auswertung astronomischer Beobachtungen und der Entwicklung
neuer Meßverfahren. Für die Teleskope des Instituts wurde eine Beobach-
tungsstation in günstigem Klima vorgesehen. 1973 konnte in Zusammenarbeit mit spanischen Behörden der Bau des Deutsch-Spanischen Astronomischen Zentrums auf dem Calar Alto bei Almeria in Andalusien begonnen*

werden. Dort steht inzwischen ein 1,5 m-Teleskop der Spanier. Die deut-
schen Teleskope haben die Maße von 1,2 und 2,2 Meter. Ein 18 Tonnen
schwerer Rohling für den Hauptspiegel eines 3,5 m-Teleskops ist bereits
gegossen und bearbeitet. Er wird den Forschern in absehbarer Zeit für noch
genauere Beobachtungen zur Verfügung stehen.

Man sollte sich keinen unwirtlichen Tag für die Wanderung
im Berggebiet aussuchen. Es ist dort oben immer ›einen Rock
kälter‹ als in der Stadt, die von den Höhenzügen beiderseits des
Neckars geschützt wird. Doch auf dem Königstuhl atmet es
sich freier, denn die Luft geht leicht und rein. Vor allem Herz-
kranke wußten und wissen dies zu schätzen. Von den zahlreichen Wanderern, die man tagtäglich auf den Waldwegen des
Höhengebiets antrifft, gehören die meisten als Patienten zur
Fachklinik Königstuhl, einer Herzheilstätte der Landesversicherungsanstalt Baden. Sie liegt nicht ganz zwei Kilometer südlich
des Königstuhlgipfels am Rande einer großen Freifläche, die in
Heidelberg von alters her der *Kohlhof* genannt wird.

Auch er hat seine Geschichte. Als sich nämlich in der barok-
ken Wiederaufbauphase nach 1700 in Heidelberg Bauern und
Köhler einstellten, die aus der Schweiz und Oberitalien gekommen sein sollen, wies man ihnen ein Waldgelände beim Busen-
bronnen zur Rodung an. Durch das Holzfällen und die Anlage
von Meilern zur Holzkohlegewinnung sicherten sie sich zunächst ihre Existenz. Holzkohle benötigten vor allem die mit
dem Wiederaufbau der Stadt beschäftigten Handwerker, namentlich die Schlosser und die Schmiede. Das geheimnisvolle
Wirken der Köhler muß die Stadtbevölkerung immer wieder
aufs neue fasziniert haben, so daß die Rodung im fernen Wald
bald der Kohlhof genannt wurde. Hatten die Bauern des Kohl-
hofs nach und nach die Rodungsfläche in ihren Besitz gebracht,
so ging sie mit dem Ende des 19. Jahrhunderts doch wieder an
die Stadt zurück. Während des Ersten Weltkrieges wurde in
dieser Höhenlage von durchschnittlich 450 Metern eine intensive Landwirtschaft für die Ernährung der Stadtbevölkerung
betrieben. Danach wurde der städtische Kohlhof zu einer großartigen Obstbaumanlage umgestaltet. Wenn die fast zweitausend Bäume blühen – es sind überwiegend Apfelbäume –, zieht
es die Menschen in Scharen hinaus zum Kohlhof. Sie kamen
allerdings auch schon in früheren Zeiten, wie uns alte Zeug-

nisse belehren: »Nach dem Kohlhofe gehen von Heidelberg aus
gewöhnlich ganze Gesellschaften, die den Tag dort zubringen
und sich von Mond und Sternen nach Hause leuchten lassen«,
meldet eine Nachricht aus dem Jahre 1811.

Inzwischen überragt die Obstbaumhänge inmitten der
ringsum geschlossenen Waldungen die Fachklinik Königstuhl
mit ihren Gebäudetrakten und den sie umgebenden Anlagen.
Sie steht an der Stelle des einstigen Kohlhof-Hotels, das 1890
gebaut worden war. Die im September 1951 eingeweihte Klinik stellt heute einen Krankenhauskomplex von stattlichen
Ausmaßen dar. Die Patienten blicken von den nach Süden gerichteten Zimmern weit über den südlichen Odenwald und den
Kraichgau hin. Blau in blau wellt sich das Land bis zu den
Schwarzwaldhöhen. Diese Aussicht gedachte auch eine Bür-
gerstiftung zu erschließen, deren steinernes Zeugnis der Fachklinik gerade gegenüber an der südwestlichen Begrenzung der
Kohlhoffläche steht: die *Posseltslust.*

Professor Dr. Louis Posselt (1817-1880) hat die Anlage gestiftet, ein Lusthäuschen mit einem Aussichtsturm an der Stelle,
wo der von ›Drei Eichen‹ kommende Weg ins Kohlhöfer Feld
einmündet. Dieser Platz liegt 485 Meter hoch. Ursprünglich
sollte hier eine ganz anders projektierte Bergbahn enden.

*Louis Posselt war von 1842 bis 1847 Privatdozent und Professor der
Pharmazie an der Universität Heidelberg. Als die Revolution von 1848
scheiterte, wanderte er nach Mexiko aus. Kreuz und quer zog er durch
dieses noch nahezu unbekannte Land, durchstreifte auch die Vereinigten
Staaten und kehrte später wieder nach Heidelberg zurück, wo er mehrere
kommunale Ehrenämter versah. Erfüllt von dem Gedanken, jeder Heidelberger sollte etwas zum Gedeihen seiner Vaterstadt beitragen, wünschte er
in seinem an die Stadt gerichteten Testament, es solle dieses Lusthaus mit
Aussichtsturm auf seine Kosten gebaut werden.*

*Der Vater des Stifters der Posseltslust hieß Karl Ludwig Posselt (1782-
1845). Er erwarb 1807 die Schwanenapotheke in der Stadt, die er bis 1838
führte. In den dreißiger und vierziger Jahren seines Jahrhunderts vertrat er
Heidelberg im Badischen Landtag. Ein Neffe von Louis Posselt war Ernst
Posselt. Dieser gründete in Bradford (England) eine Textilfabrik. Auch in
Rußland betätigte er sich als Gründer von Textilunternehmen. Er kam zu
beachtlichem Vermögen, sammelte Kunstgegenstände und vermachte 184
Gemälde der Stadt Heidelberg für das Kurpfälzische Museum.*

Von der Posseltslust weiter nach Südwesten wandernd, erreicht man in wenigen Minuten den Waldpunkt *Drei Eichen*. Dort trafen ursprünglich sieben Wege aufeinander. Ein Wanderparkplatz, eine Schutzhütte und von den ›Drei Eichen‹ noch eine einzige als Naturdenkmal kennzeichnen diesen alten Versammlungsplatz der Jäger.

Angesichts der hohen Besucherfrequenz, die durchaus nicht nur auf die Tage des Wochenendes beschränkt bleibt, sondern die sich an allen Tagen besonders in den Stunden nach Arbeitsschluß darstellt, ist es erstaunlich, den Stadtwald nördlich und südlich des Neckars überhaupt noch als Jagdgebiet nutzen zu können. Jahr für Jahr werden in den sechs Revieren zusammen rund 200 Stück Rehwild erlegt. Auch Schwarzwild sucht gern die feuchten und dunklen Gründe des Waldes auf, wenn es sich im Bereich der nachbarlichen Feldfluren in acht nehmen muß. Im Winter locken die unter dem Laub verborgenen Eßkastanien das Schwarzwild zu weitausgreifenden Ausflügen in den nächtlichen Stadtwald. Jagderfolge im Stadtwald sind freilich seltener geworden, nicht nur, weil das Wild durchweg zum reinen Nachtwild geworden ist, sondern besonders wegen der Unruhe durch Menschen, die dort vom frühen Morgen bis zum späten Abend unterwegs sind. Außerdem können die Grünröcke den Straßenverkehr inzwischen als unlautere Konkurrenz auffassen, denn ein Fünftel des zum Abschuß freigegebenen Rehwilds wird allein von der Straße ›erlegt‹.

Eine Verluststrecke solcher Art stellt hauptsächlich die Gaiberger Straße dar, die an ›Drei Eichen‹ vorüberführt. Zweigen wir von ihr in Richtung Stadt in den Oberen Nikolausweg ab, so stehen wir nach wenigen Minuten vor dem Sankt-Nikolaus-Bildstock, der ältesten Heiligendarstellung dieser Art im Stadtwald überhaupt. Seit 235 Jahren wird hier des Schutzpatrons der Kinder und Schüler sowie der Schiffer gedacht.

Die Straße, die man nach alter forstlicher Weise noch immer Gaiberger Weg nennt, führt nahezu schnurgerade auf die Stadt zu. Wo sie im rechten Winkel abknickt, um in die steileren Hänge des Neckartals überzugehen, erreicht man den markanten Wegetreffpunkt *Blockhaus* im Sattel zwischen Gaisberg und Königstuhl. Am Blockhaus schieden sich früher die Cameralwaldungen (Kammerforst) von den Waldungen der Stadt. Ein

Blockhaus ist dort schon 1622 während der Belagerung der Stadt Heidelberg durch die Truppen Tillys nachgewiesen, denn auf dieser beherrschenden Höhe hatten sich die Angreifer festgesetzt. Die Hauptattraktion an dieser Stelle bildet aber nicht etwa das Blockhaus selbst, sondern die im Jahre 1904 angelegte Rhododendron-Kultur, die, von einem Waldmantel umgeben, den steilen Hang in Richtung Stadt hinunterreicht. Jedes Jahr im Mai verwandelt sie sich in ein berauschendes Blütenmeer der herrlichsten Farben. Damit diese exotische Pracht jedermann ausgiebig genießen kann, hat man an ihrem Rande eine große hölzerne Plattform gegen das Tal hin vorgeschoben. Von ihr überblickt man diese Besonderheit des Stadtwalds inmitten einer von Kontrasten geprägten Landschaft.

Vom Blockhaus senkt sich das Gelände nach Westen noch ein wenig ab, bis es dann wieder in markanter Weise zum Gaisberg aufsteigt. Sprunghöhe heißt diese Stelle, die ebenfalls über eine größere Schutzhütte verfügt. Dort kann man einen Augenblick rasten, um etwas über den Stadtwald zu erfahren.

Das abwechslungsreiche Heidelberger Waldbild ist nicht von selbst entstanden, sondern das Ergebnis intensiver forstlicher Bemühungen. Folgt man den Darstellungen, die Forstdirektor Friedrich F. Koenemann in den sechziger Jahren gab, so haben seine Vorgänger im Amt seit der Mitte des vergangenen Jahrhunderts über neunzig verschiedene Holzarten angebaut. Ein markantes Beispiel dafür ist die heute in stattlichen Exemplaren vorkommende Weymouthskiefer. Die das Waldbild besonders prägende Eßkastanie wurde wohl schon von den Römern hierher gebracht.

Die parkähnlichen Waldungen rings um die Stadt können bisweilen den Charakter eines Plenterwalds annehmen. Bei dieser Forstbetriebsart stehen die Bäume aller Altersstufen einzeln oder in Gruppen gemischt beieinander auf derselben Bestandsfläche. Die Fällungen greifen nur einzelne Bäume heraus und verzichten auf schlagweise Nutzung. Diese Struktur des Stadtwalds verdankt man im wesentlichen dem Wirken des Oberforstmeisters Karl Krutina, der 1897 ins Amt kam, den Wald 35 Jahre lang betreute und der landauf, landab als eine forstliche Autorität galt. Doch schon vor Krutina hatte sich der fast vom Blitz erschlagene Forstamtsleiter Obermeyer der Anlage von Exotenbeständen zugewandt. Hier an der Sprunghöhe wurde mit dem Anbau von Exoten um 1875 begonnen. Das Ergebnis nach mehr als hundert Jahren präsentiert sich mit hochaufragenden Mammutbäumen, deren dicksten erst sieben Männer mit ausgebreiteten Armen am Stamm umfassen können.

Blick auf das Schloß vom Biersieder Weg

Dieses Arboretum wies und weist neben den Mammutbäumen noch viele andere Holz- und Buscharten auf: vom amerikanischen Tupelobaum über den Rauhrinden-Hickory bis zur Scharlacheiche, von der Helmlockstanne über Scheinzypressen bis zum Silberahorn und der Traubenkirsche. Leider sind die Exoten nicht durchweg gekennzeichnet, so daß kaum jemand das Staunen über die Herkunft dieser Waldgäste lernen kann. Das betrübt den Kundigen noch mehr bei der tiefer liegenden Exotenanlage am Speyererhof, wo zwar die Mammutbäume fehlen, dafür aber die Vielfalt der Bäume und Sträucher aus aller Welt noch größer ist.

Die Molkenkurhöhe nannte man früher den ›Kleinen Gaisberg‹. Er bildete einen Schwerpunkt der äußeren Stadtverteidigung und spielte eine nicht unwichtige Rolle bei der Belagerung und Erstürmung Heidelbergs im Dreißigjährigen Krieg. Zwei Schautafeln, die eine im Bereich der Burgschanze, die andere bei der Schanze ›Affennest‹, machen mit den fortifikatorischen Bemühungen der Schloßherren und ihrer Widersacher vertraut. Die heute noch gebräuchliche Benennung *Molkenkur,* hat sich erst um die Mitte des vergangenen Jahrhunderts entwickelt. Bis dahin war dort nur ein kleines einstöckiges Häuschen mit Satteldach zu finden. Es stand auf dem Gelände, »welches aus der Überschüttung der alten Schloßruine 1685 entstanden war«. Dieser Höhenpunkt belebte sich erst wieder um 1850, als der Porzellanmaler Albrecht Wagner nach und nach die östliche Hälfte des überschütteten Geländes erwarb, um darauf eine Molkenkuranstalt zu errichten. Der Gebrauch der aus Ziegen- und Kuhmilch erzeugten Molken, eines Nebenpro-

duktes der Käseherstellung, galt damals als Heilmittel gegen
Blutarmut. Auch hielt man ihn für kreislauffördernd, aufbau-
end und die Verdauung anregend. Vielen Besuchern schien es
der Gesundheit förderlich zu sein, nach anstrengender Berg-
wanderung beim Molkenwirt einzukehren. Ob die Belebung
des Kreislaufs nun der genossenen Molke oder vielleicht auch
der Wanderstrapaze zuzuschreiben war, hat dazumal niemand
bündig entschieden.

Im Jahre 1906 bemühte sich die Stadtgemeinde, die Molkenkur für 221 000 Mark in ihren Besitz zu bringen. Bei der Entscheidung im Bürgerausschuß am 2. November 1906 stimmten
alle 110 Mitglieder für den Erwerb der Molkenkur und für die
Renovierung der Gebäude. Der Porzellanmaler Wagner hatte
eine Art Schweizerhaus für sein Kurangebot errichtet. Dieses
steckt als Kern noch immer in dem mehrfach erweiterten Komplex und genießt sogar Denkmalschutz. Den Versuchen der
Stadt, diesen Punkt zu einem lebhaft besuchten Höhencafé und
einer Ausflugsgaststätte zu machen, war jedoch wenig Erfolg
beschieden. Die Rendite daraus blieb schmal; die Instandset-
zungsarbeiten hörten nie auf. Nur ein größeres Objekt versprach als exzellentes Höhenhotel eine gewisse Rentabilität.
Dieses jedoch scheiterte wieder an der Schutzwürdigkeit dieses
hervorgehobenen Landschaftspunktes.

Demgegenüber wirken die geschichtlichen Überlieferungen
geradezu idyllisch. Denn als die Stadt die Molkenkur erwarb,
berichtete der städtische Konservator Dr. Karl Pfaff, architektonische Reste der gotischen Periode der Oberen Burg hätten
auf einem alten Billard gelegen, und im Buffetzimmer sei eine
Pfeilspitzensammlung unter Glasrahmung zu sehen gewesen.
Als dann Bilanz gemacht wurde, gingen 119 auf die Geschichte
Heidelbergs bzw. der Universität bezügliche Bilder, eine Ta-
bakspfeife mit dem Bildnis von Robert Blum und 354 Waffen
der verschiedensten Art in städtischen Besitz über. Die erworbenen Gegenstände überführte Karl Pfaff in das »östlich der
Ratsdienerstube gelegene Parterrezimmer im Rathaus«. In der
schriftlichen Vollzugsmeldung an den Oberbürgermeister vermerkte er obendrein: »Wünschenswert wäre, wenn der betref-
fende Herr Beamte des Rechnungsamts für sein Fahrrad nun
eine andere Unterkunft finden könnte.«

Die vorletzte Etappe unserer Wanderung rund um Alt-Heidelberg beginnen wir am Krankenhaus *Speyererhof*. Leicht gewellte Wiesen, von allerlei Obstbäumen bestanden, breiten sich in dreihundert Meter Höhenlage rings um die Klinik aus. Als ein U-förmiger Gebäudekomplex in traditioneller Bauweise erhebt sie sich dreigeschossig über die Waldbäume. Nach Westen und Süden hin blickt das Gebäude frei über die Landschaft hinweg. Ähnlich wie bei der Fachklinik Königstuhl am Kohlhof empfindet man die Lage des Speyererhofs als ideal für ein Krankenhaus.

Die Geschichte des Speyererhofs begann aber ganz anders. Um die Mitte des vergangenen Jahrhunderts suchte man eine landwirtschaftliche Kolonie im Heidelberger Gebiet zu gründen. Es wurden Teile des Waldes gerodet und zu Äckern und Wiesen verwandelt. Im Sommer 1853 legte man den Grundstein für diesen neuen Hof und gab ihm zugleich den Namen des Ersten Bürgermeisters, der damals die Heidelberger Geschicke leitete: Man nannte ihn nach Wilhelm Speyerer.

Die Gesamtfläche, die vom Speyererhof zu bewirtschaften war, betrug zur besten Zeit rund 42 Hektar. Sie schrumpfte im Lauf der Jahre jedoch wieder um die Hälfte. Die nicht mehr bewirtschafteten Flächen konnten erneut in Wald umgewandelt werden. Das Arboretum am Speyererhofweg stellt eine solche rückgegliederte Fläche dar.

Auf alten Ansichtspostkarten erweist sich der Speyererhof ›bei Heidelberg‹ als ein bescheidenes Wirtschaftsgut, das sich als Sommerfrische empfehlen konnte. Zwischen 1925 und 1927 wandelte man ihn in ein Mittelstandssanatorium um, doch schon im Jahre 1932 ließ man durch Umbenennung erkennen, daß die Einrichtung als Krankenhaus für innere Leiden verstanden werden sollte. Während dieser Zeit prägte der verdienstvolle Internist Prof. Dr. Albert Fraenkel entscheidend Ruf und Ansehen des Hauses.

Albert Fraenkel (1864-1938), geborener Pfälzer, studierte Medizin in München und in Straßburg, konnte aber kein Gynäkologe werden, weil er an Tuberkulose erkrankte. Nach längeren Kuraufenthalten wurde er Landarzt in Badenweiler, widmete sich aber auch der wissenschaftlichen

Forschung, die er während der Wintermonate von 1893 bis 1905 am Pharmakologischen Institut in Heidelberg betrieb. Er kam der Wirkungsweise des Strophanthins auf die Spur und entwickelte die intravenöse Strophanthin-Anwendung. Dieser Behandlungsmethode gab er als Gründer des ›Mittelstands-Sanatoriums Speyererhof‹ eine Heimat. Auch das Tuberkulose-Krankenhaus im Schlößchen zu Rohrbach wird der Initiative Albert Fraenkels verdankt (heute Klinik für Thoraxerkrankungen der Landesversicherungsanstalt Baden), denn auch die Probleme der Tuberkulose beschäftigten Fraenkel sein Leben lang. Im Jahre 1933 wurde der verdienstvolle Mediziner, den die Universität zum ordentlichen Honorar-Professor mit Lehrauftrag ernannt hatte, verdrängt, weil er Jude war. Fünf Jahre später starb er 74jährig, vergessen und kaum noch beachtet, in Heidelberg.

Während jener Jahre, die Professor Fraenkel aus seinen Häusern verbannten, wurde im Speyererhof eine Diätschule gegründet. Sie bildet bis heute Diätassistenten aus und erfreut sich eines guten Rufs.

Die Grasanger des Speyererhofs werden nach Westen, gegen die Stadt hin, durch einen Wald abgeschirmt, in den sich die Serpentinen des vielbefahrenen Steigerwegs eingraben, der aber auch den flachgewölbten Ameisenbuckel aufnimmt. Auf diesem Höhenrücken, der einen weiten Ausblick in die Rheinebene und nach Mannheim gestattet, legte man 1934 jenen *Ehrenfriedhof* an, in den die gefallenen und verstorbenen Soldaten des Ersten Weltkriegs gebettet wurden, die ursprünglich im Gebiet des geplanten Zentralfriedhofs am Neckar im Neuenheimer Feld beigesetzt worden waren. Diesen Ehrenfriedhof erweiterte man 1953 an der Westseite mit einem Waldgräberfeld für Gefallene und Verstorbene des Zweiten Weltkriegs.

Der Ehrenfriedhof von 1934 geht auf eine der ersten Beschlußfassungen des Stadtrats nach Beginn der NS-Ära zurück. Die Pläne dafür lieferten der städtische Oberbaurat Haller und Professor Bonatz (Stuttgart). Das Hauptcharakteristikum dieser Anlage wurde die ›Straße in die Unendlichkeit‹. Sie führt von Südosten nach Nordwesten als breite Schneise genau über den Höhenpunkt des Ameisenbuckels hinweg. Dadurch entsteht der Eindruck, das perspektivisch sich verkürzende Band des breiten Aufmarschwegs ziele in den Himmel. Erst wenn man den höchsten Punkt des Geländes erreicht hat, kann man den sich abtreppenden Ehrenfriedhof überblicken. Er schiebt

sich als eine halbrunde Bastion gegen die Stadt hin vor. Im
Mittelpunkt dieses Halbrunds steht der ›Altar der Toten‹, ein
ungefüger Sandstein-Monolith aus dem Steinbruch am Riesen-
stein, der fast vierhundert Zentner wiegt. 28 Riesenquader, je
130 Zentner schwer, flankieren die Mittelachse des Ehrenfriedhofs. Sie tragen die Namen aller Soldaten, die hier bestattet
wurden. Es sind 498, die vom Neuenheimer Feld überführt
wurden; dazu kamen noch 22 Umbettungen von auswärts, so
daß insgesamt 520 Gefallene des Ersten Weltkriegs hier ruhen.

Von der Aufmarschstraße kann man auf einem mit Platten
belegten Pfad nach links abbiegen, um den Ehrenfriedhof des
Zweiten Weltkriegs zu erreichen. Der Pfad führt auf einen
schmalen Durchlaß in einem Rundgemäuer zu. Man tritt in
eine gegen den Himmel offene Rotunde und hat ein Sandstein-
relief des Erzengels Michael vor sich. An der Wand dieser Rotunde befinden sich die Namen der Gefallenen; eine umlau-
fende Inschrift verkündet, daß dieser Ehrentempel dem Andenken der fünftausend im Zweiten Weltkrieg für ihre Heimat in
der Ferne gefallenen Heidelberger gewidmet sei. Im Ersten
Weltkrieg hatte Heidelberg über zweitausend Gefallene zu beklagen.

Hinter der Sandstein-Rotunde öffnet sich ein lichter Hoch-
wald, auf dessen Rasenfeld unregelmäßig verteilt kleine Gruppen von Kreuzen stehen, wie sie der Volksbund Deutsche
Kriegsgräberfürsorge als Stilmerkmal entwickelt hat. Die
Hauptachse des Hains endet bei einer Dreiergruppe solcher
Kreuze. Hinter einer Stützmauer setzt sich der Wald so fort,
wie er gewachsen ist. Die Toten, nur mit Namenstafeln gekennzeichnet, die in den Grasboden eingelassen sind, ruhen inmitten der ungestörten Natur. Bisweilen ziehen die Rehe über
die Grabfelder und verhoffen im Frieden dieses Bezirks.

In der Verlängerung der Hauptachse des Ehrenfriedhofs, am
Fuße des Ameisenbuckels, wo dieser in die Ebene übergeht,
erstreckt sich auf einer Fläche von siebzehn Hektar der *Heidelberger Bergfriedhof*. Er stellt das dar, was man in anderen Städten
den Haupt- oder Zentralfriedhof nennt. Aber er ist doch mehr,
denn nicht nur seine Gestalt hebt ihn als Besonderheit hervor,
sondern auch die Tatsache, daß auf ihm eine Reihe bedeutender
Persönlichkeiten der letzten 150 Jahre ihre Ruhe gefunden hat.

Von der Rohrbacher Straße nach Westen und vom windungsreichen Steigerweg nach Norden begrenzt, klettert das Gelände des Bergfriedhofs terrassenartig den Hang empor. Innerhalb des Friedhofs trifft man auf eine Höhenstufung von über hundert Metern. Ein außerordentlich artenreicher Baumbestand macht diesen Hain der Gräber zu einem Waldfriedhof besonderer Prägung, wo man die merkwürdigsten Exoten an Bäumen und Sträuchern findet.

Hier ruhen sie beieinander, die Stadträte und Bürgermeister, Generäle und Geheimräte, Professoren die Fülle und Ärzte. Künstler, Pfarrer und Kommerzienräte – die bürgerliche Struktur des 19. Jahrhunderts offenbart sich. Beamte liegen neben Handwerkern, Amtsrichter neben Werkmeistern, Kaufleute bei Ingenieuren. Man müßte jetzt dem folgen, was viele in Ergriffenheit tun, nämlich in Stunden zwischen den 20000 Grabstellen hindurchwandern und Geschichte auf eine ganz eigene und eigenartige Weise erleben: von den Namen und den Familien her, so daß das Heroische wegfällt und nur das in die Erscheinung tritt, was dem einzelnen in dem von ihm bestimmten Bereich zu tun vergönnt war. Peter Behrens hat die Grabstätte des ersten Reichspräsidenten Friedrich Ebert zu einer stillen Würde gebracht, welche die Zeitgenossen dem lauteren Mann aus der Pfaffengasse zu seinen Lebzeiten nicht zubilligen wollten. Der große Dirigent und musikalische Interpret Wilhelm Furtwängler dagegen trat in die Bescheidenheit zurück und ließ erkennen, wie selbstverständlich er sich den höheren Gesetzen des Zeitlichen unterwarf. »Die Liebe aber ist die Größte ...« steht auf seiner Grabplatte. Da wäre über vieles nachzudenken, über Demokratie beispielsweise, denn da ruhen die Abgeordneten Karl Ludwig Bassermann aus dem ersten badischen Landtag und Dr. Anton Christ, der Mitglied der deutschen Nationalversammlung war. Über viele andere, die sich politischen Zielen in unterschiedlichster Weise und Wichtigkeit widmeten, reicht die Kette bis zum Bundesminister Hermann Lindrath in den Nachkriegsjahren. Man kann sich die Zeitgenossen zusammensuchen: Gervinus und Graimberg oder – jüngeren Datums – Max und Marianne Weber, Georg Jellinek und Gustav Radbruch. Man reißt bei Betrachtung solcher Namen geistige Perspektiven auf, die nicht zu Ende gegangen werden können, weil sich neue, ganz andere dazwischenschieben. Max Wolf mit seiner Weltallerfassung, Otto Regenbogen, der bedeutende Altphilologe, Karl Joseph Anton Mittermaier, der Straf- und Staatsrechtler, der uns als klassisch-streng geformte Marmorbüste anblickt, oder Willy Hellpach, der badische Kultusminister, den die Deutsche Demokratische Partei gern zum Reichspräsidenten gemacht hätte, doch Hindenburg ist es geworden. Wir brauchen die vielen Namen nicht noch einmal in ihrer Bedeutung auszuloten, die uns bei Betrachtung der jüngeren Geschichte Heidelbergs begegneten. Sie sind alle hier wieder anzutreffen: Friedrich Gundolf, Robert Bunsen, Carl Bosch, Franz Kuhn, Richard Benz, Marie Baum. Namen, die man auch auf Heidelberger Straßenschildern findet, sind hier in Stein geschlagen für eine Dauer, die wir Ewigkeit nennen. Auf diesem Friedhof hat man auch Karl Gottfried Nadler beerdigt, den Pfälzer Poeten, und Carl Metz, den Feuerwehrgründer. Greift man nur einen speziellen Aspekt aus der Fülle der Begegnungen heraus, etwa den der Medizin, so trifft man auf Namen, die jedem Kundigen Ehrfurcht und Hochachtung abnötigen: Die Chirurgen von Chelius, Simon und Czerny; die Internisten Erb, Friedreich und Kußmaul; der Physiologe und Nobelpreisträger Kossel, der Psychiater Emil Kraepelin und der Anatom Karl Gegenbaur machen ein Jahrhundert der Wissenschaft deutlich, das den Tod zwar nicht besiegen, aber manches Leiden in die Bahnen der Erträglichkeit zu zwingen vermochte. Schließlich ragen auch noch die alten Geschlechter der Nobilität in diesen relativ ›jungen‹ Friedhof herein. Man sieht Wappen und Namenszüge, die man hier nicht vermutet hätte: den Prinzen von Sachsen-Weimar, den Fürsten von Radali di Napoli, die Grafen von Erbach-Erbach, die Freiherrn von Gemmingen-Hornberg – um nur einige zu nennen.

Dies alles eint und sammelt sich in der Stille, nimmt seine Schicksalhaftigkeit an und bleibt auf eine menschliche Weile im Gedächtnis. Blumen, die für die Gefühle sprechen; Kränze, die der Trauer Ausdruck geben wollen; Steine, die das Unwiederbringliche manifestieren – im Bergfriedhof kann die Würde, die in der Bescheidenheit liegt, nicht übersehen werden. Sie äußert sich auch in einem Akt der Toleranz, denn der jüdische Friedhof mit seinen 400 Grabstellen auf 8000 Quadratmetern ist in

den Friedhof der Stadt wie selbstverständlich mit einbezogen
worden. Kein Zaun und keine Mauer trennt ihn, nur die andere
Art des Grabverständnisses weist ihn als einen in sich geschlossenen Bezirk aus. Es ist gut, daß sich der liberale Geist dieser
Stadt bis hierhin verfolgen läßt, und daß er letztlich von daher
seine glaubhafte Bestätigung erfährt.

*Heidelberg war eine der ersten Städte, in denen sich das Verfahren der
Einäscherung Ende des 19. Jahrhunderts durchgesetzt hat. Obwohl diese
Art der Leichenbestattung von starken religiös-kirchlichen Bedenken be-
gleitet wurde, konnte auf dem Bergfriedhof im Jahre 1891 ein Krematorium
erbaut und in Betrieb genommen werden. Es war das erste Krematorium in
Baden, das zweite im damaligen Deutschen Reich (nach Gotha 1878).
Vom Eingang an der Rohrbacher Straße führt der Hauptweg auf das
Krematorium zu. Es ist an seiner von zwei zyklopischen Säulen gestütz-
ten offenen Halle über einem breiten Treppenaufgang zu erkennen.*

Kehren wir auf die Ameisenbuckel-Höhe zurück, so sehen
wir, daß das Wiesengelände des Speyererhofs kurz nach der
Wegeverteilung unmittelbar in die Feldflur des *Bierhelder Hofs*
übergeht. Der Hof selbst ist in eine Bodenfalte hingeduckt, so
daß er ganz geschützt liegt und kaum in Erscheinung tritt.
Dieses städtische Gut hat eine schon sehr lange Geschichte. Im
15. Jahrhundert Beerhelden, danach auch Beerheller Hoff und
Bärhelden genannt, gehörte der größte Teil des Besitztums
»unter den Gerichtsstab von Rohrbach«. Als abgelegener Besitz
wurde der Hof von marodierenden Truppen öfter heimgesucht, vor allem von den Ungarn 1744. Eine Zeitlang gehörten
Hof und Feld dem Herzog Karl August von Zweibrücken,
doch 1917 erwarb die Stadt das Gelände zum zweiten Mal, um
es zu verpachten. Nach wie vor ist der Hof als Gaststätte geschätzt, in der man kräftig essen und deftig vespern kann. Die
Einkehr im Bierhelder Hof kann eine Waldpartie ebenso be-
schließen wie die Hubertusjagd des Hegerings, die jährlich am
3. November in traditioneller Weise gehalten wird.

In der Nachbarschaft dieser auf Viehzucht ausgerichteten
Landwirtschaft haben sich mittlerweile zwei hochspezialisierte
Forschungseinrichtungen niedergelassen. In Richtung auf den
Königstuhl zu kann man durch die Bäume des Waldrands die
Gebäude des ›Max-Planck-Instituts für Kernphysik‹ hindurch-
schimmern sehen. Im Südosten, noch tiefer im Wald versteckt,

findet man das ›Europäische Laboratorium für Molekularbiologie‹ (EMBL). Beide Institute lassen sich an den Kaminen orten, die aus der Waldkulisse herausragen.

Wenden wir uns zunächst den Kernphysikern zu, die sich 1958 am Saupfercheckweg niederließen und die seitdem diese ländliche Adresse mit großem Vergnügen in aller Welt sehen lassen. Professor Wolfgang Gentner war schmunzelnd dazu bereit, sich unter solcher Anschrift aus dem ›Max-Planck-Institut für medizinische Forschung‹ in Heidelberg auszugliedern.

Professor Wolfgang Gentner (1906-1980) war nicht nur der Gründer des Instituts, sondern auch lange Jahre dessen Direktor. Heute trägt das Gebäude der Kosmochemie seinen Namen. Man findet die Inschrift ›Wolfgang-Gentner-Laboratorium‹ auf einem Suevitstein aus dem Nördlinger Ries. Dieses Trümmerstück entstand beim Einschlag eines gewaltigen Meteoriten. Eine Texttafel beim Stein erklärt, daß Gentner die Entstehung der Moldavite (kleiner Glasmeteoriten) durch diesen Einschlag bewies und daß er damit die irdische Herkunft der Tektite aufzeigte – das heißt, daß diese kieselsäurereichen Gebilde als Schmelzprodukte von Meteoreinschlägen angesehen werden und nicht mehr als Meteorite selbst.

Das Max-Planck-Institut betreibt Grundlagenforschung auf dem Gebiet der Kernphysik und der kosmischen Physik (›Kosmochemie‹). So wird verständlich, daß man hier die von den Astronauten mitgebrachten Mondgesteinsproben mit besonderem Interesse empfangen hat.

Die ursprünglich als ›Kosmochemie‹ bezeichnete Arbeitsrichtung wurde mittlerweile in ›Kosmophysik‹ umbenannt. In dieser Abteilung werden experimentelle und theoretische Arbeiten zur Erforschung der Bildung des Planetensystems, des interstellaren Mediums, der kosmischen Strahlung, der extraterrestrischen festen Materie, der solaren Neutrinos, der planetaren Atmosphären, der Chemie der Stratosphäre und der Archäometrie durchgeführt. Im Laboratorium werden Meteorite und Mondmaterie auf ihre Herkunft und auf ihre Wechselwirkung mit der Umgebung hin untersucht. Interplanetarer Staub wird auf Raumfahrtmissionen nachgewiesen. Da die europäische Weltraumbehörde ESA beschloß, zu dem Kometen Halley, der 1985 bis 1986 in Erd- und Sonnennähe wiederkehrt, eine Raumsonde zu schicken, arbeitete das Institut drei Experimentvorschläge aus. Sie wurden alle drei angenommen.

Die Wechselwirkungen zwischen Kernphysik und kosmischer Physik sind zahlreich. Für die kernphysikalischen, atomphysikalischen und festkörperphysikalischen Experimente am Institut stehen zwei elektrostatische Tandem-van-de-Graaff-Beschleuniger zur Verfügung.

Das normale Abitur reicht nicht mehr zum Verständnis dessen aus, was hier geschieht. Doch das Beispiel von Wolfgang Gentner hat deutlich gemacht, daß die Atomphysiker trotz ihrer engen Spezialisierung den Blick vor übergeordneten und in anderen Bereichen weiterführenden Problemlösungen nicht verschließen. So trat Gentner sehr früh und sehr beständig für den Dialog und die Kooperation mit Israel ein. Um dieses beispielhafte Wirken im Gedächtnis zu bewahren, richtete das Weizmann-Institut in Rehovot (Israel) einen Wolfgang-Gentner-Lehrstuhl ein.

Zu dem im Wald benachbarten ›Europäischen Laboratorium für Molekularbiologie‹ führt die südlich vom Bierhelder Hof abzweigende Meyerhofstraße. Sie bewahrt die Erinnerung an den 1922 mit dem Nobelpreis für Medizin und Physiologie ausgezeichneten Forscher Otto Meyerhof, der am damaligen ›Kaiser-Wilhelm-Institut für medizinische Forschung‹ in Heidelberg das Institut für Physiologie leitete und der 1938 Deutschland verließ.

Als im Jahre 1963 ein Kreis von Wissenschaftlern, darunter mehrere Nobelpreisträger, die ›Europäische Organisation für Molekularbiologie‹ (EMBO) als privatrechtlichen Zusammenschluß gründete, konnte sie sich auf die Volkswagenstiftung stützen. Seit 1969 finanziert die ›Europäische Konferenz für Molekularbiologie‹ (EMBC) diese Organisation. Der Konferenz gehören sechzehn westeuropäische Länder und der Staat Israel an. Sie fördert die Zusammenarbeit auf dem Gebiet der biologischen Grundlagenforschung durch Stipendien und wissenschaftliche Veranstaltungen. EMBO schlug schon bald vor, ein ›Europäisches Laboratorium für Molekularbiologie‹ (EMBL) zu gründen. Im Mai 1973 einigten sich neun europäische Staaten und Israel auf die Gründung dieses Laboratoriums in Heidelberg, denn in dem unterzeichneten Übereinkommen ist ausgeführt, daß das EMBL seine Forschungstätigkeiten auf solche Arbeiten konzentriert, die im allgemeinen nicht oder nicht ohne

weiteres in nationalen Einrichtungen durchgeführt werden
können. 1975 wurde mit den Arbeiten im Wald beim Bierhelder Hof begonnen. Zweieinhalb Jahre baute man an dem zwei-
bis dreistöckigen, zumeist würfelförmig gegliederten Komplex. Die Einweihung des Laboratoriums fand im Mai 1978
statt. Die durchschnittliche Mitarbeiterzahl liegt seitdem bei
etwa 300.

*Das ›Europäische Laboratorium für Molekularbiologie‹ gliedert sich in
die drei Abteilungen: Zellbiologie, biologische Strukturen und Instrumente. Letztere ist die größte und macht fast die Hälfte des* EMBL *aus.
Die biologische Forschung hängt nämlich immer mehr von hochspeziali-
sierten Hilfsmitteln ab.* EMBL *sucht solche Geräte allen Biologen zur Verfügung zu stellen. Dazu gehören beispielsweise Fortentwicklungen des
Elektronenmikroskops, die Laser-Spektroskopie, der Einsatz von Compu-
tern, die Ausarbeitung mathematischer Hilfen für die Auswertung biologi-
scher Probleme und vieles andere mehr.*

Das meiste öffentliche Interesse, wenngleich auch nicht das
meiste Verständnis, hat die Abteilung für Zellbiologie auf sich
gezogen, weil bei dieser Forschungsarbeit gewisse Sicherheits-
probleme eine nicht unbedeutende Rolle spielen. Die Molekularbiologie tastete sich nämlich zunächst an den einfachsten lebenden Organismen, den Bakterien und Viren, vorwärts. Allmählich wandte sie sich höheren Organismen, ja dem Menschen selbst zu. Die Zellen dieser höheren Organismen sind
wesentlich komplizierter und damit auch schwerer zu erforschen. Am EMBL wird in dieser Hinsicht vor allem Membran-
forschung getrieben. Sie gilt den außerordentlich dünnen
Trennwänden zwischen Zellen und innerhalb von Zellen. Dazu
gehört auch die Frage, wie Viren in Zellen eindringen können
und wie bestimmte Proteine durch bestimmte Membranen hin-
durchtreten. Diese neue Forschungsrichtung hat inzwischen
den größten Teil der Abteilung für Zellbiologie erfaßt. Der
Genetiker kann bestimmte kleine Teile genetischen Materials,
etwa eines komplexen Organismus, auswählen und sie in einen
einfachen Organismus wie ein Bakterium einbauen, so daß ihre
Auswirkungen studiert werden können. »Die Auswirkung der
Rekombination von DNA führte zu dem vielleicht dramatisch-
sten Fortschritt, der auf dem Gebiet der Genetik in den letzten
Jahrzehnten stattfand«, heißt es in einer Informationsbroschüre

des EMBL. Die Anwendung solcher Techniken erfolgt in abge-
schirmten Bereichen, in denen Experimente unter großen Si-
cherheitsvorkehrungen durchgeführt werden.

Der erste Institutsdirektor Sir John Kendrew, Nobelpreisträger aus Cambridge, hat auf die besorgten Fragen der Öffentlichkeit mehr als einmal mit dem Hinweis geantwortet, daß der
zu erwartende Nutzen aus solchen Forschungen viel höher zu
veranschlagen sei als die Sorge, die Konsequenzen der Genetik
könnten von den Forschern letztlich nicht mehr beherrscht
werden. Sir John ließ erkennen, daß diese Forschungsrichtung
möglicherweise dazu beitragen könne, den Krebs zu besiegen
oder den Hunger in der Welt zu überwinden.

Als sich Sir John Kendrew im Frühjahr 1982 von dieser For-
schungsstätte und Heidelberg verabschiedete, sagte der Göttinger Nobelpreisträger und Direktor des ›Max-Planck-Instituts
für Biophysikalische Chemie‹, Professor Manfred Eigen: »Wir
müssen nicht alles realisieren, was wir können; aber wir müssen
so viel lernen, wie wir nur können, um herauszufinden, was
wir dürfen.« Damit wird von einer Wissenschaft, die sich die
zweite Hälfte dieses Jahrhunderts erobert hat (wie vor ihr die
Atomphysik die erste Hälfte), der alte Zweifel am Fortschritts-
streben der Menschheit erneuert, denn die da folgen sollen und
folgen wollen, sehen nicht, wohin der Weg führt, und sie sind
auch nicht mehr reingläubig genug, um nur das Gute davon zu
erwarten.

Zeugnisse der Zeit: Boxberg und Emmertsgrund

Vom Bierhelder Hof aus erreicht man jenseits der tief eingeschnittenen Waldsenke des Kühlen Grunds die Waldparksiedlung Boxberg, den älteren der beiden neuen Heidelberger
Stadtteile auf der Sonnenterrasse des westlichen Königstuhl-
hangs. Südlich schließt sich an ihn der Stadtteil Emmertsgrund
an, ein Gebiet, das bis zu den Weinbergen des Dachsbuckels
und des Dormenackerhofs an der Stadtgrenze reicht und dessen
Entwicklung noch nicht abgeschlossen ist.

Beide Stadtteile stellen Schöpfungen der Nachkriegszeit dar,
doch ist jeder von beiden aus einer anderen Situation heraus
entstanden. In der Ebene sind die alten Ortskerne der längst

eingemeindeten Dörfer Rohrbach und Kirchheim nur noch
schwer auszumachen. Diese Stadtteile führen zwar noch ein
gewisses Eigenleben, doch im wesentlichen prägt sie der städtische Integrationsprozeß. Von dieser Entwicklung setzt sich
nicht nur im räumlichen Sinne der weiter im Westen bei der
Autobahn erkennbare Stadtteil *Pfaffengrund* ab. Er entstand unmittelbar nach dem Ersten Weltkrieg in direkter Zuordnung zu
den benachbarten Arbeitsstätten. Er war nie als Stadtteil geplant, sondern sollte eine Siedlung inmitten von Gärten weit
vor der Stadt sein. Erst die in ihren Wirkungen nicht vorher-
sehbaren Zeiten haben den Pfaffengrund zu einem Stadtteil
werden lassen. 1928 wohnten dort draußen 1850 Menschen in
388 Wohnungen. Heute zählt der Stadtteil Pfaffengrund über
12 000 Einwohner.

Der Siedlungsgedanke wurde schon im Januar 1918 vom
Badischen Baubund geweckt. In Heidelberg aber propagierte
der Arbeitersekretär Christian Stock – der nach dem Zweiten
Weltkrieg von der Militärregierung als Ministerpräsident von
Hessen eingesetzt worden ist – anstelle der Gartenstadt-Genos-
senschaft eine Baugenossenschaft auf breitester gemeinnütziger
Grundlage:

> *»Hier gibt es keinen persönlichen Bauherrenwillen, sondern nur den
> Willen der Gemeinschaft ... Die Kleinsiedlung ist ein soziales Gebilde,
> bei dem das Einzelglied sich unterordnet und einreiht, genau wie in Ge-
> werkschaft, Partei und Betrieb. Aber hierin beruht auch der Stolz der
> Kleinsiedlung. Sie wird zum Ausdruck eines Gesamtwillens, zum Gleich-
> nis der Volksmasse und ihrer Macht ...«*

Diesen Eindruck vermittelt noch heute der alte Pfaffengrund,
der Kern dieses Stadtteils, den die ›Gemeinnützige Baugenossenschaft für Volks- und Kriegerheimstätten‹ ins Leben rief.
1927 gab sich diese Genossenschaft den Namen ›Neu-Heidel-
berg‹. Die Mitglieder nannten ihren Vorsitzenden Christian
Stock ›Vater des Pfaffengrunds‹. Sie bewahren aber auch bis
heute dem technischen Bürgermeister Dr. Richard Drach, der
die Pfaffengrund-Idee nachhaltig förderte, ein dankbares Gedenken. Trotz des Rückschlags, den die Inflation brachte, entwickelte sich das Siedlungsgebiet Pfaffengrund fort. 1930 kamen noch die Randsiedler hinzu, die kleine Doppelwohnhäuser

bauten. Auch die dreißiger Jahre formten noch am Pfaffen-grund, doch seine Daseinsberechtigung erwies dieses Stadtge-biet wohl am deutlichsten nach dem Zweiten Weltkrieg, denn dort ließ sich ohne Schwierigkeit die Stadtentwicklung wieder fortsetzen, weil hier billiges und leicht zu erschließendes Bau-land zur Verfügung stand.

Der elementare Unterschied des Boxbergs zum Pfaffengrund läßt sich nur mit einem technischen Begriff fassen: Verdichtung des Wohngebiets. Der Pfaffengrund umfaßt fast 90 Hektar Wohngebiet, der Boxberg nur rund 55 Hektar. Diese Fläche sollte ausreichen, um rund 6000 Menschen Wohnungen geben zu können. Im Jahre 1959, als sich die Stadt Heidelberg ent-schloß, das aus über 30 Hektar Wald und mehr als 20 Hektar Obstbaumwiesen bestehende Gelände der Bebauung zuzufüh-ren, wußten die Gemeinderäte, daß sie sich in ein Wagnis dop-pelter Art begaben. Das eine Wagnis war in der topographisch empfindlichen Stelle zu sehen, an der man die massierte Bebau-ung plante. Man achtete deshalb darauf, das Landschaftsbild nicht zu sehr zu stören. Der Waldrand blieb unangetastet. Der ins Baugebiet einbezogene Wald wurde nicht abgeholzt, son-dern parkartig umgewandelt. In die Flächen zwischen den Waldinseln setzte man mehrgeschossige Zeilenbauten sowie Punkt- und Hochhäuser. Sie hatten den grünen Mantel hochge-wachsener Buchen schon bei ihrer Errichtung um sich. Für das Wiesen- und Obstbaumgelände vor dem Waldrand sah man eine niedrigere Bauweise vor. Dort entstanden ein- bis zweige-schossige Häuser, während im Waldgebiet einzelne Bauten bis zu zwölf Geschossen aufragten.

Das zweite Wagnis, das der Gemeinderat mit dem Boxberg einging, hatte einen sozialen Charakter. Es sollten auch jene Bevölkerungskreise zu einer Mietwohnung oder zu Woh-nungseigentum gelangen, die mit irdischen Gütern nicht allzu reichlich gesegnet waren. Die Stadt Heidelberg wollte mit der Waldparksiedlung Boxberg einen Ausgleich der Gerechtigkeit in bester Form bewirken. Wenn man den Blick hinüber zum Pfaffengrund lenkt und sich vor Augen hält, daß es dort drau-ßen die ›kleinen Leute‹ selbst waren, die sich zusammenschlos-sen, um Wohnung und Heimat zu finden, so erkennt man deut-lich den Fortschritt, den der Boxberg darstellte und für den er als beispielhaft angesehen werden kann. Mit vierzig Jahren Abstand bot nun die Stadt selbst die Möglichkeit zum sozialen Ausgleich an, auch wenn sie sich dabei auf ein Abenteuer hinsichtlich der Sozialstruktur der Einwohnerschaft im Boxberg einließ. Doch zwanzig Jahre genügten, um den Boxberg vom kinderreichsten Stadtteil zu einem normal strukturierten werden zu lassen. Zwanzig Jahre reichten aus, um den Waldpark als dauerhaft zu erweisen und die Hangbebauung wieder grün werden zu lassen. Nach zwanzig Jahren ist der Boxberg schon ›Opas Stadtteil‹ mit Patina und überkommenen Verhältnissen, während sich südlich davon der Emmertsgrund noch mit Wuchsproblemen plagt.

Wäre das Jahrhundert der beiden Weltkriege nur in den baulichen Ausprägungen faßbar, die ihm vor allem im Westen und Süden Heidelbergs zuteil wurden, brauchte man lediglich auf Parallelen zu verweisen, die auch in anderen Städten aufzuzeigen wären. So aber wurde das Wesen der Stadt über Vordergründiges und rein Quantitatives hinaus von einem geistigen Wandlungsprozeß erfaßt, den man nicht anders als erregend nennen kann. Was sich auf dem Gebiete der Wissenschaft in traditioneller Weise aus dem 19. Jahrhundert heraus fortentwickelt hatte, wurde vom Ersten Weltkrieg jäh unterbrochen. Die Gelehrten spürten besonders deutlich, daß danach die Zeit eine andere geworden war. An die Stelle der Obrigkeit trat die republikanische Staatsform. Das Beispiel Friedrich Eberts zeigt, wie mühevoll und auch wie kläglich sich oft der Umgang der Deutschen mit der Demokratie gestaltete. Die Universität erfuhr und erlitt diese Gegensätze und versuchte sich mit ihren führenden Köpfen in den Strömungen der Zeit als standhaft zu erweisen. Ihr konnte niemand eine Wegweisung geben, im Gegenteil: Eine vom Krieg gebeutelte Generation versuchte, durch das Studium Wegmarken der kommenden Entwicklung zu gewinnen. Doch es wurde ihr mehr an Zweifeln zuteil als an Hoffnungen, denn nicht jeder fachlich hochqualifizierte Lehrer konnte ein Leuchtfeuer seiner Gegenwart sein.

Zahlreiche Gelehrte der Universität ragten noch aus der Vorkriegszeit herüber in die zwanziger Jahre, die nach politischer Orientierung verlangten. Da war es besonders schicksalhaft, daß gerade der Soziologe Max Weber (1864-1920) von der Bühne seines weit ausstrahlenden Wirkens abtrat und daß damit die Antworten ausfielen, von denen man hätte hoffen können, auf ein durchdachtes Ziel gewiesen zu werden. Zwei andere Gelehrte stellten sich der politischen Herausforderung der zwanziger Jahre und versuchten ein in dieser Hinsicht richtunggebendes Wirken zu entfalten. Dies war zum einen der Psychologe Willy Hellpach, der es – wir hörten es schon – bis zum badischen Staatspräsidenten gebracht hat. Hellpach, der sich mit Völkerpsychologie und als Sozialpsychologe mit den Großstadtmenschen beschäftigte, hat sich oft selbst gefragt, wie die deutsche Entwicklung wohl verlaufen wäre, wenn er die Möglichkeit des steuernden Eingriffs als Reichspräsident besessen hätte. Auch sein Zeitgenosse Gustav Radbruch (1878-1949), der aus Lübeck stammende Jurist, versuchte zur Festigung des demokratischen Gedankens nach Kräften beizutragen. Er war Reichstagsmitglied und während der zwanziger Jahre auch einmal Reichsjustizminister. Wo republikanisches Wesen ins Zwielicht zu geraten drohte, war Gustav Radbruch mit klärenden Worten zur Stelle und suchte Entscheidungen von der Idee der Volkssouveränität her verständlich zu machen. Ebenfalls an politischen Strukturen interessiert war der Staatsrechtler Gerhard Anschütz (1867-1948), der seit dem Jahre 1900 in Heidelberg über öffentliches Recht las. Er versuchte mit dem gelehrten Bemühen um die Erkenntnis der juristischen Wahrheit die politische Gesittung zu prägen und gemeinsam mit den bereits genannten Wissenschaftlern und mit dem in dieser Hinsicht noch zu erwähnenden Walter Jellinek (1885-1955) eine aufrechte Haltung zu bewahren.

Diese über ihre Wissenschaft hinaus politisch engagierten Professoren wirken im Rückblick wie die Signalgeber jener Verpflichtung, die Friedrich Gundolf mit den Worten ›Dem lebendigen Geist‹ an die Neue Universität schreiben ließ. Mehr oder weniger wurden alle, die sich in akademischer Weise um die Jugend mühten, während der zwanziger Jahre in den Strudel der Auseinandersetzungen zwischen den politischen Extremen verstrickt. Mehr oder weniger versuchten sie Rat und Hilfe zu geben. Doch dem politischen Fanatismus, der sich aus den Nachkriegsfolgen, dem wirtschaftlichen Niedergang, aus

Arbeitslosigkeit, Judenhaß und nationalem Zukunftswahn zu entwickeln begann, begegnete man höchstens mit Abscheu, nicht aber mit den Mitteln der Entschiedenheit, die ihm gemäß gewesen wären. Vor dieser Zeit gingen namhafte Gelehrte dahin: 1921 Leo Königsberger, der Mathematiker, 1924 der Physiker Georg Hermann Quincke oder 1923 der Nationalökonom und Kulturhistoriker Eberhard Gothein. Andere aber sahen das Unheil auf sich zukommen, ohne ihm mit ihren geistigen Mitteln nachhaltig steuern zu können. Da muß zuvorderst der Psychiater und Philosoph Karl Jaspers genannt werden, auf den sich viele der später Verfolgten und Entrechteten als ihren Lehrer in Dankbarkeit berufen haben. Die jüdischen Gelehrten Carl Neumann und August Grisebach (beide Kunsthistoriker) sowie Friedrich Gundolf und Max Freiherr von Waldberg (beide Literarhistoriker) sahen die Bedrängnisse und keinen Ausweg. Schon nach sechs Jahren wissenschaftlicher Tätigkeit verließ der Archäologe Ludwig Curtius wieder Heidelberg. Sein Kollege Friedrich Carl von Duhn, den die Heidelberger wie einen Patriarchen verehrten, schloß im Jahr 1930 hochbetagt die Augen. Manche Professoren gingen in die Emigration, wie etwa Karl Geiler, der Jurist und spätere Ministerpräsident des Landes Hessen, oder sie verließen Deutschland, um vom Ausland her den Benachteiligten Beistand zu leisten, wie Alexander Rüstow, der Soziologe, der Nachfolger Alfred Webers auf dessen Lehrstuhl geworden war. Innerem Widerstand im Geiste verschrieb sich der Marianne-Weber-Kreis während der schlimmen Jahre und gab dadurch den Verzweifelten wieder Mut, den Verzagten wieder Kraft und den Hoffnungslosen wieder Zuversicht. Man darf diese Zusammenkünfte von geistig sehr hoch gegriffener Prägung als Rettungsversuche des Heidelberger Wesens in verdüsterten Jahren ansehen. An die Stelle der Universität, die keine geistige Heimstatt mehr bieten konnte, trat ein kleiner Kreis geistig Verpflichteter, der sich aus eigenem Schutzbedürfnis elitär verhielt, dadurch aber unverkrampft jene wissenschaftliche Wegweisung durchhalten konnte, die den Hungrigen wie Brot, den Dürstenden wie ein frischer Trank vorkam. Doch jeder, der diesem Kreis zugeführt wurde, war sich der Tatsache bewußt, daß er auf unbestimmte Dauer von dieser ›eisernen Ration‹ bewahrter Geistigkeit zu

leben hatte. Als sich die Universität 1945 aufs neue erhob, war
ein Stück ihrer Verpflichtung auch von diesem stillen Kreis
überliefert worden.

Zu solchen Verhältnissen und Zeiten führt längst kein Weg
mehr zurück. Mit dem Kriegsende und dem demokratischen
Neubeginn trat Heidelberg in veränderte Strukturen ein. Die
romantische Universitätsstadt, die während des Krieges (mit
allen eingemeindeten Vororten) an die 80 000 Einwohner
zählte, wurde von einem Tag auf den anderen zur Großstadt,
ohne dazu innerlich gerüstet zu sein. Ende September 1946
belief sich die Einwohnerzahl Heidelbergs auf 112 000. In dieser
Zahl waren bereits über 12 000 Ostflüchtlinge enthalten. Da die
amerikanischen Streitkräfte die Stadt zu ihrem Hauptquartier
ausersahen, mußte Heidelberg nun auch noch eine ständig
wachsende Zahl von Armeeangehörigen und deren Familien
aufnehmen. Aber nun war das unzerstörte Alt-Heidelberg
plötzlich für alle zu klein, zu eng, zu altertümlich geworden.
Neue Zeiten, neue Entwicklungen forderten neue Ideen und
neue Möglichkeiten. Das Wesen der Stadt geriet in höchste
Gefahr.

Die Oberbürgermeister der Nachkriegszeit erfuhren
schmerzlich die Konsequenzen aus dem Glück, einer äußerlich
heil gebliebenen Stadt vorzustehen, denn sie mußten das überlieferte Erbe gegen den Drang der unbekümmerten wirtschaftlichen Prosperität verteidigen. Diesem ideellen Auftrag, der
nirgendwo niedergeschrieben war, wurden die Stadtoberhäup-
ter Dr. Hugo Swart (1946-1952), Dr. Karl Neinhaus (1952-
1958), der auch Präsident des Baden-Württembergischen Landtags war, und vor allem Robert Weber (1958-1966) gerecht.
Robert Weber sah sich vor die Aufgabe gestellt, die durch man-
nigfache Baugebiete erweiterten Stadtteile ins Stadtganze zu
integrieren und dafür die nötige Infrastruktur zu schaffen, zugleich aber zwischen den ehemaligen Vororten und dem Stadt-
kern eine Zone des atmenden Grüns zu erhalten. Von Robert
Weber wurde die Universität zum Bekenntnis gedrängt, wie sie
es künftig mit ihrem Standort zu halten gedenke. Es fiel die
bekannte Entscheidung, die Geisteswissenschaften im Traditionsbereich zu belassen, die Medizin und die Naturwissenschaften jedoch ins Neuenheimer Feld zu verlagern. Oberbür-

germeister Reinhold Zundel (seit 1966) wurde zum Vollender des so Begonnenen und zugleich zum Steuermann der Stadtgeschicke über die Studentenunruhen der ausgehenden sechziger Jahre und der danach einsetzenden politischen und wirtschaftlichen Veränderungen hinaus.

In dieser Zeit wurde der Heidelberger Süden am stärksten den Veränderungen unterworfen. Mit der Baugebietserschließung *Hasenleiser* am südlichen Ortsrand von Rohrbach wurde zugleich die Gründung eines neuen Industrie- und Gewerbegebietes an der Gemarkungsgrenze gegen Leimen hin verbunden. Wenn es auch den Anschein hatte, als würde damit das Prinzip des Pfaffengrunds nach fast fünfzig Jahren noch einmal wiederholt – Wohngebiet und Arbeitsstätten in unmittelbarer Nachbarschaft – so kam hier doch noch eine weitere Absicht hinzu: die Entlastung der Innen- und Altstadt von störenden Handels- und Gewerbebetrieben. In ähnlicher Nachbarschaft zu diesem Gewerbegebiet Rohrbach-Süd, nur hangaufwärts gelegen, entwickelte sich seit 1967 auf einer Fläche, die mit 60 Hektar etwa so groß wie die des Boxbergs war, das ›Demonstrativbauvorhaben‹ *Emmertsgrund*.

Progressiv und demonstrativ, die Gemüter bis zur wilden Leidenschaft erhitzend und sich aus einer Gründungseuphorie mit kaum zu bremsender Eigengesetzlichkeit entwickelnd, präsentierte sich zum Ende der sechziger Jahre die Planung für den Emmertsgrund. Hier wurde tatsächlich nach allen Regeln der Kunst geplant, in der Hoffnung, mit dem Äußersten an Wissensanwendung auch ein Höchstmaß an städtebaulichem Erfolg zu garantieren. Es wurde ein Lehrstück daraus, dessen Bühnenfassung noch auf sich warten läßt. Dabei stand die Literatur zumindest während der Gründung Pate: Alexander Mitscherlichs Buch von der Unwirtlichkeit der Städte. Hier wurde der Verfasser der theoretischen Betrachtung zur Bewährung in der Wirklichkeit gebeten. Diesem Ruf entzog sich der zuerst in Heidelberg, dann in Frankfurt am Main lehrende Sozialpsychologe und Psychiater nicht. Leider resignierte Mitscherlich auf der halben Strecke der Entwicklung. Sein Anliegen war es gewesen, die ›unterprivilegierten Minoritäten‹, die Ehefrauen und Mütter, die Kinder und alten Leute, besser berücksichtigt zu sehen. Vor allem aber sollte die Siedlung bei verdichteter Bauweise und bei Ausstattung mit den erforderlichen öffentlichen Einrichtungen ein Eigenleben führen können. Der Begriff der ›Schlafstadt‹ schreckte damals alle Städteplaner.

Bebauungsvorschläge für den Emmertsgrund arbeiteten von 1968 an sechs Architektengruppen aus. Eine Gutachterkommission unter der Leitung von Oberbürgermeister Zundel entschied sich für den Vorschlag des Münchner Architektenteams Professor Angerer und Freiherr von Branca. Die Münchner Architekten hatten als Hauptmerkmal eine parallel zum Hang längs durch das gesamte Stadtgebiet sich hindurchziehende Fußgängerachse entwickelt, an der sich mehrere Straßenräume und platzartige Erweiterungen ergaben und die auch die meisten Wohngebäude erschloß. In Riegel- oder Winkelbauweise wurden die bis zu fünfzehn Geschossen sich auftürmenden Häuser dieser Haupterschließung für die Fußgänger so zugeordnet, daß die niedrigeren Gebäude hangabwärts lagen, die Hochbauten sich indessen oberhalb von der Fußgängerachse gegen den Wald hin erhoben. Terrassenhäuser und freistehende Einfamilienhäuser bildeten die Randbebauung des Gebiets. Das strenge Konzept hat sich im Laufe von mehr als zehn Jahren nicht planungsgetreu durchhalten lassen, ist jedoch in seinen wesentlichen Gedanken und Elementen verwirklicht worden.

Anders als im Boxberg, wo man die kleinen, nahen Räume mit viel Grün um die Punkthäuser schätzte, trat man im Emmertsgrund für den weiten Blick in die Ebene ein. Überzeugend und wegweisend zugleich wirkte die konsequente Trennung von Fußgänger- und Fahrzeugverkehr. Niemand ist gezwungen, eine Fahrstraße direkt und ungesichert zu überqueren. Die ›Wechsel‹ der Fußgänger sind grundsätzlich andere als die ›Bahnen‹ der Autofahrer. Die parkenden Autos, die jahrelang den Boxberg verstopften, verwies man hier sofort in Tiefgaragen unter den Wohngebäuden.

Abgesehen vom Olympiadorf zu München, machte Heidelberg mit dem Emmertsgrund besonderes Furore durch den eindeutigen Abschied von der Müllbeseitigung herkömmlicher Art. Der Müll wird auf pneumatische Weise über große Leitungsrohre aus Wohnungen und Häusern abgesaugt und einer Zentrale zugeführt, wo sich der Abfall in Containern verdichten läßt, ehe er dem Kompostwerk zugeführt wird.

Sucht eine Stadt gegenwärtigen Bedarfsansprüchen gerecht zu werden und dabei zugleich Perspektiven im Hinblick auf ihre Zukunft zu gewinnen, so kann sie nicht immer auf den Beifall der Zeitgenossen rechnen. Demzufolge hatte es der Boxberg schwer, sich gegen die abwertenden Urteile der übrigen Bevölkerung durchzusetzen. Inzwischen weiß in Heidelberg jedermann: Der Boxberg ist besser als sein Ruf. Auch die Sozialstruktur der 5800 Bewohner, die in 1500 Geschoßwohnungen, 51 Terrassenhäusern und 146 Einfamilien-Reihenhäusern zu Hause sind, hat sich erheblich verbessert. Nicht einmal die Dauer einer Generation war vonnöten, um eine Normalisierung der Verhältnisse herbeizuführen. Nun hat sich, zeitlich versetzt, der Emmertsgrund mit dem gleichen Phänomen des Gewöhnungsprozesses auseinanderzusetzen. Dies artikuliert sich so: »Der Boxberg ist noch ausgewogen, er erdrückt niemanden, weder die Bewohner, noch die Betrachter.« Ohne daß vom Emmertsgrund die Rede ist, weiß jeder Kenner, daß diese Formulierung nur mit Blick zum Emmertsgrund gewählt sein kann. Allerdings hat es der Emmertsgrund mit seinem unbedingten Massierungsprinzip in den Augen der Kritiker schwerer als der Nachbarstadtteil, dessen Einzelbauformen im Grünen wesentlich mehr konservative Grundelemente enthalten. Noch anfangs der siebziger Jahre nahm man an, daß dieses Stadterweiterungsgebiet im Süden die Initiative und finanzielle Kraft der Stadt bis zum Jahrhundertende in Anspruch nehmen werde. Doch bevor noch der Emmertsgrund zur Hälfte gediehen war, sah sich fast die gesamte Rathausmannschaft vom Abenteuer der Altstadterneuerung in Anspruch genommen. Für den Emmertsgrund blieb die Gutachterkommission bestehen. Sie begleitete die bauliche Fortentwicklung des Stadtteils mit intensiver Beratung und schuf auf diese Weise die Grundlagen dafür, daß sich die Planung im einzelnen den neuen Erkenntnissen der Experten, den Forderungen der Bauträger und den Änderungswünschen der Bewohner anpassen konnte. Aber noch auf Jahre hinaus wird das Wohngebiet Emmertsgrund damit beschäftigt sein, die Theorie der sozialpsychologischen Erkenntnisse mit der Praxis des politisch geprägten Gemeinschaftslebens in Übereinstimmung zu bringen.

Zur Jahrhundert-Aufgabe Heidelbergs wurden nicht die neuen Stadtteile; die Jahrhundert-Aufgabe bot vielmehr der älteste Teil der Stadt an. So kehrt auch unsere Betrachtung nach einem ausgiebigen Rundblick vom modernen Heidelberger Süden wieder zur Altstadt zurück.

Auch wenn man schon früher, etwa im Jahre 1935 und danach wiederholt aus Anlaß bestimmter Veränderungen über eine durchgreifende Verbesserung der Altstadtverhältnisse nachgedacht hat, ergab sich erst mit dem Beginn der siebziger Jahre die unabweisbare Notwendigkeit, aus ästhetischen Gesamt- und Detailbetrachtungen, lokalpatriotischen Beschwörungen, oppositionellem Dauergerede und wissenschaftlichen Bedenklichkeiten in die praktische Stadterneuerung einzutreten, um der Wahrheit und der Wirklichkeit während der Arbeit auf die Spur zu kommen. Dieser Prozeß fiel zeitlich mit der dauerhaften Etablierung der Universität in der Altstadt zusammen, so daß streckenweise das Land Baden-Württemberg bzw. die Universität wesentliche Sanierungsleistungen vorgab, die dann im Gesamtkonzept besondere Akzente darstellten. Ein Planungsbüro lieferte Altstadtfakten und Planungsgrundlagen. Der als beratendes Begleitgremium gebildete Altstadtbeirat rang sich in öffentlichen Sitzungen zu sorgsam erwogenen Sanierungszielen und den sich daraus ergebenden Verfahrensweisen durch. Wahrscheinlich wird einmal die Frage, aus welchen Quellen sich die Altstadterneuerung in finanzieller Hinsicht gespeist hat, ein hochinteressantes Dissertationsthema zum Ende dieses Jahrhunderts werden. Mit Akrobatik hatte dieses Bemühen um Sicherung der Finanzgrundlagen kaum etwas zu tun, dafür um so mehr mit ständiger politischer Wachsamkeit und sorgsamer Beachtung der durch die einschlägigen Gesetze gegebenen Möglichkeiten.

Von solchen Sorgen hielten sich jene Gruppen weitgehend frei, die der Altstadterneuerung ein überwiegend ästhetisches Interesse entgegenbrachten. Die Vielfalt solcher Teilnahme erstreckte sich bis zu einer speziellen Arbeitsgruppe der deutschen UNESCO-Kommission. Heidelberg wurde immer wieder zum Objekt mißvergnügt mahnender Betrachtungen, obwohl es vom Prinzip her dazu keinen Anlaß bot. Sie wurden des öfteren wider besseres Wissen begierig aufgegriffen, so daß sich die städtischen Kräfte in permanente Abwehr von Behauptungen und Unterstellungen verstrickt sahen, statt sich der eigentlichen Erneuerungsaufgabe zuwenden zu können.

Vieles, was die Tage damals erregte, ist schon vergessen. Das Projekt TRANSURBAN ruft bei den Kundigen nur noch ein Schmunzeln hervor. Dahinter steckte die faszinierende Idee, ein unterirdisches Nahverkehrssystem mit Hilfe der geräuschlosen Magnetschwebetechnik zu installieren. Heidelberg ist ohne eine solche Attraktion geblieben – und von der Straßenbahn in der Hauptstraße hat die Stadt trotzdem Abschied genommen. Versuchsweise sollte die doppelgleisige Bahn aus der engen Mitte der Altstadt herausgenommen werden. Dem Versuch war Dauer beschieden. Wo einst die Straßenbahnen entlangdonnerten, flanieren heute die Menschen in einer der längsten und zu jeder Zeit jugendlich belebten Fußgängerzonen Europas.

Es sind, während Heidelberg das Wagnis der Altstadtregenerierung unter einem Sperrfeuer politisch motivierter Anfechtungen auf sich nahm, auch an anderen Orten Konservierungsvorschläge für unzerstörte, historisch bedeutsame Städte entwickelt worden. Es gab die Tripel-Allianz der Städte Lübeck, Bamberg und Regensburg, die viel öffentliches Wohlwollen auf sich ziehen konnte, während Heidelberg unter ›Medienbeschuß‹ lag. Zu Beginn der achtziger Jahre darf man eine Zwischenbilanz ziehen: Heidelberg ist noch lange nicht am Ende seiner Bemühungen, doch es empfängt inzwischen offizielle Besuchsdelegationen aus Venedig und aus Regensburg und von anderen Orten, die hier ›Altstadtsanierung‹ studieren. Dabei interessiert nicht so sehr die Problematik des Denkmalschutzes als vielmehr die Frage der Verkehrsberuhigung oder das Nachforschen, wie man den öffentlich geförderten Wohnungsbau in die Erneuerung einer historischen Altstadt zu integrieren vermag. Tiefgaragen und Erleichterungen für Behinderte, Sozialrahmenpläne für Quartiererneuerungen und Nutzungskonzeptionen für Räume historischen Zuschnitts – all das ist inzwischen Heidelberger Alltag und auch ein wenig bestaunte Wirklichkeit geworden. Denn es ist ja nicht so, als präge alle, die an diesem Werk Anteil nehmen, die Selbstgewißheit.

»Was sich in Erneuerungstaten ausdrückt, ist Wegsuche«, sagt Heidelbergs Baudezernent, Erster Bürgermeister Dr. Karl Korz. Jede Entscheidung, um die städtische Gremien ringen, sucht Antwort inmitten vieler Zweifel: Welche Faktoren des innerstädtischen Lebens werden die Zukunft Heidelbergs prägen? Es muß sich solche Wegweisung nicht unbedingt in vielen dicken Büchern finden lassen. Bewiesene Existenz vermag viel an beispielgebender Kraft zu vermitteln. Denn blickt man auf Heidelberg als Ganzes, dann schält sich inmitten der heterogenen Strömungen der Gegenwart doch immer mehr die Erkenntnis heraus, daß diese Stadt an ihrem geschichtsbedingten Auftrag festzuhalten hat, ein gestaltgewordener Katalysator der geistigen Schmelzprozesse zu sein. Das Wort von der ›Weltoffenheit‹, das allzu leicht als touristische Werbefloskel gebraucht wird, meint im Grunde nichts anderes als den Hinweis, hier auf die geläuterten Gedanken treffen zu können, die in der Welt morgen und übermorgen gedacht werden. Das muß sich ausdrücken: in Studentenzahlen gewiß, obwohl von der Quantitätsbewältigung das Heil nicht zu erwarten sein wird. Es muß sich ausdrücken in den räumlichen Verhältnissen, die dort, wo es wichtig ist, auch der geschichtlichen Bezüge nicht entbehren. Und es muß sich ausdrücken in der Stadtgestalt, um die Tag für Tag unter dem Gesichtspunkt zu ringen ist, daß künftig die Wertfindung wieder gleich wichtig neben die Nutzanwendung gesetzt werden wird, so daß auf diese seit eh und je bewährte Weise das Leben in der natürlichen Balance bleibt.

Wie Heidelberg die Zeitimpulse der Vergangenheit aufnahm, sich anverwandelte und weitergab, haben wir bei dieser Stadtbetrachtung wahrgenommen. Nun aber – zum Schluß – erkennen wir deutlicher als nur im Schimmer einer Hoffnung: Diese so unerhört dynamische, von geistigen Kräften erfüllte und vom Atem des Lebens durchwehte Stadt kann soviel gefestigter Orientierung gewiß sein, daß auch ihre Zukunft Verbindlichkeit über die eigenen Grenzen hinaus gewinnen wird. Die Großstadt Heidelberg holt sich selbst ein, um ihre Zahlen und Maße aufs neue mit den Werten der Bedeutung zu erhöhen.

Nachwort des Verfassers

Wer ein Stadtbuch zustande bringen will, bedarf mancher Helfer, denn einer allein übersieht wohl kaum all jene Verflechtungen und Beziehungen, Einflüsse und Gegebenheiten, die einen kommunalen Organismus ausmachen. So haben sich auf dem Weg zu diesem Buch hin etliche Heidelberger in die Spur der Gedanken eingefügt, haben den Verfasser auch eine Strecke des Wegs begleitet, um ihm manches Wissen, manche Erkenntnis und Beurteilung anzuvertrauen. Diesen Freunden und Begleitern für die übermittelten Anregungen Dank zu sagen, ist dem Verfasser ein herzliches Bedürfnis.

Hervorzuheben bleibt die Mitarbeit, deren sich die Kollegen des Verfassers aus dem Stadtarchiv befleißigten. Über zwei Jahre hinweg waren sie mit unermüdlicher Hilfeleistung am Zustandekommen des Buches so intensiv beteiligt, daß das Manuskript fast den doppelten Umfang annehmen konnte. Wenngleich die gestraffte Fassung wesentliche Vorteile im Hinblick auf Lesbarkeit und Übersichtlichkeit aufweist, so hat der Verfasser doch seinen unmittelbaren Helfern in kollegialer Weise zu danken. Stadtarchivar Karl Berchthold und Dr. Ulrich Wagner samt ihren Mitarbeitern und die Damen des Sekretariats, Frau Ingrid Bühler und Frau Gabi Floder, haben sich in selbstloser Weise um die Bewältigung der Manuskripte verdient gemacht.

Daß Oberbürgermeister Reinhold Zundel den Verfasser inmitten mancher dienstlichen Bedrängnisse immer wieder dazu ermunterte, am gefaßten Vorhaben festzuhalten und in der Arbeit nicht nachzulassen, erwies sich als eine nicht gering zu schätzende Hilfe. So ist im Zusammenwirken mit Dezernenten und Amtsvorstehern, Bibliothekaren und Archivaren, Redakteuren und Heimatpflegern schließlich doch zustande gekom-

men, was zu Beginn ein aussichtsloses Unterfangen zu sein
schien. Was so mancher, der sich wissenschaftlich betätigte, in
dieser Stadt schon erfahren hat, bewährte sich auch hier: Der
geistigen Bemühung ist kaum eine Schranke gesetzt; dem ideellen Wirken wird herzliche Ermunterung zuteil. So hofft der
Verfasser, daß die Freunde Heidelbergs dieses Buch gerne annehmen und zu einem Begleiter durch die manchmal nur wenig
bekannte Stadt machen mögen. Am Ende des Ganges durch
Heidelberg wird jeder Kenner wissen, was er vermißte. Dennoch besteht die Hoffnung, inmitten rasch wechselnder Zeitku-
lissen das Dauerhafte an Heidelberg erfaßt und für eine Weile in
Gültigkeit fixiert zu haben.

Zu den Farbtafeln und Illustrationen

Dieses Heidelberg-Buch stützt sich nicht in der üblichen Weise
auf die oft gesehenen und immer wieder veröffentlichten traditionellen Stadtansichten vornehmlich des 19. Jahrhunderts.
Vielmehr stellt es im Künstlerischen und Illustrativen beispiel-
gebende Proben des Werks von Heinz Michel vor. Der 1903 in
München geborene und 1972 in Heidelberg gestorbene Künstler ist in Heidelberg, wo er seit 1938 wohnte und arbeitete,
nahezu unbekannt geblieben. Erst die Heidelberger Rathaus-
ausstellung von 1981 hob posthum Heinz Michels Liebe zu der
Stadt, in der er lebte, mit etwa achtzig Werken seines malerischen Œuvres hervor. Ein Jahr früher war die Familienantholo-
gie ›Und neue Liebe sprach in mir zur Erde‹ im Sigmaringer
Verlag Jan Thorbecke erschienen. In ihr sind neben Texten des
Vaters Wilhelm Michel (Hauptwerk: eine große Hölderlin-
Biographie) und literarischen Bekundungen anderer Familien-
angehöriger Proben des künstlerischen Schaffens von Heinz
Michel aus allen Phasen seines Lebens zu finden.

Hier können nur wenige seiner Blätter in Reproduktion wiedergegeben werden und auch nur solche, die sich auf Heidelberg beziehen und die Stadt zum Inhalt haben. Dennoch wird
aus den farbigen Bildbeigaben die künstlerische Entwicklung
deutlich werden: Sie führt von der zart kolorierten Tuschzeichnung über das lichterfassende großflächige Aquarell bis zur
kraftvoll farbigen Dramaturgie von Heidelberg-Ansichten in

der Spätphase des Schaffens, die man so noch nicht erleben konnte. Die in den Text eingeblendeten, meist lavierten Zeichnungen legen das graphische Talent Heinz Michels offen. Da der Künstler bereits 1972 starb, können diese Zeichnungen nicht die Veränderung des Stadtbilds in den vergangenen zehn Jahren erfassen. Für den Heidelberg-Kenner wird die Möglichkeit des Rückblicks auf diese Weise um so reizvoller sein.

Der Verlag dankt Frau Katharina Michel (Heidelberg) herzlich dafür, daß sie den künstlerischen Nachlaß ihres Mannes öffnete und mit großer Bereitwilligkeit die auf Heidelberg bezogenen Bildmotive zur Verfügung stellte.

Die Vorlagen für die im Bildteil Seite 305 bis 324 wiedergegebenen Abbildungen überließen dankenswerterweise das Kurpfälzische Museum der Stadt Heidelberg, das Stadtarchiv Heidelberg, das Universitätsarchiv, die Landessternwarte Königstuhl und die Familie Kopff. Die Grundrisse auf Seite 541 werden der Werbeagentur Striegel in Heidelberg, die Pläne auf den Seiten 90, 212, 257, 285, 294, 386 und 542/543 Peter Langemann in München verdankt. Die Wiedergabe des Stadtplans erfolgt mit freundlicher Genehmigung des Verkehrsvereins Heidelberg e. V.

Anhang

Im Jahre 1901 wurden Nobelpreise zum ersten Mal verliehen. Seitdem ist diese höchste wissenschaftliche Ehrung neun Heidelberger Forschern und Gelehrten zuerkannt worden:

Philipp Lenard	1905	Physik
Albrecht Kossel	1910	Physiologie
Otto Meyerhof	1922	Physiologie
Carl Bosch	1931	Chemie
Friedrich Bergius	1931	Chemie
Richard Kuhn	1938	Chemie
Walther Bothe	1954	Physik
Hans Daniel Jensen	1963	Physik
Georg Wittig	1979	Chemie

Mitunter wird auch Rudolf Moeßbauer (1961, Physik) zu den Heidelberger Laureaten gezählt, denn die durch den Nobelpreis gewürdigte Entdeckung, der Moeßbauer-Effekt, gelang ihm im Heidelberger Max-Planck-Institut für Kernphysik.

Bedeutende Wissenschaftler an der Universität Heidelberg

Eine Auswahl mit den Jahren ihres Wirkens
und ihrer Fachrichtung

19. JAHRHUNDERT

Theologie

Daniel Ludwig Wundt	bis 1805	Kirchenhistoriker
Karl Daub	1795-1836	Katechetik und Dogmatik
Heinrich Eberhard	1811-1844	Theologie und Orientalische Sprachen
Gottlob Paulus Richard Rothe	1837-1849, 1854-1867	Praktische Theologie und Dogmatik
Johannes Weiß	1863-1914	Neues Testament

Philosophie

Philipp August Boeckh	1807-1811	Altertumswissenschaften
Johann Heinrich Voß	1805-1826	Ehrenpensionär des Groß-herzogs
Heinrich Voß	1806-1822	Philosophie und Klassische Philologie
Friedrich Creuzer	1804-1845	Philologie
Joseph von Görres	1806-1808	Philosophie, Ästhetik und Poesie
Georg Friedrich Hegel	1816-1818	Philosophie
Friedrich Christoph Schlosser	1819-1861	Geschichte
Ludwig Häusser	1840-1867	Geschichte; Mitglied der Zweiten Kammer des Badi-schen Parlaments 1847-50 und ab 1860
Georg Gottfried Gervinus	1830-1835, 1844-1853	Geschichte; mit Häuser und Mittermaier Mitbegründer der ›Deutschen Zeitung‹ (seit 1847)
Wilhelm Wattenbach	1862-1873	Geschichte
Heinrich von Treitschke	1867-1874	Geschichte
Bernhard Erdmannsdörfer	1874-1901	Neuere Geschichte
Kuno Fischer	1850-1853, 1872-1907	Geschichte der Philosophie

Erwin Rohde	1886-1898	Klassische Philologie
Ernst Troeltsch	1894-1915	Philosophie
Henry Thode	1893-1911	Kunstgeschichte (Erster Lehrstuhl dieses Faches)
Philipp Wolfrum	1884-1919	Musikwissenschaft

Jurisprudenz

Anton Friedrich Justus Thibaut	1805-1840	Romanistischer Dogmatiker, Begründer der historischen Rechtsschule, forderte 1814 »allgemeines bürgerliches Recht für Deutschland«
Arnold Heise	1804-1814	Systematiker des Zivilrechts
Christoph Martin	1805-1816	Prozeßrecht
Johann Ludwig Klüber	1807-1817	Öffentliches Recht und Staatsrecht
Karl Salomo Zachariä	1807-1843	Kirchen-, Staats- und Lehnsrecht, Allgemeine Staatslehre
Karl Adolf von Vangerow	1840-1870	Pandektenrecht
Robert von Mohl	1847-1861	Staatsrecht
Johann Kaspar Bluntschli	1861-1881	Allgemeine Staatslehre
Karl Josef Anton Mittermaier	1821-1867	Strafrecht; politisch und publizistisch tätig
Sigmund W. Zimmern	1821-1826	Rechtsgeschichte, Römisches Recht
Eduard Zachariä von Lingenthal	1836-1845	Rechtsgeschichte
Ernst Immanuel Bekker	1874-1916	Römisches Recht

Naturwissenschaften

(ursprünglich zur Philosophischen Fakultät gehörend, jedoch seit 1890 selbständige Fakultät)

Gustav Robert Kirchhoff	1854-1875	Physik; mit Bunsen zusammen Entdecker der Spektralanalyse
Robert Wilhelm Bunsen	1852-1898	Chemie
Hermann von Helmholtz	1858-1871	Physiologie, Optik, Akustik (Entdecker des Augenspiegels)
Victor Meyer	1889-1897	Chemie

Medizin

Franz Karl Nägele	1807-1851	Geburtshilfe, Direktor der Entbindungsanstalt
Leopold Gmelin	1817-1853	Stoffwechselchemie, Chemische Physiologie; Vorgänger Bunsens
Friedrich Tiedemann	1815-1849	Anatomie und Physiologie
Maximilian Joseph von Chelius	1818-1864	Chirurgie und Ophthalmologie
Gustav Simon	1867-1876	Chirurgie (Gynäkologie); Operationen der Niere und der Milz
Vinzenz Czerny	1877-1906	Chirurgie, Beginn der operativen Krebsbekämpfung
Adolf Kußmaul	1855-1859	Innere Medizin
Nikolaus Friedreich	1858-1882	Innere Medizin, Pathologie
Karl Gegenbaur	1873-1901	Vergleichende Anatomie
Wilhelm Erb	1865-1880	Innere Medizin, Neurologie

IM ERSTEN DRITTEL DES 20. JAHRHUNDERTS

Theologie

Martin Dibelius	1915-1947	Neues Testament
Hans von Schubert	1906-1931	Kirchengeschichte

Philosophie

Wilhelm Windelband	1903-1915	Philosophie
Heinrich Rickert	1916-1936	Philosophie
Karl Jaspers	1914-1937	Philosophie
Erich Marcks	1901-1907	Geschichte
Karl Hampe	1903-1934	Geschichte
Hermann Oncken	1907-1923	Geschichte
Friedrich Panzer	1919-1936	Germanistik
Friedrich Carl von Duhn	1890-1930	Archäologie
Ludwig Curtius	1922-1928	Archäologie
Max Weber	1898-1919	Nationalökonomie
Eberhard Gothein	1904-1923	Nationalökonomie
Friedrich Gundolf	1911-1931	Literaturgeschichte
Johannes Hoops	1896-1949	Anglistik
Carl Neumann	1911-1928	Kunstgeschichte
August Grisebach	1930-1937, 1946-1950	Kunstgeschichte

Otto Schoetensack	1904–1912	Ur- und Frühgeschichte (Homo heidelbergensis)
Emil Lederer	1912–1931	Soziologie; Staatswissenschaft
Alfred Weber	1907–1958	Nationalökonomie; Kultursoziologie
Willy Andreas	1923–1964	Geschichte
Willy Hellpach	1926–1955	Sozialpsychologie (Badischer Staatspräsident)

Jurisprudenz

Georg Jellinek	1891–1911	Staatsrechtslehre
Otto Gradenwitz	1909–1935	Römisches Recht
Gerhard Anschütz	1900–1908, 1916–1933	Öffentliches Recht
Karl Heinsheimer	1903–1929	Zivilrecht
Heinrich Mitteis	1924–1934	Rechtsgeschichte
Gustav Radbruch	1926–1949	Strafrecht (1921/22 und 1923 Reichsjustizminister)
Walter Jellinek	1929–1955	Staatsrechtslehre
Karl Geiler	1921–1939, 1945–1953	Internationales Recht (Hessischer Ministerpräsident 1945/46)

Naturwissenschaften

Theodor Curtius	1898–1926	Chemie
Karl Freudenberg	1926–1956	Chemie
Wilhelm Salomon-Calvi	1901–1934	Geologie
Otto H. Erdmannsdörfer	1926–1950	Mineralogie, Petrographie
Georg Hermann Quincke	1875–1924	Physik
Philipp Lenard	1896–1898, 1907–1931	Physik (Nobelpreis)
Walther Bothe	1932–1934, 1946–1953	Physik (Nobelpreis)
Max Wolf	1893–1932	Astronomie

Medizin

Ernst Moro	1911–1931	Kinderheilkunde
Ludolf von Krehl	1907–1931	Innere Medizin
Emil Kraepelin	1891–1903	Psychiatrie
Hans von Baeyer	1919–1933	Orthopädie
Albrecht Kossel	1901–1923	Physiologie (Nobelpreis)

Die Bibliothekare und
Direktoren der Universitätsbibliothek

Seit dem Jahre 1803 leiteten die Universitätsbibliothek nebenamtlich: Bernhard Schorn (1803-1805), Martin T.E. Semer (1805), Friedrich Wilken (bis 1817), Friedrich Christoph Schlosser (bis 1824), Franz J. Mone (1825-1827), Josef Eiselein (1827-1833), Christian F. Bähr (1833-1872).

Dann folgten die hauptamtlichen Bibliotheksdirektoren: Karl Zangemeister (1873-1902), Jacob Wille (1902-1922), Hermann Finke (kommissarischer Direktor), Rudolf Sillib (1922-1934), Walter Preisendanz (1934-1945), Josef Deutsch (1947-1952), Walter Bauhuis (kommissarischer Direktor), Carl Wehmer (1953-1965), Walter Koschorreck (1965-1978), Walter Henß (stellvertretender Direktor 1978/79), Elmar Mittler (seit 1979).

Die Leiter und Direktoren
des Kurpfälzischen Museums der Stadt Heidelberg

Zunächst wurden die städtischen Sammlungen ehrenamtlich betreut. Dieser Aufgabe widmeten sich: Albert Mays, Rechtsanwalt und Vorsitzender der geschichtlichen Kommission des Stadtrats (1879-1893); Professor Dr. August Thorbecke, Direktor der Höheren Töchterschule (1893-1906); Gymnasialprofessor Karl Pfaff (1906-1908); Professor Dr. Rudolf Sillib (1908-1911), später Direktor der Universitätsbibliothek.

Als hauptamtliche Direktoren des Kurpfälzischen Museums der Stadt Heidelberg betätigten sich: Professor Dr. h.c. Karl Lohmeyer (1911-1934); zwei Jahre lang – von 1934 bis 1936 – wurde das Museum kommissarisch verwaltet, indem man es dem städtischen Hauptamt bzw. dem Kultur- und Presseamt zuordnete. Speziell für die Ausstellung ›Heidelberg, Vermächtnis und Aufgabe‹ wurde das Museum 1936 Dr. Ludwig Neundörfer, dem Dezernenten für das Siedlungswesen, unterstellt. Als hauptamtlicher Direktor folgte dann: Dr. Aloys Wannemacher (1936-1945). Nach dem Kriegsende trat von 1945-1946 Dr. Rudolf Schnellbach als Berater der Stadt für das (ausgelagerte) Museum in Funktion. Die kommissarische Leitung des noch immer magazinierten Museums übernahm 1946-1948 Dr. Arthur von Schneider, Konservator am Badischen Landesmuseum in Karlsruhe. Dann verfügte das Museum wieder über hauptamtliche Direktoren: Professor Dr. Georg Poensgen (1948-1964), Dr. Klaus Mugdan (1964-1978) und Dr. Jörn Bahns (seit 1978).

Die Stadtoberhäupter Heidelbergs

Oberbürgermeister

Daniel Mays	1805–1819

Erste Bürgermeister

Peter Lombardino	1819–1832
Jakob Wilhelm Speyerer	1832–1840
Georg Leonhard Ritzhaupt	1840–1845
Christian Friedrich Winter	1845–1849
Jakob Wilhelm Speyerer	1849–1851
Ludwig Walz	1851–1852
Karl Michael Anderst	1852–1856
Heinrich Krausmann	1857–1875

Oberbürgermeister

Heinrich August Bilabel	1875–1884
Dr. Carl Wilckens	1885–1913
Dr. Ernst Walz (I)	1914–1928
Dr. Karl Neinhaus	1928–1945
Dr. Ernst Walz (II)	1945–1946
Dr. Hugo Swart	1946–1952
Dr. Karl Neinhaus	1952–1958
Robert Weber	1958–1966
Reinhold Zundel	seit 1966

Die Herrscher der Pfalz

Hohenstaufen
KONRAD *1134/36

Halbbruder Kaiser Friedrich I. Barbarossa, von diesem 1156 zum Pfalzgrafen bei Rhein ernannt. Herrschte über dieses Besitztum bis 1195

Welfen

HEINRICH I. (der Ältere)
1195-1211

Sohn Heinrichs des Löwen, ∞ 1193 mit Agnes von Hohenstaufen, Tochter Konrads von Hohenstaufen

HEINRICH II. (der Jüngere)
1211-1214

Wittelsbacher

LUDWIG I. (der Kelheimer)
*1174

Herzog von Bayern 1183-1231
Pfalzgraf bei Rhein 1214-1228

OTTO II. (der Erlauchte)
*1206

Pfalzgraf bei Rhein 1228-1253
Herzog von Bayern 1231-1253
∞ mit Agnes, Tochter Heinrichs des Älteren, Erbin der Pfalz

LUDWIG II. (der Strenge)
*1229

Herzog von Bayern und Pfalzgraf bei Rhein 1253-1294

– Landesteilung von 1255 –

Pfälzer Linie
(Rudolfinische Linie oder auch alte Pfälzische Kurlinie genannt)

RUDOLF I. (der Stammler)
*1274

Pfalzgraf bei Rhein 1294-1319

Kaiser LUDWIG IV.,
der Bayer

Regent der Pfalz von 1319 bis 1329

– Vertrag von Pavia 1329 –

RUDOLF II. (der Blinde)
*1306
und RUPRECHT I. *1309

gemeinsam regierende Pfalzgrafen 1329-1353

RUPRECHT I. (der Rote)	regiert die Pfalz allein 1353-1390, zuerst Pfalzgraf, seit 1356 Kurfürst
RUPRECHT II. *1325	Kurfürst 1390-1398
RUPRECHT III. *1352	Kurfürst 1398-1410, als deutscher König Ruprecht I. 1400-1410

– Teilung der Pfalz in vier Linien –

LUDWIG III. *1378	Kurfürst 1410-1436
LUDWIG IV. *1424	Kurfürst 1436-1449
FRIEDRICH I. (der Siegreiche) *1425	Regent für den minderjährigen Neffen Philipp 1449/51-1476, Kurfürst. Mit Klara Dett (Tott) aus Augsburg Begründer des Hauses von Löwenstein-Wertheim
PHILIPP *1448	Kurfürst 1476-1508
LUDWIG V. *1478	Kurfürst 1508-1544
FRIEDRICH II. (der Weise) *1482	Kurfürst 1544-1556
OTTO HEINRICH (Ottheinrich) *1502	Kurfürst 1556-1559

Linie Pfalz – Simmern

FRIEDRICH III. (der Fromme) *1515	Kurfürst 1559-1576
LUDWIG VI. *1539	Kurfürst 1576-1583
JOHANN CASIMIR *1543	Herzog, Amtsverweser für den Neffen Friedrich (IV.) 1583-1592
FRIEDRICH IV. *1574	Kurfürst 1592-1610
JOHANN II. (Zweibrücken, jüngere Linie) *1584	Herzog, Amtsverweser für den minderjährigen Friedrich (V.) 1610-1613
FRIEDRICH V. (›Winterkönig‹) *1596	Kurfürst 1613-1619, König von Böhmen 1619/20; † 1632

(Herzog Maximilian I. von Bayern: Verwalter der Pfalz von 1623 bis 1648, erringt 1648 die rheinische Kurwürde. Während der Schwedenherrschaft verwaltete 1633/34 Herzog Ludwig Philipp, jüngere Linie Simmern, die Pfalz)

KARL (I.) LUDWIG *1617	Kurfürst nach neugeschaffener achter Kurwürde 1649-1680
KARL II. *1651	Kurfürst 1680-1685

Linie Pfalz–Neuburg

PHILIPP WILHELM *1615	Kurfürst 1685-1690
JOHANN WILHELM	Kurfürst 1690-1716
(›Jan Wellem‹) *1658	
KARL (III.) PHILIPP *1661	Kurfürst 1716-1742, verlegt 1720 die Residenz nach Mannheim

Linie Pfalz-Sulzbach II

KARL (IV.) PHILIPP	Kurfürst 1742-1799, seit 1777 Kurfürst
THEODOR *1724	von Pfalz und Bayern, verlegt die Residenz von Mannheim nach München

Linie Pfalz–Birkenfeld–Zweibrücken

MAXIMILIAN I. JOSEPH *1756	Kurfürst von Pfalz-Bayern 1799-1802, 1803 Reichsdeputationshauptschluß: Ende der Kurpfalz. Rechtsrheinische Gebiete gehen an Baden über. 1806-1825 König von Bayern

Zähringer

KARL FRIEDRICH VON BADEN *1728	Kurfürst 1803-1806 Großherzog 1806-1811
KARL *1786	Großherzog 1811-1818
LUDWIG I. *1763	Großherzog 1818-1830
LEOPOLD *1790	Großherzog 1830-1852
LUDWIG II. *1824	wegen Erkrankung nicht regierend, †1858
FRIEDRICH I. *1826	ab 1852 Prinzregent, seit 1856 Großherzog bis 1907
FRIEDRICH II. *1857	Großherzog 1907-1918, †1928

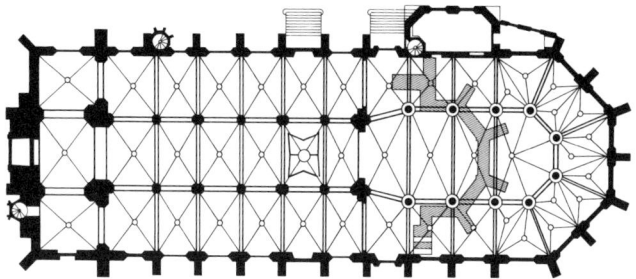

Heiliggeistkirche (Seite 103 ff.)

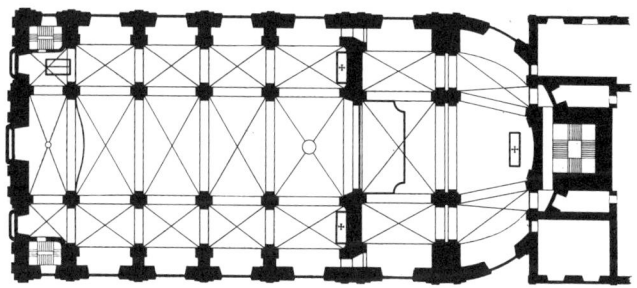

Jesuitenkirche Heiliggeist und Sankt Ignatius (Seite 327 ff.)

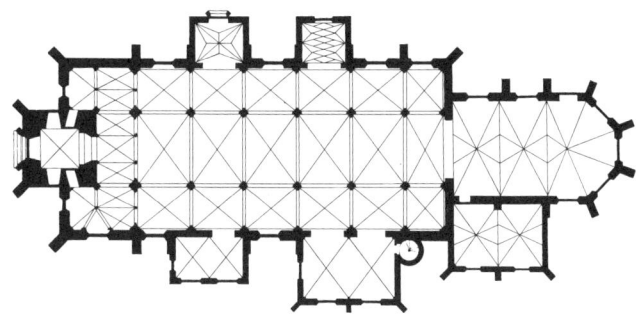

Peterskirche (Seite 343 ff.)

Das Heidelberger Schloß

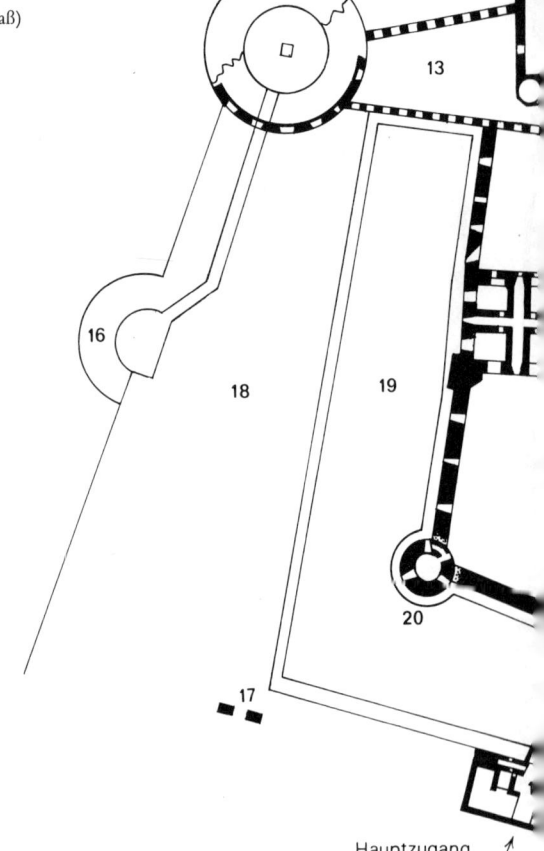

Hauptzugang